MARKETING

현대
마케팅론

**디지털 시대의 흐름에 맞춘
최신 마케팅 입문서!**

유필화 · 김용준 · 한상만

박영사

현대마케팅론이 세상에 나온 지 이제 꼭 30년이 지났습니다.

강산이 세 번 바뀌는 사이에 저자의 수는 하나에서 둘 그리고 셋이 되었고, 책은 그 동안 무려 여덟 번이나 개정되었습니다. 또한 이 과정 전체에 걸쳐 처음부터 이 책과 함께 있었던 유필화는 이제 30여 년의 대학교수 생활을 마무리하고 이달 말에 정든 성균관대학교를 영원히 떠나게 되었습니다. 이러한 시점에 대망의 현대마케팅론 제9판을 내놓게 되어 우리는 기쁘기 짝이 없고 또 감개무량합니다.

6년 만에 현대마케팅론을 고쳐 쓰면서 우리는 첫째, 힘닿는 만큼 옛날 자료와 사례들을 최신 자료와 참신한 사례들로 바꾸었습니다. 마케팅은 늘 역동적으로 변화하고 진화하는 분야이니 책의 내용이 달라진 세계의 현실을 반영해야 함은 말할 것도 없습니다.

둘째, 그러나 시대의 흐름을 타지 않는 그야말로 마케팅의 원리에 해당하는 부분은 가급적 손을 대지 않았습니다. 우리는 이 책의 목적이 독자들로 하여금 마케팅의 기본원리와 핵심지식을 습득하도록 하는 것임을 한시도 잊은 적이 없습니다. 그래서 마케팅 입문서에 걸맞는 마케팅의 원리를 심혈을 기울여 썼고, 그 내용에 대해서는 우리가 아직도 자부심을 갖고 있습니다.

셋째, 이 시대의 화두는 뭐니뭐니 해도 역시 디지털화(digitalization)와 세계화(globalization)입니다. 그래서 디지털 및 세계화 시대의 마케팅은 모든 마케팅관리자들의 지대한 관심사입니다. 다행히 세 저자 가운데 한 사람인 김용준 교수가 이 분야에 조예가 깊기 때문에 김 교수께서 이 두 장을 대폭 손질하였습니다. 다만 디지털 시대가 도래하면서 나타난 혁신적인 가격결정방식 부분은 이 글을 쓰고 있는 유필화가 새로 썼습니다(보기: 후리미엄, 쓴 만큼 내기, 정액제, 선불요금제 등).

끝으로 우리는 이 책의 끄트머리에 다른 마케팅 입문서에는 전혀 없는 '마케팅의 새로운 물결'이라는 완전히 새로운 장을 넣었습니다. 그 내용은 '명품마케팅(luxury marketing)'과 '불확실성 시대의 마케팅 전략'입니다. 우리는 마케팅을 처음 접하는 분들도 이 두 토픽은 꼭 익힐 필요가 있다고 보았고, 또한 이 새로운 장이 현대마케팅론을 더 차별화된 작품으로 만들 것이라고 생각했습니다.

현직 대학교수 셋이 30년 가까이 같은 책의 공동저자로 있으면서 이렇게 정기적으로 개정판을 내는 것은 결코 쉽지 않습니다. 우리는 이토록 좋은 협력관계가 오랫동안 지속된 것에 대해 서로 무척 고마워할 따름입니다. 또한 개정작업 기간 내내 헌신적으로 우리들의 일을 도와준 성균관대학교 경영대학의 박해령, 이종찬, 한동희, 김소연, 김효정, 엄금철, 이상헌 조교에게도 이 자리를 빌려 깊은 고마움의 뜻을 표합니다. 세 저자와 이들 대학원 학생들의 땀과 정성의 결정체라고 할 수 있는 현대마케팅론 제9판을 부디 많은 독자들이 너그럽고 따뜻하게 받아들여 주시기를 기원하며 이 글을 마칩니다.

2019년 2월 1일

명륜동 캠퍼스에서
유필화
김용준
한상만 씀

CHAPTER 09　유통관리　291

CHAPTER

01

마케팅이란 무엇인가

제1절 마케팅의 개요

기업 활동의 성패 여부는 시장에서 결정된다. 기업이 망하는 것은 공장 문을 닫기 때문이 아니라 그 기업이 하는 마케팅활동에서 이윤이 남지 않기 때문이다. 기업은 끊임없이 새로운 고객을 끌어들이고 기존의 고객들을 경쟁사에게 빼앗기지 않아야만 장기적으로 살아남을 수 있다. 그래서 기업 경영에서 마케팅의 중요성은 아무리 강조해도 지나치지 않다. 이 점을 일찍이 간파한 20세기 최고의 경영학자 피터 드러커(Peter Drucker, 1909-2005)는 이미 오래 전에 "어느 기업에서나 기본 기능은 마케팅과 혁신뿐이다"라고 갈파한 바 있다.[1] 나머지는 모두 세부사항이라는 말이다. 마케팅이 이처럼 기업 경영에서 중심적인 위치를 차지하는 까닭은 "마케팅이란 기업이 스스로 선택한 고객들을 위해 그들이 필요로 하고 원하는 가치를 창출하는 과정"이기 때문이다. 가치는 고객의 욕구·필요를 충족시킴으로써 창출된다. 그래서 기업은 자사(自社)가 파는 제품이 아니고 (자사가) 고객에게 제공하는 편익(benefit)에 의해 스스로를 정의할 필요가 있다.

이렇게 고객을 위해 가치를 창출했으면, 기업은 이제 가격을 통해 가치창출에 대한 보상을 받아야 한다. 우리는 이 과정을 가치의 회수(capturing value)라고 부른다. 기업이 번창하려면 이러한 가치의 창출 및 회수 과정이 장기적으로 지속되어야 한다. 이러한 큰 틀 안에서 지속적으로 고객가치를 만들어내는 과정 전체를 우리는 마케팅이라 부르며, 마케팅은 크게 아래의 두 부분으로 나누어진다.

① **전략적 마케팅**: 이것은 표적시장을 고르고 목표 고객들의 마음속에 우리 제품을 어떻게 자리매김, 즉 포지셔닝(positioning)시킬 것인가를 결정하는 작업이다.
② **전술적 마케팅**: 이것은 우리 회사가 원하는 포지셔닝을 달성하기 위한 구체적인 마케팅 활동 계획을 말한다.

[그림 1-1]은 이러한 마케팅 과정을 보여주고 있다.

그림에서 보다시피 마케팅 의사결정은 다섯 주요 분야에 대한 분석에 바탕을 두고 있다. 이 다섯 분야를 '다섯 가지의 C(5C's)'라고 부르며 그 주요 내용은 다음과 같다.

① **고객**(Customers): 우리 회사는 고객의 어떤 욕구와 필요를 충족시키려고 하는가?

---

1   Peter F. Drucker, The Practice of Management (New York: Harper, 1954).

그림 1-1 　마케팅 과정

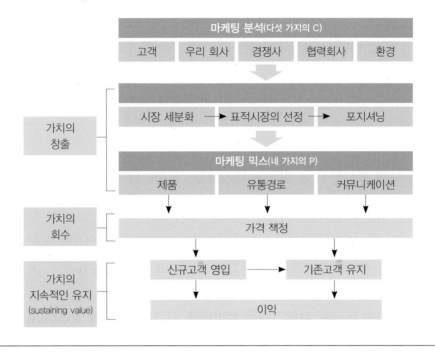

② **회사**(Company): 우리 회사는 그러한 욕구와 필요를 충족시킬 수 있는 어떤 특별한 역량을 갖고 있는가?

③ **경쟁사**(Competitors): 고객들의 그러한 욕구·필요를 충족시키는 과정에서 누가 우리와 경쟁하는가?

④ **협력회사**(Collaborators): 우리는 누구와 협력해야 하고 그들을 어떻게 동기부여해야 하는가?

⑤ **환경**(Context): 어떠한 문화적·기술적·법률적 요인이 우리가 할 수 있는 일을 제한하는가?

이러한 마케팅 분석은 먼저 표적시장의 선정과 바람직한 포지셔닝으로 이어지며, 마케팅 믹스로 이어진다. 이러한 활동의 결과, 기업은 고객을 얻고 또 유지하게 되며, 이 과정이 지속적으로 되풀이되면 기업은 번창하게 된다.

제2절   표적시장의 선정 및 제품포지셔닝

마케팅 활동의 출발점은 고객이다. 우리 회사가 어떤 고객들을 상대로 마케팅 활동을 펼치느냐 하는 것은 다른 모든 마케팅 결정의 선행조건이다. 이런 의미에서 표적시장의 선정은 마케팅에서 가장 중요한 결정이다. 표적시장을 고르려고 할 때 경영자가 던져야 하는 두 개의 핵심질문은 다음과 같다.

1 우리 회사는 어떤 잠재 구매자들을 상대로 장사해야 하는가?

이 질문에 대답하려면 회사는 먼저 시장의 여러 고객 집단을 의미 있게 표현하고 차별화하는 가장 적합한 방법이 무엇인가를 정해야 한다. 이것이 바로 시장세분화(market segmentation) 과정이다.

2 회사의 마케팅 프로그램을 얼마만큼 각 고객에 맞게 맞추어야(customize) 하는가?

즉, 회사는 '대중시장(Mass Market)−세분시장(Market Segments)−틈새시장(Market Niches)−개별고객(Individuals)'으로 이어지는 연속선 위의 어느 점에서 마케팅 계획을 짜야 하는가?

시장을 어떻게 나누어야 하는가에 대해서는 정답이 없다. 대체로 지리적·인구통계적·심리분석적·행태적 변수 등이 가장 많이 쓰이는데, 경영자는 어떻게 시장을 나누건 명확한 마케팅 시사점을 주는 시장세분화 방식이 가장 쓸모 있다는 사실을 늘 염두에 두어야 한다.

이렇게 시장을 나눈 다음에 경영자는 시장의 매력도, 회사의 상대적 강·약점, 회사의 목표, 경쟁의 강도 등을 종합적으로 고려하여 가장 사업 전망이 좋은 세분시장, 즉 표적시장을 골라야 한다. 시장 세분화와 표적시장의 선정이 끝나면 다음 과제는 목표 고객들에게 우리 제품을 어떻게 부각시키느냐, 즉 포지셔닝하는 것이다. 회사가 포지셔닝할 때의 핵심은 우리 회사의 제품/상표가 어떤 경쟁사들과 견주어볼 때 어떤 점이 가장 뛰어난 차별적 우위이며, 그 까닭은 무엇인가를 명확히 하는 것이다.

제3절 마케팅믹스

앞에서 언급한 전술적 마케팅은 한마디로 '마케팅믹스를 어떻게 짤 것인가' 하는 것이다. 마케팅믹스는 마케팅관리자가 마케팅활동을 수행하기 위해 쓸 수 있는 도구를 일컬으며, 흔히 다음과 같이 '네 가지의 P(4P's)'라고 부르기도 한다.

① 제품(Product)
② 가격(Price)
③ 유통경로(Place)
④ 커뮤니케이션(Promotion)

1 제품

제품 정책의 핵심 내용은 첫째, "제품계열(product line)의 너비(width)와 길이(length) 그리고 깊이(depth)를 어떻게 할 것인가?"이다. 즉, 물리적 · 기술적 특징이나 용도가 비슷한 제품의 집단을 뜻하는 제품계열을 몇 개 갖출 것인가(너비), 각 제품계열 안에 있는 품목의 수를 몇 개로 할 것인가(길이), 각 품목의 가짓수를 몇 개로 할 것인가(깊이) 등을 정하는 것이 제품 정책의 주요 내용의 하나이다. 둘째, 전체 제품계열의 맥락(context) 속에서 각 품목에 관해 아래와 같은 결정을 내리는 것이다.

• 어떤 품목을 제품계열에서 뺄 것인가?
• 제품계열에 속하는 어떤 제품을 다시 포지셔닝해야 하는가? 즉, 리포지셔닝(re-positioning)의 필요성이 있는가?
• 기존의 어떤 제품의 포지셔닝을 강화하기 위해 그것의 성능을 개선해야 하는가?
• 기존 제품계열에 신제품을 하나 추가해야 하는가?
• 새 제품계열을 만들기 위한 제품을 내놓아야 하는가?

셋째, 신제품 기회의 포착에서부터 시판에 이르기까지 신제품 개발과정 전체를 철저히 관리하는 것이다.

현대의 시장 환경에서 신제품의 중요성은 아무리 강조해도 지나치지 않다. 그러나 그 개발에는 많은 비용과 큰 위험이 따르므로 회사는 신제품 개발과정을 아주 꼼꼼히 관리하여 꼭 성공할 제품만을 시장에 내놓아야 한다.

2 가격

기업은 가격을 통해 고객에게 제공한 가치를 회수하므로 가격 결정은 매우 정교하고 전문적인 절차를 거쳐 해야 한다. 그러나 아쉽게도 현실은 전혀 그렇지 않다. 즉, 아직도 많은 기업들이 과학적인 분석 없이 느낌, 억측, 기분 등에 따라 비전문적으로 값을 매기는 경향이 있다. 따라서 가격결정능력의 향상은 앞으로 기업의 큰 경쟁우위 (competitive advantage)가 될 수 있다.

가격관리 분야의 주요 과제는 아래와 같다.

① 최적가격(optimal price)을 알아내기 위해 우리 회사 제품과 판매량과의 관계를 뜻하는 가격반응함수(price response function)를 추정하는 일
② 시간·공간·고객집단 등에 따라 가격을 달리하기, 즉 가격차별화(price differentiation). 기업이 세련되게 가격차별화를 하고 그것을 잘 시행하면 이익이 크게 늘어나기 마련이다.
③ (단기가 아닌) 장기이익의 극대화를 꾀하는 동태적 가격전략(dynamic pricing strategy)의 수립 및 시행
④ 비선형가격(non-linear pricing), 묶음가격(price bundling), 쓴 만큼 내기(Pay-per-Use), 후리미엄(Freemium) 등의 고급 가격책정기법을 자유자재로 구사하기

3 유통

유통 분야의 주요 결정 사항은 ① 유통경로의 설계와 ② 경로의 관리이다.

유통경로의 설계 역시 길이(length)와 너비(width)의 문제로 파악할 수 있다. 길이는 글자 그대로 생산자와 고객 사이의 경로의 길이를 뜻한다. 즉, 회사가 직판을 하면 길이가 가장 짧고, 제품이 여러 중간상을 거쳐 고객들에게 전달될수록 경로의 길이는 길어진다. 경로의 너비는 한 지역에 우리 제품을 취급하는 중간상의 숫자를 몇으로 할 것이냐의 문제다. 한 지역에 우리 제품을 파는 중간상이 단 하나인 전속유통(exclusive distribution)에서부터, 중간상 숫자가 비교적 적은 선별적 유통(selective distribution), 최대한 많은 점포로 하여금 우리 제품을 팔게 하는 집약적 유통(intensive distribution) 등의 대안이 있다.

유통경로의 구성원들은 독립된 사업체들인 경우가 많고 또 이들의 이해관계가 서로 같지 않기 때문에 그들 사이에는 갈등이 있기 마련이다. 그래서 유통경로의 관리

는 결코 쉽지 않다.

경로구성원들 사이의 갈등의 원인은 크게 다음과 같이 두 가지로 나누어진다.

(1) 목표가 같지 않다

예를 들어 제조회사는 상표이미지를 높이는 것이 최우선 목표인데, 중간상은 당장 이번 분기에 이익을 내고 싶어 한다.

(2) 누가 무엇을 해야 하는가에 대한 사전 합의가 없다

판매 후 서비스, 군소 고객 관리 등의 기능을 누가 수행할 것인가에 대한 명확한 사전 합의가 없으면 갈등이 일어날 수 있다. 또 원래 작은 지역 단위별로 담당 영업구역이 나누어져 있으면, 특정 구역에 있는 큰 기업고객이나 세계적인 외국기업은 누가 맡아야 하는가를 놓고 갈등이 있을 수 있다.

유통경로 관리에서 한꺼번에 모든 문제를 해결할 수 있는 상황은 존재하지 않는다. 경영자는 유통경로 관리의 문제를 매일매일 각종 갈등에 부딪히며 하나하나 꾸준히 풀어나가야 하는 과제로 보는 편이 낫다.

4 커뮤니케이션

마케팅 커뮤니케이션의 과제는 우리 제품이 경쟁제품보다 더 값어치가 있다는 사실을 현재·잠재고객들에게 알림으로써 우리 제품에 대한 흥미를 일으키고, 나아가서는 우리 제품을 구매하고 또 재구매하도록 유도하는 것이다. 마케팅 커뮤니케이션을 이해하려고 할 때 도움이 되는 개념은 이른바 '여섯 가지의 M(6M's)'이며 그것들은 다음과 같다.

① 시장(Market): 누구를 대상으로 커뮤니케이션해야 하는가?
② 사명(Mission): 커뮤니케이션의 목표는 무엇인가?
③ 메시지(Message): 전달해야 할 구체적인 요점은 무엇인가?
④ 매체(Media): 어떤 수단을 통해 메시지를 전달할 것인가?
⑤ 예산(Money): 이러한 커뮤니케이션 활동에 얼마를 쓸 것인가?
⑥ 측정(Measurement): 커뮤니케이션 활동을 펼친 후의 효과는 어떻게 측정할 것인가?

경영자가 마케팅 커뮤니케이션을 하기 위해 쓸 수 있는 수단은 매우 다양하다.

대표적인 것은 물론 광고, 판매촉진, 인적판매(personal selling)이며, 그 밖에 홍보(publicity), 업계 전시회(trade show), 직접 마케팅(direct marketing) 및 디지털 마케팅 등이 있다. 이 분야에서 무엇보다 중요한 것은 마케팅 커뮤니케이션 목표를 가장 효과적, 효율적으로 달성할 수 있도록 각 매체에 적정 예산을 배분하는 것이다. 즉, 최적 커뮤니케이션 믹스(optimal communication mix)를 짜는 것이다. 최적 커뮤니케이션 믹스의 내용은 시장상황에 따라 크게 달라진다. 커뮤니케이션 믹스의 근본적인 방향은 회사가 밀기전략(push strategy)을 추구하느냐 아니면 끌기전략(pull strategy)을 선택하느냐에 의해 정해진다. 밀기전략을 쓰기로 하면, 소매상 등의 중간상들이 우리 제품을 열심히 팔도록 하는 데에 주안점을 둔다. 광고의 구실은 주로 소비자들에게 제품의 존재를 알리는 것이고, 거래를 마무리하는 작업은 중간상들이 담당한다. 반면에 끌기전략은 최종 소비자들로 하여금 적극적으로 우리 제품을 찾게 만드는 것이다. 그래서 소매상의 임무는 그들이 우리 제품을 손쉽게 살 수 있도록 준비해 놓는 것이다. 기술의 발달과 더불어 기업이 쓸 수 있는 매체의 종류와 숫자가 늘어남에 따라 최적 커뮤니케이션 믹스를 짜는 일은 훨씬 더 복잡하고 힘들게 되었다. 그러나 한편 고를 수 있는 선택 대안이 많아진다는 것은 기업이 이 어려운 과제를 뛰어나게 수행함으로써 새로운 경쟁우위를 창출할 수 있다는 뜻이기도 하다.

제4절 '사회적 마케팅 경영' 개념의 대두

마케팅의 핵심이 '소비자를 만족시키는 것'이라고 하는 경영철학은 [그림 1-2]에서 보다시피 기업이 얼마나 소비자지향적이냐는 기준에 따라 분류한 것이다. 마케팅 위주경영과 판매위주경영의 차이는 다음 [그림 1-3]에서 볼 수 있다. 판매위주로 경영을 하는 회사는 회사의 현 제품을 적극적으로 판매 촉진하여 이윤을 내려고 한다. 반면에 마케팅위주로 경영을 하는 회사는 먼저 표적고객(target customers)의 필요와

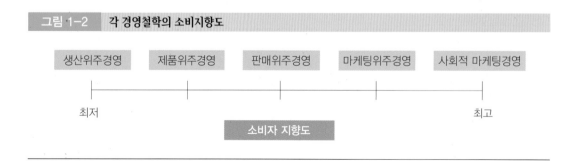

그림 1-2 각 경영철학의 소비지향도

그림 1-3	판매위주경영과 마케팅위주경영

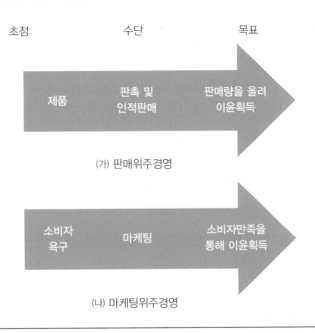

(가) 판매위주경영

(나) 마케팅위주경영

그림 1-4	사회적 마케팅 경영

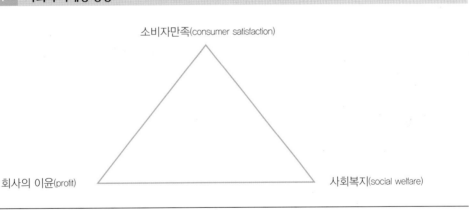

욕구가 무엇인지를 알아낸다. 그 다음에 소비자의 만족도에 영향을 미칠 수 있는 모든 활동을 통합·조정하여 소비자로 하여금 만족감을 느끼게 하고 그 만족감을 계속 유지하도록 함으로써 이익을 올린다.

여러분들이 이 책을 다 읽고 나면 소비자가 거의 모든 마케팅활동의 초점이 되어야 한다는 것을 알 수 있을 것이다. 또한 소비자에 대한 조사·분석·이해는 마케팅활동의 가장 중요한 출발점이라는 사실도 알게 될 것이다.

더욱이 최근에는 단순한 소비자만족을 넘어서 사회복지까지 고려한 마케팅활동을 해야 한다는 사회적 마케팅경영(social marketing concept)의 개념이 크게 대두되고 있다([그림1-4] 참조).

이 경영철학은 기업이 현대사회에서 매우 중요한 위치를 차지하고 있기 때문에 소비자만족을 통해 이윤만 추구하다 보면 사회복지를 저해할 수도 있다는 생각에서 출발하였다. 소비자가 원하는 제품이나 서비스가 궁극적으로 우리 사회의 공익에 반한다면, 기업은 이를 생산·판매하지 말아야 하며, 나아가서는 적극적으로 사회복지를 증진시키는 마케팅활동을 하여야 한다는 것이다.

사회적 마케팅경영을 적극적으로 실천하고 있는 세계기업은 주로 사업을 하는 과정에서 이익은 많이 올렸으나 환경이나 소비자생활에 나쁜 영향을 끼치므로 말미암아 큰 어려움을 겪었던 회사들이다. 예를 들어, 굴지의 석유회사 쉘(Shell)은 공해물질의 배출을 줄이려는 노력을 적극적으로 하고 있으며, 에너지자원의 보존에도 힘을 기울이고 있다. 또한 주류회사들은 술을 지나치게 많이 마실 경우 건강을 크게 해칠 수 있다는 사실을 널리 알림으로써 건전한 음주문화의 정착에 이바지하고 있다.

우리나라에서는 유한킴벌리라는 회사가 종이를 생산하면서 있을 수 있는 환경오염문제에 특히 유의하여 이를 극복하기 위한 마케팅활동을 꾸준히 해 오고 있다. 이는 사회적 마케팅경영의 좋은 보기이다. 그러나 최근 우리나라 소비자들의 자연환경에 대한 높은 관심에 편승하여 이를 광고표현이나 제품이름에만 한정적으로 이용하는 이른바 그린마케팅(green marketing)의 사례들은 사회적 마케팅경영이라 보기 힘들다.

제5절 맺는 말

마케팅은 과학(science)와 기술(art)의 혼합체이다. 그리고 아직까지 통일된 종합적 이론이 마케팅에는 존재하지 않는다. 지금까지 많은 유용한 개념과 기법이 마케팅학자들에 의해 개발되었지만 각 개념이나 기법은 어느 한정된 상황에서만 적용될 수 있다. 그러므로 마케팅교육의 요체는 각 개념이나 기법을 그것이 적용될 수 있는 특정상황에만 적용할 수 있는 기술을 터득시키는 데 있다. 그래서 마케팅에서는 사례연구가 크게 도움이 될 수 있다. 사례연구는 이론적인 면을 등한시하지 않으면서 마케팅의 상황특정적인 면을 강조하기 때문이다.

앞서 마케팅이 과학과 기술의 혼합체라고 말했는데, 독자들은 이 책을 다 읽고 나면 마케팅이 과학이기도 하고 기술이기도 하다는 것을 알게 될 것이다.

끝으로 강조하고 싶은 것은 어떤 뛰어난 창의성과 통찰력도 철저한 분석, 주도면밀한 전략의 수립 및 실행이라는 마케팅성공의 비결을 대신할 수 없다는 것이다. 미국의 발명가 에디슨은 "발명은 90%의 땀(perspiration)과 10%의 영감(inspiration)으로 이루어진다"고 말한 바 있다. 하버드경영대학원에 오래 재직했던 샤피로(Benson P. Shapiro) 교수도 마케팅을 역시 90%의 땀과 10%의 영감이라고 했다. 글쓴이들도 이말에 전적으로 동의한다.

|현|대|마|케|팅|론|

소비자행동론

소비자의 구매 여정을 간소화 시켜라

디지털 기술의 발달로 소비자들은 다양한 형태의 브랜드를 편리하고 쉽게 접촉할 수 있게 되었다. 모바일을 통해 물건을 주문하고 원하는 시간에 물품을 받는 것을 넘어, 오늘날의 소비자는 재구매를 해야 하는 생필품이나 자신의 생활 패턴 또는 취향을 반영한 제품을 맞춤 추천 받기도 한다. 추천받은 제품을 구매하는 소비자는 제품에 대한 정보 탐색과 대안 평가를 거치지 않고 해당 브랜드의 제품을 구매하게 된다. 맞춤으로 추천의 시작은 고객에 대한 다양한 데이터의 접근 및 사용자 인터페이스 기술의 출현으로 고객과 개인화된 상호 작용을 할 수 있기 때문이다. 예를 들어, 모바일을 통해 구매를 빈번히 하는 소비자의 데이터를 통해 어떤 제품군을 어떤 주기로 구매하는지, 품질과 브랜드, 가격, 프로모션 등 다양한 요인들 중 어떤 제안이 소비자의 결정에 가장 큰 영향을 미치고 구매로 이어질 수 있는지 확인할 수 있다. 이를 통해 소비자에게 맞춤 추천 마케팅을 시행할 수 있다.

그렇다면 이러한 제품구매에는 어떠한 소비자 구매 여정(Consumer Purchase Journey)의 과정이 있는 것일까? 기존의 소비자 구매 여정과 새로운 여정을 비교해보면, 오늘날의 소비자 구매 행동이 어떻게 변화하였는지 알 수 있다.

기존의 소비자 구매 여정은 소비자가 정보탐색을 통해 제품의 대안을 고려하고 평가하여 물건을 구매하는 단계를 거친다. 이러한 소비자의 구매 여정은 브랜드 충성도를 형성하는데 많은 시간이 필요하며, 한 브랜드에 충성도를 가지지 않고 다른 브랜드로 전환하여 이전에 구매하였던 브랜드를 이탈할 수도 있다. 이러한 기존의 소비자 여정은 기업의 관점에서 차별화된 경쟁우위를 구축하기가 매우 어려울 뿐만 아니라 소비자들에게 확실한 브랜드 이미지를 심어주기도 어려웠다.

이에 반해, 디지털 시대와 더불어 등장한 새로운 소비자 구매 여정은 기존의 소비자 구매 여정보다 그 길이와 과정이 단순화되었다. 기존의 소비자 여정이 구매의 고려에서 그 여정을 시작하는 것과 달리, 새로운 구매 여정은 고려 단계를 압축하고 평가 단계를 단축하거나 완전히 제거하여 브랜드에 대한 충성도 순

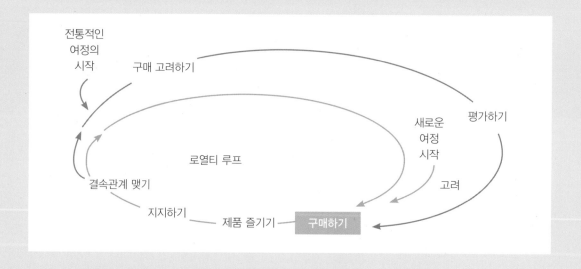

환고리(Loyalty Loop)에 고객을 연결한다. 이를 통해 해당 브랜드의 제품 및 서비스를 구매하고 구매 후 해당 브랜드에 대한 경험을 소셜미디어를 통해 친구들과 공유하는 브랜드 지지활동을 통해 브랜드와의 강한 관계(Bond)가 형성되면 소비자는 기존의 구매 여정보다 더 단순화된 브랜드 충성도 순환고리(Loyalty Loop)로 들어서게 된다. 이렇게 고객이 충성도 순환고리 안에 있게 되면 기존의 구매 여정보다 더 끈끈하고 직접적인 연결을 이룰 수 있으며, 다른 브랜드로 이탈하거나 브랜드 전환을 하는 행동을 저지할 수 있다. 즉, 소비자의 구매 여정을 단순화하여 우리 브랜드에 대한 충성도가 높은 고객관계를 유지할 수 있다.

자료원: HBR Korea(2015), 고객 여정을 둘러싼 치열한 경쟁이 펼쳐지고 있다.

제1절 문화적 · 사회적 · 개인적 요인

1 문화

문화(culture)란 어느 특정사회가 지니고 있는 가치관, 태도, 살아가는 방식을 통틀어 일컫는다. 테일러(Taylor)는 문화를 "개인이 사회구성원으로서 획득하는 지식, 신념, 기술, 도덕, 법, 관습 및 기타 능력과 습관이 포함된 복합적 전체"라고 정의하였다.

문화는 사람의 행동을 가장 근본적으로 결정하므로 경영자는 문화가 소비자의 구매행위에 어떤 영향을 미치는지를 잘 이해해야 한다. 사람의 행위는 근본적으로 배움에서 비롯된다. 우리는 나면서부터 가정과 학교 등지에서 무엇이 옳고 그르고(가치관), 어떻게 행동해야 하나(관행)를 배우고 자란다. 이렇게 배워서 몸에 밴 문화적 요소들이 상품을 선택할 때 알게 모르게 영향을 끼친다. 각 나라마다 문화적 차이가 있으므로 특히 기업이 다른 나라에 진출하려고 할 때는 그 나라의 문화적 특성을 철저히 연구해야 한다.

통상 하나의 문화 안에 몇 개의 하부문화(subculture)가 존재할 수 있다. 한 문화의 하부문화란 크게는 그것이 속해 있는 문화의 속성을 지니고 있지만 그 범주 내에서 나름대로의 고유한 특성을 가진 하위문화를 말한다. 우리나라에도 각 세대 간에 세대차가 심각하게 느껴질 정도로 각 세대 특유의 문화가 있다.

문화는 특히 소비자의 신념과 관습, 더 나아가 그들의 가치체계에 커다란 영향을 미친다. 가치란 "인생에서 무엇을 얻으려 하는가"와 같은 가장 기초적이고 근본적인 개인의 욕구를 가리킨다. 소비자에게 차별적인 가치를 제공하는 것이 마케팅전략의 핵심이라면, 결국 차별적인 가치의 제공은 그 하위문화(subculture) 구성원의 가치체계의 이해를 기초로 하여야만 성공적일 것이다.

아래는 디지털 원주민이라고 불리는 Z세대의 하위문화에 대한 사례를 보여준다.

사례 디지털 원주민 Generation Z의 시대

Z세대는 1995~2005년에 태어난 세대를 의미하며, 아날로그를 경험하지 못하고 태어난 순간부터 디지털 문화와 기기를 접하고 소비했기 때문에 '디지털 원주민(Digital Native)'이라고 불리기도 한다. 특히 Z세대는 인터넷 및 IT기기 사용에 익숙하고 소셜네트워킹서비스(SNS)를 통한 인간관계에 능하며, 욜로(YOLO),[1] 워라밸[2]을 추구하는 특성을 지닌다. 이러한 Z세대가 본격적으로 사회에 진출하기 시작함에 따라 모바일기기가 주요 매체로 부각하고, 가치 중심적 소비가 확대될 것으로 예상된다.

아래는 Z세대의 특성을 정리한 것이다.

– Z세대의 본격적인 사회 진출 확대: 우리나라 인구 구성에서 Z세대는 약 646만 명으로 비중은 12.5% 수준

  • 2018년에는 Z세대 중 성인이 약 336만 명, 미성년자가 310만 명으로 성인 비중이 50%를 넘을 것으로 예상됨

  • 이는 Z세대가 에코, N세대에 이어서 차세대 소비의 주축으로 떠오르는 것을 의미하며, 특히 Z세대는 인터넷 등을 통해 얻은 풍부한 정보들을 통해 가구 내 소비 의사결정에서도 주된 역할을 함

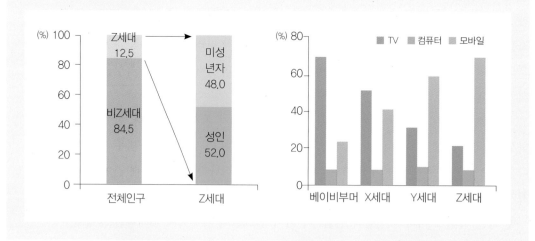

---

1 욜로(YOLO)는 'You Only Live Once', 즉 인생은 한번 뿐이니, 현재를 충분히 즐겨야 한다는 의미임.
2 워라밸은 일과 삶의 균형을 뜻하는 'Work-Life Balance'를 의미함.

- 모바일기기가 주요 매체로 부각: Z세대에게 사회 의사소통의 주된 통로는 모바일 기기인 반면, TV의 비중은 낮음
    - Z세대의 사회에 대한 의사소통 매체는 모바일 기기로 전체 미디어 사용 중 70%를 차지한 반면, TV는 22%, 컴퓨터는 7% 수준에 그침
    - 이는 베이비붐 세대의 모바일기기 사용 비중보다 46%가 높은 것이고, 이전 세대인 Y세대의 모바일기기 사용 비중인 59%에 비해서도 높은 수준임
- 가치중심적 소비 확대: Z세대의 주된 인생 모토는 욜로(YOLO), 워라밸, 코스파(cospa)[3]로 주변 시선, 사회적 구속·통념을 넘어서서 개인·현재·가치 중심적 소비를 중시
    - 물질적으로 풍요로운 생활을 했다는 점에서 에코, N세대와 비슷하게 소비지향적인 생활 패턴을 보임
    - 그러나 글로벌 금융위기 이후 장기화된 경기침체, 취업난 등을 겪은 세대로 미래에 대한 불확실성을 크게 느끼며 현재의 삶에 집중하는 정도가 높음
    - 시간과 자원 배분 또는 상품 선택 등 의사결정에 있어서 개인·현재·가치 중심적인 소비 문화가 보편화되어 있음

자료원: 현대경제연구원(2018), 2018년 국내 10대 트렌드.

소비자들이 추구하는 가치를 최종가치와 수단적 가치로 분류

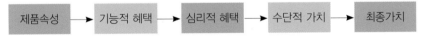

제품속성 → 기능적 혜택 → 심리적 혜택 → 수단적 가치 → 최종가치

가치구조가 같은 소비자들은 그 가치 욕구를 채우기 위해서 유사한 제품들을 구매하기도 한다. 따라서 한 사회의 가치구조는 소비자의 인지과정이나 구매행동에 큰 영향을 미칠 수밖에 없다. 문화적 가치의 측정방법으로는 [그림 2-1]에 제시된 로키쉬(Rokeach)의 RVS(Rokeach Value Survey)가 많이 쓰이고 있다.

소비자는 제품속성과 이 속성들이 가져다 줄 편익과 그 편익으로부터 추구하는 가치를 연결시켜 계층적 구조를 조직화한다. RVS에서는 위의 계층적 가치구조상에서 소비자들이 추구하는 가치를 최종가치와 수단적 가치로 분류하였다. 최종가치는 개

---

3 코스파(cospa)는 가격대비성능(가성비)을 뜻하는 cost-performance의 약자로서 모든 소비에서 효율을 중시하고, 가성비를 최고의 가치로 꼽는 소비행태를 의미함.

| 표 2-1 | Rokeach의 최종가치와 수단적 가치

최종가치	수단적 가치
편안한 생활(풍요로운 생활)	야심있는(열심히 일하는)
신나는 생활(자극적이고 능동적인 생활)	관대한(마음이 개방적인)
세계평화(전쟁과 분쟁으로부터의 해방)	유능한(능력있는, 효과적인)
평등(형제애, 모든 사람의 동등한 기회)	쾌활한(마음이 가벼운, 즐거운)
자유(독립, 자유로운 선택)	깨끗한(단정한, 말끔한)
행복(만족)	용기있는(신념에 따르는)
국가안보(외적으로부터의 보호)	용서하는(타인들의 잘못을 용서하는)
즐거움(즐길 수 있는 인생)	남을 돕는(타인을 위해 일하는)
구제(구원받는 영생)	정직한(신실한, 진실한)
사회적 안정(존경, 칭송)	상상력이 풍부한(과감한, 창조적인)
진실한 우정(친밀한 교제)	독립적인(자기의존적, 자기충족적)
현명(인생에 대한 성숙된 이해)	지적인(이해력 있는, 사려깊은)
아름다운 세계(자연미와 예술)	논리적인(일관성 있는, 이성적)
가족안전(사랑하는 사람을 돌봄)	사랑하는(애정이 깊은, 상냥한)
성숙한 사랑(성적·정신적 친교)	복종적인(의무감 있는, 존경하는)
자존(자부심)	공손한(예의바른, 매너가 좋은)
성취감(지속적 공헌)	책임있는(의존할 만한, 신뢰할 수 있는)
내적 조화(내적 갈등에서 해방)	자기통제적인(자제적인, 자율적인)

자료원: Milton Rokeach, The Nature of Human Values, New York: Free Press, 1973, p. 28.

인이 원하는 최종존재상태라는 목표적 가치이며 수단적 가치는 그러한 최종존재상태에 도달하기 위해 수단으로 사용되는 가치이다. 문화적 가치를 측정하기 위해서는 〈표 2-1〉에 제시되어 있는 RVS가치 항목에 대해 동의하는 정도에 따라 그 사회구성원들의 혹은 세분시장 내의 소비자들의 가치구조를 분석하는 것이 가능하다.

다음 사례는 '소비트렌드 키워드'로서 소비자들이 추구하는 최종가치가 하나의 트렌드로써 나타나고 있음을 보여주고 있다. 마케팅관리자는 이를 충족시키기 위한 수단적 가치를 찾으려는 노력이 필요할 것이다.

 사례

2017 대한민국 소비트렌드 키워드

2017년 소비 트렌드 변화의 핵심에는 '미래의 불확실성'을 대하는 소비자들의 태도가 있다. 자신만의 방식을 갖고 적극적으로 정보를 수집·분석하면서 스스로 판단하는 소비자가 '각자 나름의 영역'에서 오피니언 리더의 역할을 대체하고 있다. 그러면서 이러한 과정이 '일상적인 습관'으로 자리잡고 있다. 이 변화는 상당 기간 소비 생활뿐 아니라 사회 곳곳으로 확산될 가능성이 높다.

▶ 실리를 추구하고, 타인을 관람하는 "新 개인의 탄생"
▶ 일상생활과 밀접한 콘텐츠에 공감하는 "리얼리티"
▶ 브랜드보다 가성비, 전문가보다 검색을 신뢰하는 "탈권위"

이 시대의 '新 개인'들은 철저히 실리를 추구한다. 소비에 꼭 필요한 '현금과 시간'이라는 자원의 만성적인 부족을 경험한 소비자들은 자신만의 정보를 찾은 다음, '명분(브랜드)보다 실리(가성비)'를 추구하고 있다. 또한 상황에 개입하지 않는 관찰자로서의 포지션을 유지하며 타인을 관람한다. 지속적으로 낮아지는 공동체 의식과 사회적 신뢰 수준의 하락까지 더해져 일상적인 인간관계가 편안하지 않은 분위기가 되어가는 중이다. 모바일과 SNS로 연결됐지만 사회적이지는 않은 것이다.

혼밥족·혼술족 등 자발적으로 혼자 활동하는 소비자가 10명 중 7명이 넘을 정도지만, 역설적이게도 '혼자하는 활동'의 증가와 더불어 '외로움'을 경험하는 사람도 늘고 있다. 아주 일상적인 인간관계의 결핍을 유발하고 있는 것이다. 이것은 연예인이 아닌 '나와 비슷한 일반인'이 등장하는 리얼리티 프로그램에 격하게 공감하는 이유로 볼 수 있다. 일상생활과 밀접한 콘텐츠에 공감하고 빠져드는 것이다. 나와 비슷한 타인의 일상이 궁금한, 오늘날 한국 사회의 자화상이다.

그리고 브랜드보다 가성비, 전문가보다 검색을 신뢰한다. 유명 브랜드, 뉴스, 전문가 등의 '권위'가 약화되고 있는 것이다. 소비자들의 '돈 없고 시간 없는 환경'에 적응하기 위해 '적극적으로 정보를 탐색(가성비 소비 추구)'하는 사소한 습관 하나가 소비의 영역을 넘어 대부분의 영역에서 기존 권위를 위협하는 나비효과를 발생시키고 있다. 직접적으로는 '광고'와 '브랜드'에 덜 의존적이 된다. 이 습관은 드라마, 영화, 매일 보고 듣는 뉴스를 소비하는 습관에도 영향을 미치고 있다. 정보 제공자의 영향력을 지속적으로 떨어뜨리는 방향으로 전개되고 있는 것이다. 이제 한국 사회에서 기업과 오피니언 리더들은 기존에 구축해온 권위에 위협을 받고 있다. 그저 '자신(브랜드)을 믿어 달라'고 홍보하기 전에 우선 '합리적인 근거'를 마련해야 하기 때문이다.

자료원: 한국능률협회(2017), 2017 대한민국 트렌드.

② 사회계층

사회계층(social class)이란 비슷한 수준의 사회적 지위와 경제력을 가진 사람들의 집합으로 같은 계층 내에서는 사람들의 태도·가치관·사고방식·행동에서 많은 공통점을 가지고 있다. 즉, 사회계층 내의 구성원들은 노출되는 매체, 구매하는 제품이나 서비스의 종류, 쇼핑패턴이나 쇼핑장소 등이 매우 유사하기 때문에 효과적인 마케팅 전략 수립을 위하여는 사회계층에 대한 이해가 매우 중요하다. 기업은 자사의 제품이 어느 계층을 겨냥하느냐에 따라 제품의 디자인·유통경로·가격·광고메시지 등을 달리해야 한다. 그리고 계층마다 애용하는 매체와 프로그램도 다르므로 표적시장이 어느 계층이냐에 따라 매체와 프로그램의 선택도 달라져야 한다. 서민층은 TV의 연속극을 많이 보므로 그들을 상대로 제품을 팔 때는 그러한 연속극에 끼워서 광고를 내보내야 하며 만약 여유 있는 지식인층을 상대로 한다면 그들이 많이 보는 프로그램 (TV 교양강좌)이나 신문·잡지(경제신문, 학술전문지)에 주로 광고를 해야 할 것이다.

사회계층을 분류할 때는 주로 Warner의 지위특성지표(ISC, Index of Status Characteristics)를 사용한다. ISC는 직업, 소득원천, 주택의 유형, 주거지역의 사회적 변수들을 고려하여 사회계층을 분류한다(〈표 2-2〉 참조). 우리나라의 경우 통계청에서 주관적 계층의식을 조사하여 가구주를 대상으로 "당신은 우리 사회에서 소득, 직업, 재산, 교육수준 등을 감안했을 때 어느 계층에 속한다고 생각하십니까?"라고 질문하여, ① 상, ② 중, ③ 하의 3개로 사회계층을 나누고 있다(〈표 2-3〉 참고).

| 표 2-2 | Warner지수의 계산에 사용되는 변수별 점수

직업(가중치4)	소득원(가중치3)	주택의 유형(가중치3)	주거지역(가중치2)
7=대기업 소유자/전문직 ⋮ 1=비숙련공	7=유산상속 ⋮ 1=정부보조비	7= 호화저택 ⋮ 1=판자집	7=최고급주택가 (해변가) ⋮ 1=빈민가

| 표 2-3 | 주관적 계층의식(가구주)

구분	2011	2013	2015
상	1.9	1.9	2.4
중	52.8	51.4	53.0
하	45.3	46.7	44.6

주석 : 1) 주관적 계층의식은 가구주가 주관적으로 느끼는 자신의 사회경제적 지위에 대한 응답 비율임.
　　　 2) 13세 이상 가구주를 대상으로 조사하였음.

통계청의 주관적 계층의식에 따른 분류와 달리 직업·교육·소득원천·주택유형·주거지역 등 일반적인 기준을 고려하여 사회계층을 나눌 경우 사회계층 구조는 〈표 2-4〉와 같다.

| 표 2-4 | Coleman & Rainwater의 사회적 지위계층(Social Standing Hierarchy) 분류

구분	사회 계층	내용
상류층	최상류층 (0.3%)	세습부유층
	상류층 (1.2%)	신흥사회엘리트층 (성공한 전문직 종사자, 최고경영자)
	중상층 (12.5%)	대학을 나온 관리자 및 전문직 종사자
중류층	중산층 (32%)	평균봉급 이상의 화이트칼라 및 블루칼라 종사자
	근로층 (38%)	평균봉급의 블루칼라종사자
하류층	빈민층 (9%)	미숙련 블루칼라 종사자
	최하류층 (7%)	생계보조비를 받는 극빈층

③ 준거집단

준거집단(reference group)이란 개인의 태도나 행동에 직접·간접으로 영향을 끼치는 모든 집단을 말한다. 가족, 친구, 동창회, 회사동료집단, 같은 아파트단지 사람들, 학회, 교회 등이 모두 준거집단에 속한다. 오늘날에는 온라인상에서의 영향력자(Influentials)들이 영향력이 가장 큰 준거집단이 되었다. 소위 '크리에이터(Creator)'라고 불리는 이들 영향력자들은 이제는 제품과 서비스가 시장에 확산되는 데 있어서 가장 큰 영향을 미치는 집단이며, 기업에서는 이들 영향력자들이 자신의 제품과 서비스에 대해서 긍정적인 메시지를 보낼 수 있도록 다양한 마케팅활동을 수립해야 한다.

사례 우린 연예인이랑 달라요

연예인들이랑 우리 크리에이터들은 달라요. 사람들은... 연예인은 그냥 구경을 해요. 답글을 기대하진 않아요. 근데 크리에이터는 옆집 언니 같은 느낌? 그런 느낌, 더 가깝고 친근한 느낌이에요. 그 정도를 알고 포지셔닝해야죠(디바 제시카, 2017.10.12.).

크리에이터들은 연예인이나 대중 스타와는 차별화된 존재로 자신들을 포지셔닝한다. 그들은 털털하고 소박하지만, 크리에이터로서의 자부심만큼은 대단하다. 유튜브 스타가 되려면 '특정 주제'에 대해 전문가가 되어야 한다. 자기만의 콘텐츠를 가진 인물이어야 한다는 것이다. 자기만의 콘텐츠 확보가 크리에이터의 기본이라면, 크리에이터의 인기를 견인하는 것은 '친근함'과 '소통'이다. '대도서관'은 한 매체 인터뷰에서 "팬들은 우리를 연예인처럼 먼 존재가 아니라 형이나 친구처럼 친근하게 본다"고 말했다(양성희, 2015.9.1.). '대도서관'이나 위의 '디바 제시카'가 말한 것처럼, 크리에이터는 팬들과 편하고 친근한 관계를 유지하면서 소통하려고 노력해야 한다. 라이브 방송은 더 어렵다. 크리에이터들은 방송 진행과, 이용자들과의 일대일 채팅과, 방송을 보는 모든 이용자들이 공동체적 체험을 느끼도록 유도하는 모든 것을 동시에 해내야 한다.

이처럼 '크리에이터(creator)'란 단어는 일반적인 의미의 '창작자'와는 다른 의미를 갖게 되었다. '크리에이터'는 유튜브, 네이버TV, 아프리카TV, 카카오TV, 트위치TV, 페이스북, 인스타그램 등의 다양한 디지털 플랫폼에서 영상물을 꾸준히 올리며 자신만의 채널과 구독자를 갖고 있는 영상 창작자들을 일컫는다. 광의적 개념으로는 꼭 영상물이 아니어도 웹툰이나 웹소설, 시, 블로그, 일러스트 등 다양한 콘텐츠를 자신만의 채널에 연재하며 구독자와 소통하는 창작자들을 포함하고, 공부, 명상, 독서, 다이어트, 자기계발 등 자기만의 다양한 정보를 제공해 높은 영향력을 발휘하는 인플루언서들도 '크리에이터'군에 포함시킬 수 있을 것이다. 서구에서는 유튜브에서 시작되었으며, 국내에서는 아프리카TV에서 생중계를 진행한 BJ가 크리에이터의 시초라고 할 수 있다.

내가 좋아하는 것을 놀면서 했을 뿐!

많은 유튜버들이 자기가 좋아하는 것을 설명하거나, 평가하거나(리뷰), 또는 있는 그대로 중계하면서 채널을 운영하기 시작했다. 크리에이터 대부분이 겜방(게임방송), 먹방(먹는 방송), 뷰방(뷰티방송) 등, 자기가 좋아하는 분야를 자유롭게 표현하는 것에서부터 콘텐츠 창작자로서의 삶을 시작한다. 이렇게 소박하게 출발했기에 크리에이터들은 스스로를 특별한 존재로 여기기보다, "좋아하는 것을 꾸준히 한 사람"으로 자신을 설명한다. 그래서 크리에이터들은 스타가 되었어도 팬들 위에 군림하지 않으며, 팬들과 꾸준히 소통하고 친근한 관계를 유지한다.

크리에이터가 갖고 있는 특정한 문화는 비슷한 관심사와 취향을 가진 이들 속에서 막강한 영향력을 갖고 있다. 크리에이터의 말은 구독자들이 모두 따라하는 유행어가 되고, 그의 일상과 라이프 스타일을 공유하는 구독자들은 점차 가치관도 함께 공유하게 된다.

막강한 영향력과 강력한 팬덤

크리에이터의 막강한 영향력은 새로운 광고와 마케팅 플랫폼으로서 관심을 모았다. TV 등 매스미디어의 영향력이 감소되면서, 광고주들은 새로운 대안으로 '크리에이터들'이 빈 곳을 채워줄 수 있으리라는 희망으로, 크리에이터 채널을 주목하기 시작했다. 새로운 세대가 크리에이터 채널에서 대부분의 시간을 보내면서 높은 관여도를 갖고 있기 때문에, 광고 대체 효과는 충분하다. 크리에이터의 방송에서는 제품이나 브랜드를 홍보하기도 하고, 직접적인 판매방송을 시도하기도 한다. 다이어터들에게 운동 방법과 식이요법을 알려주면서, 라이프스타일 브이로그로 막강한 영향력을 행사하는 '다이어트 언니 제이제이'는 다양한 상품을 제작하고, 자신의 채널에서 적극적으로 판매하고 있다. 운동법을 알려주는 온라인 영상 콘텐츠도 구독료를 받고, 다이어트용 간식과 운동복, 운동 장비 등을 갖추었다. 다이어터들은 제이제이의 유튜브 브이로그

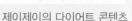

제이제이의 다이어트 콘텐츠

자료원: 제이제이 유튜브 채널

를 보면서, 그의 몸매를 선망하고, 운동법을 따라하며, 그가 권해주는 간식과 운동복을 주문한다. 솔직하고 코믹한 영상 콘텐츠, 모델급의 인스타그램 이미지, 블로그와 카페를 통한 섬세한 소통으로 제이제이의 구독자들은 '팬'에서 '소비자'로 자연스럽게 정체성을 갈아타게 된다.

자료원: 한국전파진흥협회(2018), 스낵 미디어 산업 동향.

사람들은 자신이 속하거나 속하고 싶어하는 준거집단의 행동규범과 생활양식을 따르려고 하고 또 따르라고 하는 압력을 집단으로부터 받기도 한다. 이렇게 개인이 자발적·비자발적으로 자기의 준거집단의 태도와 행동을 따르다 보며 그는 자연히 제품이나 상표의 선택에서 그 집단의 영향을 받게 되는 것이다. 준거집단의 영향은 제품유형과 소비자의 제품지식수준에 따라 달리 나타난다. 예전에는 [그림 2-2]에서 보듯이 공공장소에서 사용되는 사치품인 골프클럽·스키·요트의 경우는 준거집단의 영향을 많이 받는 반면에, 개인적으로 사용되는 필수품인 침대요·마루용 램프·냉장고와 같은 제품의 경우는 제품의 소유 여부와 상표선택에 있어 준거집단의 영향력을 별로 받지 않는다고 생각했다. 그러나, 온라인을 통해서 다양한 소비자들이 사회적 관계망(Social Network)을 통해서 연결되는 지금의 상황은 개인적으로 많이 사용하는 필수품들의 경우에도 준거집단의 영향력이 훨씬 더 커지고 있고, 기존 사용자들이 남긴 사용후기를 통해서 또 기존 사용자가 자신의 사회적 관계망(Social Network)에 공유하는 사용경험을 통해서 준거집단이 구매결정에 미치는 영향력이 매우 커지고 있다.

그림 2-2   제품유형과 소비상황에 따른 준거집단의 영향

	필수품(Necessities): 제품선택에 대한 집단영향 ↓	사치품(Luxuries): 제품선택에 대한 집단영향 ↑
공공적(Public): 상표선택에 대한 준거집단의 영향 ↑	손목시계 자동차 옷	골프클럽 스키 요트
개인적(Private): 상표선택에 대한 준거집단의 영향 ↓	침대요 마루용 램프 냉장고	가정용 비디오 게임 쓰레기 압축기 얼음 제조기

제품수명주기(product life cycle)의 초기에 소비자들이 새로 나온 제품에 대해서 잘 모를 때 그들의 신제품 구매 여부는 준거집단 내의 의견선도자(opinion leader)의 영향을 특히 강하게 받는다. 따라서 기업은 목표로 하고 있는 고객들의 준거집단의 특성을 파악할 필요가 있으며, 특히 준거집단 내의 의견선도자가 되는 사람들의 인구통계적·심리분석적 특성을 알아 내어 그들에게 어울리는 광고메시지를 그들이 애용하는 매체를 통해 퍼뜨려야 한다.

특히, 기술과 비즈니스 모델의 혁신을 통해 새로운 컨셉의 제품과 서비스가 다양한 시장에서 빠르게 도입되고 있는 디지털시대에서는 혁신수용성이 높은 초기 사용자들의 사용후기가 잠재적인 수용자들의 수용 여부에 매우 큰 영향을 가지게 된다. 초기 사용자들이 온라인상에서 남기는 사용후기, 평가, 의견들이 구매를 고려하는 소비자들에게 미치는 영향이 가장 크기 때문에 기업에서는 이러한 초기 사용자들의 구매후 활동에 대한 데이터의 실시간 수집과 분석을 통해 긍정적인 사용경험이 확산될 수 있도록 정교하면서도 다양한 마케팅활동들을 펼쳐야 할 것이다. 다음의 그림은 amazon에서 제품의 사용후기를 통해서 잠재 고객들에게 정보를 제공하고 있는 사례를 보여준다.

Dusty Fohs ⊘
★★★★★ **A True Blessing. I Am So Thankful!!**
October 17, 2016
Edition: VIVE System | Verified Purchase

This device is life changing. I'm a huge gamer. I'll admit, an unhealthy addict. Sitting in front of a desktop PC doesn't do my body any good at all. It's been causing me anxiety, loss of sleep and disappointment in myself. I was assuming the Vive would just add to it, but I had to have it anyway. The result were entirely unexpected. In less than a week I've exercised more than I have in years and had a BLAST doing so. I actually WANT to exercise more than my body can handle. My entire body is sore and I'm loving it.

I feared that I would use the Vive as a form of escape and ignore my real world responsibilities and kill my social life. The exact opposite has happened. This is not a casual toy. If you intend to use it room scale, it takes a lot of planning. There are sensors to set up, a good amount of space needed, a LOT of cable management. It works best if you have an entire room dedicated to VR, but not all of us are fortunate enough to have that kind of space.

Something you will learn early on is that when you take off the headset and return to the real world, you want your real world settings to be pleasing. The last thing you want to see when you return is a sink full of dishes, dirty laundry, clutter or anything that would cause you disappointment. My apartment is now spotless and totally in order. Half of my living room is set up for the Vive. I have a welcoming, clean open space complete with yoga mats. I now live in my previously unused workout clothes.

This is an experience to share. My friends are totally blown away. This didn't decrease my social life. Again, it did the opposite. I'm inviting my MOTHER over! GASP! That never happens! :) She used to be an avid scuba diver but can no longer dive due to health issues. Next week I'm taking her scuba diving in my living room! My friend's wife was trying to plan a small surprise birthday for him but they're new in town and don't know many people. I offered to host the gathering at my place. Why not? It's now clean! We had a wonderful evening. I'm planning on having people over most weekends to have fun and explore the possibilities the Vive offers. It's a joy to share!

My PC gaming addiction is gone. POOF! Just like that. I never would thing this would happen. Yes, I'm still playing games, but I'm fully active. Very active. I moved almost non stop for 3.5 hours yesterday. I'm much more aware of my time. I don't feel depressed or that I'm missing out or hiding from life. I feel exhilarated.

This does not come without a price. Please know that the current $799 price is just the beginning. You will need a top of the line computer with a powerful graphics card in order to run the Vive properly. Being a big gamer, I already had the computer ($1100 about six months ago) but I still had to upgrade to a GeForce 1070, which currently runs just over $400. Tripods and mounts: $60. Applications run from free to about $30 each. I've dropped a couple of hundred on games in the first week.

Budget your money, budget your space, know what you have to do to get this set up, get your act together and THEN buy this. Your story might end differently than mine, but I hope it anything it's better.

And for the love of all that is holy, buy Audioshield. It's by far my most used app and SOOOOOOOO much fun

425 people found this helpful

[Helpful] ⌄ 3 comments   Report abuse

위 그림은 온라인 유통 사이트인 아마존(amazon)에서 제품을 구매한 소비자들이 자유롭고 활발하게 해당 제품에 대한 리뷰를 남긴 것이다. 아마존은 리뷰 기능의 지속적인 개선을 통해서 질 높은 리뷰를 노출하도록 하고 있으며, 업체로부터 지원을 받아 작성된 광고성 상품 리뷰에 대해 강경하게 대처하기 시작하여 수십만 건의 상품평을 삭제했을 뿐만 아니라 실구매자 위주의 리뷰를 인증하도록 하고 있다. 수용자들은 초기 사용자들의 상품 후기로부터 별점, 전체적인 후기 내용뿐 아니라, 제품의 장·단점, 제품 설치 방법 등 다양하고 많은 정보를 주고받는다.

자료원: amazon.com

준거집단과 관련된 마케팅 사례는 대표적으로 두 개를 들 수 있다. 첫째는 준거집단 때문에 신제품이 확산되지 못한 사례이고, 둘째는 준거집단을 의도적으로 활용하여 신제품을 성공시킨 사례이다.

첫째 사례는 미국에서 60년대 초에 P&G가 즉석커피(instant coffee) 신제품을 출하한 이야기다. 가정주부를 표적집단으로 한 이 제품은 기존의 갈아서 끓여야 하는 원두커피의 불편함을 덜어 주기 위한 편의성 제품이었다. 그러나 이 즉석커피는 초기에 시장진입하는 데 실패하였다. 실패 이유를 규명하기 위하여 소비자조사를 실시한 결과, 이 시대의 미국 가정주부는 커피를 직접 갈아서 끓이지 않고, 인스턴트 커피를 구입하는 것을 이웃 친구가 알면 게으른 가정주부로 인식될까봐 두려워서 슈퍼마켓에서 인스턴트 커피를 구입하지 않는다는 사실을 알아 내었다.

 사례 **다른 사람들이 어떻게 생각하는지가 중요해요!**

우리나라에서도 '종가집 김치'나 '햇반' 등의 제품이 제품 출시 초기에 일반가정에 쉽사리 침투하지 못했던 것은 경제적인 이유뿐만 아니라, 가정주부의 준거집단인 가족 중 시어머니, 남편과 이웃 친구들의 영향도 있을 것이다.

하지만 최근 들어 종가집 김치와 햇반은 소비자들에게 매우 자연스럽게 받아들여지고 있다. 어떤 마케팅 활동이 이러한 변화를 불러 일으켰을까? 우선, 대상은 김치 연구소를 중심으로 김치 맛을 좋게 하거나 이를 잘 유지할 수 있는 유산균을 직접 개발하기에 이르렀다. 또한, 대상은 통합 온라인몰 정원e샵에서 종가집 맞춤형 김치 서비스인 '나만의 김치'를 선보여 양념, 용량 등을 소비자가 직접 선택하여 개인의 입맛에 맞는 김치를 즐길 수 있도록 하는 서비스를 제공한다. 이러한 노력과 더불어 맞벌이 가구, 1인가구가 늘어나면서 김치를 사먹는 수요가 늘어났고, 김치를 사먹는 가구가 늘어나면서 시판 김치 시장도 크게 성장하게 되었다.

'즉석밥', '상품밥'이라는 명칭 대신 통용되는 '햇반'은 연간 판매 3억 개를 돌파하며 우리의 식문화를 바꾸고 있는 현재진행형 제품이다. 이렇게 햇반이 고유명사가 될 수 있도록 만든 CJ의 노력은 무엇이었을까? 첫째, 2010년부터 자체 도정 설비를 도입해 생산 당일 도정한 쌀로 밥을 지어 엄마가 해주신 밥보다 더 집밥 같은 제품을 만들기 위해 노력했다. 둘째, 무균화 포장 기술' 또한 빼놓을 수 없는 요소다. 이 포장을 거친 완제품은 균이 전혀 없기 때문에 보존료를 전혀 첨가하지 않고도 장기간 상온에서 보관할 수 있고 '갓 지은 최고의 밥맛'을 낼 수 있는 장점을 지닌다. 이와 같은 노력과 그 투자는 충분히 가치가 있었다. 초기 출시 당시만 해도 시장은 물론 CJ제일제당 내부에서조차 '맨밥을 누가 사먹겠느냐'며 물음표가 달렸던 햇반은, '신혼부부들이 밥솥 대신 햇반을 산다'는 말이 나올 정도로 식문화를 바꾼 혁신제품이 되었다.

둘째 사례는 준거집단을 의도적으로 활용한 P&G의 Tremor 사례이다. 2001년부터 설립된 13~19세 청소년을 대상으로 하는 입소문 전담조직인 Tremor은 또래집단 중에서 '유행에 민감하고 최첨단 신제품을 조기에 수용하는 사교성 좋은 10대'를 대상으로 한다. P&G는 이들에게 신제품을 무료로 나누어 주고, 이들은 사용 경험을 자신의 친구들에게 이야기하는 것이다. 이들은 또한 최신 영화나 음악 혹은 새로운 식당을 다른 사람들보다 먼저 사용해 볼 기회를 갖는다. Tremor를 이용한 캠페인을 동반한 신제품은 그렇지 않은 신제품에 비해서 더 많이 팔리는 것으로 나타났다. Tremor를 통한 캠페인을 수행한 Pheonix에서는 Tremor 회원들에게 신제품 우유 쿠폰을 지급하였는데, Tremor를 활용한 캠페인이 전혀 없었던 Tuscon보다 18% 더 많은 매출을 올릴 수 있었다. 이처럼 준거집단을 표적으로 한 마케팅활동은 소비자의 선택에 높은 영향을 미친다.

사례 | 체험단을 준거집단으로 만들어라

체험단은 하나의 준거집단의 예가 될 수 있을 것이다. 체험단이란 일반 소비자가 자사의 제품이나 서비스 등을 직접 사용해본 후 후기나 피드백을 생성하고 홍보의 역할도 겸하기 위해 기업이 운영하는 집단으로 지역매장 방문형, 제품 배송형, 기자단, 서포터즈 등 다양한 형태가 있다. 쉽게 말해, 기업이 일반 소비자에게 무료로 제품을 제공하는 대신, 긍정적인 후기를 받는 개념이다.

체험단을 기획할 때는 단순히 제품을 주며 가이드에 맞춰 후기를 작성해달라는 식의 접근이 아니라 브랜드의 진정성이 어떻게 잘 전달될 수 있을지에 대한 '정교한 설계'가 수반되어야 한다. 그렇지 않으면, 후기 하나가 늘어난 정도로 만족해야 할 것이다.

제품을 사용하여 진정성 있는 변화가 생기는 것만큼 진정성 있는 경험도 없을 것이다. 강아지 사료 브랜드 '퓨리나 원(Purnia One)'은 30일 동안 지사의 제품을 강아지가 섭취하고 30일 동안의 변화를 체감하도록 하는 체험단 캠페인 '30 Day Challenge'를 통해 견주들의 엄청난 호응을 얻었다.

체험단 신청 사이트에서 강아지의 나이, 건강 상황을 기입한 견주들을 대상으

로 추첨을 통해 30일간 체험이 가능한 양의 제품을 무료로 제공했다. 그리고 30일 동안 섭취하는 과정에서 강아지의 식욕, 외형 등의 건강상 변화를 사이트에 측정, 기록하는 조건을 내걸었다. 강아지의 건강을 무엇보다 중요하게 생각하는 견주들의 입장에서 내 강아지의 건강상 변화를 기록하라는 조건은 후기작성 같은 일종의 거래처럼 느껴지는 조건이 아닌, 내 강아지의 건강을 위해 도움이 되는 진정성 있는 조건으로 느끼게 되었다. 그래서 체험단 견주들은 매일매일 강아지의 건강상 변화를 착실히 기록했다. 여기서 중요한 건, 대다수의 강아지가 퓨리나 원을 먹고 더 건강해졌다는 점이다. 치아부터 윤기 나는 털, 높은 소화율 등 견주들이 체감할 수 있는 긍정적 변화들이 30일 이내에 이루어졌다. 견주의 입장에서 자신의 강아지가 건강해지는 변화를 보게 되는 것만큼 '긍정적인 직접 경험'도 없을 것이다. 견주들은 자신의 강아지가 건강해지고 있음을 보여주고 싶은 마음에 더 적극적으로 사이트에 기록을 올렸고 자발적으로 SNS에 건강의 변화를 자랑했다. 자신의 강아지를 자랑하고 싶어 하는 견주들의 심리를 '퓨리나 원'은 잘 알고 있었다.

자료원: 플래텀(2018), 체험단 마케팅을 얕보지 말아야 하는 이유.

4 가족

　　가족은 준거집단 중에서 개인의 구매행위에 가장 큰 영향을 끼친다. 특히 우리나라 가족의 가치관이 대가족 중심에서 핵가족 중심의 개인적 사고방식으로 바뀜에 따라 남편과 아내의 역할, 부모와 자녀 간의 관계는 매우 서구적·합리적으로 변화하고 있다. 대부분의 소비자들이 결혼하기 전까지 부모와 같이 사는 동안에 그들에게서 인생관·가치관·종교관 등을 배운다. 이렇게 그들과 같이 살면서 그들에게 배운 것은 오랜 세월을 두고(구매행위를 포함한) 소비자들의 일상생활에 영향을 끼치는 것이다. 그러나 핵가족시대에 있어서 좀 더 직접적인 (구매에 대한) 영향력은 배우자와 아이들이 행사하고 있다.

　　집·자동차·가정용 전기용품 등 고가의 물건을 구입할 때는 부부가 의논해서 사는 경우가 많다. 요즘 특히 젊은 부부들은 가족 전체가 대형할인점이나 슈퍼마켓에서 같이 쇼핑하는 경우가 많으며, 이러한 가족공동구매 추세는 더욱 늘어날 것으로 보인다. 또 하나 특기할 만한 사항은 자녀를 하나만 둔 가정이 늘어남에 따라 오늘날의 젊은 부부가 아이 하나에 쏟는 물질적인 정성은 옛날과는 비교가 안 될 정도라는 것이다. 따라서 유치원·유아원·아기용품·장난감 등 어린이들을 상대로 하는 시장의 규모가 크게 늘어났다. 더욱 중요한 것은 상대적으로 가정 내에서 아이들의 발언권이 커져 그들의 의견이 구매결정에 많이 반영되고 있다는 것이다. 소득은 늘고 자녀의 수는 적으니 아이들이 원하는 것은 무엇이든지 사주려고 하는 풍조는 앞으로도 계속 될 전망이다.

　가족의 변화에서 한 가지 중요한 변화의 추세는 1인 가구가 차지하는 비중이 매우 빠르게 증가하고 있다는 것이다. 1인 가구의 증가는 소비문화의 변화를 가져오고, 제품시장의 구조를 바꿔나가고 있다. 아래의 사례에서는 이러한 1인 가구의 증가가 가져오는 소비의 변화를 잘 설명해주고 있다.

사례　혼밥족 늘어나니… 편의점 · 간편식 · 배달 앱 뜬다

　급증하는 1인 가구는 대한민국의 경제지도까지 바꿔놓고 있다. 식품, 유통부터 가전, 주택, 콘텐츠, 의료 등에 이르기까지 다양한 영역에서 이들을 잡기 위한 움직임이 분주하다. 싱글족의 특징은 왕성한 소비력이다. 부양가족이 없기 때문에 '나를 위한 소비'에 적극적인 편이다. 통계청에 따르면 1인 가구의 소비성향(소득 대비 소비 비율 · 2015년 기준)은 80.3%로 2인 가구(70.2%), 4인 가구(76%), 5인 이상 가구(75.7%)를 모두 웃돌았다.

　'솔로 이코노미'의 대표적인 수혜주로는 편의점이 꼽힌다. 출퇴근길 집 근처 편의점에 들러 소포장 · 소용량 제품과 간단한 먹거리를 필요한 만큼 사는 싱글족의 소비방식과 잘 맞기 때문이다. 2016년 말 기준 국내 편의점 수는 3만 2611개, 연 매출은 20조 4000억원에 이른다. 5년 새 점포 수는 57%, 매출은 두 배로 뛰었다. 가족 단위 쇼핑객이 많은 백화점과 대형마트는 성장이 정체된 반면 편의점은 매년 10~20%씩 크고 있다.

　요리를 번거로워하는 독신가구를 겨냥한 가정간편식(HMR)[4] 시장도 급성장하고 있다. 농수산식품유통공사는 "국내 HMR 시장은 2010년 7700억원에서 지난해 2조 3000억원으로 연평균 20%씩 성장했다"고 설명했다. '3분 요리' 수준이던 상품 구색도 웬만한 맛집 버금가게 고급화 · 다양화하는 추세다. '배달의민족', '요기요', '배달통' 같은 음식배달 앱(응용프로그램)의 핵심 고객층 역시 젊은 싱글족이다. 국내 배달 앱 시장은 등장 7년 만에 연 2조원대에 진입한 것으로 추산된다.

주택 · 가전도 소형이 인기… TV 주인공도 싱글족

　소형 주택에서 공간을 효율적으로 활용하도록 도와주는 소형 가전과 인테리어 상품도 인기다. 올들어 옥션 · G마켓 · 11번가에서 판매가 가장 많이 늘어난 가전제품은 건조기, 스타일러,

---

4　HMR(Home Meal Replacement)은 가정식사대체식품, 즉 짧은 시간에 쉽고 간단하게 조리해 먹을 수 있는 음식을 뜻함.

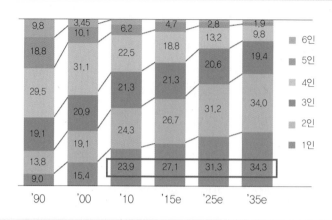

자료원: 통계청.

휴대용 선풍기, 열풍기, 에어프라이어 등이었다. 이진영 옥션 실장은 "가전제품 구매자는 60%가 20~30대"라며 "원룸 같은 좁은 공간에서 효율적으로 쓸 수 있는 미니 가전의 인기가 높다"고 전했다. 조립식 가구를 파는 이케아가 한국에 성공적으로 안착한 것도 1인 가구 덕이 컸다는 분석이다.

문화콘텐츠 시장에도 적지 않은 변화를 가져왔다. TV에선 몇년 전부터 '나 혼자 산다', '혼술 남녀', '내 귀에 캔디', '조용한 식사' 등 싱글족이 등장하는 프로그램이 쏟아졌다. 대가족이 지지고 볶는 '홈드라마'는 한물간 지 오래다. 1인 가구는 콘텐츠를 소비하는 방식도 2~4인 가구와 다르다. 다른 사람 눈치를 보지 않고 자신의 취향에 집중한다. 정덕현 문화평론가는 "가족주의 사회에선 보편성 있는 작품을 선호하지만 1인 가구가 많아진 지금은 취향 소비를 하는 경향이 강하다"고 했다. 소수의 마니아층을 겨냥한 틈새 콘텐츠가 늘고, 이는 문화시장의 다양성 확대로 이어질 것이란 설명이다.

산업연구원에 따르면 국내 1인 가구 소비지출 규모는 2010년 16조원에서 2020년 120조원으로 증가할 전망이다. 2030년에는 194조원에 달해 4인 가구 소비지출(178조원)을 앞지를 것으로 예측됐다. 전체 민간소비의 20%에 육박하는 수치로, 1인 가구가 내수를 좌우하는 '큰 손'이 되는 셈이다.

자료원: 한국경제(한경)신문(2017.11), Cover Story-경제지도 바꾸는 '솔로 이코노미'.

5 생활양식

나이와 직업이 같다고 하더라도 사람에 따라서는 매우 다른 라이프스타일을 가지는 경우가 많다. 라이프스타일, 즉 생활양식이란 인간이 환경과 상호작용하여 살아가는 나름대로의 독특한 양식 및 행동방식이라 정의할 수 있다. 이러한 생활양식에 대한 분석은 의사결정자들에게 통찰력과 정보를 제공해 줄 수 있다. 아래는 20대와 30대의 각 연령대별 소비의 라이프스타일이 어떻게 바뀌고 있는지를 분석한 매경이코노미의 자료이다.

 사례 **20대와 30대의 소비 라이프스타일**

(1) 20대

"경험 삽니다" '경험 is 뭔들(User Experience Matters).'

김난도 서울대 교수의 저서 '트렌드 코리아 2017'의 한 챕터 이름이다. 그는 '경험 소비'를 최근 소비 문화의 10가지 핵심 트렌드 중 하나로 지목하며 "경험이 곧 경쟁력이자 상품이 되는 시대"라고 진단했다. 그의 말처럼 최근 젊은 세대 중심으로 단순 재화보다는 경험을 소비하고자 하는 욕구가 빠르게 확산되고 있다. "그거 있어?"보다는 "그거 해봤어?"란 물음이 더 중요해진 시대가 온 것이다. 자신의 이색적인 활동 모습을 실시간으로 공유하는 SNS 문화의 확산도 경험 소비의 트렌드를 잘 반영한다.

삼성카드 빅데이터 분석 결과에서도 이런 욕구를 쉽게 찾아볼 수 있다. 20대가 다른 연령대보다 건단가가 높은 주요 업종을 살펴보면 '체험'과 '특별함'에 방점을 찍고 있는 모습이다.

20대는 골프장, 스포츠센터, 외국어 학원, 예체능계 학원, 악기, 체형관리, 남성 정장 등이 상위권을 차지했다. 남성 정장을 제외하곤 전부 몸으로 뛰고 배우는 '체험 특화' 업종이다. 여기엔 빠졌지만 이·미용, 요리 학원도 2013년 대비 지난해 건단가는 12%, 총 결제액은 110%나 늘어났다.

(2) 30대

인테리어·반려동물 급증

30대는 건단가 증가 업종이 가장 많은 연령대다. 전체 평균보다 건단가가 10% 이상 오른 업종이 12개나 된다. 2위는 20대(9개)다. 소비의 '고급화' 현상이 그 어떤 연령대보다 두드러지게 나타나고 있다는 얘기다.

증가 업종 면면을 살펴보면 20대와 다른 부분이 눈에 띈다. 바로 '인테리어' 관련 업종이다. 인테리어 자재, 패브릭에 이어 인테리어 소품, 가구, 조명까지 매출이 증가했다. 최근 불어닥쳤던 '셀프 인테리어' 열풍을 확인할 수 있는 지표다.

특이한 점은 내 집 꾸미기와 관련된 업종 간에도 양극화 현상이 나타나고 있다는 사실이다. 인테리어 자재(9%)와 패브릭(21%)의 건단가는 증가한 반면 가구(-42%), 인테리어 소품(-12%), 조명(-7%) 부문의 건단가는 감소했다. 쉽게 말해 자재와 이불 등의 패브릭은 고급으로, 가구·소품·조명은 가성비를 추구하는 양상인 셈이다. 가구와 소품은 스웨덴 저가 가구 브랜드 '이케아' 열풍과 '미니소', '플라잉타이거코펜하겐'으로 대표되는 저가 소품 매장들이 인기를 끌면서 가성비 트렌드가 두드러졌다.

통계청에 따르면 2015년 기준 전체 1인 가구에서 30대가 차지하는 비중이 18.5%로 가장 높다. 최근 서울시는 시내 1~2인 가구가 합하면 전체의 54.8%란 조사 결과를 발표하기도 했다.

혼자 살면 아무래도 외로움이 커질 수밖에 없을 터. 반려동물 시장 성장과 함께 '가축병원'을 이용하는 30대가 늘어나고 있다. 지난해 결제액이 3년 전 대비 70% 가까이 늘며 모든 연령대에서 가장 높은 수치를 기록했다. 반면 건단가는 8% 감소했다. 결제액이 늘고 건단가가 줄었다는 건 가축병원을 그만큼 예전보다 '자주, 또 많이' 찾았단 얘기가 된다. 서울시에 따르면 지난해 서울에서 반려동물을 기르는 가구는 5곳 중 1곳(19.4%)에 달했다. '딩펫족'(자녀 계획 없는 부부를 일컫는 '딩크족'과 '펫'의 합성어)이 늘어나는 등 가족 구조가 크게 변하면서다.

자료원: 매경이코노미(2017.07), 연령대별 소비 트렌드.

제2절 심리적 요인들

소비자의 구매행위는 동기유발·지각·학습·태도의 네 가지 심리적 요소에 의해서도 영향을 받는다. 구매과정에서의 각 요소의 역할에 대해서 알아보자.

1 동기유발

동기유발(motivation)이란 어떤 목표를 달성하기 위하여 개인의 에너지가 동원된 상태를 말한다. 이러한 상태는 긴장 때문에 발생하며, 긴장 또한 해소되지 않은 욕구가 있기 때문에 생기는 것이다. 소비자는 욕구를 충족시킴으로써 긴장을 줄이려고 한다. 따라서 동기유발과정에서 욕구는 빼놓을 수 없는 구성요소인 것이다. 예를 들면, 목이 마를 때는 (자동판매기에서 코카콜라를 사서) 목을 축이려는 욕구가 바로 동기가 (수정) 되는 것이다. 이 같은 상황을 그림으로 표시하면 [그림 2-3]과 같다.

그림 2-3 동기유발과정

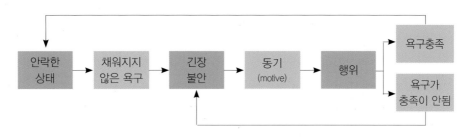

매슬로우(Abraham Maslow)는 사람의 욕구에는 아래와 같이 다섯 가지 단계가 있다고 주장했다.

① **생리적 욕구**: 배고픔, 목마름, 비와 눈을 피할 수 있는 곳
② **안전의 욕구**: 보호·질서·안정
③ **사회적 욕구**: 소속감·우정·사랑
④ **자존의 욕구**: 위신·성공·성취
⑤ **자아실현의 욕구**: 자기개발과 자기실현

매슬로우에 의하면 사람은 먼저 가장 기본적인 욕구인 생리적인 욕구를 채우려고 하고, 이것이 채워지면 안전욕구를, 안전욕구가 채워지면 다시 그 위의 사회적 욕구를 채우려고 한다는 것이다. 물론 사회적인 욕구가 만족되면 자존의 욕구와 자아실현의 욕구를 만족시키려 할 것이다([그림 2-4] 참조).

그림 2-4 **매슬로우의 다섯 욕구단계**

물론 이 이론은 예외가 많아 그대로 받아들이기는 어렵다. 어떤 사람은 바로 위의 단계가 아닌 몇 단계 위의 욕구를 충족시키려고 한다. 예를 들면, 집(안전의 욕구)은 없어도 자동차(자존의 욕구)는 굴리겠다는 젊은 층이 꽤 있다고 한다. 또 여러 욕구를 차례차례로 만족시키려고 하는 대신 이들을 동시에 충족시키려고 하는 경우도 있다. 예컨대, 빚을 내서 고급 아파트를 사는 경우는 몸이 머무를 곳을 확보한다는 생리적 욕구에서부터 자존의 욕구까지 충족시키려고 하는 것인지도 모른다. 그럼에도 불구하고 매슬로우의 이론은 동기이론의 기초를 제시했다는 점에서 아직도 높이 평가된다. 이 이론은 또한 마케팅관리자로 하여금 자사의 여러 제품이 잠재적 고객의 목표체계와 생활 속에서 어떤 의미를 갖고 있는가를 파악하는 데 도움을 준다.

2 지각

소비자들의 행동은 그들이 그들 자신과 환경을 어떻게 지각하느냐에 따라 크게 달라진다. 만일 두 사람이 어느 제품과 그것의 가격을 서로 다르게 지각하고 있다면 아마도 그들은 그 제품에 대해서 서로 다른 행동을 취할 것이다. 지각이란 우리의 내적·외적 환경으로부터 오는 자극을 받아들이고 그 자극의 의미를 도출하는 과정이다. 사람들이 똑같은 자극을 서로 다르게 지각하는 것은 다음과 같은 세 가지 지각과정 때문이다. 이는 선택적 주의(selective attention)·선택적 왜곡(selective distortion)·선택적 보유(selective retention)이다.

(1) 선택적 주의

현대인들은 매일 어마어마한 양의 자극에 노출이 되고 있다. 우리가 하루에 접하는 광고의 양을 생각해 보라. 따라서 소비자는 그들에게 오는 자극 중 극히 일부에만 주의를 기울일 수밖에 없다. 대체로 소비자들은 아래와 같은 경우에 그들에게 오는 자극을 주의할 가능성이 많다고 한다.

- 자극이 현재 소비자가 갖고 있는 욕구에 관련이 있을 때: 점심식사 시간에 식당에 들어가면, 모든 음식이 맛있어 보인다.
- 자극의 정도가 평상시보다 훨씬 클 때: 20% 할인보다는 50% 할인 광고가 더 눈에 잘 들어온다.

따라서 경영자는 창의성 있는 제품디자인, 특이한 광고, 기억에 쉽게 남는 메시지 등으로 자사의 제품이나 광고가 소비자의 주의를 끌도록 해야 한다.

(2) 선택적 왜곡

사람들은 그들이 일단 주의하여 받아들인 정보를 자기들이 미리 갖고 있던 선입관에 맞춰서 해석하는 경향이 있다. 만일 소비자가 어느 회사의 특정 제품에 대해 좋은 선입관을 갖고 있다고 하자. 그러면 그는 그 제품의 좋은 점과 나쁜 점에 대해서 다 들어도 그러한 상품정보를 그 제품의 구매를 합리화하는 방향으로 해석하려고 한다.

(3) 선택적 보유

사람들은 들은 것의 대부분을 잊어버린다. 대체로 그들은 그들의 행동이나 태도를 뒷받침해 주는 정보만 기억하는 경향이 있다. 우리가 이미 선택했거나 선택하려고 하는 상표의 좋은 점은 자꾸 귀에 들어오고 다른 상표의 좋은 점은 잘 안 들리는 것은 이 현상 때문이다.

이러한 세 가지 현상(선택적 주의, 선택적 왜곡, 선택적 보유) 때문에 소비자에게 메시지를 제대로 전달하기가 무척 어려운 것이다. 많은 회사들이 똑같은 광고를 자꾸 되풀이하는 것도 이러한 이유 때문이다.

3 학습

학습(배움, learning)이란 경험으로 인한 개인의 행동의 변화를 말한다. 사람은 행동을 할 때 무언가를 배운다. 우리의 거의 모든 행위는 우리가 배운 것이다. 많은 심리학자들은 아직도 자극−반응모델(stimulus-response model)로 인간의 학습행위를 설명할 수 있다고 믿고 있다. 이 모델의 주요 구성요소는 충동(drive) · 실마리(cue) · 반응(response) · 강화(reinforcement) 등이다.

충족되지 않은 욕구가 있어서 긴장된 상태가 형성될 때 이러한 긴장상태를 없애려는 충동이 생긴다. 이럴 때 사람이 언제 어디서 어떻게 반응하는가를 결정하는 환경 내의 자극을 실마리라고 한다. 어느 소비자가 배가 고플 때(충동) 우연히 맥도날드 햄버거 간판(실마리)이 눈에 들어오면, 이 간판은 맥도날드에서 햄버거를 사 먹음으로써 그 당시의 그의 배고픔을 해결하도록 자극하는 실마리의 역할을 하는 것이다. 이러한 실마리에 자극을 받아 사람이 취하는 행동을 반응이라고 한다(보기: 맥도날드에서 햄버거를 구입). 어떤 자극과 그 자극에 대한 반응 간에 직접적인 관계가 성립할 때 학습이 이루어졌다고 할 수 있다. 그런데 반응의 결과에 소비자가 만족을 하면(맥도날드 햄버거를 먹으니까 맛도 있고 배도 부르면) 그는 미래에 비슷한 상황이 일어날 때 똑같은 반응을 할 가능성이 높아진다. 앞의 소비자가 앞으로도 배가 고플 때 맥도날드 햄버거를 사 먹을 확률이 예전보다는 높아진 것이다. 즉, 그의 맥도날드 햄버거에 대한 반응이 강화된 것이다.

마케팅관리자는 이러한 학습이론을 응용하여 다음과 같은 물음에 대답할 수 있도록 해야 한다.

- 우리 제품을 어떻게 하면 강한 구매충동과 연결시킬 수 있을까?
- 어떤 실마리를 쓰면 우리 제품의 구매를 자극할 수 있을까?
- 어떻게 하면 우리 제품에 대한 반응의 긍정적인 강화효과를 낳을 수 있을까?

4 태도

소비자들이 일정 제품이나 상표 또는 점포를 지속적으로 싫어하거나 좋아하는 경향을 태도라 한다. 마케팅관리자에게는 구매를 하기 전에 소비자들이 갖고 있는 생각이나 신념 또는 감정을 파악하고 이를 잘 이해하는 것이 매우 중요하다. 회사는 가격·제품·광고 등의 수단을 동원하여 자사의 이미지나 자사의 제품에 대한 선호도를 높이기 위한 노력을 끊임없이 해야 한다. 이를 위해서는 소비자행동의 심리적 요인 중 태도에 대한 깊은 이해가 필요하다.

제3절 소비자행동모델

소비자행동을 연구하는 학자들은 소비자들이 상품을 구매하는 과정을 몇 개의 개별적인 행위의 집합이 아닌 하나의 과정으로 보고 있다. 이들에 의하면 소비자가 상품을 구입하는 과정은 실제의 구매행위 훨씬 이전에 그가 구매의 필요성을 느낄 때부터 시작해서 구매를 한 후의 그의 행동까지 포함한다. 우리는 그들의 이러한 관점이 특히 비싸거나 관여도가 높은 상품(high-involvement product)을 구입할 때는 적합하다고 생각한다. 또한 이 관점은 마케팅관리자로 하여금 소비자의 구매결정보다는 구매

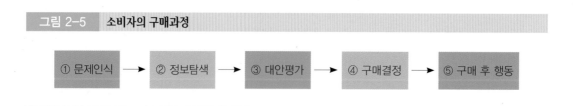

그림 2-5 소비자의 구매과정

① 문제인식 → ② 정보탐색 → ③ 대안평가 → ④ 구매결정 → ⑤ 구매 후 행동

과정에 초점을 맞추게 하는 이점이 있다. 그래서 우리는 [그림 2-5]에 있는 바와 같은 소비자 구매과정모델을 취하기로 한다.

그런데 소비자는 이러한 구매과정을 거치는 동안에 많은 내적·외적 요인에 의하여 영향을 받는다. 외적 요인에는 기업의 마케팅 요인이 있다. 내적 요인은 문화적·사회적·개인적인 요인과 심리적인 요인으로 대별된다.

이렇게 소비자의 구매행위에 영향을 미치는 요소와 그들의 구매과정을 하나로 통합하면 [그림 2-6]에서 보는 바와 같은 종합적인 소비자행동모델을 만들 수 있다.

[그림 2-6]의 문화·사회·개인적 요인과 심리적 요인에 대해서는 제1절과 제2절에서 살펴보았다. [그림 2-6]의 마케팅 요인들은 이 책의 제6~12장에서 자세히 다룰 것이므로 여기서는 제외하기로 한다.

마케팅관리자는 [그림 2-6]의 여러 영향요인들뿐만 아니라 실제로 소비자가 어떻게 구매결정을 내리는가도 이해해야 한다. 그래서 여기서는 먼저 [그림 2-5]에 있는 소비자 구매과정의 다섯 단계에 대해서 알아보자.

그림 2-6 종합적인 소비자행동모델

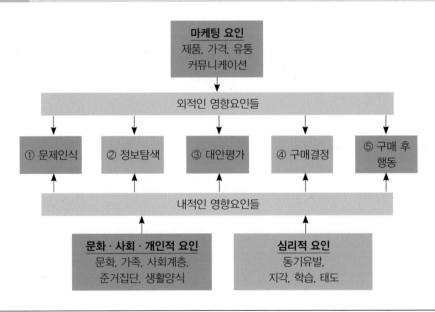

마케팅 담당자들은 소비자와의 접점을 찾아내기 위해 오랫동안 소비자의 구매결정과정을 깔때기에 비유해왔다. 즉, 소비자가 수많은 브랜드를 염두에 둔 채 깔때기의 넓은 부분에서 의사결정 과정을 시작해 선택의 폭을 점차 줄여나가 마지막 선택을 한다고 생각했다.

기업들은 오래전부터 브랜드 인지도를 높이고, 자사의 브랜드가 고객의 고려 대상에 포함될 수 있도록 홍보하고, 궁극적으로 구매를 장려하기 위해 깔때기를 따라 위치하는 소수의 명확한 접점에서 유료 미디어를 기반으로 하는 푸시 마케팅(push marketing)을 활용했다. 하지만 소비자의 의사결정을 깔때기에 비유하는 방식으로는 변화의 본질을 포착할 수 없다.

맥킨지쿼털리(McKinsey Quarterly) 2009년 6월호에서는 소비자가 브랜드와 관계를 맺는 방식에 관한 좀 더 미묘한 관점인 '소비자 구매 여정(Consumer Purchase journey)'을 소개했다. 소비자 구매 여정을 분석하기 위해서 3개 대륙에 거주하는 5개 산업(자동차, 화장품, 보험, 소비가전, 이동통신)의 소비자 2만여 명의 구매 결정 과정을 조사해 새로운 모델을 개발했다. 이들은 소비자 구매 여정이 체계적으로 선택권을 좁혀 나가는 것이 아니라 '고려', '평가', '구매', '향유/지지/유대감 형성' 등 네 단계로 구성돼 있다는 점을 밝혀냈다.

소비자 구매 여정(Consumer Purchase journey)은 소비자가 가장 먼저 떠올리는 고려 대상에서 출발한다. 즉, 광고나 매장 진열을 통해서 관심을 가진 제품이나 브랜드, 친구의 집에서 보고 알게 된 제품이나 브랜드, 혹은 기타 자극을 통해서 인지하게 된 제품이나 브랜드를 먼저 고려한다. 소비자는 또한 온라인상에서 제품을 사용한 후 평가를 남기는 사람들을 통해서도 고려할 제품이나 브랜드를 선정한다. 이러한 다른 소비자들의 제품에 대한 평가 때문에 평가 단계에서 고려의 대상이 늘어날 때가 많다. 정보가 늘어나고 선택의 기준이 변화함에 따라 소비자들은 새로운 브랜드를 고려 대상에 포함시키고 맨 처음 고려했던 브랜드 중 일부를 고려 대상에서 제외한다.

뿐만 아니라 소비자는 매장에서 기존의 결정을 쉽게 번복한다. 따라서 제품 진열, 포장, 효용, 가격 책정, 판매 상호작용 등이 총동원되는 구매시점은 한층 강력한 접점이 된다.

구매가 이뤄지면 소비자는 다양한 온라인 접점에서 제품에 대한 지지와 유대감을 형성하는 활동을 하기 때문에 소비자와 해당 브랜드 사이에 한층 깊은 관계가 맺어진다. 이들은 연구를 통해 화장품을 구매한 소비자 중 제품을 구매한 후 온라인상에서 제품사용경험을 공유하는 소비자가 60%를 넘는다는 사실을 발견했다. 구매 이후의 평가와 공유를 통한 잠재 소비자에 대한 영향력은 전통적인 깔때기 모델에서는 전혀 고려되지 않았던 고객 접점이다.

자신이 구매한 제품에 만족한 소비자는 온라인 상에서 구전을 통해 해당 제품에 대한 지지를 보낸다. 즉, 다른 사람들이 평가를 내릴 때 참고할 수 있는 정보를 제공해 해당 브랜드의 잠재력을 더욱 강화하는 역할을 한다. 물론 특정 브랜드에 실망한 소비자는 해당 브랜드와의 관계를 끊어버릴 수도 있다. 어쩌면 단순한 관계 단절보다 더욱 심각한 사태가 벌어질 수도 있다. 하지만 탄탄한 유대감이 형성되면 향유−지지−구매로 구성된 Loop(순환고리)가 가동돼 소비자가 고려 과정 및 평가 과정을 완전히 건너뛸 수도 있다.

자료원: HBR Korea(2010), 의사결정 깔때기 모델을 버려라.

아래에서는 이러한 소비자의 구매의사결정방식의 변화를 그림을 통해서 알기 쉽게 보여주고 있다.

그림 2-7	소비자의 구매의사결정방식의 변화

과거: 깔때기 방식의 구매의사결정
마케팅 담당자들은 오랫동안 '소비자들이 수많은 브랜드 후보를 염두에 두고, 체계적인 방식으로 범위를 좁혀나가다 마지막에 한 브랜드를 구매한다'고 가정했다. 또한 과거에는 구매 행위 이후의 소비자−브랜드 관계가 제품이나 서비스를 사용하는 행위 자체에 집중돼 있었다.

현재: 소비자 의사결정 여정(Consumer decision journey)
새로운 연구 결과, 소비자들이 체계적으로 선택의 폭을 좁혀나가는 게 아니라는 사실이 밝혀졌다. 소비자는 오랜 평가 기간 고려 중인 브랜드 목록에 새로운 브랜드를 추가하기도 하고 목록에 포함돼 있던 브랜드를 제외시키기도 한다. 또한 구매 행위가 이뤄진 후에도 브랜드와 지속적인 관계를 유지하며 온라인 상에서 자신의 경험을 공유하기도 한다.

많은 브랜드
적은 브랜드
최종 선택
구매
고려
평가
유대감 형성
충성심의 고리
지지 향유 구매

고려와 구매
마케팅 담당자들은 그동안 소비자 결정 여정 중 '고려'와 '구매' 부분을 지나치게 강조해왔다. 이러한 이유로 광고를 하고 소매매장에서 홍보 활동을 해 구매를 장려하는 전략에 필요 이상의 자원이 할당되는 결과가 나타났다.

평가와 지지
뉴미디어(new media)로 인해 '평가'와 '지지' 단계가 더욱 중요해졌다. 소비자들이 평가 과정을 통과한 다음 자신이 선택한 브랜드에 관해 긍정적인 소문을 퍼뜨릴 수 있도록 투자를 하는 작업 또한 브랜드 인지도를 구축하고 구매를 장려하는 일 못지 않게 중요해졌다.

유대감 형성
특정한 브랜드와 강한 유대감을 갖고 있는 소비자는 결정 여정의 초기 단계를 되풀이하지 않고 기꺼이 재구매를 결정한다. 따라서 소비자와 브랜드 간의 지속적인 관계와 유대감 형성이 중요해졌다.

자료원: HBR Korea(2010), 의사결정 깔때기 모델을 버려라.

1 문제의 인식

소비자는 실제 상태와 바람직한 상태 간에 차이를 지각하게 될 때 욕구를 느끼게 된다. 이러한 욕구의 인식은 소비자 구매의사결정과정을 유발시키는 동기가 된다. 여기서 욕구의 인식은 문제의 인식으로 이해할 수 있고, 이러한 욕구를 충족시키기 위하여 구체적 대안을 선택하는 과정을 문제의 해결이라고 할 수 있다([그림 2-8] 참조).

아침에 치약을 쓰려고 할 때 치약이 조금밖에 안 남은 것을 알게 되면 소비자는 문제를 인식한다. 어떤 때는 외부로부터의 자극이 문제인식의 계기가 되기도 한다. 옆집사람이 구입한 멋진 새 차가 눈에 들어올 때, TV에서 휴양지로서의 제주도를 선전할 때 소비자는 문제를 인식할 수 있다. 이 단계에서의 마케팅의 역할은 아래와 같다.

① 회사는 소비자가 당면하고 있는 문제를 소비자조사를 통해서 알아내야 한다. 만일 조사결과 소비자들이 현재의 상표들에 대해서 만족하고 있지 않다는 것이 알려지면 그들이 원하는 종류의 상품을 개발할 필요가 있을 것이다. ㈜한경희생활과학 대표 한경희 씨는 우리나라 주부들을 대상으로 소비자조사를 한 결과 무릎을 꿇고 걸레질을 하는 것이 가장 힘든 집안일이라는 것을 발견하고, 한국형 온돌문화에 맞게 3년 동안 스팀 청소기를 개발하여, '한경희 스팀청소기'로 큰 성공을 거두었다.

② 회사는 광고 등의 마케팅활동을 통하여 소비자들로 하여금 현재상태와 바람직한 상태의 차이가 있다는 것을 깨닫게 하고 그 문제를 자사제품이 해결해 줄 수 있다는 것을 알릴 수 있다.

③ 회사는 또한 제품개선, 신제품개발 등의 마케팅활동을 통하여 바람직한 상태 자체를 변경시켜 소비자들로 하여금 욕구를 느끼게 할 수 있다. 기존에 영화를 시청하던 소비자들은 비디오 카세트 레코더(VCR: Video Cassette Recorder)에 만족하고 있었는데, DVD(DVD Recorder)가 나오면서부터 VCR을 멀리하기 시작하였고, DVD를 사용하기 시작하였다. 그 뒤로, 넷플릭스와 같은 스트리밍 서비스

그림 2-8 문제인식과 구매의사결정

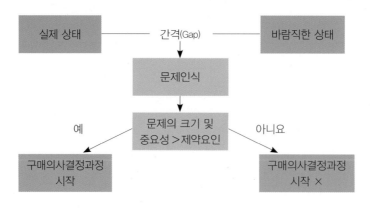

가 등장하게 되면서 DVD 역시 그 사용량이 줄어들게 되었다. 이와 같이 그들은 바람직한 상태의 변화(VCR → DVD → 스트리밍 서비스)로 인하여 새로운 구매욕구를 느끼게 되는 것이다.

② 정보의 탐색

소비자가 욕구를 인식하면 다음 단계는 정보의 수집이다. 소비자의 정보탐색은 주로 자신의 욕구를 충족시킬 수 있는 제품이나 서비스를 찾는 데 집중된다. 소비자가 정보를 탐색하는 정도에 따라 제품을 구분하면 탐색재와 경험재로 나누어 볼 수 있다. 자동차나 스테레오 같은 비싼 내구재의 경우에는 소비자가 여러 가지 원천에서 많은 양의 정보를 수집할 것이다. 이와 같은 제품을 고관여재라고 한다. 반면에 치약이나 아이스크림같이 싸고 자주 구입하는 소비재의 경우는 소비자가 정보탐색을 구매 전에 하기보다는 구매 · 소비경험 후 제품에 대한 평가를 내리는 경향이 있다. 이와 같은 제품을 저관여재라고 한다. 회사는 자사의 제품이 고관여재냐 저관여재냐에 따라서 정보의 제공방법과 제공하는 정보의 양을 달리해야 한다.

경우에 따라서 어떤 소비자들은 한 브랜드만을 충실히 계속 구입한다. 우리는 이러한 현상을 브랜드애호도(brand loyalty)라고 부른다. 브랜드애호도가 높은 소비자들은 브랜드선택에 있어서 다양성을 추구(variety seeking)하는 소비자들에 비해 정보의 탐색 정도가 낮다. 반면에 다양한 브랜드를 추구하는 소비자들은 여러 종류의 정보를 탐색하고 많은 양의 정보를 요구한다.

디지털 기술의 발달은 소비자들의 정보탐색에 큰 변화를 가져오고 있다. 이러한 변화의 가장 중요한 특징은 구매 후 사용자의 제품사용경험의 공유가 정보탐색에 미치는 영향이 매우 중요해졌다는 것이다.

소비자의 정보탐색활동은 보통 내적 탐색과 외적 탐색으로 분류할 수 있다. 내적 탐색이란 기억 속에 저장되어 있는 정보 중 의사결정을 하는 데 도움이 되는 정보를 기억 속에서 끄집어 내는 과정을 말한다. 내적 탐색의 결과가 만족스러우면 소비자는 구매과정의 다음 단계로 나아가고 그렇지 않으면 외적 탐색을 하게 된다. 외적 탐색이란 자기의 기억 이외의 원천으로부터 정보를 탐색하는 활동을 말한다([그림 2-9]). 소비자가 외적 탐색으로 정보를 얻을 수 있는 원천은 아래와 같다.

① **개인적인 정보원천:** 가족 · 친구 · 이웃 · 아는 사람
② **상업기관:** 광고 · 판매원 · 진열 · 포장 · 대리점

그림 2-9　내적 탐색과 외적 탐색의 관계

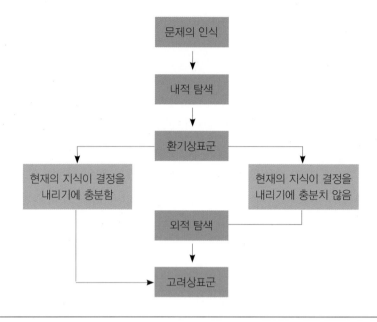

③ **공공기관:** 대중매체·소비자보호기관

④ **소비자 자신의 경험:** 제품의 검사·시용, 자동차를 사기 전에 시승해 보는 것이 여기에 속한다.

⑤ **다른 소비자의 경험:** 제품을 경험해본 다른 소비자들의 사용경험. 온라인상에 남긴 제품리뷰, 평가, 의견 등

　마케팅관리자는 이러한 각 정보원의 상대적인 중요성을 평가해야 한다. 소비자가 어떻게 처음 우리 상표에 대해서 알게 되었고, 그 후에 우리 상표의 어떤 점을 알게 되었으며, 여러 정보원의 상대적인 중요성은 어떤지 등에 관한 정보를 회사가 갖고 있으면 표적시장에 대한 효과적인 커뮤니케이션전략을 짜는 데 큰 도움이 된다.

　어떤 소비자가 내적 탐색의 방법으로 정보를 탐색할 때, 그의 머리 속에 떠오르는 상표들을 환기상표군(evoked set)이라 한다. 경험재의 경우 각 제품군의 환기상표군의 수는 평균 3~4개다. 예를 들어, 액체세제의 경우 환기상표군은 대체로 테크(LG생활건강), 리큐(애경), 비트(CJ 라이온)의 세 가지로 이루어져 있다. 그리고 환기상표군과는 달리 소비자가 외적 탐색을 하는 경우 외적 탐색으로 인하여 추가되는 상표와 환기상표군을 합하여 고려상표군(consideration set)이라 한다.[5] 예를 들면, 한 가정주부가 테

5　고려상표군에 관해서는 한상만, "가격할인이 고려상표군 형성에 미치는 영향에 관한 연구"

크, 리큐, 비트 외에도 외적 탐색을 통하여 액츠(피죤), 퍼실(헨켈)를 알게 되고 이것들도 구매의 대상으로 고려한다고 하자. 그러면 이 때의 고려상표군은 테크, 리큐, 비트, 액츠, 퍼실의 다섯 가지가 된다. 이와 같이 소비자는 내적·외적 정보탐색을 거쳐 고려상표군을 형성하게 된다. 고려상표군은 소비자가 최종대안을 선택하기에 앞서 신중히 고려하는 상표들의 집합이다. 소비자들은 생각하는 비용에 인색한 정신적 구두쇠(mental miser)이다. 그들은 많은 선택대안들을 놓고 일일이 장단점을 비교하지 않는다. 먼저 몇 개의 선택 가능한 대안들로 상표들을 스크린하여 이 압축된 상표리스트 중에서 최종선택을 하는 것이다. 우리 상표의 시장점유율을 확보하기 위해서는 바로 압축된 상표리스트인 고려상표군에서 우위를 입점하여야 한다. 고려상표군의 형성에 가장 큰 영향을 미치는 요소는 강력한 브랜드자산과 온라인상 사용자들의 평가와 의견이다. 강력한 브랜드자산은 고려상표군 진입을 용이하게 할 뿐만 아니라, 소비자의 머릿속에 다른 경쟁상표가 들어오는 것을 방해함으로써 경쟁상표의 구매가능성을 감소시키는 역할도 한다. 따라서 마케터는 자사브랜드의 높은 인지도와 강력하고 독특하며 호의적인 브랜드연상을 구축하는 노력을 함으로써 소비자의 마음속의 점유율을 극대화하여야 한다. 또한 온라인상의 사용자들의 후기는 자사의 상표가 고려상표군에 진입하거나 제외되는 결정에 가장 큰 영향을 미치기 때문에 사용자들이 사용경험을 온라인상에서 공유할 수 있는 환경을 만들고, 이러한 사용자들의 평가와 의견이 긍정적인 브랜드 정서(brand sentiment)를 형성할 수 있도록 관리하고 긍정적인 평가와 의견들이 다른 소비자들에게 확산될 수 있는 방안을 모색하는 일이 매우 중요한 마케팅관리자의 새로운 역할이 되었다.

다음은 사용자 후기사이트로 유명한 트립어드바이저와 옐프의 사례이다.

사례 　트립어드바이저(TripAdvisor)와 옐프(Yelp)

미국에서 가장 유명한 여행, 맛집 후기 사이트는 아마도 트립어드바이저와 옐프일 것이다. 해외 여행 상품 같은 고가의 상품·서비스를 구매하는 경우 미리 경험해본 사람들에게 물어보고 결정을 내리고 싶지만 그 상품을 구매해본 사람을 찾기 어렵고 시간을 할애해서 자신의 경험을 얘기해줄 사람을 만나기는 더욱 어렵다. 여행사가 주는 형식적인 안내문이 아니라 직접 경험해본 여행자들이 주는 진짜 정보들을 얻을 수 있다면 정말 좋겠다는 생각을 해서 창업한

「마케팅연구」 제1권, 2호, 1996을 참조.

트립어드바이저(TripAdvisor)는 여행자들의 가려운 곳을 긁어주며 급성장하게 된다. 결국, 매달 6000만명 이상이 방문하는 세계에서 가장 큰 여행 커뮤니티가 되었다.

엘프(Yelp)는 지역별로 음식점, 미용실, 세탁소, 병원 등 상점을 직접 이용한 사용자의 후기를 모아서 제공한다. 엘프는 사용자 참여를 이끌어 정보를 만들고 이를 다시 사용자에게 제공하며, 지역의 매장들은 엘프를 이용해 매출을 향상시키는 윈윈(Win-Win) 상생 협력 모델을 제공하고 있는 것이다. 이처럼 온라인 사용자들의 후기가 정보탐색에 성공적으로 영향을 미친 사례에서 보다시피, 보다 많은 사람들이 플랫폼을 사용할수록, 더 많은 사람들이 리뷰를 작성하게 된다. 각각의 리뷰는 플랫폼의 깊이와 넓이를 증대하는 데 기여하고, 이는 더 많은 이용자를 끌어오게 된다. 이용자 트래픽의 증가는 지역 중소사업자가 필요로 하는 싸고 이용하기 편리하며 효과적인 광고 솔루션을 제공함으로써 소비자의 정보 탐색에 영향을 미치며, 결국에는 리뷰 플랫폼과 지역 중소사업자의 가치를 더욱 향상시킨다.

자료원: 네이버 블로그(2014), 유익하고 맛있는 세상.

③ 대안의 평가

정보탐색의 결과 소비자는 몇 개의 브랜드로 구성된 고려상표군을 형성하고, 이들 각 브랜드를 평가하게 된다. 시중에 상표가 많다 하더라도 실제로 소비자가 고려하는 브랜드의 수는 평균 3~4개 정도로 알려져 있다. 소비자들은 이렇게 선정된 고려상표 대안 중에서 최종상표를 고르기 위한 대안평가를 한다. 집이나 승용차와 같은 고관여 제품의 경우 평가기준의 수가 상대적으로 많고, 화장지, 세탁제 등의 편의품과 같은 저관여 제품의 경우 평가기준의 수가 상대적으로 적다. 일반적으로 소비자가 대안평가 시 사용하는 평가기준은 6개 이하로 알려져 있다.

여러 대안을 평가할 때 소비자는 먼저 몇 개의 평가기준을 설정한다. 예를 들면, 스테레오·호텔·타이어의 경우 다음과 같은 제품속성이 소비자에게 흥미가 있을 것이다.

- 스테레오: 가격, 상표, 음향의 질, 디자인, 보증기간
- 호텔: 위치, 분위기, 서비스, 청결, 가격
- 타이어: 안정도, 수명, 품질, 가격

다음에 소비자는 평가기준이 되는 각 제품속성의 중요성을 정한다. 거의 모든 소비자가 가격을 평가기준으로 쓰지만 사람에 따라서 가격의 중요성은 다르다. 상표들

| 표 2-5 | 피쉬바인의 기대치모델

가구브랜드	제품속성				
	가격	디자인	편리성	신속성	A/S
중요도	0.1	0.3	0.45	0.1	0.05
IKEA	10	8	7	9	7
WOODLAKE	7	7	9	8	8
B&Q	8	9	6	8	6

간의 가격차이가 많지 않거나 구매자가 소득이 많은 사람이면 가격의 중요성은 상대적으로 떨어진다. 끝으로 소비자는 각 상표를 제품이 갖고 있는 속성들과 각 속성의 중요성에 따라 평가하는데, 이 때 소비자가 상표를 평가하는 방법은 여러 가지가 있으나 여기서는 가장 널리 알려진 피쉬바인(Fishbein)의 기대치모델(expectancy value model)을 소개하기로 한다. 만약 어느 주부가 가구를 구입하려고 할 때 그녀가 중요시하는 제품의 속성과 그녀가 평가하는 각 속성에서의 각 상표의 수준이 〈표 2-5〉에 있는 바와 같다고 하자.

여기서 한 상표의 각 속성은 0에서 10까지의 점수를 받을 수 있으며 10은 가장 높은 수준을 의미한다. 또 이 주부는 가격에 0.1, 디자인에 0.3, 편리성에 0.45, 신속성에 0.1, A/S에 0.05만큼 가중치를 둔다고 하자. 그러면 그녀에게 있어 각 가구의 가치는 아래와 같다.

- **IKEA** $(0.1)10 + (0.3)8 + (0.45)7 + (0.1)9 + (0.05)7 = 7.8$
- **WOODLAKE** $(0.1)7 + (0.3)7 + (0.45)9 + (0.1)8 + (0.05)8 = 8.05$
- **B&Q** $(0.1)8 + (0.3)9 + (0.45)6 + (0.1)8 + (0.05)6 = 7.3$

따라서 이 주부가 각 대안을 평가함에 있어 기대치모델을 적용한다면 'WOODLAKE'를 선택할 가능성이 가장 높게 된다. 그런데 소비자들이 똑같은 평가모델을 적용하고 각 속성들이 받는 가중치가 사람마다 똑같다고 하더라도 각 상표에 있어서의 속성의 평가점수는 주관적으로 평가되기 때문에 궁극적인 평가결과는 소비자마다 다를 수 있다.

온라인 상거래의 증가와 디지털 기술의 발달은 소비자의 구매의사결정에서의 평가에서도 많은 변화를 가져왔다. 소비자들의 선호를 분석해서 맞춤화된 제품을 소비자에게 추천하는 개인화 마케팅과 소비자의 편의성을 극대화하는 ZEC(zero efforts commerce) 마케팅이 매우 중요하게 되었다. ZEC(zero efforts commerce)는 amazon의 고객 정책에서 가장 중요하게 여기는 amazon혁신의 핵심 요소이다. 예를 들어, amazon은 2018년에 amazonGo라는 신개념의 완전자동화된 오프라인 상점을 열었다. 여기에서 소비자들은 amazonGo의 인증을 모바일앱으로 다운로드 받기만 하면 이 상점에 들어가서 자신이 필요로 하는 상품을 골라서 아무런 계산없이 그냥 가면 된다. amazon의 자동화된 쇼핑 모니터링 시스템에서 고객이 어떤 상품을 골랐는지를 인식하고 자동으로 모바일앱으로 계산서를 보내준다.

또한 소비자의 구매 여정(Purchase Journey)에서 평가 단계는 디지털 기술의 도입으로 점점 더 단순화되어지고 있다. 고객의 개인 데이터와 고객의 이전 구매 데이터, 그리고 유사한 고객의 구매 데이터를 분석하여 고객에게 제품의 맞춤 추천 프로모션을 진행하여 대안의 평가를 단순화시켜준다. 아래는 소비자의 구매 여정을 단순화한 로레알의 성공 사례를 소개하고 있다.

 사례 **로레알의 메이크업 지니어스 앱(Makeup Zenius App)**

화장품 회사인 '로레알'은 디지털 기술을 적극적으로 도입하여 소비자의 구매 여정을 단순화하여 브랜드 충성도 순환고리(Loyalty Loop)를 형성하고자 하였다.

로레알에서는 모바일 소비자를 끌어오기 위해 이용자로 하여금 증강현실 기술을 도입하여 가상으로 제품을 테스트 해 볼 수 있는 '메이크업 지니어스 앱(Makeup Genius App)'을 개발하였다. 무료로 제공되는 App을 이용하여 이용자가 자신의 얼굴을 촬영하여 로레알의 제품을 테스트하였을 때의 모습을 App을 통해 확인할 수 있어서, 매장을 방문하지 않아도 제품을 손쉽게 테스트 해볼 수 있다. 다양한 화장품을 테스트 할 수 있는 것은 물론이고 App을 통해 테스트한 제품을 장바구니에 담아 온라인에서 구매할 수 있다. 로레알의 '메이크업 지니어스 앱(Makeup Genius App)'을 통한 마케팅 전략은 여기서 그치지 않고 개인 고객의 구매데이터와 유사한 다른 사용자의 구매데이터를 분석하여 고객에게 개인화된 맞춤 제품을 추천하며, 소비자의 개인 취향을 고려한 신제품이 출시되었을 때 이 정보를 소비자에게 알려준다. 또한, 전문적인 메이크업

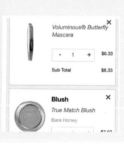

아티스트들이 추천한 화장법을 자신의 얼굴 사진에 빗대어 제품의 효과를 시각적으로 확인할 수 있도록 하는 것이다. 데이터를 활용한 맞춤 추천뿐만 아니라 한 이용자의 화장품 테스트 경험은 다른 이용자에게 공유될 수 있는데 경험재인 화장품 제품을 App을 통해 타 소비자의 경험을 간접적으로 체험하고 테스트 할 수 있으므로 소비자는 로레알에 대한 보다 높은 브랜드 충성도를 형성할 수 있다.

자료원: HBR Korea(2015), 고객 여정을 둘러싼 치열한 경쟁이 펼쳐지고 있다.

4 구매

한 연구에 의하면 제품에 대한 평가에서 '매우 좋다'는 척도에 동의한 응답자들 중 22%가 그 제품을 구매하지 않았으며, '매우 나쁘다'라는 척도에 동의한 응답자 중에서도 8%는 그 제품을 구매한 것으로 나타났다. 이와 같이 제품에 대한 태도는 소비자들의 구매행동과 어느 정도 차이가 날 수 있다.

그러면 소비자들의 제품에 대한 태도와 구매행동 사이에 빠져 있는 연결고리로 제시되고 있는 세 가지를 살펴보자.

① 소비자들의 제품에 대한 선호도가 반드시 최종적인 구매로 연결되지 않는 가장 큰 이유로 상황요인을 들 수 있다. 왜냐하면, 소비자가 선호하는 상표가 상점에 없어서 다른 상표를 살지도 모르고, 혹은 덜 선호되는 상표가 대폭으로 할인판매되고 있어 그 상표를 살지도 모른다. 이렇게 최종적인 구매결정은 예기치 못한 상황요인에 의해 많이 좌우된다. 특히, 옴니채널의 유통환경이 더욱 더 중요해지고 있고, 소비자들의 구매결정과정에서 상점에서 구매의사결정을 하면서 동시에 모바일을 통해서 다른 브랜드를 검색하는 등의 온라인과 오프라인의 정보검색과 구매활동으로 인해 구매시점에서의 영향력이 점점 더 중요해지고 있다.

② 피쉬바인은 그의 원래 모델을 더욱 발전시켜 확장된 피쉬바인 모델을 제시하였다. 확장된 피쉬바인 모델에서는 제품 자체에 대한 태도보다는 그 제품을 구매하는 것을 주위의 준거집단이 어떻게 평가하는가가 구매행동에 직접적으로 영향을 미친다는 것을 밝혔다. 예를 들어, BMW승용차가 매우 가격이 비싸서 사기가 꺼려지지만(제품에 대한 태도) BMW를 구입하면 준거집단들에게 인정을 받고 선망의 대상이 되기 때문에 구매하고 싶은 마음이 강하게 들어서(준거집단의 평가) BMW 승용차를 구입하는 것이다.

③ 태도의 인출가능성(attitude accessibility)도 태도와 구매행동의 불일치를 설명하는 중요한 개념이다. 아무리 호의적인 태도가 형성되어 기억에 저장되었더라도 최종구매시점에서 호의적인 태도가 기억으로부터 인출되지 않으면 구매행동에 영향을 미치지 못하므로 태도와 구매행동 간의 불일치가 일어날 수 있다는 것이다. 세 번째 요소인 태도의 인출가능성은 최근에는 역으로 작용을 하여 기업에서 소비자의 선호에 대한 깊은 이해를 토대로 하는 개별화 마케팅으로 인해 태도의 인출가능성을 더 높여주는 방향으로 발전하고 있다. 이제는 소비자의 정보탐색과 구매활동에 대한 다양한 데이터의 수집과 분석을 통해서 개별 소비자의 선호를 깊이 있게 이해하고 개별 소비자의 선호에 맞춤화된 제품과 서비스를 제안하는 마케팅활동이 점점 더 중요해지고 있다.

이상에서 살펴본 바와 같이 최종적인 구매결정은 상황적인 요인, 구매행동의 결과에 대한 준거집단의 평가, 그리고 태도의 인출가능성에 의해 많이 좌우되므로, 대안평가에 의거한 구매의향은 잠정적인 구매결정으로 볼 수 있다.

5 구매 후 행동

제품을 사서 써 본 다음에 소비자는 그 제품에 대해서 만족을 하거나 불만을 갖게 된다. 그가 어느 정도 만족을 하느냐는 대체로 그가 그 제품에 대해서 기대했던 것과 지각된 제품성과가 얼마나 부합하느냐에 달려 있다. [그림 2-10]은 소비자의 구매 후 행동과정을 보여 주고 있다.

소비자의 기대와 제품의 성과가 일치하면(높은 기대/높은 성과 혹은 낮은 기대/낮은 성과) 그가 그 제품에 대해 본래 갖고 있던 감정이 더 강화된다. 이 경우 대체로 소비

그림 2-10 **구매 후 행동과정**

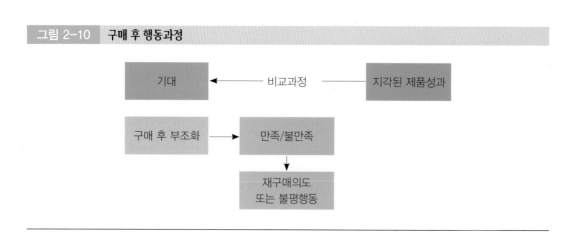

| 표 2-6 | 제품에 대한 기대와 제품의 성과에 따른 소비자의 반응

제품의 성과	기대	
	크다	작다
만족스럽다	이건 쓸 만하군!	이건 정말 근사한데!
만족스럽지 못하다	이건 못 쓰겠어!	이건 별볼일 없는데! 하긴 원래 그저 그런 거니까.

자의 반응은 강하지 않다. 그러나 제품에 대한 기대가 어긋나면 소비자들은 강한 반응을 보이는 경향이 있다. 제품성과가 기대했던 바에 못 미치면 그 제품은 객관적인 기준에 의한 것보다도 더 악평을 받기가 쉽다(이것 못 쓰겠어!). 반면에 기대했던 것보다 제품의 성과가 더 좋으면 그 제품은 과대평가되는 수가 많다(이건 정말 근사한데!)(〈표 2-6〉 참조). 따라서 회사는 자사제품에 대한 필요 이상의 기대감을 불러일으키면 안 된다(높은 기대/낮은 성과의 경우). 이런 의미에서 과장광고는 절대금물이다.

> **Herzberg의 2요인 이론**
> Herzberg의 2요인 이론은 인간의 만족, 불만족의 요인이 각각 다른 차원에서 존재하고 있음을 말해 준다. Herzberg에 의하면 2요인은 위생요인과 동기유발요인으로 구성되어 있다고 한다. 위생요인(불만족요인)은 개인의 욕구를 충족시키는 데 있어서 주로 개인의 불만족을 방지해 주는 효과를 가져오는 것들을 말한다. 즉, 고객의 입장에서 식당을 예로 들자면, 음식 청결도, 화장실 등의 부대시설의 청결도 등은 위생요인이 될 수 있다. 반면 동기유발요인(만족요인)은 식당 내부 인테리어, 종업원의 친절도, 음식의 맛, 식당의 위치 등으로 실질적으로 높은 만족을 유발시키는 요인들이 되겠다.

한편, 소비자는 자신의 구매결정에 대한 일종의 심리적 갈등을 느낄 수 있다. 자신이 구매한 브랜드가 다른 대안들보다 더 나은 것인가에 대한 확신이 없는 경우, 소비자들은 '구매 후 부조화'라는 심리적 갈등을 겪는다. 이럴 경우, 가까운 친지나 판매원, 혹은 광고 등을 통해 자신의 결정에 확신을 갖게 되면 구매 후 부조화가 감소되어 만족으로 연결되고, 그렇지 못한 경우에는 불만족으로 연결된다. 불만을 느낀 소비자들은 다음부터 똑같은 브랜드를 안 살 뿐만 아니라 그 브랜드에 대한 불평을 다른 사람들에게 털어놓아 다른 소비자들의 구매결정에도 좋지 않은 영향을 끼친다.

반면에 제품의 지각된 성과가 기대했던 것보다 좋거나 기대했던 만큼 좋으면(높은 기대/높은 성과, 낮은 기대/높은 성과), 그들은 다음 기회에 그 제품(브랜드)을 다시 살 확률이 매우 높으며 그 제품과 그 제품을 만든 회사에 대해서 좋은 소문을 퍼뜨린다.

어느 마케팅학자는 "최선의 광고는 만족을 하고 있는 고객이다(Our best advertisement is a satisfied customer)"라고 말한 바도 있다.

최근에는 온라인과 모바일이 확산되고, 소비자들이 자신들의 제품 사용경험을 공유할 수 있는 소셜미디어가 다양하게 등장하였다. 이러한 소비환경의 변화는 소비자들로 하여금 제품의 구매 후에 제품과 지속적으로 적극적인 관계를 맺게 한다. 이제 제품을 구매한 소비자는 소셜네트워크에서 자신의 구매경험과 제품에 대한 이야기를 늘어놓고 온라인상에서 제품의 사용경험과 관련된 이야기를 공유한다. 실제로 많은 제품 카테고리에서 소비자의 구매에 가장 큰 영향을 미치는 요인이 그 제품에 대한 다른 소비자의 구매경험과 사용후기가 되었다. 온라인상에서 배너 광고를 하고, 검색 결과에서 상위에 나오도록 검색최적화 활동을 하고, 제품의 사용과 관련해서 동영상 등의 기법을 활용하여 제품을 소개하는 등의 기업들의 마케팅 활동이 온라인으로 많이 옮겨가고 있다. 그렇지만 온라인에 올라와 있는 제품에 대한 평가 내용이 좋지 않거나, 아예 제품에 대한 평가가 온라인에서 논의조차 되지 않으면 기업의 온라인 마케팅활동은 효과를 내기가 힘들다.

✏️ 간추림

이 장에서 우리는 소비자의 구매행위에 대해서 알아보았다. 우리는 소비자들이 상품을 구매하는 과정을 몇 개의 개별적인 행위의 집합이 아닌 하나의 과정으로 보고 이러한 관점에 입각해서 종합적인 소비자행동모델을 제시하였다. 이 모델에 의하면 소비자는 구매 결정과정을 거치는 동안 많은 외적·내적 요인들에 의해 영향을 받는다. 우리는 이러한 요인들 중에서 마케팅요인을 제외한 사회·문화적·개인적인 요인과 심리적인 요인들에 대해서 논의하였다.

소비자가 상품을 구입하는 과정은 실제의 구매행위 훨씬 이전에 구매의 필요성을 느낄 때부터 시작해서 구매를 한 후의 행동까지 포함한다. 마케팅관리자는 이 구매과정의 각 단계에서의 소비자행동의 본질을 이해하고 각 단계마다 소비자들의 행동이 자사에게 유리하게 전개되도록 마케팅활동을 벌여야 한다. 특히, 마케팅관리자는 기존의 전통적인 깔때기모형의 관점에서 벗어나서 소비자의 구매 여정(Consumer Purchase Journey)에 대한 깊은 이해를 바탕으로 구매 여정의 각 단계에 맞는 적합한 마케팅활동을 벌여야 한다.

💡 Q&A

1 각 연령별 세대의 소비트렌드 Keyword를 활용한 광고물을 찾아보시오.

2 1인 가구의 확산이 가져오는 사회적 변화와 이로 인한 소비문화의 변화에 대한 사례를 찾아보시오.

3 소비자 구매 여정(Consumer Purchase Journey)을 성공적으로 활용한 제품의 사례를 찾아보시오.

4 온라인에서 맛집 리스트를 찾아보고 고객들의 평가와 방문 후기를 성공적으로 활용하는 맛집과 그렇지 않은 맛집을 선정해서 차이점을 비교해보시오.

📖 참고문헌

과학기술정보통신부(2017), 4차 산업 혁명 시대의 생산과 소비.

김미정(2011), 고객관계를 리드하는 서비스 리더십 전략.

네이버 블로그(2014.07), 유익하고 맛있는 세상.

매경이코노미(2017.07), 연령대별 소비 트렌드.

소비자평가(2018.09), 즉석 밥의 고유명사, '햇반'.

온라인믹스 디지털마케팅과 여행(2018.03), 온라인 리뷰에 대한 소비자들의 신뢰가 아마존
    을 유리하게 만든다.

플래텀(2018.09), 체험단 마케팅을 얕보지 말아야 하는 이유.

한국경제(한경)신문(2017.11), Cover Story-경제지도 바꾸는 '솔로 이코노미'.

한국농수산식품유통공사(2017), 가공식품 세분시장 현황.

한국능률협회(2017), 2017 대한민국 트렌드.

한국전파진흥협회(2018), 스낵 미디어 산업 동향.

현대경제연구원(2018), 2018년 국내 10대 트렌드.

HBR Korea(2010), 디지털시대의 브랜딩: 의사결정 깔때기 모델 버려라.

HBR Korea(2015), 고객 여정을 둘러싼 치열한 경쟁이 펼쳐지고 있다.

|현|대|마|케|팅|론|

03

마케팅조사

'감사의 힘'과 고객 만족

대부분 조직에서는 고객 설문조사를 통해 만족도를 측정하고 개선할 부분을 찾아내거나, 단순히 불만을 가진 고객이 분통을 터뜨릴 기회를 제공하기도 한다. 이 접근 방법은 불만이나 개선요구와 같은 문제점에만 초점을 둔다. "지금까지는 고객들이 항상 잘못된 것만을 찾도록 해왔습니다." 유타 주 헌츠먼경영대학원 스털링 본(Sterling Bone) 교수의 말이다. 실제로 고객서비스에 관한 많은 연구가 '서비스 복구(service recovery)', 즉 고객이 불만을 토로할 때 대처하는 방법을 다루고 있다. 지금으로부터 거의 10년 전, 본(Bone)은 성서를 연구하는 과정에서 '감사의 힘'에 대해 곰곰이 생각하게 됐고 이 '감사의 힘'을 고객 설문조사에 대입하면 어떨까 궁금해 하기 시작했다. 기업이 고객에게 무엇이 잘못됐는지가 아니라 좋았던 점이 무엇인지 물어보면 어떨까?

연구진은 고객 의견을 물을 때 예컨대 "우리 회사를 방문했을 때 잘된 점은 무엇이었나요?"와 같은 식의 칭찬을 요청하기 시작하면서 고객만족도가 올라가고 재구매 가능성과 소비금액은 물론 시간이 지남에 따라 고객충성도도 높아지는 현상을 지속적으로 관찰할 수 있었다. 연구진은 '자유로운 방식의 긍정적 권유(open-ended positive solicitation)'라고 부르는 내용의 설문조사를 시작하는 것이 고객만족도와 구매를 증가시키는 저렴하고 쉬운 방안이라는 것을 발견했다. "사람들은 긍정적인 면에 초점을 맞출 때 더 행복해지만, 기업들은 이런 기회를 거의 주지 않죠." 본은 이렇게 말한다.

전국 유통망을 거느린 한 소매체인 브랜드에서 실시한 연구에서 만족도 설문조사 서두에 칭찬을 해달라는 요청을 받은 고객들은 이런 요청 없이 설문조사에 응답한 고객에 비해 이듬해 이 브랜드와 9% 더 많은 거래를 하고 8% 더 많은 소비를 했다. 또한 B2B소프트웨어 회사의 조사에 따르면 설문조사 서두에 특히 좋아하는 기능에 관해 질문을 받은 평가판 소프트웨어 사용자들은 이런 질문을 받지 않고 설문조사에 응한 평가판 사용자들에 비해 이듬해 이 회사 제품에 32%나 더 많은 시간을 보냈다고 한다.

연구자들은 이런 결과에 대해 여러 가능한 설명을 제시한다. 고객에게 긍정적인 경험을 얘기하게 하면 이 경험에 대한 기억이 더욱 또렷해지고 나중에 이런 기억을 떠올리게 되므로 사물에 관한 고객의 인식이 향상될 수 있다. 또 다른 심리적 효과가 있을 수 있다. 인지부조화, 또는 사람들이 모순되는 믿음을 가질 때 느끼는 불편함 때문에 고객들은 브랜드의 일부 측면에 대해 감탄을 표한 뒤에는 그 브랜드가 부실하다는 생각을 덜 하게 된다. 우리는 자신이 좋아하는 걸 칭찬하고 또 자신이 칭찬하는 대상을 좋아하기 때문이다.

연구진은 고객의 소리 프로그램으로 이미 칭찬을 요청하고 있는 몇몇 기업의 사례를 든다. 샌드위치 전문점인 Subway는 계산대 옆에 '샌드위치 어때요? 딱 좋아! 완벽해! 훌륭해! 말해 주세요. 알고 싶어요!'라고 쓰여진 표지판을 게시한다. 종교에 기반으로 둔 한 병원 네트워크는 환자들에게 '병원 직원들이 어떻게 축복을 해줬습니까?'라는 질문을 던진다. 미국 국내선 항공사인 JetBlue의 연락처 페이지는 고객이 칭찬을 건넬 수 있는 '칭찬을 나누세요' 링크로 연결된다. AVIS 렌털카가 했던 '우리는 2등입니다. 그래서 더 열심히 합니다(We are only No.2 We try harder)'라는 광고는 고객들에게 AVIS의 고객만족을 위한 노력에 대해서 긍정적으로 생각하는 만든 성공적인 사례이다.

마지막으로 연구자들은 지속적인 개선을 위해서

는 칭찬을 권유함으로써 얻을 수 있는 이점을 강력한 서비스 기본 요소들과 결합시켜야 한다고 지적한다. "우리는 제대로 된 서비스를 운영하지 않는 기업에서 이런 방법이 효과를 낼 거라고 생각하지 않아요."라고 연구자들은 말한다. "이 방법만으로 실패의 수렁에 빠진 기업을 구해내지 못할 테니까요."

자료원: HBR Korea(2017), '긍정을 유도하는 설문조사의 힘'.

제1절 마케팅조사

마케팅관리의 두드러진 특징 중의 하나는 불확실성이다. 마케팅관리자는 시장과 기타 마케팅환경이 어떻게 변할지 확실히 알지 못하고, 마케팅결정이 궁극적으로 어떤 결과를 가져올지 확실히 알 수가 없다. 그로 인해 점점 마케터들은 소비자의 내면을 파악하기 위해 다양한 방식의 마케팅조사를 실시한다. 마케팅관리의 거의 모든 측면에서 이러한 불확실성을 어떻게 다루느냐가 중요한 관리상의 문제로 대두되고 있다. 따라서 경영자는 정확한 정보의 수집으로 시장, 환경, 마케팅결정의 효과, 마케팅활동의 성과 등에 관한 지식의 양과 질을 향상시키려고 한다. 그러므로 마케팅정보의 기본적인 기능은 마케팅활동을 둘러싼 불확실성을 감소시키는 것이다. 이러한 마케팅관리상에서의 정보의 역할을 더 구체적으로 열거하면 다음과 같다.

① **환경변화의 추적**: 회사를 둘러싸고 있는 마케팅환경은 끊임없이 변하고 있으므로 마케터는 이러한 환경의 변화를 잘 알고 있어야 하며 잠재적인 기회나 위협이 될 수 있는 사건에 유의해야 한다.

② **소비자중심 마케팅의 실천**: 회사가 소비자들의 필요와 욕구에 맞춰 마케팅활동을 하려면 그들의 필요와 욕구에 관한 정보가 있어야 한다. 그래야만 그들에게 맞는 제품을 만들고 또 그들의 취향에 맞게 기존제품을 개량할 수 있을 것이다.

③ **시장세분화**: 시장을 적당한 변수로 나누고 표적시장을 선정하려면 그러한 세분화변수에 대한 정보가 필요하다.

④ **수요측정**: 현재 및 미래의 수요가 어느 정도 될 것인가를 알려면 수요에 영향을 주는 요인들에 관한 정보가 있어야 한다.

⑤ **마케팅믹스변수의 효과에 대한 평가**: 회사는 광고·가격 등 각 마케팅믹스변수를 최적수준에 놓고 싶어 한다. 따라서 이러한 변수들의 효과에 대한 정보가 필요하다.

⑥ **통제**: 마케팅활동의 성과에 관한 정보는 통제를 하는 데 꼭 필요하다. 성과가 목표했던 바에 미달하면 문제가 무엇이고, 시정방안들에는 어떤 것이 있고, 그것들은 어떤 결과를 가져올 것인가 하는 등의 정보가 필요하다.

이상에서 보는 바와 같이 마케팅관리에서 정보의 역할은 아주 중요하다. 그러므로 기업은 마케팅관리에 필요한 정보를 체계적으로 수집·분석하고 분석결과를 마케팅 의사결정에 반영하는 체제를 갖추어야 한다.

마케팅조사는 마케터의 의사결정 문제를 규명하고 이러한 의사결정상 필요한 정보를 구체화하며, 체계적이고 과학적인 방법에 의하여 자료를 수집·분석함으로써 마케터의 의사결정에 도움이 되도록 지원하는 것이다. 오늘날 기업의 성패는 그 기업의 정보력에 있다고 해도 과언이 아니다.

미국의 유명한 경영학자인 Tom Peters가 '초우량기업의 조건(In Search of Excellence)'에서 지적했듯이 오늘날의 우량기업들은 모두 공통적으로 시장지향적이며, 기업의 시장지향성은 고객에 대한 정보수집 능력과 이렇게 수집된 정보를 기업의 의사결정과정에 얼마나 신속히 반영할 수 있는가에 달려 있다. 한 기업의 마케팅능력 지표는 다음과 같이 나타난다.

첫째, 고객에 대한 정보수집 능력, 둘째, 수집된 정보를 의사결정 정보로 전환할 수 있는 분석시스템 능력, 그리고 셋째, 분석된 의사결정정보를 기업의 각 기능 간에 공유하게 하고 각 기능의 의사결정에 신속히 반영되게 하는 능력으로 나타날 것이다.

사례 ● **초우량 기업의 조건 "고객에게 밀착하라"**

조사를 시작할 무렵 우리는 비용, 기술, 틈새시장 중 어떤 한 가지에만 중점을 두는 초우량 기업도 있을 것이라고 예상했다. 바꿔 말하면 어떤 기업은 어떤 한 가지 일에, 다른 기업은 다른 일에 전략의 초점이 맞춰져 있을 것이라고 생각한 것이다. 초우량 기업도 마찬가지로 저마다 잘 하고 있는 일이 다르기 때문에 하나의 공통분모를 도출하는 것은 불가능할 것이라 생각했다. 그러나 실제로는 그렇지 않았다. 업종에 따라 차이는 있었으나 확실히 하나의 공통점이 발견되었다. 결국 초우량 기업을 움직이고 있는 것은 비용이나 기술이 아니라 고객에게 밀착한다는 자세임을 알았다.

　IBM의 경우를 예로 들어보자. 이 기업이 보유하고 있는 기술적 역량은 결코 시대에 뒤처지지 않지만 시대를 이끌어나가는 기술의 선두주자도 아니라는 데 대부분의 관찰자가 동의할 것이다. 그러나 IBM이 다른 경쟁 기업들을 압도할 수 있는 이유는 바로 고객에 대한 서비스에 매우 진지하게 접근하고 그와 관련된 문제를 해결하기 위해 노력하기 때문이다. 서비스, 품질, 내구성 등은 충성 고객에게 최선을 다해 새로운 가치를 창출하고 이를 토대로 지속 가능한 경쟁 우위를 유지하기 위한 전략이다. 진정한 승자는 눈앞의 이익에만 사로잡히지 않고 장기간에 걸쳐 생존할 수 있는 방법을 찾는다는 것이다.

　우리들이 관찰해온 초우량 기업들은 고객의 특성에 따라 시장을 세분화하고 각각의 세분시장에 맞는 제품 또는 서비스를 제공하고 있었다. 이처럼 아직 고객들의 욕구를 충족시키지 못한 틈새시장을 발견해 공략하는 전략을 제대로 수립해 실행하기만 하면 그 효과는 실로 놀랍다. 틈새시장 전략으로 고객에게 밀착하는 기업은 다음과 같은 다섯 가지의 기본적인 특징을 갖고 있다. 첫째, 첨단기술을 빈틈없을 정도로 재치 있게 사용한다. 둘째, 가격 설정을 잘한다. 셋째, 시장 세분화에 능하다. 넷째, 문제 해결을 중시한다. 다섯째, 차별화에 소요되는 비용을 아끼지 않는다.

　또한 초우량 기업은 고객의 소리라면 사소한 것조차 놓치지 않는다. 이들 기업은 전혀 예상하지 못한 방법으로 고객에게 밀착함으로써 높은 고객만족을 만들어내고 있다. P&G는 2019년 1월부터 북미지역에서 판매하는 Herbal Essence 샴푸와 컨디셔너에 시각장애인용 점자를 넣어서 제품의 특징을 이해할 수 있도록 하였다. P&G는 제품의 겉 포장지에 800번 무료 전화 서비스를 최초로 명시한 소비재 제조업체다. 800번 무료 전화 서비스를 통한 고객의 소리는 이후 신제품 개발을 위한 주요 아이디어의 원천이 되었다고 한다. 초우량 기업은 항상 고객의 소리를 경청하며 귀찮게 생각하지 않는다. 초우량 기업은 서비스, 품질 그리고 신뢰성을 중요시하며, 누구보다도 더 고객의 목소리에 귀를 기울이고 있다. 이처럼 고객의 목소리를 경청할 수 있는 예민한 귀를 가지고 있다는 것이 고객에게 밀착할 수 있는 첫 번째 조건이 된다.

　자료원: 초우량기업의 조건(2006), Tom Peters, Robert Waterman, 이동현 옮김.

| 그림 3-1 | 마케팅조사의 5단계 |

여기서 기업의 마케팅조사 능력이 그 기업의 마케팅 능력을 좌우할 정도로 중요하다는 것을 쉽게 알 수 있다. Prahalad와 Hamel은 기업의 핵심역량을 경쟁자보다 빨리 소비자의 욕구에 맞는 신제품을 지속적으로 출시할 수 있는 능력이라고 했다. 기업이 핵심역량을 갖추기 위해서도 마케팅조사 능력이 필요조건이다. 마케팅조사는 [그림 3-1]에서 보듯이, 5단계로 나눌 수 있다.

첫 번째 단계는 문제파악 단계로서 이 단계에서는 현상으로 보이는 문제의 증상에서 실제 문제를 규명하고 이를 마케팅조사의 문제로 전환하는 단계이다.

두 번째 단계는 조사 설계 단계로서 마케팅 조사문제를 해결하기 위해 필요한 조사방법을 정하고 필요한 경우 설문지를 작성하고 표본추출방법을 정하는 단계이다.

세 번째 단계는 실제로 온라인, 전화, 우편, 조사원을 통해서 설문을 하거나, 응답자로부터 실험설계에 맞추어 필요한 자료를 구하는 자료수집단계이다.

네 번째 단계는 수집된 자료를 분석하여 의사결정에 유용한 정보로 전환하는 자료분석 및 해석단계이다.

다섯 번째 단계는 분석된 정보를 의사결정자에게 유용하도록 간결하면서도 꼭 필요한 내용만을 담은 보고서를 만드는 보고서 작성 단계이다.

제2절 마케팅조사산업

마케팅조사는 기업 내에서 수행될 수도 있고 전문 조사회사에 의뢰하여 수행될 수도 있다. 간단한 조사나 기업 내부자료를 주로 이용하는 경우에는 기업 내에서 수행될 수 있으나, 의사결정문제가 중요하고 조사의 범위가 클 때는 조사의 계획수립과 실행에 전문지식이 필요하므로 전문 조사회사에 의뢰하는 경우가 많다. 다음은 국내 주요 마케팅 조사회사의 현황을 나타낸 것이다.

마케팅조사의 전형적인 형태는 Ad-hoc 조사이지만 그밖에 신디케이트(syndicate) 조사와 옴니버스(omnibus) 조사가 있다. Ad-hoc 조사는 개별기업의 구체적 요구에 따

| 표 3-1 | 국내 주요 마케팅 조사회사

R	순위증감	조사기관	매출 (단위: 백만원)	시장점유율 (MS)	점유율 증감
1	↑2	(주)한국리서치	9,840	16.9%	7.1%p
2	−	(주)한국갤럽조사연구소	8,912	15.3%	2.1%p
3	↓2	(주)메트릭스코퍼레이션	7,683	13.2%	−1.8%p
4	−	(주)칸타코리아	3,828	6.6%	−1.3%p
5	↑3	(주)리서치랩	3,622	6.2%	2.2%p
6	↓1	닐슨컴퍼니코리아유한회사	2,937	5.0%	−1.7%p
7	↑8	(주)코리아리서치센터	2,156	3.7%	1.8%p
8	↑3	(주)월드리서치	2,071	3.5%	0.4%p
9	−	나이스알앤씨(주)	1,932	3.3%	−0.4%p
10	↑6	(주)마크로밀엠브레인	1,738	3.0%	1.5%p
11	↑2	(주)글로벌리서치	1,260	2.2%	−0.4%p
12	↑2	(주)코리아데이타네트워크	1,234	2.1%	−0.3%p
13	↓1	입소스(주)	1,224	2.1%	−0.7%p
14	↑4	(주)메가리서치	875	1.5%	0.4%p
15	↓8	(주)현대리서치연구소	804	1.4%	−2.8%p
16	↑23	(주)서울마케팅리서치	558	1.0%	0.8%p
17	−	(주)서던포스트	552	0.9%	−0.2%p
18	↓8	(주)리서치앤리서치	540	0.9%	−2.3%p
19	↑23	(주)아테나컴퍼니	528	0.9%	0.8%p
20	↑2	(주)유니온리서치	517	0.9%	0.0%p
		기타 36개사	5,544	9.5%	0.8%p
		합계	55,931	100.0%	

자료원: (주)메트릭스코퍼레이션.

라 실시되는 조사인 데 반해 신디케이트(syndicate) 조사는 기업고객들에게 판매하기 위하여 조사기관이 주기적으로 조사를 실시하는 것이다. 신디케이트 조사로서 제조회사를 위하여 소비자나 유통관계 자료를 수집하거나 광고대행사나 광고주를 위하여 TV 시청률조사가 실시된다.

고객회사들은 신디케이트 조사자료로 인해 필요한 정보를 상시적으로 확보할 수 있으며, 필요에 따라 즉각적으로 의사결정을 할 수 있다. 신디케이트 조사는 보통 소비자 패널(consumer panel) 혹은 점포 조사(store audit)에 의해 실시된다. 패널은 고정된 표본으로 어느 기간 동안 구성원들이 일정하게 유지되는 표본을 말하며, 패널 조사란 패널 구성원들을 대상으로 조사하는 것을 말한다.

옴니버스(omnibus) 조사는 하나의 조사에 여러 고객기업이 함께 참여하여 질문개수별로 조사비용을 부담하는 조사이다. 예를 들어, 식품과 화장품 고객기업을 위한 조사를 동시에 실시할 수 있다. 이 방법의 장점은 저렴한 비용으로 많은 대상자들로부터 자료를 수집할 수 있다는 것이다.

다음은 주요 리서치 회사의 특성을 나열한 것이다.

(1) TNS Research International - 정기 전화여론조사(옴니버스 조사)

테일러 넬슨 소프레스 코리아의 경우 소수의 문항을 상대적으로 적은 비용에 실시할 수 있도록, 매월 셋째 주에 전국 성인 남녀 1,000명을 대상으로 정기 전화여론조사(옴니버스 조사)를 실시하는 것이 특징이다. 정기 전화여론조사는 실사 시작 이틀 전까지 질문항목이 확정되면 참여할 수 있으며 종료 후 이틀 이내에 조사결과 통계표가 제공되고 있다.

(2) 한국 갤럽 - Mystery Shopper 조사

Mystery Shopper조사: 고객과의 접점에 있는 일선직원부터 내부직원까지 전사적인 대고객 서비스수준 향상을 위한 3단계로 조사를 실시한다.

① 사전조사: 기업이 제공하는 서비스와 고객이 생각하는 서비스의 범위를 정의하고, 서비스 각 단계와 측정대상이 되는 항목을 설정하는 조사이다. 이를 바탕으로 Mystery Shopper 조사를 위한 평가항목과 배점기준을 정한다.

② 매장방문 모니터링: 교육을 받은 가상고객이 매장을 방문하고 모니터링 가이드에 의하여 모든 서비스 단계를 직접 체험하고 평가한다.

③ 전화 친절도 모니터링: 홈쇼핑의 전화주문, 신용카드 또는 은행업무 등의 전화상담 등으로 고객과의 주요접점이 전화통화인 경우 전화 모니터링 전문조사원이 직접 통화하고 평가한다.

(3) A.C. Nielsen – 소비자 패널 서비스(Consumer Panel Service)

소비자 패널 서비스는 인구통계학적으로 대한민국을 대표할 수 있는 3,000명의 가구패널로 구성되어 있으며, 각 가구별 구매 정보를 스캐너를 통해 입력하는 형식으로 실제 FMCG(Fast Moving Consumer Goods) 시장 내 구매행동을 지속적으로 Tracking 한다. 소비자 패널 서비스는 소비자의 구매행태 정보의 분석을 통해 미시/거시적 시장상황과 구매행동에 대한 인사이트를 제공한다. 또한 온라인과 모바일, 오프라인에서의 제품 카테고리별 구매행태의 분석을 통해 소비자의 유통 채널 전환행동과 상품의 라이프 사이클의 변화를 파악한다.

제3절 마케팅조사방법

여기서는 마케팅조사를 하는 데 거쳐야 하는 각 단계에 대해 설명한다.

■ 문제의 정의

마케팅조사자의 가장 중요한 임무는 정확히 문제를 정의하는 것이다. 문제의 정의는 [그림 3-2]에 나타난 과정에 따라 이루어져야 한다.

문제정의의 첫 번째 단계는 문제의 환경적 상황을 분석하는 것이다. 환경적 상황을 파악하기 위해서는 먼저 과거 판매자료와 수요예측자료를 통해 판매량의 변화를 살펴보아야 한다. 그리고 난 후 그 기업의 마케팅목표가 시장점유율과 이윤 중 어디에 더 초점을 맞추고 있는지를 파악한다. 이어서 소비자 욕구의 변화추세를 파악하고, 경쟁사와 비교한 자사의 강점 및 약점을 R&D, 생산, 자금, 인적 자원, 마케팅능력

| 그림 3-2 | 문제의 정의과정 |

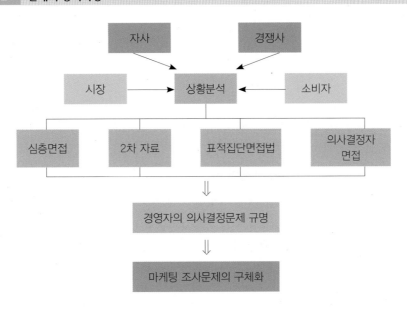

을 중심으로 평가하는 작업이 필요하다.

이러한 상황분석을 위하여 마케팅조사자는 의사결정자와의 면접, 심층인터뷰, 2차 자료 분석 그리고 표적집단 면접법과 같은 정성적 조사방법을 사용하게 되며, 상황분석의 결과를 기초로 마케터의 의사결정문제를 규명해야 한다.

문제정의의 두 번째 단계는 규명된 실제 문제를 마케팅의 조사문제로 전환하는 과정이다. 마케팅조사문제로의 전환은 마케터의 의사결정을 위하여 마케터가 필요로 하는 정보를 구체화하는 작업이다.

예를 들어, 시장점유율의 감소와 같은 문제는 실제 문제의 증상으로서 이해될 수 있다. 물 위에 떠오른 빙산은 전체 빙산의 일부분에 지나지 않듯이, 기업이 처한 문제도 그 증상에만 집착하게 된다면, 마케팅관리자의 관심은 가격인하를 통한 판매량 증대나 유통망 침투를 통한 잠재고객의 확보에만 집중될 가능성이 있게 된다.

시장점유율 감소의 문제가 발생하였을 경우 소비자의 구매과정을 살펴봄으로써 실제 문제를 규명하려는 노력이 필요하다. 시장점유율의 감소가 신규 소비자의 확보에 문제가 있는 것인지 혹은 기존 소비자의 유지에 문제가 있는 것인지부터 파악을 해야 할 것이다. 만약에 기존 소비자의 유지에 문제가 있다면 기존 소비자들의 이탈의 원인이 무엇인지를 파악할 수 있도록 마케터가 필요로 하는 정보를 구체화해야 한다.

따라서 마케팅조사자의 가장 큰 임무는 문제의 증상으로부터 실제 문제를 규명하고 이러한 실제 문제를 규명하기 위한 마케팅정보를 구체화하는 작업이라고 할 수 있다. 바로 이러한 작업을 문제의 정의라고 한다.

② 정보수집을 위한 조사계획 작성

문제를 정확히 정의한 다음에는 그 문제를 해결하기 위해 필요한 정보가 무엇인가를 파악하고 또 그 정보를 효율적으로 수집할 수 있는 방안을 세워야 한다. 아래의 사례를 살펴 보자.

예를 들어, 신한은행이 은행의 거래의 중심이 온라인으로 옮겨감에 따라서 국내지점망을 대폭 축소하려고 한다고 가정해 보자. 이러한 문제를 경영진의 구체적인 의사결정문제로 바꾼다면, 경영진은 각 지방도시별로 몇 개의 지점을 유지할 것인지를 결정해야 한다. 따라서 각 지방도시의 시장성에 대해 시장조사가 필요하다. 지방도시별로 지점의 수를 결정하기 위해서는 아래와 같은 구체적인 정보가 필요할 것이다.

- 우리나라의 모든 지방도시 목록
- 각 도시의 인구 통계적 특성(인구의 증가 혹은 감소 정도, 인구의 구성, 직업별 인구 비율 등)
- 각 도시의 경제적 특성(소득수준, 소비력, 평균 저축률, 지역경제의 경제력·성장가능성 등)
- 각 도시의 소비자 특성: 예컨대, 어느 지방도시가 성장가능성은 좋지만 주민들이 지방색이 강해 그 지역의 지방은행만을 애호한다면 그 도시의 입지조건은 별로 안 좋은 것이다.
- 각 시중 및 지방은행의 지점 분포상황: 다른 조건이 좋더라도 이미 너무 많은 은행들이 지점을 설치해 놓았으면 그 지방도시의 시장성은 높지 않을 것이다.

이렇게 경영자는 이 단계에서 자기가 알고 싶어 하는 정보를 구체적으로 파악해야 한다. 그러면 이러한 구체적인 정보는 어떻게 구할 수 있을까? 자료원은 크게 1차 자료와 2차 자료로 나누어진다. 1차 자료는 회사가 스스로 수립하는 자료이며, 2차 자료는 다른 목적으로 수집되어 이미 어딘가 존재하는 자료를 말한다. 1차 자료를 수집하는 방법은 뒤에서 자세히 논의할 예정이므로 여기서는 2차 자료만 주로 설명하기로 한다.

2차 자료는 원래 다른 목적으로 수집되었기 때문에 이것이 마케터가 바로 원하는 정보를 제공해 주는 적은 별로 없다. 그러나 2차 자료는 기업이 당면한 목적을 위해 스스로 수집하는 1차 자료보다 훨씬 싸고 빠르게 구할 수 있는 장점이 있다. 2차 자료의 잠재적인 유용성은 마케터들이 보통 생각하는 것보다 훨씬 크다. 그러므로 마케터는 당면과제에 관련된 2차 자료를 철저히 조사하되 그 자료들이 다음과 같은 속성을 갖추었을 때만 써야 한다.

① **관련성**: 마케팅조사의 목적에 맞거나 어느 정도 관련성이 있는 자료이어야 한다.
② **정확성**: 믿을 수 있는 방법으로 수집되고 조사대상에 대한 정보를 정확히 보여주는 자료이어야 한다.
③ **시사성**: 현재의 의사결정에 도움을 줄 수 있을 정도의 최신 자료이어야 한다.

2차 자료를 잘 이용하면 구태여 1차 자료를 수집하지 않아도 되는 경우가 의외로 많다. 특히 근래에 와서는 인터넷을 이용한 2차 자료의 검색이 매우 쉬워지고 있다. 2차 자료의 주요 원천은 아래와 같다.

① **기업내부자료**: 회사는 자체적으로 매우 유용한 자료를 가지고 있다. 매출·원가·고객·상품 등에 관한 자료 등이 그것이다. 이러한 자료들은 마케팅프로그램에 있어서 기업의 강점과 약점을 파악하고 이 분야의 주요 추세를 분석하는 데 도움을 준다.

② **정부자료**: 정부는 온갖 분야에서 방대한 자료를 수집하고 분석하며 이 중 상당 부분은 마케팅에 유용한 자료가 된다. 예컨대, 다음과 같은 자료는 정부로부터 쉽게 얻을 수 있는 것들이다.

- 인구조사: 국민의 연령, 성, 고용실태, 소득, 가족구성 등에 관한 자료
- 기업체조사: 기업의 수, 규모, 자본, 생산량, 고용 등에 관한 자료
- 도·소매업자조사: 도·소매업자의 수, 규모, 매출액, 고용 등에 관한 자료
- 주택조사: 건물의 수와 종류, 연도별 건축량, 임대차관계 등에 관한 자료

③ **민간조직의 자료**: 신문사·잡지사·각종 협회·광고회사·연구소 등의 민간조직에서도 많은 자료를 수집하고 발간한다. 이들도 유용한 자료로 이용될 수 있다.

자료원은 1차 자료와 2차 자료로 나눌 수 있다고 하였다. 그러면 마케터가 이러한 정보를 수집하는 목적은 무엇일까? 마케팅조사는 그 목적에 따라 탐색적 조사, 서술적 조사, 인과적 조사로 나누어진다.

(1) 탐색적 조사

탐색적 조사는 정성적 조사라고도 불린다. 탐색적 조사는 모든 마케팅조사의 기본이 되는 조사이다. 문제가 명확히 정의되어 있지 않은 경우 탐색적 조사를 통해 마케팅조사자는 실제 문제를 규명하고 마케팅조사문제를 정의한다. 탐색적 조사는 설문지 작성을 위한 기초자료 수집을 위하여, 또는 설문자료의 분석결과를 해석하기 위해서 행하기도 한다. 정량적 조사가 불가능한 경우에는 탐색적 조사를 광범위하게 행하기도 한다.

마케터는 탐색적 조사를 위해 우선 2차 자료를 분석하고, 그것으로 충분치 않으면 관찰·표적집단 면접법·심층면접법 등의 방법을 통해 1차 자료를 수집한다. 여기서는 탐색적 조사를 할 때 많이 쓰이는 이 세 가지 방법에 대해서 논의한다.

1) 관찰

이것은 관련이 있는 사람들이나 그들의 행동 또는 상황 등을 직접 관찰하여 자료를 수집하는 방법이다. 식품회사의 직원들이 슈퍼마켓에 나와 타사제품의 가격을 알아내고 자사제품과 경쟁사제품이 어떻게 얼마나 많이 진열되어 있나 또는 소비자들

이 어떤 제품을 많이 사는가를 관찰하는 것이 한 예이다. 백화점에서도 손님으로 가장한 조사자를 자사의 점포나 다른 백화점에 보내 고객에 대한 서비스, 상품의 디스플레이 등 필요한 정보를 수집하게 한다. 〈표 3-2〉는 가장 고객에 의한 관찰표의 예를 보여 주고 있다.

관찰은 사람들이 제공할 수 없거나 제공하기를 꺼려하는 정보를 얻는 데 적합한 방법이다. 그러나 느낌이나 태도·동기 등은 관찰을 할 수 없고, 소비자들의 장기적인 행동도 관찰하기 어렵다. 만약 슈퍼마켓에서 많이 팔리는 상품들의 선반점유율을 관찰한다면 그러한 상품들의 시장점유율을 짐작할 수 있다. 또한 백화점의 주차장에 주

| 표 3-2 | 가장 고객(Mystery shopper)에 의한 관찰표의 예

환대		
친절한 서비스	Q1 눈을 마주치는 미소와 친절한 인사를 받았는지? 그렇지 않은 경우 설명:	
	Q2 주문받는/서비스하는 근무자가 당신을 중요한 고객으로서 주의 깊게 대하였는지? 그렇지 않은 경우 설명:	
	Q3 주문받는/서비스하는 근무자가 진심으로 감사 인사를 하는지? 그렇지 않은 경우 설명:	
	Q4 어린아이를 동반했을 때 각각 인사를 받았는지? 그렇지 않은 경우 설명:	
	a. 어린이용 의자 비치 여부? 그렇지 않은 경우 설명:	
도움을 주는 서비스	Q5 주문받는/서비스하는 근무자가 전채나 곁들여 먹을 수 있는 음식과 주식사 메뉴 등의 제안을 했는지? 그렇지 않은 경우 설명:	
	Q6 문제가 있거나 의문점이 있을 때 근무자에 의해 해결이 되었는지? 그렇지 않은 경우 설명:	
	Q7 전화로 주문한 경우 4번째 벨이 울리기 전에 통화가 되었으며 통화대기 상태로 되지 않고 연결이 되었는지? 그렇지 않은 경우 설명:	
완벽한 근무자들	Q8 모든 근무자의 유니폼이 단정하고 깨끗하며 완벽한지? 그렇지 않은 경우 설명:	
	Q9 모든 근무자들이 알아볼 수 있는 명찰을 착용하고 있는지? 그렇지 않은 경우 설명:	
	Q10 모든 근무자들이 단정하고 개인위생에 철저한지? 그렇지 않은 경우 설명:	
	Q11 당신이 도움을 받은 근무자의 이름	

차된 자동차들의 번호판을 관찰하고, 그 차들의 차적을 조사함으로써 백화점에 많이 오는 손님들의 거주지를 파악할 수 있다.

관찰을 통해서 새로운 상품 아이디어를 얻는 대표적인 소비재 회사의 사례로 P&G를 들 수 있다. 면도기 Gillette, 세탁제 Tide, 기저귀 Pampers와 같은 세계적인 브랜드를 가지고 있는 소비재회사 P&G는 아주 과감한 방법으로 소비자행동을 조사하고 있다. 즉, 이 회사는 전 세계의 약 80가구에 비디오 촬영 팀을 보내 소비자들의 일상생활을 아침부터 밤까지 자세히 찍었다. 그리고 이러한 촬영은 보통 나흘간 계속된다. P&G사는 이렇게 함으로써 기존의 개인면담이나 표적 집단 면접법(FGI) 같은 전통적인 방법으로는 얻기 어려운 (소비자행동에 관한) 수많은 귀중한 통찰을 얻을 수 있다고 생각한다. 사람들은 흔히 과거의 일을 선택적으로만 기억하기 때문에 그들이 말하는 내용이 실제의 행동과는 다른 경우가 많다. 그러나 그들의 행동 하나하나를 모두 필름에 담으면, 가장 진실에 가까운 소비자행동자료를 얻을 수 있을 것이다. P&G는 이렇게 함으로써 소비자들이 의식하지 못하는 문제를 풀어 주는 신제품 아이디어를 얻는 것이다.

 사례

인도 시장에서 관찰을 통해 탄생한 면도기

P&G는 2010년 10월 인도에서 질레트 가드(Gillette Guard) 면도기를 선보였다. 이 면도기의 목적은 '이중 면도날을 사용하는 수억 명의 인도인들에게 저렴하고 효과적인 대안을 제시하겠다'는 아주 단순한 것이었다. P&G 연구원들은 인도 시장에서 수천 시간의 관찰 연구를 거듭한 끝에 인도 소비자들의 욕구를 파악할 수 있었다. 시골에 거주하는 인도 남성들을 관찰한 결과, 인도의 시골집은 대부분 실내 배관 시설이 부족해서 남성들이 옥외에서 면도를 하며, 면도를 할 때에도 물을 거의 사용하지 않을뿐더러 매일 면도를 하지 않는다는 사실을 확인했다. 칼날이 1개인 질레트 가드는 최소량의 물을 이용해 손쉽게 면도를 하고 꺼칠하고 제법 긴 수염을 관리할 수 있도록 제작된 제품이었다. 최초 구매 가격은 15루피(33센트), 리필용 면도날 가격은 5루피(11센트)로 책정됐다. 초기 실험 결과 인도의 소비자들이 이중 면도날에 비해 이 신제품을 6대 1의 비율로 선호하는 것으로 밝혀졌다. 이러한 뛰어난 성능과 저렴한 가격 덕에 질레트 가드(Gillette Guard) 면도기는 빠른 속도로 성장했다.

자료원: 하바드 비즈니스 리뷰(2011), 'How P&G Tripled Its Innovation Success Rate'.

2) 표적집단 면접법(Focus Group Interview: FGI)

표적집단 면접법은 6~12명 정도의 인구 통계적으로 동질적인 응답자들을 한 자리에 모아놓고 자연스러운 분위기에서 조사목적과 관련된 대화를 유도하여 응답자들의 생각과 의사를 표시하도록 하는 조사방법이다. 표적집단 면접법은 거의 모든 마케팅조사에서 쓰이는 방법이며, 짧은 시간에 적은 비용으로 상대적으로 많은 정보를 얻을 수 있는 조사방법으로서 매우 유용하게 쓰이고 있다. 마케터들은 마케팅조사의 문제를 구체화하고, 의사결정문제를 명확히 하기 위하여 표적집단 면접법을 많이 사용하고 있다. 일반적인 설문조사에서도 표적집단 면접을 이용하여 설문의 내용을 구체화한다. 표적집단 면접법은 제품이용자들로부터 제품사용에 따른 불만과 개선요구 사항에 대한 정보획득에도 매우 유용한 조사방법이다.

표적집단 면접법의 특징은 〈표 3-3〉에 요약되어 있다.

| 표 3-3 | 표적집단 면접법의 특징

집단의 크기	4~12명
집단구성	동질적
면접장소의 환경	편안하고 비공식적인 분위기
소요시간	1시간 30분~2시간
기록수단	녹음기와 비디오카메라의 사용
관찰방법	면접진행자에 의한 관찰 및 일방 거울을 통한 관찰

3) 심층면접법(Depth Interview)

심층면접법은 응답자와의 1 : 1 면접을 통하여 응답자의 내면에 숨겨진 제품 사용동기, 제품이미지, 제품에 대한 신념과 태도 등을 이끌어 내는 조사방법이다. 심층면접법은 광고의 크리에이티브 테마를 정하거나, 상표가 갖는 개성과 이미지를 파악하거나, 제품의 사용의 상징적 의미를 찾기 위해서 이용된다. 심층면접법은 응답자의 내면의 생각과 동기를 밝힐 수 있다는 장점이 있으나, 면접진행자의 능력에 따라 조사의 성패가 판가름이 나는 단점이 있다.

질레트, 심층면접을 통해 소비자의 경험을 읽는다

질레트는 욕실에서 면도를 하는 상황에서 남자들이 원하는 것이 무엇인지를 심층면접을 통해서 내면의 의식을 조사하였다. 이를 통해 질레트는 남자들이 단순히 면도만 잘 되는 것을 바라지 않는다는 점을 포착하였다. 즉, 남자들은 면도를 개인의 사적인 공간에서 공적인 공간으로 이동하는 일종의 의례(ritual)로 생각한다는 것을

알아내었다. 그래서 질레트는 면도기를 가장 남성적인 경험과 이미지로 디자인하기로 결정하였다. 질레트는 면도를 하면서 남성들에게 남성적이고 역동적인 경험을 제공할 수 있는 디자인 원리를 개발하였다. 질레트 면도기의 디자인 특징은 다음과 같다. 우선 청색 색상은 면도의 청결함을 전달하고 있다. 검정 색상은 보편성의 가치와 기운차고 남성적인 생활양식을 동시에 전달하고 있다. 은색 금속성 느낌은 면도날과 센서의 성능을 반영하고 있다. 혁신적으로 얇은 면도날과 크리스털처럼 투명한 용기는 맑고 신선한 경험을 강화하고 있다. 면도기의 전반적인 손잡이 모양은 남성의 손에 맞게 만들어졌고, 미끈하고 원통형에 주름이 잡힌 손잡이는 남성의 넓은 어깨를 연상시키고 있다. 또한 면도기 전면의 대담한 로고 서체를 이용해서 남성적 가치와 이미지를 강화하고 있다. 이를 통해 질레트는 면도기를 파는 것이 아니라 남성적인 경험을 파는 브랜드가 되고자 한 것이다

자료원: LG주간경제(2000), 경험마케팅.

(2) 서술적 조사

서술적 조사는 실태를 정확히 파악하기 위한 조사이며, 마케터가 알고 싶은 정보를 직접 응답자에게 물어보는 설문조사의 방법이 가장 많이 쓰인다. 설문조사는 많은 종류의 정보를 얻어낼 수 있고, 관찰에 의해서 알 수 없는 정보가 많다.

설문조사에도 문제점은 있다. 응답자가 기억을 못하거나 생각해 본 일이 없어서 대답을 못할 경우가 있다. 또 응답자가 사적인 질문에는 대답을 꺼릴 수 있고, 모르는 사람과의 면담 자체를 거부할지도 모른다. 반대로 응답자가 질문하는 사람이 듣기 좋게 대답을 할 수도 있고, 많이 아는 것처럼 보이려고 모르는 질문에도 답을 하는 때도 있다. 따라서 질문자는 이런 문제점들을 극복하기 위해 철저하게 조사계획을 짜야 한다.

여기서는 서술적 조사를 위해 설문조사를 할 때 특히 유의해야 하는 세 가지 설문

조사방법(응답자 접촉방법, 표본설계, 설문지의 작성)에 대해 논의하기로 한다.

1) 응답자 접촉방법

어떤 방법으로 응답자와 접촉하여 정보를 수집할 수 있는가? 여기에는 크게 네 가지의 방법이 있다. 우편·전화·개인면담·인터넷이다. 각 방법은 〈표 3-4〉에서 보는 바와 같이 장·단점이 있으므로 마케터는 시간, 예산, 조사의 목적, 조사자의 자질 등을 고려하여 적합한 방법을 골라야 한다. 최근에는 인터넷을 이용하여 설문조사하는 방법이 널리 활용되고 있다. 방송통신위원회에 따르면 2018년 11월 말 기준 국내 초고속 인터넷 가입자가 1,814만 명으로 총 가구수 1975만 가구 대비 92%를 기록했다고 한다. 이제는 초고속 인터넷이 집집마다 많이 보급되었기 때문에 어떤 집단을 대상으로 하든 매우 유용하게 쓸 수 있는 방법이 되어가고 있다.

기업이 늘 고객의 소리에 귀를 기울이고 그 내용을 의사결정에 반영해야 한다는 것은 이제 상식에 속한다. 그러면 기업이 고객의 소리를 제대로 활용하려면 어떠한 점에 유의해야 할까?

첫째, 현재의 고객뿐만 아니라 떠난 고객, 떠날 것이 예상되는 고객, 잠재고객, 경쟁사 고객의 소리도 잘 들어야 한다.

둘째, 다음과 같은 질문에 맞추어 자료를 수집하는 것이 좋다.

① 고객이 중요하게 생각하는 제품/서비스의 특성은 무엇인가?
② 고객의 기대에 비해, 경쟁사에 비해, 우리가 얼마나 잘하고 있는가?
③ 우리가 간과하고 있는 것은 무엇인가?

셋째, 가능하면 여러 가지 방법을 써서 필요한 정보를 모으는 것이 좋다(〈표 3-5〉 참조).

| 표 3-4 | 네 가지 응답자 접촉방법의 비교

기준	우편	전화	개인면담	인터넷
1. 응답자로부터 수집된 자료의 정확성	제한	보통임	좋음	보통임
2. 수집될 수 있는 자료의 양	보통임	제한	우수함	보통임
3. 조사의 유연성	나쁨	보통임	우수함	우수함
4. 표본오류(응답률)	나쁨	보통임	우수함	보통임
5. 비용	보통임	낮음	높음	낮음
6. 소요시간	느림	빠름	느림	빠름

| 표 3-5 | 고객의 소리를 듣기 위한 방법들

기법	특성 및 목적	장점	단점
무료전화	제품이나 인쇄물에 고객상담용 무료전화번호를 부착시킴.	문제를 경험한 고객으로부터 데이터를 수집하는 효과적인 방법. 고객만족과 매출증대로 이어짐.	비용이 많이 듦.
전화/우편조사	개방형 설문결과를 토대로 작성한 폐쇄형 설문을 할 때, 가장 유용한 방법	조사를 제대로 한다면, 조사결과를 일반화할 수 있고 과학적 타당성이 인정	질문에 대한 답 외에 추가 정보를 얻기가 어려움.
미스테리 쇼핑	전문가들이 고객으로 가장하고 회사를 방문한 후 어떤 대우를 받았는가 보고하는 것	기업이 제공한 서비스에 대해 정확한 정보를 얻을 수 있음.	자신이 신뢰받고 있지 못하다고 직원이 느낄 수도 있음.
FGI	목표집단으로 구성된 소규모 그룹을 초대해서 개방형 질문에 답하게 하는 것.	가장 유용한 단일 법임. 고객의견을 상세히 알 수 있고, 설문조사에서 알 수 없었던 것도 알 수 있음.	전체 고객을 대표할 수 없음.
고객패널	포커스그룹과 마찬가지로 소수고객으로 구성됨. 그러나 정기적으로 만나는 그룹	정기적인 모임. 기업의 문제점을 오래 생각하면 특별한 아이디어가 떠오름.	고객패널을 운영하기 위해서는 많은 노력이 필요
1:1 또는 집단면접	개인별, 집단별로 고객의 욕구나 필요를 심층적으로 파악하기 위한 정성적 방법	개별면접은 고객이 각자의 특이한 생각을 분명하게 말할 수 있음. 집단면접은 처음에는 명확하지 않았던 생각들을 분명히 말하게 됨.	집단면접은 고객 상호 간에 서로의 응답에 영향을 줄 수 있음.
고객방문/고객의 제품사용 관찰	제품을 실제로 사용하는 고객을 심층연구. 다른 기법에서는 획득할 수 없는 자세한 정보를 얻을 수 있음.	가장 적게 활용되고 있는 기법임. 제품용도에 맞춰 디자인한 직원이 제품이 실제로 사용되는 것을 보면 고객이 제안하지 못한 개선책도 제안할 수 있음.	생각보다 단점이 적음. 방문하기 전에 무엇을 알고자 하는지 체계적으로 아이디어를 정리해야 함.
알선 영업사원 및 서비스 직원의 보고	자유로운 분위기에서 고객과 직접 접촉하는 직원의 경험에 대해 질문	이미 보유하고 있는 데이터에 주의를 기울이는 계기가 됨.	고객반응을 대체로 긍정적으로만 평가하는 경향이 있음.
고객서비스 요원의 핫라인	고객서비스요원이 문제를 보고하기 위해 전화할 수 있는 번호	일선직원에게 자신을 지원하는 누군가가 있다는 느낌을 줌.	데이터 관리가 쉽지 않음.
신규고객/떠난 고객의 면접	고객을 새로 확보하거나 기존의 고객이 떠나간 시점에 고객을 면접하는 것.	핵심욕구를 생각하고 경쟁사와 비교하여 생각하는 시점에서 고객을 면접할 수 있음.	매 상황마다 고객을 면접하기는 어려움.

2) 표본설계(sampling design)

표본설계란 ① 누구를 대상으로 조사를 하고, ② 조사대상자는 몇 명으로 하고, ③ 조사대상자는 어떻게 선정하는가를 결정하는 절차를 말한다.

마케팅조사자는 보통 전체 모집단을 대상으로 조사하지 않는다. 그렇게 하면 엄청난 비용과 시간이 들 뿐 아니라 표본설계만 잘하면 소수의 사람들을 대상으로 조사를 해도 전체에 관한 정보를 거의 정확하게 알아 낼 수 있기 때문이다. 이것은 선택된 조사대상자들이 그들이 속해 있는 전체집단에서 예외적인 사람들이 아니고 그 집단의 속성을 잘 대변하는 사람들일 때 가능하다.

3) 설문지의 작성

관찰이나 실험을 할 때는 특별한 기계가 필요한 경우가 많다. 여기서는 1차 자료를 수집할 때 가장 많이 쓰는 도구인 설문지를 작성할 때 유의할 점만 간단히 언급하기로 한다.

- 조사목적에 관련이 있는 질문만을 설문지에 포함시킨다. 특별히 필요가 없는 질문은 줄임으로써 질문의 양을 줄여줘야 한다.
- 어느 한 방향으로 대답을 유도하거나 혹은 편견이 들어가 있는 질문을 피한다 (보기: 자라나는 새싹들의 꿈을 꺾는 입시지옥에 대해서 어떻게 생각하십니까?).
- 응답자가 이해할 수 있도록 쉬운 말을 사용한다(보기: 상품의 '외관' 대신 '겉모양').
- 초반부에 나오는 질문은 응답자의 흥미를 자아내는 질문이어야 하고 어려운 질문은 뒤로 돌린다.
- 개인적인 질문은 설문지의 뒷부분에서 질문한다 (보기: 나이·소득·가족사항).
- 조사대상자가 대답하기 곤란한 질문은 간접적으로 물어본다.
- 문항 하나에 두 가지 이상의 질문을 포함시키지 않는다 (보기: 이 상품의 가격과 포장에 대해서 어떻게 생각하십니까?).

 사례   선거여론조사

여론조사는 모집단을 전수조사하기 힘들 때 샘플조사를 통해 전체 모집단 여론을 짐작하기 위해 실시한다. 그렇기에 여론조사에서 가장 중요한 것은 모집단 특성이 고르게 반영되도록 객관적이고 공정하게 샘플을 추출하는 것이다. 여론조사 전문가들은 "샘플이 오염되지 않도록 해야 한다"고 말한다. 특히 선거 여론조사에서는 유권자의 성별, 지역별, 연령별 분포에 치우침이 없도록 유의할 필요가 있다. 영역별 여론조사 목표를 할당하고 이에 맞춰 조사를 실시하는 것도 그 때문이다.

응답자 특성을 고려해 여론조사 목표를 정하고 이에 맞춰 조사하더라도 어떤 조사 방법을 택했느냐에 따라 결과는 크게 달라질 수 있다. 전화면접 방식이냐, 자동응답 방식이냐에 따라 응답률 차이가 크다. 녹음된 음성이 흘러나오고 그에 맞춰 버튼을 눌러 의사 표시를 해야 하는 자동응답 방식에 비해 면접원이 '잠시만 시간을 내달라', '1분이면 된다'라며 응답자의 반응을 살펴가며 답변을 받는 전화면접 방식이 상대적으로 응답률이 더 높다. 응답률이 높으면 신뢰도가 높고, 응답률이 낮으면 신뢰도가 낮다는 공식이 있는 것은 아니다. 하지만 일반적으로 응답률이 낮으면 적극적으로 의사를 표현하려는 사람의 의견이 과대 표집될 가능성이 있다고 본다.

유선전화와 무선전화 비율에 따라서도 여론조사 결과에 차이가 날 수 있다. 여론조사업계 일각에서는 유선전화 조사 비중이 높으면 보수적인 결과가, 무선전화 조사 비중이 높으면 진보적인 결과가 나올 것으로 보기도 한다. 최근에는 무선전화 보급 대수가 우리나라 전체 인구를 넘어서면서 무선번호를 이용한 안심번호 조사가 가장 객관적인 표본 추출 방식으로 선호되고 있다. 다만 여론조사 때 응답 집중도는 유선전화에 비해 무선전화가 다소 떨어진다는 평가가 많다. 유선전화는 한자리에 멈춰 있는 상태로 안정적으로 답변하는 경우가 많지만, 무선전화의 경우 이동하면서 응답하기도 해 상대적으로 집중도가 떨어질 수 있다는 것이다.

그렇다면 선거 여론조사를 어떻게 받아들여야 할까? 먼저 표본 크기에 따른 오차율을 감안하고 유·무선전화 비율과 응답률까지 고려한 뒤 조사한 날 민심의 한 단면으로 해석하는 게 옳다.

자료원: 주간동아(2018).

(3) 인과적 조사

인과적 조사는 마케팅활동과 마케팅성과 간의 인과관계를 알아내기 위한 조사이며 주로 실험 설계(Experimental Design)라는 방법을 통해 행해진다. 예를 들어, 마케터가 다음과 같은 질문에 답을 하고자 하면, 그는 실험 설계를 통해 인과관계를 파악할 수 있다.

- 신제품의 컨셉 대안들 중에서 어떤 대안을 소비자가 더 선호하는가?
- 가격의 변동에 따라 제품의 판매량과 이익이 어떻게 달라질까?
- 판매원들의 보수체계를 어떻게 바꿔야 판매량을 늘릴 수 있을까?
- 새로 개발한 광고가 브랜드에 대한 인지도와 선호도, 판매증진에 어느 정도 효과적인가?
- 페이스북, 인스타그램, 유튜브의 광고 효과는 어떤 채널이 더 효과적일까?

| 표 3-6 | 실험조사의 유형

유형	내용	장점	단점
현장 실험	실제의 상황에서 실험	현실적	통제할 수가 없음
실험실 실험	통제된 실험실에서 실험	고도의 통제가 가능	현실성이 없음

실험을 할 때 주의할 점은 실험결과가 조작변수 이외의 요인에 의해 영향을 받지 않도록 실험상황을 가능한 한 완벽하게 통제해야 한다는 것이다. 통제만 제대로 되면 신빙성이 높은 자료를 실험에서 얻을 수 있는 것이다.

실험에는 크게 현장 실험(field experiment)과 실험실 실험(laboratory experiment)이 있다(〈표 3-6〉 참조). 현장 실험은 실제로 시장에서 인과관계를 테스트하는 방법으로서, 이 방법을 제대로 쓰면 현실적인 데이터를 얻을 수 있으나 외부변수가 실험결과에 미치는 영향을 통제하기가 어려운 단점이 있다. 실험실에서의 실험은 실험할 때의 상황을 통제할 수가 있기 때문에 외부변수로 인한 문제는 없다. 그러나 실험이 시장에서 행해지지 않기 때문에 실험실에서 얻은 결과가 시장에서 재현될 것이라고 장담할 수 없다.

현장 실험의 어려움과 실험실 실험의 현실성 결여로 실험에 의한 마케팅조사는 설문조사만큼 많이 행해지지 않고 있지만 이 방법에 의한 조사는 꾸준히 늘고 있다. 이 방법이 가장 많이 쓰이는 때는 신제품이나 새로운 광고캠페인의 시장성을 테스트해 볼 경우이다. 이 밖에도 가격변화가 시장점유율에 미치는 영향을 알아보고자 할 때, 바겐세일의 판매효과를 파악하고자 할 때 등, 이 방법의 응용분야는 무척 넓다.

최근에는 데이터 기반의 마케팅 의사결정이 중요해지고 있으며, 세분 시장별로 마케팅활동에 대한 반응을 조사해서 이러한 인과적 조사결과를 토대로 세분시장별로 차별화된 마케팅활동을 하는 단계를 넘어서고 있다. 개별 소비자의 반응에 대한 데이터를 분석해서 이를 토대로 정밀하게 타겟하는 소비자집단에 따른 차별화된 마케팅활동을 하고, 더 나아가 개별 소비자에게 맞춤화된 광고와 판촉, 제품에 대한 추천을 하는 시대가 되었다. 이제는 인과적 조사의 수준이 세분시장 수준에서 개별 소비자의 수준으로까지 확대되고 있다. 다음은 데이터 기반의 마케팅 의사결정에 대한 사례이다.

데이터 기반의 마케팅 의사결정과 실행은 과거에도 'CRM(고객관계관리)'이나 'Data Mining(데이터 마이닝)'이라는 이름으로 존재했다. 하지만 오늘날 상황은 과거와 파급력이 완연히 다르다. 데이터의 종류와 양이 방대해졌고 소비자에게 접근할 수 있는 미디어 환경이 달라졌기 때문이다. 말 그대로 새로운 데이터 마케팅의 물결은 세분시장별 소비자의 동질성을 전제로 하여 세분시장별 차별화 전략을 펼쳐온 기존의 마케팅 패러다임에 변화를 요구하고 있다. 소비자에게 접근할 수 있는 미디어가 TV, 신문 같은 매스미디어가 전부였던 시절에는 소비자 개개인의 욕구에 초점을 맞춘 마케팅을 전개할 방법이 별달리 없었고, 브랜드의 차별적인 특징을 대규모 고객 집단에게 전달하는 포지셔닝 전략이 대세일 수밖에 없었다. 그러나 개인 미디어(스마트 기기)의 등장과 데이터 저장 비용의 하락은 개별 고객에 대한 데이터 수집과 이를 바탕으로 개인의 특성에 맞추어 접근하는 전략 수행을 가능하게 만들었다.

현재 데이터로 인한 패러다임 변화가 가장 큰 지역이 있다면 미국이다. 미국은 데이터 거래가 과거부터 활발했던 지역이다. LG전자는 2016년 북미지역에서 LG OLED TV에 대해 데이터를 기반으로 한 마케팅 전략을 실행한 바 있다. 온라인 행동 데이터를 바탕으로 다수의 핵심고객집단들을 발굴했고, 이러한 데이터에 대한 분석을 토대로 전문가 리뷰 사이트의 OLED TV

콘텐츠를 강화하는 것이 고객들의 관심을 유도하는 열쇠라는 사실을 알아냈다. 이 캠페인의 실행 결과 구글에서 OLED TV를 검색하는 비율이 870% 증가했고 미국 지역에서 LG OLED TV의 프리미엄 TV 시장점유율은 54%로서 1위로 도약하게 됐다. 그리고 이후 다른 LG 제품군에서도 동일한 데이터 기반 마케팅(data driven marketing) 방식의 캠페인을 시도해 소기의 성과를 내고 있다.

자료원: 매일경제 THE BIZ TIMES(2018), 프리미엄 TV 美점유율 1위로 끌어올린 '데이터 마케팅'.

③ 조사의 실시

조사계획이 완료되면 다음 단계는 실제로 조사를 하는 것이다. 즉, 자료를 수집하여 처리하고 분석하는 것이 이 단계에서 할 일이다.

자료의 수집은 회사 내의 마케팅조사요원들이 할 수도 있고 외부기관에 의뢰할 수도 있다. 자체요원들이 자료를 수집하면 회사는 이 수집과정을 더 쉽게 통제할 수 있지만 자료수집을 전문으로 하는 마케팅조사 회사는 더 빨리 그리고 더 싼 비용으로 자료를 수집할 수 있다.

자료수집단계는 마케팅조사의 전 과정에서 가장 비용이 많이 들고 오류가 발생하기 쉬운 단계이다. 조사대상자가 협조를 해주지 않을 경우, 정직하게 응답을 안할 경우, 또한 조사자의 잘못으로 왜곡된 응답이 나올 경우 등 오류가 생길 여지가 많다. 아무리 잘 계획되고 실시된 마케팅조사라도 오류는 생기게 마련이므로 마케터와 조사자가 협력하여 오류를 극소화하도록 최선을 다하는 수밖에 없다.

자료를 다 수집하면 조사목적에 관련 있는 정보를 뽑아내기 위하여 모은 자료를 처리하여 분석해야 한다. 이 단계에서 컴퓨터를 이용하여 좋은 통계기법을 쓸 수 있다. 그러나 기법에 매료되어 조사의 목적을 망각하는 일이 흔히 있다. 마케터가 필요로 하는 정보를 얻는 데 도움을 주는 기법을 선택해야지, 기법사용을 위한 기법선택이 되어서는 안 된다.

■4 조사결과의 해석 및 보고

수집된 자료의 분석이 끝나면 조사자는 분석결과를 해석하고 보고서를 작성하여 마케터에게 보고해야 한다. 부정확하거나 한쪽에 치우친 해석을 마케터가 맹목적으로 받아들이면 조사하는 데 들인 모든 노력이 헛수고가 되므로 조사결과를 해석할 때는 조사자와 마케터의 긴밀한 협조가 있어야 한다.

조사자는 흔히 마케팅조사의 기술적인 면은 잘 알지만 마케터가 마케팅현장에서 부딪히는 문제에 대해서는 감을 잘 못 잡는 경향이 있다. 반면에 마케터는 조사결과가 원래 기대했던 대로이면 받아들이고 그렇지 않으면 믿지 않는 때가 많다. 따라서 양자가 진지하게 의견을 교환하고 토론해야만 유효한 해석과 결론에 도달하게 된다.

마케팅조사의 목적은 소비자나 경쟁자에 관한 정보를 수집·분석·해석하여 경영자의 불확실성을 줄여 주는 것이라 하였다. 즉, 마케팅조사는 조사자와 경영자의 커뮤니케이션이다. 아무리 훌륭한 조사를 하였더라도 조사결과가 경영자에게 잘 전달되지 않는다면 이는 쓸데없는 조사를 한 결과가 되는 것이다. 아래는 시장조사를 통해서 10대 청소년의 트렌드를 간파한 휠라(FILA)의 사례이다.

휠라코리아가 날아올랐다. 휠라 운동화는 청소년 사이에서는 '잇템'으로 부상했다.

휠라코리아 상승세는 주가에 고스란히 묻어난다. 지난 6월 5일 휠라코리아 주가는 3만원을 찍었다. 지난해 10월 1만 2000원 대에서 반년여 만에 150%가 뛴 셈이다. 시가총액 1조원을 넘어서며 영원무역, 한세실업을 제치고 섬유·의복 부문 시총 1위에 등극했다.

휠라는 1990년대를 대표하는 패션 브랜드였다. 그러나 패션 트렌드를 제대로 좇지 못하면서 10~20대 젊은 소비자가 휠라를 떠났다. 휠라는 어느새 중장년층 '올드' 브랜드라는 달갑지 않은 이미지를 갖게 됐다.

2016년 휠라는 브랜드 리뉴얼을 단행했다. 30~40대 주 고객층을 20대 이하로 낮추기 위해서다. 아울러 스포츠 기업의 핵심이라고 할 수 있는 신발에 초점을 맞춰 전략을 짰다.

이 같은 '리브랜딩' 콘셉트 아래 탄생한 초대박 제품이 운동화 '코트디럭스'다. 휠라는 10대 청소년들에 대한 면밀한 시장조사를 토대로 레트로(복고) 트렌드를 간파하고 미리 대응했다. 복고 트렌드에 현대적인 감성을 입혀 만든 제품이 바로 코트디럭스다. 흰색 테니스화 형태로 '심플', '복고', '편안함'을 강조한 코트디럭스는 중고등학교 여학생 사이에서 선풍적인 인기를 끌었다. 이 운동화를 신지 않으면 유행을 따라 가지 못하는 것으로 여겨질 정도였다. 판매량은 130만켤레를 돌파했다. 보통 히트 신발 판매량이 10만 켤레인 점을 감안하면 그야말로 '메가톤급' 성공 사례를 남긴 셈이다. 또한 소비자 시장조사를 통해서 10대 청소년들에게는 '프리미엄'의 이미지와 '가성비'가 결합된 '가성비 좋은 프리미엄'이라는 포지셔닝이 매우 좋은 전략이라는 것을 파악하고, 가격을 낮출 수 있도록 생산원가를 낮추는 비즈니스 모델의 변화를 이루어냈다. 다른 프리미엄브랜드 운동화의 가격이 10만원을 넘는 시장에서 휠라는 '코트디럭스'의 가격을 6만 9000원으로 책정하여 다른 프리미엄 브랜드 운동화들과 비교하여 '가성비 좋은 프리미엄 운동화'라는 포지셔닝을 달성하였다.

자료원: 매경 이코노미(2018.6), 리브랜딩 성공으로 주가 훨훨 휠라코리아.

제4절　빅데이터를 활용한 마케팅 조사

이제까지 마케팅정보의 중요한 원천이라고 할 수 있는 마케팅 조사의 이모저모에 대해서 알아보았다. 이제는 4차 산업혁명시대의 도래와 함께 거대한 정보화의 물결로 우리 삶에 전방위적으로 영향을 끼치고 있는 빅데이터와 이를 활용한 마케팅 조사를 알아보자.

빅데이터란 과거 아날로그 환경에서 생성되던 데이터에 비하면 그 규모가 방대하고, 생성 주기도 짧고, 형태도 수치 데이터뿐 아니라 문자와 영상 데이터를 포함하는 대규모 데이터를 말한다. 국립중앙과학관에 따르면 1분 동안 평균적으로 구글에서는 200만 건의 검색, 유튜브에서는 72시간의 비디오, 트위터에서는 27만 건의 트윗이 생성된다고 전한다. 이렇듯 스마트폰의 사용과 SNS의 등장으로 데이터가 기하급수적으로 증가하고 있으며, 방대한 데이터를 분석해 유의미한 결과를 도출해내는 프로세스의 중요성이 강조되고 있다. 한 마디로 빅데이터를 활용한 마케팅 조사의 목적은 대용량 데이터를 분석해 가치있는 정보를 추출하고, 생성된 지식을 바탕으로 능동적으로 대응하거나 변화를 예측할 수 있도록 돕는 것이다.

애플·알파벳(구글)·아마존·페이스북 등 미국의 대표적인 IT/플랫폼 기업들은 전부 이러한 빅데이터 분석에 사활을 걸고 있다. 그중 특히 아마존은 전자상거래를 기반으로 구축한 빅데이터를 활용하는 비즈니스 전략을 내세워 소비자들의 구매행동을 분석해서 ZEC(Zero Efforts Commerce)를 구축하는 것을 목표로 삼고 있다. 이러한 소비자에 대한 깊이 있는 이해를 통해 아마존은 주문 후 2시간 내에 배달을 해주는 아마존 프라임(amazon Prime) 서비스를 상품화하여서 수백만 명의 고객들을 확보하였고, 이러한 고객 기반을 토대로 다양한 사업에 진출하고 있다. 실제로 아마존은 온라인 약국 '필팩(pillpack)'이라는 회사를 인수해서 기존의 아마존 프라임(amazon Prime) 고객들에게 온라인 약국 서비스를 제공하는 헬스케어(health care) 시장으로 진입하는 등 새로운 사업으로 사업의 범위를 확대해 나가고 있다.

이렇듯 빅데이터를 비즈니스에 활용하는 기업은 시장에서 지속적인 성장을 할 수 있지만, 그렇지 못하는 기업들은 결국 도태될 것이다. 특히, 최근에는 데이터를 기반으로 하는 플랫폼 비즈니스 모델들이 시장의 변화를 주도하고 있다. 다음은 데이터 기반의 플랫폼 비즈니스에 대한 사례를 보여준다.

기존 시장이 아닌 완전히 새로운 시장에서 데이터를 기반으로 완전히 새로운 비즈니스를 전개하는 비즈니스 모델이 많이 등장하고 있다. 플랫폼 비즈니스가 바로 그것이다. 데이터에 대한 수요가 늘어감에 따라 데이터 기반의 비즈니스의 최종적인 형태로 꼽히는 플랫폼 비즈니스의 대표적인 성공 사례로는 공급자와 수요자를 연결하는 플랫폼을 만들어낸 에어비앤비(Airbnb)가 있다.

공급자와 수요자가 거래하는 장(場)은 플랫폼이라는 단어로 정의된다. 구체적으로는 가치(제품, 서비스, 콘텐츠 등)를 만드는 생산자와 그 가치를 필요로 하는 소비자가 자유롭게 만나서 연결되는 장이다. 플랫폼 비즈니스는 이런 플랫폼을 구축해 그것을 사업수단으로 사용하는 것이다. 플랫폼으로 비즈니스를 한다고 할 때는 플랫폼에 참여하는 참가자들이 가지고 있는 정보들에 대한 데이터를 기반으로 비즈니스 모델을 창출하는 것이다. 첫째 유형은 성공한 비즈니스를 플랫폼으로 확장해 더 많은 참여자가 '윈윈'할 수 있도록 생태계를 확장시키는 경우다. 비즈니스가 플랫폼이 되면 이를 '플랫폼 비즈니스'라고 부르는데 애플의 App Store, 구글의 Play Store, GE의 프리딕스 등, 기존에 가지고 있던 자산들을 바탕으로 플랫폼으로 확장해서 급성장한 기업들이 이 경우에 해당된다. 둘째 유형은 처음부터 플랫폼을 개발해 비즈니스를 만드는 경우다. '사람들이 붐비리라고 예상되는 길목'에 가게를 열 듯이 플랫폼을 먼저 만들어 놓고 점차 확산시키는 것이다. 공급자와 수요자가 거래할 플랫폼(인프라)을 먼저 만든다고 해서 이를 '인프라형 비즈니스'라고 하는데, 에어비앤비(Airbnb), 우버(Uber), 아마존(amazon.com) 등은 서비스를 제공하는 플랫폼을 먼저 만들고 나서 성공적으로 확산시켰다.

'플랫폼 비즈니스'의 특징은 사업자가 직접 제품 또는 서비스를 제공하는 것이 아니라, 제품이나 서비스를 제공하는 공급자들과 이를 필요로 하는 수요자들을 연결해주는 것이다.

2008년에 설립된 에어비앤비(Airbnb)는 남는 방을 보유한 일반 가정과 여행객을 연결해주는 중개 서비스 플랫폼이다. 에어비앤비는 비어있는 방이 있는 집주인(호스트)이 플랫폼에 방

을 내놓으면 여행객(게스트)이 마음에 드는 숙소에 예약 요청을 보내서 호스트의 승인을 받거나, 또는 즉시 예약이 가능한 숙소라면 바로 결제한다. 중간에서 에어비앤비는 수수료를 받는다. 대표적인 스타트업 성공 사례로 꼽히는 에어비앤비는 현재 192개 국가의 6만 5000여 개 도시에서 400만 개 숙소를 운영하고 있으며 창업한 지 10년 만

에 기업가치가 310억 달러를 돌파했다. 자체적으로 보유하고 있는 객실이 단 하나도 없는 에어비앤비가 전 세계 70여 개 나라에서 3400개의 호텔 체인점을 운영하고 있는 메리어트(Marriott International)보다도 시가총액이 높다. 대표적인 데이터 기반의 플랫폼인 에어비앤비는 집의 개념을 바꿨다는 평가를 받는다. 소유의 개념이 강했던 집을 누군가와 공유할 수 있는 공간으로 바꾸고 돈까지 벌 수 있도록 했다. 여러 논란이 있지만 저렴한 가격으로 호텔보다 넓고, 접근성이 좋은 곳에 방을 구할 수 있다는 장점 덕분에 여행자들 사이에서 꾸준한 인기를 자랑하며 지금까지 2억 6000만 건의 예약이 성사됐다. 에어비앤비는 데이터를 기반으로 숙박 공간을 중개하는 플랫폼의 역할을 넘어서 항공, 렌터카, 레스토랑, 관광명소 예약까지 여행 전반에 걸친 서비스를 제공하는 플랫폼으로 확장하고 있다.

자료원: 동아비즈니스리뷰(2018), 시장이 좁으면 새로운 시장을 만든다, 빅데이터 디지타이징 비즈니스의 마술.

1 Big-data의 분류

데이터의 원천(Data Source: 내부 vs. 외부)과 데이터의 종류(Data Type: 정형화된 데이터 vs. 비정형화된 데이터)를 중심으로 구분한 빅데이터의 분류는 다음과 같다.

1) **정형화-외부 데이터(Structured-External data)**: 정형화된 외부 데이터는 기업 내에서 분석되고 활용되는 내부 데이터와 달리, 일반인들도 쉽게 접근할 수 있는 공공 데이터로 GPS, 신용도 점수, 시장조사 데이터 등을 포함한다.

2) **비정형화-외부 데이터(Unstructured-External data)**: 정형화되지 않은 외부 데이터는 기업이 소비자 인사이트를 획득할 수 있는 가장 큰 기회영역이라고 할 수 있다. 주로 소셜 미디어(구글, 트위터, 페이스북, 인스타그램, 유튜브 등)와 블로그 등에 남겨진 소비자들의 데이터와 CCTV 등 외부 센서 데이터들이 비정형화-외부 데이터로 구분된다. 다른 데이터들에 비하여 일반적으로 기업의 분석이 이루어지지 않은 영역이기 때문에 기업은 이러한 영역의 데이터에 대한 깊이 있는 이해를 할 수 있도록 주력해야 한다.

3) **정형화-내부 데이터(Structured-Internal data)**: 정형화된 내부 데이터는 기업이 가장 잘 이해하고 있는 데이터 영역으로, CRM 데이터, 영업 데이터, 구매내역 데이터, 캠페인 데이터 등을 포함한다. 기업의 내부 데이터답게 가장 높은 이해도를 보이는 데이터이지만, 많은 기업들의 경우, 서로 다른 정형화된 데이터를 보유하고 있는 기업 내부의 각 부서들이 가지고 있는 데이터의 통합이 이루어

그림 3-3 데이터의 종류와 데이터의 원천을 바탕으로 한 빅데이터 분류

자료원: Peter C. Verhoef 외(2016), Creating Value with Big Data Analytics.

지지 않은 경우도 많다.

4) 비정형화-내부 데이터(Unstructured-Internal data): 정형화되지 않은 내부 데이터는 기업이 다양한 데이터를 활용해서 새로운 가치를 창출할 수 있는 중요한 자원이다. 고객 콜센터, 고객 불만 데이터, 고객서비스센터, 자사의 웹사이트나 모바일 앱에 남겨진 고객행동 데이터 등이 비정형화-내부 데이터에 포함된다.

 사례   '하우스 오브 카드' 성공 이끈 데이터마이닝

축적된 데이터를 특정한 패턴이나 유사성을 기준으로 분석해 의미 있는 정보와 통찰력을 찾아내는 과정을 '데이터마이닝(Data Mining)'이라고 한다. 어찌 보면 몇 년 전부터 전 사업영역에서 핫 키워드로 등장하는 빅데이터의 여러 영역 중 하나라고 볼 수 있다.

데이터마이닝(Data Mining) 하면 빼놓을 수 없는 사례로 꼽히는 '넷플릭스(Netflix)'의 〈하우스 오브 카드〉는 얼마나 고객에 대한 빅데이터의 사전 분석이 중요한지를 보여준다. 미국에서 가장 큰 상용 스트리밍 비디오 서비스를 제공하는 넷플릭스는 공격적인 사업 확장을 위해 자체 프로그램을 제작하기로 결정하고 영국 BBC 미니시리즈 〈하우스 오브 카드〉의 리메이크 라이선스를 취득했다. 제작에 앞서 넷플릭스는 소셜미디어 상의 방대한 데이터를 분석해서 영국판 오리지널 시청층을 분석하고 미국판에 적합한 감독과 주연배우를 데이터 분석 결과를 토대로 결정했다.

또한 정치 드라마의 잠재 소비자들과 관련된 방대한 데이터를 분석해서 잠재적 매출까지 계산함으로써 위험을 감수하고 1억 달러를 과감히 투자해 파일럿 제작 없이 시리즈 전체를 한꺼번에 만들어 드라마 수준을 끌어올리는 데 집중했다. 〈하우스 오브 카드〉의 흥행에 힘입어 최근 넷플릭스는 매출이 23% 증가하고 주가가 18%나 오르는 겹경사를 맞으며 순항 중이다.

자료원: 신현일의 컨버전스토리(2015).

② 폐쇄형 연결고리 마케팅(Closed-Loop Marketing: CLM)

빅데이터를 마케팅에 활용하는 기업의 경영자는 기업의 마케팅 활동에 대한 소비자의 반응을 실시간으로 수집하고 분석함으로써 마케팅 예산이 효과적으로 사용되었는지를 확인하고 싶어한다. 또한 이러한 소비자 반응의 분석결과를 다시 마케팅활동에 피드백으로써 마케팅성과를 개선하는 것에 대한 관심이 매우 높다.

이러한 경영자의 요구를 해결할 수 있는 방법으로 주목받고 있는 것이 바로 폐쇄형 연결고리 마케팅(클로즈드 루프 마케팅, Closed-Loop Marketing)이다. 클로즈드 루프 마케팅은 단어 그대로 연결고리가 끊어지지 않는 마케팅이다. 클로즈드 루프 마케팅(Closed-Loop Marketing)은 기업이 타겟 고객에 대한 접촉을 통해 마케팅 활동을 하면, 고객의 반응에 기초한 결과 분석이 실시간으로 일어나며 이러한 분석 결과를 피드백하여 고객에 대한 마케팅 활동을 조정을 해서 실시함으로써 루프(연결고리)가 폐쇄형으로 되는 마케팅이다. 고객 데이터를 분석하고 개별 고객에게 맞춤화된 마케팅 활동을 전개하고, 광고, 판촉, 제품 추천 등의 마케팅활동을 개인화(Personlization)하는 빅데이터 마케팅은 이러한 폐쇄형 연결고리 마케팅(Closed Loop Marketing: CLM)을 통해서 가능하게 되는 것이다([그림 3-4] 참조).

데이터 마케팅의 궁극적인 지향점은 개인화(Personalization)에 있다. 디지털 트렌드의 조사 결과에 따르면 응답자 중 75%의 소비자가 무차별적인 광고보다 개인화된 광고를 선호한다고 답했으며, 73%의 소비자는 그들에게 개인화된 고객 경험을 제공하는 소매점을 선호한다고 답변했다. 실제 미국 명품 백화점인 니만 마커스(Neiman

그림 3-4 폐쇄형 연결고리 마케팅(Closed-Loop Marketing: CLM)

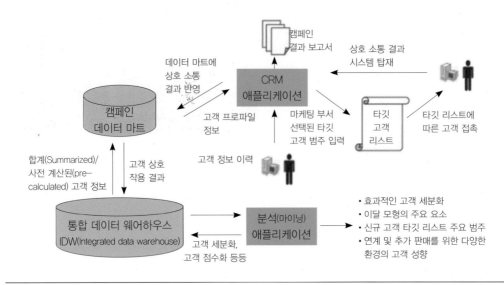

자료원: 김옥기(2018), 데이터 과학, 무엇을 하는가?

Marcus)는 개인화 전략을 펼친 고객들이 전체 매출에서 차지하는 비중이 90%에 이르고 있다. 아직까지 100명의 고객에게 100개의 차별화된 메시지를 전달하는 단계에 이르지는 못했지만, 타겟팅하는 목표 집단의 수가 늘어나고 범위가 정교해지고 있다.

이와 같이 기업들은 빅데이터를 활용해서 개인화(Personalization) 마케팅을 수행하고자 한다. 개별 고객의 데이터를 분석해서 고객에게 맞춤화되는 광고, 판촉, 제품추천을 제공하고 그들의 반응을 실시간으로 분석해서 피드백하는 클로즈드 루프 마케팅을 통해서 이러한 개인화(Personalization) 마케팅이 가능해지는 것이다.

클로즈드 루프 마케팅(Closed-Loop Marketing)은 영업 팀이 시도한 영업 기회에서 발생한 특정한 마케팅 활동의 성과에 대한 분석을 마케팅 부서에 빠르게 피드백 해줌으로써, 마케팅 팀에게 마케팅 성과를 개선할 수 있는 기회를 파악하는 데 도움을 줄 수 있다. 따라서 기업의 영업 부서와 마케팅 부서 사이에서 커뮤니케이션의 유기적인 역할을 도와주며, 더욱 성공적인 장기적 마케팅 성과를 목표로 현재의 마케팅 전략을 어떻게 개선해야 하는지에 대한 이해와 도움을 준다.

❸ 소비자 의사결정 여정(Consumer Decision Journey: CDJ)

빅데이터 마케팅은 소비자들의 구매 의사결정 여정에 대한 데이터를 수집하고 분석하고 실시간으로 구매로 유도하는 마케팅활동을 가능하게 한다.

그림 3-5	소비자 구매 여정의 각 단계별 고려브랜드의 구매비율과 고려하는 브랜드 수

구분	구매 비율, %			추가로 고려하는 브랜드 수	
	초기 고려 단계	적극적 비교 단계	충성도 루프	초기고려 단계	적극적 비교 단계
자동차	63	30	7	3.8	2.2
PC	49	24	27	1.7	1.0
화장품	38	37	25	1.5	1.8
통신사업자	38	20	42	1.5	0.9
자동차 보험	13	9	78	3.2	1.4

자료원: Court 외(2009), Consumer Decision Journey, McKinsey Quarterly.

　모바일을 중심으로 한 디지털 시장에서 과거보다 훨씬 다양한 콘텐츠를 접하게 되는 현재의 소비자들은 예전보다 훨씬 더 많은 대안들을 비교하며 더욱 복잡한 구매결정 단계를 거친다. 여기서 소비자들은 ① 초기 고려(initial consideration), ② 적극적 비교(active evaluation), ③ 구매결정(moment of purchase), ④ 구매 후 경험(Post-purchase experience) 단계를 거친다([그림 3-6] 참조).

　소비자는 '적극적 비교 단계'에서 구매를 염두에 두고 지속적으로 추가적인 정보를 탐색하고 습득하며 구매 고려 제품을 추가하거나 제외하기 때문에 이러한 정보탐색 단계에 있는 소비자에게 지속적으로 접근하는 것이 중요한데, TV나 유선 인터넷에 비하여 '사용자 식별' 및 '상황 판단'이 용이한 모바일 인터넷은 특정 상품에 관심을 갖고 구매를 염두에 두고 정보를 찾고 있는 소비자를 대상으로 타겟 마케팅을 전개하기에 효과적이다. '적극적 비교 단계'는 '초기 고려 단계'와 '충성도 루프 단계'에 비교하여 낮지 않은 구매 비율을 나타냈고 이 단계는 전통적인 오프라인 매체를 사용해서는 소비자 접근이 어렵기 때문에 인터넷 특히 모바일 인터넷을 활용한 타겟 마케팅 활동의 필요성이 부각되는 단계이다([그림 3-5] 참조).

　이상에서 살펴본 것처럼 기존의 TV나 유선 인터넷에서는 소비자의 구매 의사결정 여정의 각 단계에서 소비자에 대한 정보를 접근하는 것이 용이하지 않았으나, 모바일 시대에서는 의사결정 여정의 각 단계에서 소비자의 정보를 분석하는 것이 훨씬 더 용이해졌다. 따라서 빅데이터를 활용한 소비자 조사의 접근방식은 기존의 전통적인 설문조사의 방식이 아니라 직접적으로 소비자의 구매 여정을 온라인과 모바일을 통해서 관찰하고 소비자들의 구매행태를 분석해서 개별 소비자의 의사결정 여정에 맞는

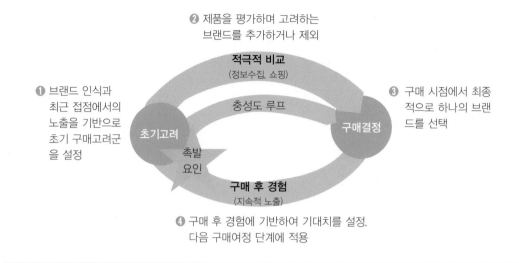

| 그림 3-6 | 소비자 의사결정 여정(Consumer Decision Journey) |

❷ 제품을 평가하며 고려하는
브랜드를 추가하거나 제외

적극적 비교
(정보수집, 쇼핑)

충성도 루프

❶ 브랜드 인식과
최근 접점에서의
노출을 기반으로
초기 구매고려군
을 설정

초기고려

구매결정

❸ 구매 시점에서 최종
적으로 하나의 브랜
드를 선택

촉발
요인

구매 후 경험
(지속적 노출)

❹ 구매 후 경험에 기반하여 기대치를 설정.
다음 구매여정 단계에 적용

정보를 소비자에게 제공하고 그들에게 적합한 타겟 마케팅을 전개할 수 있게 되었다.

[그림 3-5]에 나와있듯이 소비자가 고려하는 제품 숫자를 보게 되면 전통적인 '마케팅 깔때기'(Marketing funnel) 접근법에서는 소비자가 본인이 인지하고 있는 제품들, 호감을 갖는 제품들, 선호하는 제품들 순서로 그 숫자를 줄여 나간다고 설명하였으나, '소비자 구매 여정'에서 언급된 자동차, PC, 화장품, 통신사업자, 자동차 보험의 경우에는 고려하는 상품의 숫자가 '적극적 비교 단계'에 진입하여 1개 내지 2개씩 오히려 늘어난 것을 볼 수 있다(자동차의 경우 '초기 고려 단계'에서 평균적으로 3.8개 차량을 고려하다가 '적극적 비교 단계'에서 2.2개 차량을 추가하여 총 6개의 차량을 놓고 최종 구매결정을 내림). 특히 시장 점유율이 낮은 사업자의 경우 자사 제품이 '초기 고려 단계'에 진입하는 것이 상대적으로 어렵기 때문에(자주 보이는 익숙한 제품을 먼저 고려) '적극적 비교 단계'에서 타겟 마케팅 활동을 통하여 자사 제품을 '고려상품군'에 집어 넣는 것이 마케팅 활동의 성패를 가름하게 된다.

소비자 구매 여정에 대한 빅데이터 분석을 통해 발견한 새로운 소비 성향
– '에잇 포켓 키즈' 마케팅 업계 새 話頭로

'에잇 포켓 키즈'는 아이를 위해 쓰는 돈이 부모 외에도 친할아버지·친할머니, 외할아버지·외할머니의 호주머니에서 나온다는 '식스 포켓 키즈(6-Pocket Kids)'에 미혼의 삼촌·고모(이모)까지 더해져 아이를 위한 돈이 8명의 주머니에서 나온다는 뜻의 신조어다.

BC카드 빅데이터센터가 올해 1월부터 4월까지 소셜네트워크서비스(SNS)의 빅데이터를 모아서 분석한 결과 이 같은 경향이 두드러졌다. 삼촌·고모(이모)와 조카의 연관어 키워드는 총 6만 8739건으로 할아버지·할머니 등과 손자의 연관어 19만 3236건의 35.5%에 달했다. SNS 빅데이터 분석은 블로그, 인터넷 카페, 페이스북, 트

위터 등 SNS상에서 할아버지, 할머니, 손자, 손녀, 조카 등 호칭 '키워드'와 '선물', '사주다' 등 소비와 관련된 연관어를 결합해 분석하는 방식이다. 예컨대 아이의 부모가 자신의 SNS에 'ㅇㅇ이(아이 이름) 삼촌이 ㅇㅇ이에게 해외에서 직구(직접 구매)한 한정판 레고를 사줬어요'라는 글을 올리면 '삼촌이 조카에게 레고를 사줬다'는 분석이 가능하다.

SNS의 빅데이터에 대한 분석 결과 삼촌·고모는 졸업이나 입학 등 특정한 날을 계기로 어떤 선물을 줄지 고민한 다음 온라인 쇼핑, 해외 직구, 백화점 등 구매처를 결정하는 3단계 소비 패턴을 보이는 것으로 나타났다. 반면 할아버지·할머니는 '예뻐서' 혹은 '사주고 싶어서' 등 특별한 계기나 이유 없이 아이와 함께 백화점 등에 가서 선물을 사주는 단순한 패턴을 보였다. 또

온라인상에 언급되는 식스포켓키즈 소비 관련 소셜 데이터 원본

- 오늘 13개월 된 조카 **어린이날** 선물로 **원피스**를 사면서 애기옷 고르는 행복함을 알았다. 작고 부드럽고 말랑말랑한 애기에게 예쁜 옷을 입히는 엄마의 마음이란!!!
- 제 조카가 이번에 **졸업**을 해요. 그리고 **대딩**이 되죠. 졸업식날 이쁜 꽃 사달라는데 사실 전 첨 성인이 되는 조카한테 **특별한 선물**을 해주고 싶거든요. 머니머니해도 돈이 제일 좋지만서두 쓰고나면 없어질 돈보다 첫 아가씨 입성하는 그런 선물을 사주고 싶은데... 머리가 안돌아가요. 저에게 **특별한 큰 조카**에요. 조카를 엄마가 키워주셔서 저랑 같이 살았거든요. 그래서 그런지 다른 조카들보다 더 많은 정이...
- 올해 **고등학교** 올라가는 조카 선물 주려고 하는데요. **태블릿 PC** 어때요? 많이 쓰나요? 30만원대에 살 수 있던데 이 정도 가격선에서 추천할만한 선물 머 없을까요? 시누들이 너무 잘해줘서 하나씩 선물 해드리고 싶은데 애들께 낫겠죠? 고등학교 아이들을 두신 어머님들~~ 추천해주세요.^^
- 조카 **생일** 선물로다 **버버리 원피스** 하나 샀어요. 8y가 딱 맞을거같아서 10y로 샀어요. 신규는 없어서 걍 무배적용 받구요. 사쥬때매 벌써 걱정이네요^^;;
- 안녕하세요. 조카 선물로 **독일 유모차**를 구입하려고 합니다. 어디를 가야 다양한 종류를 보고 가격대도 저렴한 곳으로 추천해 주세요. 브랜드도 어떤 게 좋은지요.

육하원칙 기준 정의
Who they are (Summary)

누가?	할아버지, 할머니
무엇을?	고가의 가구, 귀금속, 컴퓨터
언제?	명절, 생일 → 대체로 특정 이벤트 없이 분포
어디서? 어떻게?	백화점, 아울렛 제품별 전문 매장 동행 방문
왜?	사주고 싶어서, 선물하려고...

삼촌·고모는 원피스, 레고, 로봇 등 장난감과 의류를 중심으로 선물을 선택했지만, 조부모는 책상, 목걸이, 컴퓨터 등 상대적으로 비싼 가구나 귀금속을 선물로 골랐다.

BC카드 구매 승인 자료 역시 '에잇 포켓 키즈' 현상을 뒷받침한다. 2015년 상반기 고모·삼촌 등에 해당하는 미혼의 20·30대 카드 사용자는 아동 의류 업종에서 47억 4200만원을 썼다. 이는 지난해 같은 기간 32억원 대비 48.7% 증가한 수치다. 조부모로 추정되는 50대 이상의 아동 의류 업종 카드 사용 증가율 15.4%의 3배가 넘는다.

자료원: 비즈조선(2015).

모든 마케팅의사결정은 정도의 차이는 있지만 불확실한 정보에 근거해서 내려지고 그 의사결정의 결과도 불확실하다. 따라서 이러한 불확실성을 감소시킬 수 있는 마케팅정보의 역할은 마케팅 의사결정에서 매우 중요한 것이다.

마케팅정보는 회계보고서·시장조사·고객·판매원·중간상인 등 여러 원천에서 얻을 수 있다. 이러한 마케팅정보는 1차 및 2차 자료로 구분할 수 있다. 1차 자료는 조사의 목적에 따라서 직접 수집한 자료를 말하며, 2차 자료는 기존에 이미 존재하는 자료 혹은 다른 목적으로 조사된 자료를 말한다.

1차 자료의 수집방법에는 관찰·심층면접·설문조사·실험설계 등이 있다. 또한 조사목적에 따라 탐색적 조사, 서술적 조사, 인과적 조사 등으로 분류하여 설명하였다. 마케팅조사는 보통 다음과 같은 5단계를 거쳐서 행해진다(① 문제의 정의, ② 조사계획 작성, ③ 조사 실시, ④ 조사결과의 해석, ⑤ 보고). 조사자는 조사를 계획하고 실시할 때 자료의 원천, 표본설계, 자료 분석 등의 문제에 대해 신중하게 임하여야 한다.

최근에는 온라인·모바일 데이터와 SNS 데이터 등 빅데이터의 유형이 점점 다양해지고 있다. 이러한 빅데이터는 데이터의 원천과 종류에 따라서 네 가지로 분류된다(① 정형화된 외부데이터, ② 비정형화된 외부데이터, ③ 정형화된 내부데이터, ④ 비정형화된 내부데이터). 기업은 기업 내부에서 가지고 있는 정형화된 내부데이터의 통합을 시작으로 빅데이터에 대한 접근을 시작하는 것이 좋다. 다음으로는 기업 내부에 쌓여 있는 고객과의 접촉데이터들인 비정형화된 내부데이터의 분석을 통해서 새로운 가치창출의 도구로 활용하고, SNS와 소비자들이 남기는 사용후기와 같은 비정형화된 외부데이터의 활용을 통해서 소비자에 대한 인사이트를 도출하고, 다양한 기업 외부의 정형화된 데이터(예를 들어, 위치 데이터 등)와 기업 내부의 정형화된 데이터의 연계를 통해서 새로운 가치를 창출할 수 있다.

빅데이터 마케팅은 고객의 반응을 실시간으로 수집하고 분석해서 마케팅계획에 다시 피드백하는 클로즈드 루프 마케팅(Closed Loop Marketing)을 통해서 개별 고객을 타겟으로 하는 개인화 마케팅을 지향한다. 또한 빅데이터 마케팅은 소비자들의 구매 의사결정 여정에 대한 데이터를 수집하고 분석하고 실시간으로 구매를 유도하는 마케팅활동을 가능하게 한다. 이제 기업의 핵심역량은 고객 데이터자산을 얼마나 잘 활용하는가에 달려 있다.

💡 Q&A

1 특정 기업을 선정해서 그 기업의 시장에서의 마케팅 문제를 도출하고, 문제를 해결하기 위해서는 어떤 구체적인 정보들이 필요한지 분석해보시오.

2 관찰과 심층면접의 사례를 각각 찾아서 두 가지 조사방식의 장점과 단점을 비교해보시오.

3 시장조사의 결과를 잘못 해석해서 실패한 기업 혹은 제품의 사례를 찾아서 분석 결과의 해석을 어떻게 다르게 할 수 있을지를 토의해보시오.

4 빅데이터의 분석을 통해서 소비자의 욕구를 파악한 성공 사례를 찾은 후 어떤 데이터를 분석해서 소비자 욕구에 대한 어떤 결과를 도출했는지 분석해보시오.

📖 참고문헌

김옥기(2018), 데이터 과학, 무엇을 하는가?

동아비즈니스리뷰(2017), 스토리텔링과 힙합 틈새시장 개척, 방탄소년단 '빈틈없는' 전략 통했다.

동아비즈니스리뷰(2018), 시장이 좁으면 새로운 시장을 만든다, 빅데이터 디지타이징 비즈니스의 마술.

매경이코노미(2018), 리브랜딩 성공으로 주가 훨훨 휠라코리아.

매일경제THE BIZ TIMES(2018), 프리미엄 TV 美점유율 1위로 끌어올린 '데이터 마케팅'.

비즈조선(2015), 부모·양가 조부모에 고모·삼촌도 가세... '에잇 포켓 키즈' 마케팅 업계 새 話頭로.

비즈조선(2017), SNS시대의 스토리텔링, 방탄소년단으로 본 글로벌 성공사례.

신현일(2015), '하우스 오브 카드' 성공 이끈 데이터마이닝.

월간호텔&레스토랑(2018), 빅데이터 호텔 산업을 바꿀 수 있을까?

이학식(2012), 마케팅조사, 집현재.

주간동아(2018), 여론조사 흑역사, 이번엔 다를까?

한국광고총연합회 광고정보센터 매거진(2015), 디지털 시대의 소비자와 타겟 마케팅.

Court 외(2009), Consumer Decision Journey, McKinsey Quarterly.

Harvard Business Review(2010), 디지털시대의 브랜딩: 의사결정 깔때기 모델 버려라.

Harvard Business Review(2011), How P&G Tripled Its Innovation Success Rate.

Harvard Business Review(2015), 고객 여정을 둘러싼 치열한 경쟁이 펼쳐지고 있다.

Harvard Business Review(2017), 긍정을 유도하는 설문조사의 힘.

LG주간경제(2000), 경험마케팅(Experiential Marketing).

Peters, Tom and Robert Waterman(2006) In search of Excellence(초우량기업의 조건, 이동현 옮김).

Sterling(2016), Mere Measurement Plus: How Solicitation of Open-Ended Positive Feedback Influences Customer Purchase Behavior.

Verhoef(2016), Creating Value with Big Data Analytics.

|현|대|마|케|팅|론|

04

마케팅전략

롯데백화점의 마케팅전략

백화점 업계는 신세계, 현대, 롯데라는 '빅3'의 각축장이라고 할 수 있다. 1979년 서울시 중구 소공동에서 처음 문을 연 롯데백화점은 1930년 미스코시 경성지점으로 처음 문을 연 신세계백화점이나 1971년 금강개발산업(주)으로 처음 문을 연 현대백화점보다도 후발주자이다. 그러나 롯데백화점은 공격적인 경영으로 사업의 외연을 확장하는 데 주력하였다. 그래서 점포수가 눈에 띄게 증가하였는데, 2008년에 점포수 29개로서 점포수가 11개인 현대백화점과 점포수가 7개인 신세계백화점보다도 그 외연적인 크기에 있어서 월등한 우위를 점하게 되었다. 2011년에는 롯데백화점의 점포수는 35개로서 현대백화점의 12개, 신세계백화점의 9개와 비교해볼 때, 롯데백화점은 사업의 외연확장을 통하여 시장점유율을 높이는 전략을 지속적으로 고수하였음을 알 수 있다.

그러나 2000년대 중반부터 시장의 환경이 변하기 시작하였다. 과거 상당히 균등했던 고객집단들이 양극화하기 시작한 것이다. 상위 20% 내의 고소득층 고객의 소비는 늘어난 반면, 하위 80%의 고객층의 소비가 전체에서 차지하는 비중이 줄기 시작하였다. 따라서 단순히 점포수를 늘려 많은 수의 고객을 확보하는 것은 결코 높은 수익률을 보장할 수 없게 되었다. 롯데백화점은 높은 시장점유율을 유지하고 매출은 꾸준히 증가했지만 순이익은 늘지 않는 상황에 처하게 되었다. 더욱이 백화점 상품과 질적으로 크게 차이나지 않으면서 가격이 저렴한 상품을 판매하는 대형마트와 직접 매장을 방문하지 않아도 상품에 대한 정보를 충분히 건네받을 수 있고 구입한 상품을 집에까지 배달받을 수 있는 편리한 홈쇼핑 등이 백화점 시장을 위협하기 시작하였다.

롯데백화점은 이렇게 변한 시장환경 속에서 새로운 마케팅 전략을 취해야 했다. 분명 롯데백화점에게 위험한 시장환경이지만 다른 한편으로는 오랫동안 시장점유율 1위를 달려온 롯데백화점은 백화점 시장과 유통업에서 여러모로 '잔뼈'가 굵었고 '돈줄' 또한 쥐고 있다. 그래서 롯데백화점은 제품계열을 더욱 확충하고 시장을 더욱 넓게 침투하는 전략을 세우는데, 고급화 전략과 국제화 전략이 바로 그것이다. 롯데백화점은 2005년 3월부터 서울 소공동 본점 옆에 이른바 명품전문 백화점 '에비뉴엘'을 개장하였다. 약 5천 평의 매장에 층마다 정원을 설치하고 매장 곳곳에 예술작품을 전시하였다. 9층에는 60여 평 규모의 갤러리가 있다. 편하게 누워서 영화를 관람하는 명품 영화관도 있고, VIP 라운지에는 1천여 권의 서적을 비치하여 고객들이 읽을 수 있도록 하였다. 최상위 고객 100여 명을 '멤버스 클럽'으로 분류하여 특별한 쇼핑 도우미를 붙여주었다. '에비뉴엘'에는 96개의 명품 브랜드가 입점해 있는데, 우리에게 낯익은 브랜드뿐만 아니라 국내에 덜 알려진 고급 브랜드까지 대거 들어와 있어 다른 명품 백화점과 차별화를 이루었다. 롯데백화점은 우량고객을 MVG(Most Valuable Guest)라 부르면서 따로 관리해 왔으나 2009년부터 이를 3단계로 더욱 세분화하였고, 명품백화점 '에비뉴엘'의 우량고객인 '멤버스 클럽'도 2010년부터 잡화, 부티크, 보석 등의 범주로 더욱 세분화하였다. 이는 더욱 세분화된 고객을 겨냥해 더욱 특별해진 고급의 상품을 제공하고자 하는 시장전략이었다.

롯데백화점은 이렇듯 기존의 많은 점포를 그대로 유지하면서 제품계열을 더욱 확충하는 전략을 구사하여 시장점유율을 지속적으로 높이면서 매출과 순이익도 증가시키는 성과를 거두었다. 이로 인해 롯데백화점은 점포 하나가 연매출 1조원을 넘기는 소위 '1

조클럽'의 점포 세 개 중 두 개를 거머쥐었다. 신세계, 현대, 롯데의 3파전 양상을 띠고 있는 국내 백화점시장에서 롯데백화점은 이렇듯 확실한 우위를 점하고 있다. 이미 포화상태에 이른 국내 백화점시장에서 더욱 확실한 우위를 점하게 된 롯데백화점은 사업의 눈을 해외로 돌리기 시작했다.

롯데백화점은 2007년 러시아 모스크바점을 시작으로 성장 잠재력이 높은 시장에 지속적으로 진출하고 있으며, 아시아 최대 소비시장인 중국뿐만 아니라 베트남 등 동남아의 성장성도 긍정적으로 보고 있어 향후 추가 출점 등 사업을 확대한다는 계획이다. 현재 롯데백화점은 중국 5개, 베트남 2개, 러시아, 인도네시아에 각 1개 등 총 9개의 해외점포를 운영 중이다.

롯데는 2014년 9월 하노이시에 초고층 랜드마크 '롯데센터 하노이'를 오픈하며 베트남 국민에게 회사이름을 각인시켰다. 2017년에는 베트남 하노이시 떠이호구 신도시 상업지구에 2020년 완공을 목표로 복합 쇼핑몰 '롯데몰 하노이'의 착공에 돌입하였다. 롯데센터 하노이는 백화점, 마트, 호텔 등 롯데그룹 계열사의 역량을 집중해 복합 진출한 사례며, 베트남 전통의상인 아오자이를 형상화한 65층 빌딩은 개점 당시부터 큰 화제가 되었다. 하노이점은 소비성향이 강한 하노이 젊은 층을 타깃으로, 컨템퍼러리 의류, 편집매장, 유럽 수입 브랜드 등을 대거 입점시켰다. 음식과 음료, 북카페 등 집객 시설을 통해 젊은이들이 머무르는 명소로 만들기도 했다. 베트남 호찌민점은 베트남 1위 백화점인 다이아몬드플라자를 지분 인수하여 베트남 2호점으로 오픈했다.

2013년 인도네시아 자카르타에 문을 연 '롯데쇼핑 에비뉴'는 백화점, 쇼핑몰, 면세점, 롯데리아 등 롯데의 유통 노하우를 집중시킨 점포이다.

중국은 현재 1985년 이후 출생자를 일컫는 '85後 (빠우허우)' 세대에 초점을 맞추고 있다. 이들 '85後' 세

대는 풍요로운 집안에서 태어나 글로벌 수준의 눈높이와 정보력을 가졌고, SNS와 자기 삶을 즐기며, 강한 소비성향을 가진 것이 특징이다. 롯데백화점의 중국 5개점에서 이들이 일으키는 매출은 30%에 달하며, 더욱 주목할 점은 50% 이상의 신장세를 보이고 있다는 것이다. 롯데백화점은 이들을 잡기 위해 '바이에토르' 등 직접 소싱하는 K-패션매장을 늘리는 등 차별화된 콘텐츠를 지속적으로 도입할 예정이다. 한편 알리페이와 텐페이 결제를 전점에서 가능케 하고, 웨이신 마케팅을 강화하는 등 옴니채널 전략도 적극 추진할 계획이다.

자료원: 매일경제(2016), 소비자 접점을 늘려라…'1등 백화점' 롯데의 무한도전.
　　　한국경제매거진(2017), 롯데, '롯데센터 하노이'로 국민 브랜드 도약.

전쟁에서 승리하려면 무엇보다도 먼저 훌륭한 전략이 있어야 한다. 전쟁에서의 훌륭한 전략이란 한 마디로 자신의 강점을 최대한 이용하고 약점의 노출을 극소화시키며 적의 강한 면을 피하고 약한 곳을 치는 병법이라 말할 수 있다. 손자병법에 나오는 "적을 알고 나를 알면 백번 싸워도 위태하지 않다"라는 말이 바로 그런 뜻인 것이다. 마찬가지로 기업도 시장에서의 치열한 경쟁에서 이기려면 먼저 우리 회사의 자원과 능력을 최대한으로 활용하여 시장기회를 포착하게 하고 또 우리 회사가 부딪히는 위험을 최대한으로 줄일 수 있는 마케팅전략을 세워야 한다. 앞서 언급한 도입 사례에서도 알 수 있듯이 롯데백화점은 자신이 가진 역량을 충분히 활용하여 처음에는 국내시장을, 그 다음에는 해외시장을 공략하며 다른 경쟁사와 대비할 때 확실한 우위를 점하는 '전략'을 펼쳤다.

지금까지 살펴본 사례와 논의를 종합해보면 마케팅전략은 아래와 같이 정의할 수 있다.

> "마케팅전략이란 기업이 마케팅목표를 달성하기 위하여 취하는 전략이며, 핵심역량을 활용하여 시장의 위협을 피하고 기회를 포착하는 전략이며, 고객의 가치를 창출하는 전략이다"

마케팅전략을 세우려고 할 때 가장 먼저 해야 할 일은 기업이 하고 있는 사업을 명확하게 정의하는 것이다. 즉, "우리가 어떤 사업을 하는가?"라는 질문을 아주 진지하게 검토하는 것이다. 이 질문에 대한 답변은 얼핏 보기에는 쉬운 것 같지만 사실은 매우 어려우며 마케팅전략 수립의 토대가 되므로, 먼저 '사업의 정의(business definition)'에 대해서 알아보자.

마케팅전략을 기업 전체의 관점에서 세우려고 할 때 보통 [그림 4-1]에 있는 바와 같은 단계를 밟아 마케팅전략을 수립하게 된다. 먼저 기업이 하고 있는 혹은 하고자 하는 사업을 명확히 정의한다. 이 정의에는 회사가 달성하고자 하는 사명, 사명을 달성하기 위한 구체적인 목표가 포함된다. 그리고 나서 그 목표를 달성할 수 있는 마케팅전략이 확립되는 것이다. 한편, 마케팅전략은 시장환경의 위협과 기회 그리고 자사

그림 4-1　마케팅전략의 수립과정

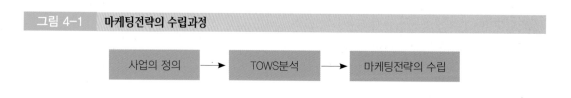

의 약점과 강점을 면밀히 분석한 다음, 자사의 핵심역량을 활용하여 시장의 위협을 피하고 기회를 포착하는 전략이다. 따라서 이 장에서는 TOWS분석을 사용하여 어떻게 전략을 수립하는지를 알아본다. 끝으로 마케팅전략은 고객의 가치를 창출하는 전략이므로 기업이 사업포트폴리오를 만들 때 어떻게 새로운 가치를 창출하는지에 대한 가치창출방식에 대해서 알아보고, 사업포트폴리오상의 다양한 제품 간의 자원배분 기법인 BCG도표를 알아보고자 한다.

제1절 사업의 정의, 기업의 사명과 목표

사업을 정의하려면, 기업은 그 기업이 활동할 시장에서의 고객의 욕구(고객의 가치)를 파악하고 고객집단을 선정한 후 각 고객집단의 욕구를 만족시키는 구체적 제품이나 서비스의 유형을 규정하여야 한다. 그런 후에 현재 우리 회사의 업(業)의 범위와 경쟁사의 업의 범위를 설정해 봄으로써 진정한 의미의 "업"의 개념이 설정된다. 특히 근래에 와서는 고객의 욕구를 만족시키는 제품이나 서비스의 창조기술이 급속히 변화해 오고 있다.

■ 사업정의의 3대 구성요소

(1) 고객의 욕구

고객의 욕구란 현재의 고객이든 잠재적 고객이든 그들이 제품이나 서비스를 구매, 소비함으로써 추구하는 가치이다. 고객의 가치는 소비자 조사를 통하여 파악된다. 도입 사례에서도 보았듯이 롯데백화점은 명품을 소비하려는 고소득층 고객, 백화점서비스를 소비하려는 해외 현지고객 등 새로운 고객의 욕구를 발굴해 내었다. 다른 예로서 우리나라 교육방송의 고객의 욕구를 구체적으로 살펴보자. 우리나라 교육방송업체로는 국영방송인 EBS, 케이블TV회사인 JEI스스로방송, 위성채널의 English TV 및 대교 어린이방송이 있다. 교육방송을 시청하는 고객의 욕구는 다음과 같이 다양하다.

- 수능성적을 향상시키기 위하여
- 일반교양을 증진시키기 위하여(문화, 역사, 사회상식)
- 영어회화 실력향상을 위하여
- 지능발달을 위하여
- 여가시간에 오락프로를 보기 위해

어떤 기업도 모든 소비자의 욕구를 만족시킬 수는 없다. 만약 어떤 기업이 모든 소비자의 욕구를 만족시키려고 하면 엄청난 투자와 비용을 감수해야 하는데, 그럴 경우 수익성 확보에 큰 어려움을 겪게 된다. 그래서 기업은 가장 잘 충족시킬 수 있는 소비자들의 욕구를 파악하여 그러한 욕구를 가진 고객집단을 선택한다.

사례 | 아마존의 사업포트폴리오와 고객욕구

아마존은 amazon.com으로 시작하여 2011년 북미 온라인 상거래 기업 총 매출을 기준으로, 같은 해 온라인 소매업 분야 2~10위 기업의 매출 합을 넘는 규모로 현재 온라인 유통시장을 장악하고 있다. 아마존은 고객데이터에 대한 깊은 이해를 하는 분석 역량을 갖추고 있다. 이러한 고객데이터에 대한 깊은 이해를 토대로 아마존은 고객들이 상품에 대한 구매 욕구가 발현되는 시점에 해당 상품을 검색하고 구매로 이어지는데 필요한 노력을 최소화해주는 ZEC(Zero Effort Commerce)를 구현한다. 약 2억 명에 해당하는 사용자의 데이터 분석을 통해 각 개인에 맞춤화된 서비스를 제공하여 고객 데이터에 대한 깊은 이해를 토대로 비즈니스를 수행하고 있다.

아마존은 사업영역을 온라인 소매업(amazon.com)에서 시작하여 디지털 콘텐츠, 클라우드 서비스 등으로 넓고 다양하게 확장해 나가고 있다. 아마존은 온라인 유통에서 e-bay와 경쟁하고, 디지털 콘텐츠 사업에서는 애플, 넷플릭스와 경쟁하고, 클라우드 서비스 사업에서는 구글, 마이크로소프트와 경쟁하는 등 다양한 업종에서 각 분야의 최강자들과 경쟁할 정도로 강력한 영향력을 행사하고 있다. 일각에서는 클라우드 서비스까지 사업을 확장한 아마존을 비판하였으나, 2017년 4분기에 아마존 AWS(Amazon Web Service)만 50억 달러의 매출을 올렸으며, 이는 2017년 170억 달러의 연간 매출로서 전년에 비해 43%의 증가율을 달성한 것이라고 할 수 있다. AWS의 가장 큰 고객 중 하나는 Netflix로, 아마존의 서비스를 사용하여 전 세계 서버에 비디오 콘텐츠를 저장한다. 아마존은 AWS를 이용하는 고객사들에게 그동안 아마존 쇼핑몰을 운영하며 터득한 데이터 분석 경험을 토대로 빅데이터를 분석하는 데이터 애널리틱스 서비스(Daya Analytics Service)를 제공하여 고객사들이 보다 나은 경영 성과를 낼 수 있도록 하였다.

이러한 아마존의 사업 영역의 확장은 고객의 욕구에 집중한 결과라고 할 수 있다. 아마존의 사업 영역은 넓은 범위에 걸쳐 있지만 그럼에도 불구하고 새로운 사업을 확장하면서 철저하게 고객의 욕구를 기반으로 전략을 펼쳐왔기 때문에 성공하였다고 할 수 있다.

(2) 고객집단의 선택

고객집단의 선택방법은 이 책의 제2장 소비자행동과 제5장 타겟팅과 포지셔닝에서 좀 더 자세히 다루게 된다. 교육방송의 경우 소비자집단을 연령별, 직업별로 나눌 수 있다. 즉, 취학 전 어린이, 초등학생, 중·고등학생, 대학생, 20~30세의 젊은 직장인, 40~50세의 중년, 그리고 60세 이상의 노령집단, 7개 집단으로 나누어진다. 각 집단은 교육방송에 대한 상이한 욕구를 갖고 있다. 예를 들면, 어린이는 지능발달을 위해서, 중·고등학생은 수능성적 향상을 위해서, 젊은 직장인은 영어회화 실력향상을 위해서, 노령집단은 일반교양 상식을 증진시키기 위하여 교육방송 TV를 시청한다. 그렇다고 해서 각 집단이 한 가지의 욕구만 있는 것이 아니고, 다양한 욕구를 동시에 추구할 수도 있다. 중·고등학생의 경우 수능성적 향상뿐만 아니라, 오락용 TV 프로그램에 대한 욕구도 갖고 있다.

(3) 제품과 서비스의 파악

특정한 고객집단의 욕구는 다양한 경쟁사에 의해 다양한 방법으로 만족된다. 중·고생이 수능성적을 향상시키기 위해서는 교육방송 이외에 학습지, 과외, 학원, 위성방송, 멀티미디어 교육매체 등의 제품과 서비스가 필요하다. 우리나라에는 교육방송의 환경이 개방화, 정보화, 국제화됨에 따라 새로운 교육기술이 속속 등장하고 있다. 교육방송의 "업"의 개념을 정의하기 위해서 앞서 살펴본 3대 구성요소를 [그림 4-2]로 살펴보자.

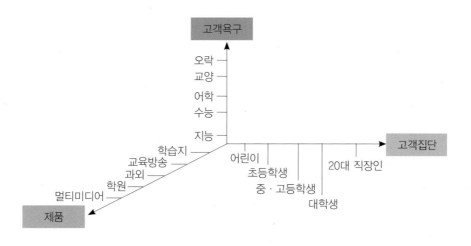

그림 4-2 　교육방송의 "업" 개념잡기

두산인프라코어는 시대에 걸맞는 대내외 경쟁력을 갖춰나가기 위해 빠르게 변하고 있다. 전통 제조업인 발전소 플랜트와 건설기계 등에 정보통신기술(ICT)을 접목해 사업 영역을 넓히고 전사적인 디지털 전환 작업을 벌이고 있다. 두산은 2017년 그룹 내에 최고디지털혁신(CDO) 조직을 신설했다. 디지털 혁신을 통해 그룹 전반에 디지털 기업문화를 정착하기 위해서다.

두산은 굴삭기, 휠로더 같은 건설기계의 자동화를 위한 요소 기반 기술부터 제품 적용 기술까지 개발하고 있다. 우선적으로 건설기계 작업기(프런트, 버킷)가 하는 다양한 작업들 중, 고정밀이 필요하거나 단순하게 반복되는 작업들이 자동화의 대상이 되고 있으며, 이를 바탕으로 건설기계 주변 환경 상황까지 감시하고 인지하여 자동으로 작업을 수행하거나 능동 안전(Active Safety)을 이뤄내는 수준까지 기술이 확대될 것을 기대하며 연구개발을 진행하고 있다. 두산인프라코어는 '두산커넥트'를 선보였는데 이는 ICT 기술을 건설기계에 접목해 장비 위치와 가동상황, 엔진과 유압계통 등 주요 시스템의 상태를 수집·가공해 원격으로 장비를 진단하고 보수할 수 있는 서비스상품이다.

사업 영역에서 일어나고 있는 변화의 핵심은 기존의 제품과 서비스의 범위가 새로운 기술의 변화로 인해 경계가 넓어지고 있다는 점이다. 이제는 제품과 서비스만이 아니라 소프트웨어, 그리고 사물인터넷을 통해서 만들어지는 데이터를 기반으로 솔루션(Solution)으로 확장하고 있다. 이러한 변화의 중심축은 고객의 욕구를 충족시켜주는 것이며, 이는 제품과 서비스에 소프트웨어와 데이터, 인공지능(AI)의 결합으로 이루어지는 솔루션을 통해서 이루어지고 있다.

(4) 자사의 업의 범위 찾기

고객의 욕구, 고객집단, 제품과 서비스를 파악한 이후에는 자사가 영위하고 있는 업의 범위를 설정할 수 있다. 대교 어린이 케이블TV는 취학 전 어린이를 대상으로 지능개발과 수능성적 향상을 위한 케이블TV서비스를 제공하는 교육방송이라 정의할 수 있겠다. 이 회사는 "눈높이" 학습지로 사업을 시작한 우리나라 최대의 출판사이다. [그림 4-3]에서 보듯이 어린이들의 욕구를 충족시키기 위하여 이 회사는 어린이 학습지시장에서 케이블TV사업으로 자연스럽게 진출할 수 있었다([그림 4-4] 참조). 이 회사의 광고 슬로건이기도 한 "눈높이"란 말은 회사의 고객지향정신을 매우 잘 표현하

그림 4-3   대교 어린이 방송의 업의 범위

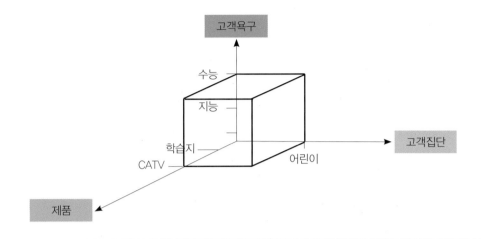

그림 4-4   사업영역의 자연스러운 확장: 대교 어린이TV

고 있다.

자사의 업의 범위를 찾는 데 있어서 가장 중요한 것은 자사의 업의 범위를 제품 중심으로 좁게 정의하지 않고 고객에게 전달하는 편익중심으로 넓게 정의하는 것이다. 이러한 고객중심의 업의 범위 찾기는 레빗(T. Levitt)의 "마케팅근시(Marketing Myopia)"에서 잘 설명하고 있다.

레빗(T. Levitt)에 의하면 마케팅근시는 기업이 업의 범위를 소비자의 편익중심으로 정의하지 않고, 제품중심으로 좁게 정의할 때 일어난다. 그는 마케팅근시의 위험을 미국의 철도산업을 예로 들어 설명했다.

19세기 말엽에 철도사업으로 자수성가하여 큰 돈을 번 사업가가 죽을 때가 되어 방탕한 생활을 하고 있는 아들들이 걱정이 되어 자기의 철도회사에서 나오는 수익은 모두 다시 철도사업에 투자해야 한다는 조건으로 아들들에게 유산으로 남겼다. 그러나 그 사업가의 뜻과는 달리 얼마 가지 못해서 그 철도회사는 문을 닫을 수밖에 없었다 한다. 왜냐하면, 세월은 바뀌어 비행기가 여객 및 수송산업의 주요 수단으로 부각되어 철도는 그 중요성을 상실했기 때문이다. 이 이야기에서 그 사업가의 결정적인 실수는 사업의 정의를 제품중심, 즉 철도사업으로 정의했다는 것이 레빗의 설명이다. 즉, 그 사업가가 사업의 정의를 소비자편익의 관점에서 "우리 회사는 수송사업을 하고 있다"라고 정의했더라면, 시대의 추세를 기회로 삼아 같은 새로운 운송수단인 항공기사업으로 재빠른 투자가 가능해서 망하지 않았을 것이라는 것이다. 불행히도 그 사업가는 제품위주로 업의 범위를 좁게 정의하여, 즉 마케팅근시의 오류를 범함으로써 새로운 사업의 기회를 놓쳐 버린 것이다.

마케팅근시의 최근 대표적인 사례로 코닥(Kodak)을 들 수 있다. 코닥은 디지털카메라 기술을 최초로 발명했지만 디지털카메라 사업으로 확장을 하지 않고 오로지 필름 사업에만 집중했다. 1881년에 창업해 130년 동안 필름 시장을 쥐락펴락 했던 코닥은 지난 2011년 파산했다. 변화된 디지털 환경에 적응하지 못한 결과였다. 그런데 아쉬운 것은 코닥이 이미 36년 전인 1975년에 세계 최초로 디지털 카메라 기술을 발명했다는 것이다. 기술 혁신을 하고도 사업의 정의를 제품중심으로 좁게 정의해서 오로지 필름 사업에만 집중한 나머지 코닥은 새로운 사업의 기회를 잡지 못했던 것이다. 코닥이 놓친 디지털 카메라 시장은 소셜네트워크서비스인 인스타그램(Instagram)에 의해서 대체되었다. 이후 인스타그램은 시장의 변화를 정확히 읽은 페이스북(facebook)에 의해 10조원이라는 금액에 인수되었고 엄청난 성장세로 커져서 소비자들의 삶을 변화시키는 혁신의 아이콘이 되었다.

② 기업의 사명

사업을 명확히 정의하였으면 이제 기업은 그것을 바탕으로 기업의 사명(mission)을 명시할 수가 있다. 사명의 문구는 기업이 만족시키려고 하는 고객의 욕구를 중심으로 해야지, 기업이 생산할 제품과 서비스를 중심으로 하면 안 된다.

경영을 잘하는 기업들은 항상 고객의 욕구로부터 회사의 소명의식을 부여받는 것이다. 잘 정의된 '기업의 사명'은 회사의 전 구성원들에게 일하는 보람을 불러일으키고 그들의 에너지의 원천이 된다. 그것은 또 구성원 각자가 개별적으로 하는 일이 전

| 표 4-1 | 다섯 기업의 사명

기업	사명
CJ제일제당	ONLY ONE 제품과 서비스로 최고의 가치를 창출하여 국가사회에 기여
amazon.com	고객들이 온라인에서 구매하고자 하는 어떤 것이든 찾을 수 있는 장소가 되는 것
Instagram	To capture and share the world's moments
대교	어린이를 위한 길이라면 그 누구보다 앞서 솔선수범하는 어린이의 기업
Google	To organize the world's information and make it universally accessible and useful

체적으로는 기업의 잠재력을 실현하는 길이 되도록 인도하는 역할을 한다. 〈표 4-1〉 은 다섯 기업의 사명을 예시하고 있다.

③ 사업목표

기업의 사명이 확립되면 그 사명을 달성하기 위한 구체적인 사업목표가 정해진다. 마케팅목표는 사업목표를 달성하기 위해 좀 더 구체적으로 정해진다. 〈표 4-2〉는 이 관계를 Airbnb의 예로 나타내 주고 있다. 경영자가 위와 같은 여러 단계별로 목표를 정하려고 할 때 아래와 같은 일반적인 기준을 염두에 두면 도움이 될 것이다.

① **순위의 확립**: 어느 기업이든지 보통 하나가 아닌 여러 개의 목표를 추구한다. 이 목표들은 때로는 상충하기도 한다. 예를 들면, 판매증가라는 목표는 재무구조의 개선이라는 목표와 상치될 수 있다. 판매를 늘리려면 제품을 개발하고 광고하는 데 자금이 많이 소요되기 때문이다. 그러나 여러 목표들의 순위를 확립해 놓으면 이러한 갈등을 줄

| 표 4-2 | Airbnb의 사명과 사업목표

회사의 사명	우리는 세상을 하나의 커다란 커뮤니티로 만드는 일을 한다. 우리는 기술의 힘을 통하여 우리의 고객들에게 세계 각 지역에서의 독특하고 이국적인 숙박의 경험을 언제 어디서나 경쟁력있는 가격으로 제공한다.
사업목표	1. 기존 숙박시장의 80%의 점유율을 획득하는 것을 목표로 한다. 2. 숙박과 관련된 사업으로 다각화를 통하여 새로운 시장을 개발하고 기존 시장의 점유율을 높인다. 3. 타겟 고객의 욕구와 부합하는 서비스와 제품을 개발한다.

일 수 있다. 목표들 간에 상충이 없더라도 목표들의 중요도에 따라서 순위를 확립함으로써 우선적으로 중점을 둘 사업의 목표가 무엇인지가 분명해진다.

② **계량화**: 가능한 한 목표는 구체적인 숫자로 표시할 수 있어야 한다. 동아제약의 경우 "박카스의 판매를 대폭 늘린다"라는 것보다는 "박카스의 판매량(액)을 전년도에 비해 30% 늘린다"라고 하는 편이 낫고, 또 그것보다는 "박카스의 판매량(액)을 내년도 하반기까지 전년도 대비 30% 늘린다"라고 하는 편이 낫다.

③ **현실적**: 목표는 또한 현실적이어야 한다. 기업의 자원과 포착가능한 시장기회의 분석을 토대로 한 현실적인 목표는 경영자와 종업원들에게 좌절감이 아닌 성취의욕을 불어넣어 준다.

④ **일관성**: 기업의 여러 목표들은 서로 일관성이 있어야 한다. "판매와 이익을 극대화한다"라든가 "최소의 비용으로 최대의 매상을 올린다" 등의 목표는 앞뒤가 안 맞는 것이다. 고급품의 이미지를 유지하려고 하는 회사는 단기적으로 판매를 늘리기 위해서 대폭적인 가격인하를 하지는 않을 것이다. 많은 소비자들이 "싼 게 비지떡"이라는 생각을 갖고 있기 때문이다.

제2절 사업포트폴리오

기업이 가진 사업부 또는 제품이 여럿일 경우에는 기업의 자원을 어떻게 배분하는가가, 즉 어떤 사업포트폴리오(business portfolio)를 갖는가가 아주 중요하다.

포트폴리오 분석을 하려고 할 때 경영자는 먼저 우리 회사를 구성하고 있는 핵심적인 사업이 무엇인가를 파악해야 한다. 이러한 핵심적 사업부를 전략사업부(Strategic Business Unit: SBU)라고 부른다. 전략사업부는 원칙적으로 다음과 같은 특징을 갖고 있어야 한다. ① 하나의 사업에 종사하고 있어야 하며, ② 뚜렷한 사명이 있어야 되고, ③ 경쟁자가 있어야 하며, ④ 책임 있는 경영자가 있고, ⑤ 독자적으로 사업계획을 짤 수 있어야 한다. 전략사업부는 기업 내의 하나 혹은 여러 개의 사업부(company division)일 수도 있고 혹은 사업부 내의 제품계열(product line), 더 작게는 하나의 제품이나 상표(brand)가 될 수도 있다.

전략계획의 목적은 기업이 매력적인 사업기회를 포착할 수 있도록 자기의 강점을 최대한 활용하는 방법을 알아내는 것이다.

1 사업기회의 포착

사업포트폴리오를 확장해나갈 때는 기존의 전략사업부와의 시너지를 고려해서 새로운 사업 혹은 제품을 만들어가야 한다. 이 때 새로운 사업 혹은 제품에서 가치를 창출하는 방법은 크게 두 가지가 있다.

첫 번째는 네트워크 효과(network effects)를 통해서 가치를 창출하는 방법이다, 오늘날의 초연결사회에서는 소비자들에게 강한 네트워크 효과를 가진 플랫폼을 창출하는 것이 핵심적인 경쟁 우위의 원천이 되는 경우가 많다. 같은 제품을 사용하는 고객들이 많아질수록그 제품의 가치가 증가하는 경우(e.g., WhatsApp)가 있다. 이러한 네트워크 효과를 직접적인 네트워크 효과(Direct Network Effects)라고 한다. 또한 구매자 네트워크와 판매자 네트워크를 연결하는 플랫폼을 통해서 가치가 창출되었을 경우, 이를 간접적인 네트워크 효과(Indirect Network Effects)라고 부른다.

네트워크 효과는 세 가지의 방식을 통해서 가치를 창출할 수 있다. 첫 번째 방식은 소비자들 간의 연결을 통해서 네트워크를 구축함으로써 새로운 가치를 창출하는 직접적인 네트워크 효과이다. 카카오톡을 사용하는 사용자들이 많아짐에 따라서 카카오톡의 고객들의 효용이 증가하는 것을 예로 들 수 있다. 두 번째 방식은 구매자 네트워크와 판매자 네트워크를 연결함으로써 새로운 가치를 창출하는 간접적인 네트워크효과이다. 우버(Uber)와 에어비앤비(Air B&B)와 같이 구매자 네트워크와 판매자 네트워크를 연결하는 플랫폼을 만들어서 새로운 가치를 창출한 사례를 들 수 있다. 세 번째 방식은 구매자 네트워크 혹은 판매자 네트워크를 연결한 플랫폼에 AI(Artificial Intelligence)와 같은 새로운 서비스를 접목시킴으로써 가치를 창출하는 방식이다. 아마존의 Alexa를 LG TV에 장착시킨 것은 다양한 콘텐츠를 편리하고 단순하게 사용할 수 있도록 할 뿐 아니라, 개별 소비자들의 취향을 이해하고 이들이 편리하고 단순하게 자신이 좋아하는 제품을 구매하고 일상생활에 필요한 다양한 서비스를 제공받을 수 있는 새로운 가치를 창출하기 위한 것이다.

두 번째는 보완성(complements)인데, 이것은 기존의 제품과 서비스를 중심으로 새로운 보완적인 제품과 서비스를 만들어냄으로써 가치를 창출하는 방안이다. 지금까지 각 사업부의 목표는

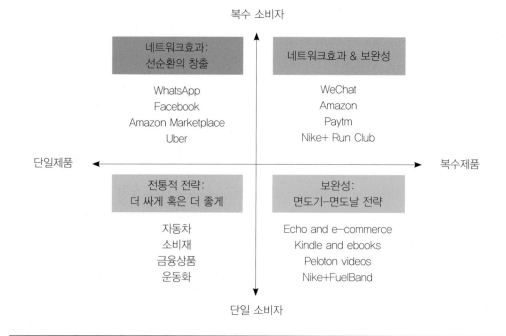

그림 4-5	사업기회의 포착을 위한 모델

복수 소비자

네트워크효과:
선순환의 창출

WhatsApp
Facebook
Amazon Marketplace
Uber

네트워크효과 & 보완성

WeChat
Amazon
Paytm
Nike+ Run Club

단일제품 ← → 복수제품

전통적 전략:
더 싸게 혹은 더 좋게

자동차
소비재
금융상품
운동화

보완성:
면도기-면도날 전략

Echo and e-commerce
Kindle and ebooks
Peloton videos
Nike+FuelBand

단일 소비자

자료원: sunil Gupfa(2018), Driving Digital strategy.

개별 제품 혹은 서비스에 맞춰져 있었다. 하지만 아마존과 같은 기업들은 보완성 (complements) 전략을 통해서 새로운 제품과 서비스를 확대해 나가고 있다. 이렇게 보완성(complements)에 기반한 전략은 '면도기와 면도날전략(razor & blade strategy)' 이라고도 불린다. 면도기와 면도날 전략(razor & blade strategy)은 면도기의 역할을 하는 상품을 개발해서 시장에 정착시킨 뒤, 면도날에 해당하는 새로운 제품과 서비스를 개발해서 시장에서 지속적으로 이익을 창출하는 사업포트폴리오 전략을 의미한다. 그 대표적 예로는 아마존의 Kindle이 있다. 아마존은 Kindle의 이익을 극대화하는 것이 아니라, Kindle을 면도기로 만들어서 면도날에 해당하는 ebook들의 판매를 증가시키고 지속적인 이익을 창출하고 있다. 아마존은 이밖에도 아마존 프라임(amazon prime) 서비스라는 면도기를 시장에 출시하고 정착시킨 뒤, 다양한 새로운 서비스들을 면도날로서 결합시키는 전략을 펼치고 있다. 예를 들어, 아마존은 필팩(pillpack)이라는 온라인 약국을 1조원에 인수해서 아마존 프라임 서비스와 접목하였다. 이를 통해서 아마존은 아마존 프라임 서비스의 고객들에게 새로운 온라인 약국 서비스를 포함한 헬스 서비스를 제공하는 새로운 가치를 창출한 것이다.[1]

---

1 사업기회의 포착에 대한 내용은 Sunil Gupta "Driving Digital Strategy"를 참조해서 만들었음.

② 사업포트폴리오상의 자원배분: BCG 도표(BCG Matrix)

기업은 자사의 사업포트폴리오를 구성하고 나면 사업포트폴리오의 전략사업부들을 성장가능성과 자원의 소요 정도에 따라 평가를 하고 자원을 적절히 배분해야 한다. 전략사업부 간의 자원의 배분을 돕기 위해 여러 가지 포트폴리오분석기법이 개발되었다. 여기서는 그 중에서 가장 잘 알려진 BCG 도표(BCG matrix)를 소개하기로 한다.

보스턴경영자문회사(BCG, Boston Consulting Group)에서 개발한 BCG 도표는 기업의 각 전략사업부를 시장성장률(market growth rate)과 상대적 시장점유율(relative market share)의 두 가지 차원에서 분류한다([그림 4-6] 참조). 그림에서 원의 크기는 각 전략사업부의 판매량에 비례한다. 시장성장률은 전략사업부(SBU)가 속해 있는 시장·산업의 연간 성장률을 표시하며 그 시장·산업의 매력도의 척도라고 볼 수 있다

보통 10%를 기준으로 하여 그 이상이면 고성장이라 하고, 그 이하면 저성장이라고 하나, 이는 기업이 처한 시장상황에 따라 달라질 수 있다. 상대적 시장점유율은 $\dfrac{\text{해당 SBU의 시장점유율}}{\text{그 산업에서의 최대경쟁사의 시장점유율}}$ 을 말하며, 그 산업에서의 그 SBU의 비중을 나타내 준다. 따라서 어느 SBU의 상대적 시장점유율이 0.1이면 그 SBU는 최대경쟁자의 시장점유율의 10%에 해당하는 시장점유율을 갖고 있다는 뜻이다. 그러나 상대적 시장점유율이 10이면 그 SBU는 최대의 시장점유율을 갖고 있을 뿐만 아니라 바로 그 다음의 경쟁자보다도 시장에서 10배나 더 많이 판매한다는 뜻이다.

BCG 도표는 성장성과 점유율이 기업의 현금흐름과 관계가 있다고 가정하고 있다.

| 그림 4-6 | BCG도표 |

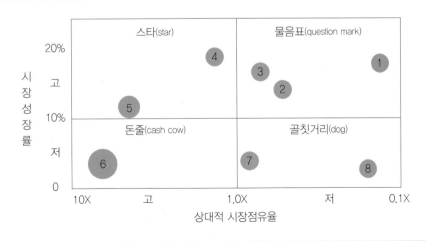

우선 시장의 성장률이 높으면 시설 및 운전자본에 대한 투자가 많이 필요하므로 성장률이 높을수록 자금의 유출도 늘어난다. 그리고 시장점유율이 높을수록 수익성이 올라간다는 연구결과가 많이 나와 있다. 그러므로 시장점유율이 높을수록 현금이 많이 들어온다고 보는 것이다. SBU는 성장성과 점유율을 기준으로 [그림 4-6]에서 보는 바와 같이 네 가지로 구분된다.

① **스타**(star): 시장성장률이 높고 상대적 시장점유율도 높은 전략사업부를 말한다. 여기에 속한 전략사업부는 빠른 성장을 뒷받침하기 위하여 많은 자금을 필요로 한다. 어느 시점에 가서 성장률이 둔화되어 돈줄(cash cow)이 되면 다른 전략사업부에 자금을 공급할 수 있게 된다.

② **돈줄**(cash cow): 성장률은 낮으나 시장점유율이 높은 전략사업부를 말한다. 여기에 속하는 전략사업부는 자체뿐 아니라 다른 전략사업부가 필요로 하는 자금을 공급하여 주는 역할을 한다. 앞서 롯데백화점 사례에서 국내 사업부는 '돈줄'이라고 볼 수 있다. 이미 포화상태에 있는 국내 백화점시장에서 확실한 우위를 점하고 있는 롯데백화점은 이제 다른 사업부에 자금을 대주는 기능을 담당할 수 있기 때문이다.

③ **물음표**(question mark): 성장률은 높으나 시장점유율이 낮은 사업부를 말한다.

그림 4-7   **보스턴 자문회사의 추천사항**

(가) 바람직스러운 사업의 이동방향

상대적 시장점유율

(나) 올바른 자금의 이동방향

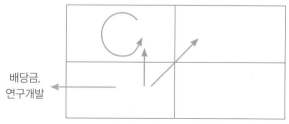

시장점유율을 증가시키는 것은 물론 유지하는 데도 많은 자금이 소요된다. 따라서 경영자는 자금과 마케팅노력을 집중적으로 투입하여 스타방향으로 이전시킬 것인가, 여의치 않으면 시장을 포기할 것인가를 아주 신중히 결정해야 한다. 롯데백화점 사례에서 해외 사업부가 바로 이러한 '물음표'에 해당한다.

④ **골칫거리(dog):** 성장률이나 시장점유율이 모두 낮은 전략사업부를 일컬으며 자체에서 필요로 하는 자금은 어느 정도 조달할 수가 있다. 그러나 산업이 성숙기 내지는 쇠퇴기로 접어들었고 기업의 산업 내에서의 위치도 불리하므로 가능하면 자금을 더 투입하지 않고 현금의 유입을 극대화하려는 정책을 쓰게 된다.

[그림 4-7]은 사업부와 자금의 바람직스러운 이동방향을 보여 준다. 최고경영자는 돈줄로부터 나오는 여유자금을 주주들에게 배당하거나 연구개발에 투자하거나 희망이 있는 물음표에 투자하여 이것을 스타의 위치로 옮기든가 혹은 스타에 투자하여 그 위치를 유지하도록 해야 한다. 그러면 물음표는 스타로 옮겨가고 스타의 자리에 있던 전략사업부는 시장의 성장률이 낮아지면서 돈줄이 되어 자금의 원천이 될 것이다.

3 BCG 도표 이용의 예

어떤 회사가 4개의 제품 A, B, C, D를 가지고 있다고 가정하자. 4개의 제품에 대한 전년도 예산과 전년도 매출액, 이익, 시장점유율, 시장성장률의 자료가 〈표 4-3〉에 주어져 있다. 이럴 경우 올해에도 예산이 20억 원이 주어져 있을 때, 어떻게 자원을 배분하는 것이 가장 효율적일 것일까? 〈표 4-4〉에서는 여러 가지 가능한 배분기준에 의해서 20억 원의 예산을 4개 제품 간에 배분한 사례를 보여 주고 있다. 〈표 4-4〉에서 볼 수 있듯이, 사용하는 기준에 따라 각 제품에 배분되는 예산의 범위가 매우 크게 달라질 수 있다. 이러한 경우 BCG 도표를 이용하여 4개 제품의 위치를 살펴보면 [그림 4-8]에 있는 바와 같다. 제품 A는 상대적 시장점유율이 1.0보다 크고 시장성장

| 표 4-3 | 제품 A, B, C, D의 시장자료 (단위: 억 원)

	전년도 예산	매출액	이익	시장 점유율	최대경쟁 사점유율	시장 성장률	새로운 예산
제품 A	10.0	75.2	15.6	18.3%	16.5%	2.1%	–
제품 B	0.5	12.1	1.1	2.0%	22.3%	4.5%	–
제품 C	8.0	172.5	3.7	27.3%	14.9%	16.2%	–
제품 D	1.5	45.8	4.8	5.3%	12.5%	18.5%	–

| 표 4-4 | 여러 가지 기준에 따른 예산배분

배분기준	총 예산 = 20억 원			
	제품 A*	제품 B	제품 C	제품 D
전년도 예산	10.0	0.5	8.0	1.5
매 출 액	4.9	0.8	11.3	3.0
이익	12.4	0.9	2.9	3.8
ROE(이익/예산)	4.2	6.0	1.2	8.6
시장규모	3.3	4.8	5.0	6.9
시장성장률	1.0	2.2	7.8	9.0
상대적 시장점유율 (자사/가장 큰 경쟁사)	6.4	0.5	10.6	2.5
범위	1.0~12.4	0.5~0.6	1.2~11.3	1.5~9.0

※ 매출액을 기준으로 한 예산배분 예: 제품 A는 당 사업부 총매출액의 24.6%를 차지(75.2/305.6)함. 따라서 매출액 기준으로 예산을 배분하면, 이 상표에서 20억 원의 24.6%인 4억 9천만 원이 할당된다.

률은 낮은 전형적인 돈줄(cash cow)이다. 제품 B는 상대적 시장점유율과 시장성장률이 모두 낮은 골칫거리(dog)이다. 제품 C는 높은 상대적 시장점유율을 보이며 시장도 빨리 성장하는 스타의 위치를 차지하고 있고, 제품 D는 시장의 성장률은 가장 높지만, 상대적 시장점유율은 아직 낮은 물음표에 해당한다. 올바른 자금의 이용을 보여 주는 [그림 4-7]에 따르면, A 제품에서 나오는 이익의 일부를 D 제품에 투자하여 D 제품을 물음표에서 스타로 옮겨가도록 하는 것이 올바른 전략적 사업계획이라고 할 수 있다.

전략적 사업계획수립을 위하여 BCG 도표와 함께 사용할 수 있는 보완적 성격의 도표를 제시하고자 한다. 자금의 원천/사용 도표는 기업의 자금의 원천지표로서 제품의 이윤율(공헌이익/매출)을 사용하고, 자금 사용의 지표로서 평균지출비율(예산/평균

그림 4-8   4개 제품에 적용된 BCG 도표

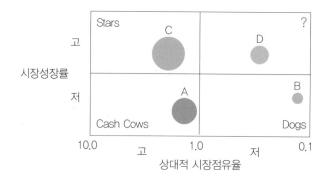

그림 4-9　자금 원천/사용 도표

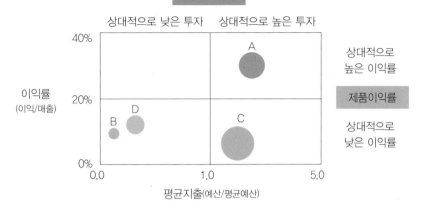

예산)을 사용한다. [그림 4-9]에서는 앞서 사용한 4개 제품의 예를 자금의 원천/사용
도표에 적용한 사례를 보여 주고 있다.

　[그림 4-9]의 오른쪽에 있는 제품 A와 제품 C는 회사에서 상대적으로 많은 투자를
하는 제품들이고 왼쪽에 있는 제품 B와 제품 D는 회사에서 상대적으로 소홀히 대하
는 제품들이다. 그림의 위쪽에 있는 제품 A는 높은 이윤을 올리는 제품으로서 제품 A
에 대한 전략은 이 높은 이윤을 유지하며 시장점유율과 매출을 늘릴 수 있는 광고, 판
촉, 유통전략에 초점을 맞추는 것이어야 한다. 아래쪽에 있는 제품 B, 제품 D, 제품 C
는 상대적으로 이윤폭이 낮기 때문에 일반적으로는 시장점유율을 유지하면서 이윤폭
을 늘리는 제품전략이 포커스가 되어야 할 것이다. 그러나, BCG 도표에서 제품 D의
경우 높은 시장성장률을 보이고 있으므로, 현재와 같은 단기적 이윤극대화의 예산전
략보다는 장기적 시장점유율 극대화를 위하여 도표의 오른쪽으로 이동(더 많은 예산
의 배정)시키는 것이 좋다.

제3절　TOWS분석에 의한 마케팅전략의 수립

■ TOWS분석

　마케팅목표가 정해지면 이제 기업은 그것을 달성하기 위한 마케팅전략을 세워야
한다. 앞에서 말했듯이 마케팅전략은 시장환경 및 우리 회사의 강약점을 면밀히 분석

| 표 4-5 | TOWS도표

환경 내부 자원과 능력		기회			위협		
		환율호조	수출		내수침체	고금리	
강점	정보력						
	국제화	A사업					
약점	재무상태					B사업	
	마케팅능력						

한 다음에 그것을 바탕으로 세워져야 한다. 그래서 여기서는 먼저 그러한 분석을 가능하게 하는 TOWS(Threats, Opportunities, Weaknesses, Strengths)분석을 논의하기로 한다.

TOWS분석을 하는 단계는 다음과 같다.

① 시장환경의 변화에 따른 위협과 기회요인 파악, ② 경쟁사 대비 상대적인 우리 회사의 핵심역량의 강·약점 파악, ③ TOWS도표(matrix)의 작성과 우리 회사의 현재 위치파악(〈표 4-5〉 참조), ④ 마케팅전략의 수립.

첫째 단계는 시장환경으로부터 오는 위협 및 기회요인의 파악이다. 가까운 장래에 일어날 것으로 예상되는 소비자들의 소비 및 구매행태의 변화, 경쟁사의 동향, 새로운 유통업태의 출현 등 우리 회사의 마케팅활동에 영향을 미치는 시장의 변화요인을 파악하여 위협요인과 기회요인으로 나눈다. 이 단계에서 주의할 점은 시장환경분석을 좀 더 객관적 자료에 바탕을 두고 구체적으로 해야 한다는 것이다. 예를 들면, IMF 체제하에서 고환율, 고금리 제도는 어떤 기업에게는 위협요인이겠지만, 어떤 기업에게는 기회의 요인도 될 수 있다. 그러므로 시장환경변화에 따른 환경분석은 객관적인 자료의 면밀한 분석에 바탕을 두어야 한다.

둘째 단계는 우리 회사에 대한 핵심역량의 분석이다. 이는 주로 기존의 경쟁사나 잠재적 경쟁사에 대한 우리 회사의 상대적 강·약점에 대한 평가이다. 특히 이제는 핵심역량으로서의 유형자산(기계설비, 건물, 부동산)보다는 무형자산(핵심기술력, 상표자산, 정보력, 인적자산)의 가치가 상대적으로 더 올라가는 경향이 있으므로 이러한 핵심역량으로서의 무형자산에 대한 정확한 평가가 필요하다.

셋째 단계는 시장의 환경변화요인(T, O)과 자사의 핵심역량의 강·약점(W, S)에 비추어 본 자사의 현재위치의 파악이다. 이는 〈표 4-5〉와 같은 TOWS도표를 써서 관련

그림 4-10   TOWS분석에 따른 마케팅 전략 대안

TW ① 철수전략 ② 제품/시장 집중화전략	OW ① 핵심역량 강화전략 ② 전략적 제휴
TS ① 시장침투전략 ② 제품확충전략	OS ① 시장기회 선점전략 ② 시장/제품 다각화전략

있는 시장의 위협·기회 및 자사의 강·약점을 종합적으로 분석한 다음, 이에 따라 우리 회사의 위치를 파악하는 작업이다.

　TOWS 분석의 마지막 단계는 우리 회사의 현재위치에 근거한 마케팅전략의 수립이다. [그림 4-10]에서 보다시피 여러 가지 마케팅전략이 있을 수 있는데 정확한 TOWS분석에 따라 적절한 마케팅전략을 선택하면 그만큼 마케팅목표를 달성할 수 있는 확률이 높아진다. 그러면 이제 [그림 4-10]의 대안을 하나하나 간략히 설명하기로 한다.

① TW전략: 환경의 위협요인이 많으며 현재 우리 회사의 핵심역량도 부족하다. 이 경우 우리 회사의 약점을 극복하기 위하여 제품이나 시장을 재구축(restructuring)하여 제품/시장을 집중화하는 전략을 쓰거나 철수하는 전략을 고려하여야 한다.
② TS전략: 시장의 위협요인이 있으나, 우리 회사가 상대적 강점을 갖고 있는 경우, 그 강점을 적극 활용하여 공격적 시장침투전략을 쓰거나 제품계열을 확충하는 전략을 추구한다. 앞서 도입사례에서도 국내 백화점시장에서 더 이상 수익이 늘지 않자 롯데백화점이 공격적으로 초고소득층 시장에 침투한다든지 혹은 제품을 초고가 명품으로 확충하는 것을 볼 수 있었다. 이것은 시장에서의 위협요인에도 불구하고 롯데백화점이 제품과 고객만족에 관련하여 상대적 강점을 갖고 있었기에 가능한 것이다.

 사례　BBQ의 시장상황에 따른 전략

　프랜차이즈 기업 BBQ는 엑스트라버진 올리브유를 사용한다는 캐치프레이즈를 바탕으로 한 대표 치킨 프랜차이즈 업체로 많은 체인점을 바탕으로, 많은 시민들에게 치킨하면 떠오르는 대

표적인 업체로 각인되어 있다. BBQ는 시장 점유율 20%를 바탕으로 다수의 고객을 가지고 있다. 그러나 BBQ에게 위협적인 요인 몇 가지가 최근 부상이 되었다. 2010년 12월 롯데마트의 치킨메뉴인 '통큰치킨'으로 인한 닭값 논쟁은 BBQ와 같은 고급 브랜드에 대한 사람들의 비난으로 이어졌다. 비록 '통큰치킨'이 3일 천하로 일단락 되었지만, 이후 치킨 판매 자체가 감소하는 것은 물론, 상위 4개 치킨 프랜차이즈인 BBQ, 교촌, 굽네치킨, 또래오래 등에 대한 공정위의 조사로 이어져 BBQ를 비롯한 치킨 업계에 위협요인이 되고 있다. 특히 공정위 조사를 통해 담합 혐의가 밝혀질 경우 쌓아온 고급치킨 이미지 및 친근한 이미지가 모두 무너질 수도 있다. 최근에는 20여 개 품목의 가격을 인상하는 등 한 달 사이 두 차례 가격을 올려 논란을 빚었고, 소비자와 대한양계협회 등이 BBQ의 치킨 가격 인상을 비판하며 불매운동을 벌일 정도로 반발이 커졌다. 이는 공정거래위원회의 가맹조사와 현장조사 등의 결과로 이어졌고, BBQ는 최근 값을 올린 약 20개 품목의 제품 가격을 인상 이전으로 되돌린다는 입장을 밝혔지만 비난 여론은 좀처럼 사라지지 않고 있다.

이러한 상황에서 BBQ는 반사적으로 가격을 낮추기 보다는 소비자들에게 제 값을 치러야 할 만한 이유를 보여주는 것이 필요할 것이다. 현재의 고급 이미지를 강화할 수 있도록, 올리브유와 같은 전반적인 식자재의 고급화를 추진해야 할 것이다. 또한, 적극적인 PR을 통해 BBQ는 폭리를 취하는 것이 아니라, 프리미엄 브랜드를 제공한다는 점을 더욱 각인시켜 상황을 정면돌파해야 할 것으로 보인다.

자료원: 한상만, 장대련, 하영원(2018), "경쟁우위의 마케팅전략".

③ OW전략: 시장의 기회는 존재하나 우리 회사의 핵심역량이 부족하다. 이 경우 우리 회사의 핵심역량을 강화하여 시장기회를 잡는 핵심역량 강화전략을 쓰거나 시장의 기회를 먼저 포착하면서 우리 회사의 핵심역량을 보완하는 전략적 제휴전략을 선택할 수 있다.

 사례 | **반즈앤노블의 온라인 사업 전략**

OW전략으로는 미국의 대형 서점체인인 반즈앤노블(Barnes & Noble)의 사례를 들 수 있다. 아마존이 눈부신 성장을 하였던 온라인 비즈니스의 초기 반즈앤노블은 온라인 비즈니스에 대한 노하우가 전혀 없었기 때문에 큰 혼란기를 겪어야만 했다. 오프라인 서점을 방문하는 폭넓은 고객이 있었지만, 어떤 고객들이 방문하는지, 이들이 얼마만큼의 책을 구매하는지에 대한 체계적이고 정확한 데이터가 구축되지 못한 상태였으며, 아마존에 대응하기 위해 구축한 자사의 온라인 시스템이 오프라인과 시너지효과를 일으키지 못하고 있었다.

특히 온라인 상거래 시장의 빠른 성장을 예상하지 못한 것이 뼈아픈 실책으로 다가왔다. 온라인 도서 유통에 대한 소비자의 수용성은 예상을 크게 뛰어넘는 수준으로 빠르게 이루어졌고, 반즈앤노블은 이에 대한 적절한 대처를 하지 못한 채 아마존닷컴이 온라인시장과 전자책시장을 석권하는 것을 지켜볼 수밖에 없었다. 그러나 온라인 상거래 시장이 형성된 이후, 다수의 실패사례를 통해 비즈니스 모델들이 하나 둘씩 검증되기 시작하며 새로운 기회가 찾아왔다. 먼저, 소비자들의 전자상거래에 대한 관심과 인지도는 크게 확산되어 있는 상태였다. PDA 혹은 전용 단말기를 사용한 e-book의 성장 가능성도 긍정적으로 점쳐지고 있었다. 따라서, 반즈앤노블은 다양한 온라인 기업들과의 전략적 제휴를 통해 온라인사업 및 디지털 콘텐츠 개발에 관한 역량을 구축하면서 앞으로 다가올 시장기회를 대비할 수 있는 전략을 택하였다.

반즈앤노블(Barnes & Noble)은 아마존과의 계약이 끝난 야후(Yahoo, www.yahoo.com)와 서적판매 분야에서, 아메리칸 온라인(AOL, www.aol.com)과 온라인유통 부문에서, 미국 최대 e-book 기업인 젬스타 인터내셔널(www.gemstarebook.com)과 e-book 관련 부문에서 전략적 제휴를 맺고 자사의 역량강화를 꾀하였다. 뿐만 아니라 반즈앤노블(Barnes & Noble)은 마이크로소프트(MS)사와 파트너십을 체결하여, 아마존의 '킨들'과 경쟁할 전자책 누크(NOOK)를 공동 개발하는 전략적 제휴를 하였다. 한편, 온/오프라인 간의 시너지 강화를 위해 온라인에서 주문한 책을 가까운 오프라인 매장에서 찾을 수 있는 서비스를 실시하였으며, 체계적인 고객관리와 더 높은 시너지효과 창출을 위해서 오프라인 매장을 방문하는 고객들에 대한 데이터 수집활동을 시행하였다. 이러한 전략적 제휴 및 파트너십 체결을 바탕으로 반즈앤노블(Barnes & Noble)은 약점을 보완하고 기회를 노리는 O/W전략을 펼쳤음에도 불구하고 아마존과의 경쟁에서 뒤처지게 되었다. 반즈앤노블의 실패 사례는 우리에게 단순히 약점을 보완하는 데에 머무르는 전략은 강력한 경쟁자에 대한 경쟁전략으로는 충분하지 못한 전략이라는 시사점을 준다. 시장을 지키고자 하는 기업은 결국은 시장의 경쟁에서 도태되는 것이다. 시장의 변화를 주도하는 기업이 되는 것이 반즈앤노블 OW전략의 중심이었어야 했다.

자료원: 한상만, 장대련, 하영원(2018), "경쟁우위의 마케팅전략".

그림 4-11   TOWS분석에 의한 동태적 마케팅전략의 수립

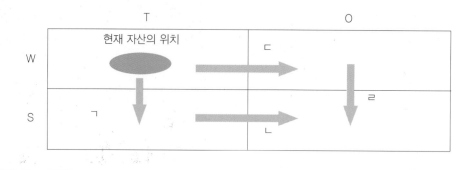

④ OS전략: 시장기회가 있고, 우리 회사의 전략적 강점이 많은 매우 좋은 상황이다. 우리 회사는 시장의 기회를 선점하는 전략을 구사하거나 시장/제품의 다각화전략을 추구할 수 있다. 앞서 롯데백화점 사례를 이처럼 OS전략으로 해석할 수도 있다. 해외시장이라는 새로운 기회에 대해 롯데백화점은 자사의 역량을 적극적으로 활용하는 OS전략을 통해서 성공적인 해외시장으로의 확장을 이루어 나갔다.

TOWS 분석에 의해 마케팅전략을 세울 때 주의해야 할 점이 두 가지 있다. 첫째는 제3단계에서 우리 회사의 위치를 파악한 후 전략적 대안을 도출할 때 [그림 4-10]에 있는 마케팅전략 대안 중 우리 회사에 적합한 전략을 골라야 한다는 것이다. 예를 들어, 자사의 현재위치가 TW전략을 요구하고 있는데 OS의 시장/제품 다각화전략을 택하는 것은 자사의 핵심역량을 활용하여 시장의 위협을 기회로 전환하는 올바른 마케팅전략이 아니다. 둘째, TOWS분석기법을 활용하여 전략을 수립할 때, 한 가지의 전략만을 계속 사용하는 것이 아니라, 동태적인 마케팅전략을 수립할 수 있다는 것이다. 예를 들어, [그림 4-11]에서 보듯이 현재 자사의 위치가 TW에 있는 경우, 먼저 자사의 핵심역량을 강화한 이후(ㄱ전략), 시장의 기회를 활용하는 전략(ㄴ전략)을 택할 수 있다. 또는 TW에서 시장의 기회를 포착한 후(ㄷ전략), 자사의 핵심역량을 구축하는 전략(ㄹ전략)을 세울 수도 있다. 일반적으로 전통적인 경영이론에서는 ㄱ → ㄴ전략(핵심역량 강화 후 시장기회 활용)을 지지해왔다. 우리나라의 기업들도 이러한 전략, 즉 내부의 핵심역량을 먼저 구축하고(ㄱ전략), 이후 시장의 기회를 활용하기 위해 신규 사업 또는 새로운 시장에 진출하는 전략(ㄴ 전략)을 많이 선택해왔다. 그러나 모든 기업이 이 전략을 선택하는 것이 최선은 아니다. 특히, 최근에는 자사가 필요로 하는 핵심역량을 가지고 있는 기업을 인수하여 자사의 핵심역량과 결합하여 새로

운 시장에 진입하거나 신규 사업을 전개하는 전략이 많은 성공을 거두고 있다. 아마존(amazon)은 2018년에 필팩(Pillpack)이라는 온라인 약국서비스 업체를 1조원이라는 금액으로 인수하였고, 이를 아마존 프라임(amazon prime) 서비스와 결합하여 새로운 의약분야의 신규 사업을 전개하였다. 아마존의 이러한 전략은 자신이 가지고 있지 않은 핵심역량을 빠르게 획득하여 자신의 기존 핵심역량과 결합함으로써 새로운 시장에 진입한 성공적인 전략이다.

❷ 거시적 마케팅환경의 분석

우리는 TOWS분석에서 시장으로부터 오는 수많은 요인을 위협 혹은 기회로 나누어 생각해보았다. 좀 더 면밀히 마케팅환경을 분석하기 위해서는 기업의 통제가능성을 기준으로 내적요인과 외적요인으로 나누어 생각해 볼 수 있다. 내적요인은 기업과 마케팅담당자가 통제할 수 있는 요인으로서 자회사의 사업영역, 전반적인 사업목표, 마케팅조직, 기업문화와 같이 통제가 가능한 요인들을 일컫는다. 기업문화는 통제하기가 어렵지만 그렇다고 통제 불가능하지는 않다. 반면 마케팅환경에서 외적요인이란 기업이 통제가 극히 어려운 요인으로서 기술, 경제, 사회/문화, 법/정치 등 거시환경을 들 수 있다.

오늘날 기업은 모든 면에 있어서 기술에 많이 의존하고 있다. 기업은 자체 기술개발팀을 두어 시장을 선점할 수 있는 신기술을 개발하려고 노력한다. 그러나 신기술은 다각도로 복잡하게 엮여 있으면서 빠르게 발전하기 때문에 어느 특정기업이 개발할 수 있는 기술에는 한계가 있다. 따라서 기업은 다른 기업 및 공공기관이 가진 외부기술에 의존할 수밖에 없기 때문에, 기술적 환경을 통제하기보다는 그에 민감하게 대처해야 한다.

한 지역이나 국가 더 나아가 세계의 경제가 성장기에 있는지 아니면 쇠퇴기에 있는지, 호황인지 불황인지 등의 경제적 환경요인도 기업에 크게 영향을 준다.

특정 지역이나 국가가 가진 사회/문화적 환경도 기업이 마케팅전략을 구사할 때 신중히 고려해야 할 요인이다. 사회/문화적 환경으로는 연령, 인종, 성별, 종교, 관습, 가치관 등이 있는데, 이는 소비자의 구매 및 소비행태에 결정적인 영향을 끼친다.

더욱이 기업의 활동은 정부나 공공기관에 의해 법적인 규제를 받고, 기업이 활동하는 나라가 민주국가인지 독재국가인지 혹은 정경유착이 심한 국가인지에 의해서도 큰 영향을 받는다. 이런 법적/정치적 환경도 기업이 통제해야 할 대상이 아니라 마케팅전략을 수립할 때 신중히 고려해야 할 외적 요인 중 하나이다.

이렇듯 마케팅환경에서 외적요인들을 분석하다 보면 기업이 통제할 수 없는, 시장 전체에 큰 영향을 주는 거시적 환경요인들이 드러남을 알 수 있다. 마케팅전략을 수립할 때는 이런 거시적 마케팅 환경 분석도 함께 이루어져야 한다.

제4절 시장지향적 마케팅(Market-Oriented Marketing)

우리는 제1장에서 마케팅의 초점이 '제품'에만 국한되어 있다가(1단계), 제품의 '판매'로 옮겨가고(2단계), 다음으로 제품이 판매되는 '시장'으로 확대되며(3단계), 끝으로 시장이 이루어질 수 있는 '사회' 전체로까지 확장(4단계)될 수 있음을 알았다. 마케팅전략이란 모두 '시장'을 염두에 두고서 하는 활동이기 때문에 위에서 언급한 발달 단계 중 세 번째 이상에 해당하는 셈이다. 따라서 앞의 두 단계에 해당하는 활동을 단지 마케팅을 위한(marketing-oriented) 마케팅이라고 한다면, 세 번째 이후부터는 특히 시장지향적인(market-oriented) 마케팅이라고 부를 수 있을 것이다. 예전에는 단지 '어떤' 제품을 만들어서 '많이' 판매하느냐가 주된 관심사였기 때문에 마케팅을 위한(marketing-oriented) 마케팅이 만연해 있었다면, 요즘에는 고객의 취향, 욕구, 니즈를 중심으로 마케팅활동을 해야 하기 때문에 시장지향적인(market-oriented) 마케팅이 주를 이루고 있다. 다시 말해, 시장지향적 마케팅이란 소비자의 욕구와 니즈에 초점을 두는 마케팅이다. 시장지향적인 마케팅은 소비자의 욕구와 니즈에 초점을 두는 마케팅이라는 의미로 고객중심적(customer-centric) 마케팅이라고도 불린다.

시장은 소비자가 근간을 이루고 있으며 경쟁업체, 유통망 등 다른 요소들을 포함하는 시장환경과 구조를 가지고 있다. 따라서 성공적인 시장지향적 마케팅 전략에는 네 가지 핵심 구성요소가 있다. 우선 첫째, 기업은 시장에서 자신의 업(業)을 명확히 규정해야 한다. 그렇지 않으면 시시각각으로 변화하는 시장에서 자신이 할 수 있는 일과 할 수 없는 일, 제품을 확장해야 할 시장과 확장하지 말아야 할 시장, 목표고객과 그렇지 않은 고객이 흐려지고 만다. 둘째로 시장지향적 마케팅전략이 성공하기 위해서는 기업의 경쟁우위(competitive advantage)가 분명해야 한다. 기업은 다른 경쟁사가 갖지 못한 경쟁우위(competitive advantage)를 확보하고 있어야 하며, 그 경쟁우위는 독보적일수록 좋다. 셋째로 소비자에게 가치를 창출하는 방법이 확실해야 한다. 기업은 소비자들의 욕구와 니즈를 중심으로 새로운 가치를 창출하는 방법을 명확하게 알 수 있어야 한다. 이러한 새로운 가치창출의 접근방법은 기업이 지속적으로 고객들에게 의미있는 제품과 서비스를 제공하는 일을 가능케 한다. 앞에서 설명한대로 디지털시대에 있어서 소비자에게 가치를 창출하는 방식은 네트워크 효과(network effects)와 보완성 효과(complements effects)라는 두 가지의 축을 통해서 이루어질 수 있다. 넷째로 시장상황은 계속해서 변화한다. 기업은 지속적으로 경쟁우위를 갖출 수 있도록 변화에 대한 적응과 혁신을 적극적으로 수행해야 한다. 시장지향적 마케팅전략은 시시각각 변하는 시장을 대전제로 한다. 따라서 지금까지 모든 요소가 아무리 탄탄하더라도 곧 닥칠 미래의 변화에 적응할 준비와 이를 극복할 새로운 혁신의 준비가 되어있지 않다면 아무런 소용이 없다. 따라서 기업은 향후 시장의 변화에 대비한 여러 준비를 하고 있어야 한다.

이렇듯 네 개의 핵심 구성요소로 이루어진 시장지향적 마케팅전략은 앞서 배운 사업포트폴리오와 TOWS분석 등의 전략과 크게 다르지 않다. 또한 시장지향적 마케팅전략이 수립되면, 그 위에 사업포트폴리오 분석과 TOWS분석도 여전히 수행해야 한다. 다음은 빅데이터 분석을 활용한 시장지향적 마케팅전략의 성공사례이다.

사례 **시저스 카지노의 빅데이터 분석과 시장지향적 마케팅**

IBM에서 고객 기업 1,061명을 대상으로 빅데이터 분석을 채택한 중요한 목표 세 가지를 묻는 설문조사를 시행했다. 그 결과, 1순위는 고객 중심적 성과(49%)며, 그 다음으로 운영 최적화(18%), 위험 및 재무 관리(15%), 신규 비즈니스 모델(14%) 순으로 나타났다 이처럼 빅데이터 분석을 활용하는 기업들이 가장 중요하게 생각하는 목표는 고객 중심적 성과라는 것을 알 수 있다.

빅데이터를 활용해서 고객 중심적 성과를 낸 성공 사례로서 라스베이거스의 카지노, 해러스(나중에 시저스로 이름이 바뀜)를 들 수 있다. 해러스는 고객 데이터에 집중하여 지역별로 산재된 자사의 카지노 시스템을 통합하여 전국적으로 고객에 대한 데이터베이스를 구축하였다. 수집한 고객 데이터를 바탕으로 고객들이 카지노와 호텔에 머무는 동안 하는 행동들을 분석하여, 마케팅 전략에 적극적으로 활용하였다. 인구통계변수와 지출이력을 바탕으로 80개의 이질적인 집단으로 구분한 뒤 각각의 집단의 특성에 맞는 차별화된 마케팅 전략을 펼쳤다. 예를 들어, 방이 꽉 차는 휴가철에도 예약을 늦게 하는 하이 롤러들의 특성을 고려해 그들의 방을 미리 빼두는 식이다. 또 카지노에서 잃고 얻는 돈의 액수를 실시간으로 파악하여 고객의 잃은 돈이 도박을 중지하도록 만드는

액수에 가까워지게 되면 직원이 접근하여 무료 식사나 무료 공연 티켓을 제공하여 카지노 호텔에 계속 머물도록 유도하기도 하였다. 이러한 빅데이터 마케팅을 통하여 해러스는 매출액을 늘릴 수 있게 되었고 경쟁사인 시저스를 인수하여 현재는 시저스라는 명칭으로 운영되고 있다. 현재 시저스는 13개 주에 26개 카지노를 운영하고 있고, 세계적으로 7개국에서 51개의 카지노를 운영 중인 세계 최대 카지노 그룹으로 자리 잡게 되었다.

끝으로 시장지향적 마케팅의 실천을 위한 마케팅전략은 시장지향적 기업문화(market-driven culture)에 기초를 둔다. 아무리 소비자, 경쟁자 중심으로 전략을 세워도 이를 실천함에 있어서는 시장가치 창출의 주역자인 기업의 문화가 시장지향적이어야 한다. 한 기업에서 광고모델을 선정하는 경우를 보자. 신제품의 타겟소비자가 좋아하는 광고모델, 경쟁사의 제품광고나 판촉과 차별화되는 광고모델은 누구인가를 시장조사를 통해 결정하는 회사는 시장지향적 기업문화를 가졌다고 할 수 있다. 그러나 이 회사의 광고팀장 혹은 광고대행사가 회장님이 좋아하는 광고모델을 추천한다면, 그런 회사는 회장님 중심의 기업문화(chairman-driven culture)를 가진 회사이고 이런 기업은 시장에서 지속적으로 고객가치를 창출하기는 힘들 것이다.

시장지향적 기업문화를 가진 기업의 특성 중 하나는 내부고객만족(internal employee satisfaction)을 외부고객만족만큼 중요시하고 관리한다는 것이다. 행복한 종업원이 행복한 가치를 고객에게 전달할 수 있다는, 즉 자기 자신을 사랑하지 않는 사람이 남을 사랑하기 힘들다는 지고한 진리를 실현하는 것이 시장지향적 기업문화를 창출하는 철학이다.

✏️ 간추림

마케팅전략이란 기업이 마케팅목표를 달성하기 위하여 취하는 기본 노선이며, 기업의 핵심역량을 활용하여 시장의 위협을 피하고 기회를 포착하는 전략이며, 고객의 가치를 창출하는 전략이다.

한 회사가 마케팅전략을 세우려고 하면, 먼저 자사가 하고 있는 사업을 명확히 정의해야 한다. 그리고 나서 이 정의를 토대로 회사가 달성하고자 하는 사명을 규정한 다음, 이 사명을 달성하기 위한 구체적인 목표를 정한다. 그런 다음 경영자는 이제 회사의 핵심역량을 기반으로 새로운 가치를 창출하여 사업포트폴리오를 만들어나가야 한다. 사업포트폴리오가 만들어지면 한정된 자원을 회사의 각 사업부에 어떻게 배분하는 것이 가장 효율적인가를 결정해야 한다. 이러한 자원배분결정을 돕기 위해 여러 가지 포트폴리오 분석기법이 개발되었다. 그 중에서 가장 잘 알려진 포트폴리오 분석기법으로 BCG도표가 있다. 경영자가 신중하게 이러한 기법을 이용한다면, 회사의 전반적인 상태를 평가하고 자원을 각 사업부에 적절히 배분하는 데 큰 도움이 될 수 있다.

추구해야 할 사명과 달성하고자 하는 목표를 견지하면서 기업이 처해 있는 환경의 위협과 기회, 자사의 강약점을 TOWS분석을 통하여 정확히 이해한 다음, 최종적인 마케팅전략 방향을 정할 수 있다. 또한 기업은 고객중심의 시장지향적인 마케팅전략을 수립할 수 있도록 기업의 문화와 마케팅활동의 방향을 정립해야 한다.

💡 Q&A

1 국내 및 해외의 기업들의 사명을 찾아보고 기업의 사명이 그 기업의 마케팅전략 수립에 어떤 영향을 미치는지를 분석하시오.

2 기업의 사례를 선정해서 그 기업의 사업포트폴리오를 분석하고, 새로운 가치를 창출하는 제품과 서비스를 어떻게 개발할 수 있을지 논하시오.

3 한 기업을 선정해서 TOWS분석을 실시하고 그 기업에 적합한 마케팅전략의 방향을 제시해 보시오.

4 기업의 사례를 선정해서 그 기업의 마케팅전략을 시장지향적 관점에서 분석하고 개선방향
   을 제시해보시오.

참고문헌

경향신문(2017), 코닥 모멘트, 똑딱이의 몰락.

데이비드 버틀러(2015), 규모와 민첩성을 연결하라.

매일경제(2016), 소비자 접점을 늘려라…'1등 백화점' 롯데의 무한도전.

박흥수 외(2009), (대학원생 및 실무자를 위한) 신제품 마케팅전략 New product marketing
   strategy, 박영사.

안광호 외(2011), (시장지향적) 비즈니스 & 마케팅전략 Market-oriented business & marketing
   strategy, 학현사.

중소벤처기업부(2017), 4차 산업혁명시대의 기업의 대응.

한국경제매거진(2017), 롯데, '롯데센터 하노이'로 국민 브랜드 도약.

한국프랜차이즈경영학회 학술발표논문집, 2015.11, 15-26 (12 pages), 빅데이터마케팅의 필
   요성.

한겨레 경제(2005), 롯데백화점 명품관 '에비뉴엘' 어떻길래….

한상만, 장대련, 하영원(2018), 경쟁우위의 마케팅전략, 박영사.

EBN 산업뉴스(2011), [라이벌 열전 ⑤] 롯데 · 현대 · 신세계…'백화점 삼국지'.

Aaker, D., McLoughlin, D.(2012), 마케팅전략 Strategic Market Management : Global
   Perspectives(전인수 · 김은화 역), 석정.

Buzzell, R., Gale, B., Sultan, R.(1975) Market Share : A Key to Profitability, Harvard
   Business Review.

Sunil Gupta(2018), Driving Digital Strategy.

타겟팅과 포지셔닝

휠라의 타겟팅 전략

어? 이 신발은 우리 취향을 잘 알아, 10대와 소통한 휠라의 '화려한 부활'

휠라는 국내 진출 초기인 1990년대, 젊은 이미지의 프리미엄 스포츠 제품, 그것도 잘나가는 해외 브랜드로 인식돼 큰 인기를 끌었다. 그러나 고루한 이미지가 더해지고 주 고객층이 중장년층으로 바뀌는가 하면 주력하던 아웃도어 관련 시장의 쇠락까지 겹치면서 2014년부터 매출과 브랜드 이미지 모두 뒷걸음질치기 시작했다. 그렇게 쇠락의 길을 걷는 것처럼 보였던 휠라가 갑자기 지난해부터 중고생을 비롯한 젊은 고객들의 적극적인 지지로 화제의 브랜드가 됐다. 테니스화를 재해석한 '코트디럭스'란 운동화는 중고생들 사이에 선풍적인 인기를 끌면서 10만 켤레만 팔아도 '대박'이라는 국내 운동화 업계에서 70만 켤레 판매(첫 출시 시기인 2016년 9월 말~올해 9월 중순 누적)라는 기록을 세웠다.

밀레니얼 세대에게 프리미엄이란?

최근 휠라가 재기에 성공한 이면에는 혁신적인 생산방식과 유통방식을 도입해 가성비 좋은 제품을 만들어 낼 수 있는 조건을 갖춘 것에서 시작한다. 휠라의 가격혁신 덕에 운동화의 평균 판매 가격은 10만 원대를 상회하던 것이 6만, 7만원대로 대폭 하향 조정됐다. 디자인이나 품질은 오히려 높임으로써 기존 고객들도 만족했고, 높은 가격과 올드한 이미지 탓에 발길이 뜸했던 10대, 20대 초반 고객들이 매장에 제 발로 찾아 들어오기 시작했다.

사실 휠라처럼 백화점을 주요 유통 채널로 삼아온 브랜드가 젊은층을 공략하는 접근 가능한(accessible) 가격대의 상품을 내놓는다는 것은 리스크가 큰 전략일 수 있다. 프리미엄 이미지가 훼손될 가능성이 높기 때문이다. 하지만 휠라 측은 브랜드 턴어라운드의 1차 수단이자 목적을 밀레니얼세대를 주축으로 한 10대, 20대 젊은층 고객의 재확보로 생각했기에 이들이 생각하는 프리미엄의 정의는 다를 것으로 판단했다. 즉 가격이 지나치게 높아 접근성이 낮고, 그래서 입고 다니는 사람들이 눈에 많이 띄지 않는 브랜드보다 또래 소비자들 사이에 많이 노출되고 회자되는 가시성(visibility)이 이들 1020세대 사이에선 오히려 프리미엄 이미지로 받아들여질 수 있겠다고 생각한 것이다.

10대 타킷 마케팅

휠라의 가성비 좋은 제품이 10대들에게 각광받게 된 데는 휠라가 이들 세대와 커뮤니케이션을 효과적으로 진행해 이들에게 '핫' 하고 친근한 브랜드가 된 데 있다. 10대들에게는 또래 문화라는 중요한 코드가 있다. 즉, 지금 내 주변에 있는 사람들이 소비하는 것들이 무엇인지에 그들은 민감하게 반응한다. 20대와는 달리 10대들은 일정한 시간을 함께 학교라는 공간에서 공동생활을 한다는 특성이 있다. 당연히 오랜 시간을 함께 보내고 있는 주변 사람들이 많이 사용하거나 긍정적으로 반응하는 제품들에 민감할 수밖에 없다.

이 10대들에게 한번 '코드'가 맞는 제품, 반드시 가져야 하는 '잇(it)' 한 아이템이라고 평가받게 되면 그 인기가 빠르게 확산된다. 휠라가 최근 10대 사이에서 성공할 수 있었던 것은 그들이 '잇(it)' 한 아이템으로 이 브랜드를 생각하고 있기 때문이다. 휠라가 10대에게 접근한 방식을 면밀하게 분석해보면 휠라가 정교하게 10대들의 취향을 분석하고, 그들이 좋아하는 코드를 만들어내고, 그들이 주로 이용하는 채널들을 통해 활발하게 마케팅을 진행했음을 알 수 있다. 10대 사이에 베스트 아이템인 코트디럭스 중 핑크 색상 제품

| 휠라의 재기를 이끈 대표 아이템 |

제품명	특징
코트디럭스 (6만 9,000원)	– 테니스화를 모티브로, 90년대 트렌드를 재현한 스트리트화 – 화이트 베이스의 기본 모델과 파스텔 핑크를 적용한 '코트디럭스 딸기우유', 메탈 컬러가 부분적으로 더해진 '코트디럭스 샤이니', 빙그레 메로나 협업모델인 '코트디럭스 메로나' 등 후속 모델 출시 – 2016년 9월 말 첫 출시 이후 현재까지 누적판매량 70만 켤레
디스럽터2 (6만 9,000원)	– 1997년 미국, 유럽에서 출시됐던 '디스럽터(DISRUPTOR)'의 2017년 재해석 버전'으로 국내에선 처음 출시. 스트리트 무드와 화이트 스니커즈 트렌드의 결정체라 불리며 패션에 민감한 젊은 세대에 폭발적인 반응을 얻음 – 화이트, 화이트검솔, 누디 핑그, 핑크 플라밍고 등 4가지 색상 – 2017년 6월 국내 출시 이후 현재까지 약 15만 켤레 판매

은 '딸기 우유'라는 애칭으로 불리는데 휠라는 타깃 고객의 코드에 맞는 애칭을 만들어내는 형태로 10대에게 접근하였다. 휠라 운동화의 인기와 더불어 빅사이즈 티셔츠 역시 F자가 한글의 'ㅋ'과 비슷하게 생겼다는 이유로 'ㅋㅋㅋ 티'라는 장난스런 이름으로 불린다.

또한 다른 브랜드와 컬래버레이션 활동을 할 때도 평소 10대들이 친근하게 생각하는 브랜드를 엄선했다. 10대들이 가장 많이 소비하는 제품군 중 하나가 스낵류다. 휠라는 '메로나'처럼 이들이 즐겨 먹는 스낵 브랜드와 협업을 진행해 한정판 모델을 내놓았다.

아이스크림과 운동화의 만남을 내세운 메로나와 휠라의 '맛있는 운동화' 컬래버레이션 역시 전통적인 협업 공식에서 벗어나 '의외성'이라는 코드로 SNS상에서 큰 이슈를 만들어냈다. '먹지 마세요. 내 발에 양보하세요'라는 내용의 광고 카피 역시 10대들이 좋아하는 '병맛' 코드를 적극적으로 살렸다.[1]

또 10대 맞춤형인 다양한 SNS 캠페인들을 통해 적극적으로 10대와 소통했다. 10대들은 기업들이 일방적으로 만든 콘텐츠를 소비하는 것을 싫어하고, 스스로 관련 콘텐츠를 만드는 것을 좋아하며, 다양한 쌍방

휠라는 10대 배우인 김유정을 광고 모델로 기용해 또래 소비자인 10대를 적극 공략하고 있다.

---

1 '병맛'은 맥락없고 황당하며, 어이없다는 의미임. B급 정서가 핵심이며, 어설픈 것 같지만 왠지 재미와 카타르시스를 느끼게 하는 것을 의미함.

향 SNS 캠페인을 만들어냈다. '코트디럭스 우리반 [찍었]스 콘테스트' 이벤트 역시 휠라가 10대들이 크게는 학교, 작게는 학급이라는 집단을 통해 강력한 또래 문화를 만들어내는 것을 잘 알고, 이벤트 자체를 개인이 아닌 학급 친구들과 함께하며 스토리를 만들어내고, 함께 미션을 완수해나가는 형태로 만든 것이다.

신발을 중심으로 상승세가 이어지면서 휠라의 실적 개선이 가시화됐다. 2017년 1분기(1~3월) 휠라코리아의 매출은 전년 동기 대비 1.1% 늘어난 662억 원을 기록했다. 증가율이 높진 않지만 약 3년 만에 분기 실적이 흑자로 돌아왔다는 점에서 의미가 있었다. 전국의 휠라 매장 매출도 급등해 서울 이태원, 광주 충장로, 부산 광복동 등 주요 상권에 있는 메가 스토어(대형 매장) 11개의 매출 합계(5, 6월)만 놓고 보면 전년 동기 대비 80% 이상으로 껑충 뛰었다.

레트로의 시대를 맞아 과거의 영광을 뛰어넘는 성공을 기대하고 있는 휠라의 미래에 업계의 관심이 집중되고 있다.

자료원: 동아 비즈니스 리뷰, 제234호, 2017년 10월.
사진 출처: 동아 비즈니스 리뷰.

제1절   시장세분화

어느 회사이건 자기가 상대로 하는 시장의 모든 고객을 만족시킬 수는 없다. 고객의 수는 무척 많으며, 널리 퍼져 있고, 또 각 고객의 성향도 다르기 때문이다. 제1장에서 마케팅위주경영은 소비자의 욕구를 만족시키는 것이라고 하였으나 만일 회사가 이 철학에 극도로 충실하려고 하면 고객의 숫자만큼 시장을 세분하여 각각의 소비자에게 맞는 물건을 공급해야 할 것이다. 왜냐하면 소비자 각자의 욕구는 완전히 똑같을 수가 없기 때문이다. 그러나 이와 같은 세분법은 현실성도 없고 경제성도 없다.

소비자 개개인의 욕구를 파악한다는 것은 불가능에 가까운 일이고, 또 그것이 가능하다고 치더라도 개개인의 욕구의 차이가 다른 마케팅전략을 필요로 할 만큼 크지 않은 경우가 많기 때문이다. 따라서 회사로서는 모든 고객에게 똑같은 마케팅전략을 적용하는 대중마케팅(mass marketing)과 시장 전체를 소비자의 수만큼 세분화하는 비현실적인 접근법의 중용을 택해야 할 것이다. 시장세분화(market segmentation)가 바로 이 중용에 해당한다. 우리는 시장세분화를 다음과 같이 정의한다.

> 시장세분화란 한 기업이 시장을 일정한 기준에 따라서 몇 개의 동질적인 소비자집단으로 나누는 것을 말한다.

소비자의 욕구를 충족시켜야 한다는 마케팅철학의 팽배와 소비자들의 욕구가 점

그림 5-1 | 시장세분화의 필요성

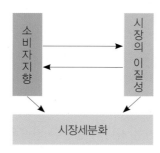

점 더 다양해진다는 두 가지 사실로 인하여 시장세분화는 이제 거의 필수가 되었다. 소비자지향적인 마케팅철학은 소비자의 다양한 욕구로 나타나는 시장의 이질성을 심화시키고, 이러한 시장이질성의 심화는 다시 소비자지향적인 마케팅철학의 중요성을 부각시키게 되었다([그림 5-1] 참조). 이상적인 세분시장이란 하나하나가 내부적으로는 최대한으로 동질적인 소비자들을 포용하고 있어야 하고, 각 세분시장은 서로 최대한 이질적이어야 한다.

1 시장세분화의 필요성

기업은 시장을 세분함으로써 크게 세 가지 이점을 얻을 수 있다.

① 소비자들의 욕구에 맞게 제품을 비롯한 마케팅믹스를 개발함으로써 그들의 욕구를 더 정확히 충족시킬 수 있다.
② 소비자들의 욕구를 정확히 충족시킴으로써 우리 회사의 상표에 대한 애호도(brand loyalty)를 높일 수 있다.
③ 우리 회사가 갖고 있는 강점을 최대로 활용할 수 있는 세분시장에만 우리 회사의 마케팅노력을 투입하므로 경쟁우위를 확보할 수 있다.

2 세분시장의 요건

시장세분화를 하는 방법은 여러 가지가 있으나 모든 세분화가 다 효과가 있는 것은 아니다. 세분화를 하는 궁극적인 목적은 선택된 세분시장 내에 있는 동질적인 소비자들에게 맞는 차별적 마케팅믹스전략을 개발하는 데 있다. 따라서 기업의 관점에서 의미있는 세분시장은 아래와 같은 세 가지 요건을 갖추어야 한다.

① **시장세분화변수의 측정가능성**: 시장을 세분하기 위한 기준변수는 현실적으로 측정이 가능하여야 한다. 그러나 어떤 세분화변수들은 매우 측정하기가 어렵다. 예를 들어, 우리가 소비자들의 개성을 기준으로 시장을 세분한다고 해 보자. 그러면 세분시장 간의 중요한 차이점은 드러날 것이다. 그러나 동시에 개성이라는 변수는 매우 측정하기가 어렵다는 것을 알게 될 것이다.

② **세분시장의 시장성**: 기업이 몇 개의 세분시장을 선택하여 각 시장에 맞게 마케팅전략을 달리하려면 하나의 통일된 전략을 쓰는 경우보다 비용이 훨씬 더 많이 든다. 그러므로 각 세분시장에서 얻을 수 있는 잠재적인 이윤이 그러한 차별적인 전략을 정당화할 만큼 커야 한다. 만일 허리가 50인치 이상인 사람들을 위한 혁대를 개발한다고 하자. 허리가 아주 굵어서 고민하던 사람들은 이런 혁대를 환영하겠지만 그들의 숫자는 극소수일 것이다. 따라서 회사는 값을 아주 비싸게 매길 수밖에 없고, 그 가격에 혁대를 사려는 사람은 거의 없을 것이므로 이러한 세분시장은 시장성이 없는 것이다.

③ **접근가능성**: 세분시장에 있는 소비자들에게 효과적으로 접근할 수 있어야 한다. 그들이 현재의 유통경로로는 접근하기 힘든 농어촌지역에 살거나 TV·신문의 보급률이 낮아 광고를 거의 접하지 못한다면 이런 세분시장은 마케팅의 입장에서는 의미가 없는 것이다.

③ 시장세분화변수

시장을 세분하는 데 어떤 정해진 규칙이 있는 것은 아니다. 시장세분화는 때로는 상당한 창의성이 요구되는 작업이기도 하다. 시장을 여러 각도로 세분해 보는 과정에서 자사·경쟁사·소비자들에 대한 새로운 안목이 길러지기도 한다.

어떤 세분화변수가 적합하느냐 하는 것은 회사가 처한 상황에 달려 있지만, 대체로 좋은 세분화변수는 아래의 요건들을 갖추어야 한다.

① 소비자들의 행동과 관련이 있어야 한다.[2]
② 측정할 수 있고, 쉽게 관찰할 수 있어야 한다.

일반적으로 많이 쓰여지는 세분화변수는 대개 지리적 변수·인구통계적 변수·사회심리적 변수·행태적 변수 등으로 나누어진다(〈표 5-1〉 참조). 그런데 〈표 5-2〉에

---

2 시장을 소비자들의 행동과 관련이 깊은 세분화변수에 따라 나누면, 각 세분시장에 맞는 구체적인 마케팅전략이 무엇인가를 파악하기 쉽다.

| 표 5-1 | 시장세분화변수의 종류

세분화변수	구체적 변수
1. 지리적 변수	지역, 인구밀도, 도시의 크기, 기후
2. 인구통계적 변수	나이, 성별, 가족규모, 가족수명주기, 소득 ,직업, 교육수준, 종교
3. 사회심리적 변수	사회계층, 생활양식, 개성
4. 행태적 변수	추구하는 편익, 사용량, 제품에 대한 태도, 상표애호도, 상품구매단계, 가격에 대한 민감도

| 표 5-2 | 일반적 변수와 행태적 변수의 평가

세분화변수가 갖추어야 할 요건	세분화변수	
	일반적 변수*	행태적 변수
측정가능성·관찰가능성	높다	낮다
소비자행동과의 관련성	낮다	높다

* 지리적 변수·인구통계적 변수·사회심리적 변수를 통틀어 일반적 변수라고 표현했음.

| 표 5-3 | 다양한 세분시장의 형성

왜	언제/어디서	어떻게	누가	세분시장군
추구하는 편익	사용시기 사용장소	사용용도 사용량 상표애호도 가격민감도 보완제품 대체제품	지리적 변수 인구통계학적 변수 사회심리적 변수	왜, 언제/어디서, 어떻게, 누가의 다양한 결합에 의하여 세분시장 1, 2, ……가 형성됨
왜 사용하는가? 사용하지 않는가?	언제/어디서 사용하는가? 사용하지 않는가?	어떻게 사용하는가? 사용하지않는가?	누가 사용하는가? 사용하지 않는가?	

서 보다시피 이들 세분화변수들 중의 대부분은 위의 두 요건들을 만족스럽게 갖추고 있지 못하다. 그래서 경영자는 아래와 같은 방법으로 문제를 풀어나가는 것이 좋다.

① 먼저 시장을 누가(지리적·인구통계적, 심리적 변수), 왜(추구하는 편익), 언제/어디서(사용시기, 사용장소), 어떻게(사용용도, 사용량, 상표애호도, 가격민감도)의 네 가지 차원별로 구체적으로 서술한다.

② 누가/왜/언제·어디서/어떻게의 다양한 결합에 의하여 가능한 세분시장들을 도출한다.

③ 각 세분시장별로 경쟁상표와 대체가능한 제품들이 누가/왜/언제 · 어디서/어떻게의 4차원 상에서 어떠한 평가를 받고 있는지 소비자조사를 통해 소비자들의 인식을 파악한다.

〈표 5-3〉은 위에서 설명한 시장세분화 접근방법을 일목요연하게 보여 주고 있다.

(1) 지리적 변수

지역, 인구밀도, 도시의 크기, 기후 등이 흔히 사용된다. 산업에 따라서는 지리적 변수에 따라 고객의 필요나 욕구가 다른 경우가 많다. 국내 소비자들과는 달리 중국 소비자들은 물렁물렁한 껌을 좋아한다는 사실에 착안하여 롯데껌은 딱딱한 '리글리' 껌과는 다른 물렁한 제품을 개발하여 중국시장에 진출함으로써 중국 껌시장점유율 1위를 달성하였다. 이처럼 국제마케팅의 경우 지리적 변수를 이용한 시장세분화가 널리 행해지고 있다. 지리적 세분화는 세분화 작업이 비교적 쉽고, 지리적으로 세분된 시장은 효율적으로 접근할 수 있다.

 사례 **중국 시장 트렌드 및 세분화**

내수 시장의 구매력과 규모를 좌우하는 핵심 소비주체는 중산층이다. 맥킨지 세계 경제연구소(Mckinsey Global Institute)는 "Tapping China's luxury-goods market" 보고서에서 연간 소득 10만~20만 위안인 중상위 계층이 새로운 소비층으로 부상하고 있다고 언급한다. 2010년 중국 중산층이 Luxury Market 소비의 12%를 차지할 것이고, 2015년 부유층이 주 소비층을 형성하는 가운데 중상위 계층 또한 2015년 22%로 주요 구매력을 가진 소비 주도층으로 부상할 것이라 전망했다.

중국의 미래 소비를 주도할 소비자 가운데, 젊은 층이 부상하고 있다. 중국 명품시장 및 와인 시장에서 20~35세의 젊은 소비층이 눈에 띈다. 이들은 고수입에 안정적인 서구생활과 식습관을 가진 대표적인 이른바 '바링허우', '주링허우'다. 마오쩌둥 전 국가주석 집권 시 '1가구 1자녀' 산아제한 정책으로 조부모 4명, 부모 2명의 소득과 소비가 한 자녀에게만 집중하는 4-2-1 구조가 정착되며 1980년대 바링허우와 1990년대 주링허우가 등장했다.[3] 이들은 기성세대와는 판이한 가치관과 생활방식과 함께 소비세력으로 부상하며 중국사회의 관심을 집중시킨다. 부모

---

3 바링허우(八零后)는 덩샤오핑 개혁·개방 이후인 1980년대에 태어난 세대를 뜻함. 주링허우 (九零后)는 90년대에 태어나서 2001년 WTO가입과 중국경제의 고속 성장기를 접한 세대임. 유년기 때부터 시장경제를 접했고 인터넷 발달로 외국문화에 익숙함.

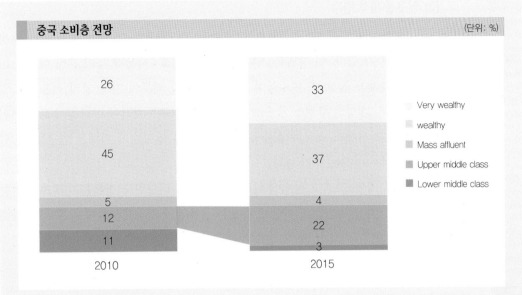

중국 소비층 전망 (단위: %)

2010: 26, 45, 5, 12, 11
2015: 33, 37, 4, 22, 3

Very wealthy
wealthy
Mass affluent
Upper middle class
Lower middle class

자료: Mckinsey & Company.

의존형 소비패턴을 보이며, 외국브랜드, 고가품에 익숙하다. 이전 세대에 비해 가격에 개의치 않는 소비행태를 나타낸다. 형제 자매가 없거나 적기 때문에 많은 사람들의 관심 속에서 성장했으며, 맞춤형 상품과 서비스로 특별 대우받는 것을 좋아한다.

지역별로 중국시장을 세분화하면, 대도시에 국한된 소비시장은 자연스레 중국의 중서류 내륙지방으로 주도권이 넘어서는 형국을 보인다. 베이징과 상하이가 아닌 내륙의 2, 3급도시가 시장규모와 잠재력, 전통 부유층과 신흥 부유층이 골고루 갖춰져 있는 대표적인 신흥시장으로서 주목받고 있다. 우한(武漢)이나 창사(長沙), 청두(成都) 등 중서부 2, 3급 도시들은 안정적인 사회발전을 거치면서 교육, 문화, 쇼핑 등 독립적인 도시 인프라를 갖추고 있다.

베이징, 상하이, 광저우 등 1선대 도시에 진출한 명품 브랜드들은 신규 고객확보에 어려움을 겪으면서, 청두, 하얼빈, 다롄, 충칭, 시안, 우시, 원저우, 닝보, 정저우 등 2, 3선 도시로 진출을 확대하고 있다. 중국에 20개 점포를 갖고있는 PRADA의 경우 2010년 하반기 상하이 이외에도 청두, 광저우, 항저우 등지에 총 다섯 개 점포를 신규 개설했다. 중국 22개 도시에 27개 매장을 개설한 루이비통도 청두, 충칭, 창샤, 시안, 칭다오, 샤먼, 우시, 원저우, 난닝 등 2, 3선 도시로 매장을 확대했다. 롯데그룹의 경우도 우한에 100억 위안을 투자해 비즈니스센터를 건립하는 방안을 추진 중에 있다.

연해 도시의 최신 유행아이템은 고속철을 통해 내륙으로 빠르게 전파되면서, 내륙 주요 2~3선 도시에서 중고급 소비재, 친환경 제품 등 프리미엄 소비 수요가 증가하고 1선 도시와 2~3선 도시 간의 소비 트렌드 격차가 줄어들어 품질을 중시하는 프리미엄 제품 수요가 증가하고 있다.

자료원: 맥킨지 세계 경제연구소(Mckinsey Global Institute).

(2) 인구통계적 변수

나이·성별·가족규모·가족수명주기·소득·직업·교육수준·종교 등에 따라 시장을 세분하는 수가 있다. 이 방법은 소비자의 욕구·선호·사용량 등이 흔히 이러한 변수들과 상관관계가 높고 또 변수들이 측정하기 쉽기 때문에 가장 널리 이용되고 있다. 표적시장이 '개성의 유형(personality type)'같은 인구통계적이 아닌 변수로 표현된다 하더라도 그 시장의 크기와 효율적인 접근방법을 알아내기 위해서 인구통계적인 특성과 연결시켜야 하는 수가 많다.

연령, 소득, 직업, 그리고 성별에 따라 우리나라의 다양한 시장들을 어떻게 세분할수 있는지 생각해 볼 수 있다. 다음에 나오는 금융권의 시장세분화에 따른 성공 사례들을 살펴보자.

 사례 | ## 금융권 유스 '타겟(Target) 마케팅'

미래 고객을 선점하려는 금융권의 '유스(youth·청년) 마케팅' 경쟁이 뜨겁다. 인터넷전문은행, 간편결제 등 새로운 조류에 거센 도전을 받고 있는 금융권이 아이돌, e스포츠, 애니메이션 등 젊은 세대에게 친숙한 문화를 마케팅 전면에 내세우면서 보수적 이미지를 벗고 미래의 핵심 고객층에 스며들겠다는 전략으로 풀이된다.

아이돌 앞세우는 은행들

6일 금융권에 따르면 은행들은 앞다퉈 아이돌을 브랜드 광고 전면에 내세우며 젊은층의 시선을 붙잡고 있다.

KB국민은행은 올해 초 세계적으로 인기를 끌고 있는 남성 아이돌그룹 '방탄소년단(BTS)'과 광고모델 계

약을 체결하고, 이들을 내세워 은행 대표 애플리케이션(앱) 'KB스타뱅킹'을 홍보하는 영상을 제작했다. 결과는 성공적이었다. 두 달 전 유튜브에 공개된 KB스타뱅킹 광고는 6일 현재 누적 조회수가 766만 건으로, KB금융지주 역대 광고 중 최다 조회수를 기록하고 있다.

'BTS 마케팅'은 국내뿐 아니라 해외 젊은층에도 효과를 발휘하고 있다. 국민은행 관계자는 "사우디아라비아, 방콕 등에선 홍보 영상을 본 현지인들이 'KB가 뭐 하는 회사냐', '왜 이곳엔 KB가 없냐'는 질문을 할 만큼 홍보 효과를 톡톡히 보고 있다"고 말했다. 국민은행은 BTS를 연

계한 금융상품 출시도 검토하고 있다.

신한은행이 발매 중인 워너원 체크카드

국민은행과 리딩뱅크 자리를 두고 경쟁하고 있는 신한은행은 지난 2월 모바일뱅킹 앱을 기존 신한S뱅크에서 '쏠(SOL)'로 개편하면서 남성 아이돌그룹 '워너원'을 광고모델로 발탁했다. 쏠 역시 이들의 인기에 힘입어 가입 고객이 크게 늘었다. 지난달 말 기준 쏠 가입고객 495만명 중 58만 5,000명(11.8%)은 기존 앱(신한S뱅크) 가입자가 아닌 신규 고객이다. 하루 3,000명 정도였던 신규 가입자가 쏠 출시 이후 1만명 이상으로 늘어난 셈인데, 신한은행은 그 일등공신을 '워너원 마케팅'으로 분석하고 있다.

워너원 멤버 개개인의 얼굴이 인쇄된 체크카드는 히트 상품으로 떠올랐다. 출시 9일 만에 사전예약 5만장을 돌파했고, 지난달 말 기준 8만 5,000장이 발급됐다. 이 카드는 출시 전부터 팬들 사이에 일종의 '팬 상품(굿즈)'로 여겨지면서 큰 관심을 받았다. 멤버 황민현의 팬인 직장인 강모(27·여)씨는 "지갑을 열 때마다 민현이를 볼 수 있어 즐겁다"며 "특별히 선호하는 은행이 없던 터라, 좋아하는 아이돌이 홍보하는 신한은행을 주거래은행으로 삼았다"고 말했다.

IBK기업은행과 지드래곤이 콜라보한 'GD 체크카드'

IBK기업은행은 지난해 원로 방송인 송해와의 계약을 종료하고 젊은 세대에 인기가 많은 영화배우 이정재를 모델로 내세웠다. 또 올해 2월부터는 가수 지드래곤(GD)이 직접 디자인한 'GD 체크카드'를 선보이고 있다. 지난 2일까지 약 6만 8,000장이 발매된 이 카드는 발급 첫날 4만 명 이상의 접속자가 동시에 몰려 신청이 지연됐을 정도로 인기몰이를 했다. 기업은행 관계자는 "은행이 전속 모델 아닌 연예인과 협업한 드문 사례"라고 설명했다.

보험업계에서는 한화생명이 지난달 인기 게임 '리그오브레전드(LoL)'의 e스포츠팀을 인수, 한화생명e스포츠를 창단하면서 게임을 좋아하는 젊은층의 관심을 한몸에 받았다. 그간 금융권이 농구나 배구팀 등 스포츠 구단을 인수한 사례는 적지 않지만 e스포츠팀을 인수한 건 처음이다. 한화생명은 "e스포츠 관람객의 주 연령층은 10~35세(79%)인 만큼 미래의 고객이 될 수 있는 젊은층과의 소통을 위해 인수를 결정했다"고 설명했다.

"10년, 20년 뒤 고객 겨냥"

금융권의 유스 마케팅을 두고 '홍보 전략의 패러다임 전환'이라는 평가가 나온다. 그간 금융권은 고객의 돈을 맡아 관리하는 업무 특성을 감안해 보수적, 안정적 이미지를 강조하는 홍보 활동에 치중해 왔다. 이 때문에 광고 모델도 안성기, 송일국 등 신뢰감이 느껴지는 중·장년 연예인이나 특정 세대에 구애 받지 않는 대중적 이미지의 연예인이 도맡아왔다.

그러나 인터넷전문은행, 'OO페이'로 불리는 간편결제 서비스 등 편의성을 갖추고 모바일 사용에 익숙한 젊은층에 어필하는 금융서비스가 속속 등장하면서 기존 금융회사들이 발상을 전환할 필요성에 맞닥뜨렸다는 분석이다. 금융권이 젊음과 도전의 이미지를 갖춘 아이돌 그룹, e스포츠팀 등을 모델로 내세우며 브랜드 이미지 변신을 꾀하는 동시에 팬 등 젊은 잠재 고객을 확보하는 데 심혈을 기울이는 이유다. 이들 회사는 혁신 이미지를 통해 향후 경제활동에 나설 젊은층을 자연스레 고객으로 끌어들이고 이들을 상대로 신용카드, 대출, 보험 판매 등 영업을 확대하는 선순환 구조 형성을 기대하고 있다.

자료원: 한국일보(2018).

(3) 사회심리적 변수

사회계층·생활양식·개성 등이 사용된다. 이러한 변수들은 앞의 인구통계적 변수들보다 소비자에 대해 더 구체적인 정보를 제공해 주는 장점이 있다. 인구통계적으로는 같은 세분시장에 속한 고객들이라도 매우 다른 사회심리적 특성을 보이는 수가 많다. 예를 들어, 어떤 자동차·의복·가구를 선호하는가는 고객이 어떤 사회계층에 속하느냐에 따라 많이 다를 것이다.

사회심리적 세분화방법 중 가장 대표적인 것은 생활양식에 의한 세분화이다. 사람들이 살아가는 양식에 따라 필요한 상품이나 서비스도 다르기 때문이다. 물건을 잘 파는 사람일수록 소비자의 생활양식을 정확히 파악한다고 한다. 생활양식분석의 대

| 표 5-4 | AIO분석에 쓰이는 변수들

활동(Activity)	관심(Interest)	의견(Opinion)
일	가족	자기자신에 대한 의견
취미	가정	사회적 이슈
사회활동	직업	정치
휴가	지역사회	사업
오락	여가활동	경제
클럽회원활동	유행	교육
지역사회활동	음식	상품
쇼핑	대중매체	미래
스포츠	업적	문화

표적 방법으로는 AIO분석이 있다. 사람들이 어떤 생활을 하는가는 그들이 하는 활동(Activity), 관심(Interest), 의견(Opinion)으로 어느 정도 알 수 있다. AIO분석의 주요 변수는 〈표 5-4〉에 있는 바와 같다. 이러한 변수들로 고객을 묘사하면 그 고객에 대한 생생한 감을 잡을 수 있다. 그러나 사회심리적 변수는 지리적 변수나 인구통계적 변수보다 상대적으로 모호한 개념들을 다루므로 측정하기가 어렵다는 단점이 있다.

사례   신 소비계층 '액티브 시니어'

건강하고 활동적인 연장자를 뜻하는 이른바 '액티브 시니어(active senior)'는 미국 시카고 대학교의 버니스 뉴가튼 심리학과 교수가 처음 주창한 개념이다. 50대 이상 중산층으로 은퇴 이후에도 경제력을 바탕으로 본인의 건강, 미용, 여가생활에 적극적인 소비를 하기 시작하는 이들이다. 삼성경제연구소는 50~64세의 경제력을 지닌 액티브 시니어가 2020년에 이르러 전체 고령 인구의 절반 이상을 차지할 것으로 전망했다.

소비시장을 움직이는 '큰 손', 액티브 시니어의 파워

첫째, 풍부한 경제력과 높은 구매력 실제로 가구주 연령이 50대인 가구의 소비 지출 비중은 국내 전체 소비의 22.5%에 이른다. 또, 통계청의 2012년 가계금융 복지조사에 따르면 30대의 자산은 2억 2,000만 원 선인 데 비해, 50대는 4억 2,000만 원, 60대 이상은 3억 원으로 나타났다.

실제로 H백화점은 50대 이상 고객 구매율이 매년 평균 5% 이상 꾸준히 상승하고 있다고 밝혔다. 한 와인 수입업체는 50대 이상 구매 비율이 연평균 15% 이상 증가하고 있는 것으로 파악한다. 60대 이상의 수입차 개인 구매 대수는 2003년 1,325명에서 지난해 8,123명으로 10년 만에 6배 이상 늘었으며, 올해 연말에는 1만 명에 육박할 전망이다.

둘째, 보다 능숙해진 IT 활용 능력 불과 몇 년 전만 해도 50대 이상의 IT 활용률은 극히 낮았다. 하지만 PC 사용이 일반화되고 스마트폰이 보급되면서 액티브 시니어들이 점차 IT 기기에 적응했고 인터넷과 모바일 쇼핑에 눈을 뜨기 시작했다. 소셜커머스 업체 T사에 따르면 50대 이상 고객의 객단가(고객 1명이 평균적으로 구매하는 금액)는 12만 7,432만 원으로, 20대(8만 3,193

시니어 산업 시장 규모

2020년(전망)
148조6,000억 원

2010년
43조9,000억 원

2002년
12조8,000억 원

자료원: 통계청, 보건복지부.

원), 30대(11만 2,644원), 40대(12만 1,043원)를 제치고 1위를 기록했다. 홈쇼핑 업체 G사는 아예 지난해 50·60대를 겨냥한 인터넷 쇼핑몰을 론칭했다. 기존 홈페이지보다 글자와 상품 사진을 크게 배치한 것이 특징이다.

셋째, '젊음 지향' 외국의 한 학술지(Journal of Consumer Marketing)에 실린 서드베리와 심콕의 2009년 연구에 따르면 시니어 소비자는 자신의 나이를 실제 나이보다 6~12년 젊게 인식한다고 한다. '시니어 투어' 보다 '챔피언 투어', '50세 이상을 위한 메이크업' 보다 '열 살 젊어지는 메이크업'이란 표현을 쓰는 것이 더 효과적인 것도 이같은 이유다. 수년 전부터 피부미용업계에 불어온 안티에이징(노화 방지) 바람, 그 중심에 액티브 시니어가 있었다. 화장품 업체 L사는 안티에이징 효과를 내세운 한방 화장품을 2003년 출시한 이후 중·장년층이 지갑을 열면서 연 매출액 3,000억 원대가 넘는 메가 브랜드로 성장했다. 또한 보톡스, 필러, 리프팅 등 피부과 시술을 통해 외모를 젊게 가꾸려는 액티브 시니어도 점차 늘어나는 추세다.

자료원: 한국소비자원(2017).

(4) 행태적 변수

경영자의 입장에서 볼 때, 고객이 구매와 관련해 어떻게 행동하는가(행태적 변수)가 시장을 세분하기에 가장 알맞은 기준이다. 소비자 욕구의 충족을 중요시하는 마케팅철학에 가장 충실한 세분화변수는 소비자가 어떤 편익을 추구하느냐가 될 것이다. 소비자가 무엇을 원하느냐에 따라 시장을 나눌 수 있기 때문이다.

세분화에 사용되는 행태적 변수로는 추구하는 편익, 사용량, 제품에 대한 태도, 상표애호도, 상품구매단계, 가격에 대한 민감도 등이 있다. 여기서는 많이 사용되는 네 가지 변수에 대해서 알아본다.

1) 추구하는 편익

양켈로비치(Yankelovich)의 연구에 의하면, 손목시계를 사는 사람의 약 23%는 싼 가격을 찾고, 46%는 품질과 내구성을 중요시하며, 31%는 중요한 때에 과시하기 위해 시계를 산다고 한다. 이 연구가 나왔을 당시 대부분의 시계회사들은 셋째 시장만 중시하여 비싸고 품위 있는 시계만을 생산하고 보석상에서만 시계를 팔도록 했었다. 그러나 타이멕스(Timex)란 회사는 첫째·둘째 시장을 공략하기로 하고 타이멕스 시계(Timex watch)를 아주 싼 가격에 대중들이 많이 이용하는 잡화상·약국 등을 통해 판매했다. 그 결과 타이멕스는 세계 최대의 시계회사가 되었다.

개인용 컴퓨터도 어떤 사람들은 게임을 하기 위해서, 어떤 사람들은 워드프로세싱 때문에, 또 어떤 사람들은 복잡한 그래픽을 제작하기 위해서 살 것이다. 이 경우 가장 효과적인 세분화방법은 시장을 비슷한 편익을 찾는 집단에 따라 나누는 것이다. 치약 시장을 예로 들어보자. 치약시장을 고객이 치약에서 찾는 편익에 따라 네 가지로 나눈다면 경제성을 찾는 고객, 이를 희게 하고자 하는 고객, 충치를 예방하려고 하는 고객, 치약의 향기를 중시하는 고객으로 나눌 수 있을 것이다.

더욱이 각 세분시장마다 인구통계적·심리분석적·행태적 특성들이 존재할 수 있다. 어떤 치약회사가 이런 자료를 갖고 있다면, 자사제품이 어느 시장에 적합하고, 그 시장의 특성은 무엇이고, 경쟁제품은 무엇인가 등의 귀중한 정보를 얻을 수 있다.

소비자가 추구하는 편익을 가장 잘 이해한 성공사례로 '이케아(IKEA)'를 들 수 있다. 이케아는 소비자들이 원하는 세련되고 현대적인 디자인의 가구를 저렴한 가격으로 구매할 수 있게 하는 사업모델을 개발하여 세계 최대의 가구회사로 자리잡게 되었다. 이케아의 슬로건은 'Make Life Better'이다. 가구란 소비자에게 단순히 개별 상품이나 서비스가 아니라, 자신의 삶의 표현인 것이다. 이케아의 매장은 마치 집에 온 것처럼 다양한 스타일로 인테리어를 해놓았으며 고객들이 직접 만져보고 구입할 수 있는 시스템을 갖추어 놓았다. 집안에 필요한 1만 여 종의 모든 가구 및 소품을 바로 그 자리에서 구매할 수 있도록 원-스톱 쇼핑(One-Stop Shopping)을 실현해내고 있어 매우 편리하다. 또한 매장 곳곳에는 카탈로그와 작은 연필, 줄자, 메모지 등을 세심하게 구비해놓고 고객들이 자신이 원하는 스타일의 가구 모델을 선택하면, 바로 가구 창고에서 구입할 수 있도록 시스템을 갖추고 있다. 또한 D.I.Y.(Do It Yourself) 방식의 가구 형태를 기본으로 함으로써 구입한 가구들을 '스스로 만든다.'라는 또 다른 체험을 고객들에게 제공하면서 색다른 즐거움을 선사하고 있는 것이다. 이케아의 가구는 모두 조립식으로 분해가 되어 플랫 패키지(Flat-Package)화 되어 있다. 낮은 판매가격을 유지하기 위한 가장 중요한 조건이 바로 '가능한 작고 납작하게 포장하는 것'이다. 콤팩트한 포장은 공간을 적게 차지하기 때문에 운송비를 절감할 수 있다. 여기에는 고객이 직접 조립하는 D.I.Y. 컨셉을 도입함으로써 가구 조립에 들어가는 인건비를 고객에게 되돌려 준다는 의미가 있다. 즉, 고객은 자신이 물건을 고르고, 가지고 이동하고, 조립함으로써 그 때에 드는 인건비를 줄여 비용절감을 할 수 있는 것이다.

2) 사용량

사용량이 세분화의 기준으로 많이 사용되는 이유는 '제품을 많이 소비하는 사람들'의 중요성 때문이다. 명목상 그들의 수는 적을지라도 소비량은 전체 매출의 아주 큰 비중을 차지할 수도 있다. 이동통신시장에서 고객 한 명당 매출액을 ARPU(Average

| 그림 5-2 | 국내 이동통신 3사의 전체 사용자와 스마트폰 사용자 ARPU 비교 |

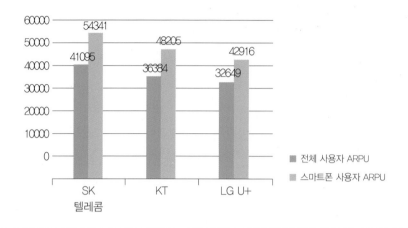

자료원: 방송통신위원회(2010).

Revenue Per User)라고 부른다. [그림 5-2]에는 우리나라 이동통신 3사마다 전체 사용자의 ARPU와 스마트폰 사용자의 ARPU가 각각 나타나 있다. 일반 사용자보다 스마트폰 사용자가 1만 원 이상 이동통신을 사용하는 것을 알 수 있다. 이 경우 일반 사용자를 소량소비자(light user), 스마트폰 사용자를 다량소비자(heavy user)라고 분류하여 각각의 취향에 맞는 마케팅믹스전략을 개발하는 것이 도움이 될 것이다.

국내 모바일 게임 시장은 2014년 초만 하더라도 퍼즐, 레이싱, SNG(Social Network Game) 등이 인기 장르였으나 그 이후 '블레이드', '세븐 나이츠', '레이븐' 등이 흥행하며 RPG 장르[4]가 대세로 자리 잡게 되었다. 퍼즐, 레이싱류와 같은 캐주얼 게임은 카카오 네트워크상의 지인들과 가볍게 즐기는 것에 적합했지만, 시간이 지날수록 게임 관련 메시지 등으로 인해 피로감을 느낀 소비자들이 적지 않았고, 가볍게 즐길 수 있는 반면, 그만큼 빠르게 싫증을 느끼게 되었다. 캐주얼 게임은 단시간 내에 이용자를 늘릴 수 있는 반면, RPG 게임은 가입자당 평균 매출(Average Revenue Per User, 이하 ARPU)이 높아 수익성이 좋은 것으로 알려져 있다. 많은 게임업체가 RPG 게임을 출시하고 있는데 이는 양적 성장이 쉽지 않은 모바일 게임시장 상황에서 RPG 게임의 긴 라이프사이클과 높은 ARPU를 통하여 수익성 증대를 꾀하기 위한 필수불가결한 전략이다.

---

4 RPG(Role Playing Game): 참가자들이 각자에게 할당된 캐릭터를 조작하고 서로 협력하여 가상의 상황에서 주어지는 목표달성을 목표로 하는 게임임. 다양한 설정 및 제약 조건 하에 공상세계에서 이야기의 등장인물처럼 활약할 수 있다.

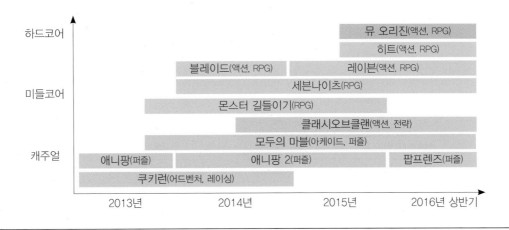

그림 5-3 국내 모바일 게임 시장의 변화

3) 브랜드애호도

'브랜드애호도'란 소비자가 어떤 특정 브랜드를 일관성 있게 선호하는 정도를 말한다. 소비자는 브랜드 외에 특정 가게나 특정 회사에 대해 애호심을 보이기도 한다. 브랜드애호도에 따라 우리 브랜드만을 사주는 충성고객, 복수의 브랜드를 선호하는 고객, 한 브랜드를 선호하다가 또 다른 상표를 선호하는 변덕스러운 고객, 어떤 브랜드에도 충성심을 보이지 않는 고객 등으로 나눌 수 있다. 마지막 유형의 경우, 고객이 바겐세일을 좋아하는 경우(deal-prone customers)와 다양성을 추구하는 경우가 있다(variety-seeking customers).

이러한 네 가지 유형 중 어떤 유형의 고객을 표적으로 삼느냐에 따라 마케팅전략이 달라져야 할 것이다. 예를 들어, 애플과 같은 브랜드는 아이폰을 구매하고 아이패드와 맥북을 사용하는 애플 브랜드 중심의 소비자로 구성된 매우 단단한 충성고객을 보유하고 있다. 애플은 이들 충성고객을 통해 경쟁력을 확보하는 전략을 사용한다.

그런데 고객들이 충실하게 우리 브랜드를 사주는 것 같을 때도 사실은 그러한 구매습관이 그들의 습관이나 무관심의 발로인 경우가 있고, 또 값이 싸거나 다른 브랜드가 없어서 할 수 없이 사는 수도 많다. 그리고 고객들이 브랜드에 충성도를 보인다할지라도 다양한 이유와 원인으로 인해 충성도는 쉽게 바뀔 수 있다. 그러므로 경영자는 브랜드애호도로 시장을 세분할 때 매우 신중을 기해야 한다.

〈표 5-5〉는 최근 2년간 미국시장에서 각종 브랜드애호도가 어떻게 변화했는지 보여주고 있다. 코카콜라는 미국에서 브랜드가치 1위의 기업답게 고객들의 높은 브랜드애호도를 보이고 있다. 그러나 다른 브랜드의 경우에는 그 브랜드애호도의 변화

| 표 5-5 | 고객들의 브랜드로열티(최근 2년간의 변화)

브랜드	충성도 유지	충성도 감소	구매중지
코카콜라	75	17	8
타이레놀	35	20	45
스키피 땅콩버터	49	23	28
크레스트 치약	41	22	37
치리오스(시리얼)	35	37	28
A1스테이크 소스	50	22	28
토머스 잉글리시머핀	76	15	9
스타키스트 참치캔	50	21	29
파인솔 세제	42	21	37

자료원: 미 CMO협회, 포인터미디어네트워크.

가 매우 심한 것을 알 수 있다.

아주 강력한 브랜드처럼 예외적인 경우를 제외하고는 브랜드애호도에 따른 시장세분화는 매우 가변적이며, 브랜드애호라는 현상 아래에는 시장세분화의 다른 논리가 자리 잡고 있을 수 있다.

브랜드애호도를 중심으로 고객들을 세분화하여 접근하는 대표적인 사례로서 힐튼

| 그림 5-4 | 힐튼호텔의 고객세분화

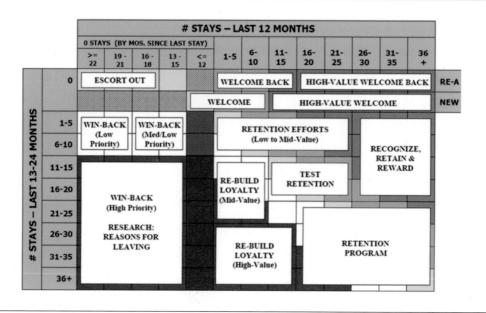

호텔을 들 수 있다. 힐튼호텔은 고객의 브랜드 구매활동에 기반하여 다양한 인센티브를 제공함으로써 고객과의 거래 빈도와 규모를 키워나가고 있다. [그림 5-4]는 힐튼호텔의 고객 세분화를 보여준다.

힐튼호텔은 고객 세분화를 통해 고객 확보, 고객 유지, 고객 개발 전략을 달리 사용하고 있다. 고객들의 숙박 이력을 분석하여 고객들을 Escort Out(낮은 가치의, 지난 2년 동안 힐튼에서 숙박하지 않은 고객), Welcome Back(과거 숙박이력이 있었다가 방문을 멈춘 고객중 지난 12개월간 힐튼을 다시 찾은 고객), Win-Back(과거 숙박이력이 많으나, 지난 12개월 동안 힐튼을 방문하지 않은 고객), Re-Build(과거 숙박이력이 많고 충성도가 높았으나, 지난 12개월간 방문빈도가 감소한 고객), Retention(과거 숙박이력이 많고, 지속적으로 방문빈도가 높은 고객) 등 여러 가지 세분화된 집단으로 나누어서 다양한 인센티브 프로그램을 사용한다.

4) 가격에 대한 민감도

고객이 가격의 변화에 얼마나 민감하게 반응하는가는 시장세분화의 좋은 기준이 될 수 있다. 그들이 가격변화에 민감할수록 판매가 부진할 때는 저가격정책을 써야 할 것이고, 값을 올릴 필요가 있을 때는 아주 신중을 기해야 할 것이다. 거꾸로 고객이 가격의 변화에 둔감할 때는 고가격정책을 써도 큰 탈이 없을 것이고, 판매가 부진할 때는 가격 아닌 다른 마케팅믹스변수로 판매촉진을 해야 할 것이다.

가격에 대한 민감도는 흔히 수요의 가격탄력성(price elasticity of demand)이라는 개념으로 표시하는데, 그 정의는 아래와 같다.

$$\text{가격탄력성}(\varepsilon) = \frac{\text{수요량의 변화율}(\%)}{\text{가격의 변화율}(\%)}$$

만약 기업이 값을 2% 올렸을 때 수요가 5% 줄어들면 가격탄력성은 −2.5가 될 것이다.

회사가 자사제품의 판매구역을 여러 개로 나누어 관리하고 있다고 치자. 각 구역 내 고객들의 가격탄력성을 조사해 보니 여러 상이한 결과가 나왔다. 이 경우 가격탄력성이 같은 구역끼리 하나로 묶어 시장을 세분하는 것도 고려해 볼 만한 대안일 것이다. 단순하게는 낮은 가격탄력성의 세분시장 1, 중간정도 가격탄력성의 세분시장 2, 그리고 높은 가격탄력성의 세분시장 3으로 나누어 볼 수 있겠고, 더 나아가서 더욱 섬세하고 세밀한 세분시장으로 나눌 수도 있다. 가격에 민감한 세분시장을 타겟으로 성공적으로 저가항공시장을 만들어낸 사우스웨스트항공은 시장세분화의 대표적인 사례이다. 사우스웨스트항공은 1973년 허브 켈러허가 창립한 최초의 저가 항공사이다. 그전까지 미국의 항공운송산업은 유나이트항공과 아메리카항공의 양강 구도였다. 이런 시장 상황에서 사우스웨스트 항공사가 택했던 성공방식은 전국적인 항공사로서의 서비스를 과감하게 포기하는 것이었다. 이것은 기존의 항공운송산업의 틀을 완전히 깨버렸으며, 오직 수익성있는 단거리 노선에서 저가 요금으로 경쟁했다. 다른 많은 항공사들이 바퀴살 모양의 '허브 앤드 스포크(Hub-and-spoke)' 노선 속에서 출혈경쟁을 하고 있을 때, 사우스웨스트 항공사는 그런 관행을 완전히 무시했다. 포인트 투 포인트의 단거리 노선만을 운행하면서 논스톱으로 여행하는 국내 비즈니스 승객들을 대상으로 차별화된 서비스를 제공할 수 있었고, 이러한 방식은 연착을 줄이고 여행시간을 단축함으로써 여행객들에게 정확한 일정을 보장할 수 있었다. 사우스웨스트항공은 단 46개의 공항만을 이용하면서도 하루 2천회 이상 운항하는 경이적인 결과를 만들어냈다.

제2절 시장세분화 전략

이상과 같은 여러 가지 방법으로 시장을 세분했다고 하자. 그러면 기업은 몇 개의 세분시장에 진출할 것인지와 어떤 세분시장을 집중 공략할 것인지를 정해야 한다. 몇 개의 세분시장에 진출할 것이냐 하는 문제에 대해 기업이 택할 수 있는 대안으로는 세 가지가 있다. 비구별화 마케팅(undifferentiated marketing), 구별화 마케팅(differentiated marketing), 그리고 집중화 마케팅(concentrated marketing)이 바로 그것이다. 이들을 그림으로 표현하면 [그림 5–5]와 같다. 최근에는 개인화 마케팅의 중요성이 점차로 높아지고 있으므로 본 절에서는 개인화 마케팅을 네 번째 시장세분화 전략으로 소개한다.

■1 비구별화 마케팅(Undifferentiated Marketing) 또는 매스마케팅(Mass Marketing)

이것은 각 세분시장 사이의 차이를 무시하고 전체 소비자를 대상으로 하나의 마케팅전략을 구사하는 것이다. 다시 말해, 이 전략은 소비자들 사이의 차이점보다는 공통점에 초점을 맞추는 것이다. 따라서 제품이나 광고, 유통경로도 소수의 선택된 소

그림 5-5   시장공략의 세 가지 방법

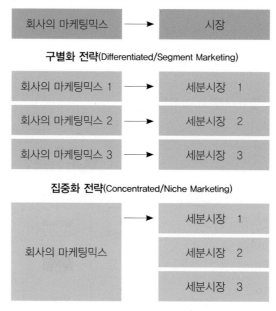

비자계층보다는 일반 대중의 마음에 들도록 하는 데 주안점을 둔다. 이 전략의 장점
은 물론 경제성이다.

하나의 일관된 마케팅믹스를 추구하므로 제품생산비·재고비용·수송비 등이 절
감되고 세분화하는 데 필요한 마케팅조사비용이 적게 든다. 광고프로그램도 여러 개
를 개발할 필요가 없으므로 광고비도 절약된다. 그러나 소비자들의 욕구가 점점 다양
해지고 또 그들이 자기들의 욕구를 적극적으로 충족시키려고 하는 시장상황에서 이
전략을 쓰는 회사는 마케팅철학을 실천하는 다른 회사에게 소비자를 뺏길 가능성이
많다. 그러므로 이 전략은 소비자들 사이의 욕구 차이가 그다지 크지 않고 단일마케
팅믹스의 사용으로 인한 비용절감효과가 아주 클 때 적당하다.

② 구별화 마케팅(Differentiated Marketing) 또는 세분화 마케팅(Segment Marketing)

이것은 기업이 복수의 세분시장에서 사업을 할 것을 결정하고 각 세분시장에 맞는
마케팅믹스를 개발하여 활용하는 전략이다. 이것은 경쟁사대비 우리 회사의 제품을
차별화하는 제품차별화 전략과는 달리 시장을 구별하는 전략으로서, 이 전략을 쓰면

전체적인 소비자의 만족도가 올라가므로 매출액도 비구별화 마케팅 전략을 쓸 때보다 많다. 그러나 복수의 마케팅믹스를 운용하므로 제품생산비·관리비·재고비·광고비 등이 더 많이 들 것이다. 그러므로 이 전략은 비용의 상승보다 매출액의 상승이 훨씬 더 커서 전체적인 수익률이 향상될 것으로 예상될 때 적합하다.

사례 | Marriot 호텔의 구별화/세분화 마케팅

세계적인 글로벌 호텔 체인인 메리어트(Marriott)는 78개국 4000개 이상 되는 목적지에 19개나 되는 브랜드를 가지고 있다. 최상의 서비스를 제공하는 JW 메리어트, 비즈니스맨을 위한 코트야드(Courtyard), 장기투숙 고객을 위한 메리어트 Residence, 경

제성을 중요시하는 고객을 위한 페어필드 인(Fairfield Inn) 등. 고객이 추구하는 편익에 따라 호텔 브랜드를 차별화한 것이다. 이와 같이 각 세분 시장마다 타겟 소비자를 대상으로 브랜드를 개발한다면 각각의 세분시장의 고객 만족도를 높일 뿐만 아니라, 각 세분시장의 특성에 맞는 서비스를 제공하는 등의 많은 장점이 있다.

❸ 집중마케팅(Concentrated Marketing) 또는 틈새시장마케팅(Niche Marketing)

구별화 전략이나 비구별화 전략 모두 전 시장을 상대로 마케팅활동을 전개한다. 그러나 기업의 자원이 한정되어 있는 경우에 큰 시장에서 고전하는 것보다는 정선된 소수의 좁은 시장에서 왕노릇하는 것이 훨씬 낫다. 파스퇴르우유는 처음부터 고급우유시장에 집중하였고, 출판사 박영사는 대학교재시장을 집중 공략하고 있다. 이러한 회사들은 자기네들의 시장에 대한 전문적인 지식과 그 시장에서의 명성으로 높은 시장점유율을 갖고 있다. 또한 소수의 세분시장에 집중하므로 유통·생산·광고 등에서 비용을 크게 절감할 수 있다. 따라서 잘만 하면 집중마케팅전략으로 높은 수익률을

낼 수 있는 반면, 그 위험 또한 크다. 왜냐하면 소수의 시장에 매달려 있으므로 그 시장의 기호가 변하거나 강력한 경쟁사가 들어오면 회사의 기초가 흔들리기 때문이다. 그래서 많은 회사들이 궁극적으로는 여러 개의 세분시장에 진출하여 위험부담을 줄이려고 한다.

4 개인화 마케팅(Personalized Marketing)

최근에는 급격한 테크놀로지의 발전으로 인해 개인화 마케팅의 중요성이 점차 부각되고 있다. 고객의 개별적인 욕구에 맞춤화된 제품과 서비스를 개발하고, 마케팅활동에 대한 고객의 반응이 실시간으로 수집되어 분석되고, 더 나아가 개별 고객의 상황과 행동을 예측해 정확한 시점에 정확한 디바이스를 통해 개개인의 특성에 맞는 메시지를 전달하는 실시간 개인화 마케팅이 현대마케팅의 중요한 전략으로 주목받고 있다. 앞으로도 개인화 마케팅은 빅데이터를 기반으로 다양한 각도에서 소비자의 관심사를 분석해 더욱 세분화되고 체계적인 형태로 발전할 것으로 전망된다. 앞으로 개인화 마케팅은 소비자의 욕구를 정확히 충족시킴으로써 경쟁 우위를 획득할 수 있는 효과적인 마케팅 전략이 될 것이다.

빅데이터로 소비자의 개인적 취향을 저격한 대표 주자는 넷플릭스다. 넷플릭스의 CEO 리드 헤이스팅스(Reed Hastings)는 컴퓨터 공학자와 빅데이터 전문가를 대거 영입해, 고객이 구입한 영화 목록과 시청한 영화에 부여한 평점 등을 분석하는 빅데이터 시스템을 개발했고, 고객별 웹사이트 이용 시 행동 패턴 등을 분류해 개인별 맞춤 페이지를 구축했다. 바로 이런 사용자 맞춤형 추천 시스템(Cine Match)으로 "상품이 아니라 취향을 판다"는 전략을 실천한 넷플릭스는 단순히 고객이 원하는 영화를 추천하는 데서 한 발 더 나아가 2013년 첫 자체 제작 드라마 〈하우스 오브 카드(House of Cards)〉를 선보였다. 한 TV 평론가가 "TV의 역사는 〈하우스 오브 카드〉 이전과 이후로 나뉜다"고 극찬했을 정도로 큰 성과를 거머쥔 이 드라마는 '몰아보기(Binge Watching)' 현상까지 불러일으킬 만큼 열풍을 일으켰다

오리지널 자체 제작 경험이 전무했던 넷플릭스의 첫 작품이

흥행에 성공한 것은 '천운' 때문이 아니었다. 빅데이터를 분석해 소비자들로부터 "데이비드 핀처가 감독하고 케빈 스페이시가 주연을 맡은 오리지널 시리즈라면 성공할 것"이란 확신을 얻었기 때문에 가능했던 '예측된 흥행'이었다. 넷플릭스는 TV 시청의 표준을 바꾸어 놓았고, '전 시즌 동시공개'와 같은 새로운 콘텐츠 소비 방식을 만들어 냈다.

 사례 ## 유튜브의 고객 맞춤 추천시스템

　　유튜브는 컴퓨터를 사용하는 누구든지 동영상을 업로드 할 수 있도록 만들어 수백만 명이 자신의 영상을 시청할 수 있도록 하였다. 유튜브가 다루는 넓은 범위의 주제는 동영상 공유를 온라인 문화의 중요한 한 부분으로 자리 잡게 했다. 2017년 기준, 유튜브는 15억 명의 월 이용자를 보유하고 있으며, 이를 경쟁우위의 원천으로 삼아 고객 맞춤 콘텐츠를 제공하고 있다. 고객 맞춤 콘텐츠는 사용자가 다음에 어떤 동영상을 보고 싶어할지를 가장 잘 예측할 수 있도록 설계된 유튜브의 알고리즘에 따라 선별된다. 유튜브 홈페이지의 각 동영상 플레이어의 우측에 소개되는 추천 동영상은 사용자가 얼마나 오래 특정 동영상을 시청하는지, 특정 동영상에 좋아요를 표시하는지 등이 반영되어 검색결과가 표시된다.

유튜브의 주요 광고 형태 및 프로세스

　　유튜브 광고의 'TrueView 인스트림' 광고방식을 통해 광고주들에 대한 차별화된 마케팅 전략을 수립한다. 예를 들어, 사용자가 실제 광고를 시청할 때만 광고비를 지불(CPV)하며, 사용자가 30초 전에 광고를 건너뛰면 과금하지 않는다. 즉, 만약 유튜브 유저가 광고를 건너뛰지 않으면 비로소 광고를 유의미하게 시청했다고 판단하고 광고비를 부과하는 방식이다. 또한, 타겟층 맞춤화 단계에서의 Segment가 많을수록 광고 단가는 상승하며, 일반적인 유튜브의 광고 단가는 조회당 $0.10~$0.30인 것으로 알려졌다.

　　유튜브는 사용자의 동영상 조회 내역, 모바일 기기에 설치된 앱 및 사용 현황, 방문 웹사이트 기록, Google 광고 이용내역 등 사용자와 관련성이 높은 광고가 동영상 페이지에 노출되도록

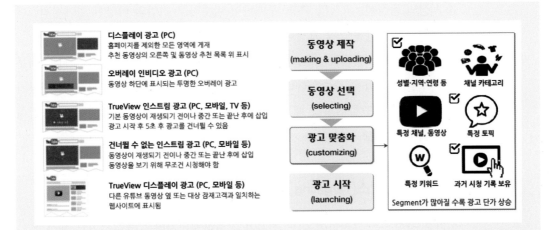

자동화된 알고리즘(content-targeting algorithm)을 제공한다. 또한, 광고주는 유튜브가 제공하는 분석 프로그램을 활용해 광고 성과를 수시로 확인할 수 있다. 광고 조회 수, 클릭 수, 구독 수, 날짜별 기록, 접속 디바이스 비중, 타켓 그룹별 광고 성과, 광고 영상별 성과 등 분석데이터를 확인하여 광고 대상을 조정하거나 여러 광고를 동시에 노출해 성과가 좋은 광고를 선택할 수 있다.

자료원: KB 지식비타민(2017).

제3절 타겟팅(Targeting) 선정

지금까지 시장을 세분화하고 세분시장들을 공략하는 전략을 살펴보았다면, 이제부터는 실제로 세분시장을 공략해야 할 것이다. 실제로 세분시장을 공략하기 위해서는 다음의 사항들이 고려되어야 한다.

① 기업의 자원: 기업의 자원이 제한되어 있는 경우에는 집중마케팅전략이 좋다.

② 제품의 동질성: 쌀·연탄·소금·간장·설탕 같은 생필품은 소비자들이 감지할 수 있을 만큼 물건을 차이 나게 만들기는 힘들기 때문에 비구별화 마케팅전략이 적합하다. 그러나 전축·카메라·자동차 같은 내구재는 제품디자인 등에서 차별화의 여지가 많으므로 구별화 또는 집중마케팅전략이 더 적합하다.

③ 제품수명주기: 회사가 신제품을 처음 도입하는 시기에는 한 가지 모델만을 내놓는 것이 바람직하므로 비구별화 또는 집중마케팅전략이 적합하다. 그러나 제품이 성숙기에 들어서면 구별화 전략이 더 권장할 만하다.

④ **시장의 동질성**: 고객의 취향·구매량이 비슷하고 기업의 다양한 마케팅믹스에 대해서 비슷한 반응을 보인다면 비구별화 전략이 적합하다.

⑤ **경쟁사의 마케팅전략**: 만일 경쟁사가 적극적으로 세분화 전략을 쓰고 자사는 비구별화 전략을 고수한다면, 그것은 자살행위나 다름없다. 거꾸로 경쟁사가 비구별화 전략에 집착할 때, 회사는 구별화 또는 집중마케팅전략을 써서 상대방의 허를 찌를 수가 있다.

❶ 타겟팅 매트릭스(Targeting Matrix)

이러한 사항들을 고려하여 어느 회사가 집중마케팅전략을 추구하기로 했다고 하자. 그러면 그 회사는 이제 가장 사업전망이 좋은 세분시장, 즉 표적시장을 골라야 한다. 그러한 세분시장은 다음의 세 가지 조건을 갖추어야 한다.

① 객관적으로 보아 매력이 있는 시장이어야 한다. 즉, 현재의 매출액, 성장속도, 수익률 등의 기준에 비추어 볼 때 전망이 밝다고 인정되어야 한다.

② 회사가 그 시장에서 성공할 수 있는 강점이 있어야 한다. 객관적으로 좋다고 해서 모든 세분시장에 진출할 수는 없다. 그 시장에서 성공할 수 있는 특유의 경쟁우위를 회사가 갖추어야 한다. 다시 말해, 객관적으로 매력 있고, 회사가 그

| 표 5-6 | MCM의 타겟팅 매트릭스

		여성			
	가중치(W)	20~24세 대학생	25~29세 사회초년생	30~39세 신혼주부	40~49세 중년주부
시장의 매력도					
시장크기	20	5	10	10	10
성장률	20	10	5	5	5
경쟁의 강도					
경쟁강도	20	5	10	5	1
잠재경쟁자	15	5	5	5	5
자사와의 적합성					
실현가능성	7	5	5	5	5
핵심역량	8	5	10	10	10
제품차별화	10	5	10	10	10
총합		600	790	690	610

시장에서의 성공요건을 갖춘 세분시장을 표적시장으로 해야 하는 것이다.

③ 그 시장의 경쟁의 정도를 고려해야 한다. 이를 위해서는 제품군 내의 기업간 경쟁뿐만 아니라, 잠재적인 진출기업의 위협, 공급자와 구매자의 교섭력 등을 고려해야 한다.

〈표 5-6〉에는 의류회사 MCM의 여성 의류시장에서의 타겟팅 매트릭스가 나타나 있다. 여기서 총합이란 하나의 세분시장이 각 항목별로 가지고 있는 점수를 각 항목 당 가중치로 곱한 다음 그 값들을 모두 더한 값을 말한다. 세분시장 "25~29세 사회초년생"이 총점 790으로 다른 세분시장들보다 사업전망이 좋은 것으로 평가된다. 따라서 이 회사는 세분시장 "25~29세 사회초년생"에 초점을 맞추는 집중마케팅전략이 유리할 것으로 판단된다.

② 표적고객 프로파일(Target Customer Profile : TCP)

회사가 진입할 구체적인 표적시장까지 선정되었다 하더라도 그 표적시장에 속한 소비자들이 어떤 일상을 보내는지, 어떤 의식적 혹은 무의식적 욕구를 내비치는지, 어떤 행동을 하며 어떤 활동에 연루되어 있는지 등을 구체적으로 파악하기란 쉽지 않다. 만약 소비자들의 이런 구체적 사항까지도 파악할 수 있다면 우리는 자회사의 상품을 고객들의 일상 속에 깊숙이 침투시킬 수 있을 것이며, 자사상품을 경쟁사상품과 대비하여 어떻게 어필할 것인가 그 구체적인 방도까지 알아낼 수 있을 것이다. 따라서 우리는 표적시장의 소비자 한둘 혹은 여럿을 밀착 관찰하여 그 일상적 행동양태를 자세히 서술할 필요가 있다. 이로써 마케팅전략가는 지금처럼 시장에 대해 추상적으로 접근하는 것이 아니라 시장에 속한 소비자들에게 가깝게 접근하여 그들에 대한 구체적이고 명확한 이해를 도모할 수 있다.

예를 들어, MCM이 "25~29세 사회초년생"이라는 세분시장을 표적으로 선정한 후 이 시장에 대해 차별화된 마케팅전략을 펴기로 결정했다고 치자. 이 세분시장에 속한 수많은 소비자들 중 한 명인 한혜지(27) 양을 표적고객으로 삼아 그녀의 일상을 밀착 관찰한 결과 다음과 같은 프로파일 결과를 얻을 수 있었다고 하자. 다음은 그 일부이다.

〈표적고객 프로파일〉

• 현재 그녀는 미혼이며 무역회사에 다닌다.
• 회사에서 근무한 지 2년 차인 그녀는 아직 사회초년생이며, 고가의 명품보다는

'합리적이고 뛰어난 품질'의 제품을 좋아한다.

- 브랜드에 '동질감과 감성적 만족'을 느끼기를 원한다.
- 브랜드의 구매는 자신을 위한 '작은 사치'라고 느끼며 스스로를 '매스티지족'이라고 생각한다.
- 퇴근 후 '요가학원'을 다니며, 일주일에 한두 번은 '마사지'를 받으러 다닌다.
- 주로 '스타벅스' 같은 커피전문점에서 친구들을 만나며, 그들과 함께 '에스테틱 샵'도 즐겨 찾는다.

이렇게 표적고객에 대한 프로파일을 만들면 세분시장 전체의 관점에서 시장을 분석하여 얻은 결과보다 소비자와 관련된 구체적이고 풍부한 자료를 얻을 수 있다. 이 자료를 통하여 자사상품을 소비자에게 구체적으로 어떻게 선보이고 어필할 것인지 대안을 마련할 수 있다.

제4절 포지셔닝전략

1 포지셔닝의 정의와 타입(Type)

회사가 표적시장을 선택하게 되면 그 다음 과제는 표적고객들에게 회사의 제품을 어떻게 인식시키느냐 하는 것이다. 제품의 포지션(position)이란 소비자들이 그 제품을 경쟁제품과 비교해서 어떻게 인식하느냐 하는 것이다. 즉, 포지셔닝(positioning)이란 소비자들의 마음속에 우리 제품을 경쟁사제품과 비교하여 어떠한 차별적 우위로 인식시킬 것인가에 대한 전략이다.

현대의 소비자들은 수많은 상품에 대해 너무나 많은 정보에 노출되어 있다. 그러나 그들은 물건을 살 때마다 그 많은 정보를 모두 이용하여 물건을 평가할 수는 없다. 그래서 구매의사결정을 단순화하기 위해 그들은 상품·상표·회사 등을 일정한 틀에 끼워 넣는다. 예를 들면, '가' 상표는 비싸고 고급품인 것으로, '나' 상표는 가성비가 좋으면서 품질도 괜찮은 것으로 인식하는 것이다. 경영자는 이렇게 소비자의 마음속에서 형성되는 자사제품의 위치가 회사에게 유리하게 정립(포지션)되도록 적극적인 노력을 기울여야 한다. 비교적 성공적이라고 생각되는 포지셔닝의 보기를 몇 개만 들면 다음과 같다.

- 시크하고 트렌디한 명품 'GUCCI'
- 가성비 좋은 프리미엄 'FILA'
- Next day delievery의 빠른 화물급송 '페덱스(FedEx)'
- 유럽풍의 고급 아이스크림 '하겐다즈'

포지셔닝 혹은 위상정립에도 크게 세 개의 타입(Type)이 있다.

첫째는 제품이 주는 구체적인 혜택에 의한 포지셔닝이다. 여러 가지 치약제품을 예로 들어 본다면 이를 희게 해주는 미백치약, 양치할 때 맵지 않은 유아용 치약, 잇몸이 약한 사람들을 위한 잇몸강화치약 등이 있다. 이들 상품들은 모두 구체적인 이용혜택 또는 편익에 따라 포지셔닝되어 있다.

둘째는 상표개성에 의한 포지셔닝이다. 각각의 상표마다 뽐어내는 독특한 이미지가 있는데, 상표들은 그런 이미지에 따라 서로 다르게 포지셔닝되어 있다. 향수시장에서 샤넬은 고급스런 이미지로, 켈빈 클라인은 현대적이고 세련된 이미지로, 돌체앤가바나는 비밀스럽고 신비적인 이미지로 포지셔닝되어 있다. 소비자들은 이들 상표의 독특한 이미지, 즉 개성을 구매한다.

셋째는 상표가 함의하는 가치에 따른 포지셔닝이다. 가치란 우리의 삶이 나아가야하는 방향 혹은 도달해야 할 목표이다. 그런데 상표들은 이런 가치를 함의하기도 한다. 미국의 오토바이 브랜드 할리데이비슨(Harley-Davidson)은 자유와 낭만이라는 가치를 함의하고 있고, 나이키(Nike)는 진취와 성공이라는 가치를 함의하고 있다. 가치에 따른 포지셔닝은 세 가지의 포지셔닝 중 가장 추상적인 포지셔닝이다.

2 포지셔닝의 요소

그러면 포지셔닝의 요소에는 어떤 것들이 있을까? 우선 첫 번째는 타겟으로 하고자 하는 고객집단이 누구인지를 명확히 하는 것이다. 이것이 없이는 포지셔닝 자체가 성립할 수가 없다. 고객을 먼저 명확하게 설정하는 것이 가장 첫 번째로 실행해야 할일이다.

두 번째로는 경쟁자를 누구로 삼을 것이냐 하는 경쟁프레임을 설정한다. 예를 들어, 부암동에 가면 '하림각'이라는 중국식당이 있다. '하림각'이 어떻게 경쟁프레임을 잡느냐에 따라서 포지셔닝이 크게 달라진다. 만약 자신을 호텔의 중국식당과 비교한다면 '호텔 중국식당 수준의 분위기와 최고의 맛이지만 훨씬 싸다' 이렇게 포지셔닝할 것이다. 반면, 주변 동네에 있는 중국식당을 경쟁자로 삼아서 포지셔닝을 한다면

그림 5-6　포지셔닝의 요소

'고급스러운 분위기에서 가족과 함께 식사를 하는 정통중국요리'라는 것을 강조할 것이다.

세 번째는 차별화된 가치 제안이 있어야 한다. 경쟁자와 비교해서 경쟁자가 갖고 있지 않은 나만의 독특한 가치 제안이 무엇이고, 이러한 독특한 가치 제안을 어떻게 고객들에게 인식시키는가의 문제이다.

마지막 네 번째는 근거를 제시하는 것으로, 제안한 차별화된 가치에 대해서 고객들이 실제로 믿을 만한 이유 혹은 근거를 제시해줘야 한다.

결국 포지셔닝은 타겟이 되는 고객에게 경쟁자와 차별화되는 우리만의 독특한 가치 제안을 그들의 인식 속에 심어 주는 것이다. 포지셔닝은 경쟁자를 누구로 삼느냐에 따라서 내세우는 독특한 가치제안(value proposition)이 바뀌며, 가치를 인식시키는 과정에서 고객들이 이것을 믿을 수 있는 근거가 무엇인지가 구체화 될 때 실제로 고객의 인식 속에서 위치정립이 되는 것이다.

③ 포지셔닝의 실행전략

그렇다면, 포지셔닝의 실행전략은 어떻게 구성될까? 포지셔닝의 실행은 POP(Point of Parity)와 POD(Point of Difference)를 통해 이루어진다. 첫 번째, POP는 제품군을 가장 대표할 수 있는 특성을 통해 제품군의 전형성을 획득하는 것이고, 두 번째, POD는 경쟁자와의 차별적인 특성을 통해 차별성을 획득하는 것을 말한다. POP와 POD의 예를 들면, 외국에 있는 친구에게 서울에 대해서 이야기해줄 때 서울은 어떤 곳인지 설명하기가 어렵게 느낄 때가 있다. 하지만, 외국인들이 이미 도쿄를 알고 있고 아시아의 가장 대표적인 도시로 인식한다면, '서울은 도쿄 같아(POP). 그런데 서울은 다이나믹해(POD)'라고 설명한다면 쉽게 아시아의 Exotic한 도시의 대표 이미지를 가지면서, 추가적으로 갖는 Dynamic한 차별화된 이미지를 가질 수 있게 되는 것이다.

그림 5-7   POP와 POD를 활용한 독특한 가치제안

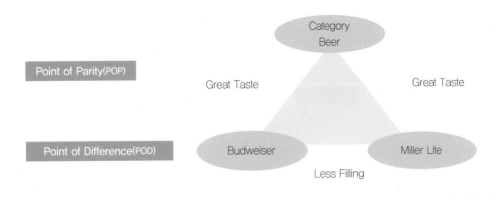

밀러 라이트는 'Great Taste & Less Filling'과 같은 슬로건을 통해 가장 대표적인 맥주들 어느 것에 견주어도 손색없는 그 맥주의 맛과(POP), 그렇지만 여기에는 칼로리가 훨씬 더 적고 부담 없이 마실수 있는 맥주(POD)라는 포지셔닝을 성공적으로 만들었다. 이와 같이 POP와 POD를 적절하게 활용하면 전형성과 함께 차별성을 강조하는 독특한 가치제안이 가능하다.

4 포지셔닝 맵(Positioning Map)

기업이 자사제품의 성공적인 포지셔닝을 위해서는 먼저 현재 자사제품과 경쟁제품이 어떤 위치를 차지하고 있는가를 알아야 한다. 지금까지 개발되어 있는 여러 가지 기법(요인분석, Multi-Dimensional Scaling: MDS)을 사용해서 경영자는 제품위치도, 즉 포지셔닝 맵(positioning map)을 만들 수 있다.

[그림 5-8]은 여러 화장품 브랜드의 포지셔닝 맵을 보여주고 있다. 이 그림의 경우 X축은 Hedonic vs. Utilitarian, Y축은 Premium vs. Friendly로 나누어서 각 경쟁 브랜드들이 포지셔닝되어 있다. 예를 들어, 11시 방향의 입생로랑의 경우 높은 쾌락적 이미지(Hedonic Image)와 함께 프리미엄(Premium) 브랜드로 포지셔닝을 잡아 고객들에게 어필하고 있다. 우측 아래 니베아의 경우, 중간 정도의 효용성과 함께 친근한 브랜드 이미지로 포지셔닝을 한다.

마케터는 이러한 맵(위치도)을 보고 어느 지점이 가장 자사제품에 적합한지를 결정해야 한다. 예컨대 위치도상에서 비어 있는 부분에 (아직 경쟁제품이 들어오지 않은 부분에) 자사제품의 위치를 정할 수 있다. 그렇게 하려면 그러한 위치에 들어맞는 제품을 기술적·경제적으로 만들 수 있고, 또 그러한 제품을 찾는 소비자의 수가 많다는

그림 5-8　화장품 브랜드 포지셔닝

확신이 있어야 한다.

　다른 포지셔닝의 방안은 현재의 경쟁제품에 가깝게 위치를 정하는 것이다. 이 방안을 택하려면,

① 경쟁제품보다 우수한 제품을 만들 수 있고,

② 그 시장의 크기가 두 회사를 감당할 수 있을 만큼 커야 하며,

③ 경쟁사보다 재력 면에서 더 막강하거나 또는 그 위치가 회사가 가지고 있는 강점을 활용할 수 있는 위치여야 한다.

　포지셔닝과 떼려야 뗄 수 없는 것이 바로 경쟁전략이다. 왜냐하면 제품의 위치를 어떻게 하느냐에 따라 누가 경쟁사가 될지가 결정되기 때문이다. 그러므로 마케터는 포지셔닝을 할 때 경쟁사들의 강·약점을 면밀히 검토하여, 가능하면 경쟁사를 이길 수 있는 위치를 선택하여야 한다.

　마지막으로 회사는 포지셔닝 맵을 바탕으로 자사제품이 경쟁제품과 비교할 때 우위를 가질 수 있는 본질적인 요인을 찾아내야 한다. 경쟁사와 대비하여 소비자들에게 차별적인 가치를 전달하기 위하여 회사는 자사제품을 선보일 때 소비자에게 어필할 수 있는 본질적인 한두 단어 혹은 한 문장을 생각해볼 수 있다. 이것을 USP(Unique Selling Proposition/Point)라 부른다. USP는 자사제품의 고유한 차별요인으로서 광고·판촉 등에 일관되게 사용될 수 있다. USP를 정할 때 사용되는 기준으로 제품 이미지,

| 표 5-7 | 회사들의 USP 사례

USP 전략	실례
제품 이미지	한국의 현대 자동차: 합리적인 품질·높은 가성비 일본의 Toyota 자동차: 신뢰성·내구성 독일의 Benz 자동차: 최고급·기술력 독일의 포르쉐 자동차: 디자인·스피드
가격·품질대	현대백화점: 고가격·고품질 이마트: 저가격의 합리적인 품질
경쟁사와의 대조	Seven-up: 콜라가 아님(Uncola 캠페인)
경쟁사에 도전	Avis의 대 Hertz전략: 우리는 2등입니다. 그러나 더 열심히 노력합니다. (We're number two. But we try harder.)

가격·품질, 경쟁사와의 대조 또는 도전 등등 여러 가지가 있을 수 있다. 〈표 5-7〉은 이러한 기준에 따른 회사들의 USP 정립의 예를 보여주고 있다.

✏️ 간추림

오늘날에는 소비자들의 욕구가 더욱더 다양해지고 있고 또 자신들의 욕구를 적극적으로 충족시키려고 하므로 시장세분화는 이제 거의 필수가 되었다. 기업은 시장을 세분함으로써 고객의 욕구를 더 정확히 충족시킬 수 있고, 그들의 상표애호도를 높일 수 있으며, 또 경쟁우위를 확보할 수 있다.

시장을 나누는 기준에는 여러 가지가 있는데, 대체로 좋은 세분화 변수는 소비자들의 행동과 관련이 있어야 하며, 측정·관찰이 가능해야 한다. 그런데 일반적으로 많이 쓰이는 지리적·인구통계적·사회심리적 변수들은 측정·관찰의 가능성은 높지만, 소비자의 행동과의 관련성이 떨어지며, 행태적 변수들은 소비자의 행동과의 관련성은 높지만, 측정·관찰의 가능성은 낮은 경우가 많다. 그래서 여러 개의 시장세분화 변수를 동시에 활용하여 시장을 세분화하는 경우가 많다.

시장세분화가 끝나면 기업은 자사의 자원, 제품의 동질성, 제품수명주기, 시장의 동질성, 경쟁사의 마케팅전략 등을 고려하여 자사에게 가장 적합한 시장공략방법을 선택해야 한다. 그런 다음 객관적으로 매력이 있고 자사의 성공요건을 갖춘 세분시장을 표적시장으로 삼아야 한다. 표적시장을 선택했으면 포지셔닝을 통해 기업은 이제 자사제품에 가장 유리한 방향으로 소비자들의 마음속에 자리잡을 수 있도록 노력해야 한다.

💡 Q&A

1 할리데이빗슨 브랜드가 취하고 있는 시장세분화 방식을 분석하시오.

2 세분시장전략에서 개인화 마케팅의 성공사례를 찾아보시오.

3 FILA의 포지셔닝의 요소를 분석해보시오.

4 FILA의 포지셔닝을 POP와 POD로 분석해보고, POP와 POD를 서로 바꾸어서 포지셔닝을 한다면 어떤 포지셔닝이 될지 설명해보시오.

참고문헌

그렉 버디노(2011), 마케팅의 미래는 마이크로, 브레인스토어.

김용준(2011), CHINA 마케팅, 박영사.

김훈철(2003), 포지셔닝을 만났을 때 광고·마케팅이 확 달라진다!, 컴온북스.

동아 비즈니스 리뷰, 제234호 (2017. 10) 10대와 소통한 휠라의 '화려한 부활'.

매경 이코노미(2017), 타겟팅의 진화 '유저 디스커버리'.

맥킨지 세계경제연구소,「중국 시장의 트렌드」.

미 CMO 협회, 포인터미디어 네트워크.

박성룡(2010), 체험 마케팅 개념을 적용한 커스텀 주얼리 스토어 디자인 개발에 관한 연구.

방송통신위원회(2010), 국내 이동통신 3사의 전체 사용자와 스마트폰 사용자의 ARPU 비교.

브런치(2016.3), 호텔도 브랜드가 중요해? https://brunch.co.kr/@hottel/28

제일기획(2017), 개인 맞춤화 단계로 접어든 마케팅.

잭 트라우트(2012), 차별화 마케팅: 어떻게 차별화할 것인가, 더난출판.

한국경제매거진(2006), 당신 머리에 희망을! … 1조원 시장 '번쩍번쩍'.

한국공간디자인학회 논문집, 13, 129-137.

한국소비자원(2017), 신 소비계층 '액티브 시니어'.

한국일보(2018), 금융권 유스 '타겟(Target)마케팅'.

한국콘텐츠진흥원(2017), 2017년 대한민국 게임백서.

KB 지식비타민(2017), 유튜브의 맞춤 추천시스템.

Verhoef, P. C., & Lemon, K. N. (2013). Successful customer value management: Key lessons and emerging trends. European Management Journal, 31(1), 1-15.

Yankelovich, D.(1964), New Criteria for Market Segmentation, Harvard Business Review.

현|대|마|케|팅|론

06

제품관리

선 없는 블루투스 이어폰 전성시대

애플에 이어 구글이 최신 스마트폰에 이어폰 잭을 없애고, 대신 무선(블루투스) 이어폰을 내놨다. 급성장하는 무선 헤드폰 시장에서 새로운 수익을 창출하려는 애플의 전략과 궤를 같이 하려는 의도로 해석된다.

2016년 9월, 애플은 '아이폰7'과 '아이폰7플러스'를 내놓으며 3.5mm 헤드폰 잭을 없애고 대신 무선 이어폰 '에어팟'을 내놨다. 애플은 에어팟을 가리켜 "우리가 그린 무선의 미래"라고 극찬했지만, 소비자들은 '담배꽁초냐', '콩나물 같다' 등 온갖 조롱과 비난을 쏟아 부었다. 심지어 159달러(약 18만원)라는 고가로 별도 판매했지만, 1년이 지난 현재 에어팟은 '없어서 못 사는' 인기 제품이 됐다.

애플의 선택이 틀리지 않았다는 것은 실제 시장에서 증명됐다. 2017년 9월 미국 시장조사업체 NPD가 2017년 초부터 7월까지 미국 내 전체 무선 헤드폰 판매 현황을 조사한 결과 전체 판매의 85%를 에어팟이 차지한 것으로 나타났다. 에어팟의 분실 가능성에 대비한 위치 추적 기능이 장착되고, 애플의 인공지능(AI) 비서 '시리'와 연동되며 주변의 소음을 완화하는 음향 기술이 적용된 점 등이 에어팟의 성공 비결로 분석된다. 결국 애플은 최근 공개한 아이폰X와 아이폰8 시리즈에도 이어폰 잭을 없앴다.

애플의 이 같은 행보는 글로벌 스마트폰 1위인 삼성도, LG도 아닌 구글이 이어 받았다. 구글은 최근 공개한 스마트폰 '픽셀2' 시리즈에 이어폰 잭을 없앴다. 대신 애플 에어팟과 마찬가지로 무선 헤드셋 '픽셀 버즈'를 내놨다. 역시 별도 판매되며, 가격은 에어팟과 같은 159달러(약 18만원)다.

구글은 픽셀 버즈에 자사의 AI 서비스 '구글 어시스턴트' 기능을 최적화했다. 스마트폰 상에서 이용하던 기능을 무선 헤드셋으로 끌어올린 셈이다. 구글 어시스턴트를 이용하기 위해 주머니에서 스마트폰을 꺼낼 필요가 없다.

또 픽셀 버즈가 40개 언어를 실시간 번역한다는 점도 눈길을 끈다. 예컨대 픽셀 버즈에 영어로 "중국어로 도와달라고 말해줘"라고 하면 픽셀2 스마트폰의 스피커에서 중국어가 흘러나오는 식이다.

이처럼 애플과 구글이 이어폰 잭을 없애고 별도 판매 제품으로 무선 이어폰을 내놓으며, 기능 강화에 집중하는 이유는 쑥쑥 성장하는 무선 헤드폰 시장에서 우위를 선점하기 위한 것으로 보인다.

시장조사기관 마켓인사이더에 따르면 전 세계 무선 헤드셋 시장은 향후 10년 동안 연평균 11%의 성장률을 보이며 유선 헤드셋 시장 규모를 넘어설 것으로 전망됐다.

업계 한 전문가는 "애플이 아이폰7에서 이어폰 잭을 없애며 뭇매난을 받았지만 결국 애플의 답이 옳았다는 것을 이번에 구글이 증명한 셈"이라며 "스마트폰 업계에서 풀 비전 디스플레이가 대세로 작용하고 있듯 이어폰 잭이 사라지는 것도 트렌드가 될 것"이라고 전망했다.

또 다른 전문가는 "현재 애플 에어팟과 구글 픽셀 버즈는 각 스마트폰에 연동된 제품에 그치지만 이어폰이 스마트폰의 역할을 수행하는 주객이 전도되는 날도 얼마 남지 않았다"고 내다봤다.

한편, 삼성전자와 LG전자, 화웨이 등 글로벌 주요 스마트폰 업체들은 아직 최신 스마트폰에 이어폰 잭을 내장하고 있다. 대신 삼성은 '아이콘X', LG는 '톤 플러스' 등을 내놓으며 무선 헤드폰 시장에 대응하고 있다.

자료원: 뉴스원(2017), 애플 이어 구글도 스마트폰 '이어폰잭' 없앴다. 삼성은?

제1절 제품이란 무엇인가

1 제품의 정의

제품은 다음과 같이 정의할 수 있다.

> 소비자의 필요나 욕구를 충족시킬 수 있는 것은 무엇이나 제품이 될 수 있다. 따라서 물체뿐만 아니라 서비스·장소·아이디어·사람·조직체 등도 제품이 될 수 있다.

그런데 마케팅관리자의 입장에서 보면 제품이란 제품을 구성하고 있는 제품속성들의 단순한 집합 이상의 것을 의미한다. 왜냐하면 소비자들은 제품을 그들의 욕구를 충족시키는 모든 편익의 뭉치(bundles of benefits)로 파악하기 때문이다. 따라서 마케팅관리자가 제품을 개발하려고 할 때는 그는 먼저 그 제품이 소비자의 어떤 욕구를 충족시킬 수 있는지, 즉 소비자가 그 제품에서 어떤 편익을 얻을 수 있는지를 확실히 해야 한다. 삼성전자는 '갤럭시 노트'를 처음 개발하는 과정에서 갤럭시 노트의 화면 크기를 결정하기 위해서 9개국 1만 2,000명의 스마트폰 사용자들을 조사하는 등, 소

| 그림 6-1 | 제품의 네 가지 수준 |

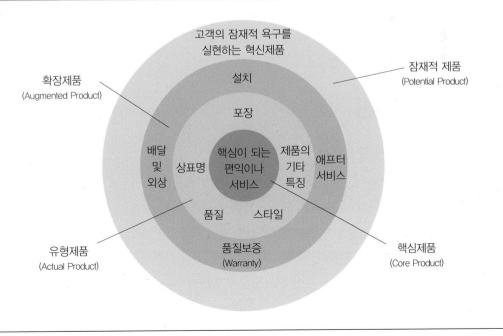

비자들의 욕구를 충족시키기 위해 오랜 시간, 많은 사람을 대상으로 조사하였다. 그 결과, 갤럭시 노트는 전 세계에서 700만대 이상이 판매되었고, 이후 갤럭시 노트9까지 성공적인 제품출시로 이어졌다. 이는 소비자들이 기존 스마트폰이 채워주지 못한 욕구를 충족시킬 수 있는 편익의 뭉치로 갤럭시 노트를 선택했기 때문이다.

제품에는 크게 네 가지의 차원이 있다([그림 6-1] 참조). 가장 기본적인 핵심제품 차원은 고객이 실제로 구입하는 근본적인 혜택이 형상화된 모습이라고 할 수 있다. 두 번째 유형 제품 차원(혹은 기대제품 차원)은 고객이 어떤 제품을 구매할 때 정상적으로 기대하는 속성, 편익, 서비스이다. 세 번째는 확장제품 차원으로 고객의 기대수준 이상의 추가적인 서비스와 혜택을 뜻하며, 경쟁자와의 차별성을 부각시키는 제품의 차원이라고 할 수 있다. 네 번째 차원은 잠재적 제품 차원으로 고객들의 잠재적 욕구들을 만족시켜주는 새로운 제품의 차원이라고 할 수 있다.

도입 사례에서 설명한 애플의 무선 이어폰 '에어팟'과 같이 고객들이 필요성을 느끼거나 욕구를 표현하지는 않았지만, 애플에서 스마트폰의 이어폰 잭을 없애고 무선 이어폰인 '에어팟'을 선보인 것을 잠재적 제품 차원의 사례로 들 수 있다. 이러한 새로운 제품혁신은 고객의 잠재적인 욕구를 충족시켜서 현재 '에어팟'은 없어서 못 파는 제품으로까지 알려질 정도로 고객들의 높은 선호도와 만족도를 가져왔다.

또한 우리는 기대제품 차원의 구성요소가 일반화된 목록으로 존재하는 것이 아니고 브랜드, 고객, 시간에 따라 변하는 개념임을 이해하여야 한다. 즉, 같은 고객도 브랜드에 따라 기대하는 수준이 다를 수 있기 때문에, 어떤 브랜드는 고객에게 매우 높은 수준의 기대감을 갖게 해 주는 데 반해서 같은 제품군 내의 다른 브랜드는 매우 낮은 기대수준을 형성한다는 것이다.

2 제품의 분류

(1) 소비재와 산업재

제품을 여러 유형으로 분류하는 이유는 각 유형마다 서로 다른 마케팅믹스전략이 적용되어야 하기 때문이다. 〈표 6-1〉은 제품을 여러 가지 다른 기준에 따라 어떻게 분류할 수 있나를 보여 주고 있다. 소비재는 최종소비자가 스스로 쓰기 위해서 구입하는 상품이다. 반면에 산업재는 개인이나 기업이 다른 상품을 생산하거나 사업 활동을 하는 데 쓰기 위하여 구입하는 상품을 말한다. 이와 같이, 소비재와 산업재를 구분 짓는 것은 상품의 용도에 있으므로 똑같은 물건이라도 구매목적에 따라 소비재일 수도 있고 산업재일 수도 있다. 예컨대, 가정주부가 시장에서 사는 CJ제일제당의 설탕

| 표 6-1 | 제품분류표

분류의 기준	제품의 종류
제품의 용도	소비재·산업재
소비자의 쇼핑습관	편의품·선매품·전문품
내구성	내구재·비내구재
제품의 품질 판단	탐색재·경험재·신용재
유형성·비분리성·이질성·소멸성	제품·서비스

은 소비재이지만, 동양제과에서 캐러멜을 만들기 위해 구입하는 CJ제일제당의 설탕은 산업재로 볼 수 있다.

소비재와 산업재가 구입되는 과정에는 상당한 차이가 있으므로 마케팅관리자는 자사가 판매하는 상품의 용도가 무엇이냐에 따라 마케팅프로그램을 달리해야 한다.

(2) 편의품, 선매품, 전문품

소비재는 소비자의 쇼핑습관에 따라 편의품(convenience goods)·선매품(shopping goods)·전문품(specialty goods) 등으로 나누어진다.

편의품이란 소비자가 보통 소량으로 자주 구입하며, 구입할 때 여러 가게를 돌아다니거나 여러 상표를 비교하지 않고 구매결정을 내리는 상품을 말한다(보기: 담배·껌·비누). 편의품의 판매에는 소비자수요를 자극하는 텔레비전·잡지 광고와 구매시점에 자사의 브랜드를 생각나게 하는 점포 내에서의 광고가 중요한 역할을 한다.

선매품이란 소비자가 물건을 살 때 가격·품질·스타일 등의 여러 면에서 여러 상표를 비교한 다음 구매결정을 내리는 상품이다(보기: 일반 자동차·부인복·가전제품). 선매품의 판매에는 우리 회사의 제품이 경쟁사의 제품보다 낫다고 이야기를 해 주는 것이 중요하므로 보통 광고와 함께 인적판매(personal selling)가 중시된다. 선매품을 광고할 때는 소비자가 중요시하는 제품의 속성을 강조하는 편이 낫다(보기: 세탁기의 경우 고장이 거의 없다는 것, PC의 경우 누구나 손쉽게 쓸 수 있다는 것 등).

전문품이란 특정한 제품이 갖고 있는 독특한 특성이나 매력으로 인해 상당수의 소비자들이 그 상표만을 사려고 각별히 노력하는 상품을 일컫는다. 스테레오·럭셔리 스포츠카·카메라·의료기구 등에 있어 이에 속하는 상품이 많다. 전문품을 판매하는 기업은 보통 그 기업의 제품을 취급하는 점포수를 제한한다. 이것은 제품의 독특한 이미지를 높이는 효과가 있다. 소비자들은 전문품을 구매하기 위해 많은 시간과 노력을 투자할 용의가 있으므로 취급점포의 수가 적다고 해서 판매가 줄지는 않는다. 그

〈편의품: 껌〉　　　　〈선매품: 전자기기(스마트폰)〉　　　　〈전문제품: 스포츠카〉

러나 마케팅관리자는 소비자들에게 어디서 우리 회사의 제품을 살 수 있는지를 알려야 한다.

(3) 내구재, 비내구재

제품은 또한 몇 번을 되풀이해서 쓸 수 있느냐에 따라 내구재(자동차·가구·스테레오·냉장고·세탁기 등)와 비내구재(빵·신문·콜라·맥주·비누 등)로 나눌 수 있다. 비내구재는 고객이 자주 구입하고 빨리 소비해 버리므로, 광고로 뒷받침하면서 적은 마진으로 되도록 많은 수의 점포를 통해 판매하는 전략이 적합하다. 반면 내구재의 경우, 인적판매와 서비스의 역할이 중요하며, 마진이 많이 붙고, 제조업자의 품질보증이 중요시된다.

(4) 탐색재, 경험재, 신용재

탐색재(search goods)는 시간을 투자해 정보를 찾으면 제품의 품질을 판단할 수 있는 재화를 의미한다. 전자제품, 원자재를 예로 들 수 있다. 경험재(experience goods)는 직접 사서 쓰거나 경험해보면 품질을 평가할 수 있는 재화이며, 가구, 레스토랑, 영화, 음악, 의류 등이 있다. 신용재(credence goods)는 소비자가 품질 혹은 효용을 정확하게

표 6-2 | 탐색재, 경험재, 신용재

구분	특징	예
탐색재 (search goods)	시간을 투자해 정보를 찾으면 품질을 알 수 있는 재화	전자제품, 원자재
경험재 (experience goods)	직접 사서 쓰거나 경험해보면 품질을 평가할 수 있는 재화	가구, 레스토랑, 영화, 음악
신용재 (credence goods)	소비자가 품질 혹은 효용을 정확하게 알기 힘들어 제공자에 대한 신뢰가 판단 기준이 되는 재화	의료 서비스, 건강보조식품, 컨설팅서비스

알기 힘들어 제공자에 대한 신뢰가 판단의 기준으로 작용한다. 예로는 의료 서비스, 건강보조식품이 있다.

(5) 제품과 서비스

제품과 서비스도 다양한 면에서 중요한 차이가 있다. 서비스는 무형성, 비분리성, 이질성, 소멸성이라는 주요한 특징들을 가지고 있다. 제품은 유형적이어서 눈으로 볼 수 있고, 만질 수 있지만, 서비스는 무형성(Intangibility)을 특성으로 가진다. 서비스는 보이지 않고 만질 수 없기 때문에 그에 대한 평가는 물리적 재화보다 주관적이다. 서비스는 무형성으로 인해 서비스의 품질에 대한 평가가 어렵기 때문에, 소비자의 판단을 도와주기 위해서는 서비스의 결과 혹은 예상되는 혜택을 눈에 보이는 유형적인 형태로 만들어야 한다. 예를 들어, 노후의 자금 마련을 위한 보험 가입을 권유할 때 눈에 보이는 자료나 내용을 담은 팸플릿, 광고 등을 이용해야 한다. 따라서 '가시화' 문제가 중요한 과제라고 할 수 있다.

비분리성(Inseparability)은 서비스에서 생산과 소비가 동시에 일어나는 것을 의미한다. 제품은 생산을 하고나서 판매가 이루어지면 소비가 일어나지만, 서비스는 소비가 될 때 서비스의 생산이 일어난다. 서비스에서는 이처럼 생산과 소비가 분리되지 않기 때문에 생산 과정에서 서비스 제공자와 고객과의 상호작용이 매우 중요하며, 이러한 생산자와 소비자의 상호작용은 기업이 소비자와 직접 접촉할 수 있는 접점들로 작용하게 된다. 한국 타이어는 'T-station' 프랜차이즈 운영을 통해 소비자와의 접점을 늘리고 타이어 마모 정도를 진단해주는 등의 상담이나 차량 정비 서비스를 제공하여 고객 가치를 창출한다. 또한 타이어 판매에만 그치지 않고, 제품 선택과 구매, 사용, 관리, 폐기에 이르는 과정에서 소비자와의 접점들을 만들어내어 새로운 수익의 원천을 제공하고 있다.

이질성(Heterogeneity)은 서비스 생산 및 전달 과정에서 여러 가지 가변적 요소가 많기 때문에 한 고객에 대한 서비스와 다음 고객에 대한 서비스 간에 일관성이 떨어질 수 있다는 것을 의미한다. 예를 들어, 같은 음식점이어도 종업원에 따라서 제공되는 서비스의 내용이나 질이 달라질 수 있으며, 같은 종업원이라도 시간이나 고객에 따라 다른 서비스를 제공할 수 있다. 서비스의 이질성은 표준화와 품질 통제가 어렵다는 것을 의미하므로 서비스의 표준화가 서비스 품질의 관리에 매우 중요한 전략이된다.

소멸성(Perishability)은 판매되지 않은 제품은 재고로 보관할 수 있지만 판매되지 않은 서비스는 재고로 쌓아둘 수 없다는 것을 의미한다. 판매되지 않은 비행기의 좌석이나 영화관의 좌석은 재고로 쌓아 놓을 수 없기 때문에 서비스는 수요의 예측이 매우 중요하며, 수요의 변화를 줄일 수 있는 가격전략이 중요해진다.

③ 제품믹스와 제품계열의 관리

한 기업이 생산하여 판매하는 모든 제품계열(product line)과 품목을 통틀어 제품믹스(product mix)라고 일컫는다. 제품계열이란 제품믹스 중에서 물리적·기술적 특징이나 용도가 비슷한 제품의 집단을 말한다. 한 기업의 제품믹스는 일정한 너비(width)와 길이(length)를 갖고 있다. 제품믹스의 너비란 기업이 몇 개의 제품계열을 갖고 있느냐 하는 것이고, 제품믹스의 길이는 제품믹스 안에 있는 품목의 수를 의미한다. 예를 들어, 어느 자동차회사의 제품믹스가 〈표 6-3〉에 있는 바와 같다고 하자. 이 회사는 세 개의 제품계열(승용차·트럭·버스)을 갖고 있으므로 제품믹스의 너비는 3이며, 모두 8개의 품목을 생산하므로 제품믹스의 길이는 8이다. 제품믹스의 깊이(depth)는 제품계열 안의 각 제품이 몇 가지 변종(variant)으로 생산되나를 가리킨다. 만일 위의 회사가 소형승용차를 일곱 가지의 색깔과 두 가지의 기아운용방식(수동·자동)으로 생산한다면, 이 제품의 깊이는 14(7x2)가 되는 것이다.

기업은 자사의 제품믹스를 너비·길이·깊이의 세 가지 차원에서 확대할 수 있다. 즉, 새로운 제품계열을 추가하거나(제품믹스의 너비를 넓힘), 제품계열을 연장하거나(제품믹스의 길이를 연장), 더 많은 제품변종(product variant)을 생산할 수 있다(제품믹스의 깊이를 심화). 여기서는 제품계열의 연장(line-streching)에 대해서만 언급하기로 한다.

기업은 제품계열을 크게 두 가지 방법으로 연장할 수 있다: 하향연장(down-ward stretching)·상향연장(upward stretching).

하향연장이란 고급품만을 생산하던 회사가 현재의 품목보다 낮은 품질과 가격의

| 표 6-3 | 제품믹스의 한 예

계열 1	계열 2	계열 3	
승용차	트럭	버스	
소형	일반화물	소형	길이
중형	덤프트럭	중형	
	레미콘	대형	

너비

품목을 제품계열에 추가하는 것을 말한다. 아래와 같은 경우에 회사는 하향연장을 고려할 수 있다.

① 회사가 고급품시장에서 공격을 당하여 그 반격의 방법으로 타사가 점유하고 있는 저가품시장에 침투할 때
② 고급품시장의 성장률이 낮다고 판단될 때
③ 미리 저가품시장을 석권하여 경쟁사의 진출을 막으려고 할 때
④ 고급품시장에서 먼저 확고한 명성을 쌓은 다음, 그 여세로 그 밑의 시장으로 진출하려고 할 때

그러나 회사가 제품계열을 하향연장하려고 할 때는 아래와 같은 위험이 있다는 것을 고려해야 한다.

① 회사의 기존고급품을 구입하던 고객들이 회사가 새로 생산하기 시작한 저가품을 구입함으로써 고급품의 판매량이 줄어 회사 전체의 이익이 내려가는 수가 있다.
② 지금까지 회사의 고급품을 판매해 오던 중간상인들이 낮은 이익률과 이미지문제 때문에 회사의 새 품목을 취급하기를 꺼릴지도 모른다.
③ 회사가 저가품시장에 진출하면 이에 위협을 느낀 경쟁사들이 회사의 고급품시장으로 반격해 들어올 가능성이 있다.

호텔 Marriott는 Courtyard by Marriott라는 비즈니스 여행객을 타겟으로 하는 새로운 호텔 체인을 만들면서 하향연장 전략을 선택하였다. 고급 호텔 시장에서 Marriott의 명성을 확고하게 쌓은 후, 합리적인 중저가 시장의 비즈니스 여행객 시장을 대상으로 새로운 호텔 체인을 도입하면서 Marriott가 운영하는 Courtyard호텔이라는 이름을 통해서 중저가 시장에서 인지도와 호텔에 대한 신뢰도를 획득하는 전략을 택했다. 삼성전자에서도 스마트폰 갤럭시의 보급형 모델인 갤럭시 A, J라인을 출시하고 있다. 갤럭시 A, J라인은 경쟁사의 중저가 스마트폰들과의 경쟁에서 갤럭시 스마트폰의 가격을 내리지 않고 갤럭시의 품질에 대한 연상을 활용해서 중저가 시장으로 하향연장을 한 사례라고 할 수 있다.

한편 제품계열의 상향연장이란 고급품시장의 성장률이 높거나 고급품의 마진이 높아서 회사가 현재의 품목보다 더 높은 품질과 가격의 품목을 제품계열에 추가하는 것을 말한다. 회사가 상향연장을 하려고 할 때는 다음과 같은 위험을 충분히 고려해야 한다.

① 고급품시장에 자리 잡고 있는 경쟁사와의 경쟁이 매우 힘겨울지도 모르고 더구나 이 경쟁사가 자사의 영역(저가품시장)을 침범하는 방법으로 반격을 할지 모른다.

② 소비자들이 회사가 고급품을 만들어 낼 수 있는 능력에 대해 의구심을 품고 있을지도 모른다.

③ 회사의 판매원과 중간상인들이 고급품을 취급하기에는 자질과 훈련이 부족할지도 모른다.

일본의 자동차 브랜드인 토요타(TOYOTA)에서는 새로운 프리미엄 시장에 출시하는 고급자동차를 렉서스(LEXUS)라는 별도의 브랜드를 붙여서 출시하였다. 중저가 시장에서 명성을 쌓은 토요타는 커져가는 고급차 시장에 진출하기 위한 도전장을 내민 것이다. 렉서스(LEXUS)는 고급차 시장에서 '두 번째 차(Second car)' 전략을 도입했다. 즉, 이미 고급차를 보유하고 있는 미국의 타겟고객들에게 '두 번째 차'를 선택할 때는 같은 품질이지만 가격은 만 달러 이상의 경쟁력이 있는 렉서스를 구입하는 것이 현명하다는 광고를 적극적으로 전달하며 고급차 시장을 파고 들어갔다. 토요타의 상향연장전략은 미국의 고급차 시장에서 렉서스라는 브랜드를 정착시키는 데 성공한 사례이다. 또한 이랜드에서는 패밀리 레스토랑 시장에 처음 진출할 때 기존의 경쟁 브랜

드들과 비교해서 합리적인 가격 경쟁력을 기반으로 '애슐리'라는 패밀리 레스토랑을 출시하였다. 그 후 '애슐리' 브랜드는 샐러드바 형태의 1호점을 2003년 오픈한 후, 상향연장 전략을 통해서 프리미엄 모델인 애슐리 W와 W+로 브랜드확장을 하여서 2011년 106호점을 오픈하는 등 성공적으로 규모를 확장해 나갔다.

제품계열의 연장에서 끝으로 강조할 것은, 전략이 성공하려면 회사가 새로 내놓는 제품이 그 시장에 있는 경쟁사의 기존제품보다 소비자들에게 더 많은 가치(value)를 제공해야 한다는 것이다. 즉, 자사제품이 경쟁사제품과 비슷한 품질이면 더 낮은 가격으로, 품질이 (경쟁사제품보다) 더 우수하면 (경쟁사제품의 가격과) 비슷한 가격으로 시장에 내놓아야만 후발기업으로서의 약점을 극복할 수가 있는 것이다.

제품믹스와 제품계열의 관리에서 기업은 집중화(focus)의 중요성을 잊어서는 안된다. 기업의 힘을 한 곳으로 집중하여 강력한 힘을 발휘할 때만이 기업의 장기적 이익기반을 확고히 구축할 수 있다. 제품믹스의 무한정 확대는 기업의 효율성을 떨어뜨

그림 6-2   LG전자 케어솔루션

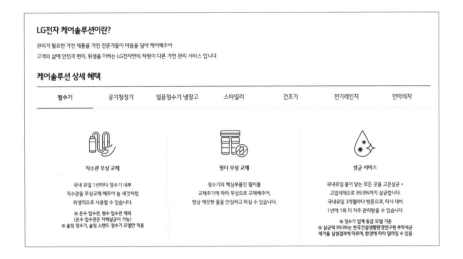

리고 제품 이미지의 초점을 흐리게 하여, 결국 기업의 경쟁력을 상실하게 하는 가장 큰 원인이 된다.

최근에는 제품믹스를 확대하는 전략으로 제품과 서비스를 결합하는 전략이 많이 사용되고 있다. 특히, 고객의 경험을 중심으로 제품과 서비스를 결합하는 성공사례들이 많이 나타나고 있다. 예를 들어, 2018년 LG전자에서는 '케어솔루션'이라는 새로운 서비스를 출시하였다([그림 6-2] 참조). 케어솔루션은 관리가 필요한 가전제품을 가전 전문가들이 케어해주는 서비스이다. 케어솔루션에서는 정수기, 공기청정기, 얼음정수기, 냉장고, 스타일러 등 다양한 가전제품을 관리해준다. 무상필터 교환이나 살균 서비스를 평생 진행하며 고객 맞춤형 서비스를 제공한다.

새로운 제품품목을 제품믹스에 추가해 나가는 전략을 고민하는 마케터들은 '면도기와 면도날(razor and blade)' 전략을 기반으로 제품믹스 확대 전략을 펼치는 것이 중요하다.

 사례   '면도기와 면도날(razor and blade)' 전략

제품믹스 확대 전략으로 '면도기와 면도날(razor and blade) 전략'이 있다. 이 전략은 20세기 초 미국의 면도용품 회사인 질레트(Gillette)가 면도기를 처음 출시하면서 그 이름이 유래된 전략이다.

면도날이 무뎌질 때마다 날을 세워 써야 하는 소비자 불만에 착안해, 질레트는 면도날과 면도기를 분리시켜 면도날이 무뎌지면 새 날로 갈아 끼울 수 있는 제품을 출시했다. 질레트는 판매 촉진을 위해 면도기는 거의 공짜로 주고, 소모품인 면도날에 높은 이윤을 붙여 팔았다. 질레트가 이후 100년 이상 세계 면도기 산업을 호령할 수 있었던 가장 중요한 이유로 경영학자들은 이 '면도기와 면도날 전략'을 꼽는다.

이렇게 시작된 '면도기와 면도날 전략'은 제품믹스 확대의 방향을 잡아주는 전략의 역할을 한다. 매력적이지만 가격이 다소 부담되는 제품을 원가 이하로 소비자에 제공하고, 이후 연계 상품과 서비스 판매를 통해 이익을 창출하는 면도날 전략은 다양한 산업에서 활용되고 있다. 예를 들어, 통신사가 휴대전화 단말기를 무료로 주는 대신 일정 기간 통신서비스를 이용하도록 하는 전략, 닌텐도가 게임기는 싸게 공급하고 소프트웨어 판매에서 대부분의 이익을 창출하는 전략 모두 면도날 전략에 속한다. 제품계열 전략으로서 면도날 전략은 다양한 제품 계열을 통해서 새로운 시장을 창출하는 데 있다. 아마존(amazon)은 아마존 프라임(amazon prime)이라는 상품을 출시하여 면도기(razor)의 역할을 하게 하고, 아마존 프라임의 고객기반 위에 다양한 새로운 서비스를 출시하고 있다. 한 예를 들어, 아마존은 최근 필팩(pillpack)이라는 온라인 약국서비스를 인수하여, 아마존 프라임 고객기반과 결합한 새로운 온라인 헬스서비스를 출시하였다.

제2절   제품수명주기(Product Life Cycle)

다음 절의 논의에서 알 수 있듯이 기업은 많은 노력과 정성을 들여 신제품을 시장에 내놓는다. 그래서 마케터는 이렇게 어렵게 태어난 신제품이 시장에서 오랫동안 잘 팔리기를 기대한다. 그러나 아무리 잘 만든 제품이라도 소비자들의 취향의 변화, 경쟁사의 공격, 기술의 진보 등으로 인하여 언젠가는 시장에서 지도적인 위치를 잃게 된다. 한 제품이 시장에 처음 나와서 사라질 때까지의 과정을 제품수명주기(product life cycle: PLC)라고 부른다. 제품수명주기를 우리는 통상 '도입기·성장기·성숙기·쇠퇴기'로 나눈다. 전형적인 제품수명주기곡선은 [그림 6-3]에 있는 바와 같이 'S'자 모양을 하고 있지만, 그 외의 다른 모양을 가진 PLC곡선도 많다([그림 6-4] 참조).

그러면 제품수명주기의 각 단계의 특성과 각 단계에서의 마케팅전략에 대해서 알아보자.

그림 6-3 제품수명주기 동안의 판매와 이익의 변화

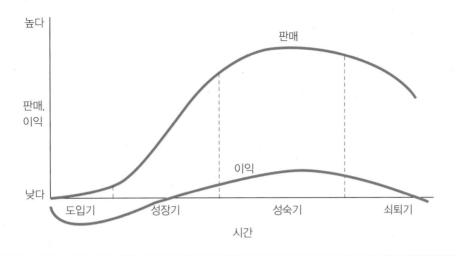

그림 6-4 제품수명주기 곡선의 여러 모양

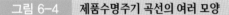

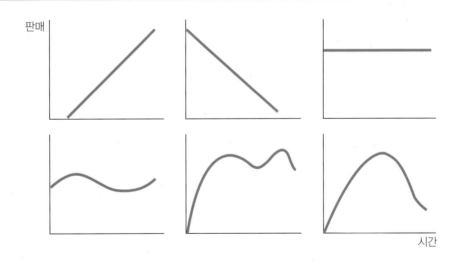

1 도입기(Introduction Stage)

제품수명주기의 도입기는 신제품이 처음 시장에 선을 보이면서 시작된다. 이 시기에는 대체로 제품에 대한 수요가 적다. 그 이유는 첫째, 소비자들이 문제의 제품과 그 제품이 주는 편익에 대해서 거의 아는 바가 없고, 둘째, 제품을 팔아 줄 소매점포망을 확보하는 데 시간이 걸리며, 셋째, 생산시설을 늘리고 제품생산이나 제품 자체에서 나타난 문제점들을 해결하는 데도 시간이 걸리기 때문이다.

따라서 이 시기의 마케팅활동은 소비자들과 중간상인들에게 제품의 존재와 제품의 이점을 알리는 데 중점을 두어야 한다. 그래서 많은 회사들이 도입기에 그들(소비자·중간상인들)을 상대로 많은 광고비와 판매촉진비를 쓰고 있다. 이때 회사의 이익은 극히 적거나 마이너스이기 쉽다.

그럼에도 불구하고 회사는 도입기에 과감히 마케팅 분야(주로 광고·판매촉진)에 투자를 하여 소비자들과 중간상인들 사이에 자사제품의 명성을 확립하고 시장에서의 위치를 확보해야 한다. 그러면 나중에 경쟁사들이 시장에 들어오고 본격적인 경쟁이 시작될 때, 회사의 위치를 지키기가 비교적 쉽게 된다. 왜냐하면 회사가 시장에서 누리고 있는 호감(goodwill)이나 브랜드 명성 같은 무형의 자산은 나중에 들어온 경쟁사들이 짧은 시간 내에 확보할 수 없는 회사의 좋은 방어용 무기이기 때문이다.

2 성장기(Growth Stage)

성장기에는 소비자들이 문제의 제품에 관해서 이미 어느 정도 알게 되었고 그 제품을 취급하는 점포도 늘었기 때문에 판매가 급속히 증가한다. 이 때는 이미 경쟁사들이 시장에 들어와 경쟁이 심해지기 시작한다. 그러나 경영자는 경쟁사의 출현을 반드시 부정적으로 볼 필요는 없다. 왜냐하면 경쟁사들의 활동으로 시장의 크기 자체가 커질 수 있기 때문이다.

시장의 크기가 커지면, 그 시장 안에 있는 대부분의 회사들이 덕을 보게 마련이다. 예를 들면, 만일 '가'회사가 시장의 총수요가 100일 때 80%의 시장점유율을 갖고 있다면 이 회사의 판매는 80일 것이다. 그런데 '나', '다'회사가 조금 차별화된 제품을 갖고 시장에 들어와서 시장의 총수요가 300으로 늘고 '가'회사의 시장점유율은 50%로 줄었다고 하자. 이 때 '가'회사의 경우, 비록 시장점유율은 많이 줄었지만 판매는 거의 배(300×0.5=150)로 늘게 되는 것이다.

이 시기에는 경쟁이 치열해지므로 회사는 광고·판매촉진비를 계속 높은 수준으로 유지하되, 광고의 내용을 경쟁사제품에 비해 자사제품이 나은 점을 강조하는 방향으로 바꿔야 한다. 가격은 현 수준을 유지하거나 혹은 경쟁사를 의식해서 조금 떨어뜨릴 수도 있다. 회사는 새로운 유통경로나 세분시장을 개척하고 제품의 질을 조금씩이나마 꾸준히 개선함으로써 판매가 성장하는 기간을 늘릴 수 있다. 이 시기에는 높은 광고·판매촉진비, 제품개선, 새로운 유통경로·세분시장의 개척 등으로 많은 비용이 지출되지만, 판매가 급격히 늘고 경험곡선효과로 인해 생산원가가 감소하므로 이익은 급상승하게 된다.

성장기는 초기 성장기와 후기 성장기로 나누어서 전략을 수립하는 것이 유리하다. 초기 성장기에는 시장의 크기가 커지면서 동시에 시장의 성장률도 함께 성장하는 시기이다. 이 시기에 회사는 시장에서의 포지셔닝을 구축하기 위한 마케팅활동을 위해서 높은 광고비를 투입하고, 새로운 유통망을 개설하고, 판매촉진을 통해서 자사의 시장점유율을 유지하기 위한 노력을 하는 것이 유리하다. 후기 성장기에서는 시장의 크기는 지속적으로 커지지만 시장의 성장률은 정체하거나 감소하는 시기이다. 여전히 이 시기에도 시장이 성장하는 시기이므로 회사는 높은 광고 · 판매촉진비를 사용하고, 제품개선을 위한 투자를 통해서 시장에서의 선도적인 지위를 유지하고자 노력해야 한다. 하지만 초기 성장기와 다르게 이 시기에는 시장세분화를 위한 회사의 마케팅활동이 가장 활발해지는 시기이다. 회사는 선도적으로 시장을 세분화하고 세분시장에 맞는 제품을 출시하고, 세분시장의 욕구에 맞도록 제품을 차별화하려는 노력을 많이 하는 것이 유리하다. 후기 성장기에서는 기존의 제품을 대체할 수 있는 신제품개발팀을 발족시켜서 신제품개발에 착수하고 시장이 성숙기로 넘어가기 전에 새로운 신제품을 출시할 수 있도록 제품개발에 많은 노력을 쏟는 것도 매우 중요하다.

3 성숙기(Maturity Stage)

성숙기에는 판매의 증가율이 현저히 줄어들기 시작하고 마침내는 판매가 어느 일정한 수준을 맴돌게 된다. 성숙기는 보통 앞의 두 단계보다 오래 지속된다. 우리가 접하는 대부분의 제품은 성숙기에 있으며, 따라서 마케팅관리자가 하는 일의 대부분은 성숙한 제품을 관리하는 것이다.

이 시기의 가장 큰 특징은 회사들 사이에 경쟁이 아주 치열하다는 것이다. 왜냐하면 시장의 전체 수요는 더 이상 늘지 않는데, 이미 많은 경쟁사가 시장에 들어와 있어 전체 생산량이 전체 판매량을 능가하기 때문이다. 따라서 성숙기에는 경쟁에서 오는 압력으로 인하여 전반적으로 가격이 떨어지며 판매촉진을 위한 여러 가지 조치(특별할인 · 할인용 쿠폰 등)가 더 많이 그리고 더 자주 취해진다. 이 시기의 광고는 자사제품의 독특한 점을 부각시켜 자사제품이 경쟁제품과 구별되도록 하는 데 주안점을 둔다.

성숙기는 다른 어느 때보다도 경쟁을 이겨낼 수 있는 창의적이고도 혁신적인 마케팅전략이 필요한 때이다. 따라서 경영자는 아래에 열거한 방안 · 가능성을 비롯하여 판매와 이익을 올릴 수 있는 모든 방법을 체계적으로 검토해야 한다.

- 새로운 세분시장의 개척가능성
- 제품을 더 자주 쓰게 하는 방안
- 제품의 새로운 용도의 창출
- 소비자로 하여금 제품을 쓸 때마다 한층 더 많이 쓰게 하는 방안
- 제품의 품질·디자인의 개선방안
- 제품에 새로운 특징(feature)을 첨가할 수 있는 가능성
- 현재의 소매점포에서 자사제품을 더 돋보이게 하는 방안
- 새로운 유통경로의 가능성
- 고객에 대한 각종 서비스(배달·외상·기술지원)의 강화방안

4 쇠퇴기(Decline Stage)

거의 모든 제품이 언젠가는 기술의 진보, 소비자 취향의 변화, 회사들 사이의 경쟁 등으로 인해 쇠퇴기, 즉 판매가 줄어드는 시기에 들어선다. 이 시기에는 앞의 성숙기 부터 시작된 공급과잉현상이 더 심해져 전체적으로 가격은 더 떨어지고 따라서 모든 기업들의 이익이 감소한다. 판매부진과 이익감소로 인하여 몇몇 회사는 시장을 떠나게 되고, 남은 회사들은 광고·판매촉진비를 줄이고 가격을 더 낮추며 원가관리(cost control)를 강화하는 등 자구책을 강구하게 된다.

회사가 쇠퇴기에 있는 제품을 계속 판매하는 경우, 회사가 입게 되는 손실은 눈에 띄는 재무적 손실뿐이 아니다. 가망이 없는 제품 때문에 귀중한 경영자들의 시간이 낭비될 수도 있고, 생산량이 적어짐에 따라 생산원가가 올라갈지도 모르며, 더 쓸모 있게 쓰일 수 있는 광고비가 이런 제품을 위해 쓰이는 수도 있다. 가장 큰 문제는 이런 제품이 제때 처분되지 않음으로 인해서 이 제품을 대체할 후속상품의 개발이 늦어진다는 사실이다. 따라서 회사는 시장에 나온 지 오래된 제품들에게 좀 더 주의를 기울여야 한다.

마케터는 자사의 각 제품이 판매·시장점유율·원가·이익면에서 어떤 추세인지를 정기적으로 점검하여, 어떤 제품이 쇠퇴기에 있나 알아내야 한다. 그 다음 쇠퇴기에 있는 제품 하나하나에 대하여 가장 적합한 조치를 취해야 한다. 이 때 각 제품이 처한 상황을 충분히 고려해야 함은 물론이다. 만일 경쟁사들이 시장을 조만간 떠날 것 같으면, 그대로 제품을 유지할 수도 있다. 혹은 판매량이 크게 떨어지지 않도록 하면서, 여러 가지 부문에서(보기: 연구개발, 공장·장비, 판매원·광고) 비용을 줄여 가는 정책을 쓸 수도 있다. 이것을 수확정책(harvesting)이라고 하는데, 수확정책은 만일 이 정책을

| 표 6-4 | 각 제품수명주기단계의 특징과 대응전략

	도입기	성장기	성숙기	쇠퇴기
특징				
판매	낮다	빨리 는다	천천히 는다	줄어든다
이익	없다	조금씩 는다	가장 많다	줄어든다
경쟁사의 수	아주 적다	늘어난다	많다	줄어든다
마케팅전략				
전략의 초점	시장침투	시장의 확대	시장점유율의 방어	수확 또는 철수
유통	제한되어 있다	거의 표적시장 전체에 걸쳐 높지만	표적시장 전체	유통망의 축소
가격*	높다	낮아지기 시작한다	낮다	낮다
제품	문제점 보완	개선	차별화	원가절감으로 합리화
광고·판매촉진의 주된 목표	제품에 대해 알림	경쟁사제품보다 나은 점을 알림	자사제품의 독특한 점을 알림	제품의 존재를 상기시킴
마케팅예산	많다	많다	적어진다	적다

* 제품수명주기 동안의 가격전략에 관해서는 사실 일반적인 처방이 있을 수가 없다. 여기 쓴 것은 대체적인 지침으로 생각하면 되겠다.

시행하는 동안 판매가 급격히 줄어들지 않으면 회사의 이익이 늘어나는 장점이 있다.

또 어떤 때는 제품을 처분(drop, terminate)하는 것이 최상책일지도 모른다. 이럴 때는 가능하면 다른 회사(특히 작은 회사)에게 이 제품을 유상으로 넘기도록 해야 한다. 만일 제품을 인수할 회사를 찾을 수가 없으면, 경영자는 지금까지 이 제품을 구입하여 쓰고 있는 고객들이 서비스나 부품구입면에서 불편을 느끼지 않도록 하면서 제품을 시장에서 사라지게 해야 할 것이다. 〈표 6-4〉는 지금까지 이야기한 것을 요약하여 보여 주고 있다.

사례 | **애플의 제품수명주기**

애플 아이폰의 제품수명주기(Product Life Cycle) 전략을 살펴보면, 애플이 시장의 도입기에서 특별히 초반 입소문과 바이럴 마케팅을 토대로, 조기수용자그룹(Early Adopter)을 자극시키고, 이들로 하여금 애플의 신제품인 아이폰의 출시를 기대하게 만들면서 아이폰에 대한 기대감을 극대화하는 활동에 많은 노력을 기울인 것을 알 수 있다. 애플은 아이폰의 혁신성을 널리 홍보하면서 출시 전까지 '아이폰에 대한 기대감을 최고로 만드는' 아이폰의 마케팅전략을 성공적으로 펼쳐나갔다. 이러한 애플의 전략이 시장에서 성공하면서 아이폰을 사용하고자 열망하는, 고객들의 수가 날로 증대되었고, 이미 아이폰의 출시 전에 아이폰의 수요 기반을 다졌다고 볼 수 있다.

2009년 아이폰이 국내 시장에 판매되기 시작하면서, 예상했던 대로 엄청난 인기를 끌었다. 2009년 12월 첫째 주 휴대폰 판매량 추이를 살펴보더라도 아이폰은 국내 시장 점유율 10.2%를 기록하며 삼성의 옴니아 등을 제치고 1등의 자리를 차지했다. 또한 아이폰은 이 기세를 타고 2009년을 넘어 2010년과 2011년에는 판매량이 227만대를 기록하였다. 스마트폰 시대를 열었던 아이폰 덕분에 같은 시기에 국내 핸드폰 시장에서 스마트폰의 비중은 4.2%에서 18.9%로 약 4.5배 가까이가 늘었다. 아이폰은 이렇게 차별화된 포지셔닝을 구축하여 성장기 단계에서 '스테디셀러(steady -seller)'의 자리를 지속할 수 있었다.

그림 6-5   애플의 iPod, iPhone, iPad의 제품수명주기

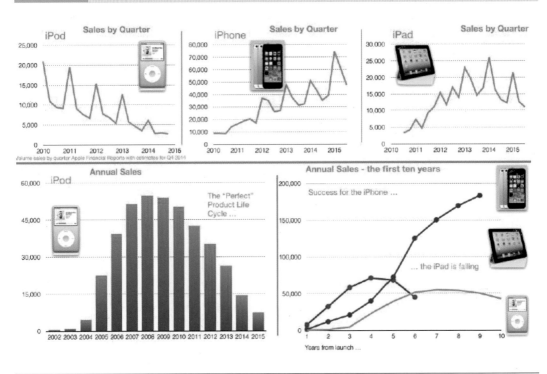

위의 [그림 6-5]는 애플의 iPod, iPhone, iPad의 제품수명주기를 보여주고 있다. 그림에서 볼 수 있듯이, iPod의 경우는 이미 성숙기를 지나 쇠퇴기에 접어들었음을 알 수 있다. 스마트폰의 등장 이후에 음악을 듣는 활동이 스마트폰으로 자연스럽게

통합되면서 별도로 음악재생기를 구입할 필요성이 사라졌기 때문이다. iPad의 경우는 빠르게 시장을 형성하다가 제품도입 후 5년이 지나면서 쇠퇴기로 들어선 것을 볼 수 있다. 이러한 iPad 시장의 급속한 쇠퇴는 커져가는 스마트폰의 사이즈와 점점 더 가벼워지는 노트북 컴퓨터의 중간에서 태블릿(tablet) 시장의 포지셔닝이 명확하게 정립되지 못했기 때문으로 생각할 수 있다. iPhone은 그림 상에서 제품의 출시 후 10년이 지났지만 아직도 후기 성장기의 단계에 있는 제품수명주기를 보여주고 있다. 이는 스마트폰이 App시장의 활성화를 통해서 지속적으로 새로운 연관 시장을 만들어내기 때문이라고 생각한다.

5 제품수명주기 개념의 문제점

제품수명주기 개념은 아직도 마케팅 분야에서 많은 인기를 누리고 있지만, 마케팅 관리자가 이 개념을 마케팅 업무를 계획하고 통제하는 데 제대로 쓰려면 이 개념의 문제점들을 확실히 알아야 한다.

첫째, 앞의 [그림 6–4]에서 본 바와 같이 전형적인 S자 모양을 하고 있지 않은 PLC 곡선도 많을 뿐더러, 어떤 제품은 아예 쇠퇴기에 들어서지 않을 것처럼 보이기도 한다. 80년 이상 시장에서 주도적인 위치를 차지하고 있는 '아스피린'이 그 좋은 예이다. 따라서 경영자는 PLC의 각 단계가 고정된 순서로 전개되고, 시간이 지나면 불가피하게 다음 단계가 온다는 고정관념을 버려야 한다.

둘째, 제품수명주기의 모양은 기업의 적극적인 마케팅활동에 따라 크게 달라질 수 있다. 다시 말하면, PLC는 각 단계에서 기업이 취해야 하는 마케팅전략을 제시해 주는 독립변수이면서, 동시에 기업이 어떤 마케팅전략을 취하느냐에 따라 그 결과가 달라지는 종속변수이기도 하다. PLC와 마케팅전략은 독립변수적인 면과 종속변수적인 면을 모두 갖고 있다고 보아야 할 것이다.

셋째, PLC모델은 그 대상이 전체 제품부류(product class, 보기: 자동차)냐, 제품형(product form, 보기: 승용차)이냐, 혹은 특정 브랜드(brand, 보기: 제네시스, 소나타, 에쿠스)냐에 따라 그 의미가 달라진다. PLC에 관한 마케팅문헌은 대체로 제품부류를 대상으로 하여 각 단계에서의 마케팅전략을 논하고 있다. 그러나 기업의 주요 관심대상은 제품형이나 자사브랜드를 위한 마케팅전략이므로 제품부류를 대상으로 한 마케팅전략을 그대로 쓸 수는 없을 것이다. 따라서 경영자는 PLC 개념의 이러한 한계점들을 명확히 인식하고, 그것을 실제상황에 응용할 때는 각 제품(브랜드)이 처해 있는 특수한 상황(경쟁상황·환경변수·소비자행동 등)을 충분히 고려해야 하는 것이다.

제3절 신제품개발

1 신제품개발의 중요성과 위험

오늘날 소비자들의 기호는 무척 다양할 뿐만 아니라 빠른 속도로 변하고 있다. 어느 기업이든지 소비자들의 기호를 제대로 파악하지 못하고 그에 맞는 제품을 경쟁사들보다 먼저 내놓지 않으면 치열한 경쟁에서 처지게 마련이다. 현재 잘 팔리고 있는 상품이라도 기술의 진보로 인해 시간이 지나면 언제 구식이 될지 모른다. 이럴 때 우리 회사가 머뭇거리면 경쟁사가 새로운 기술로 개발한 더 좋은 신제품을 내놓아 우리 회사의 위치를 위협하게 된다. 아래에 열거한 미국시장에서의 몇 가지 예는 이러한 상황을 잘 반영하고 있다.

- 전 세계 면도기시장의 65%를 장악하고 있는 질레트(Gillette)는 매출액의 40%를 4년 이내에 개발된 신제품으로 채우고 있다.
- 3M의 목표는 최근 4년 동안 출시된 제품에서 매년 매출액의 30%라는 놀라운 수치를 이끌어내는 것이다. 3M은 매년 200가지 이상의 신제품을 출시하는데, 2002년에는 매출액 160억 달러 중 정확하게 1/3이 이전 4년 동안 출시된 제품에서 나왔다.
- 매년 20%씩 성장하는 시장의 기업들을 대상으로 조사한 컨설팅업체 맥킨지(McKinsey)의 보고서에 따르면 신제품의 시장출시가 6개월 늦어질 경우 제품의 수

| 표 6-5 | 매경 이코노미가 선정한 연도별 10대 히트 상품

순위	2017	2018
1	삼성 갤럭시 S8	삼성 무풍에어컨
2	비트코인	LG전자 트롬 건조기
3	배틀그라운드	신한 SOL
4	카카오뱅크	〈신과 함께〉
5	〈택시운전사〉	유튜버
6	제네시스 G70	평양냉면
7	전자담배	싼타페
8	AI 스피커	아크로리버뷰
9	무선청소기	방탄소년단
10	방탄소년단	KT 기가지니

익성은 1/3 정도 감소한다고 한다.

　〈표 6-5〉는 2017년과 2018년에 우리나라에서 성공을 거둔 대표적인 신제품 10개를 보여 주고 있다. 이 제품들이 그 회사들의 성장에 얼마나 크게 이바지했는가를 생각해 보면 신제품의 중요성을 잘 알 수 있다. 그러나 이렇게 중요한 신제품의 개발에는 또한 큰 위험이 따른다. 무엇보다도 신제품의 높은 실패율이 그 위험이 얼마나 큰가를 잘 말해준다. 신제품의 실패에 관한 연구를 종합해 보면, 소비재의 경우 30~35%가, 산업재의 경우 약 25%가 제품을 개발한 회사의 기대에 못 미친다고 한다. 신제품에 관한 아이디어를 내는 단계에서부터 제품을 시장에 내놓기까지 제품개발에 드는 엄청난 비용과 시간을 생각하면 위의 실패율은 아주 높은 것이다.

　이와 같이 신제품이 중요하지만 그 개발에는 많은 비용과 위험이 따른다면 회사는 어떻게 해야 하는가? 말할 것도 없이 신제품개발과정을 철저히 관리하여 꼭 성공할 제품만을 시장에 내놓아야 하는 것이다. 즉, 전망이 없는 신제품아이디어는 제품개발과정의 초기에 과감히 버리고 시장에서의 성공가능성이 높은 아이디어만 다음 단계로 보내야 한다. 이 과정이 어려운 것은 초기에 기각된 아이디어 중에 훌륭한 아이디어가 끼어 있을 가능성이 있기 때문이다. 아이디어를 거른 후에도 제품개발의 각 단계에서 회사는 여러 가지 과학적인 방법과 절차를 총동원하여 전망이 좋지 않은 개발 작업은 가능하면 일찍 중단해야 한다. 왜냐하면 신제품개발과정의 후반부로 갈수록 개발에 들어가는 비용이 커지기 때문이다. 따라서 전망이 불분명한 개발 작업은 일찍 중단시키면 시킬수록 비용이 절약되는 것이다. 또한 아무리 전망이 좋지 않은 개발프로젝트라도 일단 완성단계에 가까워지면 중단시키기가 무척 힘들어진다. 왜냐하면 그 동안 그 제품의 개발에 관여한 많은 사람들이 그 제품의 완성을 보고 싶어 하기 때문에 그들은 여러 가지 이유를 들어 프로젝트를 끝까지 밀고 나가려고 한다. 마케팅관리자도 그 동안 그 제품의 개발에 많은 비용을 투입하였으므로 조금만 더 투자하여 시장에서 승부를 걸고 싶은 욕심이 생겨날지도 모른다. 그러나 최고경영자와 마케팅관리자는 이러한 유혹을 과감히 뿌리쳐야 한다. 아무리 제품개발에 투입된 비용이 많다 하더라도 시장에서의 성공가능성이 적을 때에는 개발 작업을 중지해야 한다. 시장에서 실패하면, 그 제품의 실패에 따른 비용뿐만 아니라 회사의 다른 제품들과 회사의 이미지·명성에 미치는 악영향도 클지 모르기 때문이다. 또한 신제품개발팀과 마케팅실무진들의 사기에 미치는 영향도 무시할 수 없다.

　신제품개발의 중요성과 위험이 크다는 것은 많은 기업들이 인식하고 있다. 따라서 신제품개발의 성공확률을 높이기 위한 연구가 활발하게 진행되었다. 그 중 하나가 바

| 그림 6-6 | Microsoft office 2010 개발 시 단계별 고객 참여 사례 |

최종 소비자 인터뷰	• 개발 초기에 프로젝트 매니저와 엔지니어들이 소비자들과 개별 인터뷰 진행 • 소비자가 제품을 어떻게 이용하는지를 알기 위해, 마이크로소프트가 소비자의 니즈를 어떻게 더 충족시킬 수 있는가를 알기 위함
Test kitchens	• Test kitchens: Microsoft campus에 위치한 고객 테스트 장소 • 소수의 고객들이 M/S office 2010 초기버전을 사용해보고 성능이나 사용편리성 개선을 위한 피드백 제공 • In-person session도 하고 One-way mirror room에서 소비자들이 자유롭게 사용하는 상황을 관찰 • 50명의 고객집단 안에서 중요하다고 제기된 이슈들이 시장출시 후 50,000명이 제기한 이슈와 동일
Advisory council	• 다양하고 광범위한 고객집단으로부터 고객의 일반적인 니즈를 추출하여 제품개발의 반영 • M/S직원인 모더레이터가 고객집단과 대화하며 제품기능과 소프트웨어 성능에 대한 고객 피드백 수집
전통적인 마켓 리서치	• Primary research와 제3자인 조사기관으로부터 customer demographics, 소비자 행동, 태도 등에 대한 고객정보 수집 • 이와 더불어 PC ownership, home networking adoption, telecommuting, home based business, cell phone activities 등 software 마켓에 대한 정보도 수집 • 이러한 정보를 통해 개발팀은 제품이 사용되는 상황에 대한 다각적 시각 보유
사용자 주도의 전자 피드백 (Electronic feedback)	• 소비자들은 office 2010을 사용하면서 좋은 기능에는 'send a smile', 좋지 않은 기능에는 'send a frown' 버튼을 클릭. 이는 M/S의 DB에 저장 • 사용자의 주도 하에 코멘트와 평가를 보내고 사용자가 무엇을 공유할지를 결정한다는 면에서 Telemetry 데이터와는 다름
현 사용자 로부터의 Telemetry data	• M/S office 2010을 실제 사용하는 사람들의 경험을 바탕으로 한 data reporting • 베타 버전을 내·외부에 공유, 버그 등을 수정

로 나선형 개발이다. 전 세계기업의 70% 이상이 사용하고 있는 스테이지 게이트 모델 (Stage-Gate Model)의 창시자인 쿠퍼 박사(Robert G. Cooper)가 전 세계 500여 개 기업의 2,000여 가지 신제품 프로젝트를 대상으로 한 실증연구를 통해 수익성 있고 신속한 제품개발을 가져오는 원칙들을 소개했다. 그 중 하나인 나선형 개발은 시제품 (prototype)을 고객에게 선보이고 피드백과 검증을 얻어 그 다음 시제품에 반영하는 과정을 반복하는 것으로 '제작-테스트-피드백-개선'의 일련의 작업을 반복하는 것이다.

[그림 6-6]은 마이크로소프트가 Office 2010을 개발 시 나선형 개발을 도입하여 성공적인 신제품개발을 하면서 어떻게 고객들의 의견을 제품개발에 반영하였는

지를 보여주고 있다. 마이크로소프트는 성공적인 신제품개발의 열쇠가 고객들의 참여에 있다고 판단하고 고객 참여를 최대화할 수 있도록 '최종 소비자 인터뷰, Test Kitchens, Advisory Council, 전통적인 시장조사, 사용자주도의 전자 피드백, 베타버전의 공유를 통한 사용자들로부터의 피드백'의 방법들을 사용하였다. 이처럼 신제품개발에 있어 보다 더 과학적이고 조직적으로 고객의 의견을 반영하여 성공확률을 높이기 위한 노력은 지속적으로 진행되고 있으며, 높은 기술력을 바탕으로 신제품을 개발하는 국내 기업들의 경우에도 이러한 과학적이고 효율적인 방향으로 나아가야 한다고 생각한다.

 사례 | ## 아마존의 신 서비스 개발

아마존은 온라인 소매업 분야에서 시작해서 사업영역을 디지털 콘텐츠, 클라우드 서비스, 전자기기 등 넓고 다양하게 확장해 나가고 있다. 클라우드 서비스 시장에서는 구글, 마이크로소프트와 경쟁하면서 시장점유율 40%로서 시장을 주도하고 있다. 그 외에도 다양한 사업 분야에서 각 분야의 최강자들과 경쟁할 정도로 강력한 영향력을 행사하고 있다. 2017년 4분기에 아마존 AWS(Amazon Web Service)만 50억 달러의 매출을 올렸으며, 이는 2017년 170억 달러의 연간 매출로서 전년에 비해 43%의 증가율을 달성한 것이다.

2002년 아마존은 자사의 데이터베이스와 서비스를 오픈 API(Application Program Interface) 형태로 외부에 개방했다. 이를 통해 다른 웹사이트들이 가격과 제품 상세 설명과 같은 정보를 아마존의 상품 DB에서 골라서 올리고 아마존의 결제 시스템과 장바구니를 이용할 수 있도록 한 것이다. 이것이 아마존이 온라인 유통시장을 장악하게 된 가장 중요한 성공 요인이었다.

2006년에는 아마존의 웹 서버(Web Server)를 시간 단위로 외부 기업에 임대해 주는 일래스틱 컴퓨트 클라우드(EC2, Elastic Compute Cloud), 다른 웹사이트나 개발자의 사진, 문서 등 컴퓨터 파일을 아마존 서버에 저장하게 해주는 심플 스토리지 서비스(S3, Simple Storage Service)를 소개했다. 이런 서비스를 통해 신규 업체들은 자체적인 전자 상거래 시스템을 직접 구입하거나 운영하는 대신 웹 서비스를 사용한 만큼만 돈을 내며 사용량을 마음대로 줄이거나 늘릴 수 있

게 되었다. 아마존 AWS(Amazon Web Service)는 고객사들에게 가상 서버를 제공하며, 140만대의 서버가 Amazon Web Service에 의해 운영되고 있다. AWS의 가장 큰 고객 중 하나는 Netflix로, 아마존의 AWS를 사용하여 전 세계 고객들에게 비디오 콘텐츠를 제공한다. 아마존은 AWS사업의 고객사들에게 그동안 아마존 쇼핑몰을 운영하며 터득한 데이터 분석의 노하우(know-how)를 활용해서, 고객사들이 데이터의 분석을 위해 필요한 소프트웨어와 플랫폼을 제공하고, 고객사들에게 빅데이터를 분석해 소비자 특성을 파악하는 애널리틱스 서비스를 제공하여 보다 나은 경영 성과를 낼 수 있도록 하고 있다.

② 신제품의 개발과정

앞에서 본 바와 같이 신제품의 개발에는 큰 위험이 따르므로, 회사는 [그림 6-7]에 있는 신제품개발의 여러 단계를 착실히 밟아 성공가능성이 아주 높은 제품만 개발하여 시장에 내놓아야 한다.

(1) 아이디어창출

신제품개발의 첫 번째 단계는 신제품에 관한 아이디어를 내고 모으는 것이다. 신제품아이디어는 여러 곳에서 올 수 있다. 고객, 중간상, 경쟁사, 최고경영자, 회사의 종업원(판매원, 생산직·사무직 직원), 회사의 실험실·신제품개발부서 등이 좋은 신제품아이디어를 공급해 주는 대표적인 원천들이다.

회사의 성장에 꼭 필요한 신제품도 처음에는 아주 간단한 아이디어에서 출발하므로 회사는 다양한 사람들로 하여금 적극적으로 아이디어를 내게 하고, 나온 아이디어들을 체계적으로 수집할 필요가 있다. 아이디어 건의함을 설치하고 채택된 아이디어를 낸 사람에게는 후한 보상을 해 주는 것도 한 방법이다. 미국의 대표적인 컴퓨터회

그림 6-7   신제품개발과정

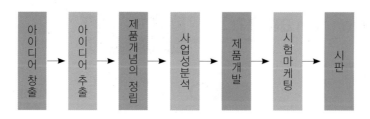

사인 IBM과 DEC(Digital Equipment Corporation)의 임원들은 1년에 적어도 한 달 동안은 회사의 주요 고객들을 접촉해야 한다고 한다. 또한 현대카드·현대캐피탈은 여의도의 본사 사옥 2관 로비의 한쪽 벽면에 60대의 LED 스크린을 설치하고 콜센터나 인터넷 홈페이지를 통해 접수한 고객들의 불만들이 올라오는 시설을 만들었다. 시장의 동태를 파악하고 제품개선을 위한 아이디어를 얻는 것이 그 목적임은 말할 것도 없다.

보기   **소비자를 배려하는 기술, 맥심 이지컷(Easy-cut)**

맥심에서 선보인 이지컷기술은 커피의 맛도 중요하지만 커피를 타는 순간까지도 소비자를 생각하는 정성을 반영하고 있다. 기존의 세로로 찢어 개봉하는 방법은 자칫 잘못 찢어지면 커피가 쏟아지는 불편함을 느끼는 일이 있었다. 하지만 새로 도입된 이지컷(easy-cut)기술은 간편하면서도 깔끔하게 개봉할 수 있게 가로로 커팅선을 내어 소비자들의 마음에 한걸음 더 다가간다.

신제품개발의 중요한 아이디어 원천은 바로 '고객의 불평'이다. 고객의 불평·불만은 더 나은 제품·서비스를 개발하기 위한 귀중한 정보가 될 수 있기 때문이다. 롯데제과는 낱개로 포장된 빼빼로에서 냄새가 난다는 고객들의 잇따른 불만을 이상하게 여기고 냄새를 추적했다. 그 결과 빼빼로의 초콜릿이 주변의 향을 빨아들인다는 사실을 발견해내고 이후 빼빼로의 낱개 포장 시에는 주의가 필요하다는 문구를 제품에 명시하고 있다.

상담센터 역시 과거 귀찮은 민원을 처리하는 해결사 역할에서 지금은 제품에 대한 정보가 모이는 정보센터가 되고 있다. 제품개선의 50% 이상은 고객에서 비롯되고 있기 때문에 기업들은 최근 상담센터에 상당한 공을 들이고 있다.

삼성전자서비스는 고객의 다양한 의견을 반영해 접근성과 편의성을 대폭 강화한 고객 중심의 사이버 서비스 센터를 재구축하고, 스마트폰, 태블릿 등에서도 서비스를 이용할 수 있도록 모바일 웹 사이트를 열었다. 불만사항 접수는 로그인 없이도 가능하게 변화시켰다. LG전자는 온라인 중심의 원격지원 서비스 도입을 결정, 이를 위해 고객 커뮤니케이션 방식을 완전히 바꿔 고객에게 안내사항을 전달하는 CIC(Customer Information Center)에서 벗어나, 고객과 상호 커뮤니케이션하는 CIC(Customer Interaction Center)의 개념을 도입하였다.

기업은 이렇게 여러 가지 방법으로, 다양한 사람들로부터 제품 아이디어를 얻을 수 있다. 하지만 기업으로서는 아이디어를 내고 모으는 일련의 과정을 체계적으로 관리하는 체제를 갖추는 것이 중요하다.

첫째로, 성공적인 제품개발을 위해서는 회사 내 제품개발부서와 마케팅부서 간에 긴밀한 협조관계가 있어야 한다. 만일 제품아이디어가 기술자·연구원들에게서 나온 것이라면 마케팅팀은 그 아이디어에 대해 소비자들이 어떻게 생각하는가 조사해야 하고, 만일 그것이 시장에서 파악된 소비자의 욕구에 근거한 것이라면 마케팅관리자는 기술자·연구원들로 하여금 그것이 기술적으로 가능한가 검토하게 해야 한다. 마케팅팀과 제품개발팀의 이러한 긴밀한 협조관계는 제품개발의 전 과정에 걸쳐서 유지되어야 함은 물론이다. 어떤 신제품이고 성공하려면 경제성과 기술적 가능성을 모두 갖춰야 하기 때문이다.

둘째로, 최근에는 신제품을 개발하기 위해서 많은 기업들이 기존의 폐쇄형 개발 방식에서 회사의 외부 전문가와 고객들의 참여를 통해서 새로운 제품개발의 아이디어를 확보하는 개방형 혁신으로 전환하고 있다. 레고의 사례는 아이디어 창출에 있어 개방형 혁신이 얼마나 중요한지를 잘 보여주는 사례이다.

세계 시장을 주도하던 레고는 1994년부터 매출이 감소하는 어려움을 겪기 시작했다. 레고의 특허가 풀리면서 비슷한 저가 제품이 난립하고, 소니 플레이스테이션 등 비디오 게임의 등장으로 소비자의 놀이생활을 대체할 수 있는 제품들이 급속하게 증가해 레고만의 경쟁력이 약화된 결과였다.

레고는 경쟁력과 시장점유율을 확보하기 위해 제품 수를 크게 늘렸지만 효과는 미미했다. 1994년 109개에서 96년 160개, 98년 347개로 제품 수를 늘렸지만 제품 수의 증가는 시장에서 크게 반응을 얻지 못하였다. 오히려 지나친 제품 수의 증가는 레고만의 독특한 개성을 약화시키는 결과를 가져왔다. 경쟁력이 약화되면서 레고의 순이익은 감소해 1998년 4800만 달러 적자로 전환하고, 전체 8670명 직원 중 1000여 명을 해고할 지경에 이르렀다.

이런 상황에서 1998년 일어난 '마인드스톰 해킹사건'은 제품과 지적재산권을 엄격하게 통제하는 폐쇄형 기업 레고를 개방형 혁신의 길로 전환시키는 계기를 제공하였다. 1998년 레고는 사용자가 원하는 방식대로 맞춤형 로봇을 제작할 수 있는 마인드스톰이라는 새로운 제품을 출시하였는데, 출시 뒤 3주 만에 레고 팬들이 마인드스톰의 제어 프로그램을 해킹해 기본 기능 외에 다양한 기능을 추가한 버전을 인터넷에 공개한 사건이다. 레고는 해커들을 상대로 소송을 벌일지 고민하다가 차라리 사용자들과 협력해 신제품과 새로운 응용 프로그램을 만드는 방향으로 결정을 바꿨다.

그 후 레고는 레고 애호가들과 손을 잡기 위해 '레고 아이디어스(LEGO IDEAS)' 홈페이지를 개설해 제품 아이디어를 모으는 개방형 혁신을 이뤄내면서 2004년부터 2014년 사이에 매출을 5배로 늘리는 등 성장세를 이어갔다.

(2) 아이디어추출(Idea screening)

신제품개발의 두 번째 단계는 아이디어추출이다. 회사는 앞의 아이디어창출 단계에서 수집된 많은 제품아이디어들 중에서 더 자세하게 연구할 만한 아이디어들을 추려내야 한다. 아이디어를 추릴 때, 회사는 두 종류의 실수를 범하지 말아야 한다. 하나는 좋은 아이디어를 기각하는 것이고, 또 하나는 별로 좋지 않은 아이디어를 다음 단계로 보내는 것이다. 따라서 아이디어를 선발하는 데 쓰이는 기준이 너무 강해도 안되고(좋은 아이디어가 기각될 가능성이 높으므로), 너무 약해도 안 된다(좋지 않은 아이디어가 선발될 가능성이 많아지므로).

앞에서 언급한 대로 아이디어가 일단 선발이 되어 다음 단계로 넘어가면 개발에 들어가는 비용이 급상승하므로 좋은 아이디어만의 선발은 신제품개발과정에서 아주 중요한 의미를 갖는 것이다. 그래서 〈표 6-6〉에 있는 바와 같은 점검표를 쓰는 것이 바람직하다. 구체적으로 점검을 할 내용은 회사가 처해 있는 상황, 제품의 특징, 기타 환경요인 등에 따라 물론 달라져야 하지만 적어도 〈표 6-6〉에 있는 항목들은 꼭 포함되어야 한다. 여기서 글쓴이들이 강조하고 싶은 것은, 이러한 점검표는 어디까지나

| 표 6-6 | 제품아이디어 추출을 위한 점검표

	상대적 중요성 (가)	평가 (나)					평점
		A 1	B 0.75	C 0.5	D 0.25	E 0	가×나
회사 경영목표와의 부합	0.1		V				0.075
회사의 다른 제품들에 미칠 영향	0.1			V			0.05
재정적 부담	0.1				V		0.025
회사의 마케팅자원을 활용할 수 있나의 여부	0.2	V					0.2
회사의 생산시설을 활용할 수 있나의 여부	0.2		V				0.15
회사의 축적된 과거경험과 경영능력이 활용될 수 있나의 여부	0.1			V			0.05
경쟁제품에 대한 경쟁우위	0.2	V					0.2

A: 아주 좋다, B: 좋다, C: 보통이다, D: 별로 좋지 않다. E: 아주 좋지 않다.

제품아이디어를 체계적으로 평가하는 데 도움을 주는 도구이지, 점검표가 경영자를 대신해서 의사결정을 해 주는 것은 아니라는 사실이다.

(3) 제품개념의 정립

매력이 있는 제품아이디어들을 가려내었으면, 회사는 그러한 아이디어들 하나하나를 제품개념(product concept)으로 발전시키고, 또 그러한 제품개념이 소비자들의 머릿속에서 어떤 위치를 차지하고 있나를 알아내야 한다.

제품개념이란 제품아이디어를 좀 더 구체적이고 소비자들에게 의미 있는 언어로 제품을 표현한 것을 말한다. 예를 들면, 어떤 식품제조업체가 우유에 넣으면 우유의 영양가와 맛을 개선시켜 주는 분말을 만들 생각을 했다고 하자. 이것이 제품아이디어 이다. 이러한 제품아이디어는 제품이 제공해 주는 주된 편익(benefit), 제품의 용도, 제품이 겨냥하는 표적시장에 따라 몇 개의 제품개념으로 발전시킬 수 있다. 위의 분말의 경우, (분말을 탄 우유에 대해) 아래와 같은 제품개념을 생각해 볼 수 있다.

- 개념 1: 아침에 시간이 없어 식사를 제대로 못하는 직장인들을 위한 영양음료
- 개념 2: 낮에 군것질을 하고 싶어 하는 아이들을 위한 청량음료
- 개념 3: 노인들이 밤에 자기 전에 건강을 위해 마시는 건강음료

회사는 이렇게 해서 개발된 제품개념들이 소비자들에 의해 어떻게 인식되고 있나

조사해야 한다. 소비자들의 각 상표에 대한 인식을 조사하는 데는 지각도(perceptual map)를 만드는 방법이 널리 쓰인다. 지각도를 통해 소비자들의 기존제품들과 신제품에 대한 인식을 알아보는 이유는 크게 두 가지다.

첫째, 기존제품들이 소비자들의 머릿속에서 어떤 위치를 차지하나 알아냄으로써 아직 경쟁제품이 없는 빈 공간을 찾아 낼 수 있다. 만약 그 빈 공간을 메울 수 있는 제품에 대한 수요가 크다고 판단되면, 회사는 그 공간에 위치한다고 소비자들이 인식하는 제품을 개발해야 하는 것이다.

둘째, 마케팅관리자는 새로운 제품개념들이 기존제품들과 비교해서 어떤 위치에 있는지를 알아냄으로써 경쟁대상을 미리 파악하고 그에 대한 대책을 세울 수 있다.

지각도를 만드는 방법에는 여러 가지가 있는데, 다차원척도법(multi-dimensional scaling technique: MDS)이 가장 많이 쓰인다. 이것은 소비자가 고려의 대상이 되는 여러 제품들을 소비자가 느끼기에 비슷한 순서대로 짝지어서 나열하여, 그 자료를 바탕으로 컴퓨터로 하여금 비슷한 제품들은 서로 가깝게, 그렇지 않은 제품들은 서로 멀리 위치하도록 공간상에 배치하게 하는 기법이다.

[그림 6-8]과 [그림 6-9]는 진통제와 백화점을 각각 대상으로 한 가상적인 지각도이다. [그림 6-8]에는 새로운 제품개념의 위치도 표시되어 있다. [그림 6-8]을 통해 우리는 다음과 같은 정보를 알 수 있다.

① 소비자들은 진통제를 약효와 부작용의 많고 적음이라는 두 가지 차원에 따라

| 그림 6-8 | 진통제시장의 지각도 |

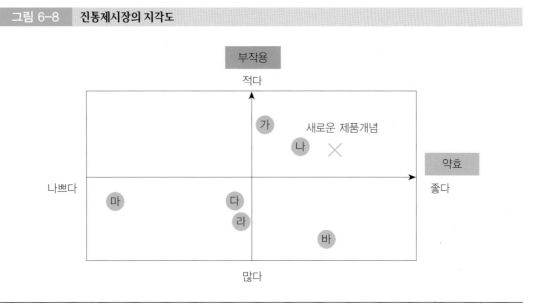

그림 6-9   백화점들의 지각도

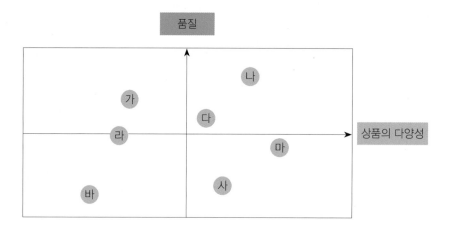

평가한다.

② 회사가 고려하고 있는 신제품은 다른 상표들보다 약효는 뛰어나지만 '가'상표보다는 부작용이 많다고 인식된다.

③ 이 신제품이 시장에 나오면 '다', '라', '마', '바'보다는 '가', '나'가 주로 경쟁상대가 될 것이다.

이러한 정보가 신제품을 개발하고 또 그 제품을 위한 마케팅전략을 세우는 데 얼마나 큰 도움이 되는가는 말할 나위도 없다.

그림 6-10   아침식사용 영양음료시장의 지각도

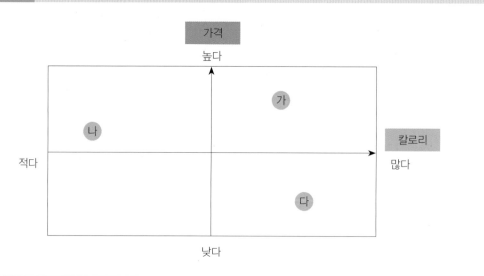

앞의 식품제조업체의 예로 돌아가서, 이 회사가 새로운 제품의 개념을 아침식사용 영양음료로 정의하고 다차원척도법을 이용하여 [그림 6-10]에 있는 바와 같은 지각도를 얻었다고 하자. 이 그림을 통해서 회사는 소비자들이 칼로리와 가격의 두 차원에서 아침식사용 음료를 평가하고, '낮은 가격-낮은 칼로리 시장'이나 '중간 가격-중간 칼로리 시장'에서 자사상품을 내놓으면 다른 상표들과의 경쟁을 피할 수 있다는 것을 알 수 있다. 이 두 세분시장 중 어느 한 쪽을 택하려면 두 시장의 크기와 성장률 등을 조사해야 한다.

사례 'LG전자 스타일러' 제품 개념의 리포지셔닝으로 성공하다

LG전자가 스타일러를 기존 '고급 가전'에서 '필수 가전'으로 다시 포지셔닝한 것도 성공의 한 요인이다.

당초 2011년 트롬 스타일러를 첫 출시할 때, LG전자는 스타일러가 고급 의류관리기이며 타겟 고객도 고소득층이 돼야 한다고 마케팅 방향을 정해놓은 상태였다.

그러나 국내 경영학자들로 구성된 외부 마케팅 자문단은 스타일러 콘셉트를 생활 필수 가전으로 내세워야 한다는 의견을 제시했다. LG전자는 고심 끝에 외부 자문단 의견을 반영하기로 결정하고 그 컨셉을 2015년 초에 출시된 신형 스타일러에 적용했다.

1세대 스타일러가 고급스러운 이미지가 강조돼 대중적 인기를 끌지 못한 반면, 2세대 슬림 스타일러는 냉장고 같은 필수 가전이라는 마케팅을 펼쳤다.

이와 같이 이 단계에서 회사는 경쟁대상을 미리 어느 정도 파악하고 새로운 제품 개념이 어떻게 소비자들에 의해 인식되고 있나 알아 낼 수 있다. 그런데 경영자는 이 단계에서의 작업을 여기서 끝내지 말고 소비자들의 반응을 좀 더 구체적으로 조사하는 것이 바람직하다. 즉, 소비자들에게 말이나 그림으로 표현된 구체적인 제품개념을 제시하고 구매의도를 묻는 제품개념테스트(concept test)를 통하여 다음과 같은 정보를 얻어 낸다.

- 이 제품이 주는 편익이 얼마나 뚜렷하게 보이는가?
- 이 제품이 소비자들의 어떤 욕구를 채워 주는가? 만일 채워 준다면 그 욕구를 만족시키려는 소비자들의 욕망이 얼마나 강한가?
- 이 제품이 경쟁제품에 비해 소비자들의 그 욕구를 얼마나 더 잘 만족시키는가?
- 제품의 가치에 비해 매겨진 가격은 적당한가?
- 구매의도(purchase intention)가 얼마나 강렬한가?
- 이 제품을 산다면 얼마나 자주 살 것인가?

마케팅관리자는 이와 같은 정보와 앞의 지각도를 통해서 얻은 경쟁자에 대한 정보, 그리고 표적시장의 크기·성장률 등을 종합적으로 세밀히 검토하여 성공가능성이 아주 높다고 판단되는 극소수의 제품개념만을 이 단계에서 추려내어 다음 단계로 보내야 하는 것이다.

(4) 사업성분석

이 단계에서 경영자는 앞의 세 단계에서 살아남은 아이디어들이 판매·시장점유율·수익성 면에서 회사의 목표를 달성할 수 있나 평가한다. 아이디어가 아무리 좋더라도 만일 그 아이디어에서 나온 제품이 시장에서 회사가 정한 목표를 달성할 수 없다고 판단되면, 경영자는 그 아이디어를 이 단계에서 과감히 기각해야 한다. 그렇게 함으로써 다음 단계인 개발과 시험마케팅에 드는 엄청난 비용을 절약할 수 있는 것이다.

사업성분석을 위해 경영자는 먼저 이 제품으로부터의 판매가 어느 정도 될 것인지를 예측한다. 여기서 우리가 강조하고 싶은 것은, 판매는 물론 여러 가지 변수들의 영향을 받지만 적어도 경영자는 언제나 판매는 회사가 쏟는 마케팅노력에 의해서 결정된다는 적극적인 사고방식을 가져야 한다는 것이다. 따라서 수익률($=\frac{\text{판매}-\text{비용}}{\text{투자}}$)을 알아내기 위하여 우리가 편의상 판매예측을 먼저하고 그 다음·비용의 순으로 이야기를 하지만 사실은 마케팅비용을 비롯한 비용이 먼저 결정이 되어야 판매를 예측할 수 있다고 할 수 있다. 그러므로 여기서 말하는 판매란 적당한 마케팅비용이 투입되었을 경우에 달성될 수 있는 판매를 가리키고 있는 것이다.

신제품에 대한 수요예측은 대체로 어렵다. 소비자와 경쟁자가 어떻게 반응할지가 불확실하기 때문이다. 경영자가 비슷한 제품의 과거사례, 소비자·중간상인·마케팅실무진(마케팅관리자·판매원)·마케팅전문가들의 의견, 현재까지 개발된 신제품의 수요예측을 위한 모델 등을 활용하고 그 위에 자신의 주관적인 판단을 곁들이면 대부분의 경우 상당히 정확하게 판매예측을 할 수 있다고 우리는 생각한다. 그런데 경영자

그림 6-11   세 가지 제품 종류의 판매유형

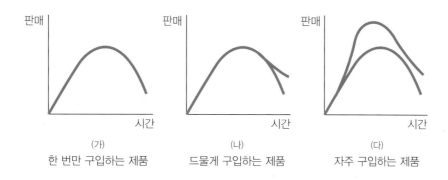

(가)
한 번만 구입하는 제품

(나)
드물게 구입하는 제품

(다)
자주 구입하는 제품

는 판매예측을 할 때 신제품의 판매뿐만 아니라 그 제품이 회사의 다른 제품들에 미치는 영향도 평가해야 한다. 만일 어느 회사의 다른 제품들을 사던 고객들이 그 제품들 대신 같은 회사의 신제품을 구입한다면 이 신제품의 판매만큼 그 회사의 다른 제품들의 판매가 줄 것이다. 따라서 경영자는 (cannibalization이라고 불리는) 이러한 현상이 일어나지 않고 다른 회사의 제품을 구입하던 고객들이 자사의 신제품을 사도록 유도해야 하는 것이다.

판매예측을 할 때 또 하나 경영자가 잊지 말아야 할 것은, 판매예측을 하는 방법은 구입빈도(purchase frequency)에 따른 제품의 종류에 따라 달라야 한다는 사실이다. 왜냐하면 제품이 얼마나 자주 구입되느냐에 따라 그 제품의 판매유형(sales pattern)이 다르기 때문이다. 즉, 한번만 구입하는 제품의 판매는 초기에는 늘다가 어느 시기에 가서 절정에 달하고 그 다음부터는 살 사람의 숫자가 적어지므로 판매가 계속 줄어든다([그림 6-11]의 ㈎ 참조). 드물게 구입하는 제품(보기: 자동차·피아노·산업용 공작기계)은 시간이 어느 정도 지나면 갈아야 하므로, 이런 제품의 경우에는 첫 번째 판매(first-time sales)와 대체판매(replacement sales)를 따로따로 예측해야 한다([그림 6-11]의 ㈏ 참조).

끝으로 소비재나 산업재 중 비내구재같이 자주 구입하는 제품의 경우, 첫 번째 판매와 반복판매(repeat purchase sales)를 구별해야 한다. 첫 번째 판매는 처음에는 늘다가 나중에는 안 사본 사람이 적어짐에 따라 줄어들 것이다. 그러나 사본 사람들의 일부가 그 제품을 좋아하여 반복구매를 하게 되면 곧 반복판매가 전체 판매에서 차지하는 비중이 커지게 된다. 어느 단계에 가면 반복판매도 일정한 수준에서 안정이 되고, 따라서 전체 판매량도 거의 일정한 수준을 유지하게 된다.

신제품의 예상판매액을 어느 정도 예상한 다음에 경영자는 이 제품의 개발과 판매에 따르는 비용을 계산하여 수익률을 추정하게 된다. 이 때의 원가계산에는 연구개발비·생산비·마케팅비용 등이 모두 포함되어야 한다. 많은 경우 신제품의 개발·판매에는 시설투자, 새로운 유통경로의 개척, 판매촉진·광고비에 대한 투자 등으로 인하여 추가자본이 소요된다. 이런 경우에는 소요자본을 정확히 추정하고 자본조달에 따른 자본비용(capital cost)도 신제품의 원가에 포함시켜야 한다.

경영자는 이렇게 하여 추정된 판매액·총비용·수익률 등이 회사의 목표와 정책에 비추어서 만족스러운가 검토해야 한다. 회사가 처한 특수상황이나 최고경영자의 철학에 따라 각 회사가 추구하는 목표·정책이 아주 다양하다. 어떤 회사는 처음 2년 동안은 손해가 나더라도 3년째부터는 이익이 나야 한다는 정책을 갖고 있고, 어떤 회사는 (투자에 대한) 수익률(return on investment)이 20%가 넘어야 한다는 정책을 갖고 있다. 또 다른 어떤 회사는 신제품이 시장에 나온 뒤 5년 안에 제품개발에 들어간 투자액을 모두 회수해야 한다는 정책을 갖고 있을지도 모른다. 경영자는 회사의 목표·정책을 달성할 수 있는 사업성을 가진 제품아이디어만을 이 단계에서 추려내어 다음 단계로 보내는 것이다.

(5) 제품개발

이 단계에서는 앞의 네 단계를 통과한 제품아이디어를 제품으로 구체화시킨다. 이 단계에서는 앞의 네 단계와는 비교가 안 될 만큼 많은 시간과 비용이 투입된다. 제품개발은 주로 제품개발부(R&D department)가 담당하며 가끔 엔지니어링부의 도움을 받게 되는데, 이런 연구부서에서 일하는 연구원·엔지니어들은 마케팅에 대한 이해가 부족하고 제품의 기술적인 측면에 치중하는 경향이 많다. 따라서 마케팅관리자는 이들에게 제품개념을 아주 자세하게 일러 주고 제품을 구입하게 될 소비자들과 그 소비자들이 이 제품으로부터 기대하는 편익에 대해서도 이들(연구원·엔지니어)이 감을 잡을 수 있게 해 주어야 한다.

최근 제품혁신이 중요한 화두로 등장하고 이에 따라 혁신에 대한 접근에 있어서도 내부조직 중심의 폐쇄형 혁신보다 외부의 역량과 자원을 활용하는 개방형 혁신이 점점 더 중요해지고 있다. 기업들이 내부뿐만 아니라, 외부 아이디어와 연구개발(R&D) 자원을 함께 활용해 기술을 발전시킬 수 있다는 혁신 이론이다. 미국 버클리대학의 헨리 체스브로(Henry Chesbrough) 교수가 2003년 그의 저서 《Open Innovation: The New Imperative for Creating and Profiting from Technology》에서 소개했다.

IBM은 과거 '폐쇄형 혁신(Closed Innovation)'을 추구했으나, 2000년 대 초부터 '이노베이션 잼(Innovation Jam)'이라는 프로그램을 통해 내·외부 집단지성을 활용하여 문제를 해결하거나 새로운 아이디어를 창출했다. 최근에는 핵심 기술 분야도 '개방형 혁신'을 통해 연구개발하고 결과물의 공동 특허를 얻는 등 적용 범위를 넓혔다.

미국 전기차기업 테슬라도 개방형 혁신을 시도하고 있다. 테슬라는 2014년 6월 보유하고 있던 핵심 특허들을 전 세계에 공개했다. 전기차 배터리 특허는 핵심 경쟁력이나 다름없는데 왜 그랬을까? 뒤쫓아 오는 기업들과 유관 산업들이 테슬라의 기술을 토대로 전기차를 개발하면 테슬라의 기술은 더 빨리 진화하며 시장의 표준으로 자리잡을 수 있기 때문이다.

이러한 개방형 혁신은 새로운 신상품을 시장에 빨리 내놓기 위한 가장 효과적인 방법이다. 구글은 2014년에 32억 달러를 투자하여, 사용자가 선호하는 온도를 설정하고 자동 온도 조절을 통해 에너지 절약을 이끌어내는 온도조절장치를 만들어내는 Nest사를 인수하였다. 구글은 Nest의 온도조절장치를 가정의 다양한 기구들을 컨트

롤할 수 있는 애플리케이션을 개발하는 플랫폼으로 만들어내는 것에 주목하였다. 그후 구글은 "Works with Nest" 프로그램을 통해, 1년 동안 10,000명이 넘는 개발자들을 참여시키는 데 성공하였다. 가정용 기구들을 컨트롤하는 플랫폼으로 거듭난 Nest는 Phillips의 스마트 LED전구, Whirlpool의 세탁기, Xfinity Home의 보안시스템과 연동되는 플랫폼으로 진화하여 Home Automation의 제품개발을 주도하고 있다.

마케팅관리자는 연구부서 사람들과 이렇게 적극적으로 협조하여, 그들이 만들어내는 시제품(prototype)이 아래와 같은 요건을 갖추도록 해야 한다.

① 소비자들이 제품개념에 명시된 편익을 실제로 그 제품이 제공해 준다고 믿는다.
② 제품을 정상적인 상태에서 정상적으로 쓰면 안전 면에서 문제가 없다.
③ 제품의 생산비가 예산범위를 넘지 않는다.

이와 같은 요건을 갖춘 시제품을 만들려면 제품의 성능과 안전도를 시험하는 기능테스트(functional test)와 소비자들의 반응을 알아보는 소비자테스트(consumer test)를 만족스러운 결과가 나올 때까지 여러 번 해야 한다. 그래서 성공적인 시제품을 만들기까지는 상당한 시간이 걸린다. 그러나 기업이 좋은 시제품을 만들기 위하여 들인 정성은 나중에 시장에서 반드시 몇 배의 보상을 받게 되는 것이다.

　　배틀그라운드는 고립된 섬에서 최후의 1인이 되기 위해 생존경쟁을 펼치는 배틀로얄 게임이다. 글로벌 게임 플랫폼 '스팀'(steam)을 통해 2017년 3월에 사전유료테스트(early access) 버전으로 출시된 후 전 세계 판매량 2000만장 돌파, 동시 접속자 수 250만 명을 기록하는 등 돌풍을 일으키고 있다.

　　배틀그라운드의 가장 큰 성공 요인은 게임 콘텐츠 자체에서 찾을 수 있다. 최후의 1인이 생존하는 서바이벌 또는 배틀로얄 장르의 게임 중에선 배틀그라운드가 최고 수준의 재미와 완성도를 갖춘 것으로 평가받고 있다. 이 게임의 스팀 판매량이 입증하고 있다.

　　그 다음 꼽을 수 있는 성공 요인이 바로 글로벌 PC게임 플랫폼 '스팀(STEAM)'이다. 1000만장 판매량을 돌파할 수 있었던 것은 스팀을 통해 세계 각국의 이용자들이 클릭 한번으로 구매하고 게임을 내려 받을 수 있어서다.

　　스팀은 하프라이프 시리즈와 도타2 등의 게임으로 유명한 개발사 밸브(Valve)가 운영 중인 글로벌 플랫폼이다. 비슷한 플랫폼으로 비디오게임이 유통되는 플레이스테이션네트워크(PSN) 또는 모바일앱 마켓 구글플레이, 애플 앱스토어를 떠올리면 된다.

　　지난해 스팀의 누적 거래매출(스팀스파이 집계)은 34억 7214만 달러(약 3조 7100억 원)이다. 이 중 30%는 스팀의 운영사인 밸브가 가져간다. 글로벌 플랫폼에 입점해 마케팅 효과 등을 누리는 일종의 수수료인 셈이다.

　　블루홀은 배틀그라운드의 스팀 얼리액세스 입점에 힘입어 회사까지 기사회생할 수 있었다. 스팀 얼리액세스는 크라우드펀딩과 같은 역할을 한다. 개발 중인 게임을 미리 선보여 매출을 확보할 수 있다. 자금 사정이 여의치 않은 중소·인디 게임 개발사의 경우 스팀 얼리액세스 매출을 발판삼아 정식 출시를 노린다.

　　2016년 블루홀 사업보고서를 보면 연결기준 실적이 매출 372억 원, 영업손실 73억 원, 당기순손실 249억 원이다. 전년대비 영업이익은 적자로 돌아섰고 당기순손실이 지속돼 현금도 얼마 남지 않았었다.

　　그런데 1년여 만에 배틀그라운드의 성공으로 블루홀 상황이 급반전을 이뤘다. 배틀그라운드 가격 3만 2000원(29.99달러)에 판매량 1000만을 곱하면 원화 기준 3200억 원이다. 이 중 스팀 수수료 30%를 제외하면 블루홀이 가져갈 수 있는 수익이 나온다. 최근 판매량까지 감안하면

2000억 원 이상의 매출이 발생했다는 계산이 나온다. 올해 대규모 흑자가 예상되는 이유다.

현재 PC게임 분야에선 스팀이 대체불가의 플랫폼으로 성장했다. 이렇다 할 경쟁 플랫폼 없이 세계적인 유통망을 확보했다. 유력 퍼블리셔를 통하지 않고 세계 시장에 PC게임을 선보이려면 스팀 외엔 사실상의 선택지가 없는 상황이다. 특히 북미·유럽 지역 진출을 노린다면 스팀 입점을 최우선 전략으로 고려할 수 있다.

자료원: 디지털 데일리(2017), 배틀 그라운드 키운건 스팀? … 대체불가 플랫폼 주목.

(6) 시험마케팅(test marketing)

제품개발부에서 개발한 시제품이 만족스럽다고 생각하면, 회사는 이 제품을 본격적으로 시판하기 전에 몇 개의 대표적인 소시장에서 시험마케팅(test marketing)을 한다. 시험마케팅이란 제한된 기간 동안 제한된 시장에 신제품을 내놓아 이 제품에 대한 회사의 마케팅전략의 효과와 중간상인들 및 소비자들의 반응을 조사하는 것을 말한다. 시험마케팅을 하는 이유는 크게 두 가지다.

첫째, 최고경영자가 실제의 판매경험에 근거를 둔 믿을 만한 예상판매액을 토대로 이 제품을 본격적으로 시판할 것인가 말 것인가에 대해 판단할 수 있게 된다.

둘째, 회사의 마케팅전략에 대한 소비자들의 반응을 미리 자세히 연구함으로써 더 효과적인 마케팅전략을 세울 수 있게 해 준다.

시험마케팅의 결과에 따라 경영자는 아래의 네 방안 중 하나를 취하게 된다.

① 미리 계획된 마케팅전략대로 시판
② 마케팅전략을 바꾸어서 시판
③ 제품개발부에 제품을 돌려보내 시험마케팅에서 나타난 제품의 문제점을 고치
   도록 함
④ 시판을 영원히 포기

 사례 ### 딤채의 시험마케팅

딤채 김치냉장고를 개발한 만도의 공조 마케팅 팀은 목표고객층을 선정하고, 시제품이 나오기 1~2개월 전 홍보 우편물을 발송했다. 그래야만 사람들이 제품이 나왔을 때 잘 기억할 수 있

기 때문이다. 마케팅 팀은 95년 8~9월에 2만 4천 여 통의 홍보 우편물을 보냈다. 시제품이 나온 95년 10월부터는 사람들에게 제품을 직접 보여 주고 설명하는 판촉 이벤트행사를 전개했다. 강남지역의 대형슈퍼, 주부문화센터, 수영장, 헬스클럽 등을 행사장소로 골랐다. 모두가 목표고객층이 많이 드나드는 장소들이다. 그해 말까지 시제품 판촉전에서 약 5천대가 팔렸다. 이로써 구전 마케팅의 토대가 만들어진 셈이다. 만도는 제품을 써본 사람들이 딤채에 대해 입소문을 내줄 것으로 기대했으며 입소문에 의한 홍보효과는 성공을 거두었다.

만도는 '무스탕 마케팅'을 실시하기도 하였다. 미국 포드자동차가 소형차(무스탕)를 개발, 전국 50개 주립대 학생회장들에게 차를 무상으로 기증해 운전하게 함으로써 성공적인 시장진입은 물론 자동차의 신개념을 만들어낸 핵심 마케팅이다. 마케팅팀은 곧바로 여성계 오피니언 리더 3천 명을 선발, 이들에게 일일이 편지를 보냈다.

'신개념 김치숙성 냉장고를 새로 내놨으니 4개월 동안 무료로 사용하고 만족하면 반값에 드리겠다'는 내용이었다. 이 제의에 응한 소비자 2천 3백 명에게 95년 12월 제품이 배달됐고 이듬해 들어서면서부터 소비자들의 반응이 답지하기 시작했다. 회사 관계자는 "기대 이상의 극찬이었다"고 전했다. 그리고 약속대로 4개월 뒤 대부분의 소비자가 반값에 딤채를 구입했다.

만도는 시제품이 나온 후 1년간 소문이 돌기를 기다렸다가 96년 10월 김장철을 앞두고 제2차 딤채 소문 만들기에 나섰다. 2백 명의 고객 평가단을 모집, 딤채를 무료로 나누어 주었다. 그리고 3개월간 사용한 후 절반 값에 사든지 아니면 반환할 수 있도록 했다. 결과는 한 명도 빠짐 없는 구입이었다. 이 고객 평가단은 친지에게 '괜찮은 제품'이라고 이야기했다. 철저하게 구전에 의존한 마케팅 전략은 성공적이었다. 200명의 품질평가단을 통한 입소문과 대형백화점주부문화센터를 돌며 시행한 판촉전 등은 통상 이루어지는 대대적인 광고 공세와는 판이하게 달랐지만 결과는 대성공이었다.

96년 6월부터 본격적인 제품 출시에 들어간 만도공조는 이들의 '입소문' 덕분에 승승가도를 달렸다. 또한 출시 이후 마케팅 전략도 구전마케팅에 중점을 뒀다. 주부들의 계모임을 통해 10대를 구입하면 1대를 공짜로 주고 시어머니를 모시는 주부에게 30% 할인혜택을 주는 등 얘깃거리를 만들어 주는 식이었다.

이와 같이 시험마케팅은 제품의 시판에 앞서 경영자에게 귀중한 판단자료를 제공해 줌으로써 시장에서의 실패확률을 줄이는 데 큰 도움을 주지만, 시험마케팅에는 큰 위험과 비용이 따른다.

첫째, 믿을 만한 시험마케팅의 결과를 얻으려면 보통 6개월 이상의 시간과, 미국의 경우 100만 달러 이상의 돈이 든다.

그림 6-12   시험마케팅의 필요성 여부

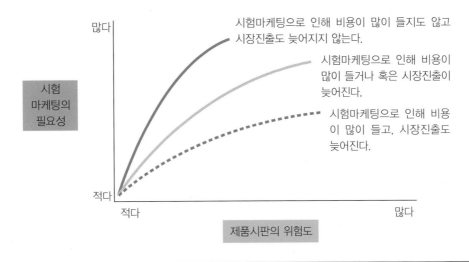

많다

시험
마케팅의
필요성

시험마케팅으로 인해 비용이 많이 들지도 않고
시장진출도 늦어지지 않는다.

시험마케팅으로 인해 비용이
많이 들거나 혹은 시장진출이
늦어진다.

시험마케팅으로 인해 비용
이 많이 들고, 시장진출도
늦어진다.

적다

적다   많다

제품시판의 위험도

둘째, 시험마케팅을 하는 동안에 경쟁사가 우리 회사의 신제품에 대해 알게 되고, 우리 제품을 모방하여 우리보다 앞서 시판하게 될 가능성이 있다.

셋째, 경쟁사가 중간상인을 매수하거나 스스로 이 신제품을 대량 구입하는 방법 등으로 시험마케팅의 결과를 왜곡시키는 수가 있다. 경영자가 이런 잘못된 결과를 그대로 믿고 의사결정을 내리면 일을 그르칠 가능성이 커지는 것이다.

넷째, 만일 시험마케팅의 결과가 제품을 그대로 시판해도 좋다고 나온다면, 결과적으로는 시험마케팅으로 인해 제품의 시판이 그만큼 늦어진 셈이 되는 것이다. 시험마케팅이 보통 6개월 이상 걸리는 것을 생각하면, 이 기간 동안에 회사가 부담한 기회비용(=이 기간 동안에 팔 수 있었는데 팔지 못한 제품의 총판매액)은 무시 못 할 액수일 것이다. 시험마케팅에 따르는 이러한 위험 때문에, 경영자는 모든 신제품에 대해 시험마케팅의 실시 여부를 아래의 세 가지 기준에 의거하여 신중히 결정해야 한다([그림 6-12] 참조).

① 제품시판의 위험도(=실패할 확률 × 실패했을 때의 손실): 이것이 높을수록 시험마케팅의 필요성이 커진다.
② 시판했을 때와 비교한 시험마케팅의 비용: 이것이 많을수록 시험마케팅의 필요성은 줄어든다.
③ 시험마케팅으로 인한 시장진출 지연: 시험마케팅으로 인해 시장진출이 많이 지연될수록 시험마케팅의 필요성은 줄어든다.

최근에는 시험마케팅의 이점을 살리면서 그로 인한 위험·비용을 줄이기 위해 모조시장테스트(simulated market testing)란 방법이 널리 쓰이고 있다. 이것은 쇼핑센터나 기타 소비자들이 많이 몰리는 곳에 미리 모조상점(simulated store, laboratory store)을 설치해 놓고 이곳에 약 300~400명의 소비자들을 오게 해서 그들을 대상으로 소규모의 시험마케팅을 하는 것이다. 소비자들은 먼저 몇 개의 광고를 본 다음(이 중에는 문제의 신제품에 관한 광고가 하나 끼어 있음), 약간의 돈을 받고 그 돈으로 모조상점 안에서 마음대로 물건을 사게 된다. 이 모조상점 안에는 신제품이 다른 여러 제품들 사이에 섞여서 진열되어 있다. 소비자들이 물건사기를 마치면 그들에게 신제품을 산 이유와 안 산 이유를 물어보고, 그들의 프로필(나이, 사는 지역, 직업, 소득 등)에 관한 질문을 한다. 회사는 몇 주 후에 똑같은 소비자들과 다시 접촉하여 그들의 신제품에 대한 태도·만족도·재구매의향 등에 관해 알아본다.

이러한 모조시장테스트는 비용이 적게 들고, 결과를 빨리 알 수 있으며, 경쟁사가 눈치 채지 못하는 이점이 있다. 모조시장테스트의 결과는 주로 시험마케팅의 실시 여부를 결정하는 데 쓰인다.

(7) 시판

시험마케팅까지 무사히 통과한 제품이라 할지라도 시장에서 반드시 성공하는 것은 아니다. 따라서 경영자는 시험마케팅에서 얻은 자료와 경험을 최대한 활용하여 시판에서 실패하는 일이 없도록 최선을 다해야 한다. 더구나 신제품을 시판하는 데는 앞의 여섯 단계와는 비교도 안 될 만큼 많은 비용(주로 생산비와 마케팅비용)이 든다는 사실과 신제품개발의 궁극적인 목적이 시판에서의 성공이라는 것을 생각하면, 이 단계의 중요성은 아무리 강조해도 지나치지 않다. 여기서는 시판을 할 때 경영자가 알아두어야 하는 몇 가지 점에 대해서 언급하고자 한다.

1) 시판의 시점

신제품의 본격적인 시판이 언제 시작되느냐가 그 제품의 성패에 큰 영향을 끼칠 수 있다. 제품의 판매가 계절을 타는 것이라면 계절을 고려해야 하고, 이 제품이 회사의 다른 제품을 대치하는 것이라면 그 다른 제품의 재고가 어느 정도 줄 때까지 시판을 늦춰야 될지도 모른다. 만일 비슷한 제품을 개발하고 있는 경쟁사가 있으면, 그들의 움직임도 잘 고려하여 자사제품의 시판시점을 정해야 할 것이다.

2) 시판지역

시험마케팅의 결과가 좋아서 시판에서의 성공확률이 아주 높다 하더라도, 일시에 전국에 시판을 하는 것은 무리일지도 모른다. 왜냐하면 거기에 맞게 생산시설을 미리 갖추고 엄청난 마케팅예산을 확보하고 있어야 하기 때문이다. 그래서 성공이 거의 확실시되는 몇 개의 지역이나 도시부터 시작하여 차츰 전국적으로 시판지역을 확대하는 것도 생각해 볼 만하다.

3) 표적시장

시판의 초기단계에서는 회사가 이미 선택한 표적시장에 대해 마케팅노력을 집중시켜야 한다. 이 때 표적시장의 집중공략을 통해 회사가 달성해야 하는 목표는 크게 두 가지다.

① 신제품도입의 초기에 많은 판매실적을 올림으로써 마케팅실무진들의 사기를 높인다.
② 제품을 사본 소비자들로 하여금 제품에 대해 호감을 갖게 하고 또 제품에 대한 좋은 평판을 퍼뜨리게 함으로써 제품의 확산(diffusion)을 촉진한다.

4) 마케팅전략

시판단계의 마케팅전략은 이미 시험마케팅에서 얻은 경험을 통해 웬만큼 다듬어져 있다고 볼 수 있다. 그렇다면 여기서 경영자가 주안점을 두어야 할 것은 좋은 전략을 어떻게 잘 실행하느냐이다. 아무리 좋은 전략이라도 실행이 제대로 안 되면 의미가 없고, 거꾸로 전략에 조금 문제가 있더라도 실행을 잘하면 비교적 목표에 가까이 갈 수 있는 것이다. 경영자는 아주 미세한 곳까지 세심한 주의를 기울여 전체적인 마케팅전략이 일관성을 유지하고 제대로 실행이 되어 신제품의 시판에 차질이 없도록 해야 한다. 최근에는 신제품의 출시 전략에 있어서 인플루언서 마케팅의 중요성이 크게 부각되고 있다.

 사례 ｜ **시판과 1인 크리에이터의 중요성**

'1인 크리에이터'란 1인 미디어 시대에서 자신이 직접 콘텐츠를 기획하고 제작하며 플랫폼을 통해서 많은 사람들에게 전달하는 사람을 말한다. TV에 나오는 연예인들만이 영상 속에서 등장하는 것이 아니라 누구나 자신만의 아이디어나 정보를 유통할 수 있는 1인 미디어 시대가 시작되었고 보편화되고 있는 추세이다. 때문에 많은 사람들이 동영상 플랫폼을 이용하면서 자신의 존재를 알리고 있으며 그 중에서는 유명 크리에이터로 성장하여 웬만한 연예인만큼의 유명세를 보이고 높은 수익을 올리고 있기도 하다.

기업에서는 이러한 1인 미디어 채널을 통해 인플루언서 마케팅을 하기도 한다.

인플루언서들의 영향력이 커지면서 유통업체들마다 자체적으로 인플루언서를 육성하려는 움직임도 나타났다. 인플루언서들의 유명세만큼 업체가 지불해야 하는 마케팅 비용 또한 적지 않다. 이에 '스타 인플루언서 모시기'에서 더 나아가 업체들이 아예 미래의 '스타'를 발굴하고 키우기에 나선 것이다. 인플루언서 육성 프로그램 개발에 대해 뷰티업체부터 대형 유통사까지 다양하게 열을 올리고 있다.

뷰티업계 양대 산맥인 아모레퍼시픽과 LG생활건강은 인플루언서 육성에 가장 먼저 뛰어든 업체들이다. 아모레퍼시픽은 K뷰티의 우수성을 알리는 뷰티 크리에이터 파트너십 프로그램을 운영하고 있다. 팔로워가 1~10만 사이인 마이크로 크리에이터들의 콘텐츠 제작을 지원해 이들이 차세대 스타 인플루언서로 성장하도록 돕고 있다.

LG생활건강도 '더페이스샵 내추럴 뷰티 크리에이터 양성 프로그램'을 시작했다. 주 고객층인 20~30대 여성을 대상으로 교육생을 모집했는데, 선발된 사람들은 1인 미디어 교육을 통해 인플루언서로 활동한다. 교육 수료 후에 LG생활건강이 브랜드 제품 및 콘텐츠 소스, 온라인 채널 광고 등을 지원할 예정이다.

자료원: 스포츠동아(2018), 유튜브·SNS스타 우리가 직접 키운다.

5) 시장조사

일단 신제품의 시판이 시작되면 회사는 판매실적, 소비자·중간상인·경쟁사들의 반응 등에 관한 자료를 수시로 수집해야 한다. 이러한 자료의 분석을 통하여, 회사는 시판 후에 나타난 문제점들을 제때에 파악하고 그 해결책을 강구할 수 있는 것이다. 이 때 많이 나타나는 문제점과 기회는 다음과 같다.

① 판매실적이 목표에 못 미친다.
② 시험마케팅 단계에서 발견되지 않은 문제점이 새로 발견된다.
③ 제품을 다른 크기나 스타일로 바꿔달라는 소리가 들린다.
④ 표적시장이 아닌 다른 세분시장에서 이 제품에 대한 수요가 많다.

제품이란 소비자의 필요나 욕구를 충족시킬 수 있는 것을 말한다. 따라서 물체뿐만 아니라 서비스·장소·아이디어·사람·조직체 등도 제품이 될 수 있다. 소비자들은 이러한 제품을 여러 가지 제품속성의 단순한 집합이 아닌 그들의 욕구를 충족시키는 모든 편익의 뭉치(bundles of benefits)로 파악하는 경향이 있다. 이러한 제품에는 크게 네 가지의 차원이 있다. 가장 기본적인 핵심제품의 차원, 소비자가 정상적으로 기대하는 유형제품의 차원, 경쟁자와의 차별성을 부각하는 확장제품의 차원, 그리고 고객의 잠재적인 욕구를 충족시켜주는 잠재제품의 차원이 바로 이 네 가지 차원의 유형이다.

한 회사가 취급하는 모든 제품계열과 품목을 통틀어 제품믹스라고 일컫는다. 한 회사의 제품믹스는 일정한 너비와 길이를 갖고 있으며 또한 '제품믹스의 깊이'라는 개념도 있다. 회사는 상황에 따라 자사의 제품믹스를 이 너비, 길이, 깊이의 세 차원에서 확대할 수 있다. 그 중에서 제품계열의 길이를 늘리는, 즉 제품믹스를 연장하는 방법에는 하향연장, 상향연장의 두 가지가 있다. 제품계열은 최근에는 면도기와 면도날(Razor and Blade) 전략이라고 불리는 제품전략에 의해서 다양한 제품라인업으로 확장되고 있다.

제품수명주기(Product Life Cycle: PLC)는 통상 '도입기·성장기·성숙기·쇠퇴기'로 나누어진다. 그리고 성장기는 다시 초기 성장기와 후기 성장기로 나누어진다. 제품수명주기의 각 단계는 서로 다른 특성을 갖고 있으므로, 각 단계에서의 마케팅전략도 달라져야 하는 것이 보통이다. 그러나 마케팅관리자가 제품수명주기 개념을 제대로 쓰려면, 몇몇의 예외상황을 고려해 실제상황에 응용할 때는 해당 제품이 처해 있는 특수한 상황(경쟁상황, 시장상황과 소비자선호의 변화)을 충분히 고려해야 한다.

신제품은 기업의 성패에 아주 큰 영향을 미친다. 하지만, 신제품의 개발에는 또한 큰 위험이 따른다. 그래서 기업은 신제품개발과정을 철저히 관리하여 꼭 성공할 제품만을 시장에 내놓아야 한다. 다시 말하면, 기업은 신제품개발의 단계 하나하나를 착실히 밟아 성공가능성이 아주 높은 제품만 개발하여 시장에 내놓아야 하는 것이다.

💡 Q&A

1   한 제품을 선택하여 그 제품에 면도기와 면도날(Razor and Blade) 전략을 적용하여 제품 계열을 확대하는 방안을 분석해보시오.

2   한 제품을 선택하여, 제품수명주기(PLC)의 각 단계에서 어떻게 마케팅전략이 바뀌어왔는 지를 분석해보시오.

3   최근 등장한 플랫폼 비즈니스의 사례를 선택하여, 개방형 혁신이 새로운 서비스의 개발에 어떻게 활용되었는지를 분석해보시오.

4   디지털제품과 일반 아날로그제품을 선택해서 신제품개발과정의 공통점과 차이점을 분석해 보시오.

📖 참고문헌

김병도(2012), 질레트社 안전면도기 면도기는 거의 공짜로 주고 면도날 팔아서 수익 올려, 조선일보.

김치원(2015), 탐색재, 경험재, 신용재, Donga Business Review.

뉴스원(2017), 애플 이어 구글도 스마트폰 '이어폰잭' 없앴다, 삼성은?

디지털데일리(2017), 배틀그라운드 키운 건 스팀?… 대체불가 플랫폼 주목.

매경이코노미(2018), 매경 이코노미가 선정한 연도별 10대 히트 상품.

이코노믹리뷰(2018), 오픈 이노베이션의 '한계는 없다'.

스포츠동아(2018), 유튜브·SNS스타 우리가 직접 키운다.

조경섭(2015), 커뮤니케이션 전략의 이해, 학현사.

중앙일보(2016), 오픈 이노베이션이 뭔가요?

커넥팅랩(2017) 모바일 트렌드, 미래의창.

한국스포츠경제(2016), LG 전자, 트롬 스타일러 신제품 출시.

현|대|마|케|팅|론

어떤 나라 브랜드 이미지가 좋은가

세계 'made-in' 라벨 순위 TOP 10

순위	국가	점수
1	독일	100 (점)
2	스위스	98
3	유럽연합	92
4	영국	91
5	스웨덴	90
6	캐나다	85
7	이탈리아	84
8	일본	81
9	프랑스	81
10	미국	81
21	대한민국	56

자료: Statista(52개국 4만 3034명 대상).

독일 시장조사기관 스타티스타(Statista)가 세계 라벨 순위인 'Made in country index 2017'을 발표했다. 'Made in country index'는 전 세계 소비자를 대상으로 다양한 국가의 제품에 대한 인식을 조사해 점수로 나타낸 것이다. 한국은 21위를 기록했다.

1 ━ 독일 ★★★★★ 100점

브랜드 이미지 최강국

세계를 선도하는 산업국 독일은 자동차로는 이미 너무나 유명하다. 독일 자동차 회사 폴크스바겐(Volkswagen)은 연비 조작 사건에도 불구하고, 2016년 일본 브랜드를 제치고 세계 판매 1위를 차지했다. 독일은 이외에도 의료나 항공 등 첨단 기술이 필요한 제품들부터 제약·주류 등의 소비재, 가구와 생필품 분야에서도 세계적인 인정을 받으며 브랜드 선호도 1위를 차지했다. 독일 프리미엄 필기구 브랜드 라미(LAMY)의 제품은 한국에서도 인기있는 필기구 중하나다. 고전(Classic)을 고집하는 라미는 독일 브랜드 어워드(German Standards Brand Award)에서 '세기의 브랜드'(Brand of Century) 상을 수상하기도 했다.

BMW 벤츠(Mercedes-Benz)

안락의자 독일 폴스타 침대

생활용품 브랜드 퍼실 (Persil) LAMY 필기구

'Swiss Made'가 하나의 브랜드

세계를 주도하는 기술을 가진 부자 나라 스위스는 시계 등의 첨단 정밀 기계는 물론 화장품에도 응용되는 줄기세포 등의 생명 과학도 발달했다. 특별한 점은 대부분의 나라가 자국의 제품 표기에 'Made in'을 나라 이름 앞에 붙이는데, 스위스는 자국의 제품에 'Swiss Made'라고 표기한다. Swiss Made 자체가 하나의 브랜드로 정착했다.

롤렉스 (ROLEX) / 태그 호이어 (TAG Heuer)
토블론 (Toblerone) / 린트 (Lindt)
줄기세포 화장품 U-lab / 스위스 군용칼

함께 만든다 'Made in EU'

유럽 연합 회원국이 함께 만든 제품의 경우 'Made in EU'로 표기된다. 관련 업무는 유럽연합 집행위원회(European Commission)에서 관할한다.

　* 유럽연합 집행위원회(European Commission): 유럽 연합(EU)의 회원국 정부의 상호동의에 의해 5년

임기로 임명되는 위원들로 구성된 독립 기구이며, 유럽연합의 보편적 이익을 대변하는 초국가적 기구이다. EU의 집행기관으로서 심장 역할을 하고 있는 위원회는 공동체의 법령을 발의한다. 권고와 계획안 작성을 통해 위원회는 이니셔티브권과 제안권을 행사한다. 현재 위원장은 장 클로드 융커(Jean Claude Juncker)다.

역사와 전통이 있는 견고한 이미지

영국에는 전통 있는 브랜드들이 속속 자리잡고 있다. 대표적으로 자동차 브랜드 '롤스로이스(Rolls-Royce)'가 떠오른다. 1998년에는 BMW그룹이 롤스로이스를 인수했지만 롤스로이스, 벤틀리 제품은 현재까지 영국의 고급스러운 명차 브랜드로 그 명성을 유지하고 있다. 또한, 세계인들의 꾸준한 사랑을 받아온 '버버리(Burberry)'는 대표적인 영국 명품 브랜드다. 이밖에도 200년 역사를 지닌 영국 1위 테이블웨어 브랜드 '덴비(Denby)' 등은 한국 시장에서 전체 매출의 약 30%를 얻고 있을 정도로 인기가 높다.

롤스 로이스 (Rolls-Royce) / 벤틀리 (Bentley)
영국 주방용품 브랜드 '덴비(Denby)' 제품들
영국 브랜드 '버버리(Burberry)'의 제품들

자료원: 조선일보(2017), 이 나라 것은 믿고 산다… 세계가 꼽은 브랜드 이미지 순위.

제1절 브랜드의 중요성

1 무형자산으로서의 브랜드자산

A제약회사의 강사장은 요즘 큰 고민거리에 빠져 있다. 어떻게 하면 지속적 경쟁우위(sustainable competitive advantage)를 가질 수 있는가에 대한 해답을 찾고 있기 때문이다. A제약회사는 그 동안 몇 개의 히트제품에 힘입어 국내 굴지의 제약회사로 도약하여 왔지만, 경쟁사들의 신제품출시와 판촉경쟁으로 인한 마진율 저하로 매출과 수익의 증가세가 매우 미미하다는 자체평가에 따라 회사의 획기적인 성장을 위한 지속적 경쟁우위의 필요성을 크게 느끼고 있었다.

제품기술력에 기반을 둔 신제품출시가 자사 제품의 독점적 경쟁우위를 제공하던 시대는 가고, 이제는 기술력의 전반적인 향상과 제품출시능력의 향상으로 자사에게 경쟁우위를 주는 제품을 개발하는 일이 매우 어렵게 되었다. 연구개발에 대한 투자비와 신제품개발에 드는 투자비 때문에 신제품의 성공 여부가 불투명한 상태에서 계속적인 신제품의 출시는 매우 위험했다. 강사장은 이럴 때 강력한 브랜드자산을 가진 브랜드의 활용이야말로 저비용 고효율의 최적 대안이라고 생각하였다.

위의 사례를 통해서 알 수 있듯이, 브랜드는 한 기업의 무형자산으로서 중요한 역할을 할 수 있다. 첫째, 브랜드자산을 구축한 브랜드는 경쟁사의 신제품 출시에 대한 강력한 진입장벽을 형성할 수 있으며, 시장에서 높은 점유율을 가지고 있는 기업은 시장선도자의 위치를 확고히 지킬 수 있다. 둘째, 강력한 브랜드자산을 가진 제품은 기업 내의 BCG 도표상 돈줄(cash cow)의 역할을 담당하여 새로운 제품개발을 위한 연구개발투자비용을 제공하는 자금의 원천이 될 수 있으며, 강력한 브랜드자산을 바탕으로 라인확장(line extension) 및 다른 제품군으로의 브랜드확장(brand extension)을 가능케 하여 기업의 '지속가능한' 성장의 원천이 될 수 있다. 셋째, 강력한 브랜드자산을 가지고 있는 제품은 그렇지 않은 제품에 비해서 소비자들로부터 높은 지불의도가격을 받을 수 있으며, 시장에서 브랜드자산에 기반한 가격프리미엄을 형성할 수 있기 때문에 더 높은 이익을 창출할 수 있다.

이상에서 본 바와 같이 브랜드자산은 경쟁사로부터의 자사의 시장점유율 보호, 신제품개발을 위한 연구개발투자비용의 확보, 브랜드를 활용한 라인확장 및 브랜드확장, 브랜드가치에 기반한 가격프리미엄을 통한 수익증대 등과 같은 지속가능한 경쟁우위(Sustainable Competitive Advantage)의 원천으로서 그 중요성을 절실히 인정받고 있다.

브랜드확장을 성공적으로 수행하기 위해서는 브랜드 비전과 포지셔닝을 기반으로 브랜드 경계를 정의하는 것이 필수적이다. 브랜드 경계를 정의하기 위해서는 브랜드가 제공해야 하는 제품과 서비스, 브랜드가 주어야 하는 편익, 그리고 브랜드가 만족시켜야 하는 니즈를 규명해야 한다. 브랜드확장은 신중히 수행되어야 하며, 단순히 할 수 있다고 해서 반드시 해야 하는 것을 의미하지 않는다. 그러므로 마케터는 자신의 브랜드확장을 신중하게 평가하고 선택적으로 새로운 제품을 출시해야 할 것이다. 브랜드확장을 성공적으로 수행한 예로는, 헤드앤숄더의 드라이 두피 보호용 샴푸처럼 브랜드에 다른 용도, 모양 혹은 크기, 향, 첨가물 등을 추가하여 성공한 경우를 들 수 있다. 또한, 스위스 아미(나이프 회사)가 시계 제품을 출시한 것처럼 현재 공급되고 있는 분야가 아닌 새로운 제품에 진입하기 위해 모 브랜드를 적용하여 성공한 사례가 있다.

② 브랜드의 중요성

도입 사례에서도 살펴본 바와 같이 한 국가의 국가브랜드가 그 나라에서 생산되는 제품과 서비스의 가치를 높이는 역할을 하여 세계시장에서 제품과 서비스의 경쟁력을 제고하고, 국가경쟁력을 증진시킬 수 있다.

기업브랜드와 제품브랜드들도 브랜드자산을 구축함으로써 기업에 대한 소비자들의 신뢰와 선호도를 높이고, 제품에 대한 소비자들의 높은 인지도와 호의적인 이미지를 구축할 수 있다. 많은 기업들은 중요한 이벤트나 운동경기에 자신의 브랜드를 노출시키기 위해 수많은 비용을 지불하거나, 영화나 드라마에 제품간접광고(product placement)를 통해 자사의 브랜드를 노출시키는 등, 브랜드를 알리기 위해 많은 투자를 하고 있다. 그렇다면, 왜 기업들은 이렇게 자신의 브랜드를 알리기 위해 많은 비용을 사용하는 것일까?

첫째, 브랜드 인지도를 구축하기 위해서이다. 브랜드가 있음으로 인해서 소비자들은 여러 회사에서 나오는 서로 비슷비슷한 제품들을 구분할 수 있다. 더구나 기술의 진보로 인하여 여러 경쟁회사가 거의 똑같은 기능의 제품을 생산할 수가 있기 때문에, 브랜드는 경쟁사 제품과 자사 제품을 구별짓는 강력한 인지도를 형성할 수 있다.

둘째, 기업은 브랜드에 대한 다양한 커뮤니케이션 활동을 통해 소비자들의 마음속에 브랜드에 대한 강력하고 호의적이고 독특한 연상을 심을 수 있다. 이러한 강력하고 호의적이고 독특한 브랜드연상은 소비자들로 하여금 자사의 제품에 대한 높은 선호도를 형성하게 하고, 자사 제품에 대한 구매의도를 높이며, 자사 제품을 애용하게 한다.

셋째, 강력한 브랜드는 자사 제품에 대한 높은 브랜드충성도(brand loyalty)를 구축할 수 있다. 기업이 높은 브랜드충성도를 가진 소비자를 많이 확보하면 할수록 다른 기업과의 경쟁이 쉬워질 것은 말할 것도 없다. 또한 자사브랜드에 대해 높은 브랜드충성도를 가진 소비자가 많아지면 회사가 신제품을 시장에 도입하기가 무척 쉬워진다. 왜냐하면 소비자가 기존 브랜드에 대해서 갖고 있는 호감(goodwill)이 그 회사에서 같은 브랜드를 붙이고 나오는 신제품에 옮아가기 때문이다.

이와 같이 브랜드는 자사의 제품을 시장에 나와 있는 여러 경쟁 제품들과 구별짓는 인지도를 형성하고, 소비자들의 마음 속에서 자사 제품에 대한 선호도와 구매의도를 높이고, 자사 제품에 대해 높은 브랜드충성도를 구축할 수 있다.

소매상에게도 브랜드는 중요한 의미를 갖는다. 왜냐하면 첫째, 소비자들이 어떤 점포를 찾느냐는 많은 경우 어느 점포에서 어떤 브랜드를 취급하느냐에 달려 있기 때문이다. 또한 어느 점포가 어떤 브랜드를 판매하느냐는 그 점포의 이미지에 크게 영향을 미친다. 만약 어떤 점포가 아주 인기가 좋은 브랜드를 독점 취급한다면 그 점포는 경쟁사의 위협을 더 잘 견디어 낼 수 있는 것이다. 둘째, 브랜드는 소매상으로 하여금 상품의 취급을 용이하게 해 준다. 만약 슈퍼마켓이나 백화점이 다루는 수천 종의 상품에 저마다의 이름이 붙어 있지 않다면 이들을 구매·저장·판매하는 데 얼마나 큰 어려움이 있을까?

소비자들도 브랜드를 통해 사고 싶은 상품을 식별할 수 있으므로 쇼핑하는 데 들이는 노력을 크게 줄일 수 있다. 대부분의 회사가 자사의 브랜드가 붙은 제품이 일정한 수준의 품질을 유지하도록 애를 쓰고 있으므로, 소비자들은 정평이 난 브랜드가 붙은 상품을 구입할 때 비교적 심적 부담이 적은 것이다.

〈표 7-1〉은 한국능률협회가 선정한 우리나라 주요 시장에서의 가장 강한 브랜드(power brands)들이다.

| 표 7-1 | 2018년 국내 브랜드(K-BPI)

대분류	산업군	1위 브랜드	2위 브랜드
소비재	아웃도어	코오롱스포츠	네파
	캐주얼의류	빈폴	폴로
	주방용품	락앤락	테팔
	치약	덴탈크리닉2080	죽염
	비누	도브	세이
	여성색조화장품	헤라	설화수
	아이스크림	부라보콘	월드콘
	육가공햄	스팸	주부9단
	건강식품	정관장	센트룸
	담배	ESSE	DUNHILL
내구재	냉장고	삼성 셰프컬렉션	LG DIOS
	공기청정기	코웨이 공기청정기	LG 퓨리케어
	밥솥	쿠쿠	쿠첸
	TV	LG 올레드 TV	삼성 QLED TV
	모터사이클	혼다	대림
	승용차타이어	한국타이어	금호타이어
	엘리베이터	현대엘리베이터	오티스엘리베이터
	사무용복합기	신도리코	캐논
	내비게이션	아이나비	만도
	침대	에이스침대	시몬스
서비스재	인터넷쇼핑몰	11번가	G마켓
	신용카드	신한카드	삼성카드
	커피	스타벅스	이디야커피
	치킨	교촌치킨	굽네치킨
	편의점	CU	GS25
	검색포털	네이버	다음
	인터넷서점	예스24	알라딘
	이동통신서비스	SK텔레콤	KT
	여행사	하나투어	모두투어
	외국어학원	YBM어학원	파고다어학원

제2절   브랜드명의 선정

앞서 본 바와 같이 브랜드는 제품의 성공 여부에 큰 영향을 끼칠 수 있으므로 회사는 아주 신중하게 브랜드명을 골라야 한다. 좋은 브랜드명은 다음과 같은 속성을 갖추어야 한다.

• 기억하기 쉽고, 알아보기 쉽고, 쉽게 소리낼 수 있어야 한다. 이러한 의미에서 짧은 이름이 좋다(보기: 새우깡, 마티즈, 코크(Coke), 샤넬(CHANEL), 유튜브(Youtube)).
• 경쟁사의 브랜드명과 선명하게 구별되는 독특한 이름이어야 한다(보기: 오뚜기 카레, 질레트 면도기, 하겐다즈 아이스크림, 페이스북(facebook)).
• 제품이 제공해 주는 편익을 암시해야 한다(보기: 한스푼(농축세제), 물먹는 하마(습기제거제), 키미테(멀미약), 헤드앤숄더(head & shoulders), 클로즈업(Closeup)).
• 가능하면 법의 보호를 받을 수 있는 이름이어야 한다.

이 밖에도 브랜드의 이름을 고를 때는 그것을 시각적으로 어떻게 표현할 것인가와 그 이름을 청각적으로 어떻게 이용할 수 있는가도 생각해 두는 것이 좋다. 예를 들어, 여기 Silky라는 브랜드가 있고 그것을 [그림 7-1]에 있는 바와 같이 표현했다고 하자. 그림에서 보듯이 같은 브랜드라도 그것이 시각적으로 어떻게 표현되느냐에 따라 받는 느낌이 크게 달라진다. 즉 (가), (나) 그리고 (다)의 경우는 이름과는 달리 딱딱하게 느껴지고, (라)는 이름에 걸맞게 부드러운 느낌을 준다.

미국의 레스토랑 브랜드 Sizzler(시즐러)는 요리를 할 때 나는 소리인 '지글지글'을 활용해서 이름을 지었다. Sizzler(시즐러)는 이름을 통하여 맛뿐만 아니라 시각효과와 청각효과를 이용하여 요리를 만드는 과정을 보는 즐거움과 소리까지 연상시키는 성

| 그림 7-1 | 브랜드의 시각적 표현 |

(가) **SILKY**

(나) **Silky**

(다) **SILKY**

(라) *Silky*

공적인 브랜드 사례이다.

현실적으로 앞서와 같은 요건들을 모두 갖춘 브랜드의 이름을 찾기는 무척 힘들다. 그러나 마케팅 관리자는 여러 가지 방법을 써서 이러한 요건들을 갖춘 브랜드의 이름을 찾아 내도록 노력해야 한다.

많은 회사들이 독특한 브랜드명을 개발하여 궁극적으로는 자사의 브랜드명이 그 브랜드가 속해 있는 상품일반을 가리키는 보통명사가 되게 하려고 한다. 우리나라의 미원(조미료), 미국의 스카치테이프(테이프) · 제록스(복사기) · 크리넥스(화장지) 등이 보통명사가 되는 데 성공한 브랜드들이다.

아래에서는 브랜드 이름을 짓는 다양한 기법들을 소개한다.

① 첫 글자 따기: 핵심단어의 첫 글자를 딴다.

〈보기〉 DIOS(Deluxe Intelligent Optimum Silent), PAVV(Powerful Audio and Vast Vision)

② 합성기법: 핵심단어의 앞뒤 부분을 합성한다.

〈보기〉 Whisen(Whirlwind+Sender), Medience(Medical+Science), 닛산의 센트라 (Sentra: Sentry+Central)

③ 연음기법: 핵심단어를 소리나는 대로 표기하여 새로운 말을 만들어 낸다.

〈보기〉 뿌셔뿌셔, 키미테 멀미약, 시즐러(Sizzler) 스테이크 하우스, 핑(Ping) 골프 클럽

④ 생략기법: 핵심단어의 앞뒤 일부를 생략하여 함축적으로 표현한다.

〈보기〉 팡이제로(곰팡이 제로), Gienic(Hygienic), 환타(Fantastic)

⑤ 플러스 기법: 기존 단어에 A · X · O 등의 철자를 덧붙임으로써 원래의 의미가 계속 연상되도록 하면서 신선감 · 강렬함 · 젊음 등 다양한 느낌이 나도록 한다.

〈보기〉 Asiana(아시아나), Lemona(레모나), Timex(타이맥스), Speedo(스피도), Jello(젤로), ESPN의 X게임, 닛산의 Xterra(SUV)

⑥ 기존 브랜드의 압축적 표현: 쉽게 기억될 수 있도록 기존 브랜드의 이름을 줄여서 만든다.

〈보기〉 페덱스(FEDEX: Federal Express), 버드(Bud: Budweiser), 코크(Coke: Coke Cola), KFC(Kentucky Fried Chicken)

⑦ 문자와 숫자의 결합: 브랜드를 표현하는 문자와 숫자의 결합을 통해 새로운 느낌을 만들어낸다.

〈보기〉 포뮬라 409(Formula 409), 삭스 피프스 애비뉴(Saks Fifth Avenue), BMW 3, 5, 7 시리즈

⑧ 문장형 기법: 한 개의 낱말이 아닌 서술형태의 문장을 사용해 의미와 차별성을 높인다.

〈보기〉 꽃을 든 남자, 2% 부족할 때, 갈아만든 배

⑨ 제품편익의 표현: 제품의 포지셔닝을 구성하는 중요한 속성이나 편익의 연상을 강화한다.

〈보기〉 헤드앤숄더(head & shoulders) 샴푸, 클로즈업(Closeup) 치약, 토이자러스 (Toys"R"us) 장난감 전문점, 피자헛(Pizza Hut), 듀라셀(Duracell) 건전지

⑩ 기존 의미의 전이: 물체, 동물, 장소 등 사람들의 기억 속에 이미 의미가 존재하는 단어를 활용함으로써 그 의미를 브랜드에 전이시킨다.

〈보기〉 애플(Apple), 현대자동차의 제네시스(GENESIS), 웨스틴(Westin)호텔, 스프라이트(Sprite) 청량음료

 사례 **브랜드의 고유명사화**

스카치테이프, 대일밴드, 딱풀, 햇반. 이들의 공통점은 뭘까? 이들은 '고유명사'가 된 제품명이라는 것이다. "사진이 조금 어두운데 포샵해줄래?", "조심히 들어가! 집에 가서 카톡 해" 등은 일상에서 흔하게 사용하는 말이다. 여기서 '포샵'은 어도비(Adobe)의 사진 편집 프로그램 '포토샵(Photoshop)', '카톡'은 메신저로 유명한 카카오톡(KakaoTalk)의 줄임말이다. 이러한 사례처럼 몇몇 브랜드명은 언제부턴가 자연스럽게 녹아들어 우리 생활에서 보통명사로 사용되고 있다. 고유명사지만 보통명사처럼 사용되는 브랜드들에 대해 알아보자

일상 속에서 사용되는 브랜드명

고유명사(단일한 사물에 대하여 적용되는 명사)가 보통명사(여러 사물에 보편적으로 적용되는 명사)처럼 된 사례는 사무용품에서 많이 찾아볼 수 있다. 포스트잇(Post-it)은 3M이라는 회사에서 생산하는 접착식 메모지 제품이다. '접착식 메모지', '붙임쪽지'라는 보통명사가 있지만, 많은 사람이 '포스트잇'이라는 제품명을 접착식 메모지 모든 제품을 아우르는 보통명사로 사용하고 있다. 이 회사에서 제조한 제품 중 보통명사가 있지만 고유명사를 보통명사처럼 사용되는 제품이 또 하나 있는데 바로 '스카치테이프(scotchtape)'이다. 스카치테이프의 제품명은 '접착용 셀로판

테이프'인데, 이 제품 또한 큰 인기를 끌어 '스카치테이프'라는 고유명사가 보통명사로 자리 잡게 되었다.

우리가 흔히 먹는 식품에서도 제품명이 보통명사처럼 자리 잡은 사례가 꽤 있다. 즉석 밥을 나타내는 '햇반'은 즉석 밥 제품군을 통칭하는 명사가 되었다. 이 외에도 통조림 햄을 나타내는 '스팸', 튜브형 아이스크림을 나타내는 '쮸쮸바' 등의 제품명이 원래는 고유명사이지만 보통명사로서 사용되고 있다.

사전까지 등재 된 브랜드명

영국 캠브리지 사전(Cambridge Dictionary)에는 브랜드명이 등재된 기업이 존재한다. 바로 각각의 산업군에서 선두를 달리고 있는 '구글(Google)'과 '제록스(Zerox)', '페덱스(Fedex)'이다. 구글은 '검색하다', 제록스는 '복사하다', 페덱스는 '배송하다'라는 뜻으로 등재되어 있다. 이처럼 브랜드명이 일상 생활에서 사용되면 회사에 긍정적인 효과를 가져올 수 있다. 작게는 인지도를 높이고, 친밀감을 형성할 수 있으며, 크게는 해당 산업군을 대표하는 상징성을 가질 수 있는 것이다.

그러나 너무 보통명사처럼 굳어져 여기저기서 쓰이게 되면 '상표'로서 가치를 잃는 경우도 있다. 최초로 합성된 해열·소염진통제 '아스피린(aspirin)'은 실제로 상표로서 가치를 잃어 상표권을 보호받지 못했다. 1921년 미국 연방 대법원은 어느 회사도 아스피린의 상표권을 주장할 수 없다고 판결했으며, 이후 아스피린은 아세틸리실산 성분 해열진통제를 부르는 보통명사가 되었다.

사회현상으로 쓰이는 브랜드명

사회현상의 명칭으로 사용되는 브랜드명도 있다. '우버화(Uberization)'도 그중 하나인데, 우버화는 차량과 승객을 바로 연결해주는 모바일 차량 공유 서비스 우버(Uver)에서 나온 신조어로, 소비자와 공급자가 중개자 없이 인터넷 플랫폼에서 직접 만날 수 있는 공유 경제 시스템을 일컫는다.

130년 정통의 필름 명가였던 '코닥(Kodak)'의 파산을 비유한 용어도 있다. 바로 '코닥 됐다(being Kodaked)'인데, 'Kodaked'라고 표현하기도 하는 이 용어는 '옛것만 고집하다 망한다'는 뜻으로 사용되고 있다. 코닥처럼 시장의 변화를 읽지 못하고 과거의 사고 그리고 과거의 조직을 고수하는 회사, 조직, 개인을 칭하는 단어로 사용되고 있다.

이처럼 특정 브랜드명이 일상에서 사용되는 경우가 많다. 하지만, 이것은 고정된 것이 아니기 때문에 사용하지 않게 되거나, 부정적인 의미로 변할 수 있다. 또한, 기업의 브랜드명이 너무 유명해져 상표로서의 가치를 잃을 수도 있는데, 이런 상황에 충분히 대비한다면, 브랜드명의 보통명사화는 기업에 큰 이익으로 활용될 수 있을 것이다.

자료원: 기획재정부 공식블로그(2018.10), 우리 생활에 자연스럽게 녹아 '보통명사'처럼 사용되는 브랜드.

제3절 브랜드자산

브랜드자산(brand equity)이란 어떤 제품에 브랜드를 붙임으로써 추가되는 어떤 가치로서 브랜드자산의 효과는 높은 브랜드애호도, 시장점유율 또는 수익의 증가로서 나타나게 된다. 브랜드자산이 갖는 효과는 우리 일상생활에서 쉽게 찾아볼 수 있다. 탄산음료를 마시고자 할 때 우리는 코카콜라를 먼저 떠올리며, TV 하면 삼성(SAMSUNG)이, 햄버거 하면 바로 맥도날드가 떠오르는 경험을 해 보았을 것이다. 코카콜라, 삼성, 맥도날드는 강력한 브랜드자산을 구축하고 있으며, 이 브랜드자산을 더욱 강화하기 위하여 끊임없는 노력을 하고 있다. 여기서는 이러한 브랜드자산이 무엇에 의하여 형성되는지 그 구성요소를 살펴보고, 브랜드자산의 크기를 어떻게 측정할 것인가에 대하여 논의하며, 일단 구축된 브랜드자산을 어떻게 활용할 것인지 브랜드자산의 활용전략을 살펴보고자 한다.

 사례 인터브랜드 2017년 세계 100대 브랜드

세계 최대 브랜드 컨설팅 그룹인 인터브랜드가 제 18회 'Best Global Brands 2017'을 통해 세계를 대표하는 100대 브랜드를 발표했다. 인터브랜드는 '사람, 기술 그리고 브랜드'의 중요성에 대해 강조했다.

2017년 베스트 글로벌 브랜드에 따르면, 세계를 대표하는 100대 브랜드 가치 총액은 1조 8,717억 달러로 2016년 가치 총액 1조 7963억 달러 대비 4.2% 성장한 것으로 나타났다.

최상위 10개 브랜드는 1위부터 애플(Apple), 구글(Google), 마이크로소프트(Microsoft), 코카콜라(Coca-Cola), 아마존(Amazon), 삼성(SAMSUNG), 토요타(Toyota), 페이스북(Facebook), 메르세데스 벤츠(Mercedes-Benz), 아이비엠(IBM) 순이다. 애플과 구글은 5년 연속 전체 순위 1, 2위를 차지했다. 애플의 브랜드 가치는 1,841억 5,400만 달러로 지난해 대비 3% 증가했고, 구글의 브랜드 가치는 1,417억 300만 달러 6% 증가했다. 지난해 4위를 차지한 마이크로소프트가 브랜드가치 799억 9,900만 달러로 10% 브랜드 성장과 함께 3위에 자리했다. 삼성(SAMSUNG)은 전년 대비 9% 증가한 562억 4900만 달러로 한국 브랜드로는 최고인 6위를 차지했다.

인터브랜드 '2017년 베스트 글로벌 브랜드' 평가 결과, 가장 높은 성장세를 보인 브랜드는 페이스북(Facebook)으로 48%의 브랜드 가치 성장률을 보이며 전년 대비 7계단 성장하여 8위를 차지했다. 페이스북은 2년 연속 브랜드 가치 성장률이 가장 높은 브랜드로 꼽혔다. 다음으로는 아마존(Amazon) 29%, 어도비(Adobe) 19%, 아디다스(Adidas) 17%, 스타벅스(Starbucks)와 골드만 삭스(Goldman Sachs)가 각각 16%의 성장세를 보였다.

올해 처음으로 세계 100대 브랜드에 진입한 브랜드들도 눈에 띈다. 넷플릭스(Netflix)는 100대 브랜드 진입과 동시에 78위를 차지했으며 세일즈포스닷컴(Salesforce.com)이 84위에 새롭게 이름을 올렸다. 페라리(Ferrari)는 2013년 베스트 글로벌 브랜드에서 98위를 차지한 뒤 순위권 밖으로 밀려났으나 올해 88위로 재진입하였다.

국내 브랜드 중에서는 올해에도 삼성전자, 현대자동차, 기아자동차가 2017년 베스트 글로벌 브랜드에 선정됐다. 삼성전자는 562억 4,900만 달러의 브랜드 가치로 토요타(Toyota)를 제치고 6위에 이름을 올리며 아시아 최고의 브랜드로 자리 잡았다. 현대자동차는 5% 성장한 131억 9,300만 달러로 올해도 35위 자리를 지켰으며 기아자동차 브랜드 가치는 66억 8,100만 달러로 전년 대비 6% 성장한 69위를 유지했다.

인터브랜드 글로벌 CEO 재즈 프램튼(Jez Frampton)은 "급변하는 시장 환경 속에서 어제의 성공에 안주하는 브랜드들은 시장에서 도태될 수 밖에 없다."고 역설했다. 그에 따르면, "끊임없는 자기혁신을 통해 브랜드의 존재 이유를 규명하고 이를 기반으로 고객들에게 차별화된 경험과 감동을 제공하는 브랜드들만이 지속적으로 성장할 수 있다."며 브랜드의 중요성을 강조했다.

자료원: 인터브랜드(2017).

1 브랜드자산의 구성요소

브랜드자산은 크게 브랜드인지도와 브랜드연상의 두 가지 축으로 구성되어 있다. 브랜드인지도는 브랜드가 알려진 정도를 말하며 브랜드친숙도에 직접적인 영향을 미치고, 특정 제품군에서는 인지도가 바로 구매로 연결되기도 하는 것으로 밝혀졌다. 브랜드연상은 어떤 브랜드를 듣거나 보았을 때 떠오르는 모든 생각과 느낌 그리고 연상이미지들을 가리키는 말이다. 브랜드연상이 강력하고 호의적이며 독특할수록 좋은 연상이라고 할 수 있다. 높은 브랜드인지도와 강력하고 호의적이며 독특한 브랜드연상들은 브랜드자산을 구축하며, 이러한 브랜드자산은 기업의 경쟁우위를 창출하는 전략적 자산이다.

(1) 브랜드인지도

브랜드인지도는 브랜드자산을 구성하는 두 가지 축의 하나를 이루고 있으며, 브랜드자산을 구축하기 위한 필요조건이다. 브랜드인지도가 높은 브랜드는 우리에게 매우 친숙한 브랜드이고 우리의 일상생활의 일부분이 되어 있는 브랜드이다. 우리는 참이슬을 소주의 대명사처럼 부르고 있으며 참이슬과 얽힌 자신 나름대로의 추억을 한두 가지씩은 모두 가지고 있을 것이다. 이처럼 브랜드인지도는 소비자에게 친숙한 느낌을 제공하고 경쟁브랜드가 소비자 마음속에 자리 잡는 것을 막아 주는 역할을 한다. 브랜드인지도는 소비자들의 브랜드에 관한 연상들을 담아 두는 그릇과 같은 것이라고 할 수 있다. 브랜드인지도가 갖는 중요성을 좀 더 자세히 살펴보면 다음과 같다.

첫째로, 브랜드인지도는 제품의 구매결정과정(인지 → 태도 → 구매)상의 가장 첫번째 단계인 인지도를 형성하는 것으로서 구매가 이루어지기 위한 필수적인 조건이다. 특히, 일반의약품이나 식료품과 같이 소비자의 관여도가 낮은 경우에 있어서 높은 인지도는 바로 구매로 연결되는 매우 강력한 경쟁우위의 요소이다. 인지도와 친숙도의 높은 관계는 우리 일상생활에서 쉽게 찾아볼 수 있다. 우리는 잘 모르는 사람도 자주 만나게 되면 왠지 친밀하게 느껴지는 것을 경험하게 된다. 실제로 한 연구에 따르면, 전혀 이해하지 못하는 도안이나 문자에 응답자들이 반복적으로 노출되면, 응답자들은 자신이 노출되었던 도안이나 문자에 대하여 더 높은 친숙도를 나타내었다고 한다.

둘째로, 브랜드인지도는 브랜드를 고려상표군에 들어가게 하는 역할을 한다. 소비자들이 최종구매결정을 위하여 신중하게 고려하는 브랜드들의 집합을 고려상표군이라고 부른다. 고려상표군은 일반적으로 약 3~4개의 브랜드로 구성된다고 알려져 있다. 그런데, 특정 제품군의 경우에는 고려상표군이 1~2개의 브랜드로만 이루어지는 수가 있다. 소비자들이 상점에 가기 전에 미리 브랜드를 결정하는 제품(감기약, 조미료, 소주 등)의 경우에는, 대다수의 소비자들이 자신이 구매하고자 하는 브랜드를 미리 고려하게 된다. 예를 들어, 조미료의 경우 조미료 하면 대표적인 브랜드인 '미원'을 떠올리는 주부들이 많아 MSG를 포함한 합성첨가물을 넣지 않은 '자연재료 조미료'의 인지도가 높아졌음에도 불구하고 많은 사람들이 조미료를 미원이라고 부르는 경우가 많다.

셋째로, 브랜드인지도는 브랜드연상들을 담아 두는 그릇의 역할을 하게 된다. 브랜드인지도를 과일그릇으로, 브랜드연상들을 과일들로 비유한다면, 큰 과일그릇에 탐스러운 과일들을 듬뿍 담아놓을 수 있듯이, 브랜드인지도가 높은 브랜드가 한층 더 강력하고 호의적이며 독특한 브랜드연상들을 더 많이 가질 수 있다.

브랜드인지도는 크게 네 가지 단계로 구분할 수 있다. [그림 7–2]에서 볼 수 있듯이 가장 낮은 단계는 무인지이다. 무인지의 바로 윗 단계가 보조인지(brand recognition)로서 여러 브랜드가 주어진 상태에서 특정 브랜드를 들어 본 적이 있는지를 물어봄으로써 측정한다. 보조인지보다 한 단계 더 높은 것이 비보조상기(brand recall)로서 응답자가 한 제품부류에서 생각나는 브랜드를 자유롭게 열거함으로써 측정한다. 비보조상기율은 전체 응답자 중 자사브랜드를 상기한 사람들의 비율로 나타낸다.

인지도의 가장 높은 단계는 최초상기(top of mind)라고 불린다. 최초상기는 비보조상기의 측정에서 제일 먼저 상기된 브랜드로서 최초상기율은 전체 응답자 중 자사브랜드를 가장 먼저 상기한 응답자의 비율에 의하여 표시된다. 성공적인 브랜드들은 70 ~80% 이상의 보조인지율과 30~40% 이상의 비보조상기율, 그리고 10% 이상의 최초상기율을 갖는 것이 바람직하다. 이와 같이 중요한 브랜드인지도를 높이기 위해서 사용할 수 있는 방법은 다음과 같다.

그림 7–2 **브랜드인지도 피라미드**

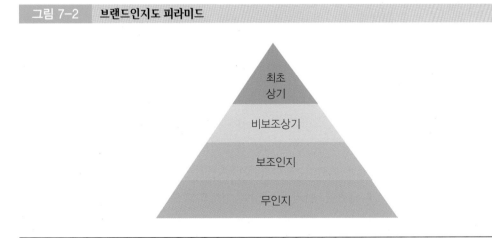

① 차별화된 커뮤니케이션전략을 사용해야 한다. 즉, 전달하고자 하는 메시지가 차별화되어야 하고 전달방식이 특이해야 한다. 대웅제약은 자사의 대표적인 간장약인 '우루사'를 축구선수 차두리를 모델로 기용, 일명 '간 때문이야'라는 로고송을 만들어 광고에 도입하였다. 이는 50년간 이어온 장수제품인 우루사에 대한 인식 전환에 큰 도움이 되었으며 많은 소비자들이 우루사에 대한 브랜드 인지도가 높아지는 계기가 되었다. 사람들은 '간 때문이야'라는 노래문구 하나만으로 그 광고가 우루사 광고임을 알게 된다. 지속적인 브랜드인지도 유지 및 향상을 위해 기업들은 반복광고를 이용한다. 그런데 소비자가 같은 광고에 3번 노출되면 광고효과는 더 이상 증가하지 않는다고 한다. 따라서 대웅제약은 차두리의 아버지인 '차범근' 또한 모델로 기용하고 다양한 버전의 광고를 만들어 지속적으로 브랜드의 새로운 모습을 보여주기 위해 노력하였다.

② 로고송이나 슬로건을 이용하여 브랜드명이 쉽게 구전되도록 하고, 시각적 효과의 극대화를 위하여 심벌을 이용하여야 한다. KFC에서는 시각적 효과를 위하여 '커넬 샌더스' 할아버지 모습의 인형을 이용하고 있고, SK텔레콤은 자사의 LTE 서비스 선전을 위해 독특한 로고와 멜로디를 이용하여 시각적, 청각적 효과를 이용하고 있다. 또한 맥도날드는 'I'm loving it', 나이키는 'Just Do It'의 슬로건을 이용하여 자신들의 브랜드의 구전효과를 극대화시키고 있다.

③ 행사후원을 함으로써 자사브랜드에 대한 인지도를 높일 수 있다. 삼성과 현대자동차그룹은 올림픽 공식파트너로 지정됨으로써 올림픽 마크를 자사의 제품에 이용할 수 있게 되었고, 올림픽 공식후원기관으로서 자사 제품의 독점적 공급계약을 맺게 되었다. 이러한 유명한 행사의 후원을 통하여 삼성과 현대자동차그룹의 브랜드를 전 세계적으로 알리는 효과도 아울러 얻게 되었다.

사례 트로피카나 스파클링의 광고와 브랜드인지도

롯데 칠성의 '트로피카나 스파클링'은 톡 쏘는 느낌이 강한 과일 맛 탄산 음료이다. 광고에는 모모랜드 '주이'가 등장해 '망고맛', '사과맛', '복숭아맛' 등을 춤으로 표현한다. '톡톡톡 트로피카나'라는 중독성 있는 멘트를 반복하면서 데칼코마니 기법을 활용한 화면 구성으로 광고는 시청자들의 눈을 사로잡는다. 음료의 여섯 가지 맛을 색으로 표현하기도 했다. 광고 속 배경과 인물이 입은 옷을 대응시켜 여섯 가지 버전으로 나타내, 제품의 맛을 시각적으로 표현했다. '트로피카나 스파클링' 광고는 2017년 가장 사랑 받은 광고로 떠올랐다. '주이'는 자신만의 댄스 매력을 통해 제품의 시원한 스파클링과 과일 맛을 표현했다. 단순히 격렬한 춤을 추는 것이 아니라 춤마다 key point를 두어, 보는 이로 하여금 춤을 따라하고 싶게 만들기도 한다. 롯데 칠성 또한 SNS에서 '주이 댄스 따라하기' 이벤트를 진행해 직접 소비자가 참여하게끔 유도했다. '트로피카나 스파클링' 광고는 소비자가 광고에 직접 참여하면서 단순한 '광고 영상'을 넘어 하나의 신드롬을 만들어냈다.

자료원: 소비자평가(2017.11), 트트트 트로피카나! 트로피카나 스파클링.

(2) 브랜드연상

브랜드연상은 브랜드에 관련된 모든 생각과 느낌, 연상이미지를 총칭하는 말이다. 예를 들어, [그림 7-3]은 맥도날드에 관한 브랜드연상의 한 예를 보여 주고 있다. 그림에서 볼 수 있듯이, 맥도날드브랜드는 아치모양의 로고, 창업자인 로널드 맥도날드, 친절하고 따뜻한 느낌, 맥도날드 안에 설치된 놀이터, 생일파티와 같은 제품과 직접적으로 관련되지 않은 수많은 연상들을 일으킨다. 그리고 빠르고 편리한 서비스, 싼 가격, 맛있고 신선한 좋은 품질, 그리고 빅맥 햄버거와 같은 제품과 관련된 연상을 불러일으키기도 한다. 이러한 많은 연상들이 하나의 네트워크로서 조직화된 지각상태를 브랜드이미지라고 부른다.

다른 예로는 유한킴벌리가 있다. [그림 7-4]를 보자. 이 그림을 바탕으로 소비자들은 대표 제품인 크리넥스 화장지와 하기스 기저귀 등을 통해 제품에 관련된 브랜드연상을 하고 있음을 알 수 있다. 또한, '우리 강산 푸르게 푸르게'라는 캠페인을 진행하며 얻은 사회공헌활동 이미지가 강해 ○본 캠페인의 내용인 나무 심기와, 그리고 이

그림 7-3   맥도날드의 브랜드연상

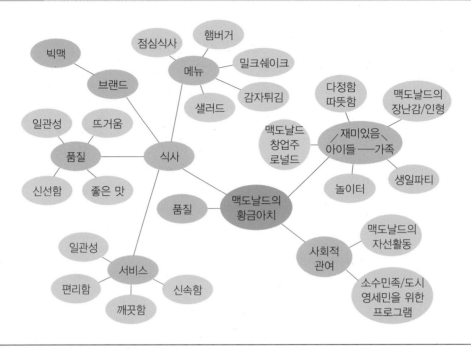

그림 7-4   유한킴벌리의 브랜드연상

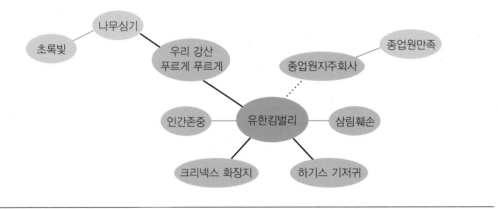

를 통해 기업의 색으로 확장되고 있는 것을 확인할 수 있다.

　　브랜드연상은 강력하고 호의적이고 독특해야 한다. 강력한 브랜드연상이란 그 브랜드를 들었을 때 얼마나 즉각적으로 브랜드연상이 머릿속에 떠올랐는가 하는 것을 나타낸다. 미원은 조미료의 대명사로서, 박카스는 자양강장 드링크의 대명사로서 바로 떠오르게 된다. 강력한 브랜드연상은 브랜드와 관련된 다양한 연상들이 하나의 네트워크구조로서 잘 연결되어 있을 경우에 형성된다. 이렇게 잘 연결된 연상 네트워크에서는 하나의 연상이 떠오르게 되면 연속적으로 연결된 다른 연상들이 떠오르게 되는 연상의 '활성화(activation)' 현상이 일어나게 되며, '활성화'된 연상들이 많아질수록 브랜드연상은 강력해진다.

호의적인 브랜드연상은 브랜드와 관련되어 떠오르는 연상들이 얼마나 '긍정적인가'하는 것과 관련된다. 예를 들어, 미원은 조미료의 대명사라는 강력한 연상을 일으키지만, 화학적 성분과 비천연적이기 때문에 건강에 안 좋다는 부정적인 연상을 떠올리게 할 수도 있다. 이 경우, 화학조미료의 대명사라는 연상은 미원의 브랜드연상에 부정적으로 작용하여 풀무원과 같은 식품사업으로 브랜드확장을 하는 데에는 오히려 방해가 될 수 있다. 박카스의 경우에서도 피로회복이라는 긍정적인 브랜드연상과 카페인이 많은 음료로서 건강음료로는 부적합하다는 부정적인 브랜드연상이 함께 떠오를 수 있다. 따라서 어떻게 하면 긍정적인 브랜드연상을 더욱 강력한 연상으로 만들고, 부정적인 브랜드연상을 사라지게 할 것인가 하는 것이 호의적인 브랜드연상관리에 있어서 매우 중요하다.

독특한 브랜드연상은 경쟁제품과의 차별성에서 중요하다. 즉, 아무리 호의적이고 강력한 연상이라도 모든 경쟁제품들이 가지고 있는 연상은 자사 제품에 차별적인 경쟁우위를 제공하지 못한다. 예를 들어, 미원이 갖는 조미료의 대명사라는 연상도 최근 다양한 조미료들이 시장에 출시되면서 특히, 화학첨가물을 포함하지 않는 자연성분의 조미료들이 시장에 출시되면서 경쟁우위의 차별적인 연상으로서 점차 그 역할을 잃고 있다. 박카스도 오랜 기간 피로회복 드링크로서의 연상을 독점하고 있었지만, 다양한 기능성 비타민음료들이 피로회복의 기능을 강조하며 계속적으로 출시됨에 따라 피로회복이라는 브랜드연상이 갖는 독특성은 점차 퇴색되어 가고 있다. 대형 할인점들에서도 저렴한 가격이라는 브랜드연상이 그 독특성을 잃어가고 있기 때문에 최근에는 '통큰', '반값' 등 다양한 방법으로 저렴한 가격이라는 브랜드연상의 독특성을 갖추려는 노력을 하고 있다.

그림 7-5   브랜드연상의 유형

[그림 7-5]에서 볼 수 있듯이, 브랜드연상의 유형은 크게 제품속성과 관련된 연상과 제품속성과 관련되지 않은 연상으로 구분할 수 있다. 제품속성과 관련된 연상은 다시 제품범주에 대한 연상, 제품속성에 관한 연상, 그리고 제품의 품질/가격대와 관련된 연상으로 구분할 수 있으며, 제품속성과 관련이 없는 연상들은 브랜드개성(brand personality), 사용자/사용용도, 기업이미지로 구분할 수 있다.

① **제품범주의 전형성**: 제품범주에 대한 연상은 반창고 하면 대일밴드가, 간장 하면 샘표 간장이, 피로회복 드링크 하면 박카스가, 프린터 하면 휴렛패커드가, 탄산음료 하면 코카콜라가 바로 떠오르는 것으로서, 어떤 브랜드가 그 제품범주의 전형성을 획득하게 된 것을 말한다. 일반적으로 선도제품들은 전형성을 가지고 있는 경우가 많다.

② **제품속성**: 제품속성에 관한 연상으로는 '하루배송(Next Day Delievery)'의 페덱스(FEDEX), 강력한 흡입력의 다이슨(dyson) 무선청소기, 부드럽고 편안한 면도의 질레트(Gillette)와 같이 제품속성상의 독특한 연상들을 꼽을 수 있다. 제품속성 연상전략은 제품선택 시 고려되는 속성들 중 어느 한 가지 혹은 두 가지 이상의 속성상의 강점을 브랜드와 연계시키는 것으로서, 강력한 브랜드연상을 갖기 위해 가장 많이 사용되는 전략이다.

③ **품질/가격대**: 미국의 맥주시장구조를 살펴보면, 저가격대의 가격브랜드(Busch, Old Milwaukee), 중가격대의 프리미엄 맥주(Coors, Heineken), 그리고 최고가격대의 최고급맥주(Anchor Steam, Samuel Adams) 등의 3계층의 품질/가격대가 있다. 소비자들은 어떤 제품군을 일반적으로 3계층의 품질/가격대로 구분하려는

경향이 매우 강하며, 특정 브랜드가 그 중 어느 계층에 속해 있는지를 알고자 하는 경향이 강하다. 이는 소비자가 정신적 노력을 최소화하려는 합리적 행동의 결과로서, 소비자는 특정 품질/가격대에 대한 선호도를 통해 브랜드들을 쉽게 압축해 나갈 수 있어서, 의사결정의 고민을 줄일 수 있다. 최근에는 저가항공에 비행의 즐거움을 더한 젯블루(JetBlue) 항공, 가성비 좋은 프리미엄의 '필라(FILA)' 운동화, 북유럽의 현대적 디자인이면서 가성비가 높은 이케아(IKEA) 가구와 같이 합리적이고 좋은 품질을 높은 가성비와 결합하는 품질/가격대의 연상이 강력한 브랜드연상으로 많이 등장하고 있다.

 사례 ## 생명을 살리는 물 '활명수'

활명수는 부채표라는 상표와 함께 속이 더부룩하고 소화가 안 될 때 마시는 소화제의 대명사로 사용되고 있다. 동화약품이 판매하는 활명수는 올해로 출시 120주년이 된 스테디셀러 브랜드다. 1897년생으로 아스피린과 동갑이며, 한국에서 가장 오래된 '제1호 브랜드'다. 두 세기 전 만들어진 제품이지만 여전히 1년에 1억 병씩 팔린다. 동화약품이 활명수로 벌어들이는 매출만 1년에 540억 원에 달한다. 제품 인지도가 99.3%(출처: 갤럽 2015)에 이른다는 조사결과도 있으니 활명수라는 브랜드는 대한민국 사람이면 모르는 사람이 거의 없다고 볼 수 있다. 제품의 수명 주기가 날이 갈수록 짧아지는 시장 상황에서 활명수가 120년을 꾸준히 사랑받은 비결은 무엇일까?

시대를 앞서간 브랜드 관리

활명수는 대한제국 원년인 1897년 9월 세상에 나왔다. 왕정국가였던 당시 상황에서 궁중의 비방을 바탕으로 일반 대중을 위한 약을 만들어 출시 초기부터 소비자들의 높은 신뢰를 받았다. 당시에 왕족들의 비방을 활용해 만든 약에 대한 소비자들의 관심이 높았음은 어렵지 않게 짐작해 볼 수 있다.

활명수라는 네이밍 전략도 탁월했다. 활명수는 '목숨을 살리는 물'이라는 뜻이다. 활명수 출시 시점에 국운이 기울어 많은 국민은 끼니를 걱정했다. 당장 언제 무엇을 먹을 수 있을지 장담할 수 없으니 한 번 먹을 것이 생기면 폭식을 하는 것이 당연했다. 이처럼 불규칙한 식사로 배 앓이가 잦지만 마땅한 치료제가 없어 급체와 토사곽란만으로도 목숨을 잃은 이가 많았다. 활명수는 당시 사람들에게 꼭 필요한 약이었고 그래서 '생명을 살리는 물'이라는 네이밍은 시대를 앞서 갔다는 평가를 받는다. 나아가 부채표와 활명수(생명을 살리는 물)라는 상표명은 좋은 브랜드 네임의 조건인 연관성(이름 자체가 제품이 가져다주는 이익과 특성을 잘 나타냄), 기억용이성, 독특성을 충족하고 있다.

자료원: 동아비즈니스리뷰(2017), 활명수의 120년 브랜드 전략.

④ **브랜드개성**(brand personality): 브랜드개성에 관한 연상은 강력한 브랜드자산을 갖추기 위한 필수적인 요건이라고 할 수 있다. 즉, 강력한 브랜드자산을 형성하기 위해서는 브랜드도 생명력을 지닌 인격체로 성장해야 하며 그 브랜드만의 독특한 개성을 갖추어 주어야 한다. 브랜드개성은 소비자들이 브랜드를 통하여 자아정체성(self identity)을 표현하고자 하는 욕구가 강한 제품군일수록 중요하다. 10대와 20대 남성들에게는 전자기기, 운동화, 청바지와 같은 제품이 자아정체성을 표현하는 제품들이라면, 30대와 40대의 남성들은 자동차, 양복, 시계와 같은 제품들을 통해서 자아정체성을 표현하고, 30대와 40대 여성들은 의류, 장신구, 가방과 같은 제품들을 통해서 자아정체성을 표현한다.

　브랜드개성을 중요시 하는 샤넬 화장품의 경우 상류층 여성이 지니고 있을 법한 우아하고 고상한 이미지를 컨셉으로 키이라 나이틀리, 니콜 키드만 등 유명한 할리우드 모델을 그들의 향수 샤넬 No.5와 연계시킴으로써 독특한 브랜드개성을 심는 데 성공하였으며, 최근에는 여성용 향수임에도 불구하고 최초로 남자 모델인 배우 브래드 피트를 기용하였다. 이는 여성들이 가장 선호하는 남자 배우인 '브래드 피트'를 광고모델로 삼음으로써 샤넬 No.5가 가지고 있는 브랜드개성을 더욱 더 강조하기 위함으로 보인다.

⑤ **사용자/사용용도**: 브랜드를 특정 사용자나 사용용도와 강하게 연계시킴으로써 강한 브랜드연상을 일으킬 수 있다. 예를 들어, 거버(Gerber)는 유아를 강하게 연상시킴으로써 아기용 제품시장에서 강력한 브랜드자산을 구축하고 있으며, 삼성 지펠(ZIPEL) 냉장고는 상류층 여성이 사용하는 최고급 냉장고를 연상시키

고, 게토레이는 운동 후 마시는 갈증해소음료로서, 캠벨(Campbell's) 수프는 점심식사대용의 사용용도에 대한 강한 연상을 일으키고 있다. 이러한 사용자와 사용용도에 대한 연상은 브랜드개성에 대한 연상과 매우 깊은 관련을 맺고 있다. 예를 들어, 샤넬 No.5 향수에서 니콜 키드만을 모델로 내세워서 우아하고 고상한 상류층 여성의 연상을 만들어내는 것은 한편으로는 브랜드개성을 만들어내면서도 다른 한편으로는 사용자의 이미지를 만들어내는 것이다.

⑥ 기업이미지: 특정한 브랜드연상을 기업브랜드와 연계시킴으로써 기업에 대한 긍정적이고 호의적인 이미지를 형성하고 높은 신뢰도를 구축하고자 하는 노력이 많이 나타나고 있다. KB국민은행은 김연아 선수를 광고에 등장시켜 최고의 1등 은행이라는 기업이미지를 형성하였다. LG는 빌보드 차트에서 1위에 오르며 큰 인기를 끌었던 방탄소년단을 모델로 선정하여 LG에 대한 호의적인 이미지를 BTS 일곱 멤버와 연결하였다. 이러한 기업이미지 연상은 기업정체성 작업(corporate identity program: CIP)의 일환으로 그 기업에서 생산하는 제품들에게 매우 강력하고 일관된 신뢰성을 제공한다. 기업이미지는 강력한 브랜드자산 형성에 매우 중요하다. 애플(Apple)은 '다르게 생각하라(Think Different)' 광고 시리즈를 통해서 애플을 혁신적이고 시대를 주도하는 기업으로 인식하게 만들었다.

브랜드연상은 그에 걸맞는 시각정보와 함께 전달됐을 때 극대화된다. 애플의 '사과', 맥도날드의 '황금색 아치', KFC의 '커넬 샌더스 할아버지', 벤츠의 '왕관 엠블럼', 코카콜라의 빨간색 로고와 병모양 등이 그것이다. 말보로를 연상케 하는 빨간색 담뱃갑, 앱솔루트 보드카의 병모양 등도 시각 효과의 하나이다. 또 인텔의 '인텔 인사이드'나 마이크로소프트 윈도우 제품에 붙어있는 '창문로고', 고급등산복에 빠지지 않는 고어텍스(GORE-TEX) 등과 같은 제품의 핵심부품도 브랜드가치를 높이고 있다.

사례   인텔의 '인텔 인사이드' 전략

인텔이 지난 1991년 '인텔 인사이드' 전략을 실시한 후 18개월 만에 브랜드인지도가 46%에서 80%로 올라간 것은 시각 정보가 얼마나 중요한지를 단적으로 입증하는 사례라고 할 수 있다. 이 전략을 실시하기 전, 대부분의 소비자들은 반도체를 만드는 인텔보다 완성품 PC를 만드는 HP나 Dell 등을 먼저 떠올렸다. 이로 인해 소비자들은 컴퓨터의 핵심부품보다 그 컴퓨터를 제작하는 업체들의 브랜드를 중심으로 그들의 컴퓨터 구매를 결정하였다. 하지만 '인텔 인사이드' 전략을 시행하면서 소비자들의 구매 결정에 인텔의 CPU에 대한 정보를 추가적으로 제공함으로써 경쟁사였던 AMD에 비해 높은 프리미엄을 유지할 수 있었다. '인텔 인사이드' 전략 시행이 인텔의 브랜드인지도의 상승이라는 효과와 함께 브랜드경쟁력 또한 강화시킬 수 있는 계기가 된 것이다.

자료원: 조선일보(2011).

② 브랜드자산의 측정방법

브랜드자산은 소비자에게는 제품에 대해 느끼는 추가적인 효용을 제공하고 기업에게는 추가적인 시장점유율이나 가격 프리미엄을 가져다 준다. 따라서 브랜드자산을 측정하는 방법에는 크게 두 가지의 방법이 있다. 첫째는 소비자입장에서의 접근방법이고, 둘째는 기업입장에서의 접근방법이다. 소비자입장에서 브랜드자산을 측정할 때 가장 많이 쓰이는 방법은 컨조인트분석(conjoint analysis)이다. 그러면 중형차시장을 예로 들어 컨조인트분석을 통하여 브랜드자산의 측정방법을 알아보자.

S그룹의 유부장은 최근 자가용을 구입하기 위하여 고민 중이다. 유부장은 컨조인트분석을 적용해서 각 브랜드의 가치를 측정하기로 했다. 제시된 자동차의 대안은 모

| 표 7-2 | 대안에 대한 선호도(1: 가장 낮음, 9: 가장 높음)

(A)

가격＼차종	쏘나타	K-5	SM5
2,400만 원	8	9	6
2,600만 원	5	7	3
2,800만 원	2	4	1

(B)

속성	수준	효용
가격	2,400만 원	1.0
	2,600만 원	0.5
	2,800만 원	0.0
브랜드	쏘나타	0.5
	K-5	0.8125
	SM5	0.1875

두 아홉 가지였다. 세 가지 브랜드(쏘나타, K-5, SM5)와 각 브랜드마다 세 가지 가격수준(2,400만 원, 2,600만 원, 2,800만 원)의 결합으로 구성된 아홉 가지 대안에 대한 유부장의 선호도는 〈표 7-2〉의 (A)와 같았다. 각 대안에 대한 선호도를 바탕으로 컨조인트분석에서 계산된 가격과 브랜드의 효용수준은 〈표 7-2〉의 (B)와 같다. 가격수준의 효용에서 400만 원(2,800만 원-2,400만 원)이 1.0의 효용을 갖는다는 것을 알 수 있다. 따라서 각 브랜드가 유부장에 대해 갖는 브랜드자산은 다음과 같다.

쏘나타의 브랜드자산＝400만 원×0.5/1.0＝200만 원
K-5의 브랜드자산＝400만 원×0.8125/1.0＝325만 원
SM5의 브랜드자산＝400만 원×0.1875/1.0＝75만 원

K-5 브랜드는 쏘나타 브랜드에 비하여 125만 원의 추가적인 효용을 제공하고, SM5 브랜드에 비하여는 250만 원의 추가적인 효용을 제공하는 것으로 나타난다.

기업의 입장에서 브랜드자산을 측정하기 위해서는 브랜드자산으로 늘어날 미래 순이익의 현재가치를 계산하는 방식을 사용하고 있다. 마케팅학자들의 연구에 따르면 주식시장의 자료를 이용하여 기업의 브랜드자산의 가치를 측정할 수 있다고 한다. 즉, 기업 자산의 총가치는 그 기업의 주식 시가총액으로 계산된다. 기업의 주식 시가

총액에서 기업의 유형자산의 총가치를 빼게 되면 기업의 무형자산의 총가치가 남게 되며, 그렇게 도출한 기업의 무형자산의 총가치에서 브랜드와 무관한 부분(기술 등)의 가치를 제하고 나면 기업의 브랜드자산의 가치를 구할 수 있다.

[기업의 관점에서의 브랜드자산의 측정방식]

기업의 총가치＝기업의 주식 시가총액
기업의 무형자산의 총가치＝기업의 주식 시가총액−기업의 유형자산의 총가치
브랜드자산의 가치＝기업의 무형자산의 총가치−브랜드와 무관한 부분의 가치

〈표 7−3〉은 인터브랜드가 2017년에 발표한 주요 브랜드의 가치를 보여주고 있다. 여기에서 가장 먼저 눈에 띄는 사실은 세계적인 브랜드의 값어치는 우선 그 절대액이 엄청나게 크다는 것이다. 애플의 브랜드가치는 무려 1,841억 달러이며(2011년 애플의 브랜드가치 334억 달러), 2위인 구글도 1,417억 달러의 브랜드가치(2011년 553억 달러)를 자랑하고 있다. 우리나라의 삼성전자는 브랜드가치가 550억 달러를 돌파하였다(2011년 234억 달러). 반면에 2011년과 비교해서 코카콜라의 브랜드가치는 718억 달러에서 2017년에 697억 달러로 감소했으며, IBM은 2011년 699억 달러에서 2017년 468억 달러로 감소했다.

아마존, 도요타, 페이스북, 벤츠는 2011년에는 10대 브랜드에 끼지 못했지만 2017년에는 전 세계 10대 브랜드로 평가되었다.

│표 7−3│ 인터브랜드 브랜드가치(2017년)

순위	브랜드	브랜드가치(백만 달러)
1	애플	184,154
2	구글	141,703
3	마이크로소프트	79,999
4	코카콜라	69,733
5	아마존	64,796
6	삼성	55,249
7	도요타	50,291
8	페이스북	48,188
9	벤츠	47,829
10	IBM	46,829

　　과자는 쉽게 물린다. 시대에 따라 입맛도 바뀌고 간식 습관도 달라진다. 바로 그 때문에 제과업계에서 장수하는 과자는 많지 않다. 그러나 시대의 변화를 뚫고 40년 이상 살아남은 브랜드가 있다. 바로 농심의 새우깡이다. 우리나라 최초의 스낵과자인 농심새우깡은 1971년 12월에 출시됐다. 과자하면 비스킷, 사탕하면 눈깔사탕밖에 없던 당시 생새우가 들어 있다는 묘한 과자가 나와 폭발적 인기를 끌었다. 새우깡은 그 이름 때문에도 유명해졌다. 도대체 '깡'이란 말이 무슨 뜻일까 궁금해 하는 사람이 많았다. '깡'은 아무런 뜻이 없는 말이다. 농심의 신춘호 사장은 이름을 어떻게 지을까 고심하고 있던 중 유치원에 다니던 막내딸이 혀 짧은 소리로 부르는 노랫소리에 퍼뜩 정신이 들었다.

　　"아리까앙 아리까앙 아라아리이요"

　　신사장은 '깡'이란 말에서 묘한 재미를 느껴 당시 개발 중이던 새우스낵에 '새우깡'이란 이름을 붙였다. 이후 양파깡, 감자깡, 고구마깡 등 '깡 삼총사'가 등장하게 되었고, 깡은 곧 스낵이란 말과 통했다.

　　농심은 지난 40년간 70억 봉지의 새우깡을 팔았으며, 누적판매금액만 해도 1조 5천억 원에 이른다.

　　1974년에 첫선을 보인 오리온 초코파이는 국내 최초로 개발된 물렁물렁한 과자이다. 딱딱한 비스킷에 익숙해 있던 사람들은 부드러운 2개의 비스킷 사이에 젤리 성질의 마시멜로를 끼워넣고 다시 그 위에 초콜릿을 입힌 초코파이의 색다른 맛에 반했다. 초코파이는 2003년에는 사상 최초로 단일누적매출액 1조원을 돌파하였고, 2010년까지 낱개로는 약 140억 개가 팔렸다.

제4절　브랜드전략

■ 제조업체브랜드와 유통업체브랜드

　　제품을 만들어 내는 회사가 자사 제품에 브랜드를 붙이기로 결정했으면 먼저 누구의 브랜드를 다느냐를 결정해야 한다. 브랜드는 누가 소유하느냐에 따라 제조업체브랜드와 유통업체브랜드로 나누어진다. 소비자들에게 잘 알려진 브랜드는 거의 모두 제조업체브랜드이다(보기: 삼성·현대·LG·CJ제일제당).

과거에는 유통업계가 워낙 뒤떨어져 있었고 따라서 제조업계에 대한 유통업계의 힘이 약했기 때문에 유통업체가 자체의 브랜드를 갖는 일은 극히 드물었다. 그러나 유통업계가 점차 근대화되면서 슈퍼마켓·백화점 등의 대형소매상이 늘어남에 따라 상대적으로 유통업계의 힘도 커지게 되었다. 최근에는 이러한 힘을 바탕으로 유통업체가 자체의 브랜드를 갖게 되는 일이 늘어나고 있다(보기: 이마트 No Brand).

 사례　**이마트 No Brand**

출시 3년 만에 1000개 품목 아우르는 메가 브랜드로

노브랜드는 온라인몰에 밀리고, 위축된 소비심리에 치이는 유통업계가 만든 자체 브랜드(PB)의 성공 사례다. 셀 수 없이 많은 자체 브랜드들이 생겨났다 없어졌지만, 노브랜드만큼의 파급력을 만들지는 못했다. 노브랜드의 모토는 단순하다. 가장 적당한 소재와 제조 방법을 찾아 업계 최저 가격대의 제품을 만든다는 것이다. 이마트의 PB는 크게 세 가지로 나

뉜다. 프리미엄 식품을 주로 다루는 피코크, 일반적인 제품을 다루는 e브랜드, 저가로 승부하는 노브랜드로 구성된다. 하지만 정용진 신세계그룹 부회장은 평소 임직원들에게 "노브랜드는 단순한 저가형 브랜드가 아니다"라는 점을 강조한다. 정 부회장은 "노브랜드는 이마트가 유통회사 틀을 넘어 직접 해외에서 물건을 사들이거나 기술력을 갖춘 중소기업과 제품을 개발하는 데 목적을 둔 프로젝트"라고 설명한다.

그렇다면 노브랜드는 어떤 상품으로 태어났을까. 노브랜드의 탄생은 2015년 4월로 거슬러 올라간다. 이마트는 당시 '브랜드가 없는 제품'이라는 의미로 '노브랜드(No brand)'를 브랜드명으로 낙점했다. 가장 처음 출시한 제품은 생수도 우유도 아닌 뚜껑 없는 변기시트. 가정 화장실에서는 변기 뚜껑을 잘 사용하지 않고, 오히려 뚜껑 때문에 변기 청소가 더 번거롭다는 점에 착안한 아이디어 상품이었다. 변기시트와 다른 제품 8개 총 9개로 시작한 노브랜드는 매년 급성장을 거듭했다. 출시 첫 해 말에는 상품수가 170종으로 늘었고, 그 다음해에는 800종, 2017년에는 1000종으로 빠르게 늘었다. 제품은 다양해졌지만 디자인은 일관성 있게 단순했다는 점에 주목할 필요가 있다. 이마트는 '디자인마저 하지 않는 디자인'을 강조했다. 일본의 무인양품에서 착안한 브랜딩 전략이었다. 1980년 '이유 있는 싼 제품'이라는 캐치프레이즈를 걸고 시작한 무

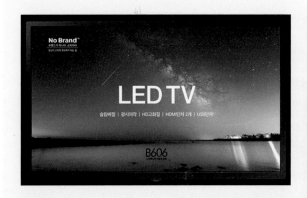

인양품은 디자인 광고도 마케팅도 거의 하지 않았다. 브랜드를 부각시키는 대신 꼭 필요한 기능을 담았다는 점을 어필했다.

노브랜드도 유사한 방법을 썼다. 패키지는 전부 노란색으로 통일했다. 제품 패키지에는 소비자가 알아보기 쉬운 상품명을 크게 인쇄했다. 제품의 장점은 제품을 집어 들자마자 알 수 있도록 인스타그램에서 쓰는 해시태그(#)로 표기했다. 김보배 이마트 과장은 "노브랜드 역시 브랜드 그 자체를 포함해 상품의 본질적인 기능과 상관없는 모든 비용을 줄였다"며 "노브랜드 마니아 고객이 생길 정도로 합리적인 가격의 상품을 제공하는 브랜드로 인정받았다"고 설명했다.

1억 개 팔리는 생수·쌀밥 인기 비결은 '가성비'와 '품질'

노브랜드에서 가장 많이 팔리는 제품을 살펴보면 노브랜드의 변천사를 알 수 있다. 노브랜드 출시 첫해 최고 인기상품은 긴 원통형 케이스에 들어있는 노브랜드 감자칩이었다. 2위는 초콜릿, 3위는 물티슈가 차지했다. 감자칩을 좋아하는 사람, 단것을 좋아하는 사람이 호기심에 한두 번 집어 드는 간식류다. 하지만 노브랜드 라인업이 갖춰지는 2016년부터는 반복 구매하는 상품들이 약진한다. 2016년 판매 수량 기준으로 가장 많이 팔린 제품은 노브랜드 미네랄워터로, 27만 개 팔렸다. 노브랜드 자색 고구마칩이 7만 개, 노브랜드 물티슈가 6만 5000개로 뒤를 이었다. 작년에는 매일 쓰는 '데일리' 상품들이 순위에 올랐다. 노브랜드 미네랄 워터가 1억 1900만 개로, 작년의 4배 넘게 판매되는 가운데, 흰 우유 '노브랜드 굿밀크'도 1900만 개 팔렸다. 즉석밥의 강자 CJ햇반의 아성에 도전하는 노브랜드 쌀밥 한공기도 1100만 개나 팔려 나갔다. 생수와 우유, 쌀밥은 모두 자주 구매하는 품목이다. 아무리 가격이 싸더라도 품질이 뒷받침해주지 않으면 재구매하지 않는다. 고객들은 '노브랜드 제품이 싸지만 품질이 괜찮다', '다른 브랜드 제품과 품질에 큰 차이 없는데 가격이 합리적이다'라고 평가하기 시작했다. 이마트는 한 달에 3만원 이상, 3번 이상, 5개 이상 노브랜드 제품을 구매하는 고객을 충성고객으로 분류하는데, 2016년 대비 2017년에는 이런 고객이 28%가량 늘었다.

제품의 핵심기능에 집중한 '물티슈' 개발

노브랜드 돌풍의 가장 큰 이유는 제품의 핵심 기능에만 집중했다는 점이다. 이마트는 노브랜드 물티슈를 개발하면서 어떤 소비자가 언제 어디서 물티슈를 쓰느냐를 조사했다. 물티슈를 구매하는 고객은 크게 두 부류였다. 어린 아이에게 쓰거나, 집이나 사무실에서 간편하게 먼지를 닦고 얼룩을 지우는 등 청소용으로 썼다. 선호하는 상품도 달랐다. 어린 아이를 둔 집에서는 아이 피부에 자극이 가지 않는 두툼한 저자극 물티슈를 선호한 반면, 청소용으로 물티슈를 구매하는 사람들은 성분을 크게 신경 쓰지 않았다. 여기에 더해 반려견 용변 처리에 사용할 수 있는 저렴한 물티슈를 찾는 사람도 생겨났다.

한울생약과 이마트는 사용감을 떨어뜨리지 않으면서 가격을 낮출 수 있는 이상적인 휴지 두께(평량) 찾기에 몰두했다. 당시 판매된 물티슈 평량이 45g/㎡ 선이었으나 6개월가량 시행착오를 겪은 끝에 최적의 두께를 32g/㎡로 결론지었다. 대신 시중 제품 대부분이 부직포 2겹 구조일 때 4겹으로 쉽게 찢어지지 않아 상품 질이 높게 평가됐다.

출시 석 달 만에 입소문을 타며 150만개가 팔렸다. 출시 후 6개월간 매출 23억원을 올린 데 이어 2017년에는 49억원어치가 팔렸다. 이마트에 따르면 작년 12월 기준 이마트 매장에서 판매되는 물티슈 70여 종 가운데 이 물티슈가 1위를 지키고 있다.

자료원: 매경 이코노미(2018.01), 이마트 '브랜드가 없는 제품'이 대박난 비결은 뭘까?

그러면 왜 유통업체는 자체브랜드를 갖고 싶어하는가? 그것은 자체브랜드를 가지면 이익이 더 많아질 수 있기 때문이다. 유통업체가 시설이 남아도는 제조업체를 찾아내어 자체브랜드를 붙이는 조건으로 물건을 주문한다면 이 제조업체는 기꺼이 싼값에 물건을 생산해 줄 것이다. 또한 대부분의 경우 유통업체브랜드는 제조업체브랜드보다 광고·판매촉진비가 적게 투입되므로, 유통업체는 싸게 상품을 판매할 수 있는 것이다. 더구나 유통업체브랜드는 유통업체가 스스로 최종소비자가격을 통제할 수 있는 권한이 생긴다. 이러한 이유로 유통업체는 자체브랜드를 씀으로써 더 많은 이익을 거둘 수 있는 것이다. 게다가 자체브랜드를 개발하여 소비자들에게 널리 알림으로써 점포 자체의 이미지가 올라가면, 많은 소비자들 사이에서 점포충성도(store loyalty)를 올릴 수 있다.

많은 제조업체들이 유통업체를 통하지 않고서는 물건을 팔 수가 없으므로, 이들이 자체브랜드를 갖는 것을 허락하고 또 이들이 원하는 대로 비교적 싼 값에 물건을 인도하게 되는 것이다. 즉, 유사한 상품에 제조업체브랜드를 붙이느냐, 유통업체 자체브랜드(PB상품)로 붙이느냐에 따라 가격차이가 생기는 것이다.

보기

- 서울우유의 '서울 우유' 슈퍼마켓 판매가격 1,000ml에 2,570원
  → 이마트 매장에선 피코크 우유(1등급) 브랜드로 1,000ml에 1,880원
- 삼양의 '맛있는 라면' 5개 슈퍼마켓 판매가격 4,250원
  → 이마트 매장에선 이마트 노브랜드 '라면 한 그릇'이란 브랜드로 5개에 2,280원
- 애경 '리큐' 2.7L 1+1 슈퍼마켓 판매가격 29,800원
  → 이마트 매장에선 '이마트 슈가버블'이란 브랜드로 3.4L 1+1에 24,000원
- 농심의 '제주 삼다수' 2L에 슈퍼마켓 판매가격 1,000원
  → 이마트 매장에선 '이마트 봉평샘물'이란 브랜드로 2L에 500원

이 밖에 신세계 이마트는 해외 직소싱을 통해 자체적으로 PB브랜드 TV인 '노브랜드 TV'를 런칭하였으며, 대표적인 온라인 쇼핑몰인 옥션의 경우 'TESS 아이사랑 가습기'를 출시하기도 하는 등, 이제 PB는 가전업계에서도 낯선 존재가 아니다. 이마트는 피코크, e브랜드, 노브랜드 등의 PB브랜드로 구분하여 상품을 제공하고 있다. 특히, 이마트의 노브랜드의 경우, 2015년 170개 제품으로 시작하여 다음해에는 800종, 2017년에는 1000종으로 빠르게 늘었다. 롯데마트는 '초이스엘 프라임, 초이스엘 후레쉬, 초이스엘 세이브, 온리 프라이스(only price), 베이직 아이콘, 스포츠 550' 등 다양한 PB브랜드를 선보이고 있다. 롯데마트의 2017년 4월 온리 프라이스 구매 고객 수는 월 평균 52만명에서 2018년 5월 기준으로 100만명까지 늘었다. 품목도 대폭 증가했다. 25개 품목으로 시작한 온리 프라이스는 출시 1년 4개월 만에 216개 품목으로 늘었다.

자체브랜드를 갖고 있는 제조업체들은 소비자들을 상대로 하는 광고·판매촉진을 통하여 강한 브랜드충성도를 유지하려고 한다. 따라서 그들이 소비자에게 부과하는 가격은 이러한 광고·판촉비로 인하여 높아지게 마련이다. 그런데 막강한 힘을 가진 중간유통업체들이 자기들에게 부과하는 가격을 낮추도록 제조업체들에게 압력을 가하면 제조업체들은 판로를 잃지 않으려고 조금씩 양보를 하게 된다. 이렇게 되면 정작 광고·판매촉진에 쓸 수 있는 예산이 줄어들게 되어 만족스러운 수준의 브랜드충성도를 유지하기가 힘들어진다. 여기에 제조업체들의 고민이 있는 것이다.

유통업체의 자체브랜드(Private Label Brand: PB)의 성공 사례로는, 국내 편의점업체들을 예로 들 수 있다. 한국개발연구원(KDI)에 따르면 국내 편의점 PB 시장 규모는 2008년 1,600억원에서 2013년 2조 6,000억원으로 5년 만에 무려 16배가량 급증했다. 이는 동기간 전체 유통업체 PB 시장 성장세(2.5배)를 뛰어넘은 규모다. 2017년에는 3조 5,000억원을 넘어선 것으로 추정된다. 편의점 전체 매출에서 PB가 차지하는 비중도 급증했다. CU · GS25 · 세븐일레븐 등 편의점 3사의 2008년 PB 매출 비중은 전체의 5%에 불과했으나 2018년에는 40%를 넘보고 있다. 업체별로는 지난해 기준 GS25가 36.4%, 세븐일레븐이 35.8%, CU 35%로 꾸준히 증가하는 추세이다.

PB 시장 규모가 커진 요인은 각 편의점업체들이 연이어 출사표를 던졌기 때문이다. 대표적인 통합 PB 브랜드로는 GS25의 '유어스(YOU US)', CU '헤이루(HEYROO)', 세븐일레븐 '세븐셀렉트(7-SELECT)' 등이 있다. 최근에는 편의점 후발주자인 이마트24와 미니스톱도 PB 브랜드를 출시하며 경쟁에 가세했다. 이마트24는 지난 7월 PB 브랜드 '아이미(I'me)'를 출시했고, 미니스톱은 최근 '미니퍼스트(MIN1ST)'를 선보였다. 이로써 국내 5대 편의점 모두 PB 통합 브랜드를 갖추게 됐다.

PB는 유통업체가 기획을 담당하고 식품업체가 제조를 맡는다. 예로 CU '헤이루 속초홍게라면'의 제조사는 팔도다. 세븐일레븐의 '동원 고추참치라면'은 동원F&B가 만든다. 독점 공급으로 중간 유통단계를 생략하다 보니 PB 상품 마진율은 일반 상품보다 5~10p 가량 높다.

단순 판매 채널을 넘어 편의점만의 히트 브랜드를 만들 수 있는 것도 PB가 각광받는 이유다. GS25가 2014년 12월 출시한 오모리김치찌개라면은 현재 누적 판매량이 3000만개를 돌파했다. 원소스멀티유스(OSMU)로도 활용이 가능하다. GS25는 오모리김치찌개라면의 후속작으로 '오모리김치돼지찜', '오모리김치볶음비빔면', '오모리김치참치' 등 총 6개 제품을 선보였다.

최근에는 식품뿐 아니라 반려동물 · 화장품 · 잡화 등으로 PB 영역을 확장하는 추세다. CU는 올해 초 반려동물 용품 브랜드 '하울고'를 론칭하고 사료 · 장난감 등을 판매하고 있다. GS25는 로드숍 브랜드 토니모리와 손잡고 화장품 브랜드 '러비버디'를 론칭했고, 이마트24는 이마트 PB '노브랜드'를 통해 화장지 · 세제 등 생활용품을 판매하고 있다.

편의점업계 관계자는 "갈수록 치열해지는 시장 경쟁에 각 사만의 차별화된 브랜드가 경쟁력으로 인정받고 있다"며 "단순 판매 채널이 아닌 영역을 뛰어넘는 시도들이 계속될 것"이라고 말했다.

자료원: 매경이코노미(2018.10), '잘 키운 PB 하나, 열 NB 안 부럽다'…편의점업계 경쟁.

2 개별브랜드 전략과 공동브랜드 전략

브랜드전략을 세울 때 회사가 내려야 하는 또 하나의 중요한 결정은 제품에 개별 브랜드(individual brand)를 붙이느냐, 아니면 공동브랜드(family brand) 혹은 기업브랜드(Corporate Brand)를 활용해서 제품을 공동브랜드 혹은 기업브랜드 아래에 둘 것인가 하는 것이다. 이렇게 우리는 브랜드전략을 대체로 개별브랜드전략과 공동브랜드전략(혹은 기업브랜드전략)으로 나눌 수 있다. 그러나 이것은 어디까지나 브랜드전략을 크게 둘로 나누면 이렇다는 이야기이고, 현실적으로 브랜드 또는 회사이름을 부각시키는 방법은 무척 다양하다. 〈표 7-4〉는 브랜드와 회사이름을 결합시키는 여러 가지 방법을 보여 주고 있다. 그러면 먼저 개별브랜드전략의 장점부터 알아보자. 개별브랜드전략의 장점은 다음과 같다.

첫째, 회사의 명성이 손상되지 않는다. 한 제품이 실패해도 다른 브랜드를 달고 있는 회사의 다른 제품들에 대한 영향이 그다지 크지 않기 때문이다. 1980년에 미국의 P&G사가 판매하는 랠리(Rely)라는 여성생리대가 몸에 해로운 물질을 포함하고 있는 것으로 판명되어, P&G가 급히 이 제품을 시장에서 거두어들인 바 있다. 그러나 P&G는 개별브랜드전략을 쓰고 있었기 때문에 다른 제품들의 판매는 거의 줄지 않았다. 마찬가지로 1982년 가을에 존슨 앤 존슨(Johnson & Johnson)에서 나오는 진통제 타이레놀(Tylenol)을 먹고 몇 사람이 사망한 사건이 발생하였으나, 다른 브랜드를

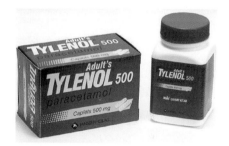

| 표 7-4 | 브랜드명과 회사이름의 결합

방법	보기
회사이름 ○ / 브랜드 ×	IBM, Intel, Inkel
브랜드 = 회사이름	베네통, 참존, 농심
브랜드 ↑ / 회사이름 ↓	맥심(동서식품), 게토레이(제일제당)
	비트(제일제당), 노르딕(한국타이어)
브랜드 ○ / 회사이름 ×	Budweiser, Marlboro, Polo, 위니아 딤채
회사이름 + 브랜드	LG 옵티머스, 삼성 갤럭시, 대우 동글이
각 브랜드가 공통요소 포함	Hewlett-PAckard(Deskjet, Laserjet)
	Nestle(Nescafe, Nestea, Nesquick)
	Bayer(Baycillin, Baycast, Bayflex)
브랜드 = 회사이름 + 보통명사	한성컴퓨터, 경동보일러

달고 있는 이 회사의 다른 제품들은 큰 피해를 입지 않았다.

둘째, 회사가 새로 내놓는 제품마다 제품의 차별성을 잘 부각시킬 수 있는 브랜드명을 붙여줄 수 있다. 개별브랜드전략과 관련하여 언급해야 할 것은 다브랜드전략 (multibrand strategy)이다. 이것은 같은 품목 안에 두 개 이상의 브랜드를 개발하여 판매하는 전략을 말한다. 이 전략의 가장 중요한 이점은, 회사가 각 상품 품목마다 여러 개의 다른 이름을 가진 제품을 내놓음으로써 소매점포에서 회사의 제품들이 차지하는 진열면적을 넓힐 수 있다는 것이다. 이렇게 하여 소매상의 제조회사에 대한 의존도를 높이고 나아가서는 경쟁사의 제품들이 차지하는 진열면적을 상대적으로 줄일 수 있는 것이다. 앞서 이야기한 P&G사가 이 전략을 처음 써서 성공했다고 한다. 1980년대 후반에 이 회사는 세탁기용 가루비누시장에서만 8개의 브랜드를 팔고 있었다.

셋째, 대부분의 소비자들이 다른 브랜드는 쳐다보지도 않을 만큼 한 브랜드에만 집착하지는 않으므로, 이러한 브랜드를 바꾸는 사람들(brand switchers)을 잡으려면 여러 개의 브랜드를 내놓는 수밖에 없다. 한 브랜드만 계속 사용하면서 소비자들이 브랜드에 대한 싫증(brand satiation)을 줄여주기 위해서 많은 소비재회사들은 다양한 색상, 재질, 맛 등의 제품을 제공함으로써 브랜드를 바꾸는 사람들이 자사의 브랜드 안에서 전환을 할 수 있도록 유도한다.

넷째, 시장에는 하나의 세분시장만 존재하는 것이 아니라 소비자들이 추구하는 혜택에 따라 다양한 세분시장이 존재할 수 있다. 이럴 경우, 각각의 개별브랜드가 서로 다른 세분시장을 겨냥하도록 해서 시장 전체에서의 점유율을 높일 수 있다.

예를 들어, 도요타(Toyota)의 렉서스(Lexus) 브랜드는 미국의 고급 대형 승용차 시장을 겨냥하여 기존의 소형 및 중형차의 마케팅전략과는 전혀 다른 전략으로 미국 시장에 진입하였다.

당시 미국의 소형 및 중형차시장에서 토요타 자동차가 성공할 수 있었던 핵심 가치는 '품질이 뛰어나면서 경제적인 차'라는 것이었다. 반면, 미국의 부유층은 가치가 있다고 느끼면 차를 사는 데도 가격은 크게 고려하지 않고 자신의 지갑을 기꺼이 열었다. 이런 분석 결과를 토대로, 토요타 자동차는 고급 승용차를 미국 시장에 성공적으로 진입시키기 위한 두 가지의 핵심 마케팅전략을 입안한다. 첫 번째는 '렉서스(Lexus)'라는 브랜드를 도요타(Toyota)라는 기업브랜드와 완전히 분리시키는 개별브랜드 전략을 선택하는 것이었다. 고객들에게 지금까지의 럭셔리 자동차와는 전혀 다른 '새로운 가치를 제안'하기 위해서였다. 두 번째는 '고객 로열티를 강화하여 충성 고객 만들기' 마케팅전략을 실행한 것이다. 이러한 차별화된 마케팅전략이 있었기에 렉서스는 미국 럭셔리 자동차 시장에 성공적으로 진입할 수 있었다. 지금은 여러 업종과 기업에서 렉서스의 마케팅 전략을 벤치마킹하고 있어 차별성이 떨어지지만 당시로서는 블루오션 마케팅전략이었던 셈이다. 이 같은 뛰어난 마케팅 전략과 노력에 힘입어 미국 시장 진출 29여 년이 지난 현재까지도 Lexus는 미국 내 럭셔리 카 브랜드 중 가장 품질과 서비스가 뛰어난 브랜드로 포지셔닝 되어 있다. 또한, 우리나라에서도 렉서스는 2001년 8월에 진입한 지 4년 만인 2005년에 5,840대를 판매, 2017년 13,347대를 판매하여 수입차 브랜드 중 벤츠에 이어 판매 2위 자리를 차지하였다.

그러나 개별브랜드전략은 각 브랜드마다 광고·판매촉진을 해야 하므로 이후 논의할 공동브랜드전략보다 마케팅비용이 훨씬 더 많이 든다. 특히 많은 개별브랜드를 가지고 있는 경우, 각 개별브랜드의 시장점유율이 낮아서 어느 브랜드도 충분한 광고·판매촉진비용을 투입하지 못하는 상황이 될 수도 있다. 더군다나 시장에 높은 점유율을 가진 강력한 경쟁 브랜드가 존재할 경우에 개별브랜드전략은 어느 한 제품도 충분한 경쟁력을 갖추지 못하고 경쟁브랜드와 제대로 된 싸움도 못할 수 있다. 따라서 회사가 개별브랜드전략이나 다브랜드전략(multibrand strategy)을 쓰려고 할 때는 위에서 열거한 이점들이 이러한 비용·위험을 부담해도 좋을 만큼 큰지를 신중히 검토해야 한다.

공동브랜드전략 혹은 기업브랜드전략은 기업이 판매하는 모든 품목에 같은 브랜드를 붙이는 전략이다. 우리나라의 삼성·LG 등 주요 가전업체나 미국과 유럽의 IBM, 지멘스(Siemens), Henkel, 아에게(AEG), 그리고 일본의 미쯔비시, 미쯔이 등 대기업들이 이 전략을 쓰고 있다. 기업이 이 공동브랜드전략을 쓰면, 기존의 회사브랜드가 쌓아놓은 명성 덕분에 새로운 제품을 내놓을 때마다 이름을 짓는 데 골머리를 앓지 않고 또 비교적 적은 비용으로 신제품을 도입할 수 있다. 따라서 신제품을 끊임없이 개발해야 하는 제약업·식품업·가전업 등에서는 이 전략이 더 효과적일 수 있다. 특히 제품의 수명주기가 점점 짧아지고 있으므로 상대적으로 공동브랜드전략의 필요성은 더 커지고 있다고 하겠다. 이 전략의 단점은 한 제품이 잘못되면, 그 여파가 기업의 다른 제품들에게도 미칠 가능성이 높다는 것이다. 그래서 공동브랜드전략은 품질·기술·위생 등의 면에서 문제가 생길 위험이 작을수록 적당하고, 그러한 위험이 클수록 개별브랜드전략을 쓰는 편이 낫다. 더군다나 요즘은 많은 회사들이 자사 제품의 생산을 하청업체에 맡기고 있다. 그런 회사들이 공동브랜드전략을 쓰려고 할 때는 특히 하청업체에 대한 기술지도와 품질관리에 힘을 기울여야 한다.

예를 들면, 풀무원은 풀무원이라는 공동브랜드의 지속적인 브랜드확장을 통해 신제품을 비교적 쉽게 출시했을 뿐만 아니라 풀무원 브랜드의 이미지를 강화하는 효과를 가져 왔다. 풀무원은 유기농, 무공해 식품 회사의 브랜드이미지를 기반으로 건강식품, 샘물, 화장품, 생활용품 등으로 브랜드 영역을 확장하였으며, 그 예로는 '생가득, 찬마루, 아임리얼, 그린체, 오가닉, 풀무원 다논' 등 21개의 하위 브랜드를 보유하고 있다. 이렇게 많은 계열브랜드를 보유하고 있음에도 불구하고, 확장된 하위 브랜드를 성공적으로 하나의 공동브랜드인 풀무원으로 연결해 내었다.

③ 브랜드연장(brand extension) 전략

공동브랜드전략과 밀접한 관계가 있는 것이 브랜드연장(brand extension) 전략이다. 브랜드연장 전략은 좋은 브랜드를 만들어서 소비자들의 신뢰를 얻은 뒤에 새로운 제품군으로 시장을 확장해 나갈 때, 기존의 브랜드를 활용해서 같은 브랜드 이름을 가진 제품으로 시장에 내놓는 전략이다. 이 전략의 목적은 두말할 것도 없이 앞에서 쌓은 소비자들의 호감을 후속제품으로 옮아가게 하려는 것이다. 이 방법은 잘 알려진 이름으로 새로운 제품을 내놓기 때문에 신제품을 광고하는 비용을 절약할 수 있는 장점이 있다. 그러나 신제품이 소비자들의 기대에 못 미치면 기존의 제품에게도 악영향이 미칠 수가 있다. 또한 같거나 비슷한 브랜드이름을 너무 많이 쓰면 그 브랜드가 소비자들의 마음 속에 차지하고 있는 특별한 위치를 잃게 될 위험도 있다. 이러한 위험을 '브랜드연장의 함정(brand extension trap)'이라고 부른다.

〈표 7-5〉는 성공한 브랜드연장의 사례 및 실패 사례를 보여 주고 있다. 위에서 살

| 표 7-5 | 브랜드연장의 성공, 실패 사례

성공한 브랜드연장 사례
• 아이보리 비누를 기반으로 아이보리 샴푸로 브랜드연장
• 제일제당 식물나라 화장품을 식물나라 샴푸, 비누, 향수, 린스로 브랜드연장
• 오뚜기 카레에서 라면, 미역, 참기름, 참치맨 등 다양한 식품류로 브랜드연장
• 나이키 운동화에서 농구화, 조깅화, 크로스트레이닝화, 테니스화, 에어로빅화로 브랜드연장
• 풀무원 식품에서 풀무원 다이어트로 브랜드연장

실패한 브랜드연장 사례
• 바이엘 아스피린에서 바이엘 무-아스피린(Non-Aspirin)으로 연장했으나 실패함
• 스카티 화장지에서 스카티 티슈, 스카티 기저귀, 스카티스로 브랜드연장했으나 실패하고 원브랜드의 브랜드자산도 상당 부분 손실
• 샘표 간장에서 샘표 타임커피로 연장했으나 실패함
• OB맥주에서 OB아이스로 연장했으나 실패함
• 백화양조는 베리나인골드에서 베리나인골드킹으로 연장했으나 실패함

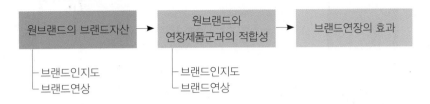

그림 7-6   브랜드연장에 영향을 미치는 요인들

원브랜드의 브랜드자산 → 원브랜드와 연장제품군과의 적합성 → 브랜드연장의 효과

└ 브랜드인지도
└ 브랜드연상

└ 브랜드인지도
└ 브랜드연상

펴본 성공한 브랜드연장의 공통점은 무엇이며, 실패한 브랜드연장의 시사점은 무엇인지를 다음의 [그림 7-6]을 이용하여 설명하고자 한다. [그림 7-6]에서 볼 수 있듯이 성공한 브랜드연장 사례들은 공통적으로 두 가지 특징을 보여 주고 있다.

첫째, 원브랜드가 높은 브랜드자산을 가지고 있다는 것이다. 원브랜드가 높은 브랜드인지도와 강력하고 호의적이며 독특한 브랜드연상(품질/가격대 연상과 제품범주의 전형성(typicalness) 연상을 포함한 개념)을 가질 경우에만 브랜드연장의 성공을 기대할 수 있다는 것이다.

애플의 브랜드확장전략이 그 성공의 예이다. 컴퓨터업체였던 애플은 MP3플레이어시장 진출을 계획하고 있었으나 새로운 장벽에 직면했다. 애플이라는 브랜드의 정체성이 지나치게 강할 뿐 아니라, 그 동안 구축해온 애플의 이미지와 MP3플레이어에는 큰 차이가 있었기 때문이다. 애플은 이러한 문제를 그들의 PC브랜드인 맥과 유사한 디자인을 통해 통일성을 강조하면서 MP3플레이어 또한 기존의 PC브랜드인 맥이 가지고 있는 이미지를 그대로 옮기며 이름 또한 그들의 히트 브랜드였던 아이맥과 유사한 아이팟으로 명명하는 방식으로 해결하였다. 이후 광고를 통해 아이팟이라는 브랜드에는 젊고 유행을 선도하는 이미지를 부각시키는 동시에, 외관 디자인에서 유사한 아이팟과 아이맥을 동시에 담은 광고도 전개하기도 하였으며, 이러한 전략으로 인해 소비자들은 애플의 제품의 정체성에 부합하면서도 유행을 선도하는 이미지로 아이팟을 받아들임으로써 성공을 거둘 수 있었다.

둘째, 원브랜드와 연장되는 제품군 간의 적합성이 높다는 것이다. 대표적인 예로는 삼성의 스마트폰 브랜드인 갤럭시 시리즈에서 파생된 태블릿PC군인 갤럭시탭과 노트형식의 스마트폰인 갤럭시노트가 있다. 이러한 적합성은 원브랜드와 연장제품군과의 속성의 유사성(feature similarity)과 개념의 일관성(concept consistency)에 의하여 결정된다. 속성의 유사성은 원브랜드가 속한 제품군과 연장제품군과의 기술적 공통성이 클 경우에 높게 될 것이고, 개념의 일관성은 원브랜드가 가지고 있는 브랜드이미지와 연장제품군의 이미지가 얼마나 적합한가를 나타내는 것이다.

한편, 실패한 브랜드연장 사례에서 우리는 다음과 같은 두 가지 시사점을 찾을 수 있다.

첫째, 브랜드연장을 통해 원브랜드가 소비자에게 전달하던 차별화된 의미의 초점을 잃게 되는 경우 브랜드연장은 실패하게 된다는 것이다. 스카티 화장지의 경우가 그러한 사례에 해당된다.

또한, 샘표 간장의 경우, 강력한 브랜드 인지도를 발판삼아 커피타임이라는 제품을 출시하였다. 하지만, 샘표 하면 간장을 떠올리던 사람들이 커피타임을 보고 왠지 짤 것 같다는 느낌을 떠올렸고, 간장으로 얻은 높은 인지도가 커피시장 진출에 장애요인으로 작용하였다.

세계적인 브랜드 '콜게이트(Colgate)'는 치약 브랜드이다. 콜게이트는 새롭게 떠오르는 포장음식 사업에 진출하면서 그동안 전 세계적으로 구축한 강력한 치약 브랜드 '콜게이트'를 그대로 활용해 브랜드 자산과 영향력을 최대한 이용하고자 하였다. 콜게이트는 전자레인지에 돌려서 바로 먹을 수 있는 홈스타일의 스파게티를 출시하였으나 기존의 민트향 강한 치약 브랜드로서 너무도 강력한 소비자 인식을 구축하고 있었기에 오히려 스파게티 신제품에 대한 식욕억제의 역효과로 시장에서 처참히 실패하게 되었다.

코카콜라 또한 그들의 새로운 브랜드인 뉴코크(New Coke)가 "새로운 원조 new original"이라는 포지셔닝전략을 사용하여 기존의 코크(Coke)가 가지고 있었던 원조

| 표 7-6 | 공동브랜드전략과 개별브랜드전략의 비교

	공동브랜드전략 (브랜드연장전략)	개별브랜드전략 (다브랜드전략)
제품당 마케팅비용	적게 든다	많이 든다
개별제품의 부각	약하다	강하다
회사 또는 공동브랜드의 이미지	강하다	약하다
신제품의 성공확률	일반화시킬 수 없다. 여러 가지 요인에 달려 있다(보기: 소비자들이 각 제품이 서로 얼마나 비슷하다고 느끼나, 이미지 내용이 제품들 간에 얼마나 잘 연계가 되고 또 일관성이 있는가, 소비자들의 선호구조는 어떠한가)	
마케팅투자효과의 지속기간	개별제품의 수명주기에 한정되지 않는다	개별제품의 수명주기에 한정된다
한 제품이 잘못됐을 경우 그것이 같은 회사의 다른 제품들에게 악영향을 미칠 가능성	높다	낮다

이미지(original)와 상충되어, 매출이 격감하는 실패를 겪었다.

둘째, 원브랜드가 너무 강한 제품범주와 관련된 전형성을 가질 경우, 브랜드연장이 실패하는 경우가 많다는 것이다. 샘표 간장과 바이엘 아스피린이 그 좋은 보기이다.

코카콜라가 영국에 출시한 생수 다사니는 코카콜라가 가지고 있던 이미지인 '탄산음료'가 너무 강해서 성공하지 못한 경우이며, 샘표에서 발매한 '타임커피'라는 커피 브랜드는 샘표가 가지고 있는 간장 이미지가 너무 강해 실패하였다. 바이엘 아스피린의 경우 '아스피린'이라는 이미지가 너무 강하여 다른 첨가물을 추가하거나 혹은 약한 수준의 아스피린을 출시하여 브랜드의 연장을 시도했으나 실패하였다.

〈표 7-6〉은 공동브랜드전략(또는 브랜드연장전략)과 개별브랜드전략(또는 다브랜드전략) 중 하나를 고르려고 할 때 마케팅관리자가 고려해야 하는 내용을 간추려서 보여 주고 있다. 지금까지의 논의를 종합하면, 대체로 아래와 같은 조건들이 어느 정도 충족될 때는 공동브랜드전략이 알맞고, 그렇지 않을 때는 개별브랜드전략이 더 낫다.

• 각 제품이 겨냥하고 있는 세분시장의 소비자 선호구조가 크게 다르지 않다. 즉, 각 세분시장의 소비자들이 추구하는 가장 핵심적인 제품편익이 유사하다.
• 제품들 사이에 상호보완성이 존재한다. 즉, 한 제품의 판매가 늘어나면 다른 제품의 판매도 함께 늘어난다.
• 소비자들이 기업에 대한 신뢰가 높아서 이 제품도 쓰고 저 제품도 쓰는 경향이 있다.

- 개별제품 하나하나에서 품질·기술·위생과 관련된 문제들이 발생할 위험이 적다.
- 개별제품별로 광고·판매촉진비용을 투입하기에는 회사의 자원이 한정되어 있다.
- 개별제품의 수명주기가 짧고, 신제품을 시장에 빨리 내놓는 혁신경쟁이 중요하다.

그러나 이 두 전략들은 모두 앞서 본 바와 같은 장·단점들을 갖고 있으므로 경영자는 다음과 같이 두 전략을 절충하는 방안도 고려해야 한다. 첫째, 회사의 제품믹스를 공통점을 가진 몇 개의 제품집단으로 나누어 각 집단마다 별개의 이름을 붙여 준다(보기: 미국의 시어즈백화점은 전기제품에는 켄모어(Kenmore), 그리고 부인복에는 케리부룩(Kerrybrook)이라는 이름을 붙여 주고 있다). 둘째, 각 브랜드에 공통요소를 집어넣는다(보기: 〈표 7-4〉의 Nestle의 Nes, Bayer의 Bay). 셋째, 회사이름과 브랜드의 이름을 섞어서 사용한다(보기: LG 케어솔루션(care solution), 삼성 갤럭시, GS 자이).

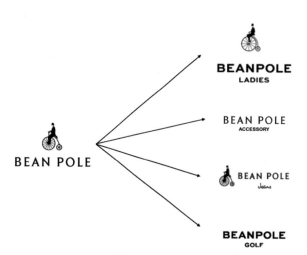

국내 브랜드 연장의 성공사례로는, 빈폴의 브랜드확장사례가 있다. 대부분의 패션 브랜드 분야는 주로 수직적-하향 확대 전략을 많이 사용하며, 빈폴은 브랜드 성공에 힘입어 빈폴 타겟(여성/키즈)과 품목(액세서리, 진, 골프)을 확장하여 제품을 출시하였다.

제5절　디지털시대의 기업 브랜드 관리[1]

소셜 미디어의 활성화와 디지털 소비자의 등장은 기업 브랜드 관리에 있어 소비자를 바라보는 시각의 전환을 요구하고 있다. 우선 지금까지 신뢰 및 품질에 대한 보증

1　자료원: LG경제연구원(2009), Social Media 시대에 걸맞는 기업 브랜드 관리.

이라는 기능을 담당해왔던 기업브랜드의 역할의 확장을 요구한다. 일반적으로 기업브랜드는 소비자가 기업으로부터 기대할 수 있는 가치, 즉 제품에 대한 신뢰 및 품질에 대한 보증(Endorsing)으로 개별 제품을 지원하는 기능을 수행하고, 각 제품의 개별브랜드가 실질적인 시장 창출(Market Creation)의 기능을 담당해왔다. 이러한 측면에서 기업브랜드는 기업에서 생산하는 제품들 위에 씌워진 우산으로 개별브랜드를 보증하고 지원하는 역할을 담당해왔다. 이제 디지털시대의 변화된 환경에 대응하기 위해서 기업브랜드는 지금까지의 신뢰 및 품질에 대한 보증이라는 기능을 넘어서, 디지털시대에 정보에 대한 이해 관계자로 부상한 소비자 집단과의 관계 구축 및 강화라는 새로운 미션(Mission)을 담당해야 한다. 이러한 새로운 역할을 수행하기 위해서는 특히 다음의 네 가지 측면을 적극 고민해야 한다.

(1) 브랜드에 대한 고객과의 적극적인 소통 노력이 매우 중요해졌다

기존에는 매스미디어를 통해 기업의 이미지를 구축하는 것이 가능했다. 그러나 소비자들은 더이상 매스미디어 정보에 기반하여 기업 이미지를 수동적으로 형성하는 존재가 아니다. 이제 소비자는 광고와 기업에 대한 실질적 정보를 정확히 구분하고 있다. 이제는 기업이 매스미디어를 통해 발신하는 메시지보다 이를 실질 기업의 활동에서 어떻게 구현하고, 대화를 통해 소비자들에게 이를 어떻게 이해하게 할 것인가가 더욱 중요한 과제가 되었다. 일방적인 매스미디어 중심의 커뮤니케이션보다는 소비자와의 대화가 더 중요해졌으며, 소비자의 이해와 공감대를 얻을 수 있도록 소셜미디어 활용 전략을 세워야 한다.

과거에는 어느 한 기업이 '따뜻한 회사'라는 브랜드이미지를 소비자에게 전달하려면 수백억의 광고비를 쏟아 부어야 했지만, 지금은 소비자로 하여금 'OO 기업이 참 따뜻한 회사네요'라는 리플 또는 이미지나 동영상을 유도할 수 있도록 상호 커뮤니케이션의 장을 마련해야만 가능성이 열린다.

2009년 7월 세계 최대 온라인 서점인 아마존(Amazon.com)은 인터넷몰 자포스닷컴(Zappos.com)을 인수하면서, 이를 기존 매스미디어를 사용하지 않고 자포스와 관련된 기업 블로그, 홈페이지, 트위터, 유튜브 등 소셜 미디어를 통해 자포스 브랜드의 인수에 대해서 일반 대중들에게 알린 바 있다. 아마존의 CEO인 제프 베조스는 자사가 자포스 브랜드를 인수한 새로운 변화에 대해 기존 언론 매체의 보도로는 소비자의 올바른 이해를 구하기 어려울 것이라는 판단 하에 소셜미디어를 적극 활용하여 설득하려 한 것이다.

(2) 브랜드의 투명성과 솔직함이 훨씬 더 중요해졌다

그동안 기업은 정보의 비대칭성을 이용하여 기업에 유리한 정보를 선별적으로 전달할 수 있었다. 그러나 이제는 고객들이 해당 기업에 대한 정보뿐 아니라 경쟁 기업에 대한 비교 정보까지 접근할 수 있게 되면서 오히려 기업보다 더 많은 정보를 가지고 있을 수 있다. USC 경영대학원 교수 워렌 베니스(Warren Bennis)는 "시장 권력이 영향력 있는 소수 기업에서 기술력(Technology)으로 무장한 다수 대중소비자에게로 옮겨가는 새로운 민주화 시대가 열렸고, 이는 전 세계적으로 기업 투명성 강화를 피할 수 없는 것으로 만들어가고 있다"고 역설한 바 있다. 디지털시대에는 정보력으로 무장한 소비자들이 기업의 활동을 더욱 신속하고 면밀하게 살펴볼 수 있고 이를 다른 소비자들에게 순식간에 전파할 수 있는 도구툴을 가지고 있다.

사우스웨스트 항공사는 소셜 미디어 웹사이트를 이용해 회사 브랜드의 홍보에 성공을 거둔 대표적인 사례로 손꼽힌다. 사우스웨스트는 'Nuts about Southwest'라는 자사 웹사이트를 구축하였다. 사이트의 운영 방침을 '투명성'에 기본을 두고, 고객 문의나 요구 사항에 대해 정중하고 솔직한 태도로 신속하게 대응하고 있다.

(3) 선발 브랜드의 시장선점 효과가 줄어들고 있다

이전에는 고기술(High-tech) 제품을 시장에 먼저 출시하여 경쟁자보다 시장에 한발 앞서 진입하게 되면 고객 인식을 선점하게 되고 시장선도자의 브랜드이미지를 획득할 수 있었다. 하지만 정보력이 뒷받침된 소비자의 파워가 강해지면서 앞선 기술력을 바탕으로 신제품을 시장에 먼저 출시한다고 해서 성공이 담보되던 시대가 더 이상 아니다. 지금까지는 후발 기업이 혁신적인 제품을 출시하더라도 이를 소비자들에게 알리기가 매우 어려웠다. 그러나 지금은 전문가 못지않은 식견을 갖춘 소비자들이 제품의 장·단점을 세세히 분석하여 인터넷에 올리고, 잠재 고객들은 이를 읽어보고 제품을 구매한다. 기업과 고객 간 정보 격차가 더욱 줄어들면서 고객의 소비 행태는 더욱 합리적으로 변화하고 있다. 후발 기업들도 가격, 품질 등 본질적 경쟁력을 갖추고 소비자들과의 단단한 소통네트워크만 갖추고 있다면 시장을 역전시킬 수 있는 기회가 더욱 커졌다. 앞으로는 시장 선점은 늦었더라도 제품 개발 단계에 파워 블로거 등 소비자 집단을 테스터로 참여시켜 소비자와의 공고한 관계를 바탕으로 시장을 역전하는 브랜드들을 예전보다 더 많이 볼 수 있을 것이다.

(4) 브랜드의 성장은 고객에게 답이 있다

기업은 그 동안 극심한 경쟁에서 생존하기 위해 전 세계 생산망을 구축하고 세계 곳곳에 전통적인 개념의 R&D 기능을 강화해왔다. 그러나 지금은 모든 것을 내부에서 해결하려고 해서는 성공할 수 없다. 자유롭게 정보를 생산하는 소비자와의 본격적인 소통을 통해 자사가 생산하는 제품 브랜드의 가치를 올릴 수 있다. 전문가를 능가하는 수준의 소비자, 즉 스마트(smart) 소비자의 등장은 기업 내 R&D 연구진의 기대를 뛰어넘을 수 있다. 또한 경우에 따라서는 이들 집단의 지식과 능력 및 자원을 잘 이용하면 기업이 해낼 수 있는 것보다 훨씬 더 큰 성과를 낼 수 있다.

구글은 AI에 기반한 실내온도조절장치 제조업체인 Nest를 30억 달러에 인수하였다. 인수 후 구글은 'Works with Nest'를 통해서 10,000명이 넘는 개발자들과 함께 새로운 제품개발을 진행하였다. 그후 Nest는 Phillips사의 LED전구, Whirpool사의 세탁기, 그리고 Xfinity사의 보안시스템과 연동되는 플랫폼으로 성장하였고, Nest 브랜드는 'Home Automation의 중심'이라는 브랜드이미지를 만들어가고 있다.

🖊 간추림

개별상품에 대한 마케팅전략을 세우는 데 있어서 브랜드는 중요한 역할을 한다. 왜냐하면 브랜드는 제품의 가치를 크게 높일 수 있는 잠재력이 있기 때문이다. 기업은 광고 등을 통하여 자사의 브랜드를 적극적으로 알림으로써 자사제품에 대해 높은 브랜드애호도를 가진 고객층을 확보할 수 있다. 또한 브랜드가 있기 때문에 중간상이 상품을 취급하고 소비자가 점포와 상품을 선택하는 데 들이는 시간과 노력이 많이 절약된다. 그래서 회사는 아주 신중하게 브랜드명을 정해야 한다.

이를 위해서 고려해야 하는 것이 바로 브랜드자산으로, 브랜드자산은 브랜드인지도와 브랜드연상으로 구성되어 있다. 브랜드연상은 크게 제품속성(제품범주연상, 제품속성연상, 품질/가격대 연상)과 비제품속성(브랜드개성, 사용자·사용용도연상, 기업이미지)으로 구분할 수 있다.

이러한 브랜드자산을 측정하는 방법으로 소비자 입장에서 접근하는 '컨조인트분석'을 중심으로 알아보았으며, 기업의 입장에서 접근하는 측정방법에 대해서도 살펴보았다.

그리고 브랜드 전략에 대해서도 살펴보았다. 첫 번째로 제조업체브랜드와 유통업체브랜드의 차이점과 특징에 대해서 알아보았고, 두 번째로 각 브랜드들이 선택할 수 있는 대표적인 브랜드전략(공동브랜드, 개별브랜드)의 장·단점을 알아보았으며, 세 번째로 성공한 브랜드연장과 실패한 브랜드연장의 사례를 통해 브랜드연장 전략의 시사점을 살펴보았다.

마지막 절에서는 디지털시대의 기업브랜드의 관리에 대해서 살펴보았다. 디지털시대에는 정보력으로 무장한 소비자들이 중요한 이해관계자로 부상하였다는 것을 인지하고 기업브랜드 전략의 시각을 바꿔야 한다. 고객과의 적극적인 소통노력이 훨씬 더 중요해졌고, 고객과의 소통에서 투명성이 매우 중요해졌으며, 전문가 수준의 정보력을 가진 소비자들의 등장으로 시장에서 후발주자도 품질과 기술력을 가지고 있으면 고객과의 소통네트워크를 활용해서 시장에서 성공할 가능성이 높아졌다. 또한 고객의 지식과 전문성을 활용하는 개방형 혁신(Open Innovation)을 통한 브랜드의 신제품개발이 중요해졌다. 이제 기업은 고객과의 소통을 중심으로 하는 새로운 기업브랜드 전략으로 선회해야 한다.

💡 Q&A

1 LG 케어솔루션(care solution)의 브랜드 전략에 대해서 분석해보시오.

2 최근 브랜드연장의 성공사례와 실패사례를 조사하고, 성공과 실패의 요인을 분석하시오.

3 개별브랜드와 공동브랜드의 성공사례와 실패사례를 조사하시오.

4 구글의 NEST 브랜드의 육성과 관리 전략을 조사해서 중요한 특성을 분석해보시오.

5 디지털시대의 성공적인 브랜드 사례를 찾아서 성공요인을 분석해보시오.

📓 참고문헌

기획재정부 공식블로그(2018.10), 우리 생활에 자연스럽게 녹아 '보통명사'처럼 사용되는 브랜드〉.

네이버 블로그(2016.03), 유명브랜드들의 확장 실패 사례.

동아비즈니스리뷰(2017), 활명수의 120년 브랜드 전략.

매경 이코노미(2018.01), 이마트 '브랜드가 없는 제품'이 대박난 비결은 뭘까?

매경이코노미(2018.10), '잘 키운 PB 하나, 열 NB 안 부럽다'...편의점업계 경쟁.

소비자평가(2017.11), 트트트 트로피카나! 트로피카나 스파클링.

연세대학교 경영대학학회(2015.02), 코카콜라에서 만든 우유는 무슨맛일까?: 브랜드 확장 (Brand Extension)

조선일보(2017.06), 이 나라 것은 믿고 산다... 세계가 꼽은 브랜드 이미지 순위.

Interbrand(2018), Best Global Brands 2017.

Keller, K. L., Parameswaran, M. G., & Jacob, I. (2011), Strategic brand management: Building, measuring, and managing brand equity. Pearson Education India.

Korea Brand Power Index(2018), 영원한 1등 브랜드 없어... 소비자가 답이다.

CHAPTER

08

가격전략

혁신적 가격전략의 엄청난 힘

지난 2012년 여름, 영국 런던에서 열린 제30회 런던올림픽은 역대 다른 올림픽과 비교하면 대단한 성공이었다. 그런데 이러한 대성공에 결정적으로 기여한 것은 다름 아닌 주최 측의 뛰어난 가격정책이었다. 즉 런던올림픽 조직위원회는 의도적으로 가격을 커뮤니케이션 수단으로 활용한다는 방침을 세운 다음, 여러 가지 새로운 가격 아이디어를 고안해내고 또 실행에 옮겼다.

우선 가격을 나타내는 숫자 자체가 구구절절 설명을 하지 않아도 강한 인상을 줄 수 있도록 하였다. 가장 싼 입장권은 20.12파운드였고 제일 비싼 것은 2,012파운드였다. 즉 2012라는 숫자가 늘 표시가격에 나타나도록 한 것이다. 설명을 안 해도 그것이 2012년 런던올림픽을 뜻한다는 것을 누구나 알아차린 것은 말할 것도 없었다. 어린이와 젊은이들에게는 "당신의 나이만큼 내세요(Pay Your Age)"라는 슬로건으로 다가갔다. 즉 그들이 지불해야 하는 가격을 그들의 연령과 같게 한 것이다. 일곱 살 아이는 7파운드를 내고 17세 소년은 17파운드를 낸다. 이 가격구조는 엄청나게 좋은 반향을 일으켰다. 각 언론사에서는 앞 다투어 이 이야기를 수없이 다루었다. 심지어는 영국 여왕과 수상도 "Pay Your Age"가격을 칭찬했다고 한다. 이 가격체계는 매우 효과적으로 대중들에게 전달되었을 뿐만 아니라, 아주 공평하다는 평판도 들었다. 또한 노인들은 비교적 저렴한 입장권을 살 수 있도록 배려하였다.

런던올림픽에서는 가격 할인이 전혀 없었다. 어떤 경기에서는 표가 매진되지 않았음에도 불구하고 조직위원회는 이 방침을 철저히 고수했다. 이렇게 함으로써 주최 측은 입장권과 각 경기는 입장료만큼의 값어치가 있다는 신호(signal)를 명확히 보낸 것이다. 스포츠 세계에서는 인기 있는 경기 입장권과 인기 없는 경기 입장권을 묶어서 하나의 패키지로 파는 일이 흔한데, 조직위원회는 그러한 결합가격도 포기했다. 하지만 근거리 교통과 입장권을 결합한 상품은 판매되었다. 주최 측은 또한 커뮤니케이션 및 판매를 위해 인터넷을 적극적으로 활용했다. 그 결과 모든 입장권의 99퍼센트가 온라인으로 판매되었다. 올림픽 경기가 시작되기 전에는 3억 7천 600만 파운드(약 6천 520억 원)의 입장료 수입을 올리는 것이 조직위원회의 목표였다. 그러나 이러한 창의적인 가격 및 커뮤니케이션 전략 때문에 실제 수입은 6억 6천만 파운드(약 1조 1,440억 원)에 달했다. 이것은 목표를 무려 75퍼센트나 초과 달성한 액수일 뿐만 아니라, 그 이전에 베이징, 아테네, 시드니에서 열렸던 세 올림픽에서 올린 수입을 모두 합친 것보다도 높은 수치이다. 런던올림픽은 혁신적인 가격전략이 얼마나 큰 성과를 올릴 수 있는가를 보여준 좋은 사례라고 하겠다.

세계 제일의 저가항공사 라이언에어(Ryanair)는 2006년에 세계 최초로 승객들이 부치는 짐에 대해 요금을 부과하기 시작했다. 처음에는 승객이 짐 하나에 3.5유로를 내야 했는데, 오늘날에는 20킬로그램까지 비수기에는 25유로 그리고 성수기에는 30유로를 지불해야 한다. 고객들이 일 년에 수백만 개의 짐을 부치고 있으니, 이 정책 덕분에 라이언에어는 수천만 유로의 추가 매출을 올리고 있음에 틀림없었다. 또한 라이언에어는 이 가격정책을 다음과 같은 놀라운 메시지로 전달했다.

"이제부터 짐을 부치시지 않는 승객들은 항공료를 약 9퍼센트 절약하실 수 있습니다."

이런 말을 들으면 아무도 짐 부치는 값을 내는 것에 대해 반대를 할 수 없게 된다. 뿐만 아니라 라이언에어는 승객들이 덜 주목하는, 따라서 가격탄력성이 낮은 각종 부문에 추가 요금을 부과하고 있다. 즉 운동기구나 악기를 부치면 50유로, 좌석을 예약하면 10유로, 신용카드로 결재하면 2퍼센트, 행정 서비스료 6유로 등등이다. 또한 고객이 온라인으로 예약하지 않으면 이런 추가 요금은 더 올라간다. 이따금 이 회사의 마이클 올리어리(Michael O'Leary)회장은 화장실 이용료 같은 새로운 추가요금을 도입할 것처럼 얘기하고는, 시행하지 않는다. 그러면 상당수의 고객들이 그가 그렇게 하지 않은 것에 대해 고마워하는 마음을 품게 된다.

자료원: "무엇을 버릴 것인가"(2016), 유필화 지음, 비즈니스 북스 펴냄.

제1절 가격의 중요성

가격의 역사는 인류의 역사만큼이나 길다. 가격은 화폐가 나오기 전에도 존재했다. 그러나 그때는 가격이 화폐단위로 표시되지 않고 상품들 간의 교환비율로 표현되었다. 이러한 시스템은 아직도 물물교환이라는 형태로 그 명맥이 유지되고 있다. 기업경영에서 이런 가격의 중요성은 아무리 강조해도 지나치지 않다. 그 가장 큰 이유는 기업의 이익을 결정하는 세 이익동인(profit driver) 가운데 가격이 이익에 제일 영향을 많이 미치기 때문이다. 이 말의 뜻을 간단한 예를 통해 살펴보자. 기업의 이익은 "(가격×매출량)−원가"이므로 기업경영에서 이익동인은 가격, 매출, 원가뿐이다. 원가는 또 고정비와 변동비로 나눌 수 있다. 이 셋이 모두 중요한데, 현실에서는 경영자들이 대체로 원가에 가장 관심을 많이 기울이고, 그 다음이 판매이며, 가격은 세 번째이다. 그런데 중요도로 말하면 사실은 이 순서의 정반대이다. 즉, 가격이 가장 효과적인 이익동인이고, 그 이후의 중요도 순서는 변동비, 판매, 고정비이다.

가령 어느 기계부품회사가 주로 공작기계회사에 '코라맥스'라는 부품을 개당 1만원씩에 팔고 있다고 하자. 지금까지는 1년에 평균 약 10만 개가 팔렸고, 이 제품의 단위당 변동비는 6천원이다. 따라서 한 개당 마진은 4천원이고, 10만 개가 팔릴 때의 총판매액은 10억원, 그리고 총마진은 4억원이다. 이러한 사례는 산업재시장에서 흔히볼 수 있는 전형적인 보기이다. 즉, 산업재시장에서는 변동비가 제품가격의 50% 또는 그 이상을 차지하는 경우가 많다. 그런데 이 회사는 코라맥스의 고정비를 약 3억원으로 추정하고 있기 때문에 이 경우 이익은 4억−3억=1억원이 된다. 즉, 영업수익률(return on sales)이 10%(10억분의 1억)이다.

그림 8-1　압박을 주는 마케팅문제

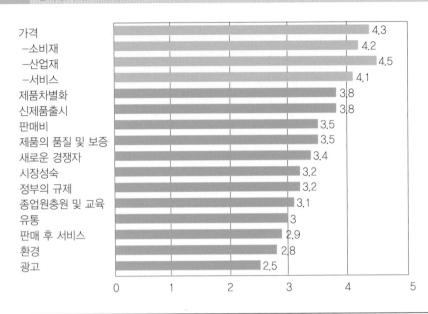

그러면 이 상태에서 각 이익동인이 각각 10%씩 향상되고 그 밖에 다른 변화가 없으면, 이익이 어떻게 달라질까? [그림 8-1]은 그 결과를 보여주고 있다.

예를 들어, 가격만 1만원에서 1만 1천원으로 오르고 그 밖에 다른 변화가 없으면 이익이 100% 늘어나는데, 이것은 다른 세 가지 변수(변동비, 판매량, 고정비)가 10% 향상될 때보다 훨씬 더 높은 효과다. 대체로 가격향상으로 말미암은 수익률 상승효과는 매출이 비슷한 정도로 늘어날 때보다 3~4배 가량 높다고 한다.

따라서 기업은 매출을 늘리기보다는 값을 올리거나 현재의 가격수준을 유지하는 데 더 힘을 쏟아야 할지도 모른다. 이것은 단위당 마진이 적은 경우에는 특히 더 그렇다. 왜냐하면 마진이 적으면 매출이 늘어도 이익이 그다지 많이 올라가지 않기 때문이다. 그러므로 이런 때에는 원가를 내리거나 값을 올리는 등의 방법을 통해 어떻게든 마진율을 높이는 데 힘을 기울이는 게 좋을 것이다.

가격에는 또한 다른 마케팅 도구에 없는 다음과 같은 특성이 있으므로 우리는 그 중요성에 각별히 주목할 필요가 있다.

첫째, 가격탄력성, 즉 가격이 판매에 영향을 미치는 정도는 광고 등의 다른 마케팅 도구의 탄력성보다 훨씬 크다. 소비재의 경우 가격탄력성은 광고탄력성의 10~20배이다. 더욱이 산업재에서는 그 차이가 더 크다. 또한 최근의 연구에 따르면, 가격탄력성은 영업에서의 외근탄력성보다 8배나 더 높다.

둘째, 가격결정은 즉각 실행에 옮길 수 있다. 반면에 제품·광고·유통전략 등을 바꾸는 데에는 시간이 훨씬 더 많이 걸린다.

셋째, 광고 등의 다른 마케팅 도구를 바꾸었을 때보다 가격을 바꾸었을 때 판매효과가 더 빨리 나타난다.

넷째, 경쟁사들은 또한 우리 회사가 광고예산을 변경할 때보다 가격을 바꿀 때 훨씬 더 강한 반응을 보인다.

다섯째, 가격은 광고·영업·연구개발과는 달리 먼저 큰 자금을 지출하지 않고도 활용할 수 있는 유일한 마케팅 도구이다. 그래서 기업은 자금이 부족할 때도 최적가격을 정하고 시행할 수 있다.

이와 같이 가격은 가장 강력한 이익동인이고, 또한 다른 마케팅 도구가 갖고 있지 않은 매우 독특하고 중요한 여러 가지 특성을 갖고 있다. 그래서 현대의 경영자들은 가격관리를 더 치밀하고 체계적으로 해야 할 것이다.

제2절 가격결정의 기본구조

1 목적함수

가격결정을 제대로 하려면 우선 가격정책의 목표를 확실히 해야 한다. 물론 여기서도 다른 많은 경우와 마찬가지로 목표를 확실히 해야 한다고 말하기는 쉽지만 실제로는 그렇게 잘 되지 않는다. 실제로는 확실히 공식화된 목표가 없는 경우가 대부분이고, 목표가 여러 개 있을 때는 그것들이 서로 앞뒤가 안 맞는 때가 많다.

일단 '이익의 극대화'를 가격정책의 목표로 삼기를 권한다. 목표를 이것에 국한시켜도 최적가격을 구하려면 아주 복잡한 과정을 거쳐야 하기 때문에 장기가 아닌 단기이익을 극대화하는 가격을 찾는 데 그쳐야 할 경우가 대부분이다. 그래서 일단 단기이익을 극대화하는 최적가격을 구하고 나서, 이윤극대화가 아닌 다른 목표들을 만족시키는 가격은 이 가격을 주관적으로 조금 수정하여 정하는 것이 바람직하다. 이러한 방법을 쓰면 시간이 지나도 가격결정모델의 기본구조를 일정하게 유지할 수 있다는 이점이 있다. 왜냐하면 이윤의 극대화라는 목표 자체는 시간이 지나도 바뀔 염려가 거의 없기 때문이다.

② 가격결정시스템

[그림 8-2]는 가격결정시스템을 그림으로 보여 주고 있다. 여기서 가격정책의 목표는 다른 마케팅변수를 당분간 변동시키지 않을 때 해당 기간 동안의 이익을 가장 크게 하는 가격을 책정하는 것이다.

[그림 8-2]에서 점선으로 표시된 부분은 정의 관계를 나타낸다. 즉, 이익=판매액-원가(다른 마케팅변수에 들어간 비용을 포함)라는 관계를 나타낸 것뿐이다. 반면에 굵은 선으로 표시된 부분은 행태 관계를 나타낸다. 즉, 자사 및 경쟁사의 가격과 기타 정책변수로 인해 자사의 판매량 내지는 시장점유율이 결정된다는 뜻이다. 그림에서 알 수 있듯이 최적가격을 구하려면 무엇보다도 가격-판매함수(또는 가격반응함수), 즉 자사제품의 가격과 (경쟁사가 있는 경우) 경쟁사제품의 가격이 우리 회사제품의 판매량과 어떤 관계에 있는가를 알아야 한다. 따라서 이 관계를 계량화하는 것이 최적가격설정의 열쇠이다. 특히 과점의 경우에는 경쟁사들이 우리 회사의 가격결정에 어떤 반응을 보일까 하는 것도 고려해야 하므로 문제가 더 복잡해진다.

가격-판매함수를 측정하는 방법에는 다음과 같이 세 가지가 있다.

① 전문가들(경영자·중간상인·경영컨설턴트 등)에게 문의하는 방법
② 실제 또는 잠재적 소비자들에게 묻는 방법
③ 실제의 시장자료를 분석하는 방법

그러면 각 방법에 대해서 알아보자.

| 그림 8-2 | 가격결정시스템 |

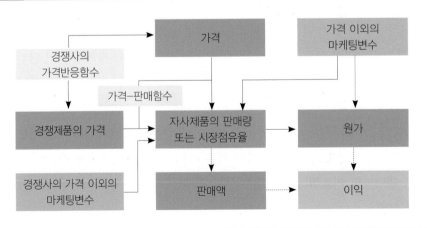

③ 가격-판매함수의 측정

(1) 전문가들에게 문의

전문가들에게 묻는 방법은 비용이 적게 들 뿐만 아니라 어떤 때는 가격-판매함수를 계량화하려고 할 때 쓸 수 있는 유일한 방법이기도 하다. 이 방법은 특히 신제품을 도입하려고 할 때나 미래의 시장 및 경쟁상황을 예측하려고 할 때 많이 쓰인다. 이 방법을 쓸 때는 대부분의 경우 설문지를 만들어야 하는데, 설문지의 내용은 그때 그때

| 그림 8-3 | 전문가들에게 문의하여 얻은 가격-판매함수의 한 예 |

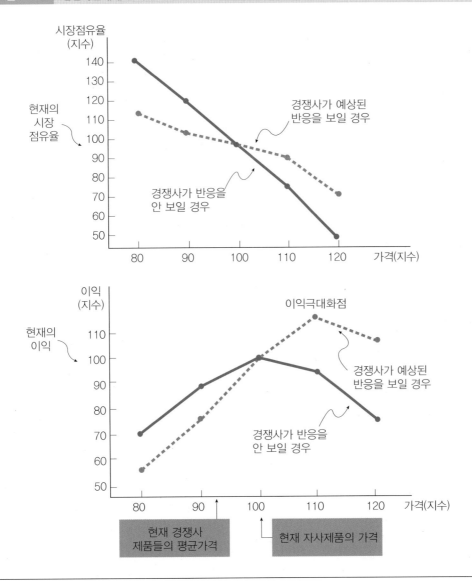

의 상황에 맞게 작성해야 하며 미리 일정한 틀을 만들어 놓으면 안 된다. 한 제품-시장마다 적어도 2명, 가능하면 5~8명의 전문가들에게 묻는 것이 좋다. 가능하면 외부인사로 하여금 전문가들 한 사람 한 사람에게 개별적으로 질문을 하게 하는 것이 좋다. 또한 대답을 하는 전문가들의 신원을 밝히지 않을 것이라는 것을 처음부터 확실히 해야 한다. 이렇게 하면 전문가들이 정치적인 대답을 할 가능성이 적어지고 따라서 좀 더 믿을 만한 결과를 얻을 수 있다.

[그림 8-3]은 이 방법을 이용해서 얻은 어느 산업재의 가격-판매함수를 보여 주고 있다. 이 함수는 경쟁사들이 그들의 입장에서 합리적인 반응을 보인다는 것을 전제로 하고 전문가들에게 의견을 물어 만든 것이다. 그림에서 보다시피 이 경우에는 가격을 10% 정도 올려야 할 것이다.

이 방법을 쓸 때의 가장 큰 효과는 가격결정이 객관화된다는 것이다. 가격과 판매의 관계를 명확한 구조 속에 넣어 계량화하려고 노력하다 보면 가격결정과정이 좀더 효율적이고 과학적인 방향으로 개선되고 또한 가격결정의 결과도 한결 더 나아질 것이다. 가격의 영향에 관한 전문가들의 의견이 크게 다르게 나타나는 경우도 드물지 않다. 그러나 그러한 결과도 나름대로의 가치가 있는 것이다. 이 방법을 쓸 때 가능하면 다른 방법도 같이 써서 거기서 나온 결과와 비교하여 이 방법의 타당성을 검증하라고 권하고 싶다.

(2) 소비자들에게 문의

소비자들에게 가격이 그들의 구매행동에 어떻게 영향을 끼치는가에 관해 직접 물어보는 방법은 두 가지 면에서 문제가 있다. 첫째, 소비자는 체면 때문에 실제로 구매할 때와 다르게 가격의 영향에 대해 진술할 염려가 있다. 둘째, 소비자에게 가격의 영향에 대해 직접 물으면, 그가 가격만 따로 떼어서 생각하게 되는 상황이 벌어진다. 그러나 소비자가 평상시에 상품을 구매할 때는 상품의 가격과 상품이 주는 효용을 서로 비교하여 그가 판단하기에 가장 순효용(=한 상품의 효용-그 상품의 가격)을 많이 얻을 수 있는 상품을 선택한다.

그런데 결합분석, 즉 컨조인트분석(Conjoint Analysis)이라는 기법을 쓰면 바로 이런 상황이 재현된다. 컨조인트분석은 소비자에게 가격에 관한 질문을 따로 하는 것이 아니라, 가격을 포함한 제품의 주요 속성을 여러 가지로 조합하여 만든 전체제품의 프로파일(total product profile)들을 하나하나 보여 주는 것이다. 또한 묻는 내용도 직접 가격에 관련된 것이 아니라 소비자가 각 제품프로파일에서 얻는 선호도에 관한 것이다. 이 선호도에 관한 자료를 컴퓨터 프로그램을 이용하여 분석하면, 제품을 이

| 표 8-1 | 자동차 속성과 각 속성의 수준

속성	속성의 수준		
제조회사	가	나	다
가격	500만 원	700만 원	900만 원
최고시속	150km/h	180km/h	200km/h
휘발유소비량	12리터	14리터	16리터

| 표 8-2 | 두 가지 자동차의 비교

속성	자동차 1	자동차 1
제조회사	가	나
가격	500만 원	900만 원
최고시속	150km/h	200km/h
휘발유소비량	12리터	16리터

루고 있는 속성(가격 포함) 하나하나의 비중과 영향력을 알아낼 수 있다. 컨조인트분석은 마케팅의 여러 다른 문제에도 응용할 수 있지만 가격결정문제에 응용을 하면 가격과 판매의 함수관계를 도출할 수 있기 때문에 최적가격을 알아내는 데 특히 유용하다.

그러면 컨조인트분석의 내용을 자동차시장의 예를 들어 알아보자. 먼저 소비자조사를 통하여 소비자들이 자동차를 구입하는 데 〈표 8-1〉에 있는 바와 같은 제품의 속성을 고려하고 각 속성의 수준도 〈표 8-1〉에 있는 바와 같다는 것을 알아냈다고 하자. 네 가지 속성과 각 속성의 수준을 결합하면 81(=3×3×3×3)가지의 자동차를 만들어 낼 수 있다.

소비자는 이러한 여러 종류의 자동차에 대해서 자기의 선호도를 표시한다. 즉, 〈표 8-2〉에 있는 것과 같은 두 종류의 차에 대해 어느 것이 좋다고 이야기한다. 모든 가능한 두 가지 자동차의 조합에 대해서 이러한 비교를 할 수는 없다. 그렇게 하면 이 예의 경우 한 소비자가 3,240번이나 두 가지 자동차에 대해 비교를 해야 한다. 다행히 특수한 통계기법에 의해 우리는 비교의 횟수를 대폭 줄일 수 있다. 본 예의 경우, 32번으로 모든 필요한 정보를 얻을 수 있다.

이렇게 하여 얻은 소비자의 선호에 관한 자료를 MONANOVA 같은 컨조인트분석을 해낼 수 있는 컴퓨터 프로그램으로 분석하면 [그림 8-4]에서 보는 바와 같이 각 속성의 수준이 변함에 따라 소비자가 얻는 효용이 어떻게 달라지나 알 수 있다. 또 어느

그림 8-4　각 속성수준의 효용

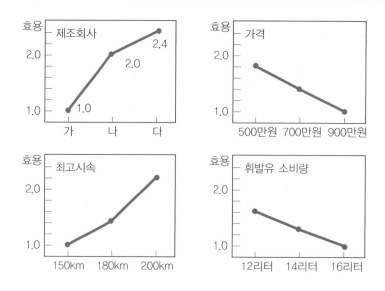

| 표 8-3 | 어느 소비자가 세 가지 자동차로부터 얻는 효용

A자동차		B자동차		C자동차	
속성의 수준	효용	속성의 수준	효용	속성의 수준	효용
나	2.0	가	1.0	다	2.4
500만 원	1.8	700만 원	1.4	900만 원	1.0
150km/h	1.0	180km/h	1.4	180km/h	1.4
12리터	1.6	14리터	1.3	16리터	1.0
전체효용	6.4	전체효용	5.1	전체효용	5.8

특정 자동차모델에 대한 어떤 소비자의 전체효용은 그 모델의 각 속성수준에서 그 소비자가 얻는 효용을 합하면 알 수 있다(〈표 8-3〉 참조).

경영자는 [그림 8-4]와 〈표 8-3〉에 있는 것과 같은 정보를 통하여 각 자동차모델로부터 소비자가 어느 정도의 효용을 얻고 있으며, 또 각 속성의 수준을 달리함에 따라 효용이 어떻게 바뀌는가를 알 수 있으므로 컨조인트분석은 제품개발이나 제품디자인에도 큰 도움을 줄 수 있는 것이다.

그러면 〈표 8-3〉에 있는 A자동차의 경우, 최적가격은 얼마인가? 이 질문에 대답을 하려면 먼저 각 소비자의 가격-판매함수를 도출한 다음 이것을 모두 합하여 목표로 하고 있는 표적시장의 가격-판매함수를 알아내야 한다. [그림 8-5]는 이 과정을

그림 8-5   A자동차에 대한 개인별 가격-판매함수

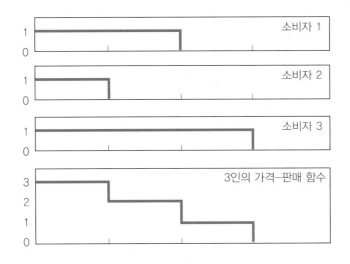

그림 8-6   A자동차에 대한 가격-판매함수

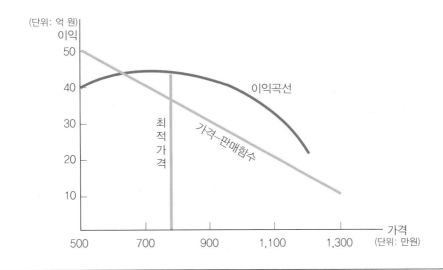

세 명의 소비자를 예로 들어 보여 주고 있다. 소비자 1의 경우 A자동차의 값이 1,700
만 원까지 올라도 이 모델에서 얻는 효용이 가장 크므로 이 모델을 산다. 소비자 2의
경우는 그 가격이 1,500만 원밖에 안 되고, 소비자 3은 이 모델을 사기 위해 1,900만
원까지 부담할 용의가 있다. 따라서 이 모델의 가격이 1,500만 원이면 3대가 팔리고,
1,700만 원이면 2대, 1,900만 원이면 1대만 팔릴 것이다. 이러한 작업을 소비재의 경
우 5백~1천 명 정도의 소비자를 대상으로 해 보면 표적시장에서의 가격-판매함수

의 윤곽이 드러난다.

[그림 8-6]은 그렇게 해서 얻은 가격-판매함수를 이익함수와 함께 보여 주고 있다. 이익함수를 도출하려면 가격-판매함수 외에 자동차를 한 대 생산하는 데 드는 변동비용에 대한 자료가 있어야 함은 물론이다. [그림 8-6]을 보면 가격이 1,500만 원일 때 차가 가장 많이 팔리지만, 이 회사의 이익은 가격이 약 1,800만 원일 때 극대화된다는 것을 알 수 있다. 이 자동차모델의 경우 1,800만 원이 가장 적당한 가격이라는 것을 경영자의 감만으로는 알아내기가 무척 어려웠을 것이다. 컨조인트분석의 도움으로 경영자는 가격결정에 참고할 수 있는 아주 귀중한 정보를 얻은 것이다.

(3) 실제시장자료의 분석

실제로 시장에서 가격이 고정되어 있지 않고 변하는 한, 시장자료를 가지고 가격의 판매량과 시장점유율에 대한 영향을 분석할 수 있다. 이 때 주로 쓰이는 방법론은 계량경제기법(Econometric Methods)이다. 시장자료는 시장에서 소비자들과 경쟁사들이 실제로 한 행동을 반영하는 것이므로 자료의 타당성이 아주 높다. 그러나 한편 시장자료가 갖고 있는 문제점과 한계점도 분명히 알아야 한다. 우선 가격 이외의 다른 변수들(이들 중에는 기업이 통제할 수 없는 변수들도 있다)도 판매에 영향을 끼치기 때문에 자료의 신뢰성이 의심스러울 때가 많다. 따라서 이 방법을 쓸 때는 가격뿐만 아니라 판매에 큰 영향을 미칠 것으로 생각되는 다른 변수들도 회귀모델(Regression Model)에 포함시키는 것이 좋다. 다른 또 하나의 문제는 가격이 그렇게 자주 변하지

그림 8-7　실제 시장자료를 근거로 하여 찾아낸 가격과 판매량의 관계

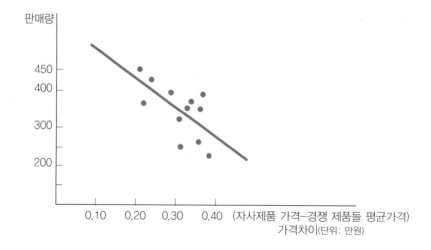

않기 때문에 회귀분석을 할 수 없는 때가 많다는 것이다. 그럴 때는 앞의 두 가지 방법 중의 하나를 택하는 수밖에 없다.

그러면 간단한 예를 통하여 이 방법을 어떻게 사용하는지 알아보자. 예시로 든 상품은 시장에 나온 지 꽤 오래되었고 경쟁제품들과의 경쟁이 비교적 심한 편이다. 그래서 이 상품의 판매량은 절대가격보다는 경쟁제품들의 가격과의 차이에 더 많이 달려 있다. [그림 8-7]은 지난 3년간 이 상품의 판매량이 가격차이에 따라 어떻게 변했는지 보여 주고 있다. 이 기간 동안에 이 상품의 가격은 항상 경쟁제품들의 평균가격보다 높았다. 회귀분석에 의해 우리는 그림에 있는 바와 같이 판매량과 가격차이의 관계를 잘 설명해 주는 회귀선을 구할 수 있다. 이 회귀선을 수식으로 표시하면 아래와 같다.

$$판매량 = 547 - 699 \times (가격차이)$$

여기서 가격차이란 자사제품의 가격과 경쟁제품들의 평균가격과의 차이를 말한다. 가장 최근의 경쟁제품들의 평균가격이 1.36백만 원이라고 하면,

$$판매량 = 547 - 699(가격 - 1.36)$$
$$= 1,498 - 699 \cdot 가격$$

여기서 가격이란 자사제품의 가격을 의미한다. 즉, 가격을 한 단위(여기서는 백만 원) 올릴 때마다 경쟁사들이 가격반응을 보이지 않으면 판매가 699만큼 줄 것이고, 십만 원을 올리면 약 70개($\fallingdotseq 69.9$)가 줄 것이다. 여기서의 가격은 소비자가격을 가리키며 이 가격의 약 45%가 생산자의 손에 들어간다. 또 이 상품의 한계비용(Marginal Cost)은 39만 원(=0.39백만 원)이다. 따라서 생산자가 얻게 되는 총이익은 다음과 같다.

$$이익 = (0.45 \times 가격 - 0.39) \times (1,498 - 699 \times 가격)$$

제품 1개당 마진　　　　　　판매량

〈표 8-4〉는 가격이 변함에 따라 총이익이 어떻게 달라지나를 보여 주고 있다. 이 표에 의하면 최적가격은 150만 원 정도이다. 정확한 최적가격은 아래의 공식에 의해 구할 수 있다.

$$최적가격 = \frac{1}{2} \left(\frac{절편(Intercept)}{기울기} + \frac{한계비용}{소비자가격 \ 중 \ 생산자 \ 지분} \right)$$

따라서 위의 예의 경우,

| 표 8-4 | 가격과 총이익의 관계

소비자가격 (단위: 백만 원)	(개당)수입 =0.45×가격	(개당)마진 =수입-0.39	판매량 =1,498-699 ×가격	총이익 =마진×판매량
1.4	0.63	0.24	519.4	124.66
1.45	0.6525	0.2625	484.45	127.17
1.5	0.675	0.2851	449.50	128.15
1.55	0.6975	0.3075	414.55	127.47
1.6	0.72	0.33	379.66	125.27

$$최적가격 = \frac{1}{2}\left(\frac{1,498}{699} + \frac{0.39}{0.45}\right) = 1.5(=150만 원)$$

[그림 8-8]은 실제 시장자료를 이용해서 가격-판매함수를 구한 다른 또 하나의 예를 보여 주고 있다. 계량경제기법을 써서 가격-판매함수를 제대로 구하려면 이 방면에 대한 상당한 훈련과 경험이 있어야 한다.

| 그림 8-8 | 실제 시장자료를 가지고 구한 가격-판매함수와 최적가격

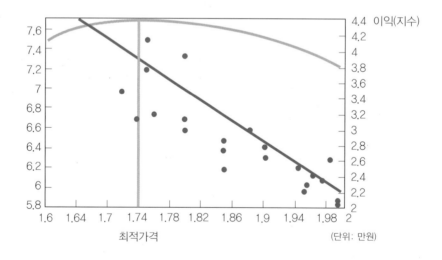

제3절 장기가격전략

1 가격전략과 다이내믹스(Dynamics)

많은 기업들이 실제로는 장기이익의 극대화를 가격정책의 목표로 삼고 있다. 기업이 가격을 정할 때 그것이 미치는 장기적인 영향까지 고려하게 되면 문제가 아주 복잡해진다. 그렇지만 아래와 같은 다이내믹스 때문에 경영자는 장기적인 안목을 갖고 가격결정을 동적(dynamic)으로 내릴 필요가 있다.

① 한 제품에 대한 가격탄력성은 시간이 지나면서, 즉 그 제품이 제품수명주기의 여러 단계를 거치는 동안에 서서히 변한다.
② 시간이 지나면서 경쟁상황, 즉 경쟁사의 숫자, 경쟁사의 행위 등이 달라진다.
③ 현재의 가격과 시장점유율이 미래의 생산원가에 영향을 미친다(경험곡선효과).

가격결정을 동적으로 내린다는 것은 현재의 가격이 현재의 판매와 이익에만 영향을 끼치는 것이 아니라 미래의 판매와 이익에도 영향을 준다는 것을 고려하여 가격을 정하는 것을 의미한다. 회사가 동적으로 가격결정을 내리게 되면 시간이 지나면서 상황도 바뀌므로 최적가격도 시간이 지남에 따라 달라지는 것이다. 그런데 현실에서의 상황은 위에 열거한 동적 요인들이 동시에 발생하고 또 서로 영향을 미치기 때문에 아주 복잡하다. 그래서 분석을 할 때는 이런 동적인 현상들을 조금 단순화시키는 수밖에 없다.

사례 | 고물가시대에 가격파괴로 소비자를 매료시킨 통큰 · 반값 PB상품

대형유통업체가 파격적인 가격의 PB상품[1]을 앞다투어 선보이며 수요를 창출하였다. 2010년 말 롯데마트의 '통큰' 마케팅을 시작으로 대형유통업체의 통큰 · 반값 PB상품이 소비자의 주목을 받기 시작하였다. 롯데마트의 '통큰치킨'은 일반 치킨 절반 수준 가격으로 '통큰'이라는 수식어를 창조하였다. 영세상인의 반발과 여론의 질타를 받으며 1주일 만에 판매를 중지하였으나 소비자는 호의적으로 반응하였다.

'통큰치킨'과 같이 제품의 가격을 인하시키는 것은 사회복지 차원에서 장려되어야 하지만 정

---

[1] PB상품(Private Brand Goods)은 유통업체가 매장과 고객의 특성을 고려하여 제품을 기획하고 전문 제조업체에 발주해 유통업체의 브랜드를 부착한 상품.

부의 개입으로 인한 정부의 규제로 제한되었
다. 이러한 정부의 개입은 기존 치킨 프랜차이
즈의 입장을 고려한 정치적 논리로 규제한 것
이라고 볼 수 있다.

롯데마트의 통큰치킨은 더 이상 볼 수 없게
되었지만 대형유통업체는 브랜드파워를 활용
하여 다양한 PB상품을 확대 기획하여 출시하였다. 저렴하면서도 최소한의 기본기능과 품질을
보유한 할인상품과 저렴한 PB상품에 고물가 시대에 힘겨워하는 소비자들이 호응하였다. 이러
한 흐름에 맞추어 이마트의 저가 TV는 가격인하를 위해 기능을 최소화하고, 대만의 TPV에서
주문자생산방식으로 제작되었다.

이마트의 '반값 TV'로 불리며 인기를 모은 '이마트 드림뷰 TV'는 32인치(대각선 길이 80㎝) 풀
HD(고화질)급 LED TV로, 비슷한 사양의 대기업 TV보다 39~42%, 중국산 브랜드 LED TV보다
28% 저렴한 가격(49만 9,000원)으로 화제를 모으며 판매 3일 만에 준비 물량 5,000대가 모두 팔
렸다. 이마트 TV는 가격을 낮추기 위해 기능을 최소화한 대신 화질에 집중하고 소비자의 성향
을 잘 분석한 결과로 평가받는다. 이마트 TV의 인기는 대기업이 주도하는 고사양·고가 제품이
아닌 저사양·저가 제품에 대한 수요가 존재한다는 것을 확인시켰다. 이마트 TV는 1차 준비 물
량이 모두 팔린 후 두 달여 만에 판매가 재개되었다. 이마트 TV가 인기를 끌자 대형마트와 인터
넷 쇼핑몰, 홈쇼핑 등 유통업체들이 비슷한 가격과 사양의 LED TV를 잇달아 출시하는 등 저가
보급형 TV 판매 붐이 일기도 했다.

가격을 책정하는 데에 있어서 기업이 제품을 생산하여 소비자에게 제공할 때에는 그 사이에
유통업체가 개입하게 된다. 유통업체가 개입됨으로써 가격결정의 의사결정자 사이에 힘 겨루
기가 일어나게 된다. 힘 겨루기 게임에서 힘의 원천은 유통업자의 협상력과 구매력, 정부의 관
여 등이 될 수 있다. 예를 들어, 대표적인 유통기업인 롯데의 경우 백화점부터 대형마트, 슈퍼마
켓, 편의점 등 전방위적인 유통경로를 가지고 있기 때문에 높은 구매력을 바탕으로 한 힘을 가
지고 있다. 따라서 큰 유통업체의 힘을 바탕으로 유통업체는 제조업체를 선택하는 데에 있어서
우위에 설 수 있음을 시사하고 있다.

자료원: 삼성경제연구소(2011).

② 신제품을 위한 가격전략

제품을 처음으로 시장에 내놓을 때 회사가 취할 수 있는 가격전략에는 크게 스키
밍전략(Skimming Strategy)과 침투전략(Penetration Strategy), 두 가지가 있다. 스키밍전

그림 8-9	스키밍전략과 침투전략의 장·단기 이익효과

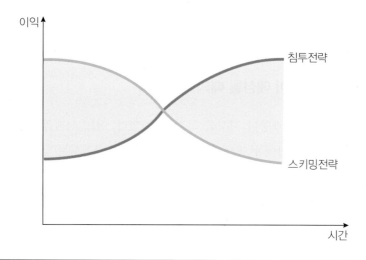

략을 쓸 때는, 신제품의 가격이 처음에는 높았다가 시간이 지나면서 차츰 내려가게 된다. 침투전략은 거꾸로 낮은 가격으로 제품을 시장에 진출시켜 짧은 시간 내에 시장에서의 교두보를 확보하려는 전략을 말한다.

스키밍전략은 가능하면 많은 단기이익을 실현하려는 데 그 주목적이 있으며, 침투전략은 단기이익을 조금 희생하더라도 장기적으로 이익을 더 많이 올리려는 데 주안점을 둔다([그림 8-9] 참조). 따라서 스키밍전략은 현재의 이익을 희생했을 경우 나중에 돌아오는 보상이 적거나 없을 때 적당하다. 즉, 아래와 같은 상황에서는 스키밍전략을 써볼 만하다.

① 조금 돈이 들더라도 그 상품을 사겠다는 사람들의 수가 많을 때
② 소량생산을 해도 생산단가가 대량생산을 할 때에 비해 크게 오르지 않을 때
③ 값을 비싸게 매겨도 당분간 경쟁사가 시장에 들어올 가능성이 적을 때
④ 값이 비싸면 물건도 좋을 것이라는 생각을 소비자들이 하고 있을 때

반면에 침투전략을 쓰려면 단기적으로는 손해를 볼 각오도 해야 하기 때문에 상당한 장기적 안목과 위험부담능력이 요구된다. 경영자는 아래와 같은 상황에서는 침투전략을 고려해 보아야 한다.

① 소비자들이 가격에 아주 민감하고, 낮은 가격으로 상품을 공급하면 시장의 성장이 촉진될 때
② 높은 경험곡선효과(experience curve effect)로 인해 생산을 해 본 경험이 자꾸 쌓

일수록 생산원가가 빨리 떨어질 때

③ 싼 값으로 신제품을 공급함으로써 경쟁사의 시장진입을 방지하거나 늦출 수 있을 때

3 경쟁사의 진입이 예상될 때의 가격전략

어떤 신제품도 오랫동안 시장을 독점할 수 없다. 어느 신제품이고 성공을 거두면 조만간 경쟁사가 시장에 들어오게 마련이다. 이 경우 경쟁사는 낮은 가격으로 선발기업을 공격해 오는 수가 많다. 따라서 선발기업은 경쟁사의 시장진입을 전후하여 중요한 전략적 가격결정을 내려야 한다. 이 때 선발기업이 택할 수 있는 가격결정에는 세 가지가 있다.

① (경쟁사가 진입하기 전에) 미리 가격 낮추기

② (경쟁사가 진입한 후에) 반동적으로 가격 낮추기

③ 높은 (독점)가격의 유지

그 동안 마케팅학계에서 이루어진 연구결과를 종합하면, 이럴 때 선발기업의 최적가격전략은 독점기간 동안에는 스키밍전략을 쓰다가 경쟁사가 들어오기 전에 미리 가격을 떨어뜨리는 스키밍-침투전략이다. 이 스키밍-침투전략은 독점기간 동안에 비교적 많은 단기이익을 거두고 독점이 깨지기 전에 가격을 낮추어서 시장에서의 위치를 튼튼히 함으로써 장기적으로 이윤을 확보하는 단기이익과 장기이익의 실현을 적절히 조화시키는 전략이다. 이 전략은 중요한 심리적 이점이 있다. 선발기업이 경

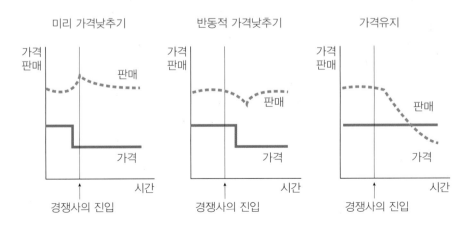

그림 8-10 경쟁사가 진입할 때의 가격전략

쟁사가 진입한 후에 가격을 떨어뜨리면 소비자들이 그 동안의 선발기업제품의 가격이 너무 높았었다고 느끼기 때문이다. [그림 8-10]은 이 세 가지 전략 아래서의 전형적인 판매곡선을 보여 주고 있다.

그런데 앞서 내용과 관련하여 두 가지 점을 지적할 수 있다. 하나는 미리 가격을 낮추는 전략은 현실적으로 실행하기가 무척 어렵다는 것이다. 아직 경쟁사가 들어오지도 않았는데 당장 눈에 보이는 이익을 포기하기란 결코 쉽지 않다. 경영자들은 '경쟁사로부터의 위협'이라는 불이 발등에 떨어지기 직전까지 가능하면 많은 이익을 내려고 하는 경향이 있다. 그러나 이런 태도는 가격관리의 전략적 측면을 무시하는 태도이다. 경영자는 전략적인 안목으로 단기이익과 장기이익의 실현을 적절히 조화시킬 수 있는 지혜를 갖추어야 한다. 또 다른 하나는 궁극적으로 경쟁사의 시장진입에 가장 잘 대응하는 길은 경쟁제품보다 더 우수한 제품을 지속적으로 개발하는 것이라는 사실이다. 좋은 제품으로 뒷받침되지 않는 가격전략은 장기적으로 성공할 수 없기 때문이다.

4 모방제품을 위한 가격전략

회사들이 새로 시장에 내어놓는 제품들의 대부분은 이미 나와 있는 제품들과 비교하여 뚜렷이 다르거나 나은 점이 없는 것들이다. 이런 제품들을 모방제품(me-too product) 또는 유사제품이라고 부르는데, 이런 제품일수록 절대가격보다도 경쟁제품들의 가격에 대비한 상대가격의 관리가 더 중요하다. 유사제품이 처음 시장에 들어갈 때는 침투전략을 쓰고 나중에 상황을 봐서 상대가격을 천천히 올리는 것이 좋다. 왜냐하면 유사제품이 처음 시장에 들어올 때는 거의 알려져 있지 않은 데다 이미 기반을 잡은 경쟁제품들과 싸워야 하기 때문에 침투전략을 쓸 수밖에 없다. 더구나 이 제품이 효용 면에서 경쟁제품들과 비교하여 눈에 띄게 나은 점이 없을 때는 특히 더 그렇다.

그러다가 차츰 시장점유율이 늘어나고 소비자들의 호감을 사게 되면 상대가격을 높여도 괜찮은 시기가 온다. 이 전략이 성공할 수 있는 근거는 소비자로 하여금 잘 알려지지 않은 신제품을 사게 하려면 무엇인가 뚜렷한 유인, 즉 제품의 효용에 비해 현저하게 유리한 가격을 내세워야 한다는 간단한 원리에 기인한다. 성공한 신제품 50개와 실패한 신제품 50개를 분석한 데이빗슨의 연구는 위의 원리가 옳다는 것을 실증적으로 뒷받침하고 있다. 그의 연구에 의하면 신제품의 성공요인으로 가장 중요한 것은 제품의 상대적 성능과 상대적 가격의 관계이다. 여기서 상대적이란 말은 물론 '경쟁

그림 8-11 신제품 도입 가격과 성공 및 실패확률

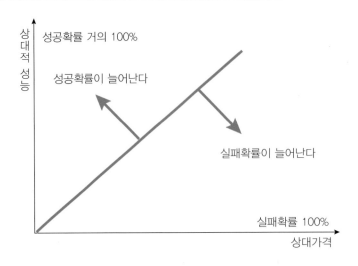

제품들과 비교해서'란 뜻이다. [그림 8-11]은 그의 연구결과를 보여 주고 있다.

5 가격전략과 경험곡선효과

경험곡선효과란 누적생산량이 배가할 때마다 제품 한 개를 만드는 비용이 일정률만큼 떨어지는 현상을 말한다. 여기서 누적생산량은 '경험'의 척도로 쓰이는 것이다. 즉, 회사가 생산·마케팅 등의 면에서 경험을 쌓아감에 따라 제품의 단위원가가 떨어진다는 것이다. 장기적인 안목을 갖고 가격을 관리하려고 할 때 경험곡선효과가 중요시되는 것은 경험을 쌓는 데 시간이 걸리기 때문이다. 시간이 걸려야만 얻을 수 있는 경쟁우위는 그만큼 확보하기 힘들다. 반면에 그러한 경쟁우위는 일단 확보해 놓으면 시간이라는 요소 때문에 경쟁사들이 우리를 따라잡기가 힘들게 된다.

생산경험이 쌓이면서 원가가 떨어지는 현상은 이미 1930년대에 발견되었지만 이 개념이 널리 보급되기 시작한 것은 1970년대부터이다. 보스턴경영자문회사(Boston Consulting Group, BCG)는 이 개념을 널리 퍼뜨렸으며, 또한 이 개념으로 경영자들의 사고와 기업이 전략계획을 세우는 데에 큰 영향을 미쳤다. 미국의 Intel, National Semiconductors, Texas Instruments 등이 이 개념을 적극적으로 활용하는 가격전략을 잘 쓰는 것으로 알려져 있다. 일본의 모터사이클회사들은 모터사이클산업을 석권함에 있어서 이 개념에 근거한 전략을 썼다고 한다.

경험곡선효과는 제품수명주기의 도입기와 성장기에서 특히 전략적으로 중요한 의미를 갖는다. 왜냐하면 이 단계에서 누적생산량이 가장 빨리 늘어나기 때문이다. 따라서 회사는 제품수명주기의 초기단계에 원가 면에서 우위를 확보하기 위해 큰 노력을 기울여야 한다. 앞에서 이야기한 대로 한번 경쟁사들에게 원가 경쟁에서 뒤지면, 여간 투자를 많이 하지 않는 이상 그들을 다시 따라잡기가 무척 힘든 것이다. 그래서 도입기와 성장기에서는 기업들이 서로 유리한 원가고지에 올라서기 위하여 아주 치열한 경쟁을 벌이기도 한다.

경험곡선의 개념은 또한 기업들에게 시장점유율, 더 정확하게는 상대적 시장점유율의 중요성을 일깨워 주었다. 경험곡선효과가 큰 경우에는 출발할 때의 단위원가가 같거나 비슷하더라도 더 높은 상대적 시장점유율을 갖고 있는 회사는 경쟁사들보다 더 빨리 그리고 더 많은 경험을 쌓게 되므로 시간이 갈수록 경쟁사들보다 더 낮은 단위원가를 실현할 수 있기 때문이다. 이렇게 상대적 시장점유율이 중요하므로 우리가 앞의 제4장에서 논의한 BCG도표는 기업의 각 전략사업부(Strategic Business Unit: SBU)를 시장성장률과 상대적 시장점유율의 두 가지 차원에서 분류하는 것이다. BCG도표 같은 포트폴리오분석모델은 기업이 자원을 각 SBU에 배분하는 결정을 돕기 위해 개발된 것이므로, 이러한 전략적 결정을 하는 데에 있어서 상대적 시장점유율이 얼마나 큰 역할을 하는가를 알 수 있다.

결론적으로 말해, 기업이 경험곡선효과가 큰 제품을 도입할 때는 그렇지 않은 제품의 경우보다 가격을 낮게 책정하여 시판 초기에 높은 시장점유율을 달성해야 한다. 즉, 초기에 경쟁사들보다 더 빨리 더 많은 누적생산량을 달성함으로써 원가 면에서 경쟁우위를 확보해야 한다.

제4절 특수한 가격정책문제

앞에서 우리는 가격결정의 기본 구조와 장기가격전략에 대하여 알아보았다. 이외에도 가격정책과 관련하여 다루어야 할 주제가 여러 개 있으나, 여기서는 그 중 대표적인 것 3개를 골라서 논의하기로 한다.

사례 메리어트 호텔의 과학적 가격정책의 힘

2011년 8월 16일부터 18일까지 3일간 강원도 용평에서 경영 관련 통합학회가 열렸다. 국내 경영 관련 34개 학회가 함께 참여하는 행사로 경영학자와 기업인 1,000여 명이 한자리에 모였다. 2박 3일 일정에 수도권과 떨어진 강원도에서 개최되는 학회여서 상당수 참가자가 현지 숙박을 택했다. 더구나 학회 시작일인 16일 전날인 15일 월요일은 광복절 휴일이어서 그 전 주말부터 치면 내리 엿새 동안 도심을 떠나 강원도의 자연을 만끽할 수 있는 기회였다. 그래서 이번 학회에는 가족과 함께 여름 휴가와 학회 참석을 겸해 참가한 이들도 많았다. 여기에 또 다른 매력 포인트도 있었다. 바로 학회 참석자들에게 제공하는 저렴한 숙박비다.

이번 학회가 열렸던 A호텔의 2인실 더블베드 요금 정상가는 27만 원이다. 하지만 학회 참석자에게는 7만원에 제공됐다. 가장 비싼 콘도 41평형(정상가 51만 원) 가격은 13만 원으로 정상가의 거의 4분의 1이다. 물론 이렇게 저렴한 가격으로 제공받기 위해서는 사전에 학회 등록을 하고 예약 시 학회 참석자임을 명시해야 한다. 그러나 경영학회 비회원의 참가비가 10만 원임을 고려한다면 참가비를 내고 1박만 하더라도 남는 장사다. 이처럼 숙박업체에서 파격적으로 저렴한 가격을 제공하는 이유는 사전에 학회 주최 측과 협의를 통해 참가자들을 위한 단체 할인계약을 맺었기 때문이다. 그렇다면 숙박업체들은 대규모 단체 고객 대상 할인이벤트를 실시할 때 어떻게 적정 할인율을 도출할까? 대부분 업체들이 과학적인 기법에 따라 최적 할인율을 산출하기보다는 과거 경험이나 타 경쟁사 가격을 벤치마킹해 가격을 책정하는 방식에 머무르고 있다. 하지만 데이터 분석과 의사결정 알고리즘을 도입해 별다른 투자 없이 연간 수백억 원의 매출신장을 기록한 기업이 있다. 바로 글로벌 숙박 및 관광기업인 메리어트 인터내셔널(Marriott International)이다.

글로벌 숙박 및 관광기업인 메리어트 인터내셔널은 세계 70여 개 국에 약 3,000개가 넘는 다양한 숙박과 리조트 및 관광 프랜차이즈를 소유한, 연간 100억 달러 이상의 매출액을 올리고 있는 글로벌 기업이다. 창립자인 J. 윌라드 멜리어트(J. Willard Marriott)는 숙박사업에 진출했던 1950년대부터 모텔 주차장에 들어오는 차에 몇 명이 타고 있는지를 관찰해 이를 바탕으로 2인실 적정 요금 산출의 근거로 활용했다. 이러한 창업자의 데이터를 근거로 한 운영 철학은 이후 1990년대 IT산업의 발달로 고객예약정보, 호텔투숙기록, 부가서비스이용기록 등 다양한 정보를 취합할 수 있는 시스템이 마련되면서 강력한 기업 경쟁력으로 부상하게 되었다.

호텔 숙박업소에서 가격을 너무 높게 책정한다면 객실이 비게 될 것이며, 객실가격을 너무 낮게 책정한다면 객실을 모두 판매해 놓고도 손해를 보게 되므로 가격과 관련된 매우 정교한 분석이 필요하다. 따라서 가격을 탄력적으로 조정하여 객실을 채우면서도 객실당 수익률을 함께 감안하여 최대의 매출을 올리는 방안 마련이 필요하다.

호텔예약과 관련된 다양한 상황 고려의 필요성 증대로 인해 R&D를 시행하여 일반적인 객실

276 | 현 | 대 | 마 | 케 | 팅 | 론 |

예약 외에도 호텔에서는 단체예약이 높은 비중을 차지하고 있으며 규모의 경제실현이 가능하였다. 이러한 단체예약 유치를 위해 일반적으로 호텔에서는 숙박제공 외에 다양한 서비스를 통해 투숙객 할인율을 결정하고 있으며, 여러 가지 부가적인 혜택을 적용한 패키지 형태의 상품을 제공해 주고 있으므로 일반 객실 예약과는 매우 다른 가격책정방식이 요구되고 있다.

메리어트 그룹의 핵심전략은 다양하고 세분화된 브랜드를 통해 고객의 니즈에 정확하게 대응하는 것이다. 여기에 타 숙박전문기업이 쉽게 모방할 수 없는 중요한 경쟁력이 바로 탁월한 데이터 분석과 과학적인 가격결정기술이다. 이들은 데이터와 분석을 통한 의사결정문화로 수익경영을 실현하였다. 수익경영을 통해 비과학적인 가격정책의 폐단을 고치고자 메리어트 호텔은 2000년대 중반 태스크포스팀을 구성하여 2005년 단체계약을 위한 가격결정시스템인 '그룹가격 최적화 모델'을 개발하였다.

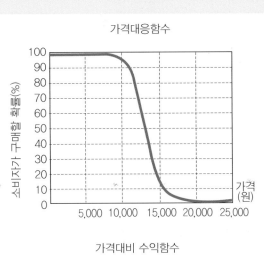

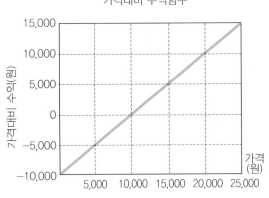

그룹가격 최적화는 크게 가격당 고객수용확률분포를 나타낸 가격대응함수와 가격대비 수익함수의 두 가지 함수로 구성되어 있다. 가격대응함수는 특정 가격을 제시했을 때 고객이 그 가격에 제품과 서비스를 구매할 가능성을 확률로 나타낸 것이다. 그래프에 의하면 가격이 매우 싸거나, 혹은 매우 비쌀 경우 그래프의 기울기는 수요의 변동이 거의 없는 평행선을 나타내고 있으며, 그 사이 일부 구간에 한해 가격(약 13,000원)에 따라 소비자의 구매 확률 변동이 매우 많은 것으로 나타나는 역 S 커브의 형태를 갖고 있다. 가격대비 수익함수의 경우 제품과 서비스 하나를 판매할 때의 이익을 나타낸 것으로 선형으로 증가되는 형태를 갖고 있다. 즉, 상품당 비용이 1만 원인 경우 가격이 비용보다 적으면 수익은 마이너스가 되는 형태로 나타난다. "기대 수익=각 가격당 고객이 구매할 확률 × 수익"으로 이러한 구매확률과 가격을 고려해 제품의 적정한 가격을 제시해 주는 그래프는 다음과 같다.

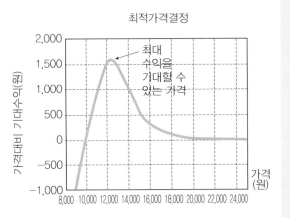

메리어트 호텔의 세일즈 담당자들은 단체숙박에 대한 가격협상 시 고객이 원하는 상품을 결합하여 단체숙박, 회의실 사용, 각종 부대비용 사용 등에 필요한 요구사항을 그룹가격 최적화 시스템에 입력하여 최적의 가격을 고객에게 제시하고, 고객이 원하는 날짜나 서비스가 불가능할 경우 즉시 새로운 옵션을 제시할 수 있게 되었다. 2008년 말까지 총 1,600명의 메리어트 세일즈 담당자들이 현장 가격협상에 이 시스템을 활용하였다. 그룹가격 최적화 시스템을 사용하지 않은 세일즈 담당자들과 비교했을 때 무려 13억 달러에 해당되는 525,000건이나 많은 단체숙박예약을 유치할 수 있었다.

자료원: 동아비즈니스리뷰(2011).

1 가격전략과 시장세분화

가격은 시장을 세분하고 각 세분시장에 맞는 전략을 개발하는 과정에서 중요한 역할을 한다. 시장세분화와 그에 따른 포지셔닝을 할 때의 가격의 역할을 어느 화공약품시장의 예를 통해 알아보자.

[그림 8-12]는 다차원척도법(Multidimensional Scaling)을 이용하여 얻은 어느 화공약품시장의 지각도를 보여 주고 있다. 그림에서 보다시피 고객들은 이 시장에 있는 각 회사를 가격의 높낮이와 품질 및 서비스의 높낮이에 따라 평가하고 있다. '가'회사

그림 8-12   어느 화공약품시장의 세분화

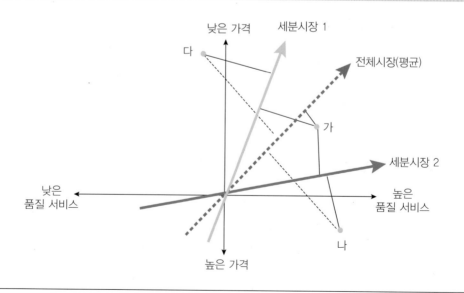

는 얼핏 보기에 이 두 가지 차원에서 균형이 잘 잡힌 전략을 쓰고 있다. 반면에 '나'회사는 높은 수준의 품질과 서비스를 비싼 가격에 제공하고 있다. 또 '다'회사는 품질과 서비스 면에서는 다른 회사들보다 못하지만 그 대신 싼 값으로 그 약점을 보완하고 있다. 다른 시장과 마찬가지로 이 시장에서도 성공의 관건은 고객들이 어떤 상표를 선호하느냐에 달려 있다. 고객들의 선호도는 [그림 8-12]에 있는 바와 같은 선호벡터에 의해서 알 수 있다. 즉, 한 회사가 벡터의 화살방향을 따라 더 멀리 위치할수록 그 회사는 그 벡터로 상징되는 세분시장에서 더 강력한 위치를 확보하고 있는 것이다.

[그림 8-12]를 보면 시장을 세분하지 않고 전체를 봤을 때는 '가'회사가 제일 좋은 위치를 차지하고 있다. 그러나 사실은 이 시장에는 두 개의 뚜렷한 세분시장이 있는 것이다.

- 세분시장 1: 이 시장에 있는 고객들은 품질·서비스보다는 가격에 민감하다. 그 래서 그들은 '다'회사를 선호한다. 따라서 이 시장에서는 '다'회사가 경쟁우위 위 치를 확보하고 있다.

- 세분시장 2: 이 시장의 고객들은 상대적으로 가격보다 품질·서비스를 더 중요 시한다. 그래서 이 시장에서는 높은 품질·서비스를 제공하는 '나'회사가 우세하 다. 따라서 '가'회사는 이것도 저것도 아닌 어정쩡한 위치에 있는 것이다. 이 회 사가 취할 수 있는 전략은 아래와 같다.

  ① 품질과 서비스를 약간 희생하더라도 값을 떨어뜨려서 세분시장 1에 자리를 잡는다.
  ② 품질과 서비스를 대폭 개선하고 값도 올려서 세분시장 2에 진출한다.
  ③ 두 개의 세분시장에 모두 진출한다. 이 때는 물론 두 세분시장에서 제공되는 가격·품질·서비스가 서로 달라야 한다.

위의 예에서 보는 바와 같이 세분화전략에 있어 가격이 주된 역할을 하는 때가 많다.

2 비선형가격설정(Non-Linear Pricing)

최근 들어 비선형가격설정이라는 것이 가격차별화의 주요 수단으로 많이 쓰이고 있다. 비선형가격이란 제품(혹은 서비스)의 단가가 고객이 구입하는 양에 따라 달라지는 가격체계를 말한다. 예를 들어, 전화요금은 '기본요금+사용횟수×1회 사용료'로 되어 있다. 전기세, 수도세, 자동차 빌리는 값도 이와 비슷한 체계로 되어 있다. 그런가 하면 몇 개 이상을 사면 할인해 주는 것도 비선형가격에 속한다.

고객이 비선형가격이 적용되는 상품을 구입할 때는, 그가 스스로 얼마나 사느냐에 따라 그가 지불할 상품의 단가가 정해지는 것이다. 전통적인 균일가격설정에 비해 비선형가격설정은 아래와 같이 잘만 활용하면 이익을 크게 올릴 수 있는 가능성이 훨씬 더 크다.

① 고객이 일정량 이상을 구입해야 비로소 할인의 혜택을 받을 수 있게 하면 많은 뜨내기고객을 단골고객으로 바꿀 수 있다. 왜냐하면 고객이 할인혜택을 받기 위해 물건을 일정량 이상 구입하여 쓰다 보면 자연히 그 상표에 애착을 갖게 될 가능성이 많아지기 때문이다. 같은 항공회사의 비행기를 몇 번 이상 타면 그 회사의 비행기표를 한 장 공짜로 주는 제도(Frequent-Flyer-Program)를 대부분의 항공회사들이 시행하여 크게 성공을 거둔 바 있다.

② 가격체계를 1개 15,000원, 3개 40,000원, 6개 70,000원 식으로 해놓으면 가격탄력성이 낮고 소량으로 구매하는 소비자들(보기: 혼자 사는 사람들)은 비싼 단가를 물고 물건을 사게 된다. 반면 가격에 예민한 소비자들은 싸게 사기 위하여 많은 양을 사야 한다. 이렇게 소비자들의 가격탄력성에 따라 가격을 달리함으로써 소비자잉여의 상당 부분을 회사의 이익으로 전환시킬 수 있다. 이것을 그림으로 설명하면 다음과 같다.

[그림 8-13]의 왼쪽 그림은 시장 전체에 똑같은 가격을 적용할 때의 상황이다. 그림에 있는 가격-판매함수는 다음과 같다.

그림 8-13 비선형가격 설정을 이용한 가격차별화

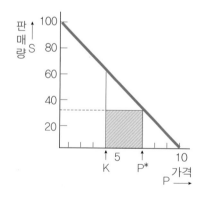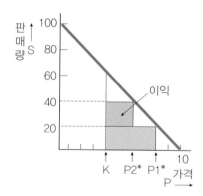

$$S(판매) = 100 - 10P(가격)$$

한계비용 K는 4이며 일정하다. 따라서

$$이익 = 판매액 - 총비용$$
$$= (100 - 10P)P - 4(100 - 10P)$$
$$= 100P - 10P2 - 400 + 40P$$
$$= -10P2 + 140P - 400$$

이익을 극대화하는 가격은 이 식의 미분값을 0으로 만드는 값이다.

$$-20P + 140 = 0 \rightarrow 최적가격: \frac{140}{20} = 7$$

이 때의 판매량은 30이며 총이익=30×(7-4)=90이다. 이것은 왼쪽 그림에 빗금으로 표시되어 있다. 그런데 이 시장에 사실은 가격탄력성이 높은 소비자들과 낮은 소비자들로 이루어진 두 개의 세분시장이 있다고 하자. 그리고 이 두 개의 세분시장의 크기는 서로 같다고 하자. 그러면 회사는 위와 같은 비선형가격설정기법을 이용하여 가격에 민감한 소비자들에게는 값을 6으로 하여 20개를 팔고, 가격에 덜 민감한 소비자들에게는 8의 값으로 역시 20개를 팔 수 있다. 이 때의 총이익은 120이다.

$$(8-4) \times 20 + (6-4) \times 20 = 120$$

따라서 이 경우 이익이 1/3이나 올라가는 것이다. 이 때의 이익은 [그림 8-13]의 오른쪽 그림에 빗금으로 표시되어 있다. 그런데 전화처럼 시간에 따라 값을 달리하거나 지역에 따라 값에 차이를 두는 고전적 가격차별화 기법에 비해 비선형가격설정은 아래와 같은 이점이 있다.

- 시장을 미리 세분할 필요가 없다. 소비자들이 스스로 각자가 속하는 세분시장으로 찾아가기 때문이다.
- 최적가격을 찾아내는 데 가장 결정적인 정보라고 할 수 있는 가격탄력성과 지불할 용의가 있는 가격(reservation price)에 따라 시장을 나눈다.
- 가격차별에 따른 법적인 문제가 일어날 수 없다. 왜냐하면 모든 소비자들에게 똑같은 가격체계가 적용되기 때문이다.

이상과 같은 이점을 지닌 비선형가격정책을 외국회사들은 벌써 많이 애용하고 있다. 미국항공회사 American Airlines는 앞에서 이야기한 Frequent-Flier-Program을 "우리가 가져본 가장 성공적인 마케팅도구"라고 표현했으며, 이 밖에도 AT&T와 호텔 체인인 Holiday Inn도 비슷한 성공사례를 갖고 있다고 한다.

우리나라에서는 비선형가격책정의 한 재미있는 보기를 노래방산업에서 찾아볼 수 있다. 우리가 노래방에 가면 보통 한 시간 단위로 방을 빌리는데, 각 업소에서 방 빌리는 값을 받는 방법은 대체로 아래의 세 가지다.

① 입장료 없고 한 곡 부르는 데 500원(전통적인 균등가격책정)
② 한 시간당 무조건 10,000원(고정가격책정)
③ 입장료 5,000원, 한 곡 부르는 데 300원(비선형가격책정)

이러한 세 가지 가격책정의 결과는 대체로 다음과 같다고 한다.

① **균일가격책정**: 사람들은 통상 한 시간에 스무 곡 정도를 부르기 때문에 업소는 한 시간에 평균 10,000원(=500×20)을 한 방에서 번다.
② **고정가격책정**: 손님이 일단 들어오면 손님이 몇 곡 부르느냐에 상관 없이 업소는 한 시간당 한 방에서 10,000원을 받는다.
③ **비선형가격책정**: 이 경우에 손님들은 입장료가 비싸다고 생각해서인지 보통 한 시간에 서른 곡을 부른다고 한다. 따라서 업소는 한 시간에 한 방에서 14,000원(=5,000+300×30)을 벌게 된다.

그래서 이 경우에 비선형가격책정을 하는 업소는 그렇지 않은 업소에 비해 평균 40% 정도의 수입을 더 올리고 있는 것이 현실이라고 한다. 아주 비슷한 상황 아래서 거의 똑같은 제품을 갖고도 차별화된 가격정책으로 큰 차이를 낼 수 있다는 것을 보여 주는 좋은 보기이다.

비선형가격설정은 잠재력이 무척 크다. 특히 고전적인 가격차별화 정책을 펴기 어려운 곳에서는 시도해 볼 만하다. 이러한 특징으로 인해 비선형가격설정은 특히 서비스분야에서 많이 응용되고 있다.

❸ 유인용 손실가격책정(Loss Leader Pricing)

우리는 이따금 어떤 가게에서 특정 품목을 원가도 안 되어 보이는 값에 판다는 광고를 본다. 그런데 우리는 그러한 광고를 보고 그것을 사러 갔다가 그것말고도 상품을 여러 개 더 사곤 한다. 이렇게 손님들을 가게에 끌어들이기 위한 목적으로 하나 또는 몇 개의 특정 품목을 매우 싸게 값을 매기는 것을 유인용 손실가격책정이라고 한다. 이러한 정책이 가끔 시행되고 또 성공하는 까닭은 아래와 같은 이론적 근거가 있기 때문이다.

> 한 품목이 전체 품목의 공헌마진에 많이 이바지하면 할수록
> 이 품목의 값은 더욱 낮게 책정되어야 한다.[2]

대형할인점에서 파는 이른바 미끼상품이 이것의 좋은 사례가 될 수 있다. 김장철에 맞추어 한 포기에 3,000원하는 배추의 값을 200원으로 하고, 한 사람이 두 포기까지 살 수 있는 행사를 실시하게 되면 고객들은 개장 시간 전부터 문전성시를 이루게 된다. 비록 배추를 판매하면서는 손해를 보겠지만, 평소보다 많은 고객들이 몰려와서 더 많은 매출을 올릴 수 있다. 뿐만 아니라 고객이 배추를 사러 들어가는 경로에 계절상품을 전시할 경우, 고객들은 배추를 사면서 아낀 돈으로 다른 계절상품까지 구매하게 된다.

이렇게 상황과 상품에 따라서는 유인용 손실가격책정도 큰 성과를 내는 수가 있다. 그러나 회사가 이러한 정책을 자주 쓰면 장기적으로 회사의 이미지에 금이 갈지도 모른다. 따라서 경영자가 이 정책을 쓰려고 할 때는 반드시 이러한 장기적인 영향까지 고려해야 한다.

제5절 디지털 시대의 혁신적인 가격결정방식

지난 30여 년 동안 가격 분야에서는 많은 혁신이 이루어졌고 또 앞으로도 그럴 것으로 예상된다. 그러한 혁신의 상당 부분은 정보통신기술의 발달과 인터넷의 보급에 힘입은 바 크다. 여기서는 그러한 혁신적인 가격결정방식들 가운데 대표적인 것 몇 가지를 소개하고자 한다.

1 쓴 만큼 내기(Pay Per Use)

전통적인 가격모델에서는 소비자가 물건을 사고, 그 값을 내고, 그것을 소유한 뒤

---

2 유필화, 「가격정책론」, 제10장, 박영사, 1991.

(그것을) 쓴다. 항공사는 자사의 항공기를 띄워줄 제트엔진을 구매하고, 물류회사는 트럭에 쓸 타이어를 산다. 그러나 이제 대다수 소비자들은 물건을 구태여 소유할 필요가 없고 그것을 필요할 때 쓸 수만 있으면 된다. 항공사는 제트엔진의 기능을 그리고 물류회사는 타이어의 성능을 필요로 할 뿐이므로 그것들을 굳이 사서 소유하지 않아도 된다.

그렇다면 제조업체 또는 공급자는 제품 자체에 값을 매기는 대신, 제품이 실제로 제공하는 편익(benefit)에 대해서만 값을 매길 수 있다. 이것이 "쓴 만큼 내기" 가격모델의 출발점이 된다. 그래서 제너럴 일렉트릭(GE)과 롤스로이스는 항공사들에게 엔진 자체를 팔지 않고 기능을 판다. 즉, 항공사들은 엔진을 쓴 시간에 비례해서 사용료를 지불한다.

이렇게 되면 이제 GE나 롤스로이스는 제조회사가 아닌 서비스회사가 되는 것이므로, 단순히 제품을 팔 때보다 더 큰 수입을 올릴 수 있는 가능성이 생긴다. GE의 경우에는 시간당 사용료가 제트엔진을 쓰는 시간뿐만 아니라 엔진의 보수·정비에 들이는 시간도 포함할 수 있다. 또한 GE의 고객인 항공사들은 이러한 가격모델을 채택함으로써 큰 자본투자를 하지 않게 되고 많은 고정비와 인건비를 줄일 수 있으며, 엔진 관련 업무가 한결 간편해진다.

영국의 노위치 유니온(Norwich Union)이라는 보험회사는 젊은 운전자들을 상대로 '페이-애즈-유-고우(pay-as-you-go)'란 상품을 내놓은 바 있다. 운전자는 관련 기기를 199파운드에 설치하고 나서 매달 주행거리에 비례해서 요금을 낸다. 매달 첫 100마일은 무료이며, 그 이후는 100마일당 4.5펜스(pence)이다. 그런데 18세 이상 21세 미만의 운전자들에게는 사고가 특히 많이 나는 밤 11시에서 아침 6시까지의 마일당 보험료가 1파운드이다. 이 요금 차이가 매우 크므로 젊은 운전자들은 술을 많이 마시는 밤 시간대에는 자동차를 쓰지 말아야 하는 큰 금전적 이유가 생긴 셈이다.

② 후리미엄(Freemium)

프리미엄(Premium)이 아닌 후리미엄(Freemium)은 공짜(free)와 프리미엄의 합성어이다. 이것은 고객이 기본 서비스를 공짜로 얻거나 또는 격상된 고급 서비스를 유료로 이용할 수 있는 가격모델을 말한다.

후리미엄 모델의 목적은 무료 서비스를 통해 많은 잠재고객을 끌어 모으는 것이다. 판매회사는 사용자가 일단 기본 기능에 만족하면 그가 더 강력하고 더 나은 그리고 추가 기능이 있는 고급 유료 서비스를 즐기고 싶어 할 것이라고 기대한다. 후리미엄은 고객이 직접 써보아야만 그 값어치를 알게 되는 이른바 체험재(experience goods)와 매우 잘 어울리는 가격모델이다. 후리미엄의 인기는 더욱 더 올라가고 있다. 후리미엄이 많이 채택되고 있는 산업은 소프트웨어(보기: 스카이프), 미디어(보기: 판도라), 게임(보기: 팜빌(Farmville)), 모바일 앱(보기: 앵그리 버즈(Angry Birds)), 소셜 네트워크 서비스(보기: 링크드인) 등이다.

후리미엄 모델의 핵심 성공요인은 아래와 같다.

① 매력적인 기본 서비스: 많은 사용자들이 몰리게 된다.
② 적절한 울타리 치기: 처음 구매하는 고객을 고급 유료서비스 사용자로 바꾸려면 기본 서비스와 고급 서비스 사이에 적당한 울타리가 있어야 한다.
③ 높은 충성심의 유발: 후리미엄 모델이 성공하려면 최초 구매자를 매우 높은 생애가치(lifetime value)를 가진 단골고객으로 만드는 것이 아주 중요하다. 그래서 고객들의 높은 충성심이 유발되도록 가격과 상품을 체계적으로 최적화해야 한다. 이렇게 최적화된 후리미엄 모델은 기업의 수입을 대체로 약 20% 정도 올려준다.

3 정액제(Flat Rates)

정액제란 고객이 매달 또는 매년 정해진 값을 내고 해당 제품 또는 서비스를 그 기간 동안 원하는 만큼 쓸 수 있는 가격모델이다. 이 모델은 현재 통신·인터넷 서비스 분야에서 널리 통용되고 있다. 케이블TV 가입자는 보통 매월 일정액을 내고 그 회사가 제공하는 모든 채널을 원하는 만큼 볼 수 있다. 독일의 유명한 철도카드 100(BahnCard 100)도 일종의 정액제이다. 이 카드를 갖고 있는 사람은 어디를 가건 상관없이 원하는 만큼 기차를 탈 수 있다. 정액제는 무척 효과적인 가격차별화의 수단이다. 특히 해당 제품 또는 서비스를 많이 쓰는 사람들은 정액제를 통해 상당한 돈을 절약할 수 있다. 그러나 한편 정액제를 제공하는 회사로서는 바로 이러한 다량소비자들(heavy users)이 큰 위험요소이다. 그들로부터의 매출액이 그다지 높지 않을 수 있고, 또한 네트워크 증설 등으로 원가가 올라갈지도 모른다. 이러한 위험성에도 불구하고 정액제는 아주 중요한 가격결정 모델 혁신의 하나로 손꼽힌다.

박물관, 극장, 운동 센터(fitness center) 등의 연간 회원권도 일종의 정액제이며, 뷔페식당의 요금, 모든 것이 포함되어 있는 여행상품의 가격도 정액제이다. 여행상품의 경우에는 정액제와 묶음가격(price bundling)을 결합한 것으로 볼 수 있다. 뷔페식당을 경영하는 업주가 부딪히는 위험은 생각보다 크지 않다. 왜냐하면 손님들이 각자 먹고 마실 수 있는 양은 어차피 한계가 있기 때문이다.

그러나 통신회사나 인터넷 회사에게 정액제는 문제가 될 수 있다. 그것은 고객들이 이런 회사들이 제공하는 서비스를 하루에 24시간 밖에 쓸 수 없지만 그들이 쓰는 데이터의 양은 어마어마하게 늘어나고 있기 때문이다. 정액제를 채택하고 있는 통신회사들은 이로 말미암아 데이터 사용량의 증가를 수입의 증가로 이어지게 하지 못하고 있다. 하지만 한편 이 회사들은 네트워크 인프라를 구축하기 위해 수십억 달러를 투자해야 한다. 정액제 때문에 수입은 늘어나지 않는데 통신회사들이 이러한 큰 투자 금액을 어떻게 감당할 수 있을지는 불확실하다.

4 선불요금제(Prepaid Systems)

이것은 소비자들이 해당 서비스를 쓰기 전에 미리 요금을 내는 가격모델이다.

선불요금제는 스타벅스같은 회사에서 쓰고 있는데, 이 회사는 금액이 충전된 카드를 팔고 있다. 스타벅스는 또한 고객충성프로그램의 요소를 이 선불카드에 넣고 있다. 즉, 골드 회원이 되면 고객들이 할인 혜택을 받을 수 있고, 각종 음료를 공짜로 마실 수 있다. 스타벅스의 이 선불카드는 상당히 인기가 있는 듯이 보인다. 그 증거로는 스타벅스가 매년 사용되지 않아 죽은 것으로 간주되는 카드들로부터 벌어들이는 이익의 규모이다. 2013 회계연도에 스타벅스가 이렇게 죽은 카드에 남아 있는 돈으로 올린 추가 이익은 자그마치 3,300만 달러였다.

우리나라의 선불 교통카드도 선불요금제의 좋은 보기인데, 이 경우에는 고객이 일정액의 돈을 카드에 미리 넣고 이후에는 카드에 남아 있는 돈만큼 해당 서비스를 이용할 수 있다. 또 어떤 경우에는 고객이 정해진 액수의 선불카드를 사기도 한다.

5 원하는 품목만 사기(à la carte pricing)

CD 하나에 담긴 음악을 듣고 싶으면 소비자들은 통상 평균 14개의 노래가 들어있는 앨범을 통째로 사야 한다. 두세 곡만 사고 싶은데 14곡을 모두 사야만 한다는 사실은 그 동안 많은 소비자들이 싫어했다.

2003년 4월 28일, 애플은 아이튠즈(iTunes) 서비스를 내놓으면서 고객들이 원하는 곡만 살 수 있게 해주는 혁신적인 가격모델을 선보였다. 오늘날 아이튠즈 도서관은 음악, 전자책, 앱, 영화 등의 형태를 띤 작품(title) 약 3,500만 개를 제공하고 있다. 음악 한 곡당 가격은 69센트, 99센트, 1.29달러 등으로 다양하다. 한때 아이튠즈는 일주일 내내 분당 24,000곡의 음악을 판 적도 있다. 아이튠즈는 현재 온라인 음악 시장의 3분의 2를 지배하고 있다. 2013년에 온라인 음악 시장의 규모는 전체 음반시장의 약 34%였다. 아이튠즈가 나오고 나서 10년 동안 고객들은 250억 곡 이상의 노래를 내려받았다고 한다. 아이튠즈의 이러한 엄청난 성공은 애플의 고객지향적이고 혁신적인 가격모델에 힘입은 바 크다.

그러나 미래의 전망은 불투명하다. 스포티파이(Spotify), 판도라(Pandora), 그리고 구글도 이제 모두 비슷한 서비스를 매달 일정 금액을 받고 제공하고 있다. 애플은 아이튠즈 라디오(iTunes Radio)를 내놓는 등 여러 가지 방법으로 대처하고 있지만, 이 분야의 경쟁은 더욱 치열해지고 있다.

✏️ 간추림

가격은 기업의 이익을 결정하는 세 이익동인 가운데 이익에 가장 큰 영향을 미친다. 또한 가격은 다른 마케팅 도구에는 없는 독특하고 중요한 특성이 여러 개 있다. 그래서 기업경영에서 가격의 중요성은 아무리 강조해도 지나치지 않다. 경영자가 이렇듯 중요한 가격을 제대로 결정하려면 체계적인 틀을 바탕으로 가격을 설정해야 한다.

경영자는 현재의 가격이 현재의 판매와 이익에만 영향을 미치는 것이 아니라, 미래의 판매와 이익에도 영향을 준다는 것을 고려하여 가격을 정해야 한다. 장기적인 가격전략에서 중요시되는 신제품을 내놓을 때의 가격전략, 경쟁사의 진입이 예상될 때의 가격전략, 모방제품을 위한 가격전략, 경험곡선효과 등에 대해서 논의하였다.

가격은 시장을 세분화하고 각 세분시장에 맞는 전략을 개발하는 과정에서도 중요한 역할을 할 수 있다. 비선형가격설정이라는 것이 가격차별화의 주요 수단으로 많이 쓰이고 있다. 따라서 소비자들의 유보가격이 어떻게 분포되어 있는가를 분석하고, 그에 적절한 가격책정방법을 선택해야 한다. 상황과 상품에 따라서는 유인용 손실가격책정도 큰 성과를 낼 수 있다.

지난 30여 년 동안 가격 분야에서는 많은 혁신이 일어났고 또 앞으로도 그럴 것으로 생각된다. 정보통신기술과 인터넷이 지속적으로 발전하고 있기 때문이다. 우리는 이 장에서 그러한 혁신적인 가격결정 기법을 몇 가지 소개하였다.

이러한 혁신 추세는 앞으로도 계속 될 것이고 또한 가격결정능력은 기업의 경쟁력과 수익성에 크나큰 영향을 미칠 것이므로 기업은 앞으로 뛰어난 가격전문가를 양성하는 데 한층 더 많은 노력을 기울여야 할 것이다.

💡 Q&A

1 E-Mart의 최저가격보상제에 대응하는 일반슈퍼마켓의 경쟁적 가격전략을 제시해 보시오.
2 화장품의 가격을 설정하는 데에 있어서 컨조인트분석방법을 이용하여 논하시오.
3 이동통신서비스의 시장세분화에 의한 가격전략에 대하여 논하시오.
4 운동 센터의 비선형가격설정에 대하여 논하시오.

참고문헌

디지털타임스(2011), 개방형 통합 마일리지 시대.

디지털타임스(2011), 통합 포인트 카드.

매일경제(2011), 한 번 두 번 쌓인 포인트, 결정적인 순간에 돈 된다.

머니투데이(2011), 2011년 10大 히트상품.

아시아경제(2011), 소셜커머스, 빛과 그림자.

유필화 · 헤르만 지몬 · 마틴 파스나하트(2012), 가격관리론, 박영사.

장영재(2010), 메리어트 호텔, 과학적 가격정책의 힘, 동아비즈니스리뷰.

중앙일보(2011), 국내 소셜커머스 현황과 2012년 전망.

한국경제(2012), 이마트 '반값TV' 판매 재개.

한국경제매거진(2011), '유통 vs 제조' 대결 본격화되나.

한국관광공사(2012), 관광서비스 R&D 지원 방안 연구.

Cress Robert G., Jon A. Higbie, and Zachary N. Cross(2010), Milestones in the Application of Analytical Pricing and Revenue Management, Journal of Revenue and Pricing Management.

Davison J. H(1976), Why Most Consumer Brands Fail, Harvard Business Review.

DMC MEDIA(2011), 소셜커머스 시장 동향 및 전망.

Hormby S., Morrison J, Dave P., and Meyers M(2010), Marriott international Increases Revenue by Implementing a Group Pricing Optmizer, Interfaces.

현|대|마|케|팅|론

유통관리

유통업계, '새벽배송' 전쟁이 시작되다

이전과 다르게 현대인들의 삶이 점차 바빠짐에 따라 고객들은 조금 더 편리한 것들을 소비하게 되었고 이러한 소비자들의 니즈는 유통산업에도 큰 변화를 일으켰다.

쿠팡의 '로켓배송'과 같은 빠른 배송은 이미 많은 사람들이 경험해보았지만, 이 배송시스템을 이제는 신선식품에 도입하여 건강하고 신선한 식품을 더 빠르고 편리하게 전달할 수 있는 시대가 도래하였다.

유통서비스 혁신: 소비자의 치명적 불편함을 해결하고 유통업의 본질에 집중하다

온라인 및 모바일 쇼핑 시대에 접어들면서 이제는 잠들기 전, 혹은 출근하면서 스마트폰으로 장을 보고, 오후·새벽에 장바구니 꾸러미를 받는 게 익숙해졌다. 더 이상 야근 후 쫓기듯 마트를 방문하거나, 무거운 짐을 낑낑거리며 들고 다닐 필요가 없어졌다. 현대인들의 사 먹는 반찬시장 규모는 2013년 이후 매년 10% 가까이 성장하고 있는 것으로 추산된다. 통계청에 따르면 2014년 1조 1000억 원대 규모였던 국내 농수축산물 온라인 거래액이 2017년에는 2조원을 넘었다.

초기 '온라인 장보기·새벽배송' 시장은 스타트업 기업이 주도했다. 그 중 2018년 4000억원 대로 추산되는

새벽배송 시장에 불을 붙인 건 바로 식재료 온라인몰인 스타트업 기업 마켓컬리다. 100억원대에 불과했던 새벽배송 시장은 2015년 마켓컬리가 등장하면서 3년 새 40배 가까이 성장했다. 마켓컬리는 전날 밤 11시까지 상품을 주문하면 다음 날 오전 7시까지 배송해주는 '샛별배송' 서비스로 유통가에 바람을 일으켰고, 3년 만에 회원수가 70만명을 넘어섰다. 현재 5년차인 마켓컬리의 기업가치는 2000억원으로 추산된다.

이와 같은 소비자 트렌드의 변화로 인해 이마트, GS리테일, 동원F&B, 롯데 등 대기업들도 새벽배송 경쟁에 속속히 뛰어들고 있다. 지난해 중순 이마트는 전날 오후 6시 전에 주문하면 다음날 오전 6~9시 또는 오전 7~10시에 상품을 받아볼 수 있는 '쓱배송 굿모닝' 서비스를 시작했다. GS리테일도 서울 전 지역에 간편식과 신선식품 등 5000여개 상품을 새벽시간에 배송하고 있다. GS리테일에 따르면 새벽배송 서비스는 2018년 10월 주문 건수가 같은 해 연초보다 300% 가량 급증했다. 동원F&B 또한 HMR 업체인 더반찬을 2016년 인수하여 작년부터 새벽배송을 실시하고 있다. 롯데슈퍼도 지난해 2월부터 밤 10시까지 주문하면 다음날 아침 7시까지 상품을 받아볼 수 있는 '롯데프레시'를 통해 새벽배송을 시작했다. 서울

서초구에서의 시범 운행을 시작으로 서울 주요 지역으로 서비스를 확대했고, 현재는 광주·김포·용인·대전·대구·시흥 등의 지방에서도 지역 물류센터를 기반으로 롯데슈퍼의 새벽배송 서비스를 이용할 수 있다.

백화점 중에서는 현대백화점이 지난해 업계 최초로 새벽배송을 시작했다. 현대백화점의 식품 전문 온라인몰인 'e슈퍼마켓'은 CJ대한통운과 협력하여 서울, 경기, 인천 지역에 새벽배송을 한다. '로켓배송'으로 충성 고객을 확보한 쿠팡은 새벽배송 서비스를 이미 전국적으로 확대했다. 쿠팡은 '로켓프레시'로 신선식품 새벽배송을 시작했고, 일부 로켓배송 상품에 한해서도 자정까지 주문하면 다음 날 새벽까지 배송해 준다.

이러한 유통혁명은 새벽배송 서비스를 하지 않던 홈쇼핑 업계에도 영향력을 주고 있다. 롯데홈쇼핑은 작년 12월부터 서울 송파구, 강동구, 강남구를 대상으로 새벽배송을 시범적으로 하고 있고 상반기에는 서울지역으로 서비스를 확대해 나갈 예정이며, 나중에는 경기권까지 서비스를 할 계획이다.

이처럼 유통업체가 새벽배송에 심혈을 기울이고 나선 건 온라인 유통 채널의 영향력이 갈수록 커지고 있기 때문이다. 통계청이 발표한 '2018년 11월 온라인 쇼핑 동향'에 따르면 10월과 11월 온라인쇼핑 거래액이 두 달 연속 10조원을 넘어서며 관련통계 집계 이래 최대치를 기록했다. 전자상거래 시장이 한 해 100조원 규모로 성장한 만큼, 고객 만족도를 한층 높여주는 새벽배송을 두고 국내 유통업계들의 경쟁은 더욱 치열해질 것으로 보인다.

자료원: 미디어SR, 시사위크, 스포츠월드, 데일리팝(2019).

오늘날 대부분의 제조업체들은 그들이 생산하는 상품을 직접 최종소비자들에게 팔지 않는다. 생산업체와 최종소비자 사이에는 다양한 이름 아래 여러 가지 기능을 수행하는 중간상들이 있다. 이들은 상품을 구입하여 다시 내다 팔기도 하며, 혹은 상품을 구입하지는 않으면서 살 사람과 팔 사람을 연결시켜 주는 역할을 수행한다.

회사가 어떤 유통경로를 택하느냐는 다른 모든 마케팅결정에 중대한 영향을 끼치기 때문에 아주 신중하게 결정해야 한다. 예를 들면, 회사가 새로 내놓는 상품을 고급 백화점에서 파느냐 혹은 일반소매점을 통해 파느냐에 따라 가격책정이 달라져야 할 것이다. 또한 우리 상품을 취급하는 중간상들이 훈련이 어느 정도 되어 있고 상품 판매에 대한 동기가 얼마나 강하느냐에 따라 회사의 광고 및 판매원에 관한 여러 가지 예산에 대한 결정들이 달라진다.

더군다나 유통에 관한 결정은 보통 '다른 회사들과의 장기적인 계약'의 성격을 띤 것이 대부분이다. 한 회사가 어떤 개인 혹은 회사와 대리점계약을 맺고 나서 회사의 전략을 바뀌었다고 직영점을 만들기 위해 그 대리점을 살 수는 없는 것이다. 만일 어느 제약회사가 현재 약국을 통해 자사의 약품을 판매하고 있으면서 또 다른 유통경로를 개척하려고 한다면, 그 회사는 약국들의 반대의견을 최대한으로 참작해야 할 것이다. 이렇게 유통경로는 한번 정해지면 바꾸는 데 많은 어려움이 따른다. 따라서 경영자는 현재의 유통환경뿐만 아니라 미래의 유통환경도 염두에 두고 유통경로를 선택해야 하는 것이다. 앞서 살펴 본 새벽배송의 사례에서 유통환경의 변화에 모든 유통기업들이 민감하게 대응하는 것은 이러한 유통환경변화가 미래에 더욱 더 강화될 것으로 예측하기 때문이다.

제1절 유통시장의 현황과 전망

1 유통산업의 변화

유통산업의 변화를 살펴보기 위해서는 외부환경적인 변화를 살펴보아야 한다. 유통산업의 외부환경적인 변화는 경제적, 기술적, 사회문화적, 법적·규제 환경으로 나누어 살펴볼 수 있다.

먼저 경제적 환경 측면에서의 변화는 경제성장이 고성장기를 지나서 2~3%의 저성장인 새로운 정상상태(뉴노말 New Normal)로 접어듦에 따라서 소비자들의 가성비 추구성향이 확대되고 있으며, 가치 중심의 소비 성향이 주류 트렌드가 되었다. 또한 '개인소비의 양극화'가 심해지면서 편향소비가 증가하였다. 편향소비란 몇 가지 중요한 상품에만 엄청난 돈을 지출하고 나머지 소비에는 평균이하의 지출만을 하는 소비행태를 지칭한다. 이러한 편향소비의 확대로 인하여 명품판매가 급증하고, 전문적인 상품에 대한 관심이 증가하였다. 동시에 편향소비의 반대 개념으로 관심 영역 이외의 생필품에 대한 저가 선호가 심화되면서, 가성비 중심의 실속형 소비가 증대될 것으로 보여 개인 소비의 양극화가 점점 더 심화될 것으로 전망된다. 이러한 소비 성향의 변화는 온라인과 모바일 유통의 급성장과 상호작용을 하면서 가치 소비를 중심으로 유통산업의 주도권을 바꾸게 되었다. 백화점의 시장규모는 감소하고 있으며, 대형마트와 오픈마켓과 소셜커머스 간의 시장 주도권 경쟁은 치열해지고 있다.

기술적 환경 측면에서의 변화는 온라인과 모바일 쇼핑의 급성장을 들 수 있다. 스마트폰이 대중화됨에 따라 스마트폰으로 필요한 상품을 검색하고 구매하는 모바일 유통산업이 급성장하였고, 온라인과 모바일유통은 가장 크고 빠르게 성장하는 유통경로가 되었다. 또한 온라인과 모바일, 그리고 오프라인을 결합하여 소비자에게 최적의 쇼핑경험을 제공하고자 하는 옴니채널이 유통전략의 핵심이 됨에 따라서 다양한 유통 채널들 간에 옴니채널의 경쟁이 심화되고 있다. 옴니채널의 성장은 소비자에 대한 빅데이터 분석을 통한 개인화된 쇼핑경험을 가능하게 하면서 소비자 중심의 유통 전략의 중요성을 더욱 더 강화시키고 있다.

사회문화적 환경 측면에서는 1인 가구 시장의 급성장이 유통산업에 미치는 영향이 가장 크다. 1인 가구는 향후 전체 가구의 30%까지 확대될 것으로 예측되고 있으며, 1인 가구의 사장규모가 커짐에 따라서 유통산업에 있어서도 가정용간편시장(HMR: Home Meal Replacement)의 규모가 급성장하게 되고 마켓켈리(Market Kelly)와 같은 새로운 형태의 유통 비즈니스 모델들이 급속히 늘고 있다.

법적·규제 환경 측면에서는 대기업에 대한 동반성장 및 상생 입법이 점차 더 강화되고 있다. 유통법과 상생법의 개정이 이루어지고, 카드수수료, 판매수수료와 같은 중소유통관련 수수료가 인하되고 있으며, 대기업의 전통적 중소유통분야 진출이 정치적으로 이슈화되고 있다. 또한 일반 소비자의 상품수입에 대한 규제가 완화됨에 따라서 해외직구(해외직접구매) 시장이 빠른 속도로 커지고 있으며, 아마존(amazon)과 알리바바(Alibaba)와 같은 거대한 글로벌 유통기업과의 경쟁이 치열해질 것으로 예상된다.

사례 ## 1코노미 시대, 나를 위한 가치 있는 투자 미코노미 시대

인구 고령화와 저출산 그리고 1인 가구의 증가로 경제활동의 중심이 점점 1인에게 집중되고 있다. 1코노미는 1인과 경제(economy)의 합성어로 혼자만의 경제활동을 뜻한다. 혼자 밥을 먹고 혼자 영화를 보고 혼자 노래방을 가는 사람들 모두 1코노미에 해당된다고 할 수 있다. 최근에는 욜로(YOLO), 포미족(Forme), 소확행(소소하지만 확실한 행복)과 같은 소비트렌드가 주를 이루면서 이제는 나를 위한 가치 있는 투자를 기꺼이 하는 일명 미코노미 시대로 접어들었다고 할 수 있다. 미코노미라는 용어는 제레미 리프킨의 저서 '소유의 종말(The Age of Access)'에서 처음 언급되었는데, 이는 네트워크 환경의 발달로 인해 개인이 생산자와 소비자의 역할을 동시에 수행하는 프로슈머(Prosumer)로 성장하면서 발생하는 경제 현상을 의미한다. 하지만 최근에는 '나를 위한 가치 있는 소비'라는 의미로 확장되어 사용되고 있다.

특히 인터넷과 스마트폰 기술의 발달로 이러한 삶을 소셜 네트워크를 통해 보다 쉽게 공유하고 접합으로써 1인 미디어의 영향력은 더욱 커졌고 1인 가구의 비중 또한 증가함으로써 미코노미가 더욱 부상했다고 할 수 있다.

산업 연구원에 따르면 2010년 60조원이던 1인 가구의 소비지출 규모는 2020년에는 120조원으로 확산될 것으로 전망되며 2030년에는 194조원으로 성장해 4인 가구의 소비지출 규모를 넘

을 것으로 예상되고 있다. 즉 사람들은 혼자라고 해서 더 이상 값싼 제품이나 가성비 좋은 제품만을 소비하는 것에서 벗어나 상품의 가격이 비싸더라도 자신에게 행복과 만족감을 더 줄 수 있는 것에 기꺼이 소비를 한다는 것이다. 이처럼 미코노미 시대의 소비자들은 규범과 관습에 얽매이기를 거부하고, 자유롭게 자신들의 개성을 표출하기 때문에 이에 걸맞는 마케팅 전략과 끊임없는 혁신적인 사고를 통해 소비자들의 마음을 얻을 필요가 있다.

자료원: 삼성 SDI(2018).

2 유통업태별 현황과 전망

유통업태별 현황과 전망을 살펴보기 위해서 먼저 현재까지 유통업태 비중의 변화를 살펴볼 필요가 있다.

2018 통계청 자료에 따르면([그림9-1〉 참조), 소매업태들의 총 판매액이 2015년에는 408조 3170억 원, 2016년에는 전년 대비 3.9% 증가한 424조 3460억 원, 그리고 2017년에는 전년 대비 3.7%가 증가한 440조 1110억 원을 달성한 것으로 나타났다. 그 중 온라인·홈쇼핑 등이 포함된 무점포소매점이 2017년 기준 60조를 돌파하면서 오프라인, 온라인 업태별 중 가장 빠르게 성장하고 있는 것으로 확인되었다. 백화점을 제외한 대형마트, 편의점, 슈퍼마켓 및 잡화점 또한 전년 대비 판매액이 증가한 것으로 나타났지만 무점포소매점에 비하면 소폭 상승한 것으로 나타났다.

하지만 여전히 유통업계 매출의 50% 이상을 오프라인 유통이 차지하고 있다. 산업통상자원부가 발표한 '2018년 10월 주요 유통업체 매출 동향'에 따르면 오프라인(대형마트·백화점·편의점·슈퍼마켓 및 잡화점) 유통이 차지하는 매출 비중은 61%로 나타났다. 나머지가 온라인 업태 매출이다. 다만 2017년과 2018년을 월별로 비교하면 오프라인 유통의 매출 비중이 1년 전보다 눈에 띄게 줄어들고 있다는 사실을 알 수 있다.

2017년 말 기준으로 국내 유통산업 사업체수는 102만 개로 제조업 포함 전체 산업 사업체수(402만 개) 대비 25.5%로 단일 산업 중 가장 큰 비중을 차지했다. 유통산업 종사자수는 316만 명으로 전체 산업 종사자수(2159만 명)의 14.6%를 차지해 제조업(412만 명) 다음으로 많았다. 유통산업에서 창출된 부가가치는 127조 원이었다. 이는 우리나라 GDP인 1730조 원의 7.4%로 미국의 11.8%, 일본의 13.7%에 비해 아직 낮은 수준이다.

| 그림 9-1 | 소매업태별 연간 판매액 추이 |

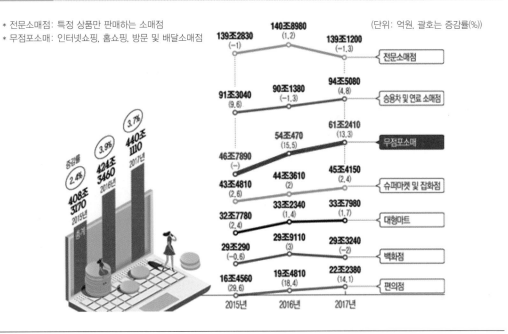

* 전문소매점: 특정 상품만 판매하는 소매점
* 무점포소매: 인터넷쇼핑, 홈쇼핑, 방문 및 배달소매점

(단위: 억원, 괄호는 증감률(%))

자료원: 통계청, 증감률은 전년 대비.

2019년 소매유통업 경기전망지수

대한상공회의소는 소매유통업체 1,000개 사를 대상으로 조사한 '2019년 1분기 소매유통업체 경기전망지수(RBSI)'를 발표하며 소매유통업 경기전망이 지난 2018년 4분기보다 4포인트 하락한 92로 집계됐다고 밝혔다. 국내 소매유통업 경기전망 지수가 3분기 연속 하락한 것이다. 소매유통업 경기전망지수(RBSI: Retail Business Survey Index)가 기준치(100)보다 낮다는 것은 다음 분기 경기가 이번 분기보다 악화될 것으로 예상하는 기업이 많다는 뜻이다.

조사 결과를 구체적으로 살펴보면 홈쇼핑(110)과 온라인쇼핑(103)은 경기 호전을 기대하는 기업이 많았지만 백화점(94)과 대형마트(94), 슈퍼마켓(80), 편의점(71) 등 오프라인 시장은 부정적 전망이 많았다.

특히 편의점의 경우 17포인트나 하락한 71로 가장 최하위 점수를 기록했다. 임시직(아르바이트) 고용이 많은 편의점과 슈퍼마켓, 대형마트는 최저임금 인상 영향을 크게 받는 업태로 매출이 정체되고 있는 가운데 그 비용이 더욱 늘어날 것으로 예상된다. 편의점의 경우 근접출점 제한, 카드수수료 인하 등 올해부터 정부 지원책이 실시되지만 이를 체감하기까지는 다소 시간이 걸릴 것으로 예상되며 대형마트는 슈퍼마켓, 온라인 쇼핑 등과의 경쟁이 심화되고 있는 가운데

주 52시간 근무제 시행을 계기로 유통업체들이 영업시간을 단축함으로써 매출 감소가 불가피할 것이라는 점이 일반적인 업계 시각이다.

반면 홈쇼핑과 온라인 쇼핑만이 유일하게 전망지수 기준치 100을 넘겼다. 홈쇼핑의 경우 T커머스, 모바일 등 신규채널이 늘어나고 여행, 렌탈 등 무형상품의 성장으로 긍정적인 전망을 보이고 있으며, 온라인 쇼핑의 경우 가전, 화장품에 이어 식품까지 모든 상품군에서 온라인 소비가 확산되면서 온라인 쇼핑은 꾸준한 성장세를 유지할 것으로 예상된다.

이처럼 백화점·대형마트 등 오프라인 유통채널 매출은 정체되고 온라인·모바일 쇼핑이 급속히 성장하면서 온라인 유통과 오프라인 유통이 점점 더 극명하게 대조를 이뤄갈 전망이다.

자료원: 대한상공회의소(2019), 2019년 1분기 소매유통업체 경기전망지수.

(1) 백화점

[그림 9–1]에 따르면 2017년 백화점 판매액은 전년 대비 2.0% 떨어진 29조 3240억 원을 기록했다. 이에 대응하여 국내 백화점 빅3인 롯데·신세계·현대는 각각 온·오프라인 융합(롯데), 전문성(신세계), 리뉴얼·규모화(현대) 등의 키워드로 승부수를 띄울 예정이다.

롯데백화점은 매장의 변신을 추구하고 있다. 2018년 12월 롯데백화점 안산점이 리뉴얼 오픈했는데 1층은 '무조건 화장품'이라는 공식을 깨고 라이프 스타일 콘셉트로 '무인양품점'을 배치했다. 또 신관 총 6개 층 중 2개 층을 상품판매 매장이 아닌 고객을 위한 열린 공간으로 구성했다. 5층에 옥상공원을 조성하고 온실카페와 문화센터가 있는 힐링 공간을 마련한 것이 가장 큰 특징이다. 이러한 노력에 힘입어 신관 개점 3주간 약 14만 명이 방문해 당초 매출 목표를 40% 가량 초과 달성했다. 옴니 채널을 강조해 온 롯데백화점은 온·오프라인의 경험과 구매 등 모든 쇼핑 경험을 온라인

과 오프라인에서 동일한 형태의 환경으로 만들어 냄으로써, 온라인 쇼핑 발전이 오프라인 쇼핑에도 긍정적인 요인으로 작용할 수 있도록 하는 것을 목표로 했다.

신세계백화점의 경우 2018년의 영업이익은 전년 동기 대비 18.4%나 상승했다. 신세계는 H&B 스토어 '시코르'를 2016년 출범하고 2018년 말까지 매장을 20개로 늘렸다. 2018년에는 가구·인테리어 전문 기업인 까사미아를 인수해 업계를 놀라게 했다. 신세계의 정용진 부회장은 기존 1000억원대에 머물던 까사미아 매출을 2028년까지 1조원 규모로 늘리겠다는 포부를 밝히기도 했다. 또한 '백화점의 경쟁자는 놀이공원'이라는 목표를 가지고 2019년 상반기부터 신세계백화점 본점 일대를 '신세계타운'으로 변화시키는 프로젝트가 본격적으로 시작될 예정이다. 명동 신세계백화점 본관 분수대부터 시작해 2023년까지 메사 빌딩에 이르는 지역을 쇼핑타운으로 개발하는 사업이다.

현대백화점그룹은 백화점·아울렛을 대규모로 탈바꿈시키는 리뉴얼 작업을 진행하고 있다. 고객들의 라이프 스타일 변화에 맞춰 키즈관, 리빙관, 레저스포츠관 등 체험과 전문성을 강화한 '전문관'을 순차적으로 선보였다. 특히 현대백화점은 여의도 파크원점을 아마존(amazon)과 협업해 지금까지 본 적 없는 미래형 쇼핑몰로 만들 계획을 가지고 있어 업계에서 큰 관심을 받고 있다. 미래형 쇼핑몰은 온·오프라인 융합과 인공지능 기술이 접목되는 형태일 것이라는 것이 업계의 추측이다.

이처럼 백화점 시장의 전체 규모가 감소하는 상황에서 백화점 빅3가 변화하는 유통 환경에 얼마나 혁신적인 전략으로 대응할지 업계의 관심이 모아지고 있다.

(2) 대형마트

2014년부터 2016년까지 지난 3년 동안의 대형할인점 유통업계 3사라 할 수 있는 이마트와 홈플러스, 롯데마트의 실적을 조사 분석한 결과(한국전자공시시스템을 통해 뉴스워커가 조사 분석한 결과)를 보면, 최근 3개년 유통 3사의 자료에서 대형마트 부문에서는 이마트가 1위를 수성하고 있으며, 시장 점유율 면에서 볼 때도, 2014년 28.7%, 2015년 28.5%로 잠시 주춤한 모습을 보이다가 2016년에는 30.4%로 성장한 실적을 나타냈다.

이와는 달리 점유율 2위를 기록한 홈플러스는 해를 거듭할수록 점유율이 줄어드는 모습이다. 2014년에는 25.1%로 이마트와 큰 차이를 보이지 않았지만 2015년에는 23.2%로 줄더니 2016년에는 16.5%로 크게 하향한 모습을 보였다. 롯데마트의 경우

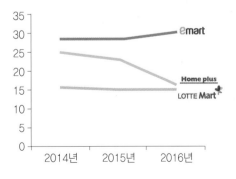

15.7%(2014), 15.2%(2015), 15.2%(2016)의 점유율을 나타내 업계 2위인 홈플러스와의 점유율에서 크게 차이가 나지 않게 되었다.

이마트가 업계 1위 자리와 높은 시장 점유율을 유지한 데에는 기존 할인점 외에 창고형 할인매장인 트레이더스와 온라인몰의 고성장, 그리고 SSG를 통한 브랜드 인지도 강화에 따른 것으로 판단된다.

유통산업발전법 개정안에 따라 기존 대형마트에만 국한되던 영업 규제가 복합쇼핑몰과 면세점, 아웃렛까지 확대 적용되었다. 또한 대형마트와 슈퍼마켓, 온라인 쇼핑 등과의 경쟁이 더욱 심화되고 있는 가운데 주 52시간 근무제 시행을 계기로 대형마트 유통업체들이 영업시간을 자정에서 밤 11시로 한 시간 앞당긴 만큼 매출감소가 불가피하다는 것이 일반적인 시각이다.

(3) 편의점

대한상공회의소에서 발간한 '2018 유통산업 통계집'에 따르면 백화점과 대형마트, 슈퍼마켓 등 오프라인 판매는 부진을 이어갔지만 2017년 편의점 매출액은 전년 대비 14.1% 증가한 22조 2380억 원을 기록하며 오프라인 중에서 유일하게 약진을 이어갔다. 지난 2011년 10조원을 넘어선 지 6년 만에 매출이 배 이상 증가한 것이다.

경기 불황으로 백화점 업계가 매출 30조원 고지를 5년째 넘지 못하고, 대형 마트들이 온라인 쇼핑에 시장을 내주고 있지만 편의점만 고속 성장을 이어가고 있다. 인구 고령화, 1인 가구 증가, '혼밥'(혼자 밥 먹기) 문화의 확산 등으로 집이나 직장에서 가까운 편의점에서 식사와 상품 구입을 해결하는 소비자가 부쩍 늘었기 때문이다.

중소벤처기업부에서 발표한 조사에 따르면 국내 편의점은 2011년에 2만 1879개였던 매장 수가 6년 만인 2017년에 3만 9844개를 육박하는 것으로 나타났다.

특히 편의점 창업수요가 꾸준하고, 개인슈퍼들이 매년 1500개 이상 편의점으로 전환되고 있는 것으로 추산돼 출점 여력은 여전히 높은 것으로 판단된다. 또한 장기적인 관점에서 기업형슈퍼마켓(SSM)의 매장 수도 점차 감소할 것으로 예상돼 편의점의 '근접성'과 '편의성'이 더욱 부각될 것으로 예상된다.

(4) 슈퍼마켓

통계청의 '소매판매액지수'에 따르면 국내 슈퍼마켓 시장은 2006년부터 2011년까지 연평균 매출 증가율 12.7%로 고속 성장해왔다. 그러나 인터넷의 발달과 스마트폰 사용자의 지속적 증가의 영향 등으로 온라인 쇼핑이 확대되면서, 2012년 이후 매출 증가율이 둔화되고 있다. 특히 동네 슈퍼마켓의 경우에는 대형 마트와 편의점이 골목

상권을 위협하면서 2012년 이후 매출증가율은 급격히 둔화하는 추세다. 중소벤처기업부 조사에서도 편의점 점포는 2011년 2만 1879개에서 2017년 3만 9844개를 기록하는 등 6년간 1만 8000개가 증가했지만, 동네 슈퍼는 2011년 7만 6043개에서 2016년 5만 9736개로 1만 6000개가량 줄었다. 사라진 동네 슈퍼의 빈자리를 그만큼 편의점이 메운 셈이다.

'슈퍼마켓 1위 기업'인 롯데슈퍼의 경우 인구감소 및 최저임금 상승 등 불안정한 영업환경 속에서 돌파구를 찾기 위해 다양한 생존 전략을 모색하고 있다. '우리 동네만의 특별한 슈퍼마켓'을 모토로 지역 고객의 장바구니 특성에 맞춘 매장을 선보이는 것을 전략으로 하고 있다. 일례로 상권 내 신혼 가구와 영유아 및 초등학생 자녀 가구 구성비가 49%인 "G 은평점"의 경우 과일이나 채소와 같은 신선식품 구성을 타 매장 대비 30% 늘렸고, 이유식 재료와 같은 기능성 소포장 상품을 배치하였다. 성인 자녀 가정 및 노년층 가구 비중이 고객 절반(52%)을 넘는 서울 동대문구 장안점은 대용량 상품을 구비하고 매장 내 프랜차이즈 식품 업체를 둬 소비자 편의에 중점을 두는 등 소비자 행태 중심의 변화를 모색하고 있다.

뿐만 아니라 화장품 등 트렌디한 상품을 판매하며 10~20대 젊은 소비자들을 끌어들이기 위해서 슈퍼마켓과 H&B 스토어의 각 장점을 결합한 하이브리드 매장을 개발함으로써 기존 고객과 젊은 층의 신규 고객 모두 확보하여 고객층을 넓혀가는 전략도 도입하고 있다.

한편 동네슈퍼들도 각 동네 사정에 맞는 상품 구성과 지역사회 주민들과의 높은 친밀도를 앞세워 편의점 등과 경쟁에 나섰다. 그 중 서울 소월로 남산맨션 1층에 위치한 '보마켓(bomarket)'이란 미니 슈퍼는 "하나를 사더라도 취향을 겨냥한 물건을 팔자"는 콘셉트로 2014년 문을 열었고 각종 SNS에서 화제가 되며 최신 트렌드를 반영한 '힙'한 동네 슈퍼로 자리매김하였다.

(5) 무점포(온라인쇼핑몰, TV홈쇼핑)

온라인 시장이 확산되고 스마트폰의 보급으로 모바일 시장 또한 활성화되면서 무점포 매출은 2017년 기준으로 60조원을 돌파하였다. 국내 유통산업의 판도가 온라인 쇼핑과 홈쇼핑의 무점포업태를 중심으로 재편되고 있는 것이다.

대한상공회의소 '2018 유통산업 통계집'에 따르면 2017년 무점포 매출액은 2016년 대비 13.3% 증가한 61조 2410억 원을 기록했다. 무점포 매출액은 지난 2015년 46조 7000억 원, 2016년 54조 원 등 매년 10%대의 증가율을 거듭하며 2017년 60조 원 시대를 개막한 것이다.

특히 온라인과 홈쇼핑이 화장품·패션의 새로운 채널로 부상하면서 기존 오프라인 매장들은 직격탄을 맞고 있다. 불과 1~2년 전까지만 해도 명동 강남 일대에 한 집 건너 화장품 가게가 있을 만큼 로드숍들이 넘쳐났다. 그러나, 이니스프리, 미샤, 더페이스샵, 네이처 리퍼블릭 등 주요 로드숍 브랜드의 매장 수는 2016년 말 4934개에서 2017년에는 4775개로 3.2% 감소했다. 최근 들어서는 그 감소 속도가 더 빨라지고 있다. 2018년 3분기 말 이들의 매장 수를 2017년 말과 비교하였을 때, 약 14~16% 감소한 수준으로 9개월 만에 600~700개 매장이 문을 닫은 셈이다.

반면에 2017년 온라인몰에서의 화장품 구매는 전년대비 20% 늘어 지속적인 감소 추세를 보이는 로드숍 업계와 극명하게 대비된다. 통계청이 발표한 '2018년 9월 온라인쇼핑동향'에 따르면 화장품의 온라인 쇼핑거래액은 8302억 원으로 전년 동월 대비 19.6% 늘었다.

주로 대리점 방식으로 운영하는 패션 가두점의 경우에는 화장품 로드숍보다 감소 속도가 더 빠르다. 온라인·모바일로 소비 채널이 전환되고 홈쇼핑, 복합쇼핑몰 등 신유통 채널의 발달, 글로벌 SPA브랜드의 외형 확장 등 복합적인 요인이 그 원인으로 분석된다. 유로모니터에 따르면 국내 유통채널별 패션(신발 포함) 시장점유율에서 2017년 패션 가두점이 차지한 비중은 29.1%로 2012년과 비교하여 4.9% 감소했다. 매출액으로 따지면 4500억원이 줄은 셈이다. 가두점이 사라진 자리는 온라인 쇼핑몰과 홈쇼핑 등 무점포 채널이 대체하였다. 온라인 쇼핑 채널의 패션시장 점유율은 2017년 17.9%로 5년 전에 비해 11.1% 늘었다.

이와 같이 무점포 채널의 성장으로 온라인과 오프라인 간의 양극화는 점점 더 가속화될 전망으로 보인다.

(6) 전통시장/기타소매점

지난 10년간 정부로부터 약 2조원에 달하는 금액이 투입되어 전통시장 활성화를 모색했음에도 불구하고 전통시장 및 소형점포는 지속적인 국내 경기둔화와 급속도로 변화해가는 소비트렌드에 대한 대응능력 부족 등으로 계속해서 경쟁력이 약화되고 있는 추세이다.

정부 차원에서 온누리 상품권 발행, 상인교육, 특성화시장 등 전통시장의 경영혁신지원사업과 함께 주차장, 편의시설 확충 등 시설현대화사업 또한 진행해왔지만 지난 10년간 전통시장의 매출은 지속적인 감소를 기록했다. 소상공인시장진흥공단과 통계청 자료 분석에 따르면, 전국의 전통 시장 개수는 2006년 1,610개에서 2010년 1,517개, 2016년 1,441개로 지속적으로 감소하고 있으며, 평균 월매출 또한 2006년 5,787만원에서 2016년 4988만원으로 13% 이상 감소하고 있다. 지난 2010년 이래 유통산업발전법은 총 6차례 개정되면서 전통시장 활성화를 위해 많은 지원을 했지만, 오히려 매출은 지속적으로 감소하고 점포의 평균 보증금과 임대료는 꾸준히 상승하고 있어 시장상인들의 부담은 더욱 커지고 있는 상황이다.

이제는 전통시장에 대한 접근에서 단기적인 정책보다는 전통시장의 특성을 살려서 각 전통시장별로 차별화된 전략을 통해 새로운 방향을 모색할 필요가 있다.

제2절　유통경로의 특징

유통경로(Distribution Channel)는 제품과 서비스가 생산자로부터 소비자 및 최종사용자에게 옮겨가는 과정에 참여하는 모든 개인 및 회사를 말한다.

유통과정에 참여하는 개인 및 회사들을 넓게 보면 생산자·도매상·소매상뿐만 아니라 소비자와 산업용품의 사용자도 포함한다. 특히, 소비자도 유통의 중요한 부분으로서 소비자의 선호성향이나 구매형태에 따라 유통의 기능과 구조가 변하고 있다. 예를 들면, 가전제품의 경우 60~70년대에는 소비자들이 TV나 냉장고를 구입할 때 이에 대한 제품설치나 사용요령에 관한 서비스와 구매 이후 A/S의 필요성이 높았으므로 직영대리점이 적절한 유통경로였다. 그러나 90년대 이후에는 소비자들이 대체로 현재의 제품을 대체하거나 새로운 모델의 제품을 구입하게 되었다. 따라서 직영점보다는 여러 가지 경쟁제품의 가격과 기능을 비교하면서 구입할 수 있는 용산전자시장, 테크노마트와 같은 양판시장에서의 구매가 증가하였다. 2010년 이후에는 소비자들이 온라인과 모바일을 통해서 구매하는 성향이 매우 높아짐에 따라서 온라인 쇼핑몰과 TV홈쇼핑에서의 구매가 크게 증가하였다. 이와 같이 소비자의 구매형태가 바뀌면, 유통시장의 구조도 함께 변화하게 된다.

1 중간상의 존재이유

그렇다면 왜 생산자는 중간상을 통해 소비자들에게 판매하는가? 그것은 한 마디로 중간상들이 있음으로 해서 유통시스템이 더 효율적으로 운영되기 때문이다. 만일 중간상들이 하는 기능을 생산자들이 더 효율적으로 할 수 있다면, 생산자는 직접 유통업무를 맡아서 할 것이다. 생산자가 어떤 기능을 남에게 맡길 때는 반드시 그럴 만한 경제적 이유가 있어서 그런 것이다. 중간상들은 그들 나름대로의 전문지식과 경험을 바탕으로 상품이 생산자로부터 소비자의 손에 들어가기까지 누군가가 해야 하는 일의 양을 큰 폭으로 줄이는 역할을 한다.

[그림 9-2]는 이러한 중간상의 역할을 그림으로 보여 주고 있다. 그림에서 보다시피 세 명의 생산자와 세 명의 소비자 사이에 유통업자가 없다면 이들 생산자들의 상품을 소비자들에게 전달하기 위해서는 접촉이 9번 이루어져야 한다. 그러나 이들 사이에 유통업자가 한 명 있으면 필요한 접촉의 수는 여섯으로 줄어든다.

생산자-중간상-소비자 간의 유통거래로 생기는 비용을 거래비용이라 한다. [그림 9-2]에서 보듯이 중간상은 거래횟수를 줄임으로써 거래비용을 줄여서 생산자가 직접 소비자와 거래하는 경우보다 더욱 효율적인 유통경제를 이룩할 수 있다. 그리고 중간상은 이러한 역할을 담당하는 대가로 유통마진을 얻는다. 그런데 유통마진이 유통거래비용의 감소폭보다 크면 소비자가격이 오히려 올라간다. 이에 따라 생산자의 최종 매출액이 떨어지는 현상이 발생할 수 있다.

중간상들은 또한 생산자와 소비자들 사이의 교환과정을 촉진한다. 생산자는 보통 적은 종류의 상품을 대량으로 생산하고, 소비자는 다양한 종류의 상품을 소량으로 사

그림 9-2   유통업자에 의한 접촉효율의 증대

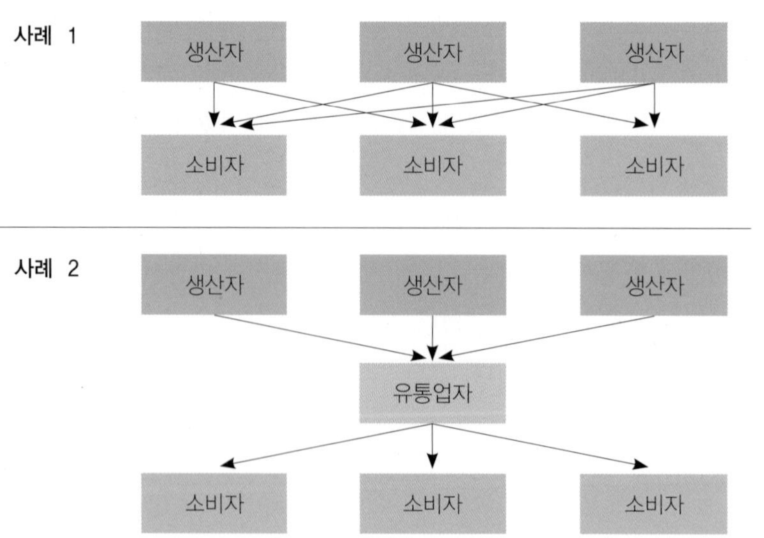

사례 1

생산자   생산자   생산자

소비자   소비자   소비자

사례 2

생산자   생산자   생산자

유통업자

소비자   소비자   소비자

기를 원한다. 따라서 생산자가 생산하는 상품의 구색과 소비자가 원하는 상품의 구색 사이에는 괴리가 있게 마련이다. 중간상들은 생산자들로부터 여러 가지 상품을 구입하여 같은 것들끼리 분류해서 모아 놓고, 같은 상품들을 팔기에 적당한 크기로 나누기도 하며, 고객이 사기 편하도록 구색을 갖춤으로써, 소비자와 생산자 사이의 바로 이러한 괴리를 없애는 데 큰 기여를 하는 것이다.

우리는 경제 내에서 중간상을 없앨 수는 있다. 그러나 중간상이 하는 유통의 기능은 생산자나 중간상 또는 소비자 중의 누군가가 담당하여야 한다. 이러한 점에서 유통경로를 관리할 때는 '유통경로의 기능'을 잘 이해하고 분석하여 어떠한 유통기능을 누가 효율적으로 수행할 수 있는가를 파악하는 것이 중요하다.

② 유통경로의 기능

유통경로에 있는 구성원들은 상품을 생산자들로부터 소비자들에게 옮기기 위하여 여러 가지 기능을 수행한다. [그림 9–3]은 이들이 수행하는 여덟 가지 주요 기능의 흐름을 보여 주고 있다.

물적 소유란 제품을 실제로 운반하고 보관하는 기능을 말한다. 소유권의 흐름은 제품의 소유권이 한 기관에서 다른 기관으로 넘어가는 것을 일컫는다. 마케팅경로의 구성원들은 또 상품에 관한 정보를 설득력 있게 전달하는 촉진기능도 수행한다. 그들은 또한 가격을 비롯한 거래의 여러 조건을 놓고 협상을 하며 거래를 촉진시키기 위하여 금융기능도 수행한다. 마케팅경로에서 행해지는 여러 가지 일을 하는 과정에서

| 그림 9–3 | 유통경로에서 행해지는 여러 기능의 흐름 |

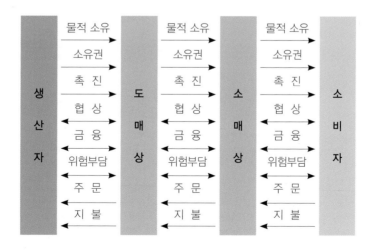

일어나는 가지각색의 위험도 구성원들 중의 누군가가 부담해야 하며, 거래가 이루어지려면 상품을 주문하고 그 대금이 지불되어야 한다. 이 기능들 중에 어떤 것들은 앞으로만 흐르며(물적 소유·소유권·촉진), 어떤 것들은 뒤로만 흐르며(주문·지불), 또 어떤 것들은 앞뒤로 모두 흐른다(협상·금융·위험부담).

우리나라의 경우에는 많은 사람들이 유통업자가 많은 이윤을 챙김으로써 생산자가 출하한 제품이나 서비스가 최종소비자에게 비싸게 제공된다는 고정관념을 가지고 있다. 그래서 중간상을 제거한 제조업자의 직접유통만이 좋은 유통경로라 생각한다. 이러한 생각은 틀릴 수가 있는데, 왜냐하면 생산업자가 하든 중간상이 하든 소비자가 직접 하든 이러한 유통의 여덟 가지 기능은 누군가 수행하여야 하기 때문이다. 유통경로 설계의 열쇠는 여덟 가지의 유통기능을 누가 담당하는 것이 가장 효율적인가를 파악하여 그에 따라 최적의 경로를 짜는 것이다.

③ 유통경로의 유형

유통경로에는 여러 가지 유형이 있다. 이 유형들을 가장 기본적인 형태로 나누면 소비자용품의 경우 [그림 9–4]에 있는 바와 같다. 산업용품의 경우, 생산자가 직접 고객에게 판매하는 형태가 가장 흔하다. 이 경우 통상 생산업체의 판매원이 직접 고객

| 그림 9–4 | 소비자용품의 주요 유통경로 유형 |

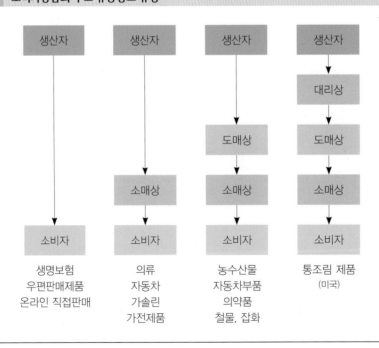

그림 9-5   산업용품의 주요 유통경로 유형

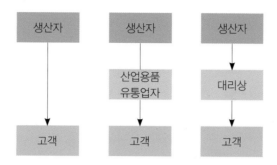

회사를 방문하여 상담을 벌인다. 제품이 기술적으로 복잡하고 고객이 기술지원을 받아야 하는 때나, 수는 적고 규모는 큰 고객회사들이 지리적으로 집중되어 있을 때 이 방법이 많이 쓰인다.

이 밖에도 도매상과 비슷한 기능을 수행하는 산업용품유통업자나 대리상을 통하는 방법이 있다([그림 9-5] 참조).

최근에는 디지털기술의 발달로 제조업체가 자체 온라인몰을 통해 소비자에게 직접 판매하는 직접유통의 형태가 많이 나타나고 있다. 다음에서는 이러한 직접유통의 성공사례를 소개한다.

 사례 ｜ **백화점·오픈마켓 '패싱'… 유통 거품 뺀 'D2C' 뜬다**

기업 간 거래를 뜻하는 B2B와 기업과 소비자 간 거래를 의미하는 B2C를 넘어서서 최근 제조업체가 백화점 등 유통단계 없이 자체 온라인몰 등을 통해 소비자에게 직접 제품을 판매하는 D2C(direct to consumer) 이른바 '소비자 직접 판매'가 새로운 사업 모델로 떠오르고 있다. D2C의 가장 큰 특징은 유통 단계를 줄여 가격 경쟁력을 높이는 것이라고 할 수 있다. 소비자와 직접 소통함으로써 트렌드를 보다 생생하고 직접적으로 읽을 수 있는 장점도 있다. 그리고 이를 마케팅과 신제품 개발에 적극적으로 활용할 수도 있다.

특히 페이스북, 인스타그램과 같은 소셜네트워크(SNS)와 온라인 타겟 광고 기술의 발달은 D2C 사업 모델 확산에 중요한 역할을 했다고 할 수 있다. 자체직영몰이나 SNS를 통해 상품을 알리고 직접 판매함으로써 젊은 층을 타겟으로 하는 업체들의 경우, 그 효과를 톡톡히 보고 있다. 이제는 국내 스타트업뿐만 아니라 중견기업, 대기업까지 D2C모델을 새로운 비즈니스 모델로 도입하고 있다. 주얼리브랜드 제이에스티나가 대표적인 예이다.

제이에스티나가 자체 운영하는 제이에스티나몰은 출범 2년 만에 월 방문자가 100만 명에 이르렀다. 여기서만 월 10억원, 연간 120억원의 매출을 올렸다. 전체 매출의 약 8%인 셈이다. 자체 브랜드몰 운영 비용은 주얼리 매장 1.5개 운영 정도로 그 비용이 훨씬 적게 드는 반면, 그 수익은 주얼리 매장 20개를 합쳐야 나오는 엄청난 매출 규모를 달성하였다.

크라우드펀딩과의 결합을 통해서도 D2C 비즈니스 모델 확산이 이루어지고 있다. 시제품을 온라인몰을 통해 공개한 뒤 먼저 주문을 받고 일정량 이상 주문이 들어오면 주문받은 만큼만 제품을 생산해 직접 배송해준다. 제조업체는 재고 걱정을 하지 않아서 좋고 소비자는 재고 비용만큼 싼 가격에 제품을 살 수 있어 원원전략이라고 할 수 있다. 대표적인 예로 신생 벤처기업 샤플(SHAPL)이 있다. 샤플은 크라우드 펀딩 사이트인 와디즈(Wadiz)에서 시범 프로젝트로 4만개 이상의 여행 가방과 배낭을 30일 만에 완판하면서 15억 원의 매출을 올렸다.

초기에는 틈새시장을 겨냥한 아이디어 상품 위주로 크라우드 펀딩이 진행됐으나 스타트업이나 중소기업들의 경우 크라우드 펀딩 방식의 D2C 사업 모델을 통해 유통망 개척, 초기 생산물량 예측, 재고 등의 문제를 해결할 수 있어 이는 점점 더 빠르게 확산되어 갈 전망이다.

자료원: 한국경제(2018), 백화점·오픈마켓 '패싱'… 유통 거품 뺀 'D2C' 뜬다.

④ 복수경로

회사에 따라서는 같은 상품을 둘 이상의 경로를 통해 유통시키는 경우가 있다. 이를테면 치약·치솔·비누 같은 생활용품은 대부분 슈퍼마켓 같은 소매상을 거쳐 소비자들에게 공급되지만, 호텔 같은 조직구매자(Organizational Buyer)에게는 회사가 직접 납품을 한다.

최근 들어서는 오프라인과 온라인경로를 결합하여 소비자들에게 최적의 경험을 전달하려는 옴니채널의 중요성이 크게 부각되고 있다. 아래는 오프라인과 온라인경로를 효과적으로 결합하여 소비자들에게 최적의 경험을 제공하고 있는 스타벅스의 사례이다.

디지털 시대에 접어들며 이제는 온라인과 오프라인의 경계가 모호해지고 있다. 이러한 유통의 흐름을 매우 효과적으로 활용하고 있는 기업이 있다.

바로 커피전문점 스타벅스이다. 국내 커피 문화를 이끈 대표적인 커피전문점으로 이미 브랜드 충성도가 높은 고객들을 많이 확보하고 있는 스타벅스커피 코리아는 2014년 전 세계 스타벅스 최초로 '사이렌 오더'를 독자적으로 개발했다. 손님이 몰리는 시간대에 매장에 길게 늘어선 줄을 보고 발길을 돌려 다른 커피숍을 찾아 나서는 고객 수를 줄이기 위해 마련한 해결책이다. 사이렌 오더는 스타벅스 앱 내 선불카드에 돈을 충전하거나 신용카드로 미리 음료를 주문·결제하는 방식으로 운영된다. 줄을 서지 않고 원하는 시간대에 음료를 받을 수 있어 소비자들로부터 엄청난 호응을 얻었다.

스타벅스커피 코리아에 따르면 하루 평균 50만 명 이상이 전국 1200여개 스타벅스 매장을 찾는데 대다수는 매장에서 주문과 결제를 하지만, 이 가운데 약 15%는 줄을 서지 않고 앱을 이용하여 미리 주문·결제한 음료를 매장에서 받아간다. 이는 2014년 론칭 당시(2000건) 대비 35배가 증가한 수치다.

이처럼 스타벅스의 사이렌 오더는 모바일 기술을 활용해 소비자의 편의를 높인 스타벅스의 대표 성공 사례로 꼽힌다. 덕분에 2017년에는 스타벅스코리아의 매출액이 1조 2,634억 원을 기록하면서 국내 커피전문점 중 최초로 매출 1조 원을 넘어선 해이기도 하다. 2017년 매출액은 전년대비 26%, 영업이익은 1,144억 원으로 전년 대비 각각 34% 증가하였다.

스타벅스 본사는 한국의 성공 사례를 참고해 이듬해 미국에도 비슷한 '모바일 오더&페이' 서비스를 도입했다. 현재 사이렌 오더는 미국, 영국, 캐나다 등 전 세계 5개국에서 사용되고 있으며, 국내에서만 누적 이용 횟수 5000만 건을 돌파했다.

자료원: 조선비즈(2018), 도서 리테일바이블2020(2019).

제3절 유통경로의 설계

앞에서 이야기한 대로 회사가 어떤 유통경로를 택하느냐는 회사의 다른 모든 마케팅결정에 큰 영향을 끼친다. 그래서 회사는 신중을 기해서 적절하고 효율적인 유통경로를 선택해야 한다. 그러기 위해서는 먼저 고객이 원하는 서비스의 종류와 수준을 분석하고, 경로관리의 목표를 세운 다음, 회사가 택할 수 있는 경로에는 어떤 것들이 있는가 파악하고, 이들을 하나하나 평가해야 한다.

▌1 고객이 원하는 서비스의 분석

고객이 유통경로의 구성원들로부터 기대하는 서비스의 종류는 아주 다양하지만 대체로 아래와 같이 다섯 가지로 나눌 수 있다.

1) **기다리는 시간**: 이것은 고객이 상품을 주문하고 나서 그것을 받기까지 기다려야 하는 시간을 의미한다. 물론 고객들은 기다리는 시간이 가능하면 짧기를 원한다.
2) **제품의 다양성**: 한 마케팅경로가 갖추고 있는 제품의 구색이 다양할수록 그 경로가 제공하는 서비스의 수준이 높다고 말할 수 있다.
3) **점포의 숫자와 분포**: 고객들이 물건을 살 수 있는 점포의 수가 많고 지역적으로 골고루 분산되어 있을수록 그들이 점포를 방문하기 위해서 부담해야 하는 여러 가지 비용(시간, 교통비 등)이 줄어든다.
4) **고객이 구매할 수 있는 최소단위**: 고객이 쌀을 구입할 때 반드시 가마 단위로 사야 된다면, 말이나 되로 사고 싶은 사람들은 큰 불편을 겪을 것이다. 이렇게 고객이 구매할 수 있는 최소단위를 작게 할수록, 마케팅경로가 고객에게 제공하는 서비스의 수준은 올라가는 것이다.
5) **매장 내 점원의 서비스**: 고객이 제품구입 시 매장 내에서 제공되는 점원의 서비스의 정도는 고객이 유통경로를 선택할 때 중요한 요인이다.

소비자들에게 더 많은 서비스를 제공한다는 것은 곧 경로의 구성원들이 부담하는 비용과 소비자가격이 올라간다는 것을 의미한다. 대형 할인점의 예를 보면, 소비자들이 많은 경우 서비스의 수준이 낮아지는 것이 가격이 떨어진다는 것을 의미한다면 낮은 서비스도 받아들일 용의가 있다는 것을 알 수 있다.

② 경로관리목표의 확립

소비자들이 원하는 서비스를 분석한 다음에는 그들에게 어느 정도의 서비스를 제공할 것인가를 정해야 한다. 보통 소비자들이 원하는 서비스의 수준에 따라 시장을 여러 개의 세분시장으로 나눌 수 있다. 따라서 경로관리의 목표는 회사가 어떤 세분시장에 어느 정도의 서비스를 어떤 경로를 통해 제공한다는 내용을 담고 있어야 한다. 회사가 경로관리의 목표를 정할 때는 다음과 같은 상품, 중간상, 경쟁사, 자사, 환경 등의 구체적인 특성을 고려해야 한다.

(1) 상품의 특성

취급하는 상품이 썩기 쉬운 것이라면 직접 소비자에게 가는 방법을 주로 써야 할 것이고, 부피가 큰 상품이라면(보기: 건축자재) 운송거리를 가능하면 짧게 하는 방안을 모색해야 할 것이다. 고객의 주문을 받아 특별히 제작하는 기계같이 표준화되지 않은 상품은 중간상이 그런 상품을 다룰 만한 지식이 없기 때문에 제조회사의 판매원이 맡아서 파는 경우가 많다. 또 단가가 아주 비싼 상품도 주로 제조회사의 판매원이 판매를 담당한다.

(2) 중간상의 특성

경로를 설계할 때는 여러 가지 유형의 중간상들이 갖고 있는 장·단점도 세밀하게 검토해야 한다. 예를 들면, 제조회사가 대리점을 통해 물건을 팔면 고객 한명 한명에게 접촉하는 데 들어가는 비용은 적을지 몰라도 회사가 자사의 판매원을 쓰는 경우보다 고객 한사람 한사람에게 들어가는 정성은 적을 수밖에 없다. 다음은 면세점으로 유통채널 다각화를 시도하는 휠라의 사례이다.

 사례   **휠라, 롯데·신라 등 면세점 입점... 유통 다각화**

휠라(FILA)가 국내 주요 온·오프라인 면세점으로 진출하며 유통채널을 다각화했다. 2018년 5월 초 롯데소공동면세점, 신라아이파크면세점에 이어 지난 26일 신라장충동면세점에 휠라 단독 매장을 오픈했다.

앞서 지난 5월 3일에는 롯데인터넷면세점을 시작으로 신라아이파크인터넷면세점, 신라인터넷면세점 등 온라인 면세점에 먼저 입점해 초기 이용객들에게 좋은 반응을 얻었다.

현재 휠라는 온·오프라인 각 3개씩 총 6개의 면세점 채널을 통해 휠라(FILA)를 포함

한 휠라키즈(FILA KIDS), 휠라언더웨어(FILA
UNDERWEAR) 등 총 3개 브랜드 상품군을 선보이
고 있다. 휠라를 대표하는 의류와 신발, 키즈 패
션, 언더웨어에 이르는 다채로운 카테고리로 면
세 이용 고객 선택의 폭을 넓힌 것이 특징이다.
오는 6월 중으로는 오프라인 면세점 내 '휠라골프
(FILA GOLF)' 상품도 추가로 선보일 계획이다.

휠라의 면세점 판로 확대는 유커를 비롯한 해
외 소비자의 라이프스타일과 쇼핑 패턴에 기인한
다. 최근 한국을 찾는 여행객이 중국뿐 아니라 해
외 각 지역으로 확대되고 있는데다가 휠라에 대
한 선호도 또한 해외에서 고르게 높아지고 있기
때문이다. 특히 이들 해외 관광객들이 한국 현지

에서 직접 브랜드 제품을 구매하려는 니즈 또한 증가하고 있어, 이들의 이용이 용이한 면세점
입점을 결정한 것이다.

휠라 관계자는 "국내 주요 면세점 채널 입점은 1992년 브랜드의 국내 론칭 이후 처음"이라며
"국내뿐 아니라 해외 소비자 구매 채널 확대를 위해 연내 약 3개점 추가 오픈도 검토 중에 있다.
앞으로 유통채널 다각화로 소비자 접점을 더욱 강화할 계획"이라고 말했다.

자료원: Fashionbiz(2018), 휠라, 롯데, 신라 등 면세점 입점... 유통 다각화.

(3) 경쟁사의 특성

경쟁사가 어떤 유통경로를 갖고 있느냐도 회사의 경로설계에 영향을 준다. 어떤
상품은 경쟁사들의 제품을 파는 점포들이 밀집되어 있는 곳에서 팔아야 한다(보기:
보석·시계·영화). 왜냐하면 그 지역으로 많은 소비자들이 몰리기 때문이다. 반면에 경
쟁사들이 이용하는 것과는 전혀 다른 경로를 개발하여 성공한 회사도 있다. 우리나라
화장품업계를 거의 독점하고 있던 아모레퍼시픽은 판매원에 의한 직접유통을 실시하
고 있었다. 후발업체인 LG생활건강은 기존의 유통경로를 과감히 탈피하여 할인판매
점을 통한 시중판매 유통경로를 개척함으로써 경쟁사와 차별되는 유통전략으로 우리
나라 화장품업계의 판도를 바꾸어 놓았다. 뒤이어 나타난 미샤(MISSHA)는 원브랜드
숍이라는 새로운 유통채널을 통해서 소비자들에게 파격적인 가격의 화장품을 판매함
으로써 또 다시 우리나라 화장품업계에 혁신을 가져왔다.

(4) 회사의 특성

회사의 크기와 재력은 회사가 유통에 관련된 기능들 중의 어떤 것을 직접 담당할 수 있고 어떤 것을 중간상에 맡겨야 하는가를 결정한다. 회사의 마케팅전략도 유통경로의 선택에 영향을 준다. 만약 회사가 고객들에게 제 시간에 물건을 배달해 주는 것을 아주 중시하는 정책을 갖고 있다면, 운송수단의 선택이나 중간상에게 맡기는 기능 등이 이 정책의 영향을 많이 받을 것이다. 반면, 어떤 회사가 다양한 종류의 제품을 표적집단별로 차별화하기 위하여 차별화된 유통경로정책을 택하는 경우에는 같은 회사의 제품들이 전혀 다른 유통경로를 통해 유통되기도 한다.

(5) 환경의 특성

환경의 특성도 경로설계에 큰 영향을 미친다. 제조회사는 경기가 안 좋을 때는 상품을 가장 경제적인 방법으로 유통시키고 싶어한다. 이것은 가능하면 경로의 길이를 짧게 하고 최종소비자가격을 올리는 불필요한 서비스를 없애는 것을 의미한다. 이런 경제적인 특성 외에도 기술의 발달, 윤리적인 요인, 법률 및 정부의 규제 등도 경로의 설계에 영향을 끼친다.

우리나라의 경우 유통에 관련된 법규에는 도·소매업진흥법, 화물유통촉진법이 있다. 또한 새로운 업태와 판매기법이 보급되면서 할부거래에 관한 법률, 방문판매에 관한 법률, 옥외광고물관리법 등이 생겼다. 뿐만 아니라 FTA에 따른 유통시장 개방정책 변화는 우리나라 유통경로의 설계에 있어서 새로운 환경적 위협이자 기회요인이 되고 있다.

③ 선택가능한 경로의 파악 및 평가

한 제조업체가 자사의 상품을 유통시킬 수 있는 방법은 무척 다양하다. 도매상·소매상·대리점 등을 통할 수도 있고, 제품의 성질에 따라 우편판매나 온라인 직접판매도 시도할 수 있으며, 아주 혁신적인 방법도 생각해 낼 수 있다. 기업은 앞에서 이야기한 상품·중간상·경쟁사·자사·환경 등의 특성을 모두 고려하여 선택 가능한 모든 유통 방법을 열거한 다음 각 방법을 다음의 세 가지 기준에 의하여 평가해야 한다.

(1) 경제성

우선 회사가 어떤 유통방법을 쓰느냐에 따라 판매량과 유통에 들어가는 비용이 다르다. 회사는 먼저 어떤 유통방법을 쓰면 판매가 어느 정도 될 것인가를 가늠해야 한

그림 9-6 판매원 쓸 때와 대리상을 통할 때의 판매비용의 비교

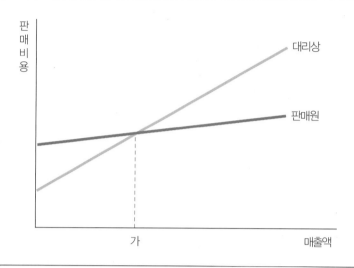

다. 비용의 경우, 대체로 판매원을 써서 직접 판매하면 고정비는 비교적 많으나 매출량에 비례해서 늘어나는 변동비는 상대적으로 적다.

반면에 대리상 등의 중간상을 많이 쓰면 이들을 유지하는 고정비는 적게 들지만 이들은 회사의 판매원보다 더 많은 판매수수료를 받기 때문에 변동비는 상대적으로 더 빨리 늘어난다. 따라서 [그림 9-6]에서 보다시피 매출액이 '가' 미만일 것으로 예상될 때는 대리상을 통하는 것이 나을 것이고, '가'보다 많을 것 같으면 판매원을 통한 직판이 더 나을 것이다. 대체로 작은 회사들이나 큰 회사라도 작은 판매구역에 팔 때는 대리상을 통하는 게 보통이다.

최근에는 모바일 기술 기반의 마케팅, 결제, 재고 및 배송 물류기술의 발달로 중간상을 거치지 않고 소비자에게 직접 판매하는 D2C 시장이 부상하고 있다. 아래는 D2C(소비자직접판매) 유통의 성공사례이다.

 사례 D2C(소비자직접판매)가 뜬다

소비자직접판매 트렌드는 해외에서도 뜨거운 호응을 얻고 있는 글로벌 소비 현상이다. 美 경제주간지 〈포브스(Forbes)〉에 따르면, 2016년 이후 미국 시장에서 D2C(Direct to Consumer) 거래는 해마다 70% 이상의 성장률을 보이고 있으며 소비자들의 3분의 1은 이미 의류나 포장식료품 등 소비재 품목 외에도 가정용 가구나 집기, 전자제품, 여행 예약, 은행업무와 보험 등과 같

은 서비스 상품까지도 D2C(Direct to Consumer) 플랫폼을 통해서 구입하고 있는 것으로 나타났다. D2C는 중간 유통업자에게 소요되는 비용을 절감하여 제품의 품질에 집중할 수 있기 때문에 소비자는 더 좋은 제품을 저렴하게 구입하고 제조업체는 더 많은 마진을 챙길 수 있게 된다.

D2C(Direct to Consumer)의 인기 이면으로 미국과 유럽 구미권의 대도시 상가 거리에서 소매점 매장들은 하나둘씩 사라져 가는 추세다. 소비자들이 상품을 고르고 지불하는 이른바 '구매접점(point of purchase)'이 재래식 오프라인 소매 매장에서 디지털 온라인 플랫폼으로 옮겨가고 있기 때문이다. 새로 경쟁에 뛰어든 소규모 신생 브랜드 스타트업들은 온라인 플랫폼을 발판삼아 전 세계 시장을 겨냥해 제품을 판매한다. 이들은 저가의 옛것있는 무명 모델을 기용해 자체 홈페이지 및 앱, 페이스북, 트위터, 인스타그램 등 SNS를 이용, 저가로 기습적이고 기발한 마케팅을 할 수 있다는 기동성을 발휘할 수 있다. 또 품질력과 독특하고 우수한 니치마켓 컨셉을 갖췄다면 도소매 유통에 소요되는 중간상 비용을 대폭 절감할 수 있기 때문에 좋은 품질의 상품을 보다 저렴한 가격으로 고객에게 직접 판매할 수 있는 것도 강점이다. 미국 화장품 스타트기업인 글로시어(Glossier)는 K-뷰티의 물광피부 미학에 영향받아 니치 화장품 시장을 개척한 D2C의 대표적인 성공사례이다.

신흥 스타트업들과 경쟁해야 하는 기존 '레거시브랜드(legacy brand)'의 최고경영자들 중 94%는 D2C(Direct to Consumer) 마케팅의 위력을 깊이 인식하고 그에 대한 대비전략으로 맞선다. 예를 들어, 나이키는 2017년 D2C(Direct to Consumer) 마케팅 전략에 본격 착수해 전 세계 10개국 12개 대도시에서 웹사이트와 소매 매장을 연동시킨 매출 전략을 수립했다. 그렇게 되면 오는 2020년까지 나이키는 총매출의 80%를 D2C(Direct to Consumer) 마케팅을 통해 발생시키고, 총매출액은 현재보다 2배로 증가한 160억 달러에 이를 것이라 한다.

화장품기업인 로레알도 최신 화장 트렌드에 맞춰 신상품을 출시할 수 있는 초고속 제품 개발 체제를 갖췄다. 예를 들어 유명인이나 인플루언서가 제안하는 신제품이나 화장법이 인스타그램 등 SNS에서 소개되는 즉시 3시간 내로 이를 반영한 신제품을 출시할 수 있다는 말이다.

다양한 선택을 마다할 소비자는 없다. 여기에 모바일 기술 기반의 마케팅, 결제, 재고 및 배송 물류기술이 결합돼 '소비자 즉각 만족'은 실시간으로 진화하고 있는 중이다. 앞으로 D2C 시장은 소비자와 브랜드 사이의 거리를 전에 없이 더 가까이 접촉시키고 제품과 서비스 거래를 용이하게 해줄 것이다.

자료원: 녹색경제(2018), 국경없는 D2C 이커머스 시대.

(2) 통제

두 번째 기준은 제조회사가 유통경로에 있는 구성원들을 얼마만큼 통제할 수 있느냐의 문제이다. 중간상을 통해 제품을 판매하는 경우에는 중간상을 회사가 마음대로 다루기가 어렵다. 왜냐하면 중간상은 그 자체로 독립된 사업체이며, 특정 제조업체의 상품을 열심히 팔기보다는 자사에게 이익을 많이 가져다주는 상품을 파는 데 더 관심이 있기 때문이다. 또한 중간상들은 제조업체가 공급하는 제품의 기술적인 세부사항에 대해 잘 모르고 제조회사가 제공해 주는 판매촉진을 위한 여러 가지 자료도 잘 활용하지 못하는 때가 많다.

(3) 적응성 여부

유통경로는 일단 확립되면 짧은 시간 내에 바꾸기가 어렵다. 대리상과 대리점계약을 할 때 계약기간을 5년 정도 해 주어야 할지도 모른다. 그런데 이 기간 동안에 TV 홈쇼핑이나 전자상거래 등의 다른 방법이 더 효과가 있게 되는 상황이 생길지도 모른다. 그러나 그렇다고 해서 제조회사가 대리점계약을 파기할 수는 없는 것이다. 따라서 회사가 경로를 설계할 때는 유통여건이 변화할 때 어느 정도 신축성 있게 적응할 수 있느냐 하는 것도 고려해야 한다.

4 중간상의 숫자

앞에서 논의한 절차에 따라 회사가 어떠한 경로를 택할 것인가를 일단 결정했다고 하자. 그러면 그 다음에 회사는 유통의 각 단계를 담당할 중간상의 숫자를 어느 정도로 할 것인가를 정해야 한다. 여기서 회사가 선택할 수 있는 방안에는 크게 세 가지가 있다.

(1) 집약적 유통(Intensive Distribution)

집약적 유통이란 제조회사가 최대한으로 많은 점포로 하여금 자사의 상품을 팔게 하는 정책을 말한다. 주로 음료·식품 등의 편의품을 만드는 회사들이 자사의 상품을 가능하면 많은 사람들에게 노출시키고 소비자들의 편의를 도모하기 위하여 이 정책을 쓴다. 왜냐하면 소비자들이 이런 상품을 살 때 어떤 특정상표를 사려고 여러 점포를 돌아다니지는 않기 때문이다.

(2) 전속유통(Exclusive Distribution)

어떤 제조회사들은 일부러 자사의 상품을 취급할 수 있는 점포의 수를 제한한다. 이런 회사들은 흔히 각 판매지역마다 자사의 상품을 팔 수 있는 권리를 특정점포에게 주어 이런 점포들만을 통해 상품을 유통시키는 전속유통정책을 쓴다. 고급의류나 고급가구를 만들어 파는 회사들이 이 정책을 많이 쓴다. 이런 회사들은 이 정책을 씀으로써 자사의 상품을 파는 점포들이 좀더 적극적이고 성의 있게 물건을 팔아줄 것을 기대하며, 또 그 점포들을 통제하기가 쉬워질 것이라고 생각한다.

이 정책을 쓰면 대체로 상품의 이미지가 올라가고 중간상의 마진도 높아진다. 그러나 한편 제조회사로서는 판매를 소수의 점포에만 의존하므로 이 점포들 하나하나가 얼마나 잘 하느냐에 따라 회사의 운명이 달라지게 되는 위험을 부담해야 하는 것이다. 따라서 자사의 상품을 취급할 도매상이나 소매상을 고를 때 아주 신중을 기해야 한다.

(3) 선별적 유통(Selective Distribution)

집약적 유통과 전속유통의 중간에 해당하는 것이 선별적 유통이다. 즉, 제조회사가 한 지역에서 이미지·입지·경영능력 등의 여러 기준에서 일정 수준을 넘는 중간상들을 골라 이들만 자사의 상품을 취급할 수 있게 하는 정책이다.

이 정책을 쓰면 회사는 집약적 유통에서와 같이 많은 점포에 대해 신경을 쓸 필요가 없으며, 중간상들과 긴밀한 관계를 맺고 그들이 자사상품을 성의 있게 팔아줄 것을 기대할 수 있다. 따라서 집약적 유통의 경우보다(관리해야 하는 점포들의 수가 적으므로) 적은 유통비용으로 점포들을 더 잘 통제할 수 있고, 전속유통의 경우보다 더 많은 소비자들에게 자사의 상품을 노출시킬 수 있는 것이 이 정책의 특징이다.

소비자들이 원하는 물건을 사기 위해 여러 점포를 돌아다닌 다음에 구입하는 선매품을 만들어 파는 회사들이 이 정책을 많이 쓴다(보기: 가전제품·골프·스키용구·내의류·스테레오).

제4절 유통경로의 관리

1 경로구성원들 사이의 갈등

(제조)회사가 어떤 경로를 통해 자사의 상품을 유통시킬 것인가를 정하면, 제조회사의 경영자는 같이 일할 중간상들을 선발하고 이들과의 긴밀한 협조를 통하여 경로 전체의 효율을 높은 수준으로 유지해야 하는 과제에 부딪히게 된다. 이러한 유통경로의 관리는 중간상들도 나름대로의 사업목표를 갖고 있는 독립된 사업체들이고 이들의 이해관계가 제조회사의 그것과 반드시 같지는 않기 때문에 상당히 어려울 수 있다.

유통경로는 경제적 시스템일 뿐 아니라 사회적 시스템이기도 하다. 유통경로의 각 구성원들은 각자가 해야 할 역할이 있고 그들은 또 경로의 다른 구성원들이 어떤 일을 해 줄 것을 기대한다. 예를 들면, 소매상은 제조회사가 적당한 양의 제품과 서비스를 제 시간에 공급해 주기를 기대하고, 제조회사는 소매상들이 자사의 제품을 팔기 위해 어느 정도 노력을 해 줄 것을 기대한다. 만일 어느 한쪽이 일을 제대로 못하면 그로 인해 다른 구성원들이 피해를 보게 된다. 이런 의미에서 경로의 구성원들은 서로 의존하고 있는 것이다.

그런데 이와 같이 경로구성원들이 서로 의존하는 정도가 크면 클수록 구성원들 사이에 갈등이 생길 가능성이 더 많다. 예컨대, 현대자동차의 대리점들은 자동차를 오로지 현대로부터만 공급받는다. 따라서 대리점과 제조회사는 서로 크게 의존하고 있다. 그런데 제약업계의 경우, 한 약국이 도매상들을 통해 많은 제약회사들로부터 약품을 공급받기 때문에 약국의 어느 한 제약회사에 대한 의존도는 상대적으로 낮다. 이 경우 현대자동차와 대리점 사이에 갈등이 생길 가능성은 약국과 어느 특정 제약회사 사이에 갈등이 일어날 가능성보다 훨씬 크다.

유통경로는 여러 개별적인 조직체들로 이루어져 있으므로, 경로구성원들 사이에서 갈등이 생길 가능성은 항상 있다. 따라서 문제는 갈등이 생겨날 여지를 아주 없애는 것이 아니라 어떻게 이러한 갈등을 잘 관리하느냐이다.

2 갈등의 해소방안

유통경로의 구성원들 사이에서 일어나는 갈등을 해소하고 그들 간의 협조를 늘리는 방안에는 여러 가지가 있을 수 있으나 모든 상황에 적용되는 이상적인 방법은 존재하지 않는다.

경로주도자(Channel Captain)가 지도력을 발휘하면 유통경로에서 갈등이 일어날 수 있는 가능성을 줄이고 갈등이 생기면 이를 빨리 해결할 수 있다. 경로주도자란 글자 그대로 유통경로에서 주도적인 역할을 담당하는 경로구성원을 말한다. 보통 경로구성원들 중에서 가장 큰 힘을 갖고 있는 구성원이 경로주도자가 된다. 가전제품의 경우, LG전자나 삼성전자 등의 제조회사가 가전제품의 유통에서 막강한 힘을 갖고 있으므로 이들이 경로주도자가 된다. 쿠팡이나 11번가 등의 온라인 유통을 통해 판매되는 많은 상품의 경우, 이들 상품의 유통에 유통업체들이 절대적인 힘을 갖고 있으므로 이때는 소매상들이 경로주도자가 되는 것이다.

효율적인 경로주도자가 되기 위해서는 힘이 필요하다. 이 힘(Power)이라는 개념이 매우 중요하므로 이에 대해 좀 더 설명하기로 하자. 'A가 B에 대하여 힘이 있다'는 말은 B가 C라는 행동을 원하지 않지만, A가 C를 원하기 때문에 B가 C를 행할 때에 쓰는 말이다. 예를 들면, A자동차회사가 신형자동차를 출하하여 B대리점에게 이 차를 전시하도록 요구한다고 하자. B대리점은 공간이 모자라기 때문에 이를 원하지 않지만 A자동차회사의 요구에 따른다. 이때 B가 이렇게 행동을 하는 이유는 B가 A에게 무엇인가를 의존(Dependence)하고 있기 때문이다. B를 A에게 의존하게 하는 것이 바로 힘의 원천이다. 이러한 힘의 원천에 따라 힘을 분류하면 다섯 가지가 있다.

1) **합법성에 근거한 힘**(Legitimate Power): 이는 지위·규범·법령 등을 바탕으로 나오는 힘이다(보기: 프랜차이즈 계약에 따라 프랜차이즈 가맹점이 프랜차이즈 본부에 지불하는 로열티나, 프랜차이즈 본부가 가맹점에 제공하는 브랜드·제품제조공정·광고·판촉행사 등은 이러한 합법성에 바탕을 두고 있음).

2) **강제력**(Coercive Power): 원래는 육체적·물리적인 힘을 바탕으로 상대방에게 자기의 의사를 강요할 수 있는 힘을 뜻했던 개념이었으나, 이제는 유통업체들이 가지고 있는 파워를 통해서 특별한 요구조건을 내거는 것을 의미하는 경우가 많다(보기: 제조업체에게 PB상품의 공급을 유통업체에서 요구할 경우).

3) **준거집단**(Referent)**에 의한 힘**: 이는 준거집단의 영향력으로 상대편에게 일정한 행위를 요구하는 것이다(보기: 면세점에서 신규 브랜드를 입점 시키려고 할 때, 이미 입점해있는 기존 브랜드들의 명성이 준거집단으로 작용할 경우).

4) **보상**(Reward)**에 의한 힘**: 이는 금전 또는 인센티브 등의 보상에 바탕을 둔 힘이며, 이것에 근거한 영향력 행사가 유통경로 내에서는 가장 널리 행해지고 있다(보기: 수량할인, 중간상을 상대로 하는 판매촉진).

5) **전문지식**(Expertise)**에 의한 힘**: 이는 유통경로 구성원이 갖고 있는 소비자에 대

한 데이터와 정보에서 나오는 힘이다(보기: 온라인 유통업체가 가지고 있는 소비자의 선호나 구매행태에 관한 정보).

힘의 원천에 따라 다섯 가지의 힘의 종류가 있다고 하였다. 경로관리자는 이렇게 여러 원천에서 오는 힘을 획득하기 위해서 노력하여야 할 뿐만 아니라, 이러한 다양한 힘의 원천을 시기적절하게 잘 활용하여 유통경로에서 발생하는 갈등을 잘 해소하여야 한다.

사례 PB(Private Brand) 상품의 양면성

PB 상품은 백화점이나 대형 슈퍼마켓 등의 소매업체가 각 매장의 특성과 고객의 성향을 고려하여 독자적으로 만든 자체브랜드 제품을 말한다. 해당 점포에서만 판매된다는 점에서 전국 어디에서나 제품을 구매할 수 있는 제조업체의 브랜드(National Brand) 제품과 차이가 있다.

국내 대형마트에 PB가 처음 등장한 것은 1996년 이마트의 '이플러스 우유'다. 이후 2000년대 중반에 접어들자 유통업체 간 경쟁이 치열해졌고 현재는 저렴한 PB브랜드는 물론, 프리미엄급 PB브랜드까지 등장했다. 그리고 이제는 가전산업 또한 PB 상품을 지속적으로 선보이며 시장

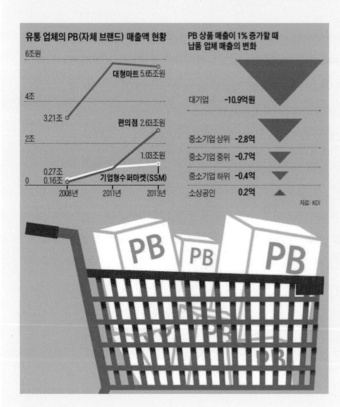

점유율 확대에 공을 들이고 있다. 1인 가구가 증가하고 일인용 가전 시장이 확대되면서 고성능의 제품이 필요하지 않은 소비자가 많아졌기 때문이다.

전자랜드가 선보인 PB제품은 유통마진을 제외해 판매금액을 낮출 수 있었고 덕분에 브랜드 제품과 동일 기능이지만 보다 합리적인 금액에 소비자들에게 제공될 수 있다는 것이 가장 큰 장점으로 작용했다. 2017년 PB제품으로 출시한 에어컨도 다른 에어컨 브랜드에 비해 10~20만원 가량 저렴해 1인 가구나 세컨드 에어컨을 필요로 하는 소비자들에게 큰 호

응을 얻었다.

롯데하이마트는 2016년 5월 자체브랜드 '하이메이드'를 만들었다. 헤어드라이어, 선풍기, 믹서기 등 소형 가전으로 시작해 2017년에는 '하이메이드 도어 냉장고'를 PB로 출시하는 등 품목을 점차적으로 확장하고 있다. 현재 하이메이드의 상품은 80개 품목, 총 460여 종에 이른다.

이처럼 소비자들의 호응에 힘입어 PB 상품 시장은 해마다 큰 폭의 성장세를 보이고 있다. 이마트·홈플러스·롯데마트 등 대형 마트 3사의 PB 매출은 2008년 3조원대에서 2013년 5조원대로 늘었다. 요즘에는 편의점에서도 PB 상품이 보편화면서 GS25, 세븐일레븐, CU 3사의 매출에서 PB 상품이 차지하는 비중은 2008년 5% 미만에서 2013년 28.8%로 껑충 뛰었다.

하지만 한국개발연구원(KDI)의 분석에 따르면 PB 상품 시장 성장에 따른 과실은 유통업체가 독차지하는 것으로 나타났다. '재주는 납품업체가 부리고, 돈은 유통업체가 버는' 일이 벌어지고 있는 것이다.

KDI 2017년 보고서에 따르면, PB 상품 매출 증가는 유통업체에는 확실히 도움이 된다. 추정결과 PB 매출 비중이 1%포인트 오를 때마다 점포당 연간 매출은 2230만~2850만원, 연간 유통 이익은 270만~900만원 증가하는 것으로 나타났다.

반면, PB 상품의 매출이 증가할수록 납품 제조업체의 매출은 오히려 감소했다. 특히 제조업체의 규모가 클수록 매출 감소 폭이 커서 PB 매출 비중이 1%포인트 오를 때 대기업은 10억 9000만원, 중소기업 중 규모가 큰 편에 속하는 기업은 2억 8000만원씩 각각 매출액이 감소했다. 규모가 큰 제조업체일수록 소비자에게 잘 알려진 고유 브랜드(NB)를 가진 경우가 많은데, PB 상품 납품이 늘어나면 고유 브랜드 판매가 줄어드는 제 살 깎아 먹기(cannibalization) 현상이 발생하기 때문이라고 보고서는 추정했다.

최근에는 쿠팡, 티몬과 같은 이커머스업계 또한 '가성비'를 내세운 PB 상품을 생필품에서 식품·출산·유아동 제품으로 확대하여 대형마트와 본격적인 격돌을 예고하였다. 이처럼 더욱 치열해질 PB 상품 경쟁에서 공정 시장질서 확립을 위한 감시 활동을 강화하고 갈등을 해소하고 협력업체들과 상생을 추구할 수 있는 해결책을 모색해 볼 필요가 있다.

자료원: 조선비즈(2017), 뉴데일리(2018), 부산일보(2019).

제5절 온라인과 모바일 유통경로의 성장

1 온라인(모바일) 시장의 현황과 전망

[그림 9-7]을 보면, 온라인 유통의 매출은 전년대비 꾸준히 상승하고 있다. 오프라인 유통의 경우 전년 대비 매출증가율이 계속해서 줄어들고 있는 반면, 온라인 유통의 경우 지속적으로 두 자리수의 증가율을 보이며 오프라인보다 높은 수준의 매출증가율을 보이고 있다. 2018년 상반기 전체 유통업체 매출은 전년 동기 대비 7.4% 증가한 가운데, 온라인(16.3%)이 오프라인(2.7%)에 비해 큰 폭의 성장세를 유지한 것으로 나타났다.

그림 9-7 2016~18년 온라인과 오프라인 유통의 매출증가율

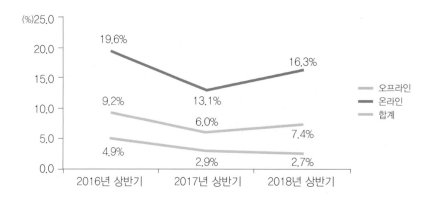

자료원: 산업통상자원부(2018), 2018년 6월 주요 유통업체 매출 동향.

그림 9-8 2017~18년 업태별 매출구성비

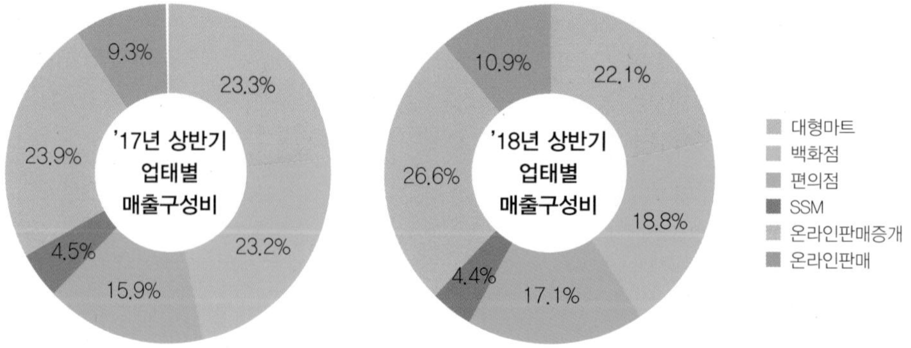

'17년 상반기
업태별
매출구성비

9.3% 23.3% 23.9% 4.5% 15.9% 23.2%

'18년 상반기
업태별
매출구성비

10.9% 22.1% 26.6% 4.4% 17.1% 18.8%

- 대형마트
- 백화점
- 편의점
- SSM
- 온라인판매중개
- 온라인판매

[그림 9-8]의 업태별 매출구성비를 살펴보면 온라인유통(온라인판매중개와 온라인 판매의 합)이 차지하는 매출비중은 2017년 33.2%에서 2018년에는 37.5%로 1년 사이에 4.3%가 증가한 것을 알 수 있다. 이러한 온라인유통의 성장으로 오프라인유통의 매출 비중이 전년대비 감소하였다. 오프라인유통 중에서 대형마트와 백화점의 매출 비중은 감소하였지만(46.5%에서 40.9%로 감소), 편의점은 15.9%에서 17.1%로 오프라인유통 중에서 유일하게 성장하고 있음을 알 수 있다.

특히 통계청이 발표한 '2018년 9월 온라인쇼핑동향' 자료에 따르면 화장품의 온라인 쇼핑 거래액은 8302억원으로 전년 동월(6940억원) 대비 19.6% 늘었다. 또한 중국인들이 온라인쇼핑에서 사들인 K-뷰티 규모는 2014년 2035억원에서 2018년 1조 9897억 원으로 4년 만에 무려 9배 이상 폭등했다. 사드 후폭풍이 컸던 2017년에도 중국인들의 온라인 쇼핑액은 전년대비 36.2% 증가해 성장세를 이어갔다. 온라인쇼핑의 활성화로 중국인을 포함한 외국인들이 명동 거리를 방문하는 대신 이제는 안방에서 '클릭' 한 번으로 구매를 한다는 것이다.

이는 패션산업에서도 마찬가지이다. 오프라인 브랜드 간판들이 하나 둘 사라지는 사이 '무신사'와 같은 새로운 온라인 패션업체가 부상하고 있다. '온라인 패션 플랫폼'을 표방하는 무신사는 거래액이 2013년 100억 원 수준에서 2017년 3000억 원을 기록하며 30배 이상 성장했다. 통계청의 2018년 9월 온라인쇼핑동향 분석 자료에서도 패션 상품의 온라인쇼핑거래액은 9861억원으로 전년 동월 대비 10.8%나 늘었다.

온라인 시장은 밀레니얼 세대의 등장과 스마트폰의 확산으로 모바일이 유통경로의 중심에 서게 되면서 점차 모바일을 중심으로 그 규모가 확장되었다. 오프라인에서 온라인으로 그리고 이제는 온라인에서도 PC에서 모바일로 유통의 중심이 옮아가고 있음은 부정할 수 없는 사실이다.

특히, 2012년 이후 쿠팡, 티켓몬스터, 위메프 등 국내 소셜커머스 업체들이 모바일

유통을 적극 활용하고 가격과 배송을 무기로 종합몰과 오픈마켓을 위협하며 높은 성장률을 보였다. 2012년에는 PC와 모바일 쇼핑 매출액이 각각 34조 원과 2조 원으로 모바일의 비중이 미미했지만, 2015년을 기점으로 모바일 쇼핑의 매출액이 PC를 넘어섰다. 2017년에는 모바일 쇼핑의 매출액은 40조 원을 넘어섰으며, 2018년에는 전체 온라인쇼핑 거래액의 70% 수준에 이르렀다. 소셜커머스의 선두인 쿠팡은 일본 소프트뱅크 비전펀드로부터 20억달러(약 2조 2500억원)의 투자를 받으며 투자 여력을 확충했다. 쿠팡의 전매특허인 '로켓배송'은 지난해 9월 기준으로 누적 배송 상품이 10억 개를 돌파했으며, 매출이 2년 전보다 2배 이상 성장한 5조원에 달할 전망이다.

이제는 손바닥 안에서 지구 반대편 물건을 즉각 주문하여 수령할 수 있고, 잠들기 전 스마트폰 애플리케이션으로 장보기를 한 뒤 출근 전 식품을 받아볼 수 있는 세상이 된 것이다.

② 옴니채널(Omni Channel)의 등장

온라인과 오프라인 멀티채널 시대를 거쳐 2010년대 초반부터 시작된 옴니채널 경쟁이 최근 급속하게 진행되고 있다. 모바일 기반 거래가 2016년 기준 연평균 131% 급성장했고, 이에 따라 모바일과 온·오프라인을 넘나드는 소비 방식이 급속히 확대되었다.

옴니채널이라는 용어는 2012년 미국의 메이시스(Macy's) 백화점이 온라인에서 물건을 사고 오프라인에서 수령하는 서비스가 포함된 '옴니채널 리테일링(retailing)'을 추구하면서 처음 시작되었다. 이듬해 런던의 고급 백화점 존루이스가 온·오프라인 통합매장을 선보이며 옴니채널을 구체화시켰다. 국내에서는 롯데백화점이 2015년부터 경영 화두로 옴니채널 전략을 내세우며 시작되었다. 그 일환으로 롯데쇼핑은 e커머스 사업본부를 출범시키고 오는 2020년까지 롯데백화점과 롯데홈쇼핑, 롯데닷컴 등 유통 계열사 7곳의 서비스를 통합하는 옴니채널 쇼핑플랫폼 '롯데 원' 앱(App)을 내놓겠다고 선언했다.

옴니채널은 오프라인 매장, 온라인, 모바일, 카탈로그 등 여러 개의 쇼핑 채널을 유기적으로 결합하여 고객 중심의 관점으로 쇼핑 경험을 제공하는 것을 의미한다. 온라인과 오프라인 매장을 유기적으로 결합하여, 고객들이 온라인에서 확인한 상품을 오프라인 매장에서 바로 구입할 수 있거나(웹루밍), 오프라인에서 상품을 보고 더 저렴한 온라인에서 구매(쇼루밍)할 수 있게 되었다.

대형마트와 백화점들은 옴니채널 서비스를 통해 더 편리한 배송 체계를 고객들에게 제공하고 있다. 홈플러스의 경우 온라인 주문 후 매장 픽업을 할 수 있거나 인터넷 주문 후 1시간 이내로 배송받을 수 있는 '퀵배송' 서비스를 제공하고 있다. 롯데하이마트 또한 옴니채널 서비스를 지속해서 강화해 나가고 있다. 온라인 쇼핑몰에서 구매한 상품을 하이마트 오프라인 매장에서 수령하는 '스마트픽', 위치기반 서비스를 활용해 맞춤형 할인 쿠폰이나 이벤트 정보 등을 자동 발송하는 '엘팟 서비스', 오프라인 매장에서 온라인 전용 상품을 손쉽게 구매할 수 있는 '옴니세일즈' 서비스 등이다.

더 나아가 옴니채널은 새로운 IT기술과 접목해서 예전에는 상상하지 못했던 새로운 쇼핑방식을 만들어내고 있다. 이케아(IKEA)는 온라인 카탈로그 앱(App)의 증강현실(AR) 기술을 통해 이케아의 가구를 자신의 집에 배치해보고 잘 어울리는지 비교, 확인해 볼 수 있는 서비스를 고객들에게 제공하고 있으며, 알리바바(Alibaba)는 증강현실(AR) 기술을 통해 소비자들이 안방에서 뉴욕의 5번가의 쇼핑경험을 할 수 있게 한다.

한편 아마존(amazon)은 온라인과 오프라인의 시너지를 강화하는 옴니채널 전략을 추구하고 있다. 온라인 서점의 추천 방식을 그대로 '아마존북스(amazon books)'라는 오프라인 공간으로 가져와서 온라인과 오프라인의 시너지를 만들고 있으며, 뉴욕의 소호 지역에는 온라인에서 고객들의 평점 4점 이상을 받은 인기 제품만 판매하는 '아마존 4스타'라는 점포를 열었다. 소비자들에게 오프라인 공간에서 마치 아마존닷컴(amazon.com)을 보고 있는 기분이 들게 만든 것이다.

이처럼 소비자들은 이제 온·오프라인 경계가 허물어진 시대 속에 살고 있다. 그야말로 전 세계는 소비자들이 온라인과 오프라인 그 어떤 채널에 접근하더라도 자신에게 가장 적합한 서비스를 받을 수 있는 옴니채널 시대로 본격 진입한 것이다.

사례 | **국내 최초의 O2O 서비스, 교보문고 '바로드림'**

교보문고에 가면 '바로드림'이라는 서비스를 볼 수 있다. 국내 최초의 O2O서비스로 지난 2009년 6월 처음 선을 보였다.

도서정가제가 실시가 되어 온, 오프라인 책 가격이 큰 차이가 없다 해도, 가격 차이가 나는 것 같으면 서점에서 구매하는 것이 꺼려진다. 사실 교보문고 서점에 가서 책을 골라보더라도 주문은 인터넷 사이트나 혹은 모바일 상에서 하게 되는 경우가 많다. 이러한 소비자들이 많아지다 보니 교보문고는 소비자의 변화에 맞춰 온라인과 오프라인을 연결했다. 즉 교보문고 오프라인 매장에서 책을 본 다음, 현장에서 모바일로 교보문고 사이트 바로드림 코너를 통해 온라

인 가격 그대로 결제를 하면, 그 즉시 교보문고 매장에서 사갈 수 있는 서비스를 만들었다. 책보는 것과 가져가는 것은 원래의 방식과 동일한데, 주문만 온라인 사이트에서 하는 것이다. 온라인 가격할인은 당연히 덤이다.

초기 교보문고 바로드림서비스는 인터넷 및 모바일 교보문고에서 주문하고 1시간을 기다려 바로드림존에서 수령하는 방식으로 시작했다. 이후 주문한 고객이 직접 영업점에서 진열되어 있는 해당 도서를 집어서 바로드림존에서 확인 후 수령할 수 있는 '바로드림S', 영업점에 있는 도서를 퀵서비스로 빠르게 받을 수 있는 '바로드림퀵'으로 확대 실시했다.

그리고 2018년에는 바로드림서비스를 기존 도서에서 핫트랙스 음반/DVD까지 확대 실시하여 좋아하는 아이돌 그룹의 새 음반을 간편하게 온라인으로 예약하고 발매당일 영업점에서 빠르게 수령할 수 있는 핫트픽업서비스 또한 함께 런칭하여 큰 호응을 얻었다.

자료원: 매일경제(2018), 교보문고 바로드림서비스, 핫트랙스 음반/DVD까지 확대.

③ 신유통(New Retail)의 시대

미래의 유통은 인공지능(AI), 사물인터넷(IoT), 빅데이터, 모바일 등의 첨단 정보통신 기술과 결합하면서 엄청난 변화를 가져올 것이다. 미래의 유통이 가져오는 변화의 핵심은 생산자 중심의 유통에서 소비자 중심의 유통으로의 이동이 될 것이다. 미래에는 기업들이 소비자의 욕구를 얼마나 빨리 인식하고 대응하느냐가 기업 경쟁력의 핵심이 될 것이며, 이는 특히 소비자의 변화에 직접적인 영향을 받는 유통 산업에서 더욱 두드러질 것으로 보인다.

신세계의 경우 새로 출점하는 오프라인 신규 매장을 기존 공식을 과감히 깬 새로운 포맷으로 오픈하고 있다. 이마트 의왕점은 세상에 없는 미래형 오프라인 할인점을 컨셉화했다. 상품 위치 등을 알려주는 인공지능 기반 로봇을 배치하고, 종이 대신 전자가격 표시기와 디지털 사이니지(Digital Signage: 디지털 게시판)를 도입하는 등 '디지

털 매장'을 표방하고 있다.

롯데마트 금천점도 온라인과 오프라인을 결합한 4세대 미래형 쇼핑공간이다. 기존 대형마트에서 볼 수 없었던 차세대 스마트 기술로 계산대 없이 결제부터 배송까지 가능한 매장이다. 최첨단 '3D 홀로그램'을 통해서 기존에 카테고리별 상품 위치나 행사 정보를 제공키 위해 사용하던 LED 모니터를 대신할 수 있도록 했다. 3D 홀로그램은 360도 모든 각도에서 제품의 정보를 알 수 있다.

전자상거래로 전 세계를 주도하고 있는 아마존, 알리바바 등 세계적인 공룡 유통 기업들이 이제는 인공지능(AI), 빅데이터, 사물인터넷(IoT), 로봇의 4대 혁신 기술을 이용해서 유통의 미래를 선점하기 위해 박차를 가하고 있다. 2018년 3월 기준 유통 관련 스타트업에만 총 590억 달러, 우리 돈으로 65조 원을 투자하였을 뿐 아니라, 무인자동결제시스템으로 빠르게 전환하고 있고, 이미 무인점포와 무인계산대 등 아날로그의 전통적 시장을 디지털화(digital transformation)하고 있다.

2016년 10월 알리바바의 마윈 회장은 '향후 10~20년이면 전자상거래라는 개념은 사라질 것이며 전자상거래와 오프라인 매장이 결합된 신유통의 시대가 도래 할 것'이라고 말한 바 있다. 그가 말하는 신유통(New retail)은 온·오프라인을 결합한 미래형 소매 유통 방식으로 빅데이터, 인공지능(AI), 사물인터넷을 활용해 사용자−상품의 데이터 수집과 분석을 결합함으로써 소비자의 쇼핑 경험을 최적화하는 유통시스템을 의미한다. 과거의 전통적인 유통은 월마트(Wal-mart)와 같은 오프라인 유통업체가 주도하였다면, 신유통의 시대에서는 아마존(amazon)이나 알리바바(Alibaba)처럼 소비자의 쇼핑 경험에 대한 데이터를 보유한 기업이 주도권을 쥐게 된다는 것이다. 다시 말해 불특정 다수의 구매에 초점을 맞추는 것이 아니라, 소비자의 쇼핑 행태와 취향에 대한 데이터를 분석해 개인화된 쇼핑을 제안하는 것이 바로 '신유통(New Retail)'이다.

과거에는 어떤 소비가 언제 이루어질지 몰랐지만 이제는 소비자들의 행동 패턴, 1인 가구의 소비 형태 등 모든 것이 기록되고 빅데이터화되면서 소비자 구매 행동과 니즈를 예측하고 제안할 수 있는 시대가 되었다. 다가올 신유통(New Retail) 시대는 소비자들의 일상생활이 온라인과 모바일을 통해 모두 연결, 기록되고 그것을 분석·활용할 수 있는 기업이 주도권을 갖게 될 것이다.

2000년 이후 유통 산업은 오프라인에서 온라인으로 그리고 모바일로 이동하였고, 이제는 온라인과 오프라인에서 동일한 서비스를 제공받을 수 있는 옴니채널로 이동해왔다. 미래에는 IT 기술과 인공지능(AI), 빅데이터를 기반으로 하는 신유통(New Retail) 시대에 진입할 것이다. 이러한 일련의 현상들은 유통 산업을 구조적으로 변화시킬 것이며, 이러한 변화 속에서 끊임없이 새로운 혁신을 통해서 기회를 선점하기 위한 기업들의 무한 경쟁이 더욱 가속화될 것이다.

✏️ 간추림

대부분의 제조업체들은 그들이 생산하는 상품을 중간상을 통해 최종소비자들에게 공급한다. 생산자가 중간상을 통해 소비자들에게 판매하는 이유는 중간상들이 있으므로 해서 유통 시스템이 더 효율적으로 운영되기 때문이다.

유통경로란 제품과 서비스가 생산자로부터 최종사용자에게 옮겨가는 과정에 참여하는 모든 개인 및 회사를 말한다. 유통경로에는 여러 가지 유형이 있으며, 유통경로의 구성원들은 상품을 생산자로부터 소비자들에게 옮기기 위하여 여러 가지 기능을 수행한다.

기업이 어떤 유통경로를 택하느냐는 다른 모든 마케팅결정에 큰 영향을 미치므로, 회사는 신중을 기해서 적절하고 효율적인 유통경로를 설계해야 한다. 회사는 먼저 고객이 원하는 서비스의 종류와 수준을 분석하고, 경로관리의 목표를 세운 다음, 자사가 택할 수 있는 경로에는 어떤 것들이 있나 파악하고, 이들을 하나하나 평가해야 한다. 어떤 경로를 통해 자사의 상품을 유통시킬 것인가를 정하면, 회사는 이제 같이 일할 중간상을 선발하고 긴밀한 협조를 통해 경로 전체의 효율을 높은 수준으로 유지해야 한다. 유통경로의 관리에서 가장 어려운 문제는 경로구성원들 사이에서 일어나게 마련인 갈등을 어떻게 해소할 것이냐 하는 것이다.

지난 20년 동안 유통 산업은 오프라인에서 온라인으로 그리고 모바일로 이동하였고, 이제는 오프라인 매장, 온라인, 모바일, 카탈로그 등 여러 개의 쇼핑 채널을 유기적으로 결합하여 고객 중심의 관점으로 쇼핑 경험을 제공하는 옴니채널(Omni Channel)로 이동하였다. 미래에는 IT 기술과 고객 데이터를 기반으로 하는 신유통(New Retail) 시대에 진입할 것이다. 신유통(New retail)은 온·오프라인을 결합한 미래형 소매 유통 방식으로 빅데이터, 인공지능(AI), 사물인터넷을 활용해 사용자−상품의 데이터 수집과 분석을 결합함으로써 소비자의 쇼핑 경험을 최적화하는 유통시스템을 의미한다.

이러한 일련의 현상들은 유통 산업을 구조적으로 변화시킬 것이며, 이러한 변화 속에서 끊임없이 새로운 혁신을 통해서 기회를 선점하는 기업들이 시장을 주도할 것이다.

Q&A

1 특정한 기업을 선정해서 그 기업의 유통경로를 이 장에서 배운 유통경로의 설계를 적용하여 분석하시오.

2 오픈마켓, 소셜커머스, 종합몰에서 한 기업씩을 선정해서 세 기업의 유통 경쟁력의 장점과 단점을 분석하시오.

3 아마존과 알리바바의 옴니채널 전략에 대한 자료를 찾아서 비교해보시오.

4 밀레니얼 세대의 특성을 분석하고, 이러한 특성이 밀레니얼 세대를 타겟으로 하는 기업의 유통경로의 설계에 어떻게 영향을 미치는지를 분석하시오.

참고문헌

녹색경제(2018), '[Tech meets design] 국경 없는 D2C 이커머스 시대'.

뉴데일리(2018), 상생 없는 마트 'PB' 상품 논란... '갑이 파는 물건' 전략.

뉴스워커(2017), 이마트는 날고, 롯데마트는 제자리, 홈플러스는 고꾸라져.

대한상공회의소(2018), 2018 유통산업 통계집.

대한상공회의소(2019), 2019년 1분기 소매유통업체 경기전망지수.

데일리팝(2019), '새벽시장 전쟁 중인 유통업계-마켓컬리부터 홈쇼핑까지'.

리테일 소사이어티(2019), 리테일바이블 2020 서울: 와이즈맵.

매일경제(2018), 교보문고 바로드림서비스, 핫트랙스 음반/DVD까지 확대.

매경이코노미(2018), '4차 산업혁명 물결 타고 시니어 비즈니스 급성장'.

물류신문(2019), '2019 유통시장 전망-판매 채널 세분화, 신소비 시장 열어야 생존'.

미디어SR(2019), 유통업계, '새벽배송' 놓고 각축전.

부산일보(2019), 가격은 DOWN 품질은 UP... 가전도 '가성비 갑' PB 전성시대.

비즈한국(2018), [골목의 전쟁] 기술은 언젠가 보호의 벽을 무너 뜨린다.

산업통상자원부(2018), 2018년 6월 주요 유통업체 매출 동향.

삼성SDI(2018), 나를 위한 가치있는 투자, 미코노미.

서울경제(2018), ['양날의 검' 유통규제] 전통시장과 소비층 달라... 여론 명분 '깨진 독에 물 붓기'.

서울경제(2018), '[여명] 한국판 아마존 왕좌는 옴니채널 승자에게'.

스포츠월드(2019), 새벽배송 시장 폭풍성장... '마켓컬리' 부동의 1위.

시사오늘(2018), 위기의 오프라인 유통가, '하이브리드 매장'으로 승부수.

시사위크(2019), 대기업도 달린다 – 판 커지는 '새벽배송'.

아시아경제(2018), '슈퍼마켓 + H&B' = 신개념 매장 '롯데슈퍼 with 롭스' 문 연다.

아시아경제(2019), CJ 투썸플레이스, '스마트 오더' 도입..."스타벅스 IT 기술 잡아라".

아시아투데이(2018), '[칼럼] 4차산업혁명시대 유통기업의 변화 방향'.

연합뉴스(2018), 새해 온라인쇼핑 트렌드는?... '미코노미' · 실버세대 · 직구.

인사이트코리아(2019), 롯데 · 신세계 · 현대... 더욱 뜨거운 유통 빅3 '2019 열전'.

조선비즈(2014), [유통업 진단과 전망] ① 격변기 맞은 백화점, 변화의 파도 타고 차별화 나서.

조선비즈(2018), [스타벅스 경영] ② 줄서지 않고 마시는 '사이렌 오더'.

중앙일보(2018), 편의점과 마트사이 '우리 동네 슈퍼마켓'이 뜬다...

전북일보(2018), 4차 산업혁명이 가져 올 유통시장의 변화.

투데이코리아(2018), 11월 유통업체 매출, 오프라인 주춤했지만 온라인이 살렸다.

포털사이트 브런치(2018), 오명석, 매거진 유통 - 과연 모바일로 하는 쇼핑이 대세일까.

한국경제(2018), 백화점 · 오픈마켓 '패싱'... 유통 거품 뺀 'D2C' 뜬다.

Fashionbiz(2018) 휠라, 롯데, 신라 등 면세점 입점... 유통 다각화.

FETV(2018), [2018 유통결산 ①] 구매 패턴 '오프서 온라인'으로...

Wijnand Jongen(2018), 온라인쇼핑의 종말. 문경록 역.

현|대|마|케|팅|론

마케팅 커뮤니케이션

KB 국민카드의 IMC(Integrated Marketing Communication)전략

국민카드는 2011년 3월 2일, 국민은행에서 분사하여 "KB 국민카드"로 출범하였고, 이후 치열한 카드 경쟁 속에서 국민카드라는 인지도와 더불어 과거의 건전한 기업 이미지의 강점을 계속해서 이어가도록 노력하고 있다. 또한 KB 국민카드는 생활 속에서 즐거움을 주고 힘이 되어 주는 카드로 브랜드 방향성을 도출하고 다양한 커뮤니케이션 도구를 통합적으로 활용하여 브랜드 비전을 내세우고 있다.

1. 협찬(sponsorship)

KB카드는 2012년 슈퍼스타 K와 제휴하여 TV광고가 아닌 협찬의 목적으로 방송을 통해 국민의 눈높이에 맞춘 광고를 선보였다. 당시 슈퍼스타K는 연예인이나 방송인이 아닌 대중, 즉 일반 국민이 접근할 수 있는 매체로 국민이 오디션에 참가할 수 있을 뿐만 아니라 대중의 문자 투표 참여를 통해 진행해나가는 방식의 오디션 프로그램으로 알려져 있어 많은 대중의 인기와 관심을 한 몸에 받았다. 이에 KB카드는 '국민카드'로 불리고자 하는 비전을 이룩하기 위해 슈퍼스타K를 협찬하였고, 'KB 국민카드의 슈퍼스타K는 바로 당신입니다!'라는 문구를 카드 전면 이미지에 도입하여 보다 직접적인 메시지를 전달하는 커뮤니케이션 방법을 택하였다.

2. TV 광고('국민님 힘내세요') / 유튜브 광고 (늘 곁에 더 가까이)

KB 국민카드는 '국민님 힘내세요'라는 키워드로 연령대별 국민을 직접적으로 호명하며 카드사의 혜택 내용을 전혀 담지 않은 국민의 사연으로 이루어진 광고를 선보이고 있다. 광고를 통해서 KB 국민카드는 국민의 고민을 들어주고 공감을 불러일으키고 있으

며 연예인뿐만 아니라 다양한 국민의 얼굴을 등장시키고자 하였으며 슈퍼스타K의 우승자를 모델로 택하여 국민에게 힘이 되어 드린다는 진심을 전하는 '해피데이'라는 노래를 통해 또 한 번 국민의 힘이 되는 국민카드의 슬로건을 알렸다.

'국민 남동생' 이승기, '국민 스포츠 스타' 김연아 등을 통해 국민 스타들을 TV 광고 모델로 택하여 국민의 힘이 되어주고자 하는 메시지와 국민 스타의 이미지를 결합하여 소비자들의 안방으로 브랜드 이미지를 전달하고자 하였다. 이러한 광고는 TV뿐만 아니라 유튜브를 통해서도 공개되었는데, 광고인지 뮤지컬인지 구분이 안갈 정도로 내용적 퀄리티가 높은 광고를 통해 행복한 일상을 위한 편리한 금융서비스를 표현하고 있다. ('KB 디지털 금융-늘 곁에 더 가까이' 편) 티저 광고의 영상만 75만뷰를 기록할 만큼 광고가 노출되기 전부터 화제의 이슈가 되었으며 이승기와 김연아 모델을 함께 고용하여 소비자로 하여금 두 광고 모델이 '국민남매'로 불리며 국민카드라는 이미지를 더욱 확고히 다지고 있다. 두 모델은 광고를 통해 댄스와 노래 실력으로 보여주며 기존의 광고와는 사뭇 다른 분위기의 광고로 KB 국민은행이 선보인 다양한 디지털적인 서비스가 우리 일상생활에서 구현될 때 느껴지는 따뜻한 일상의 행복을 표현하고 있다.

3. Branded Program(Wish Together): 고객의 꿈을 실현

Wish Together(위시 투게더) 프로그램은 KB 국민카드에서 시행한 고객과의 접촉 프로젝트로 '아직 이루지 못한 국민의 꿈을 이루어주겠다'는 메시지를 전달하며 대중이 이루고자 하는 꿈을 이룬 전문가를 고용하여 KB 국민카드 고객과 함께 캠프를 가는 프로

그램으로 직접적인 멘토링 현장을 마련하여 많은 대중의 참여를 이끌었다. 2012년 Wish star food에서는 위시 레스토랑 셰프의 타이틀을 건네고 나만의 요리를 대중에게 선보일 수 있는 푸드 프로젝트를 시행하였으며 러브하우스와 같은 프로그램의 재현을 통해 희망 나눔, 더불어 이웃의 Wish도 함께 실현하는 국민 참여 프로그램을 시행하였다.

4. 고객 데이터에 기반을 둔 세대별 라이프스타일에 맞는 혜택

현재 KB 국민카드에서는 보다 고객들의 생활에 대한 깊은 이해를 바탕으로 각 고객들의 라이프 스타일에 맞는 현명한 생활방식을 창출하고자 노력하고 있다. 특화상품과 이벤트를 통해 2030 젊은 고객을 공략하기 위한 전략으로 젊은 국민의 라이프 스타일 데이터를 기반으로 문화와 여가생활을 위한 혜택을 늘리기 위해 스타벅스와 CGV사와의 제휴를 맺었고, 대중교통과 이동통신 할인을 늘려주는 파인테크 카드를 선보이고 있으며, 2030 세대가 선망하는 아이돌 트와이스를 활용한 TV광고로 카드사에서 할인과 혜택을 2배로 제공한다는 대표적인 메시지를 끊임없이 보여주고 있다. 이처럼 KB 국민카드는 자신들의 핵심 브랜드개념을 다양한 채널을 통해 전달할 뿐만 아니라 고객 참여 프로젝트와 PPL, 국민 공모전까지 국민의 힘이 되는 국민카드라는 이미지를 통합적으로 전달하였고, 소비자가 브랜드의 메시지를 이해하기 쉽도록 슬로건 및 광고를 단순화 하여 국민카드라는 브랜드 이미지를 획득하였다.

자료원 : 매일경제(2018), "광고야 뮤지컬이야?" KB국민은행 김연아·이승기 광고 인기몰이.

오늘날의 마케팅은 좋은 제품을 개발하고 그것을 적당한 값으로(기업이 목표로 하는) 고객들이 쉽게 접근할 수 있는 유통경로를 통해 유통시키는 것에 그치지 않는다. 회사는 자사의 제품이 경쟁사의 제품들보다 더 가치가 있다는 것을 현재·잠재고객들에게 알려야 한다. 또한 제품의 제품수명주기에 따라서도 각기 다른 전략을 사용해야 할 것이다. 앞서 공부하였듯이 제품수명주기는 크게 도입기, 성장기, 성숙기, 쇠퇴기로 나눌 수 있다. 이러한 제품수명주기는 단일제품 하나로 생각할 수도 있고 전체 제품시장으로도 생각할 수 있다. 첨단과학기술이 급격히 발달되고 있는 현대사회에서는 대부분의 일상제품들이 성숙기에 들어서 있다. 이에 제품시장에서 경쟁제품들 간 제품속성 차이가 갈수록 줄어들면서 많은 기업들은 브랜드이미지 차별화를 지속적 경쟁우위의 주요 원천으로 삼고 있다. 이로 인해 이제 소비자는 단순히 상품을 구매하는 것이 아니라 높은 인지도와 차별화된 이미지를 가진 브랜드를 구매한다. 강력한 브랜드는 고려 상표군(consideration set)에 우선적으로 포함되고 높은 고객충성도와 매출을 실현하는 데 기여한다. 강력한 브랜드의 구축은 체계적인 브랜드관리시스템을 토대로 브랜드자산을 창출하고 지속적인 마케팅투자를 통해 이를 강화시키는 것에서 비롯된다. 앞서 도입 사례에서 설명한 KB카드의 경우에도 '국민의 힘이 되는 국민 카드'라는 브랜드 이미지를 중심으로 TV광고, youtube광고, Branded program, 라이프스타일 맞춤형 혜택 등 다양한 마케팅커뮤니케이션과 프로모션을 통합적으로 실행함으로써 일관성 있고 보완성이 높은 IMC전략을 실천하고 있다.

브랜드자산을 구축하기 위해 기업은 좋은 제품을 만드는 것뿐 아니라 마케팅 커뮤니케이션 활동을 통해 표적소비자의 마음속에 차별적 이미지를 형성하고 강화해 나가야 한다. 아무리 우수한 상품을 개발했다 하더라도 소비자에게 상품의 우월성을 각인시키지 못한다면 그 기업은 시장에서 성공을 거두지 못하기 때문이다. 이를 위해 필요한 전략이 통합적 마케팅 커뮤니케이션(Integrated Marketing Communication: IMC) 전략이다. IMC 전략은 한 기업의 모든 마케팅 프로그램과 마케팅 커뮤니케이션을 통합하여 계획하고 실행하여 일관성 있는 메시지와 이미지를 창출하는 데 목표를 둔다. 이를 위해 개별적인 마케팅활동으로 수행되어 오던 여러 가지 촉진수단들(광고, 판매촉진, PR, 판매원관리, 구전 등)을 통합적으로 관리하여 상호간의 일관성과 보완성을 증대시킨다. KB 국민카드의 사례에서 볼 수 있듯이 효율적인 브랜드구축을 위한 통합적 마케팅 커뮤니케이션의 실시는 높은 브랜드인지도, 차별적 브랜드이미지 형성, 매출액 증가 등 긍정적 성과를 이루게 하는 원동력으로 작용한다.

효율적인 브랜드 구축이라는 목표와 함께 통합적 마케팅 커뮤니케이션의 목표로서 점점 더 그 중요성이 커지고 있는 것이 고객의 경험을 일관성 있게 관리하는 것이다. 이제 고객은 제품의 구매자로서의 역할만이 아니라 제품의 개발과 생산과 판매와 확산의 전 과정에서 주도권을 가지는 역할을 가지게 되었다. 통합적 마케팅 커뮤니케이션의 목표도 브랜드의 구축과 고객경험의 구축이라는 두 가지의 목표 중에서 점차로 고객경험을 중심으로 옮겨갈 것이다. 빅데이터의 등장과 이러한 빅데이터를 통한 개별고객에 대한 다양한 정보(고객정보, 구매정보, 제품에 대한 탐색 및 선호 정보, 마케팅 활동에 대한 반응정보, 언제, 어디서, 누구와의 context 정보, 다른 고객들과의 사회적 관계정보)들이 수집되고 결합되고 분석되고 인사이트들이 도출되는 디지털 시대에서는 고객의 경험을 관리하는 것이 통합적 마케팅 커뮤니케이션의 목표로서 점점 더 중요해질 것이다. 다음은 고객 역할의 중요성을 프로슈머를 통해 보여주는 사례이다.

소비뿐만 아니라 직접 제품의 생산·개발에도 참여하는 '생산하는 소비자'를 '프로슈머'라고 부르는데 이것은 생산자(producer)와 소비자(consumer)를 합성하여 만든 말이다. 마케팅 대가인 필립 코틀러는 "프로슈머는 상품을 개발하거나 생산하고 전달하는 과정에서 실질적으로 더 크게 기여하고 싶어 하는 전문가"라고 프로슈머를 소개했다. 이러한 프로슈머를 적극적으로 활용하는 이른바 프로슈머마케팅이 지속적으로 확산되고 있다.

프로슈머의 시작은 고객의 목소리를 직접 듣기 위한 고객 모니터링에서 비롯되었다. 아모레퍼시픽은 고객의 생생한 목소리를 반영하기 위해 1982년 대학생과 주부, 직장인 모니터요원으로 프로슈머제도를 시작하였으며, 더욱 활발한 교류의 장을 갖기 위해 2002년부터는 프로슈머 데이를 개최하고 있다. 또한 국내뿐 아니라 일본, 미국 및 중국 등에 모니터요원을 두고 현지 고객의 의견을 듣기 위해 노력하고 있다.

아모레퍼시픽은 프로슈머의 역할을 더욱 확대하여 이들은 신제품개발 전 단계에서 제품 및 컨셉 등 각종 주제에 대하여 인터뷰하는 FGI(Focused Group Interview), 신제품출시 전 사용 후기 등을 설문 평가하여 제품개발에 간접적으로 참여하는 제품품평(Home Usage Test: HUT), 영업현장을 방문하여 매장 서비스를 평가하고 현장의 개선기회를 마련하는 영업현장모니터링 등의 활동을 벌이고 있다.

최근에는 스마트폰 및 SNS가 널리 보급되면서 소비자들은 기업의 마케팅 활동에 보다 구체적으로 참여가 가능해졌고 기업에서는 소비자(프로슈머)의 창의성을 최대한 끌어내어 소비자의 니즈를 충족하는 제품을 개발하는 것 뿐 아니라, 신제품에 대한 홍보와 커뮤니케이션에 있어서도 소비자 참여를 중심으로 전개하는 것이 중요하게 됨에 따라서 프로슈머는 마케팅 혁신의 핵심이 되어가고 있다. '하겐다즈코리아'는 2010년부터 소비자들을 홍보과정에 적극적으로 참여시키기 위한 프로젝트를 실행하고 있다. 인터넷과 SNS 등을 활용해 하겐다즈 아이스크림을 효과적으로 알릴 전략이라는 주제로 소비자 참여 유도의 마케팅 공모전을 실시한 것이다. 1차 심사에서 선정된 6개 팀이 3주간 프로젝트를 수행한 후 보고서를 제출하는 과정을 거쳐서 이들 중 최고의 아이디어 팀을 선발하여 2011년에는 최우수 수상팀이 직접 하겐다즈 블로그를 개설하였고 3주 내에 그들이 명시한 목표를 달성하여 기업 실무자 못지않은 성과를 거두었다고 한다.

자료원 : DBR 고객 욕망이 혁신제품을 만든다(2013).

이러한 마케팅 커뮤니케이션(marketing communication)을 하기 위해서 기업이 활용할 수 있는 수단에는 [그림 10-1]에서 보다시피 크게 네 가지가 있다.

그림 10-1	마케팅 커뮤니케이션의 주요 형태

1) **광고**(advertising): 광고란 신원을 밝힌 스폰서가 돈을 내고 상품·서비스·아이디어 등을 사람이 아닌 다른 매체를 통해 널리 알리고 촉진(promote)하는 모든 형태의 커뮤니케이션수단을 말한다.

2) **판매촉진**(sales promotion): 기업이 상품이나 서비스의 판매를 늘리기 위하여 짧은 기간 동안 중간상인이나 최종소비자들을 상대로 벌이는 광고·인적판매·홍보 이외의 여러 가지 마케팅활동을 말한다.

3) **홍보**(publicity): 사람 이외의 매체(신문·잡지·TV·인터넷 등)로 하여금 제품·서비스·기업 등을 뉴스나 논설의 형태로 다루게 함으로써 이것들에 대한 수요를 자극하는 것을 말한다. 광고와는 달리 홍보의 비용은 스폰서가 부담하지 않는다.

4) **인적판매**(personal selling): 판매원 판매라고도 하며, 판매원이 고객을 만나 대화를 통해 자사의 상품을 사도록 권유하는 마케팅활동을 말한다.

마케팅관리자는 이러한 네 가지의 커뮤니케이션수단을 적절히 배합하여 제한된 예산으로 최대한의 커뮤니케이션효과를 낼 수 있는 커뮤니케이션 믹스(communication mix 또는 촉진믹스(promotion mix))를 개발해야 하는 것이다.

이 장에서 우리는 먼저 커뮤니케이션과정에 관해서 알아보고, 마케팅 커뮤니케이션의 주요 형태 중에서 홍보와 인적판매에 대하여 알아본다.

제1절　마케팅 커뮤니케이션과정

마케팅관리자는 우선 커뮤니케이션이 어떻게 이루어지는가를 알아야 한다. [그림 10-2]는 아홉 가지 요소로 이루어진 커뮤니케이션 모델을 보여 주고 있다. 발신인(sender)은 자기가 전달하고 싶은 내용을 다른 사람·조직체에게 보냄으로써 커뮤니케이션과정이 시작되도록 하는 사람·조직체를 말한다. 발신인이 자신의 의사를 효과

그림 10-2   커뮤니케이션 과정

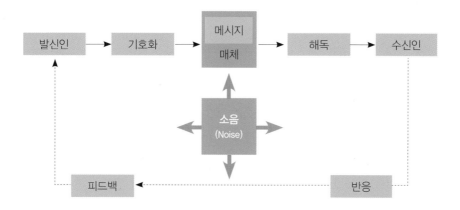

적으로 전달하려면 그는 전달내용을 상대가 쉽게 이해할 수 있는 말이나 언어로 엮어
야 한다. 이 과정을 기호화(encoding)라고 한다. 그리고 이렇게 발신인이 보내는 내용
을 기호로 엮은 것을 메시지(message) 또는 문안이라고 한다. 메시지는 어떤 특정한
커뮤니케이션 경로를 통해서 전달이 되는데, 이렇게 메시지를 전달하는 커뮤니케이
션 경로를 매체(media)라고 한다. 매체는 텔레비전·라디오같이 대중매체일 수도 있
고(광고의 경우), 인적판매의 경우에는 바로 판매원의 입이 매체가 된다.

　　그런데 발신인으로부터 메시지를 받는 수신인(receiver)은 기호의 형태로 된 메시
지를 자기 나름대로 해석하게 된다. 이 과정을 해독(decoding)이라고 한다. 수신인은
메시지를 받고 나서 어떤 반응(response)을 보일 뿐만 아니라 자기의 반응의 일부를
발신인에게 다시 보낸다. 이 과정을 피드백(feedback)이라고 한다. 그리고 이러한 모
든 과정이 의사전달을 방해하거나 왜곡시키는 갖가지 소음 속에서 행해지기 때문에,

그림 10-3   상황에 따라 달라지는 해독

〈배경에 집중〉　　　　　　　　　　　　　〈글자에 집중〉

수신인은 발신인이 보낸 것과 다른 메시지를 받는 때가 많다([그림 10-3] 참조).

위의 모델을 보면 우리는 회사가 고객들과 효과적으로 커뮤니케이션을 하려면 어떤 점에 유의해야 하는지 알 수 있다. 즉, 회사(발신인)는 어떤 고객들(수신인)을 상대로 커뮤니케이션을 해야 하는지, 그들로부터 어떤 반응을 얻기를 원하는지 알아야 한다. 또한 고객들이 받은 메시지를 어떻게 해독하느냐를 고려하여 그들이 이해하기 쉬운 언어로 메시지를 엮어야 한다. 그리고 이러한 메시지는 효율적인 매체를 통해 목표로 하는 고객들에게 전달되어야 한다. 끝으로 회사는 고객들이 자사가 내보내는 메시지에 대해 어떤 반응을 보이나를 알아내기 위해 피드백 경로를 개발해야 한다.

이러한 커뮤니케이션 모델은 최근 들어 빅데이터를 기반으로 하는 고객데이터를 통해서 새로운 형태로 발전하고 있다. 고객들의 구매여정(Purchase Journey)의 다양한 접점에서 고객들의 정보탐색과 구매의사결정 활동들에 대한 구체적인 정보들이 실시간으로 수집되고 분석될 뿐 아니라 구매의사결정의 다양한 접점(touchpoints)들에서의 커뮤니케이션 활동들에 대한 고객 반응 데이터가 실시간으로 수집되고 분석되어 다시 개별 고객들에 대한 마케팅활동에 피드백되는 형태로 발전하고 있다.

또한 고객들이 자신의 사용 경험을 잠재적인 고객들과 공유하면서 그들의 구매의사결정에 영향을 미치고, 잠재적인 고객들도 기업과의 커뮤니케이션을 통한 상호작용만이 아니라 기존 구매 고객들의 사용 경험을 탐색하는 활동을 매우 중요하게 생각하게 되었다. 이에 따라 탐색과 공유(search and share)의 새로운 경로를 중심으로 하는 구매여정모델(Purchase Journey Model)이 중요하게 되었다. 기업의 커뮤니케이션 활동도 이러한 변화에 따라서 새롭게 변해가고 있으며 이에 대해서는 다음 장인 11장에서 자세히 논하기로 한다.

 사례 ## 위챗의 고객맞춤형 마케팅

기존의 고객관리에서는 고객의 과거 구매나 주소, 나이, 성별 등을 모으는 수준으로 고객데이터 수집을 하였다면, 고객맞춤형 마케팅에서는 고객의 구매 여정을 추적하여 맞춤화된 제품을 추천하기도 하고 고객과 실시간 커뮤니케이션을 통해 고객의 불만이나 기타 다른 요구 사항에 대한 빠른 피드백을 해줄 수 있다.

이러한 고객맞춤형 마케팅의 예시로서 위챗의 사례를 들 수 있다. 중국의 국민 메신저로 불리는 위챗의 경우, 쿠폰기능을 이용한 광고를 통해 매장 방문 시 할인을 받을 수 있는 쿠폰을 온라인으로 제공하고 있다. 쿠폰뿐만 아니라, 새롭게 오픈하는 매장의 개장 정보나 할인 프로모션 정보, 고객의 위치에서 가까운 매장의 위치 정보를 위챗의 사용자 정보에 기반을 두어 맞춤화하여 고객에게 제공한다. 이를 통해 위챗은 잠재고객의 쿠폰 수령 및 참여를 유도하여 그들의 매장방문 횟수를 높이고, 방문한 고객의 반응데이터를 토대로 연결고리가 끊어지지 않는 고객 맞춤형 마케팅을 구현하고 있다.

제2절 마케팅 커뮤니케이션개발

마케팅 커뮤니케이션 믹스(촉진믹스)를 개발할 때 마케팅관리자가 고려해야 하는 주요 요소는 아래와 같다.

(1) 매체의 선정

마케팅관리자가 선택할 수 있는 커뮤니케이션경로에는 크게 대중을 상대로 하는 대중매체와 방문·모임·전화 등을 통해 직접 고객들과 접촉하는 인적 커뮤니케이션 경로(personal communication channel)의 두 가지가 있다. 대중매체(신문·잡지·텔레비전·라디오·우편)를 통하면 짧은 시간 동안에 똑같은 메시지를 많은 사람들에게 정확하게 전달할 수 있다. 따라서 고객 한 사람당 드는 커뮤니케이션비용은 인적 커뮤니케이션의 경우보다 훨씬 싸다. 그러나 대중매체는 일방적으로만 커뮤니케이션을 하기 때문에 고객의 주의를 끄는 힘이 약하고 고객으로부터의 반응(피드백)도 늦게 올 뿐더러 정확하지 않을 때가 많다.

반면에 고객을 직접 접촉하는 방법을 쓰면 고객의 반응을 빨리 그리고 정확하게 파악할 수 있으며, 고객의 반응에 따라 즉석에서 메시지의 내용을 바꿀 수 있는 장점이 있다. 이렇게 고객에 따라 커뮤니케이션의 내용을 달리할 수 있는 융통성 때문에 이 방법은 고객의 태도나 행위에 영향을 주는 힘이 대중매체보다 더 강하다. 그러나 이 방법은 접촉할 수 있는 사람의 수가 많지 않고, 고객 한 사람당 드는 커뮤니케이션 비용이 비싸다는 것이 흠이다. 마케팅관리자는 이러한 이 두 가지 커뮤니케이션경로의 장·단점을 고려하여 어느 것이 자사가 추구하는 커뮤니케이션목표를 더 잘 달성할 수 있는가를 결정해야 한다.

최근에는 스마트폰의 보급률이 매우 높아짐에 따라서 모바일 앱을 활용하여 고객들에게 직접적인 접촉을 가능하게 하는 커뮤니케이션과 촉진 활동들이 많이 등장하고 있다. 이러한 모바일에 기반을 둔 직접적인 고객 접촉 커뮤니케이션은 고객에 대한 이해를 바탕으로 고객의 상황(Context)정보(언제, 어디서, 누구와 함께 있는가의 context information)와 결합하게 되면서 점차로 강력한 개별화된 커뮤니케이션으로 발전해 나가고 있다.

아래는 아모레퍼시픽의 인스타그램을 활용한 마케팅에 대한 사례이다. 인스타그램을 통한 고객과의 새로운 접점은 고객들의 선호를 이해하는 매우 중요한 정보로 활용될 것이다. 향후에는 고객들의 인적정보, 구매정보, 다른 커뮤니케이션 및 촉진활동에 대한 반응정보와 함께 결합되면서 개별 고객에게 맞춤화된 마케팅 활동으로 진화해 나갈 것이며, 개별 고객의 상황에 따라 필요를 예측하고 추천하는 마케팅활동으로 진화해 나갈 것이다.

사례 | 이니스프리의 인스타그램 마케팅

"내일이 올 걸 아는데 난 핸드폰을 놓지 못해. 잠은 올 생각이 없대. 다시 인스타그램 인스타그램하네" 현대인의 삶을 단적으로 보여주는 딘의 'instagram' 가사 일부분이다. 온종일 스마트폰을 달고 지내는 우리네의 모습이 담겼다. 이와 함께 모바일 중심 SNS(소셜네트워크서비스)인 인스타그램의 영향력도 덩달아 커졌다. 기업들은 인스타를 어떻게 활용하고 있을까. 다양한 방법으로 운영되는 계정 중, 눈길을 끄는 사례를 통해 팁을 제시한다.

원브랜드숍 화장품인 이니스프리(Innisfree)는 자연주의 컨셉을 내세우며 In-store communi-cation을 통해 브랜드를 알렸다. 타 화장품 브랜드와 달리 간판에서부터 자연주의가 느껴지는 초록색의 이니스프리는 모든 제품을 자연에서 추출했다는 것을 어필하고 있으며 제품명 또한 이 같은 면이 드러나도록 하고 있다. 그러나 근래에는 많은 화장품 경쟁사들이 자연에서 추출한 우수한 제품을 선보이고 있으며 앞 다투어 친환경적인 브랜드 커뮤니케이션과 프로모션을 진행하고 있다(예: 동물실험을 하지 않는 '비욘드' 사).

이에 이니스프리의 인스타그램 계정(@innisfree.instalog)에서는 파스텔 색조를 유지하면서 제품을 시각적으로 보여준다. 구구절절한 상품 설명이 아닌, 한 눈에 "예쁘다"는 느낌을 들게 한다. 이니스프리 홍보 담당자는 "최근 인스타는 감성적인 코드를 공유하는 것을 넘어 제품 구매 전 제품을 탐색하는 창구로 그 역할이 확대되는 추세"라고 말했다.

제품에 대한 컨셉을 잘 연출한 한 장의 사진은 제품에 대한 소장 욕구를 불러일으킨다. 따라서 기업의 인스타그램 마케팅 전략이란 단순히 제품의 기능과 가격을 알려주는 수단이 아닌 제품을 시각적으로 어필할 수 있는 진열장 역할을 한다. 인스타그램을 통해 이니스프리는 저렴한 비용으로 신제품을 홍보할 수 있도록 시도하였으며 특히, 화장품 매니아인 브랜드 헤비유저에겐 자신이 좋아하는 브랜드를 팔로어하며 해당 브랜드에 대한 제품정보를 즉각적으로 얻을 수 있도록 하였다.

자료원: 더피알(2018), 기업의 인스타그램 활용법.

(2) 제품의 종류

각 커뮤니케이션 수단의 효능은 그 제품이 소비재냐 산업재냐에 따라 다르다. [그림 10-4]는 그러한 차이를 보여 주고 있다. 일반적으로 소비재를 파는 회사는 광고에 주로 치중을 하고, 그 다음에 판매촉진, 인적판매, 홍보의 순으로 힘을 기울인다. 산업재를 파는 회사에서는 인적판매가 가장 중요하며, 그 다음이 판매촉진, 광고, 홍보의 순이다. 대체로 인적판매는 복잡하고 값이 비싸며, 위험부담이 따르는 제품을 소수의 큰 고객들로 이루어져 있는 시장에 팔 때 효과적이다. 말할 것도 없이 많은 산업재가 이러한 제품에 속한다. 그러나 그렇다고 해서 산업재시장에서의 광고의 역할을 과소평가하면 안 된다. 산업재시장에서도 광고는 제품의 존재를 널리 알리고, 제품에 대해 설명을 해 주는 등 판매원들의 판매노력을 보강해 주는 역할을 하기 때문이다. 반면에 소비재시장에서도 판매원이 큰 공헌을 할 수 있다. 예를 들어, 잘 훈련된 판매원

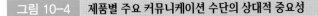

그림 10-4 제품별 주요 커뮤니케이션 수단의 상대적 중요성

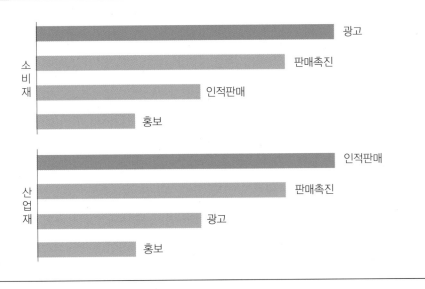

은 자사제품을 취급하는 점포들과 좋은 관계를 맺어, 점포 내에서 자사제품을 눈에 잘 띄는 곳에 전시하게 하고, 판매촉진행사를 할 때 점원들의 적극적인 협조를 얻어 내는 것이다.

제품의 종류는 탐색재와 경험재, 신용재로 구분되기도 한다. 탐색재는 제품의 품질에 대한 정보를 소비자가 탐색을 통해서 판단할 수 있는 제품들을 이야기한다. 컴퓨터나 가전제품들이 이에 속한다고 할 수 있다. 경험재는 제품의 품질을 판단하기 위해서는 제품을 직접 보거나 만지거나 경험해보는 것이 필요한 제품들을 말한다. 의류 제품이나 화장품 등의 제품이 여기에 속한다. 신용재는 제품의 경험을 통해서 제품의 품질에 대한 평가가 쉽지 않은 제품들로서 교육서비스, 금융상품 등의 제품군이 여기에 속한다. 이러한 제품의 특성에 따라서 광고와 홍보, 판매촉진, 인적판매의 효능이 다르다.

탐색재의 경우는 광고를 통해서 소비자들에게 제품에 대한 정보를 정확히 전달할 수 있기 때문에 광고의 중요성이 가장 높고, 인적판매의 필요성이 매우 낮다. 그러나 탐색재의 경우에도 제품에 대한 지식이 낮은 소비자들에게 일방적인 광고는 효과가 낮을 것이다. 이럴 경우에는 제품에 대한 소비자들의 이해를 도울 수 있도록 인적판매와 광고를 적절히 결합하는 방식을 사용하는 것이 좋다.

경험재의 경우에는 광고를 통해서 제품에 대한 관심을 일으키고 판매촉진을 통해서 구매의도를 형성하고 인적판매를 통해서 실제 구매로 연결하는 방식이 효과적일 것이다. 최근에는 의류 제품과 화장품과 같은 경험재들도 온라인과 모바일을 통해서 소비자가 제품에 대한 정보를 탐색하고 구매를 하는 탐색재로의 제품전환(Product Transition)이 일어나고 있다. 온라인과 모바일 환경에서 제품에 대한 사용경험을 동영상과 이미지를 통해서 보여주고, 구매 고객들의 경험들을 공유하는 활동들이 활발해짐에 따라서 경험재가 마치 탐색재인 것처럼 온라인과 모바일을 통해서 정보를 탐색하고 구매하는 경향이 높아지고 있다.

신용재의 경우에는 인적판매를 판매촉진과 결합하여 고객들로 하여금 제품에 대한 판매원들과의 접점을 형성하고 지속적인 관계개발을 통해서 구매로 연결하는 것이 좋다. 금융상품들의 경우 이와 같은 방식을 통해서 고객들을 잠재고객(suspect customer)에서 예상고객(prospect customer)으로 전환하는 것이 구매가능성을 높이는 매우 중요한 마케팅활동으로 자리 잡고 있다. 최근에는 신용재의 경우에도 고객들의 사용경험의 공유와 탐색(share and search)의 중요성이 높아지고 있으며, 이를 통해 잠재고객들이 제품의 품질에 대한 신뢰를 형성하는 경로가 중요해지고 있다.

다음은 의류제품을 온라인상에서 다양한 이미지와 동영상을 통해서 판매하는 데 성공함으로써 로레알 그룹에 4,000억 원에 인수된 '스타일난다'의 사례이다.

 사례 상품보다 콘텐츠 중심의 '스타일난다'

'스타일난다'의 김소희 대표는 이제 35세의 젊은 CEO로 많은 사람들에게 주목받고 있다. 김소희 대표는 국내 의류 쇼핑몰을 창업한 온라인 쇼핑몰 1세대로 22세이던 2005년에 '스타일난다'를 창업해 13년 만에 성공 신화를 이루었으며, '스타일난다'는 글로벌기업 로레알에 4,000억 원에 매각되었다. '스타일난다'는 단순히 '상품'을 파는 것이 아니라 '스타일'을 판매함으로써 개성을 중시하는 고객들의 취향과 욕구를 만족시켰다. '섹시하고 발랄한 스타일'을 주제로 한 평범한 옷이 아닌 화려한 색감과 디자인으로 중무장한 스타일이 여성들의 전폭적인 지지를 받아 폭풍 성장하게 된 원동력이 됐다.

대다수의 인터넷 쇼핑몰은 배너와 반짝 할인, 캐시백 등으로 고객을 유혹하는 소구 문구로 고객의 눈길을 사로잡고자 하지만, '스타일난다'의 홈페이지는 사뭇 다른 분위기를 보인다. '스타인난다'의 메인 홈페이지를 보면 의류 쇼핑몰이 아니라 작은 화보집을 보고 있는 것 같은 느낌을 받을 수 있다. '스타일난다'는 제품이 아닌 콘텐츠를 팔기 위해 노력하고 있으며, 의류를 구매하기 위한 목적이 아닐 때도 기분이 좋아지고 싶거나 예쁜 것을 구경하러 가고 싶을 때 찾는 패션 매거진으로 포지셔닝하여 소비자의 눈길을 사로잡았다. 특별히 할인이나 배너 프로모션이 없어도 한 편의 의류 광고나 예술 사진 앨범을 보듯 편안히 쇼핑을 즐기는 것을 원하는 소비자들에게 의류 구매 이외의 다른 경험을 제공하고자 노력하고 있다.

'스타일난다'는 창업 10년 만인 2015년 매출 1,000억 원을 돌파했으며 롯데백화점, 현대백화점을 비롯해 면세점에도 입점했다.

자료원 : 매일경제(2018), 스타일난다 로레알에서 따로 난다.

(3) 마케팅전략의 방향

기업이 마케팅전략의 기본방향을 밀기전략(push strategy)으로 하느냐 끌기전략(pull strategy)으로 하느냐에 따라 촉진믹스가 크게 달라진다. [그림 10-5]는 이 두 전략의 내용을 그림으로 보여 주고 있다.

밀기전략이란 제조업체는 도매상에게, 도매상은 소매상에게, 소매상은 최종소비자에게 제품을 적극적으로 판매하는, 즉 밀어붙이는 전략이다. 따라서 제조업체가 이 전략을 쓰면 자연히 인적판매와 중간상을 대상으로 하는 중간상 촉진(trade promotion)

| 그림 10-5 | 밀기전략과 끌기전략 |

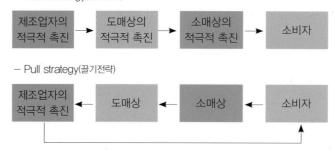

– Push strategy(밀기전략)

제조업자의 적극적 촉진 → 도매상의 적극적 촉진 → 소매상의 적극적 촉진 → 소비자

– Pull strategy(끌기전략)

제조업자의 적극적 촉진 ← 도매상 ← 소매상 ← 소비자

의 비중이 커진다.

끌기전략은 제조업체가 최종소비자들을 상대로 적극적인 촉진활동을 하여 이들로 하여금 자사제품을 찾게 하고, 중간상인이 자발적으로 자사제품을 취급하게 하는 전략이다. 따라서 제조업체가 이 전략을 쓰면 광고와 최종소비자를 대상으로 하는 소비자 촉진(consumer promotion)의 비중이 커진다.

밀기전략과 끌기전략은 서로 시너지를 낼 수 있도록 만드는 것이 중요하다. 밀기전략을 통해서 적극적으로 제품을 중간상에게 밀어내는 전략을 사용할 때 밀기전략의 효과를 극대화할 수 있도록 최종소비자들을 소매점으로 끌어들이는 끌기전략을 함께 사용하는 것이 중요하다. 또한 끌기전략을 중심으로 소비자들에게 판촉과 광고를 적극적으로 실행하는 전략이 효과를 내기 위해서도 밀기전략을 통해서 다양한 유통채널에서 소비자들이 그 제품을 구매할 수 있도록 밀기전략을 효과적으로 수립하는 것이 중요하다.

끌기전략은 고객을 점포로 끌어들이는 활동에서 멈추는 것이 아니라 고객들이 더 오랫동안 점포 내에서 머무를 수 있도록 하는 활동으로도 확장되어야 한다. 아래는 고객을 머물게 하는 유통업계의 끌기전략에 대한 사례이다.

 사례   **고객을 머물게 하는 유통업계 끌기(PULL) 마케팅**

최근 유통업계의 최대 관심사는 '어떻게 하면 고객을 더 오래 머물게 할 수 있는가'에 있다. 백화점, 아울렛, 대형마트 등 쇼핑 공간이 단순히 쇼핑만 하는 곳에서 벗어나 문화, 오락을 함께 즐기는 엔터테인먼트 공간으로 거듭나면서 집객이 매출변화에 미치는 영향이 커졌기 때문이다. 쇼핑몰은 쇼핑만을 위해서 찾는 곳이 아니라 '놀고, 즐기고, 배우러 가는 곳'이라는 전략을 내세우고 있다. 이를 통해 장기적인 관점에서 유통업체의 문턱을 낮춰 고객이 자주 찾아오고 오래 머물 수 있도록 해 고정 고객 확보와 집객 효과를 불러일으킬 수 있다. 생활강좌·문화 공연 등 '참여형 이벤트' 등 직접 보고 느끼는 체험만큼 고객들의 참여를 이끌어내는 것은 없다. 생활 전반을 아우르는 다양한 강좌와 문화 공연으로 구성된 참여형 이벤트는 고객들의 자발적인 방문 의지를 갖게 해 호응도가 가장 높다.

타임스퀘어는 '늦가을 여행'을 컨셉으로 한 참여형 마케팅으로 1층 아트리움에서 F/W 패션쇼, 크리에이티브 디렉터 우종완의 패션 스타일링 강의, 브랜드 체험부스 등 다양한 프로그램을 마련하고 있다. 일반 대중이라면 쉽게 접하기 힘든 런웨이 관람과 전문가의 스타일링 서비스를 현장에서 직접 받을 수 있어 고객들에게 호응을 얻고 있다. 건물 내부의 지하 2층 약 700평 규모의 특설전시장에 방문객들을 위한 무료 사진전을 준비했다. 무료 관람으로 진행되는 행사인 만큼 가을철 쇼핑객들의 문화적 욕구를 충족시켜줄 수 있는 행사가 될 것으로 보인다.

신세계 센텀 시티점은 매주 평일 지하 1층 쿠킹 스튜디오에서 무료 요리강좌를 진행하고 있다. 매일 두 차례 운영되는 쿠킹 클래스는 제철재료를 활용한 요리뿐 아니라 시즌 이슈에 맞는 조리법을 선정해 주부 고객들의 발길을 붙잡고 있다. 특히 일정 비용을 부담해야 하는 정식 문화 아카데미와는 달리 일체의 강습비나 재료비가 들지 않는 열린 강좌로 눈길을 끌고 있다.

쇼핑몰이나 백화점에서 문화 커뮤니티 공간으로 고객 호감도 상승을 위해 내부의 일정 공간을 지역주민과 고객들을 위해 할애하는 경우도 많다. 멀게만 느껴졌던 기업의 사회공헌이나 브랜드 가치 제고 활동이 실제 매장을 찾는 고객과 지역 사회를 위한 밀착형 서비스로 한층 가까워지고 있는 것이다. 현대백화점에는 고객 동호회를 위한 별도의 공간이 있다. 최근 개장한 킨텍스점은 문화센터 오픈 전에 만들어진 등산, 사진 등 45개의 고객 동호회 회원 1,200명을 위한 동호회 라운지를 마련했다. 고객 라운지의 성공사례로 손꼽히는 중동점의 경우 43개 동호회 880여 명의 고객이 드나들며 사랑방 역할을 톡톡히 하고 있다.

홈플러스도 지역 주민을 위한 문화 공간인 '홈플러스 열린 갤러리'를 운영한다. 잠실점, 강서점, 광양점, 북수원점 등에 마련된 홈플러스 갤러리에는 그림, 조각 등 다양한 예술품을 상시 전시하며 예술가들을 위한 무료 대관도 실시하고 있다.

자료원 : 뉴데일리 경제(2010), "고객이 머물게 하라" 유통업계 끌기(Pull) 마케팅.

(4) 제품수명주기단계(Product Life Cycle Stage)

6장의 제품관리에서 언급되었던 바와 같이 어느 한 제품이 제품수명주기의 각 단계를 거치는 동안에 촉진믹스도 달라져야 한다([그림 10-6] 참조). 왜냐하면 각 단계에서의 마케팅 커뮤니케이션의 역할이 서로 다르기 때문이다.

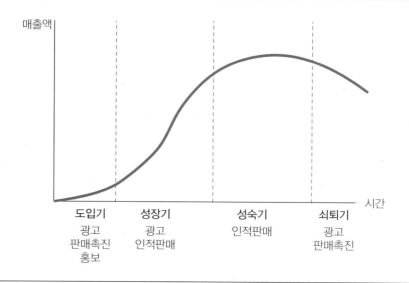

| 그림 10-6 | 제품수명주기의 각 단계에서의 커뮤니케이션전략 |

매출액

도입기 | 성장기 | 성숙기 | 쇠퇴기
광고 | 광고 | 인적판매 | 광고
판매촉진 | 인적판매 | | 판매촉진
홍보

시간

도입기에서의 커뮤니케이션의 주된 목표는 가능하면 많은 사람들에게 제품의 존재를 알리고 제품의 시험구매를 유도하는 것이다. 따라서 이 시기에는 광고·판매촉진·홍보의 비중이 크다. 성장기에는 광고의 비중이 더 커지고 판매촉진과 홍보는 그 중요성이 상대적으로 작아진다. 판매촉진의 중요성이 작아지는 이유는 시험구매를 유도하기 위해 판매자극제를 제공할 필요성이 도입기에서보다 적기 때문이다. 그 대신 중간상을 상대로 하는 인적판매활동이 강화되기 시작한다. 성숙기에서는 판매촉진과 인적판매의 비중이 더 커지고, 광고는 주로 소비자들에게 제품의 존재를 상기시키는 역할을 한다. 끝으로 쇠퇴기에서는 광고는 소비자들이 제품을 잊지 않을 정도로 계속되나, 인적판매의 비중은 아주 작아진다. 그 대신 고객들의 구매빈도를 높이거나 경쟁자의 고객들을 자사의 고객으로 전환시키고자 하는 판매촉진이 가장 중요해지는 때가 많다. 아래는 페브리즈의 도입기, 성장기, 성숙기의 촉진믹스에 대한 사례이다.

 사례 **옷에서 나는 '냄새'를 관리하는 페브리즈의 촉진믹스의 변화**

페브리즈는 가정용 섬유 제품이나 옷에 배인 냄새들을 제거하기 위해 출시된 제품이다. 새로운 컨셉으로 신규시장을 창출한 페브리즈는 제품 출시 초기에는 소비자들에게 제품을 알리는 것을 주력으로 촉진전략을 실시하였다. 따라서 광고를 만들 때에도 섬유 탈취제의 개념 및

용도를 알리는 방안에 초점을 두어 진행하였다. 이를 위해 초기 광고에서는 연예인을 기용한 광고가 아닌 평범한 가족을 등장시켜 사용 상황을 연출하였다. 또한 '페브리즈'라는 단어에 음과 리듬을 붙인 징글(jingle)을 사용하며 소비자들에게 친숙한 이미지로 다가가는 전략을 사용하였다.

이러한 노력에 의해 제품 인지도가 점차 늘어나는 성장기에 진입하자 페브리즈는 가구당 사용량을 늘리는 전략을 사용하였다. 상황 설정식 광고를 통해 광고 주체를 주부에서 가족 구성원 전체로 확대하였다. 초기 광고에서는 옷에 밴 땀 냄새 제거에 초점을 맞추었다면 이제는 음식, 담배, 곰팡이 냄새 제거 등으로 대상을 확대하여 소비자들에게 새로운 사용방법을 제안하였다. 이에 따라 시장점유율이 2009년 기준으로 전년대비 33.9% 상승하였으며, 지속적으로 높은 성장세를 기록하고 있다.

촉진전략 중 판매촉진에 있어서도 소비자들의 눈에 쉽게 띄게 하기 위해 대형마트에 '걸이식 진열'을 처음 시도하며 자연스럽게 추가 구입을 유도하는 전략을 사용하였다.

어느덧 성숙기에 접어든 페브리즈는 기존에 냄새 제거에서 벗어나 생활용품, 자동차용품, 이불, 애완동물용품 매대 옆까지 제품을 비치하며 제품의 다양한 용도를 알리고 신규시장을 점차 확장해 가고 있다.

자료원: 페브리즈 홈페이지.

제3절 홍보

홍보(publicity)는 회사가 자사제품의 판매를 촉진하기 위해 쓸 수 있는 또 하나의 중요한 마케팅수단이다. 홍보는 "사람 이외의 매체(신문·잡지·TV·라디오 등)로 하여금 제품·서비스·회사 등을 뉴스나 논설의 형태로 다루게 함으로써 이것들에 대한 수요를 자극하는 것"이라고 정의할 수 있다. 또 광고와는 달리 홍보의 비용은 스폰서가 부담하지 않는다고 했다. 만일 회사가 화제성 있는 이야깃거리를 개발하고 이것을 주요 뉴스매체에서 취급해 준다면, 회사는 비용을 거의 안 들이고 수억 원어치의 광고를 한 것과 똑같은 효과를 거둘지도 모른다.

다음에 나오는 미샤 화장품이 중국판 블랙프라이데이인 광군제에서 올린 실적을 소개한 신문기사의 사례는 그러한 홍보의 좋은 보기이다.

 사례 | **미샤, 中 광군제 특수 64억 매출 … 전년比 2배↑**

에이블씨엔씨는 화장품 브랜드 미샤가 지난 11일 중국 최대 쇼핑축제 광군제(光棍節)에서 64억 원(4000만 위안) 매출을 기록했다고 14일 밝혔다. 이는 지난해 매출 32억 5000만 원에 비해 2배가량 늘어난 수치다.

미샤 제품 중 가장 많이 팔린 제품은 비비크림이다. 중국에서 홍비비로 불리는 미샤 'M 퍼펙트 커버 비비크림'은 총 24만 개가 판매됐다. 지난해(9만 5000개)보다 2.5배 이상 더 팔렸다. 'M 매직쿠션'은 총 11만 개가 판매됐다. 지난해 (4만 3000개) 대비 무려 156% 증가했다.

이 밖에 'M 비비부머', '트리플 섀도우' 등도 주목받았다. 특히 '보랏빛앰플', '더 퍼스트 트리트먼트 에센스', '이모탈 유스 크림' 등으로 구성된 '미샤 타임레볼루션 베스트 비기닝 스페셜 세트'는 판매 2분 만에 준비된 4500세트 초도 물량이 완판 됐다. 사이트 방문 후 구매로 이어지는 구매 전환율은 11.4%로 지난해(6%)대비 2배가량 늘어나 미샤 제품의 높은 인기를 보여줬다.

윤영준 에이블씨엔씨 중화사업본부 상무는 "중국 유명 남자 아이돌 9퍼센트(9 PERCENT) 멤버 린앤쥔을 모델로 팝업 스토어 행사와 티몰 라이브를 진행하는 등 철저한 사전 준비가 있었다"며 "그 결과 행사 시작 2시간 만에 지난 해 매출을 초과하는 등 좋은 성과를 올릴 수 있었다"고 말했다.

자료원: 중앙일보(2018.11.14).

더구나 소비자들은 이렇게 뉴스매체에서 언급해 주는 이야기를 광고보다 훨씬 더 신뢰한다. 게다가 매체광고비는 점점 올라가고 광고경쟁은 더욱 치열해지고 있기 때문에 광고의 힘은 상대적으로 줄어들고 있다. 이러한 이유들 때문에 회사는 자사의 홍보활동을 지금보다 더 조직적으로 그리고 전문적으로 할 필요가 있다.

홍보를 함에 있어서 회사는 광고를 할 때와 마찬가지로 목표를 세우고, 전달하고 싶은 메시지를 개발하고, 그 메시지를 전달할 수단을 고르고, 홍보계획을 시행하고, 그 시행결과를 홍보의 목표에 비추어서 평가해야 한다. 이 모든 과정을 광고를 할 때처럼 아주 세심하고 철저하게 관리해야 함은 물론이다. 기업이 잘 활용하기만 하면 홍보는 엄청난 힘을 발휘할 수 있는 커뮤니케이션수단이 될 수 있는 것이다.

회사의 홍보를 위해 회사가 동원할 수 있는 수단에는 아래와 같은 것들이 있다.

① 뉴스: 뉴스거리를 만들어서 매스컴을 타게 하기
② 최고경영자의 강연
③ 행사: 기자회견, 세미나, 전시회, 창립기념행사 등 각종 행사주최
④ 인쇄물의 발간: 신문·잡지·달력·연차보고서·회사소개책자 등의 발간
⑤ 회사 홍보용 각종 시청각자료의 제작

위에 열거한 것 외에도 회사가 창의력을 발휘하면 얼마든지 훌륭한 홍보수단을 더 개발할 수 있을 것이다.

일반적으로 홍보는 신문, 잡지, TV, 라디오 등의 전통적인 매체로 하여금 제품이나 서비스를 다루게 함으로써 소비자들에게 긍정적인 영향을 미치는 활동이라고 정의되어 왔다. 그러나 디지털 시대에는 전통적인 매체뿐만 아니라, SNS와 같은 새로운 매체들로 하여금 제품이나 서비스에 대해서 긍정적인 이야기들을 생성하고 확산하게 함으로써 소비자에게 긍정적인 이미지를 형성하고, 제품과 서비스에 대한 선호도를 높이는 활동이 매우 중요해졌다. 이러한 활동은 넓은 의미의 홍보라고 할 수 있으며, SNS상에서 제품이나 서비스의 구매경험, 사용과 관련된 노하우, 사용 후 평가 등을 다른 소비자들과 나누는 활동은 기존 홍보의 영향력보다 소비자들에게 미치는 영향력이 훨씬 더 크다. 또한 전통적인 매체를 통한 홍보활동은 SNS상의 의견과 평가에 영향을 미치고, 이러한 SNS상의 의견과 평가는 다시 전통적인 매체들로 하여금 그 제품이나 서비스에 대해서 다루게 만드는 양방향적인 영향을 나타낸다. 따라서 기업은 전통적인 매체를 통한 홍보활동과 SNS와 같은 새로운 매체를 통한 넓은 의미의 홍보활동이 서로 시너지가 날 수 있도록 최적의 홍보활동을 계획해야 할 것이다. 다음은 최근 가장 빠르게 성장하고 있는 SNS인 Youtube를 통해서 제품과 서비스에 대한 평가를 만들어냄으로써 SNS상에서 자사의 제품에 대한 더 많은 의견과 평가들이 만들어지고 확산될 수 있도록 한 사례를 보여준다.

1인 미디어를 활용한 홍보 전략

글로벌 더마코스메틱 브랜드 리더스코스메틱(대표이사 김진구)은 유명 유튜버 대도서관과 컬래버레이션을 통해 '리더스 X 대도서관 ON 쇼핑'을 통해 베스트 제품을 홍보하였다. 인기 유튜버인 대도서관(본명 나동현)의 인기와 인지도는 1인 미디어와 UCC업계에서 그 점유율이 1위에 달한다. 기존의 게임공략이나 화장품과 같은 정해져 있는 콘텐츠 주제가 아닌 일상이나 생활토크의 생중계 방송을 진행하거나 이미 수차례 대학이나 방송에서 강의 및 인터뷰를 선보인 대도서관에게 코스메틱 사의 컬래버레이션 프로모션 진행은 그다지 부자연스러운 일이 아니다.

유튜브에서 방송 시작과 함께 평균 1만 명이 시청하는 높은 시청률을 보유하고 있는 대도서관은 라이브 방송을 통해 직접 리더스코스메틱 대표 제품들을 사용해보고 선택한 3가지 특별 세트를 선보였다. 화장품의 깊은 지식이 없지만, 많은 파급력과 시청자를 보유한 인기 유튜버이기에 가능한 프로모션이다. 선보인 제품은 총 3종으로 리더스코스메틱 네이버 공식 스토어를 통해 30% 할인된 가격으로 만날 수 있다. 세트를 구매한 모든 고객에게는 리더스 마스크 팩을 증정한다.

리더스코스메틱 관계자는 "최근 뷰티 시장 내 인플루언서의 영향력이 막강한 만큼, 1인 미디어를 대표하는 대도서관과 함께 특별한 라이브 방송을 진행하게 되었다"며, "완판 공약을 비롯해 풍성한 이벤트를 준비한 만큼 대도서관 구독자를 비롯해 많은 시청자들에게 즐거움을 선사할 것"이라고 전했다.

자료원 : 한국경제(2018년 6월), "리더스코스메틱, 유튜버 '대도서관'과 베스트 제품 판매".

홍보와 비슷한 개념에 PR(public relations, 대중관계)이 있다. 우리는 PR을 "기업과 사회 간에 이상적인 관계를 정립하기 위해 기업이 벌이는 여러 가지 활동"이라고 정의한다. 따라서 홍보는 PR의 일부로 볼 수 있다. 그런데 최근에는 마케팅 커뮤니케이션수단의 하나로서의 PR을 적극적으로 활용하는 기업이 늘어가고 있다(LG의 PR 광고 참조). 이런 회사들은 대개 PR전문가를 고용하고, 회사의 좋은 이미지를 창출하고 자사 제품의 판매를 촉진하기 위해 조직적이고 전문적으로 PR활동을 벌인다. 이런 움직임은 상대적으로 점점 커지고 있는 홍보와 PR의 중요성을 반영하는 것이므로, 앞으로도 이런 추세는 계속될 것으로 보인다.

한 예로 1997년부터 시작된 LG그룹의 기업이미지 캠페인 '사랑해요 LG'가 대표적이다.

1997년 당시, 많은 기업들이 '최고, 1등'만을 강조하는 강하고 딱딱한 이미지를 전면에 내세운 것에 반하여, LG그룹은 이른바 소프트 광고 전략에 기반한 '사랑해요 LG' 캠페인을 벌여 큰 반향을 일으켰

LG의 기업 PR 광고의 변화

다. 이러한 소프트광고 전략은 현재에도 이어져 SK텔레콤의 '사람을 향합니다'와 두산그룹의 '사람이 미래다'같은 캠페인에 이르게 되었다. 브랜드 이미지 개선을 통해 브랜드가치를 강화하기 위한 기업 PR은 일관성 있는 추진을 위해서 장기간 유지하는 것이 보통이다. 그러나 시대가 바뀌는 만큼 기업 PR의 메시지 역시 장기간에 걸쳐 조금씩 바꾸어야 할 필요가 있다.

과거의 LG그룹 PR광고에는 미래 사회를 함께 만들어 나간다는 기업이미지를 부각시키기 위해서 어린이들을 많이 등장시켰다. 그러나 최근에는 디자인 경영이라는 기업 경영의 트렌드에 따라 'LG를 만나면 생활이 예술이 됩니다'와 같은 슬로건이 고객 사랑이라는 큰 틀에 부가되었다. 우리에게 익숙한 옛 그림 속에 LG의 제품을 그려 넣거나 아래 그림과 같이 사회적인 이슈가 담긴 소재를 활용하며 완성도 높은 광고를 연일 방송하고 있다. 물론 그 배경에는 '사랑해요 LG' 캠페인부터 사용되던 귀에 익은 징글이 흐른다.

기업과 사회 간에 이상적인 관계를 정립하기 위해 기업이 벌이는 여러 가지 활동인 PR은 최근 들어 지속가능경영을 중심으로 더욱 그 중요성을 인정받고 있다. 많은 기업들은 기업의 경제적 이익만을 목적으로 하던 과거의 인식에서 벗어나서 기업과 사회의 공동의 발전을 목표로 하는 지속가능경영을 기업의 목표로 삼고, 지속가능경영을 주도하는 부서를 회사 내의 조직으로 두고, 기업의 목표를 경제적 수익성과 함께 사회적 책임과 환경적 건전성에 둔다는 Triple Bottom Line(TBL)을 추구하고 있다. 기업의 지속가능한 성장을 추구하면서 동시에 기업과 관련된 다양한 이해관계자들과의 소통을 통해 사회의 지속가능한 발전을 위한 노력을 위해 최선을 다하는 것이 기업의 지속가능경영이다. 기업의 지속가능경영을 위한 전사적인 전략의 수립과 실행

은 기업과 사회 간에 이상적인 관계를 정립하기 위해 기업이 벌이는 다양한 활동의 중심이 되어가고 있다. 다음은 지속가능경영의 대표적인 사례로 SK주식회사를 소개하고 있다.

 사례 | ## SK주식회사의 지속가능경영

SK주식회사는 2018년 '다우존스 지속가능경영지수(DJSI)' 국제 콘퍼런스 시상식에서 'DJSI 월드(World)' 편입 인증패를 받았다고 밝혔다.

DJSI는 기업을 60개의 산업군으로 분류해 평가하며, SK주식회사는 복합기업군(Industrial Conglomerate) 분야 DJSI World에 7년 연속 편입됐다.

복합기업 분야는 회사의 고유 업종과 관계없는 이종 산업 진출과 인수합병 등을 통해 하나의 기업이 ICT·바이오·반도체 소재 등 다양한 사업군을 운영하는 기업을 의미한다. 세계 2521개 평가 대상 기업 중 12.6%인 317개 기업만 편입됐으며, 그중 국내 기업은 20개다.

SK주식회사 관계자는 그동안 노력한 사회적 가치 기반의 투명한 경영 활동은 물론 이해관계자들과의 소통을 확대·강화한 성과를 인정받은 결과로 풀이된다고 밝혔다.

SK주식회사는 2018년 지속가능경영 보고서에서 전자투표제 도입을 비롯해 주주의 권익보호와 기업 가치 극대화를 위한 이사회의 전문성과 독립성 강화 내용을 소개했다. 또 △인권관리 요소 및 검토 프로세스 △협력사 지속가능성 관리 프로세스 △리스크 관리에 대한 인식 및 대응 방안 등의 내용을 추가 공개하며 이해관계자들의 이해를 높이는 데 주력했다.

또한 경제적·사회적 가치를 함께 추구하는 SK DBL(Double Bottom Line) 기반의 '사회적 가치 기반 비즈니스 모델 혁신 활동'도 높이 평가 받은 것으로 알려졌다.

유항제 SK주식회사 대외협력부문장은 "7년 연속 DJSI World 편입으로 글로벌 지속가능경영을 선도하는 기업의 입지를 다시 한 번 확고히 했다"며 "앞으로도 모든 이해관계자들의 행복을 높일 수 있는 사회적 가치 기반의 경영활동을 강화해 나갈 것"이라고 말했다.

자료원 : 이데일리(2018).

 사례 | ## 지속가능경영을 위한 SK의 Double Bottom Line(DBL)

SK는 사회적 가치가 기업의 당연한 경영 원칙이 될 수 있도록 새로운 길을 만들어 갈 것이라며 다음과 같이 사회적 가치를 위해 노력하고 있다.

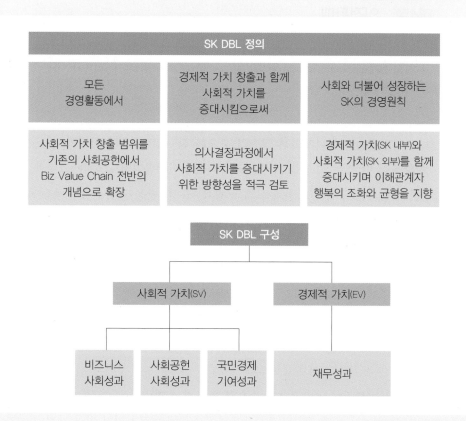

SK에서 지향하는 지속가능경영은 더블 바텀 라인(Double Bottom Line: DBL)으로 경제적 가치(Economic Value: EV)와 사회적 가치(Social Value: SV)를 통합적으로 고려하는 가치 체계를 통해 지속가능경영의 방향을 찾고자 한다.

사회적 가치(Social Value: SV)는 기업의 경영활동이 '사회문제' 해결에 기여한 기업 경영활동의 사회성과 총합을 의미하며, 여기서 사회문제란 이 사회에 속한 구성원 다수가 개인의 노력으로 해결이 불가능한 구조적인 문제로 고통 받는 상태로 정의하였으며, 기업 경영활동 과정 중에 창출하는 사회적 가치는 "비즈니스 사회성과", "사회공헌 사회성과", "국민경제 기여 사회성과"로 분류하고 있다.

자료원 : SK 지속가능경영보고서(2018).

제4절 인적판매

인적판매(personal selling)란 판매원(salesperson)이 직접 고객과 대면하여 자사의 제품이나 서비스를 구입하도록 권유하는 커뮤니케이션활동을 말하며, 판매원판매라고도 한다.

인적판매는 커뮤니케이션 믹스의 중요한 한 요소일 뿐만 아니라, 많은 경우 회사가 활용할 수 있는 가장 효과적인 커뮤니케이션방법이기도 하다. 그것은 이 방법이 다른 방법과는 달리 판매원이 고객의 필요·표정·반응에 맞추어서 즉석에서 커뮤니케이션을 달리할 수 있는 융통성이 있기 때문이다. 그러나 반면에 인적판매는 회사로서는 무척 비싼 커뮤니케이션방법이다. 왜냐하면 유능한 판매원들을 유지하는 데는 엄청난 비용이 들기 때문이다. 따라서 회사는 운영의 묘를 살려 최소의 비용으로 인적판매의 장점을 최대한으로 살리는 방향으로 판매원들을 관리해야 하는 것이다.

그런데 판매원이라고 해도 단순히 상품을 배달만 해 주는 배달원(deliverer)에서부터, 점포 안에서 수동적으로 주문을 받기만 하는 주문수령자(order taker), 고객과 좋은 관계를 유지하고 고객의 자문에 응하고 고객을 교육시키는 섭외사원(missionary), 창의력을 발휘하여 적극적으로 수요를 창출하는 판매원(demand creator, 보기: 삼성생명의 보험설계사, Avon 등 화장품회사의 판매사원)에 이르기까지 여러 가지 종류가 있다. 우리는 이 중 수요창출형 판매원(demand creator)에 초점을 맞추어 인적판매에 대해 알아보기로 한다.

1 인적판매과정

판매원이 판매를 하기 위하여 거쳐야 하는 과정은 준비, 설득, 거래의 세 단계로 나눌 수 있다. 그러면 각 단계에 대해서 더 자세히 살펴보자.

판매원은 고객과 접촉을 하기 전에 철저하게 준비 작업을 해야 한다. 구체적으로 이 단계에서의 작업은 잠재고객의 색출(prospecting)과 잠재고객에 대한 정보수집으로 나누어진다. 고객과 접촉하기 위한 준비 작업이 끝나면, 판매원은 이제 고객의 설득 작업에 나서게 된다. 이 단계에서 판매원은 고객과 만나 자사의 상품을 보여 주고 그것을 사도록 권유하며, 고객이 제기할지도 모르는 반대의견을 잘 받아넘겨야 한다. 이와 같이 하여 고객이 어느 정도 설득이 되면 이제 판매과정은 마지막 단계, 즉 거래의 성립단계에 들어서게 된다. 이 단계는 크게 상담의 마무리와 그 후의 일(판매 후 서비스 및 고객관리)로 나누어진다.

판매과정은 주문을 받는 것으로 끝나는 것이 아니다. 주문을 받고 나서 판매원은 반드시 고객이 주문한 상품이 제대로 배달이 되고 설치가 되었는지 확인해야 한다. 또한 정기적으로 고객과 접촉하여 고객이 물건을 제대로 쓰고 제대로 관리를 하고 있는지, 회사로부터 서비스를 잘 받고 있는지 등을 점검하여 고객이 항상 회사에 대해서 만족감을 갖도록 하고 다음에도 자사로부터 상품을 구입하도록 해야 한다.

이러한 일련의 판매 후 활동은 회사와 회사제품의 이미지를 향상시키며, 고객이 자사에 대한 좋은 소문을 퍼뜨림으로써 다른 고객에 대한 판매가 쉽게 만들어 준다. 또한 회사는 이러한 고객들로부터 시장의 동향이나 새로운 제품에 대한 필요 등에 관한 귀중한 정보를 얻어들을 수 있다. 이러한 정보는 회사의 마케팅전략의 수립에 아주 중요하기 때문에 자사에 대해 호감을 갖고 있는 고객들은 회사가 갖고 있는 가장 귀중한 자산이 될 수 있다.

 사례 **야쿠르트 아줌마의 접객 판매**

2014년 12월, 한국야쿠르트가 오랜 마케팅과 영업수단인 배달 손수레에 다양한 첨단 기술을 적용해 이동형 냉장카트 '코코(Cold&Cool)'를 선보였다. 1971년 8월 서울 종로에서 등장한 뒤로 큰 변화 없이 유지되어온 야쿠르트 아줌마의 손수레가 전기차, 통신, 디지털 등 다양한 기술을 한데 묶은, 세계 최초의 이동형 냉장카트로 변신한 순간이다. 야쿠르트 아줌마들이 개발과 테스트에 참여해 실제 사용자들의 필요가 높은 기능들이 추가됐다. 냉장고 용량이 부족하다는 지적에 따라 220L 대용량 냉장고로 바뀌었고 방수 기능과 겨울철 동결 방지 기능이 추가되었다. 비와 햇볕을 피할 수 있는 캐노피도 추가됐다.

편의점과 대형 마트가 즐비하고 온라인 쇼핑과 자동판매기가 일상화한 세상에서 판매원이 유제품을 수레에 담아 이동하면서 판매하는 모델이 성공하리라 기대하기는 어려웠지만, 야쿠르트 아줌마들은 고객과 가장 가까운 접점에 있다. 때문에 단순한 배달의 의미를 넘어 고객의 안부를 묻고 소통하는 역할을 함께하고 있다. 최근 한국야쿠르트는 국민연금공단·독거노인 종합 지원 센터와 업무협약을 맺었다. 전국 75세 이상 홀몸노인 1천 100명에게 야쿠르트 아줌마를 통해 '윌'·'하루야채' 등 건강 음료를 주 5개씩 전달한다. 건강음료를 주며 건강과 안부를 확인하고, 고독사를 막겠다는 계획이다. 이 역시 '코코'의 개발로 배달 효율성을 높였기에 가능한 일이다.

어느 곳보다 아날로그적 방법으로 고객을 만나왔지만 사람에 대한 관심은 4차 산업혁명시대에 돋보이는 새로운 상생과 기술개발 모델을 만들고 있다. 실제로 '코코' 개발은 국내 전기차 산

② 판매원의 관리

　　판매원은 회사와 고객을 연결시켜 주는 역할을 한다. 많은 고객들에게 있어서 그들이 접하는 어느 회사의 판매원들이 주는 이미지는 바로 그 회사 자체의 이미지로 직결된다. 회사는 또한 자사의 판매원들을 통하여 상품을 판매할 뿐만 아니라 시장과 고객에 대한 중요한 정보를 수집할 수 있다.

　　그런데 판매원은 회사와 고객의 기대와 요구를 모두 충족시켜야 하기 때문에 그의 일은 결코 쉽지 않다. 더구나 양쪽의 기대와 요구가 서로 모순되는 때는 중간에서 아주 곤란한 지경에 빠지게 된다. 그러나 앞에서 이야기한 대로 인적판매는 아주 중요한 커뮤니케이션수단의 하나이기 때문에, 회사는 이러한 중요하면서도 어려운 일을 해낼 수 있는 판매원의 관리에 각별히 신경을 써야 한다.

(1) 판매원관리의 목표

　　판매원관리의 목표는 회사의 전반적인 마케팅전략 및 촉진전략과 잘 연결되도록 표적시장(target market)의 특성과 그 시장에서 회사가 차지하고 싶어 하는 위치를 고려하여 결정되어야 한다. 판매원관리의 목표에 인적판매의 특수성, 즉 비용이 많이 들지만 많은 경우에[1] 아주 효과적인 커뮤니케이션수단이라는 점이 반영되어야 함은 물론이다.

　　판매원관리의 목표는 구체적이고, 측정할 수 있어야 하며, 일정 기간 동안에 달성할 수 있어야 한다. 아래의 목표들은 이러한 요건들을 충족시킨다고 할 수 있다.

- 7월 1일에서 12월 31일까지 6개월 동안 서울의 강남지역에서 매주 적어도 6명의 잠재고객을 찾아내어라.
- 같은 기간 동안에 새로 찾아 낸 잠재고객들 가운데 매주 적어도 1명과 거래를

1　예를 들면, 소비자가 정보수집, 대안의 평가단계를 지나 구매결정을 하려고 할 때, 산업재를 판매할 때, 조직구매자에게 판매할 때, 제품에 대해서 고객을 교육시키려고 할 때 등.

성사시켜라.

- 앞으로 1년 동안 새로 거래를 시작한 고객들로부터 적어도 한 달에 한번 다시 주문을 받도록 하라.

그런데 여기서 중요한 것은, 판매원관리의 목표를 세울 때 반드시 판매원 자신들의 의견이 반영되어야 한다는 점이다. 왜냐하면 판매원들은 그들의 의견이 목표설정에 반영된다고 느낄 때 그들의 업무와 회사의 정책에 대해서 더 만족감을 느끼기 때문이다.

(2) 판매원의 조직

판매원을 써서 시장에서 최대한의 효과를 거두려면 회사는 회사의 목표와 전략에 맞게 판매원조직을 만들어야 한다. 판매원을 조직하는 방법에는 크게 지역별 조직·제품별 조직·시장별 조직·혼합형 조직의 네 가지가 있다.

1) 지역별 조직

이것은 각 판매원들에게 판매구역을 정해 주고 각 판매원이 자기의 구역 안에서 회사의 모든 제품을 판매하도록 하는 방식이다. 이러한 조직은 몇 가지 장점이 있다.

첫째, 각 판매원의 책임한계가 분명하다. 판매원은 자기의 담당구역에서의 판매성과에 대해 전적으로 책임을 지게 된다.

둘째, 그렇기 때문에 판매원은 자기 구역 내에서 더 열심히 새로운 고객들을 찾게 되고 또 현재의 고객들과는 계속 좋은 관계를 유지하려고 애를 쓰게 된다.

셋째, 판매원이 좁은 지역만을 다니기 때문에 여비가 비교적 적게 들어간다.

2) 제품별 조직

회사가 판매하는 제품이 첨단기술로 만들어진 제품같이 아주 복잡하거나, 여러 종류의 제품을 팔기 때문에 한 사람이 그 제품들을 다 취급하기 어려운 경우, 서로 연관 없는 제품들을 판매하는 경우, 또는 제품들을 서로 다른 유통경로를 통해 판매해야 하는 경우 등에는 제품별로 판매원을 조직하는 것이 좋을 때가 많다. 예를 들면, IBM은 자사의 판매원들을 컴퓨터를 담당하는 팀과 사무기기(office equipment)를 판매하는 팀으로 나누어 관리하고 있다.

제품별 조직의 장점은 무엇보다도 판매원이 자기가 취급하는 제품에 대한 전문지식을 갖게 된다는 점이다. 그러나 똑같은 고객이 한 회사로부터 여러 종류의 제품을 구입하는 경우, 이러한 조직 하에서는 그 고객을 회사의 여러 판매원들이 방문하게 될지도 모른다. 이렇게 되면 불필요한 판매비용이 나갈 뿐만 아니라 그 고객이 회사에 대해서 나쁜 인상을 갖게 될지도 모른다. 따라서 제품별로 판매원들을 조직하는 경우에는 이와 같은 일이 일어나지 않도록 각 제품담당팀이 서로 업무를 잘 조정해야 한다.

3) 시장별 조직

이것은 판매원들을 그들이 담당하는 시장에 따라 조직하는 방법이다. 시장별 조직의 가장 큰 장점은 판매원들이 자기가 맡고 있는 시장에 대해서 깊은 지식을 갖게 된다는 점이다. 따라서 신제품·광고캠페인·판매기법·마케팅전략 등을 고객의 욕구를 더 잘 충족시킬 수 있도록 개발할 수 있게 된다. 그러나 이러한 조직은 여러 유형의 고객들이 전국 곳곳에 흩어져 있으면 똑같은 지역을 여러 명의 판매원들이 방문해야 하는 단점이 있다. 따라서 시장별 조직은 회사의 각 표적시장이 원하는 바가 서로 다르고 또 각 표적시장에 속하는 고객들이 지역적으로 몰려 있을 때 추천할 만하다.

4) 혼합형 조직

회사가 여러 종류의 제품을 널리 흩어져 있는 여러 유형의 고객들에게 판매하는 경우에는, 앞에서 논의한 세 가지 방식을 혼합하여 판매원들을 조직할 수도 있다. 즉, 사정에 따라서 지역 제품별, 지역 시장별, 혹은 제품 시장별 등으로 판매원들을 조직해야 할지도 모른다.

사례 | **기존의 판매원을 대체하는 AI 판매도우미**

롯데백화점 온라인몰 애플리케이션인 '엘롯데'를 켜고 인공지능(AI) 챗봇에게 말을 걸자 여러 개의 롱코트 상품이 떴다. 그동안 주로 찾았던 의류가 무채색 계열이라는 걸 알고 있는 챗봇이 회색 계열의 코트를 추천했다. "50만 원 이하 상품으로 찾아줘"라고 말하자 설정한 가격 범위 내에서 원하는 스타일에 가장 잘 맞는 상품을 다시 보여줬다. 곧바로 장바구니에 해당 상품을 넣을 수 있었다.

롯데백화점은 21일부터 음성 대화를 통해 고객의 요청과 성향에 따라 상품을 제안해 주는 인공지능 챗봇 서비스 '로사(Losa·Lotte Shopping Advisor)'를 시작한다고 20일 밝혔다.

로사는 크게 4가지 기능을 갖고 있다. 모바일 앱을 통한 △문자 대화 △음성 대화 △이미지 인식 △백화점 매장 안내가 주요 내용이다. 로사에는 'AI 딥러닝 추천엔진'이 적용됐다. 고객의 온·오프라인 구매 패턴을 통해 행동, 관심도, 선호도 등 100여 가지 고객 특징을 분석할 수 있다. 특히 로사 스스로 학습할 수 있는 능력이 있기 때문에 고객이 로사와 대화를 나누고 제품을 검색할수록 데이터가 쌓이면서 분석 정확도도 올라간다. 약 150만 개의 상품 데이터가 20여 가지 구매 특성에 맞춰 제공되도록 구성되어졌으며 로사는 백화점 매장을 방문했을 때 브랜드 매장 위치, 사은행사 여부 등에 대한 안내도 가능하다.

롯데백화점은 단순히 상품만 검색하는 것이 아니라 쇼핑의 목적과 상황을 제시할 수 있도록 알고리즘을 새롭게 개발했다. 기업에서 AI 기술 도입에 적극적인 것은 쇼핑 환경에 편의를 제공하는 동시에 구매를 더 잘 유도하기 위해서다. 관심 있을 만한 상품을 추천하는 수준이 아니라 "이 상품이 당신에게 어울린다."고 제안하는 능동적인 형태로 만들 시스템을 구축하는 것은 기존의 판매원을 대체하면서도 방대한 데이터를 다룰 수 있다는 장점이 있다.

자료원 : 동아일보(2017), 롯데百 AI 쇼핑도우미 등장… "고객 취향 딥러닝".

(3) 판매원의 보상

고객에게 물건을 판다는 것은 육체적으로, 감정적으로 무척 힘든 일임에 틀림없다. 그러므로 회사가 판매원들을 원하는 수만큼 확보하고 그들로부터 좋은 성과를 얻어 내려면, 그들에게 만족할 만한 보상을 해 주어 그들이 항상 의욕적으로 일할 수 있게 해야 한다. 보상의 가장 중요한 형태는 물론 금전적 보상이지만 판매원은 그것 외에도 승진, 업무수행에 있어서의 재량권, 칭찬 등의 비금전적 보상을 필요로 한다. 경영자는 이러한 판매원들의 금전적·비금전적 욕구를 잘 충족시켜 주는 보상체계를 개발하여 판매원들의 사기를 높게 유지해야 한다.

판매원들에게 금전적으로 보상을 해 주는 방법에는 크게 세 가지가 있다. 고정봉급제(straight salary)는 글자 그대로 정기적으로 고정액을 봉급으로 지급하는 방법이다. 이 방법의 장점은 판매원들이 심리적으로 안정감을 갖게 되고, 행정적으로 관리하기가 쉽고 비용도 적게 들며, 경영자가 판매원들에게 판매와 직결되지 않은 일을 시킬 수 있다는 점 등이다. 그러나 이 방법은 판매원들에게 좀 더 적극적으로 판매를 할 유인(incentive)을 주지 않는다는 커다란 단점이 있다.

성과급제(straight commission)는 고정봉급제와는 정반대로 판매원의 보수가 전적으로 그의 판매성과에 의해 결정되는 방법이다. 이 방법은 다음과 같은 장점이 있다.

첫째, 판매원들이 최대한으로 열심히 뛰게 된다. 둘째, 판매가 잘 되면 판매비가 늘어나고, 잘 안 되면 판매비가 줄어든다. 셋째, 제품이나 고객에 따라 판매원이 받는 커미션을 달리함으로써 경영자는 특정한 제품이나 고객에게 판매원들의 노력을 집중시킬 수 있다. 그러나 한편 이 방법을 쓰면 경영자가 판매원들에게 판매와 직결되지 않는 일(보기: 고객서비스 보고서 작성)을 시키기가 어려우며, 판매원들이 소비자들에게 제품을 강매하거나 가격을 할인해 줄 우려가 있다. 그리고 판매원들이 항상 경제적인 불안을 느끼며, 그들이 통제할 수 없는 요인에 의하여 판매가 떨어지면 그들의 사기도 같이 떨어지는 것이 단점이다.

이와 같이 위의 두 가지 방법이 모두 장·단점을 갖고 있기 때문에, 이 두 방법의 장점을 살리고 단점을 피하기 위하여 대부분의 회사들이 혼합형(combination plan)을 채택하고 있다. 혼합형은 보수의 일부는 고정적인 봉급으로 지급하고 나머지는 커미션으로 지급하는 방법이다. 이 방법은 판매량이 판매원의 노력에 많이 달려 있지만 경영자가 판매원들로 하여금 판매와 직결되지 않은 일도 어느 정도 하도록 유도하고 싶을 때 특히 적합하다.

(4) 판매원의 평가

회사는 반드시 각 판매원의 활동을 철저히 평가하여 그 결과에 따라 적절한 조치를 취해야 한다. 평가의 기준은 물론 각 판매원이 올린 성과가 목표에 비해 어느 정도냐 하는 것이다. 그런데 경영자가 판매원들을 제대로 평가하려면 우선 신빙성 있는 평가 자료를 충분히 갖고 있어야 한다. 가장 중요한 평가 자료는 판매보고서(sales reports)이다.

판매보고서의 내용은 크게 활동계획 부분과 활동보고 부분으로 나누어진다. 활동계획 부분은 대체로 형식적인 활동계획서에 그치는 경우가 많다. 그러나 외국에서는 점점 많은 회사가 활동계획서를 마케팅계획서의 차원으로 끌어올리고 있다. 활동보고 부분은 주로 방문보고서(call reports)의 형태를 띤다. 판매원은 통상 방문보고서와 함께 비용보고서(expense reports)도 제출한다. 이밖에도 회사는 신규고객, 이탈 고객, 경쟁업체의 동향 등에 관해서 보고서를 내게 할 수 있다. 이러한 공식적인 보고서 외에도 경영자의 개인적인 관찰, 고객으로부터 들어온 편지, 고객들을 상대로 한 설문조사 등도 좋은 평가 자료가 될 수 있다.

이밖에도 경영자는 판매원들을 평가하기 위해 각 개인별로 판매할당액과 실제 판매액을 비교(sales quota vs. actual sales)하기도 하고, 과거의 성과와 현재의 성과를 비교(past vs. current performance)해 볼 수도 있다. 경영자는 기업이 처한 상황에 따라 신규고객의 확보와 기존고객의 유지 사이에서 어디에 판매원의 평가에 더 큰 비중을 둘 것인지를 결정해야 한다. 일반적으로 초기 성장기의 제품이라면 신규고객의 확보가 더 중요한 목표가 되지만, 그렇지 않은 일반적인 경우에는 기존고객의 유지가 우선으로 하는 목표이어야 한다. 만약 기존고객들이 유지되지 않는 상황에서 신규고객들을 확보하는 데 들어가는 판매원의 시간과 노력은 상당 부분 낭비될 가능성이 높기 때문이다.

시장에서의 상황이 아주 비슷하면 판매원 개개인의 실적을 서로 비교(salesperson to salesperson comparisons)해 볼 수도 있지만, 그렇지 않은 경우에는 이러한 비교는 의미가 없다.

경영자는 이와 같이 자사의 상황에 맞게 가장 합리적이라고 생각되는 평가기준들을 만들고 또 그 기준들을 판매원들에게 정확히 알려야 한다. 그래야만 판매원들이 그들의 성과가 어떻게 평가되는지 알게 되고 또 회사가 원하는 방향으로 성과를 더 올리려고 노력하게 되기 때문이다.

🖊 간추림

마케팅 커뮤니케이션은 마케팅믹스를 이루고 있는 네 가지 주요 요소 중의 하나이다. 마케팅 커뮤니케이션의 주요 수단에는 광고·판매촉진·홍보·인적판매가 있다. 마케팅관리자는 이 네 가지 수단을 잘 활용하여 자사제품의 존재와 가치를 고객들에게 알려야 한다.

커뮤니케이션은 발신인·수신인·기호화·해독·메시지·매체·반응·피드백·소음의 아홉 가지 요소로 구성된다. 마케팅관리자가 해야 하는 일은 이러한 요소 하나하나를 잘 관리하여 효과적인 마케팅 커뮤니케이션이 이루어지도록 하는 것이다.

촉진믹스를 개발할 때 마케팅관리자가 고려해야 하는 요소는 제품의 종류, 회사의 마케팅전략의 기본방향, 제품수명주기단계 등이다. 각 요소별로 적절한 전략을 도입해야만 효율적인 마케팅 커뮤니케이션을 실시할 수 있게 된다.

홍보는 기업이 잘 활용하면 아주 강력한 마케팅 커뮤니케이션수단이 될 수 있다. 최근 들어 매체광고비는 점점 올라가고 광고경쟁은 더욱 치열해지고 있기 때문에 광고의 힘은 상대적으로 줄어들고 있다. 반면에, 홍보 더 나아가서는 PR의 중요성이 크게 부각되고 있다. 더구나 홍보는 광고보다 비용이 훨씬 적게 들며, 소비자들은 홍보의 내용을 광고보다 더 잘 믿는 경향이 있다. 따라서 앞으로는 기업들이 여러 가지 홍보수단(또는 PR수단)을 동원하여 홍보활동(PR활동)을 강화해 나갈 것으로 예상된다. SNS를 통한 소비자들의 제품이나 서비스에 대한 의견과 평가를 공유하는 활동들도 넓은 의미의 홍보로 정의될 수 있고, 이러한 SNS를 통한 소비자들의 자발적인 제품에 대한 의견과 평가는 전통적인 매체를 통한 기업의 홍보활동과 서로 영향을 주기 때문에 앞으로 홍보활동의 전략을 수립할 때 전통적인 매체만이 아니라 SNS와 같은 새로운 매체까지 포함해서 고려해야 한다.

기업과 사회 간에 이상적인 관계를 정립하기 위해 기업이 벌이는 여러 가지 활동인 PR은 최근 들어 지속가능경영을 중심으로 더욱 그 중요성을 인정받고 있다. 기업의 지속가능경영을 위한 전사적인 전략의 수립과 실행은 기업과 사회 간에 이상적인 관계를 정립하기 위해 기업이 벌이는 다양한 활동의 중심이 되어가고 있다.

인적판매는 커뮤니케이션 믹스의 중요한 한 요소일 뿐만 아니라, 많은 경우 회사가 활용할 수 있는 가장 효과적인 커뮤니케이션방법이기도 하다. 또한 인적판매는 회사로서는 무척 비싼 커뮤니케이션방법이다. 따라서 회사는 인적판매과정이 효과적으로 이루어지도록 판매사원들을 잘 관리해야 한다.

💡 Q&A

1 아웃도어 브랜드를 하나 선정해서 그 기업의 IMC전략을 일관된 고객경험의 창출이라는 관점에서 조사해보시오.

2 마케팅커뮤니케이션의 네 가지 수단인 광고, 판매촉진, 홍보, 인적판매 중에서 판매촉진에 가장 중요한 비중을 둔 기업, 홍보에 가장 중요한 비중을 둔 기업, 인적판매에 가장 중요한 비중을 둔 기업의 사례를 찾아보시오.

3 전통적인 매체를 통한 홍보활동과 새로운 매체를 통한 홍보활동 간에 시너지를 내는데 성공한 기업의 사례를 조사해보시오.

4 신규고객의 확보를 위한 마케팅커뮤니케이션의 사례와 기존고객의 유지를 위한 마케팅커뮤니케이션의 사례를 찾아서 비교해보시오.

📖 참고문헌

매일경제(2018), "광고야 뮤지컬이야?" KB국민은행 김연아·이승기 광고 인기몰이.
DBR(2013), 고객 욕망이 혁신제품을 만든다. 비에 젖지 않는 가방처럼…
더피알(2018), 기업의 인스타그램 활용법.
매일경제(2018), 스타일난다 로레알에서 따로 난다.
뉴데일리 경제(2010), "고객이 머물게 하라" 유통업계 Full 마케팅.
패션비즈(2014), 온에서 오프까지 '난다' 고공행진!
패션채널(2015), 언냐들의 쇼핑천국 스타일난다.
매일경제(2018), 스타일 난다 로레알서 따로난다.
페브리즈 자사 홈페이지.
중앙일보(2015), 미샤, 中 광군제 특수 64억 매출…전년比 2배↑.
한국경제(2018), "리더스코스메틱, 유튜버 '대도서관'과 베스트 제품 판매".
T이데일리(2018), SK주식회사, 지속가능경영지수 'DJSI 월드' 7년 연속 편입.
SK주식회사 지속가능경영 보고서.
한겨레(2018), 한국 야쿠르트 전자동 손수레 '코코' 출시.
동아일보(2017), 롯데百 AI 쇼핑도우미 등장… "고객 취향 딥러닝".
홍성태(2012), 모든 비즈니스는 브랜딩이다. 샘앤파커스.

구찌의 Triple Media를 활용한 광고

1881년 이탈리아에서 태어난 구찌오 구찌(Guccio Gucci)는 1921년에 피렌체의 비냐 누오바 거리에 '구찌(Gucci)'라는 자신의 이름을 딴 가죽제품 전문매장을 열며 구찌 브랜드의 시작을 알렸다. 이후 명품 시장에서 구찌는 성장을 거듭해 이제는 럭셔리 브랜드 중 빼놓을 수 없는 세계적 기업이 되었다. '뉴 뱀부 백'과 '호스빗 로퍼', 그리고 '재키 백'을 주요 제품라인으로 보유하고 있던 구찌는 디자이너 톰 포드(Tom Ford) 시절 전성기를 누리는 등 안정적이고 성공적인 활동을 영위해왔다. 하지만 과거의 영광을 뒤로 하고 구찌는 고착화된 이미지와 새로운 소비자들의 등장으로 다른 명품 브랜드와 함께 위기를 맞게 되었다.

그러나 구찌는 Triple 미디어 전략을 통해 밀레니엄 세대(Millennial)를 공략한 활발한 디지털 마케팅을 통해, 디지털 IQ지수(85개 럭셔리 브랜드의 디지털 퍼포먼스를 기준으로 전자 상거래, 검색 가시성, 소셜 Media 참여도, 모바일 적정성 등에 대한 투자를 조사한 수치) 순위에서 항상 1위를 차지하던 경쟁 브랜드 '버버리(Burberry)'를 제치고 1위를 차지했다.

디지털 시대를 맞이한 구찌는 이전과 다른 새로운 광고 전략의 필요성을 느낀다. 이에 '트리플 미디어(Triple Media) 전략'을 바탕으로 구찌는 새로운 광고 전략을 펼치게 되었다. Triple Media는 TV 광고, 잡지광고, 검색광고와 같이 비용을 지불하는 Paid

잡지 커버 속 구찌의 광고

Media, 기업이 자체적으로 보유하고 있는 website와 같은 Owned Media, 그리고 소비자의 자발적인 참여에 의해 이루어지는 facebook, Youtube 등의 Earned Media로 나뉜다.

구찌는 혁신적인 변화 과정 속에서도 명품 브랜드로서의 럭셔리한 이미지와 신뢰감을 잃지 않기 위해서 전통적인 Paid Media를 적절히 활용하였다. 구찌는 콘데나스트와 파트너십을 맺고 2016년 프리폴(Pre fall) 컬렉션을 위한 오리지널 필름시리즈 제작을 통해 참신하고 질적인 브랜드 콘텐츠를 통해 구찌의 새로운 디자인을 독보적으로 선보였다.

구찌의 Owned Media를 통한 광고는 구찌의 모바일 애플리케이션인 '구찌의 세계'와 '구찌 플레이스'를 통한 브랜드 체험의 전달이다. 이들 모바일 애플리케이션은 실감나는 브랜드 체험을 제공하여 고객과 장기적인 관계를 구축하고자 하였다. '구찌의 세계'는 구찌 신제품 정보, 최신 뉴스, 매장정보, 패션쇼 동영상, 뮤직비디오 등 다양한 콘텐츠를 고객들에게 제공하고 있고, '구찌 플레이스'는 구찌 컬렉션이 완성되기까지 영감을 받은 특정 장소들에 대해 사진과 간단한 소개를 한다. 또한 해당 애플리케이션을 통해 소개된 장소 근처에 있을 경우, 소비자에게 광고를 보내 애플리케이션에서 해당 장소가 몇 분 거리에, 어느 방향으로 가야 하는지 길안내와 함께 그곳을 가서 체크할 것을 권유하는 푸시 알림을 보낸다.

브랜드의 고객이 그 브랜드의 팬이 되는 데 많은 영향을 미치는 미디어들이 Earned Media의 SNS 플랫폼을 통한 활동이다. 구찌는 자신들의 제품과 브랜드를 알리고 신제품 출시의 광고를 함에 있어서 SNS를 적극적으로 활용하고 있다. 디지털 플래그십 스토어는 소셜네트워크 사이트와 연동되어 있어 자신이

구매한 제품이나, 매력적이라고 생각하는 제품들을 실시간으로 SNS 상의 친구들과 공유하고 제품에 대

해 얘기할 수 있다. 트위터에서는 실시간 트위팅을 통해 구찌의 소식과 광고에 대한 정보 교류 및 구찌 커뮤니티 형성의 장을 기업이 먼저 제공하면서 고객들 간의 소통을 만들고 있다. 뿐만 아니라 인스타그램에서의 캠페인 활동, 스냅챗의 비하인드 콘텐츠 제공 등 다양한 소셜미디어를 활용한 고객들과의 상호작용이 전년도에 비해서 두 배나 증가하였고, 업데이트가 되는 게시물당 평균 피드백은 700건 이상을 기록하면서 SNS를 통해 효과적으로 고객들과의 소통을 하고 있다.

자료원 : 구찌의 SNS 사이트.

제1절 우리나라의 광고 산업 현황

광고는 기업이 벌이는 마케팅활동 중에서 가장 눈에 잘 띄기 때문에, 어떤 사람들은 마케팅과 광고는 거의 같은 말이라고 생각하는 경향이 있다. 그러나 여러분이 잘 알다시피 비록 광고가 기업에게 아주 중요한 역할을 하고 있기는 하지만, 광고는 기업의 전체 마케팅활동 중의 작은 일부에 지나지 않는다. 하지만 어쨌든 광고는 기업이 통제할 수 있는 커뮤니케이션 믹스 변수 중에서 가장 대표적인 것이므로 우리는 이 장에서 광고를 다루기로 한다. 먼저 우리나라 광고 산업의 현황을 알아보자.

매체별 광고시장은 각 매체사의 실적 자료를 집계하여 전년도의 매체별 광고비를 발표하고, 해당 연도에 예상되는 광고비 규모도 예측하여 발표하고 있다. 2017년 총 광고 시장은 전년 대비 약 2% 성장한 11조 1,295억 원 규모이고, 2018년 총 광고 시장은 약 11조 6,002억 원으로 예상된다.

〈표 11−1〉을 보면, 모바일 광고 시장은 2010년 집계 이래 처음으로 점유율 1위에 올랐으며 케이블·종편 광고, PC 광고가 그 뒤를 이었다. 모바일 광고 시장의 독주와 함께 PC 광고 시장이 지상파TV 광고 시장을 추월하는 등 디지털 광고가 강세를 보이며 방송 광고 시장과의 점유율 격차도 2016년 6.1%에서 2017년 0.8%로 크게 줄였고, 2018년에는 역전할 것으로 예상된다.

〈표 11−2〉의 2018년 상반기(5월) 자료에서는 대기업 삼성의 광고비가 가장 높으

| 표 11-1 | 2016-2018년 매체별 총 광고비 (단위: 억 원)

구분	매체	광고비(억)			성장률(%)		구성비(%)	
		'16년	'17년	'18년	'17년	'18년	'17년	'18년
방송	지상파TV	17,312	15,223	15,965	−12.1	4.9	13.7	13.8
	라디오	3,040	2,785	2,850	−8.4	2.3	2.5	2.5
	케이블/종편	17,474	18,376	18,376	5.2	3.2	16.5	16.3
	IPTV	846	915	1,029	8.2	12.5	0.8	0.9
	기타(위성, DMB 등)	1,814	2,004	2,062	10.5	2.9	1.8	1.8
	방송 계	40,485	39,303	40,862	−2.9	4.0	35.3	35.2
인쇄	신문	14,712	14,056	13,850	−4.5	−1.5	12.6	11.9
	잡지	3,780	3,438	3,400	−9.1	−1.1	3.1	2.9
	인쇄 계	18,492	17,494	17,250	−5.4	−1.4	15.7	14.9
디지털	PC	16,372	16,245	16,600	−0.8	2.2	14.6	14.3
	모바일	17,453	22,157	24,710	27.0	11.5	19.9	21.3
	디지털 계	33,825	38,402	41,310	13.5	7.6	34.5	35.6
OOH	옥외	3,512	3,392	3,400	−3.4	0.2	3.0	2.9
	극장	2,251	2,280	2,400	1.3	5.3	2.0	2.1
	교토	4,328	4,352	4,700	0.5	8.0	3.9	4.1
	OOH 계	10,091	10,024	10,500	−0.7	4.8	9.0	9.1
제작		6,421	6,072	6,080	−5.5	0.1	5.5	5.2
총계		109,318	111,295	116,002	1.8	4.2	100.0	100.0

자료원: 제일기획(2018).

| 표 11-2 | 2018년 상반기(5월) 광고비 지출 10대 브랜드 (단위: 백만 원)

순위	브랜드명	광고비	산업군
1	삼성 공동 PR	24,413	전자그룹
2	LG 전자	15,958	전자그룹
3	KT텔레콤	10,572	이동전화
4	SK텔레콤	7,613	이동전화
5	롯데 캐피탈	6,106	금융
6	한국 코카콜라	5,776	식음료
7	현대자동차	4,806	자동차
8	삼성화재	4,144	보험
9	하나금융그룹	3,864	금융
10	한화공동	3,446	그룹

자료원 : 닐슨코리아.

| 표 11-3 | 2016년과 2017년 광고회사 취급액 (단위: 백만 원)

순위	회사명	총취급액		전년대비 성장률(%)
		2016	2017	
1	제일기획	₩5,398,348	₩5,567,729	1
2	이노션 월드와이드	₩5,343,195	₩5,542,520	1
3	에이치에스에드	₩1,354,051	₩1,491,547	7
4	대홍기획	₩471,175	₩691,281	9
5	에스앤 씨앤시	₩462,432	₩472,125	2
6	티비더블유에이코리아	₩286,467	₩296,290	9
7	그룹엠코리아	₩231,367	₩271,871	3
8	레오버넷	₩208,732	₩214,436	3
9	오리콤	₩154,758	₩181,530	4
10	맥켄에릭슨&유니버셜맥켄코리아	₩144,409	₩180,341	25
11	한컴	₩131,364	₩138,423	2
12	엠허브	₩126,478	₩146,221	15
13	앤츠엑스	₩122,119	₩85,342	−19
14	엘베스트	₩120,052	₩21,341	−15
15	비비디 오코리아	₩114,275	₩103,377	−10
16	캐러트코리아	₩108,645	₩112,525	4
17	디디비 코리아	₩95,941	₩104,359	12
18	삼암커뮤니케이션즈	₩87,771	₩76,020	−2
19	하쿠호도제일	₩86,207	₩85,250	−2
20	농심기획	₩74,529	₩79,345	7
21	메이트커뮤니케이션즈	₩68,157	₩65,109	−4
22	금강오길비	₩54,032	₩45,347	−20
23	애드리치	₩54,000	₩54,342	6

며 이는 스마트폰의 보급화에 따라 삼성의 스마트폰 브랜드 '갤럭시' 광고의 급증으로 이 같은 결과가 초래되었음을 알 수 있다. 10년 전과 비교해보면 정보통신, 전자 등의 산업 군에서 많은 광고비를 지출하고 있는 것은 비슷하지만, 10년 전과 비교해서 금융 및 보험 산업 시장의 광고비가 크게 증가하였음을 알 수 있다.

　2016년과 2017년의 광고 회사 취급액을 알려주는 〈표 11-3〉을 보면, 대체로 낮은 성장률을 보이고 있으며 성장률이 감소한 회사도 많이 보인다. 또한, 광고 시장 취급액 1위인 제일기획과 2위인 이노션 월드와이드의 총 취급액은 2017년 기준으로 약 5조 5천억 원으로 취급액의 격차가 거의 없다는 것을 알 수 있다.

제2절 효과적인 광고개발

앞 장에서 이야기한 바와 같이 경영자가 효과적인 광고를 개발하려면, 경영자는 ① 누구를 상대로, ② 어떤 목적으로 광고를 할 것인가, ③ 어떤 메시지를, ④ 어떤 매체를 통해 내보낼 것인가 등을 결정한 다음, ⑤ 이러한 광고활동의 성과를 측정해야 한다.

1 광고대상의 선정

회사는 먼저 누구를 상대로 광고를 할 것인가를 확실히 정해야 한다. 광고대상은 자사제품의 현재·잠재고객일 수도 있고 혹은 제품구매에 영향을 끼치는 사람일 수도 있다. 또 어떤 특수계층이나 집단을 상대로 하는 수도 있고, 일반대중을 상대로 커뮤니케이션을 하는 때도 있다. 어쨌든 누구를 대상으로 하느냐에 따라 메시지의 내용, 메시지를 전달하는 방법·시기·장소 등이 달라져야 한다. 예를 들어, 전문사진작가들을 상대로 "디지털 카메라로 사진을 찍는 것은 신나는 일입니다"라고 하는 광고를 하거나 또는 일반소비자들을 상대로 카메라의 내부구조를 설명하는 광고 등은 별효과가 없을 것이다.

2 광고목표의 설정

광고대상을 정했으면 회사는 그 대상들로부터 구체적으로 어떤 반응을 얻어 낼 것인가를 정해야 한다. 물론 궁극적인 목적은 고객들로 하여금 자사의 상품을 사게 하는 것이지만, 제3장에서 공부했다시피 소비자는 대부분 물건을 사기 전에 긴 의사결정과정을 거친다. 따라서 이 단계에서 마케팅관리자가 해야 하는 일은 목표로 하는 고객들이 현재 어떤 상태에 있는지를 알아내어 그들을 어떤 상태로 옮겨 놓아야 하는지를 결정하는 것이다. 이러한 분석을 돕기 위해서 많이 쓰이는 모델이 아이다 모델(AIDA model, [그림 11-1])과 효과단계모델(hierarchy-of-effects model, 〈표 11-4〉)

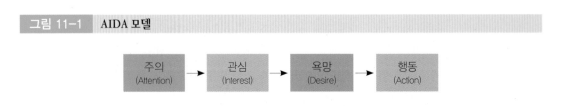

그림 11-1   AIDA 모델

주의(Attention) → 관심(Interest) → 욕망(Desire) → 행동(Action)

| 표 11-4 | 효과단계모델

영역	단계	커뮤니케이션의 기본방향
인식	의식(Awareness) ↓ 앎(knowledge)	소비자들에게 제품에 대한 정보와 지식을 제공
감정	좋아함(Liking) ↓ 선호(Preference) ↓ 확신(Conviction)	소비자들이 제품에 대해 갖고 있는 태도와 느낌을 바꾸는 데 역점을 둔다
행동	↓ 구매(Purchase)	소비자들의 구매욕 자극

이다.

아이다모델에 의하면, 소비자는 먼저 제품이 있다는 것에 주의(attention)를 하게 되고, 그 제품에 관심(interest)을 갖게 되며, 나아가서 그 제품을 구매하기 원하게 되며(desire), 마침내는 그 제품을 사게 되는 것(action)이다. 만일 마케팅관리자가 이 네 단계 중 어느 단계에 소비자가 있다는 것을 알 수 있으면, 그는 어떤 내용의 메시지를 만들어야 하는지 정확히 파악할 수 있다. 만일 소비자에게 제품의 존재를 알려야 한다면, 메시지의 내용은 제품과 그 제품이 주는 편익을 소개하는 것이어야 할 것이다. 소비자들의 관심을 끄는 것이 목적이라면 제품에 관한 좀 더 구체적인 정보를 주는 방향으로 메시지를 개발해야 할 것이다. 또 제품을 살 마음이 일어나게 하려면, 소비자들의 구매욕을 자극하는 내용의 메시지를 만들어야 할 것이다.

효과단계모델(hierarchy-of-effects model)은 그 내용이 아이다모델과 비슷하나 다만 소비자가 구매결정에 이르는 과정을 여섯 단계로 나눈다. 그런데 〈표 11-4〉에서 보다시피 우리는 이 여섯 단계를 인식·감정·행동의 세 영역으로 나눌 수 있다. 따라서 표에 있는 바와 같이 소비자가 현재 이 여섯 단계의 어디에 와 있느냐에 따라 역점을 두어야 할 커뮤니케이션이 달라지는 것이다. 예를 들어, 소비자들로 하여금 자사제품을 선호하게 하는 것이 목적이라면, 메시지의 내용은 소비자의 감정에 호소하는 것이어야 한다. 제품의 이미지를 강하게 부각시키려는 광고가 이에 속한다.

인터넷과 스마트폰 등이 발달하면서 소비자는 더 이상 기업이 일방적으로 전하는 메시지에만 의존하지 않게 되었다. AISAS란, 인터넷을 적극적으로 활용하는 소비자들의 구매행동 프로세스에 대한 새로운 마케팅 분야의 가설로 덴츠가 주장하였으며 2005년 6월 상표로 등록되었다. 이는 어떤 상품을 소비자가 인지하고 구매하기까지

그림 11-2　AISAS모델

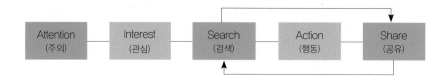

의 프로세스는 Attention(주의)—Interest(흥미)—Search(검색)—Action(구매)—Share(공유)의 다섯 가지로 구성된다는 것으로 AIDA 모델과 마찬가지로 구매행동 프로세스를 단계별로 나누면서도 인터넷을 활용한 새로운 소비행동 프로세스를 제안하고 있다([그림 11-2] 참조).

현대인은 흥미를 느끼면 검색을 해보는 형태로 바뀌었다. 어떤 상품에 흥미를 갖게 되면, 그 상품에 대해 포털 사이트의 후기, 가격정보 등을 검색하는 모습을 쉽게 상상할 수 있다. 새롭게 더해진 검색(Search)은 Naver나 Google 등의 검색 서비스이용이 일반화되어 상품이나 서비스에 관심을 가진 소비자가 먼저 인터넷에서 검색하는 행동을 가리킨다. 이렇게 상품을 구매한 후에도 소비자는 인터넷을 통해 다양한 구매 후 활동을 할 수 있다. 구매해서 상품을 써보고 난 후 그에 대해 블로그나 SNS에 후기나 인증 샷을 찍어 올리는 등의 활동이다. 공유(Share)는 블로그나 SNS(Social Network Service) 등을 통해 소비자 간의 상품 사용후기나 감상 등의 정보 교환 및 공유가 일상화되는 행동을 말한다. 공유한 정보는 다른 누군가가 검색(search)하는 단계에 있을 때 노출이 되고 그 사람에게 영향을 미치게 된다. 이와 같은 순환 단계가 반복된다. 현대의 소비자는 시간과 장소의 제약을 받지 않는 검색과 공유 덕분에 능동적인 소비자로 변화한 것이다. AISAS는 검색과 공유를 통한 소비자 간 관계의 중요성을 설명해주고 있다. 디지털 시대의 새로운 소비자는 검색(Search)과 공유(Share)라는 습관을 가지고 있으므로 기업은 소비자의 검색과 공유(Search & Share)를 고려한 마케팅 활동을 해야 한다.

3 메시지의 작성

광고의 대상과 목표를 정하면, 다음 단계는 효과적인 메시지를 작성하는 일이다. 메시지를 작성할 때 마케팅관리자는 크리에이티브 개념(creative theme)을 결정하고 메시지의 소구점, 전달방법 및 전달자를 정해야 한다.

(1) 크리에이티브 개념의 정립

크리에이티브 개념이란 한 마디로 말해서 광고의 테마이다. 우리가 소비자에게 전달하고자 하는 중심 메시지가 무엇인가를 먼저 결정하여야 한다는 것이다. 도대체 왜 소비자가 우리 제품을 사야 하는지를 우리가 모른다면 광고의 효과를 처음부터 기대하지 않는 것이 좋다. 즉, 경쟁사와 비교하여 어떻게 차별적으로 우리 제품을 인식시킬지에 대한 포지셔닝 전략이 광고 전략에서 크리에이티브 개념으로 실체화되는 것이다.

기업 및 브랜드의 마케터에서 도움이 될 수 있는 크리에이티브한 광고를 표현하는 전략 네 가지 개념을 소개하면 다음과 같다.

1) 보편주의 전략(generic strategy)

보편주의에서는 광고의 테마를 친근감 있고 현실감 있게 실제 생활에서 이루어지듯이 만들어야 소비자들이 신뢰를 하게 되고 광고의 메시지를 잘 기억한다는 것을 강조한다. 그 상품 카테고리에서 거의 독점하고 있을 때나 경쟁이 적은 경우에 주로 사용될 수 있다.

예를 들어, '바른 먹거리 풀무원', '이 맛, 이 느낌! 코카콜라' 등과 같은 카피와 통일성 있는 영상물로 제작된다.

2) USP 전략(unique selling proposition strategy)

USP 접근방식에서는 경쟁사에게는 없는 우리만의 독특함을 크리에이티브 개념으로 삼아야 한다는 주장으로 해당 브랜드의 기능, 성능상의 명확한 차이가 있는 것이 전제가 되어야 적용이 가능한 전략이다. 그 사례로 7-Up의 맑고 깨끗함을 강조하는 'Uncola' 캠페인이라든지, 죽염치약의 건강한 치아를 강조하는 '죽염' 캠페인이 있으며 M&M 초콜릿은 '손에서는 녹지 않고 입에서만 녹습니다.'라는 광고들이 USP 전략의 대표적인 사례로 알려져 있다.

3) 상황 동조 전략(context resonance strategy)

이 전략은 소비자의 상황적, 심리적 요인 또는 동조, 적응을 유도하는 전략이다. 예로 추울 때는 '핫초코미떼'라는 문구와 함께 핫초코 제품을 광고하는 것이다. 제품의 성능과 효과를 적극적으로 강조하진 않지만 추운 날이 다가오면 또는 날씨가 쌀쌀할 때는 따뜻한 코코아를 마시는 행동을 할 것이라는 의사를 보여주어 소비자로 하여금 동조를 얻는 것이다. 이 전략의 장점은 특정 사용자에게 적합한 전략이라는 것이다. 예로 1인가구의 증가로 독신남녀가 증가하면서 개인을 배려한 식당이 늘어나는 데 여기에 적합한 전략을 세워 1인 배달음식을 개발하거나 혼밥 테이블 등을 설치한 후 이를 광고에 강조하는 것이 효과적이라는 전략이다.

4) 감성 전략(emotional strategy)

현재 보험, 카드, 유아용품 등 많은 기업에서 사용하고 있는 전략으로 소비자의 마음을 움직이는 전략이며 이미지 마케팅에 효과적이다. 예를 들어, 동부화재에서는 남녀의 만남과 결혼, 아이를 가지는 영상을 잔잔하고 감동스럽게 담아내어 자식을 지켜주고 싶은 부모의 마음을 감성적으로 전달하고 있다.

이러한 감성전략은 최근 디지털을 이용한 전자상거래에서 어떻게 자사의 이미지를 부각시키느냐에 관해서도 이슈화 되고 있다. 이 전략은 소비자의 욕구 충족을 심리적 차별화에 기준을 두고 소비자들에게 자사 제품의 상징성을 연상하게 함으로써 궁극적으로는 자사 브랜드가 갖는 이미지를 높이는 마케팅이다.

맥주광고에서 이러한 감성 전략을 확인할 수 있다. 주로 쾌락적인 이미지와 함께 맥주를 마시면서 즐거운 상황을 보여준다. 필라이트는 청춘들의 에너지와 열정, 맥주의 시원함을 광고에 담았으며 저성장 시대의 감성에 맞춰 값싼 6팩 맥주의 가격을 장점으로 설명하고 있다.

 사례 **크리에이티브의 명작: 에이비스의 No. 2 광고전략**

렌터카 회사인 에이비스(Avis)가 No. 2 광고전략으로 렌터카 업계 1위인 허츠에게 도전하였다. 에이비스의 첫 번째 광고는 손가락으로 No. 2를 나타내는 광고. 그러나 두 번째 광고가 더 재미있다. 입을 벌린 큰 물고기가 작은 물고기를 잡아먹으려는 일러스트에 '당신이 만약 No. 2에 지나지 않는다면 열심히 하지 않을 수 없겠죠'라는 헤드라인을 단 것이었다.

이러한 에이비스의 광고에 허츠는 큰 타격을 입었고, 이에 대한 반격으로 3탄에 걸친 광고를 강력하게 게재하였다. '지난 수년 동안 에이비스는 허츠가 No. 1이라고 말해 왔습니다. 이제 그 이유를 말씀드리겠습니다.'라는 제1탄 광고가 나가자 업계와 광고계는 깜짝 놀랐다. 첫 번째 광고에 이어 허츠의 제2탄이 터졌다. 이 광고 역시 1탄에 못지않게 강력한 것이었다. 'No. 2인 그들은 열심히 하겠다고 했습니다. 도대체 누구보다 열심히 하겠다는 것일까요? No. 3 보다? No. 4 보다?' 허츠는 에이비스를 비웃으며 상대도 하지 않겠다는 태도였다. 이 광고를 읽은 독자들은 '그렇지, 역시 허츠야'하고 허츠를 No. 1으로 재인식하기 시작했다.

여기에서 멈추지 않고 허츠는 더욱 확실하고 강력한 대응을 위해서 제3탄의 광고를 터뜨렸다. '경쟁사가 열심히 하면 할수록 우리는 더욱 발전합니다' 열심히 뒤쫓아 오는 No. 2에 앞서가기 위해서 No. 1은 항상 노력하게 마련이라는 말이다. 이 광고의 일러스트가 재미있다. 크고 믿음직한 큰 개 뒤를 강아지가 기를 쓰고 따라오는 그림 밑에 '앞서 가는 개가 항상 첫째로 달리는 것은 뒤쫓아 오는 강아지 때문입니다'라는 캡션을 단 것. 허츠는 큰 개, 에이비스는 강아지로 상대가 되지 않는다는 얘기다. 허츠의 반박이 이쯤에 이르자 에이비스는 드디어 입을 다물 수밖에 없었다.

　이론적으로 에이비스는 허츠에게 패했다. 그러나 과연 에이비스의 No. 2광고를 만든 DDB의 윌리엄 번버크는 패한 것일까? 그렇게 생각하는 사람은 많지 않다. 윌리엄 번버크가 만든 에이비스의 No. 2 필승법은 광고사에 길이 남는 명작으로 광고를 배우는 후학들에게 좋은 교과서가 되고 있다. 에이비스의 No. 2 필승법을 만든 거장 윌리엄 번버크. 앞으로 어느 광고인이 과연 번버크처럼, 클라이언트로 하여금 '우리는 No. 2입니다'라고 스스로 말하게끔 할 수 있겠는가? 그런 뜻에서 DDB의 윌리엄 번버크는 영원히 기억되어야 할 위대한 광고인임에 틀림없다.

　자료원: 이낙운(1994),「이것이 세계의 성공한 광고캠페인」.

(2) 메시지의 소구점: FCB Grid의 광고메세지 소구전략모델

　FCD는 1800년대의 광고의 전설이자 20세기 광고의 견인 역할은 한 알버트 래스커의 뒤를 이어 Foote, Cone, Belding의 3인이 창업한 광고 에이전시로 FCD Grid는 1980년에 개발된 이후 지금까지 광고의 메시지 소구전략을 구축하는 데 사용되고 있다.

　FCB Grid 모델은 광고하고자 하는 제품 및 서비스, 또는 브랜드가 어느 포지션에 있는지, 그리고 어떤 기준으로 구분되고 분류되는지, 소비자들이 왜 그렇게 생각하고 느끼는지를 분석하는 모델이다. FCB Grid 두 개의 축을 그려 4분면을 구성하고 있다. 가로축의 왼쪽은 Think로 왼쪽으로 갈수록 이성적인 행동 또는 생각, 반응을 하는 것을 뜻하며 제품이나 서비스가 이익(이득)을 주는지, 효율적이고 유용한지를 판단하는 경우이다. 오른쪽엔 Feel로 오른쪽으로 갈수록 내면의 감정이 중요시 되는 것을 의미한다. 이에는 만족, 행복, 과시, 상징성을 갖는 제품 또는 서비스 등이 포지셔닝 된다. 세로축은 관여도의 정도를 의미한다. 세로축의 위쪽은 높은 관여도(High-Involvement), 아래쪽엔 낮은 관여도(Low-Involvement)가 된다. 4분면이 갖는 속성을 요약하면 다음과 같다.

　예를 들어, 한 개인의 구매 패턴을 FCD Grid에 적용해보자. 스마트폰을 통해 무료앱 만을 사용하던 개인은 개인의 업무효율과 생산성을 높여주는 유료앱을 추천받

그림 11-3   FCB Grid 광고메세지 소구모델

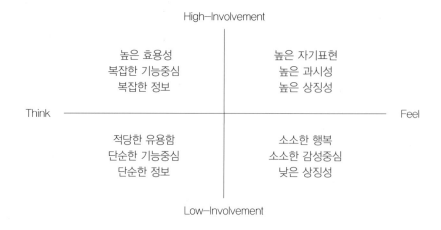

게 된다. 만약 그 개인이 이 유료앱이 주는 효용을 계산해보고 비싼 비용을 지불할 의사가 있다면 이는 High Involvement-Think에 해당하는 Informative의 포지셔닝을 가지게 된다. 반대로 엄청난 기능은 아니지만, 메모앱이나 소셜 메신저 앱은 빈번히 사용을 하지만 유용함을 크게 고려하지 않는 '필수무료앱'이다. 이는 생필품 등과 함께 Low Involvement-Think에 해당하는 Habitual의 포지셔닝을 가지게 된다. 이렇게 같은 애플리케이션이라는 제품군도 개인이 느끼고 생각하는 정도에 따라 포지셔닝이 달라진다.

다음으로 한 소비자가 퇴근 후, 맥주를 구입하려는 상황을 가정해보자. 맥주는 소

그림 11-4   FCB Grid에 따른 포지셔닝

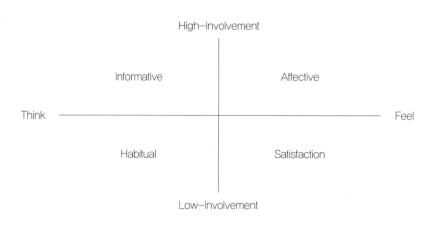

비자 개인으로 하여금, 상쾌하고 소소한 만족, 행복감을 느끼게 해준다. 이는 Low Involvement-Feel 영역의 Satisfaction의 포지셔닝에 해당한다. 그런데 소비자가 선망하는 아이돌이 광고하는 맥주를 구입하면서 5000원을 더 지불하면, 아이돌의 친필 싸인이 담긴 브로마이드를 구입할 수 있다는 프로모션을 보게 된다. 이러한 구매를 통해, 고객의 입장에서 선망하던 연예인의 상품을 구입하면서 한정판으로 소유한다는 과시와 상징성을 획득하게 되면 이는 소비자에게 High Involvement-Feel 영역의 Affective의 포지셔닝에 해당한다.

제품과 서비스, 브랜드에 대한 소비자의 관점과 개인 관여도의 차이에 따라 제품과 서비스, 브랜드의 포지셔닝이 달라질 수 있으니 광고주는 이러한 포지셔닝의 차이를 분석하여 광고에 활용하여 보다 강력한 광고의 소구점을 구축하여야 한다.

(3) 메시지의 전달방법

메시지의 효과는 메시지의 내용뿐만 아니라 그것을 어떻게 전달하느냐에도 달려 있다. 메시지의 전달방법은 특히 커피나 맥주같이 엇비슷한 제품들의 경우에는 그 효과에 큰 영향을 미친다. 한 마디로 마케팅관리자는 목표고객들의 주의와 흥미를 끌수 있게 메시지를 전달하여야 한다.

메시지를 제작하는 사람들이 메시지의 전달방법과 관련하여 정해야 하는 것은 어떤 스타일로, 어떤 어조를 띠게 해서, 어떤 말을 써서, 어떤 형태로 광고를 만들어서 메시지를 전달하느냐 하는 것이다. 메시지를 전달하는 광고스타일에는 아래와 같은 것들이 있다.

1) **생활의 단면**: 흔히 있을 수 있는 정상적인 상황에서 소비자가 자연스럽게 우리 제품을 쓰고 있는 것을 보여 준다(예: 식구들이 다 같이 식탁에 둘러앉아서 즐거운 표정으로 우리 회사의 커피를 마신다).

2) **생활양식**: 목표고객의 생활양식의 시대적 추세에 따른 변화를 우리 제품의 장점과 적절히 연결시킴으로써 우리 제품이 고객의 생활양식에 어떻게 부합되는지를 강조한다. 저출산시대와 1인 가구의 증감으로 소비자의 생활양식은 많은 변화를 맞이하였다. 1인 가구를 위한 원룸 및 오피스텔의 주거형태가 늘어났으며, 주방 또는 취사의 공간에서 직접 요리를 해먹는 방식에서 배달 음식이나 1인용 조제완료제품으로 식사를 해결하는 생활양식으로 변화하였다. 이는 '배달의 민족'이나 '요기요' 같은 배달 전문 애플리케이션의 탄생을 야기하였다.

3) **증언**: 전문가 혹은 평범한 소비자들로 하여금 제품의 성능이나 편익에 대해서

증언을 하게 한다(예: 맥카페트 한국 런칭 당시, 소비자 맛 테스트로 맥도날드 커피의 품질에 대해서 증언하는 장면을 광고에 담았다).

4) **과학적 증거**: 우리 회사의 제품이 경쟁사 제품들보다 낫다는 과학적 증거를 제시한다. 면도기 광고에서 이러한 과학적 증거를 자주 확인할 수 있다. 면도기 광고는 상황이나 감성에 호소하지 않고 기술적, 과학적 부분에 초점을 둔다. 예를 들어, 질레트의 면도기는 일반 면도기와는 달리, 인체 굴곡 구조에 맞춤 면도기의 회전기술과 3중 면도날을 자랑하는 광고를 선보이고 있다.

5) **상징적인 인물**: 제품을 잘 상징할 수 있는 실제 또는 가상 인물을 내세운다. 예를 들어, 유한젠은 강력한 세정력을 가졌다고 주장하며 근육질의 단단하고 강인한 외모를 풍기는 탤런트 '마동석' 씨를 광고 모델로 선정하여 기름때나 찌든 때도 강력하게 제거해준다는 광고를 선보였다.

6) **음악**: 제품과 어울리는 배경음악을 들려주거나 사람 또는 만화 속의 인물로 하여금 제품을 노래하게 한다(예: 청량음료를 광고할 때 특히 이러한 스타일이 많이 쓰인다).

이밖에도 제품에 어울리는 분위기 또는 이미지를 창출하는 방법, 회사가 그 제품을 만드는 데 필요한 전문기술이 있다는 것을 강조하는 방법, 제품 또는 제품의 사용을 어떤 환상적인 분위기와 연관시키는 방법 등이 있다.

또한 광고가 어떤 어조를 띠느냐에 따라 메시지의 전달효과가 달라진다. 예를 들면, 어떤 광고에는 재미있고 우스꽝스러운 어조가 어울리지만, 어떤 때는 그런 광고가 오히려 소비자들의 주의를 산만하게 하여 소비자들이 메시지를 기억하지 못하게 된다. 따라서 이 단계에서 마케팅관리자는 메시지제작팀과 상의하여 우리 회사의 광고에 가장 적합한 어조를 골라야 하는 것이다. 이밖에도 소비자들의 주의를 끌고 그들이 잘 기억할 수 있는 말을 찾는 것도 중요하다. 특히 광고의 표제를 정할 때는 창의력을 힘껏 발휘해야 한다.

끝으로 광고의 형태, 즉 광고의 크기·색깔·도안 등도 광고의 효과에 영향을 끼치므로 이들도 회사가 전달하려는 메시지를 가장 효과 있게 전달하는 방향으로 고안되어야 한다.

(4) 메시지의 전달자(message source)

누가 메시지를 전달하느냐도 메시지의 효과에 영향을 끼친다. 약품회사는 자사제품의 광고를 할 때 의사를 많이 쓴다. 어떤 가전제품회사는 자사의 세탁기를 광고할

때, 그 세탁기를 써 본 가정주부를 내세운다. 이 밖에도 유명한 배우·운동선수·사회
명사 등이 메시지의 전달자로 자주 등장한다. 소비자들은 대체로 메시지를 전달하는
사람이 다음의 속성들을 많이 갖출수록 그 메시지를 신뢰하는 경향이 있다.

1) **전문지식**(expertise): 메시지전달자가 해당 제품에 대해 얼마만큼 알고 있나를
   말한다. 의사·과학자·교수 등이 이 면에서 높이 평가된다.
2) **믿음성**(trustworthiness): 메시지전달자가 얼마나 객관성을 유지하고 정직한가를
   말한다. 평범한 가정주부가 가끔 텔레비전광고에 등장하는 이유는 그러한 사람
   이 하는 말이라면 믿을 수 있다고
   소비자들이 느끼기 때문이다. 예
   를 들어, 다시마의 대체 조미료로
   제품을 포지셔닝한 샘표의 '연두'
   는 조미료를 주부들(해녀나 전통적
   인 농가에서, 그리고 종갓집 며느리
   등)이 믿고 사용하는 모습을 광고
   에 담았다.

㈜샘표, 액상조미료 '연두' 광고 중 스냅샷

3) **매력**(likability): 메시지전달자가 얼마나 매력이 있는가의 문제이다. 인기배우·
   운동선수 등이 광고에 자주 나오는 것은 소비자들이 그들에게 매력을 느끼고,
   따라서 그들이 좋다고 이야기하는 제품들에 대해서도 호감을 갖게 될 가능성이
   크기 때문이다.

커피 광고모델로 소비자들이 선망하는 연예인을 캐스팅하기 위해 '함께 커피를 마
시고 싶은 사람'을 소비자를 대상으로 조사하는 예시가 있다. 프리미엄 캡슐커피머
신 카피시모가 수도권에 거주하는 20~30대 직장인 320명을 대상으로 '겨울철 스키장
에서 함께 커피를 마시고 싶은 연예인'이라는 주제로 설문조사를 실시한 결과, '국민
MC' 유재석이 1위를 차지하였다. 겸손하면서도 재치 있는 입담을 자랑하는 '국민MC'
유재석이 51%(여성 응답자 158명 중 82명)의 표를 얻으며 남자연예인 중 1위를 차지
했다.

따라서 마케팅관리자는 가능하면 위의 세 가지 면에서 모두 높이 평가되는 사람
을 골라, 그 사람으로 하여금 우리 회사의 상품에 관한 메시지를 전달하게 해야 할 것
이다.

4 매체의 선정

메시지를 만든 다음에 마케팅관리자가 해야 하는 일은 광고메시지를 전달할 광고 매체를 정하는 일이다. 구체적으로 이 단계에서 마케팅관리자가 결정해야 하는 것은 ① 자사의 광고를 몇 명의 고객에게 얼마나 자주 어느 정도의 효과로 노출시킬 것인가, ② 어떤 유형의 매체를 통해 광고를 할 것인가, ③ 어떤 특정한 매체에 광고를 줄 것인가, ④ 언제 광고를 할 것인가 등이다.

(1) 노출범위 · 노출빈도 · 노출효과의 결정

광고목적을 가장 효과적이고도 효율적으로 달성할 수 있는 매체를 고르려면 마케팅관리자는 먼저 광고의 목적을 달성하기에 필요한 노출범위(reach) · 노출빈도(frequency) · 노출효과(impact)를 정해야 한다.

노출범위란 정해진 기간 동안에 한 번 이상 자사의 광고에 노출된 사람들의 수를 말한다. 노출빈도는 정해진 기간 동안에 자사의 광고에 노출된 사람이 그 광고에 평균 몇 번 노출되느냐를 가리킨다. 노출효과는 어떤 특정 매체를 통하여 전달되는 한 노출(exposure)의 질적 가치를 의미한다. 예를 들어, 텔레비전광고는 대체로 라디오광고보다 노출효과가 크다고 이야기한다. 왜냐하면 텔레비전은 청각효과와 시각효과를 모두 전달할 수 있기 때문이다. 또 화장품광고를 여성잡지에 내는 것이 학술잡지에 내는 것보다 훨씬 더 노출효과가 클 것이다. 만일 어느 회사의 광고예산이 5억이고, 중간 정도의 노출효과를 갖는 노출의 가격이 1회당 10원이라고 하자. 그러면 이 회사는 이 돈으로 5천만 회(=5억÷10)의 노출을 살 수가 있을 것이다. 따라서 한 사람의 고객이 평균 몇 번 광고에 노출되게 하느냐에 따라 회사가 다다를 수 있는 고객의 수, 즉 노출범위는 아래에 표시한 바와 같이 달라질 것이다.

노출빈도	노출범위
4	1,250만
5	1,000만
8	625만
10	500만

만일 회사가 노출효과가 더 좋은 매체를 통해 광고를 하기로 했다고 하자. 그러면 노출의 단가가 올라가므로 회사가 같은 예산으로 구입할 수 있는 노출의 숫자는 줄어들게 된다. 따라서 노출빈도를 그대로 하려고 하면 노출범위가 적어지고, 노출범위를

유지하려고 하면 노출빈도가 줄어들게 된다. 대체로 신제품을 시장에 내놓을 때는 가능하면 많은 사람들에게 제품의 존재를 알리는 것이 중요하므로 노출범위를 많이 하도록 해야 한다. 그러나 제품이 복잡하거나 제품의 이미지를 창출하려고 할 때는 노출범위보다는 노출빈도가 더 중요시된다. 노출범위와 노출빈도를 결정할 때 또 고려해야 하는 것은 고객들이 그들이 보고 듣는 광고의 상당 부분을 기억하지 못한다는 사실이다. 그런데 이와 같은 망각률은 제품·상표·메시지마다 다르다. 따라서 우리 회사의 제품이나 메시지에 대한 망각률이 높을수록 같은 광고를 여러 번 되풀이해야 할 것이다(즉, 노출빈도가 많아야 할 것이다).

이러한 광고의 노출효과를 측정하는 방법에는 TV광고에서 사용하는 노출의 정도를 측정하는 GRP와 디지털 광고에 접속하는 소비자의 수를 측정하는 CTR이 있다.

GRP는 Gross Rating Point의 약자로 총시청률을 의미한다. 이는 광고노출률의 합을 말하며 주로 오프라인에서 사용되는 방식으로 특정 광고 스케줄에 노출된 총접촉률 또는 중복된 시청자 수로 측정된다. GRP는 노출범위(Reach Rate)와 노출빈도(Frequency)를 통해 측정되며 공식은 노출범위*노출빈도의 곱으로 계산한다.

CTR은 Click Through Rate의 약자로 고객에게 노출된 광고 횟수 대비 클릭한 횟수의 비율을 의미한다. 즉, 광고에 의해 의도된 페이지로 연결된 방문객 중 어떠한 품목을 구입하거나 제품 또는 서비스에 대한 정보를 얻는 등, 광고로부터 유도된 행위를 시행한 방문자의 비율을 측정하는 것을 의미한다. CTR(클릭률, %)은 광고 클릭 횟수/총 노출 횟수로 측정되어 진다.

 사례 **클릭률로 알아보는 디지털 광고의 효과**

클릭률(click-through rate: CTR)이란 앞서 설명한 바와 같이 특정 링크를 클릭한 사용자의 수를 이용해 특정 웹사이트의 온라인 광고 캠페인 성공 여부와 이메일 캠페인의 효율성을 측정하는 방법으로 검색광고의 효과를 측정하기 위해 주로 사용된다. 광고주의 입장에서는 클릭률을 통해 디지털 광고나 웹 사이트의 소비자 반응을 알아볼 수 있으므로 이러한 클릭률을 높이기

Subject	Sends	Opens	Opens(%)	Clicks	CTR(%)
Merry Christmas	33500	5432	16.21%	1832	5.47%
Happy Holidays	33500	3724	11.12%	971	2.90%
Merry Christmas & Happy Holidays	33500	2973	8.87%	943	2.81%

위한 방법을 고민하게 된다. 이에 대한 예로 이메일을 통해 광고를 보내면서 '크리스마스'에 대한 표현을 다르게 했을 때의 클릭률을 알아보자.

위에서 알 수 있듯이 Happy Holidays 보다는 Merry Christmas를 사용했을 때 더 많은 사용자들이 클릭을 하였다. 이를 통해 이메일 제목에 Happy Holidays라는 표현 대신에 Merry Christmas라는 표현으로 변경함으로써 클릭률이 거의 두 배 가까이 증가한 것을 확인할 수 있다. 이는 '추석 잘 보내세요'와 '명절 잘 보내세요' 중 어느 것을 소비자가 더 선호할지, 어떤 문구에 더 높은 클릭률을 보일지에 대한 시사점을 보여주고 있다.

자료원 : Wishpond's 50 A/B Split Test Conversion Optimization Case Studies.

(2) 매체유형의 결정

회사가 택할 수 있는 주요 광고매체는 신문·지상파TV·케이블TV·인터넷·라디오·잡지·옥외광고 등이다. 〈표 11-5〉에는 이러한 광고매체들의 주요 특징이 요약되어 있다. 마케팅관리자는 이러한 광고매체를 고르는 데 있어서, 특히 아래와 같은 점들을 고려해야 한다.

1) **목표고객들의 매체관습**(media habits): 예를 들어, 시사문제에 관심이 많은 중산층이 우리의 표적 집단이라면 '신동아'나 '월간조선' 같은 잡지들이 효과적일 것이고, 10대 청소년들이 우리의 목표고객이라면 인터넷이나 TV광고가 좋을 것이다.

2) **제품**: 제품의 성능을 직접 보여 줄 필요가 있는 제품은 TV와 Youtube를 활용하는 것이 좋을 것이고, 여성복 광고는 화려한 색깔로 여성잡지에 내는 것이 효과적일 것이다.

3) **메시지의 내용**: 전문적인 내용을 많이 담아야 하는 광고는 전문잡지나 우편을 통하는 것이 좋을 것이고, 짧은 시간 내에 많은 사람들에게 알려야 하는 광고는 TV나 신문이 좋을 것이다.

4) **비용**: TV광고는 신문광고보다 훨씬 비싸다. 그러나 TV광고를 해서 더 많은 고객들에게 자사의 메시지를 전할 수 있다면, TV광고가 상대적으로 더 비용이 적게 들지도 모른다. 그러므로 중요한 것은 절대비용이 아니라 1,000회의 노출을 달성하는 데 드는 비용(cost-per-thousand exposures)이다. 〈표 11-6〉은 2016년 우리나라의 매체별 매체비용을 보여 주고 있다.

| 표 11-5 | 각종 광고 매체의 주요 특징

매체	장점	단점
신문	• 많은 양의 정보를 전달. • 특정 지역이나 특정 독자층에게만 국한시켜 배포.	• 광고의 수명이 짧음.
텔레비전	• 시각과 청각효과를 동시에 추구. • 짧은 시간 내에 많은 사람들에게 광고메시지가 전달됨. • 보는 사람의 주의를 끄는 힘이 강함.	• 광고비가 비쌈. • 광고시간이 짧음. • 너무나 많은 다른 광고 속에 우리 광고가 삽입되어 있음. • 불특정 다수에게 전달
라디오	• 광고비가 저렴. 광고메시지를 방송프로와 방송지역에 맞출 수 있음. • 목표고객이 많이 사는 지역이나 많이 듣는 프로를 골라서 광고를 내보낼 수 있음.	• 제품을 보여 줄 수가 없음. • 주의를 끄는 힘이 텔레비전보다 낮음. • 광고시간이 짧음.
잡지	• 광고 수명이 김. • 목표고객이 많이 보는 잡지를 골라서 광고를 할 수 있음. • 많은 양의 정보 전달이 가능. • 신문에 내기 어려운 높은 질의 컬러광고 가능.	• 광고계약을 하고 광고가 실리기까지의 시간이 오래 걸림.
옥외 광고판· 차량	• 광고비가 저렴. • 보는 사람이 같은 광고를 여러 번 볼 수 있음.	• 불특정 다수에게 전달. • 많은 양의 정보를 전할 수 없음. • 주변환경에 좋지 않은 영향.
우편	• 목표고객의 입맛에 맞게 메시지를 제작하고 또 목표고객을 골라 우편광고물을 보낼 수 있음. • 자사의 광고만 전달 가능.	• 비교적 비용이 많이 듦. • 쓰레기 우편물(junk mail)을 보내오는 회사라는 이미지를 남길 수 있음.
케이블 TV	• 광고주가 원하는 목표고객에 대한 정확한 메시지 전달이 가능. • 광고비가 저렴. • 메시지 중심의 광고제작이 가능하고. 상세한 정보 제공	• 낮은 시청률. • 광고가 나오면 다른 채널로 변경.
인터넷	• 쌍방향의 커뮤니케이션이 가능하고 분량이나 시간에 제한이 없음. • 값싸고 빠르게 다양한 정보를 목표고객에게 보낼 수 있음. • 전 세계 모든 사람이 볼 수 있고 광고효과 측정이 용이.	• 인터넷 사용자는 자기가 관심이 없는 분야의 광고물에 대해서는 부정적. • 다양한 부가적 재미를 제공하지 않으면 다시 이용하지 않음.

마케팅관리자는 각 매체의 상대적 효능과 비용을 정기적으로 점검할 필요가 있다. 예를 들면, TV에서의 광고시간은 점점 늘어나고 광고 하나의 평균방영시간은 점점 짧아져서, TV광고는 그 효과가 옛날보다 못하다고 한다. 게다가 TV광고비는 다른 매

| 표 11-6 | 광고 매체별 매체비용 비교

	Naver	KBS	MBC 라디오	조선일보	월간조선
광고영역	네이버 초기화면 상단광고	KBS 주말 연속극	MBC 표준 FM 8시 뉴스의 광장	조선일보 1면 컬러 4단	월간조선 뒷면 컬러광고
광고비용 (천원)	14,400	14,250	1,024	61,050	15,000
도달인구 (천명)	3,510	2,005	203	3,570	464
천 명당 도달비용(원)	4,102	7,106	5,030	17,097	32,328

자료원 : 한국투자증권(2016).

체를 통한 광고비보다 더 빨리 오르는 경향이 있다. 최근 새로운 유형의 광고매체인 인터넷 광고는 이러한 기존 TV광고보다 더 큰 파급효과를 가진 것으로 보인다. 〈표 11-6〉을 통해 TV 연속극 사이의 매체비용과 인터넷 초기화면의 상단비용의 광고비용이 비슷한 것을 확인할 수 있다. 그러나 앞서 말했듯이 1,000회의 노출을 효과적으로 달성하는 것이 중요하므로 천 명당 도달비용을 비교해보면 인터넷 광고가 훨씬 낮은 비용으로(4,102원 vs. 7,106원) 천명에게 광고를 전달할 수 있는 매체인 것으로 보인다.

(3) 매체의 결정

어떤 유형의 매체에 광고를 할 것인가를 정했으면, 마케팅관리자는 이제 구체적으로 어느 매체에 광고를 줄 것인가를 정해야 한다. 예를 들어, 신문에 광고를 하기로 했다면, 동아·중앙·조선·매경·한겨레 등 여러 신문 중에서 어느 신문에 광고를 낼 것인가를 정해야 하는 것이다. 이 때 많이 쓰이는 척도가 "1,000명의 사람에게 닿는 데 드는 비용(cost per thousand persons reached: CPM)"이라는 개념이다. 예를 들어, '가'라는 신문에 전면광고를 내는 데 2,000만 원이 들고 이 신문을 읽는 사람이 약 200만 명이라면, 이 신문의 CPM은 10,000원이다. 이렇게 하여 광고주는 각 매체를 CPM이 낮은 순서대로 순위를 매길 수 있을 것이다. 매체를 정할 때는 CPM 외에도 각 매체의 독자·청중·시청자들이 얼마나 광고에 주의를 기울이며, 그들 중의 몇 %가 우리의 목표고객에 속하며, 각 매체의 편집수준이 어느 정도인가 등의 요소도 고려해야 한다.

(4) 광고일정의 결정

광고매체가 정해지면 마케팅관리자는 이제 광고일정을 결정해야 한다. 광고일정을 정할 때는 먼저 광고예산을 전 광고계획기간(보통 1년) 동안에 걸쳐 어떻게 배분할 것인가를 정한다. 그 다음 구체적으로 어느 달, 어느 주, 어느 요일, 몇 시에 광고를 할 것인가를 정한다.

광고일정의 유형에는 크게 여섯 가지가 있다.

1) **지속형**(steady): 광고기간 동안 고르게 광고한다. 매주 혹은 격주로 같은 주간잡지에 광고를 하든가 또는 매달 같은 월간잡지에 광고를 한다면, 이는 지속형으로 볼 수 있다.

2) **계절형**(seasonal pulse): 제품의 판매가 계절을 타는 경우, 제품에 대한 수요가 많은 시기에 광고를 대폭 늘린다. 예를 들어, 설날이나 추석 때 선물세트광고를 집중적으로 한다든가, 여름에 여름휴가용품 광고를 대대적으로 하는 것 등이 이에 해당된다.

3) **주기형**(periodic pulse): 연중 일정한 간격을 두고 광고한다. 이러한 광고일정을 가진 광고캠페인은 이미 잘 알려진 상품에 대해서 소비자들의 주의를 주기적으로 환기시키는 것을 목표로 하는 때가 많다.

4) **불규칙형**(erratic pulse): 일정치 않은 간격으로 광고를 하며, 매번 투입되는 광고비도 또한 일정치 않다.

5) **초기집중형**(start-up pulse): 새로운 광고캠페인을 시작하거나 신제품을 도입할 때, 혹은 판매시즌이 시작될 때 광고비를 집중적으로 쓴다.

6) **판촉지원형**(promotional pulse): 판매촉진활동을 지원하기 위한 목적으로 광고를 한다.

대체로 상품의 판매가 계절을 타지 않는다면, 광고캠페인기간 동안에 고르게 광고를 하고, 계절을 탄다면 본격적인 판매시즌이 시작되기 조금 전이나 시작된 직후에 대대적으로 광고를 하는 것이 바람직하다는 의견이 많다. 그러나 최근에는 상당히 많은 범주의 상품에 대해 주기적으로 광고비지출을 줄였다 늘였다 하는, 즉 파상광고전략(pulse advertising strategy)을 써야 한다는 주장이 나오고 있다.

이러한 주장은 광고비를 늘리면 판매량이 급격히 증가하고 반대로 광고비를 줄이면 판매량이 천천히 줄어든다는 실험결과에 근거를 두고 있다([그림 11-5] 참조). 따라서 똑같은 광고예산을 균등하게 지출했을 때(지속형)와 주기적으로 증감시켰을 때(파

그림 11-5　광고비지출의 증감에 따른 판매량변화

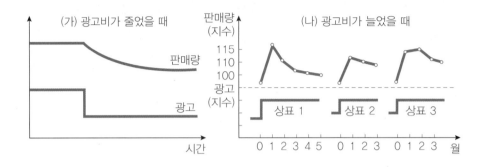

그림 11-6　지속형 광고 일정과 파상형 광고일정의 비교

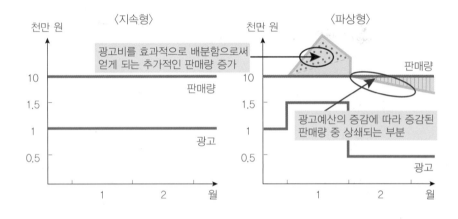

상형)의 효과가 크게 다를 수 있다. 이것을 그림을 통해 알아보자.

　　[그림 11-6]의 왼쪽 그림은 기업이 매월 일정하게 1천만 원씩 광고비를 투입하는 경우이다. 판매액은 매월 1억 원에 이르고 있다. 오른쪽 그림은 파상전략을 썼을 때의 상황이다. 이 경우 출발시점에서의 판매상황은 같다고 가정하자. 다만, 두 달 동안의 광고예산 중 첫 달에 1천 5백만 원, 둘째 달에 5백만 원을 투입한 경우다. 그림의 빗금 친 부분은 광고예산의 증감에 따라 증감된 판매량 중 서로 상쇄되는 부분이다. 그러나 점들로 표시된 부분은 광고비를 효과적으로 배분함으로써 얻게 되는 추가적인 판매량 증가를 나타내준다. 이러한 효과는 많은 내구재 및 비내구재에 대한 실증분석에서 증명된 바 있다. 그러나 이러한 연구결과가 모든 상품에 적용되는 것은 아니다. 따라서 마케팅관리자는 우리 회사의 제품과 시장의 특성에 비추어 보아 광고목표를 가장 잘 달성할 수 있는 광고일정을 짜야 하는 것이다.

5 광고효과의 측정

목표고객을 상대로 커뮤니케이션을 했으면 회사는 반드시 그 효과를 측정해야 한다. 이것은 주로 아래와 같은 사항들에 대해 조사하는 것을 의미한다.

- 회사가 내보낸 메시지를 고객들이 기억하는가?
- 메시지내용의 어떤 점을 고객들이 기억하나?
- 메시지에 대해 고객들이 어떻게 느끼고 있나?
- 메시지를 보기 전과 보고 나서의 고객들의 우리 회사제품에 대한 태도는 어떤가?
- 메시지를 보고 나서 우리 회사제품을 실제로 산 사람이 몇 명이고, 좋아하게 된 사람은 몇 명인가?

기업이 광고에 쏟아 놓는 엄청난 돈이 기업 마케팅전략의 성공 여부에 끼치는 큰 영향을 생각하면, 광고 효과에 관한 정보는 기업이 자사의 마케팅활동을 제대로 관리하는 데 꼭 필요하다. 그러나 광고효과를 제대로 측정하기란 참으로 어려운 일이다. 어느 방법을 쓰든 간에 다 문제점이 있기 때문이다. 광고효과를 측정하는 방법들은 무엇을 측정하느냐와 언제 측정하느냐에 따라 〈표 11-7〉에 있는 바와 같이 나눌 수 있다. 먼저 커뮤니케이션효과를 측정하는 방법들부터 알아보자.

| 표 11-7 | 광고 효과 측정 방법

측정대상 ＼ 측정시기	사전	사후
커뮤니케이션 효과	직접평가 포트폴리오테스트 실험실테스트	기억테스트 식별테스트
판매효과	시장에서의 실험	통계기법

(1) 커뮤니케이션효과의 측정

커뮤니케이션효과를 측정하는 방법들은 글자 그대로 특정 광고의 커뮤니케이션효과, 즉 어떤 특정 광고가 소비자들의 자사제품에 대한 인지·선호·태도 등에 어느 정도 영향을 끼치느냐를 측정한다. 이런 측정은 광고를 실제로 하기 전에 할 수도 있고(사전시험), 광고를 한 다음에 할 수도 있다(사후시험). 커뮤니케이션효과를 사전에, 즉 광고를 하기 전에 측정하는 방법에는 크게 세 가지가 있다.

1) **직접평가**(direct rating): 이것은 몇 명의 소비자들로 이루어진 심사원들에게 몇 개의 광고를 보여 주거나 들려주고, 그들로 하여금 그 광고들을 평가하게 하는 방법이다. 이 방법은 물론 광고의 실제효과를 측정하기에는 미흡하지만, 마케팅관리자는 이 방법을 통해 가능성이 높은 광고와 그렇지 않은 광고를 어느 정도 가려 낼 수 있다.

2) **포트폴리오테스트**(portfolio tests): 이것은 소비자들에게 여러 개의 광고를 그들이 원하는 만큼 충분한 시간 동안 보여 주거나 들려 준 다음, 그들로 하여금 광고와 광고의 내용을 기억하게 하는 것이다. 이 때 조사자가 소비자들이 기억을 더듬는 것을 도와 줄 수도 있고 그냥 놔둘 수도 있다. 소비자들이 이 때 어느 광고를 얼마나 잘 기억하느냐는 그 광고가 다른 광고에 비해 얼마나 두드러지고 또 그 광고의 메시지가 얼마나 잘 이해되고 기억되느냐를 나타내는 것이다.

3) **실험실테스트**(laboratory tests): 이것은 실험실에서 특수한 장비를 써서 광고에 대한 소비자들의 생리적 반응 — 혈압, 땀, 심장의 고동, 눈동자 크기의 변화 등 — 을 측정하는 방법이다. 이 방법으로 우리는 어느 특정 광고가 소비자의 주의를 끄는 힘을 측정할 수는 있지만, 그 광고가 소비자의 태도·믿음·구매의도 등에 어떤 영향을 끼치는지는 알 수 없다.

광고를 하고 나서, 즉 사후에 커뮤니케이션효과를 측정하는 방법에는 크게 두 가지가 있다.

1) **기억테스트**(recall tests): 이것은 자사제품의 광고를 한 매체에 노출된 소비자들로 하여금 그들이 그 매체를 통하여 보거나 들은 광고주와 상품을 기억하게 하는 것이다. 이렇게 하여 얻은 결과는 자사광고가 얼마나 소비자들의 주의를 끌고 또 그들의 머릿속에 남는가 하는 것을 나타내 주는 것이다.

2) **식별테스트**(recognition tests): 이것은 어떤 매체에 노출된 소비자들에게 아래와 같은 질문을 하여 그들이 자사의 광고를 얼마나 식별하고 있는지 알아보는 방법이다.

• 그 매체에서 자사의 광고를 본 기억이 있는가?
• 그들이 본 기억이 있는 광고가 자사의 어느 제품에 관한 광고였는가?
• 그 광고의 내용을 어느 정도 기억하는가?

광고효과 측정: TV광고와 디지털광고의 광고효과 측정

 디지털 영상광고를 집행하고 있는 광고주의 비중은 약 52%로 추정되며 디지털 기술의 발달로 디지털 영상의 비중은 더욱 증대할 것으로 기대된다. 다양한 디지털 채널 유형이 등장하면서 매체별 광고효과를 어떻게 측정할 수 있을까? 매체력을 평가하는 가장 기본적인 방법은 사용자들이 매체를 얼마나 자주 많이 이용하는가이다.

 [그림 11-7]을 보면, 온라인과 모바일에 대한 매체별 이용량은 현재 지상파 TV와 비교해서 자체적으로 충분한 도달력을 가진 것을 유추할 수 있다. 또한 3스크린(TV, PC, Mobile) 내에서 디지털(PC, Mobile)의 이용시간은 최소 18%~최대 32%에 이를 것으로 추정된다.

그림 11-7 TV와 디지털 영상 이용시간 및 광고비

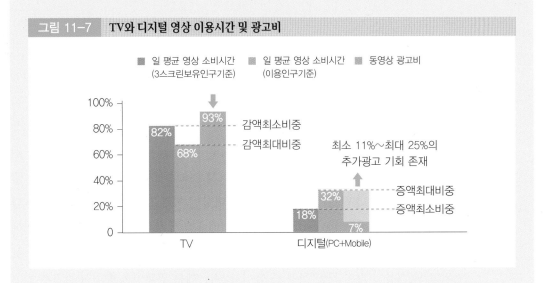

 이러한 디지털 영상의 노출과 사용의 전략적인 계획은 영상광고 효과의 측정에서 시작된다. 브랜딩 캠페인에서 목표 타겟에게 메시지 전달을 높이기 위해 Impressions, GRPs, Reach, Views 등의 지표를 기반으로 마케팅 전략의 효과를 측정한다. 유사하게도, TV의 효과 측정에서 가장 일반화된 측정지표는 GRP와 Reach인데, 이 지표들은 시청률 데이터가 기초자료로 이를 통해 광고효과 데이터가 산출된다. 미국의 IAB(Interactive Advertising Bureau)와 MRC(Media Rating Council)는 디지털 광고효과 측정에 대한 "Viewable Impressions"의 가이드라인을 제시하였는데, 영상광고 노출의 경우 화면에 50% 이상의 픽셀이 2초 이상 지속적으로 노출될 경우를 측정 표준으로 할 것을 권고한다. 현재 대부분의 주요 채널의 광고회사는 이를 따르고 있으며 디지털 영상은 각 디지털 채널이 보유한 서버를 통해 측정된 Viewable Impressions의 기초자료를 제공한다. 그리고 이렇게 측정된 Viewable Impressions와 중복 제거된 Viewable Impressions(Unique User)를 기반으로 GRP와 Reach를 산출한다.

디지털 영상은 광고가 노출된 이후 종료까지 광고 노출, 끝까지 시청 완료한 횟수, 구간(4분위)별 재생수 등을 제공하며, 이를 기준으로 얼마나 광고가 노출되었고 얼마나 길게 보았는지 메시지에 대한 전달력의 평가가 가능하다.

이처럼 TV와 디지털은 측정방식이 다르기 때문에 완벽히 통제한 상태에서 두 채널의 광고효과를 비교하는 것은 매우 어렵다. 하지만 위에서 제시한 측정방식을 통해 TV와 디지털 매체의 광고 효과를 측정하고 비교할 수 있다. 이러한 비교를 통해 기업의 관점에서, TV광고와 디지털 매체를 통한 광고의 배분과 채널별 매체믹스를 최적화할 수 있는 균형점을 찾도록 한다.

자료원 : 나스Media(2018).

(2) 판매효과의 측정

판매에 영향을 미치는 요소에는 광고 외에도 여러 가지가 있으므로 광고의 판매에 대한 효과를 정확히 알아내기는 무척 어렵다. 기업이 본격적으로 대대적인 광고를 하기 전에 광고의 판매효과를 측정하기 위해 흔히 쓰는 방법이 시장에서의 실험(market experiments)이다. 이것은 아주 비슷한 시장을 몇 개 골라, 어느 시장에서는 광고를 전혀 안하고 다른 시장들에서는 광고를 하되 각 시장에서의 광고비지출을 달리하여 광고의 판매효과를 측정하는 방법이다. 실험의 대상인 여러 시장들이 광고를 제외한 다른 면에서는 모두 비슷하므로 각 시장에서의 매출액의 차이는 광고비지출의 차이에 기인한다고 볼 수 있다. 그러나 이 방법의 실험결과를 제대로 알려면 실험을 오래 해야 되고 또 비용이 많이 드는 것이 큰 흠이다. 최근에는 인터넷을 통해서 광고의 판매효과를 효과적으로 측정하는 것이 가능해졌다. 광고를 보는 타겟의 인구통계학적 특성에 따라서 서로 다른 집단들을 나누어서 특정 집단의 사람들에게는 광고를 보여주고 다른 집단의 사람들에게는 광고를 보여주지 않음으로써 광고를 한 집단과 하지 않은 집단 간의 광고 판매효과를 측정할 수 있다. 이처럼 인터넷의 등장은 광고 효과의 측정에서도 이전에는 가능하지 않았던 새로운 측정방식들을 가능케 하였다.

광고를 하고 나서 광고가 판매에 어느 정도 영향을 끼쳤나를 알아보기 위해서는 흔히 통계기법을 쓴다. 이것은 판매를 광고비와 기타 판매에 영향을 주는 다른 변수의 함수로 표시하는 통계모델을 만들어서, 이 모델을 통계 처리하여 그 결과를 분석하는 방법이다. 이 방법은 광고의 질적인 면을 반영하기 힘들다는 흠이 있지만, 잘 만들어진 통계적 광고모델은 광고의 판매효과에 대한 상당히 정확한 정보를 경영자에게 제공해 줄 수 있다.

지금까지 논의한 광고효과 측정기법들은 모두 다 나름대로 쓸모가 있지만, 모든 기법이 문제가 없는 것은 아니다. 더 좋은 기법을 개발하려는 노력이 꾸준히 계속되고 있다. 특히, 빅데이터의 등장으로 고객의 마케팅활동에 대한 반응을 실시간으로 측정하고 이를 기반으로 개별 고객에게 맞춤화된 마케팅활동(제품의 추천, 제품의 판촉활동, 개인화된 맞춤광고 등)을 실시하는 실시간 기반의 개인화된 마케팅이 더욱 중요해지고 그 효과를 측정하는 기법들도 더욱 더 정교해지고 있다. 그러므로 개별 고객에 대한 광고의 효과를 완벽하게 측정할 수 있는 기법들도 가까운 장래에 개발될 것으로 예상되고 있다. 하지만 마케팅관리자는 되도록이면 두 가지 이상의 방법을 써서 광고의 효과를 측정하여, 한 가지 방법에만 기댐으로써 범하기 쉬운 광고효과의 오판의 가능성을 줄이는 것이 좋다.

사례 **Personalized Advertising(개인화 광고)의 시대**

최근에는 급속하게 발전하는 사물 인터넷(IoT)을 통해서 개인화(Personalization)마케팅 시대로 이동하는 경향을 보이고 있다. 실제로 개인화 마케팅의 핵심은 기업 입장에서 개개인의 소비자들에게 적합한 제품정보와 사용정보, 프로모션 정보를 실시간으로 제공할 수 있으며, 소비자 입장에서는 제품이나 서비스를 활용하면서 언제든지 상호작용을 가질 수 있다는 점이 장점이다. 즉, 개인화 마케팅 환경 하에서는 기존의 마케팅 영역에서 별도로 다루어오던 정보탐색과 구매의사결정 과정이 하나로 묶이면서 기업과 소비자의 상호작용이 가능해진 것이다.

기업은 개인화 광고를 위해 먼저 소비자들의 정보탐색 과정에서는 개개인의 인터넷 상의 정보를 추적하여 소비자들을 구매로 이끄는 고객추적 프로그램을 활발하게 실행하고 있다. 예를 들어, 기업은 개인화된 쿠폰 광고를 적극적으로 제안하며 성과로 이끌고 있다. 최근 롯데마트가 운영 중인 옴니채널 쿠폰 서비스 'M쿠폰 애플리케이션'은 개인화된 쿠폰에 지역 기반 제휴 할인 등의 기능을 추가하는 등 생활밀착형 앱으로 운용되면서 10개월 동안 해당 서비스를 시범 진행한 결과 개인화 쿠폰이 일반 쿠폰보다 약 40% 높은 회수율을 나타났으며, 사용 횟수도 일반 쿠폰에 비해 10% 정도 높은 것으로 나타났다.

이와 같이 실시간 데이터 수집을 통해 개인화 광고는 계속해서 발전되어질 것이며 이러한 개인화 광고는 기업에서 효과를 측정하기가 보다 수월하며, 실시간 고객 데이터를 통해 고객반응을 피드백 받을 수 있는 시스템으로 연결될 것이다.

제3절 광고의 최근 트렌드

인터넷 광고시장은 최근 몇 년간 폭발적인 성장세를 나타내고 있다. 1995년 49억 원에 불과했던 광고시장의 규모가 매년 배 가까운 성장세를 보이며, 2002년에 1,850억 원, 그리고 2007년에는 1조 200억 원의 시장으로 성장하였으며, 이후 2018년에는 인터넷 광고시장이 4조 1,310억 원의 시장으로 높은 성장세를 보여주고 있다. (〈표 11-1〉 참조). 이처럼 인터넷 광고시장이 커진 이유는 먼저 인터넷 이용자가 크게 늘어남과 동시에 새로운 온라인 광고기법들이 개발됐기 때문이다. 이를 통해 인터넷 광고효과에 대해 기업들이 점점 더 크게 인식하게 되었기 때문이다. 또한 기존의 전통적인 광고 매체들은 규모가 큰 기업들이 주도하고 있어서 중소형 기업들이 이 매체를 이용하는 데 힘든 점이 많았었다. 그러나 인터넷 미디어는 중소형 광고주들이 보다 편리하게 접근할 수 있게 함으로써 인터넷 미디어를 활용하는 광고주의 폭을 확대시켰다. 그럼 이러한 인터넷 광고의 등장 이후 중요한 트렌드에 대해서 살펴보도록 하자.

1 Triple Media

디지털 시대의 광고는 다양한 매체(Touchpoint)를 통해 전달된다. 광고의 본질은 앞서 설명했듯이 메시지가 주가 되며 이러한 메시지의 콘텐츠를 누가 생성하고 결정하는지가 중요하다. 바로 이 콘텐츠의 내용을 누가 결정하는가를 기준으로 언드 미디어(Earned Media)와 페이드 미디어(Paid Media) 그리고 온드 미디어(Owned Media)로 나뉘게 된다([그림 11-8] 참조).

(1) 페이드(Paid) 미디어

전통적인 광고의 방식으로 기업이 돈을 지급함으로써 미디어에 게재되는 콘텐츠의 내용을 컨트롤한다는 의미에서 페이드 미디어라고 한다. 페이드 미디어에는 전통적인 TV광고, 신문, 잡지 등의 광고와 배너광고, 검색광고 등의 인터넷광고가 포함되며 광고비용이 매우 높은 편이다.

(2) 온드(Owned) 미디어

온드 미디어란 말 그대로 미디어의 운영자에게 게재된 콘텐츠 내용의 결정 권한이 있으며, 운영 주체인 기업의 입장에서 해당 미디어를 소유하고 있어서 온드 미디어라고 말한다. 흔히 자사 미디어, 자사 채널이라고도 불리는 기업 홈페이지, 기업 공식 블

그림 11-8   Triple Media

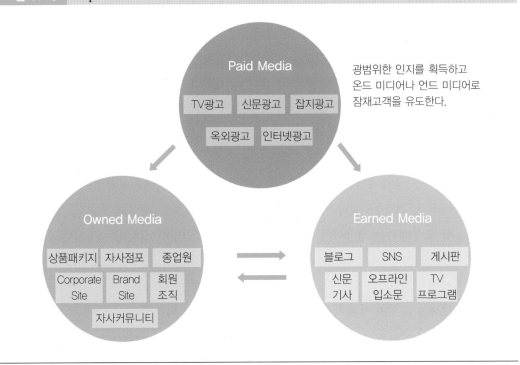

콘텐츠의 내용의 결정에 기업이 전혀 관여할 수 없는 미디어를 기업 입장에서 언

로그, 마이크로 사이트, 기업 직영 전자 상거래 사이트, 페이스북/유튜브/트위터/인스
타그램 같은 소셜미디어 안에서 기업이 직접 운영하는 공식 채널 등을 온드 미디어의
대표적인 예로 들 수 있다. 온드 미디어는 고객들에게 계속해서 새로운 콘텐츠를 제
공함으로써 고객과 장기적인 관계를 형성하는 것을 목표로 한다.

(3) 언드(Earned) 미디어

콘텐츠의 내용의 결정에 기업이 전혀 관여할 수 없는 미디어를 기업 입장에서 언
드 미디어(Earned Media)라고 한다. 예를 들어, 신문이나 잡지사의 제품에 대한 독립
적인 분석 기사, 리뷰 전문 사이트에 게재된 전문가나 일반 고객들의 리뷰 기사, 페이
스북/유튜브/트위터/인스타그램 같은 소셜미디어 안에서 소비자들이 자발적으로 만
들어낸 기업과 제품에 대한 글이나 동영상 등은 언드 미디어의 대표적인 예시이다.
기업이 콘텐츠 내용의 결정에 영향을 미칠 수는 없으나 기업의 입장에서 자사와 관련
된 콘텐츠를 획득한 것과 같으므로 언드(Earned) 미디어라고 한다.

2 네 가지 진실의 순간(Moment of Truth)과 광고

'Moment of truth'. 보통 MOT라고 줄여 말하는 이 용어는 'Moment De La Verdad' 라는 스페인 투우 용어(투우사가 소와의 대결에서 마지막 검을 급소에 찔러 소의 숨을 거 두게 하는 순간)에서 유래했다. 말 그대로 '진실의 순간'이다. '고객이 광고를 볼 때, 회 사 로비에 들어설 때, 직원으로부터 제품과 관련된 서비스를 받을 때, 우편으로 받은 청구서를 처음 읽을 때'가 바로 진실의 순간이다. 이때 고객의 마음을 사로잡으면 브 랜드에 대한 고객의 충성도가 올라간다.

최근 구글에서 발표된 보고서에서는 소비자의 구매의사결정을 기반으로 하여 Four MOT(Four Moment of Truth)라는 새로운 모델을 제시하고 있다. 첫 번째는 제 품을 구매하는 단계에서 특정 제품을 살지 안 살지를 결정하는 진실의 순간으로서 FMOT(First MOT)라고 불린다. 두 번째, 구매한 제품을 사용하고 경험하면서 고객이 어떤 감정을 느끼는가가 중요한 진실의 순간으로 SMOT(Second MOT)라고 불린다. 세 번째는 고객이 제품후기 등을 통해 자신의 생각과 의견을 다른 소비자들과 공유하는 순간이 중요한 진실의 순간이므로 TMOT(Third MOT)로 불린다. 그리고 구매 이전의 단계에서 소비자가 온라인을 통해 제품에 대한 검색을 통해 제품에 대한 자신의 선호 를 형성하는 중요한 진실의 순간을 ZMOT(Zero MOT)라고 한다. 구매 전에 제품을 인 지하고 다른 제품들과 비교를 통해서 제품에 대한 태도를 결정하는 단계에서 다른 소 비자들의 제품구매와 사용경험을 검색하는 활동이 중요한 역할을 하고 있으며 이 단 계가 Zero MOT를 형성하여 전체적으로 총 네 가지의 진실의 순간(MOT)이 존재한다 는 것이다.

이러한 진실의 순간(Moment of Truth)의 4단계에 따라 기업은 각 단계에 맞는 광고 전략을 취할 수 있다. 특히, 기업은 광고를 통해 제품 및 서비스에 대한 인지도를 높 이고 호의적인 태도를 형성하는 광고를 만들기 위해서 노력해야 할 뿐 아니라 구매 이전의 진실의 순간인 ZMOT에서 고객에게 제품 및 서비스에 대한 검색을 보다 용이 하게 할 수 있는 정보를 전달하여야 한다. 제품에 대한 구매를 결정하는 진실의 순간 인 First MOT에서는 온라인을 통해 보다 세분화된 타겟에게 광고를 전달할 수 있어 야 한다. 최근에는 모바일 마케팅의 발달과 빅데이터의 도입으로 소비자의 구매 여정 을 파악하는 것이 보다 용이해졌다. 기업은 이 단계에서 고객의 과거 구매 데이터를 통해 고객이 과거에 구매했던 제품과 유사한 속성을 담은 제품을 추천하는 맞춤 광고 를 모바일을 통해 전달할 수 있다. 또한 구매한 제품을 사용하고 경험하는 SMOT 단 계에서는 제품의 사용경험과 관련된 고객의 경험 데이터를 수집하고 이러한 고객의 사용경험이 TMOT(Third MOT)인 경험의 공유단계에서 더욱 확산되고 공유될 수 있도록 지원하는 마케팅활동을 하여야 한다.

사례 Sungevity의 진실의 순간을 앞당기는 광고

Sungevity는 태양열 판넬을 판매하는 회사로 2007년 창립한 네덜란드의 기업이다. Sungevity는 초기 사업단계에서 많은 광고비용을 지불할 수 없다는 점을 인식하고 효과적으로 고객들의 의사결정을 도울 수 있는 프로세스를 만들기로 하였다. 그것은 외부적 지형 데이터와 고객 및 인구 데이터를 활용하여 타켓 고객에게 이메일을 통해 광고를 전달하는 전략으로 전통적인 매체가 아닌 자사의 이메일과 온드 미디어를 통해 광고를 전달하는 것이었다.

Sungevity는 먼저 태양열 판넬 설치를 할 수 있는 지형의 고객에게 이메일 통해 자사를 알리는 광고를 전달한다. 이메일을 받은 고객이 이메일에 첨부된 링크를 클릭하게 되면 고객은 회사의 온라인 사이트로 이동하게 된다(IQuote: To Take Solar Online). 회사의 온라인 사이트에 접속하게 되면 자동적으로 자신의 집에 태양열 에너지 판넬이 세워진 가상의 이미지를 시각적으로 확인할 수 있으며(To Automate Design), 실제 제품을 설치하게 될 경우의 비용과 예상되는 에너지 절감액을 보여준다(Track Installation Online). 이후 광고를 본 고객이 태양광 판넬의 설치에 관심이 생기게 되면, 아래 그림에 나와 있듯이, 회사 사이트 안에 있는 'Automated Home Visit'라는 링크를 클릭하게 된다. 이 클릭을 통해 고객은 회사의 설치 전문가의 온라인상의 가정방문(Home Visit)으로 연결될 수 있다. 여기서는 회사의 설치전문가가 시각화된 자료와 함께 온라인상에서 고객의 질문들을 응답하고 구매의사결정에 필요한 서비스를 실시간으로 제공한다

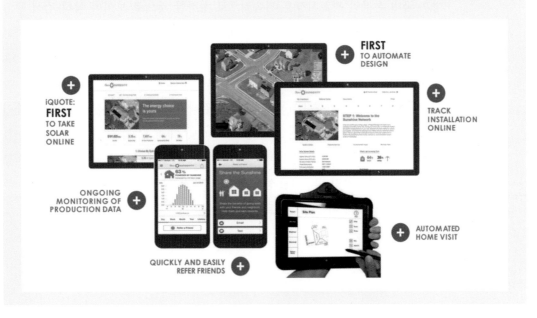

(Automated Home Visit). 이후 고객들에게는 실제 태양광을 설치한 이웃의 정보와 에너지 비용 절감 내용이 온라인상으로 모바일 앱을 통해서 전달되어진다(Quickly and Easily Refer Friends). 또한 실제 제품을 구매한 구매자들의 경험에 대한 후기를 소비자에게 보여줌으로써 고객은 구매의사결정을 내리는데 보다 빠른 결정을 하게 된다. 결과적으로 이러한 일련의 과정은 고객들의 구매의사결정을 효율적으로 도와줌으로써 진실의 순간을 앞당기는 효과를 가져왔고, Sungevity는 매우 높은 성과를 올리게 되었다.

자료원: HBR(2015), Competing on Customer Journeys.

③ 새로운 media를 활용하는 광고

(1) 검색광고

검색광고란 검색엔진에서 사용자가 특정 키워드로 검색했을 때 검색결과물의 특정 위치에 광고주의 사이트가 검색결과로 노출될 수 있도록 하는 광고기법을 의미한다. 즉, 그 제품을 사고자 하는 사람들이 직접 검색하여 찾아가는 능동적이고 적극적인 광고라는 점에서 기존의 전통적인 광고와 다르다고 할 수 있다. 검색광고는 배너광고에 비해 클릭률이나 광고를 통한 구매 전환율이 높고, 광고로부터 느끼는 거부감이 적을 뿐 아니라, 배너광고에 비해 보다 더 타겟에 적절한 광고를 제공할 수 있다는 장점을 가지고 있다.

향후 국내 온라인 광고시장은 지속적으로 성장할 것으로 보이며 특히 검색 광고시장은 더욱 성장할 것으로 전망된다. 전체 광고비에서 온라인 광고시장이 차지하는 비중은 2009년의 17.1%에서 2010년에는 18.3%로 성장하였으며, 2017년에는 34.5% 2018년에는 35.6%로 그 비중이 점차 늘어나고 있음을 확인할 수 있다(〈표 11-1〉 참조). 전체 인터넷 광고의 약 2/3 이상은 바로 검색광고일 정도로 검색광고의 비중이 증가하고 있다. 검색광고 시장은 주로 CPC(Cost Per Click, 실제 클릭이 일어난 횟수만큼 광고비를 지불하는 방식) 방식의 수익모델을 사용하기 때문에 공중파 및 신문 등 전통적인 광고시장보다 가격대비 효율성이 높고, 검색광고는 매출에 직접적인 영향을 주기 때문에 검색광고의 비중은 앞으로 더욱 높아질 것으로 기대된다.

지난해 구글의 모기업 알파벳은 1100억 달러(약 117조 6천억 원)의 매출을 기록했다. 매출 대부분은 광고에서 나온다. 광고를 통한 선순환 구조를 만들기 위해선 광고가 소비자와 광고주 모두에게 도움이 돼야 하며 이에 구글은 모두를 위한 디지털 광고 생태계를 만들어 나가겠다고 밝혔다. 구글은 4월 12일(현지시간) 싱가포르에서 아태지역 기자간담회를 열고 플랫폼 생태계에 있어서 광고의 중요성을 강조했다. 멜라니 실바 구글 아태지역 마케팅 전략 및 오퍼레이션 매니징 디렉터는 "광고는 오늘날의 인터넷을 무료로 이용할 수 있으면서 개방적인 곳으로 유지해준다"라며 "광고는 우리가 매일 온라인에서 사용하는 뉴스, 비디오, 모바일 앱, 이메일, 그리고 구글의 모든 서비스 등을 위한 자금의 원천이 된다"라고 말했다.

소비자 관점에서도 필요할 때 신뢰할 수 있는 유용한 정보를 도움이 되도록 제공한다면 광고도 유용하게 작용한다. 광고주 입장에선 가장 적은 비용으로 최대 매출을 이끌고 상품 인지도를 높이는 메시지를 전달해야 한다. 구글의 원천은 검색광고다. 검색 광고는 소비자가 원할 때 광고를 보여주고 실제로 소비자들이 클릭한 결과에 대해서만 광고비를 청구한다. 광고비는 사용자가 검색할 때마다 작동하는 자동 경매 방식으로 책정된다. 구글은 고객이 원하는 정보가 최상단에 위치하도록 검색 결과를 설계했으며 웹페이지나 웹사이트에 내용에 맞는 적절한 광고를 게재해주는 디스플레이 광고 애드센스의 기능을 추가하였다. 이밖에도 앱에서 수익을 창출할 수 있도록 도와주는 애드몹, 유튜브 광고 등이 있다. 구글은 디지털 생태계를 위해 소비자에게는 적재적소의 광고를 제공하기 위해 2018년에만 검수자 1만 명 정도를 고용하여 악성광고 및 부적절한 광고를 제거하고자 노력하였다.

자료원: BLOTER(2018), 구글, "모두를 위한 디지털 광고 생태계 만들겠다".

(2) 배너광고(Banner Ad)

배너광고는 웹 페이지상의 사각형 상자 모양의 영역에 표현된 광고로, 그래픽이미지에 마케팅 또는 광고메시지를 넣어 인터넷상에 노출시킴으로써 이 배너를 클릭하는 사람들을 그 제품의 사이트로 연결시키고 제품에 대한 상세한 정보를 제공함으로써 구매의도를 유발시킨다. 최초의 배너광고는 1994년 10월 27일 미국 통신회사인 AT&T의 광고를 Hotwired에서 게재한 것으로 알려져 있으며 최근까지 인터넷광고로 가장 널리 활용되어 왔다. 배너광고는 제한된 할당 면적 하에서 방문자에게 최대한 많은 클릭을 유도하기 위해 다양한 형태로 발전되어오고 있다. 애니메이션을 사용한 배너광고, 플래시 배너광고, 전면삽입광고와 함께 사용하는 방법, 배너광고에 검색기능을 추가하는 방법 등을 통해 그 기능을 강화시키고 있다. 최근에는 우리나라 온라인 광고시장에서 차지하는 비중 면에서 배너광고가 검색광고에 밀리고 있고, 성장률도 검색광고에 비해 떨어지고 있다.

(3) 블로그광고(Blog-Ad)

블로그(blog)라는 용어는 웹(web)과 항해일지를 뜻하는 로그(log)의 줄임말로, 1997년 미국에서 처음으로 등장하였다. 블로그는 일반인들이 자신의 관심사에 따라 일기, 칼럼, 기사 등을 자유롭게 올릴 수 있을 뿐 아니라 개인적인 출판, 방송, 또는 새로운 커뮤니티 형성까지 다양한 형태를 취하는 일종의 1인 Media라고 볼 수 있다.

인터넷에 형성되고 있는 다양한 블로그들은 고객과 기업이 함께 참여하는 상호작용적 커뮤니케이션이 가능하다는 점과 고객 간의 커뮤니케이션이 활발히 이루어진다는 점에서 기업과 고객, 그리고 고객과 고객을 연결하는 새로운 형태의 매체라고 할 수 있다. 또한 블로그들은 사용자들의 관심사에 따라 분류가 가능하므로 광고주들이 타겟층에 대한 접근이 용이하기 때문에 다양한 커뮤니케이션활동에 활용되고 있다.

블로그를 매체로 하여 기업들의 광고가 이루어지는 것을 블로그광고라고 할 수 있는데, 이러한 블로그광고는 1인 Media를 통한 접촉이기 때문에 신뢰성이 크고 더불어 인터넷의 빠른 전파력의 속성을 함께 갖춤으로써 매우 효율적인 광고효과를 나타낼 수 있다. 특히 블로그광고는 구전을 통하여 관계의 강도가 큰 동류그룹 사이에 빠른 속도로 전파될 수 있다. 이는 구전마케팅을 효율적으로 구현할 수 있게 한다. 또한 블로그광고는 온라인광고 중에서 배너광고보다 상대적으로 비용이 저렴하다.

그러나 이러한 블로그 광고는 검색광고나 개인 프로필 기반의 플랫폼을 제공해주는 SNS로 그 무대를 옮기고 있다. 인터넷에 게시하는 콘텐츠들이 SNS기반의 플랫폼에서 이루어지기 때문이다. 특별한 이유 없이 블로그 노출도나 방문수가 줄어드는 것에 큰 위협을 느낀 블로거들은 보다 광고 모델의 수익이 확실한 SNS 플랫폼으로 이탈하고 있다.

(4) SNS광고

SNS광고는 온라인상에서 인맥을 새롭게 쌓거나 기존 인맥과의 관계를 강화할 수 있는 서비스인 SNS를 활용한 광고로, 기업에서는 SNS를 통해 소비자들과의 커뮤니케이션 수단으로 사용할 수 있다. 기업은 소비자와의 커뮤니케이션을 통해 기업 및 브랜드의 이미지를 전달하고 자연스럽게 광고를 노출시키고자 고객과의 소통 플랫폼 기반을 광고에 활용할 수 있다.

SNS 광고의 장점은 소셜 네트워크를 통해 고객에게 광고가 전달되는 확산의 속도가 다른 매체의 광고보다 빨리 이루어 질 수 있다는 점이다. 매일경제(2018)의 보도에 따르면, 전 세계의 소셜미디어 사용자가 30억 명에 달하며 하루 평균 SNS 이용 시간은 35.5분으로 많은 소비자들이 SNS를 사용하고 있는 것을 알 수 있다. 이러한 고객들에게 기업은 SNS플랫폼에 계정을 생성하여 다양한 콘텐츠와 광고를 전달하고 있다.

SNS광고는 쌍방향의 의사소통이 가능한 광고채널이며 제품이나 기업, 브랜드를 직접적으로 전달하는 다른 광고매체의 보완재 역할을 한다.

SNS의 광고 중에서도 시각적 콘텐츠는 다른 유형의 콘텐츠보다 소셜미디어 상에서 확산 및 공유될 가능성이 40배 이상 더 높으며, 기업에서도 이 같은 콘텐츠 유형별 차이를 이해하여 SNS 광고를 시행하고 있다. 특히, 가장 많은 사용자 수를 보유하고 있는 페이스북(facebook)은 전 세계 인구의 22%가 사용하고 있으며, MAU(Monthly

| 그림 11-9 | 페이스북(facebook) 광고 가이드라인 |

Active Users)가 약 21억 명에 달하는 채널로 광고의 확산 속도가 매우 빠르다는 것을 장점으로 SNS 광고를 주도하고 있다. 페이스북을 통한 광고는 시각적 콘텐츠를 통해 이루어지며 광고 이미지 내에 텍스트를 삽입하여 전달하고자 하는 메시지를 짧고 강렬하게 전달하도록 구성되어 있다. 페이스북 광고 가이드라인에 따르면 이미지 크기의 20%가 넘는 텍스트가 들어간 경우 광고를 진행할 수 없다.

페이스북 광고 시스템은 불특정 다수를 타켓으로 하는 것이 아니라 [그림 11-9]에서 보여주듯이 성별, 연령, 지역을 통한 1차 타겟팅과 직업, 관심사 등을 고려한 2차 정밀 타겟팅, 그리고 주제와 타겟에 맞는 콘텐츠의 맞춤기획으로 매우 효율적으로 설정할 수 있도록 되어 있다. 이러한 타켓 맞춤을 통해 기업의 제품과 브랜드에 관심이 있는 고객들에게 광고가 보다 쉽게 노출될 수 있도록 유도한다.

(5) 동영상광고

디지털 마케팅 전문회사 메조미디어는 '2018년 상반기 업종분석 리포트'에서 2018년 상반기 국내 인터넷 동영상광고로 유튜브가 1천 167억 원(34.4%), 페이스북이 1천 15억 원(29.9%)의 매출을 올린 것으로 분석했다. 디지털 영상광고를 집행하고 있는 광고주의 비중은 약 52%로 추정되며 자체 조사에 따르면 대행사의 디지털 예산배분 계획을 보더라도 디지털 영상의 비중은 더욱 증대할 것으로 예상된다. 디지털 혁명 이후, 소비자들은 동영상 광고를 기존의 채널인 TV로만 시청하는 것이 아니라 모바일 또는 PC 등 다른 매체를 통해 시청할 수 있게 되었다. 이에 따라 광고주는 TV와 디지털을 통합한 효과를 얻기 위해 SNS를 통해 TV광고보다 길이가 짧고 강력한 광

그림 11-10 동영상 광고비 지출 상위 10개 매체 (2018년 기준)

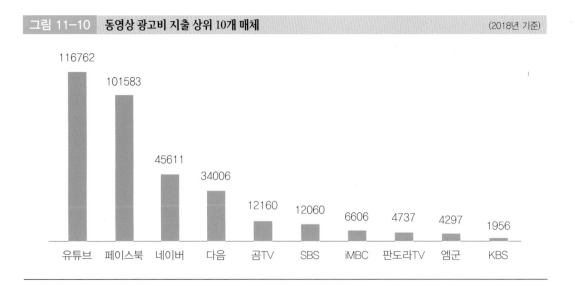

고를 전달하고 있다. 기존의 페이스북이 이미지 위주의 광고를 노출시킨다면 유튜브 (Youtube)는 동영상 콘텐츠를 소비자 관점에 맞추어 선보이고 있다.

2018년 '종합 광고비 분석'에 따르면 동영상 광고비 부문에서 유튜브(Youtube)가 1위를 차지한 것으로 나타났다. 유튜브(Youtube)는 시각적 콘텐츠의 플랫폼으로 기업 뿐만 아니라 일반인도 다양한 주제의 동영상을 게재하고 있으며, 유튜브의 전문적인 1인 미디어인 '크리에이터'들의 영향력이 매우 높은 매체이다. 광고업계에서는 한국 방송광고진흥공사(KOBACO) 같은 공신력 있는 기관이 광고비를 집계해 발표한다면 유튜브의 동영상 광고수익 규모는 더 커질 수 있다고 보고 있다.

(6) 모바일 광고

2017년 한국방송광고진흥공사가 발표한 지난 5년간 '방송통신 광고비 조사'에 따르면 온라인 광고의 성장을 견인하는 것은 PC가 아닌 모바일 광고시장이다. 지난 5년 간 PC 광고시장은 지속적으로 감소해왔고, 모바일 광고시장이 매우 역동적인 성장을 해왔다. 이미 3년 전 모바일 트래픽이 PC 트래픽을 추월하였고, 2017년을 기점으로 광고비도 모바일이 PC를 앞선 것으로 나타났다.

모바일 광고의 특징은 다음과 같다.

먼저, 개인화된 타겟 광고가 가능하다. 기존의 광고매체인 TV나 라디오, 신문, 잡지, 팸플릿 등의 광고는 불특정 다수를 대상으로 하는 일방적인 내용만을 전달한다. 따라서 이러한 광고매체가 개개인에 대한 개인화된 광고를 제공할 수는 없다. 이에 반해 스마트폰을 통한 모바일 광고는 개인화된 광고가 가능하다. 예를 들어, 광고업체는 소비자 개개인에 대한 정보데이터 베이스를 구축하고 개인별 특성에 맞는 차별

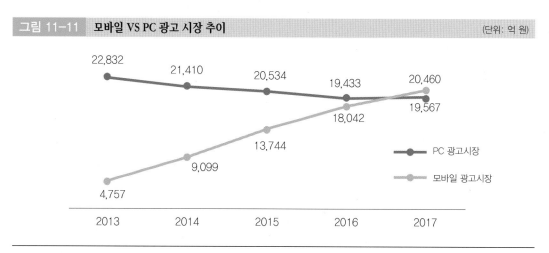

그림 11-11 **모바일 VS PC 광고 시장 추이** (단위: 억 원)

자료원: 한국방송광고진흥공사(2017).

화된 모바일 광고를 할 수 있다. 따라서 모바일 광고는 개인의 인적정보와 같은 차원에서부터 개인의 관심에 근거한 정보나 뉴스의 선별제공, 개인의 선호에 근거한 상품제공 등 다양한 형태로 개인에 대한 타겟 광고가 가능하다.

두 번째는 양방향성이 가능하다. 모바일 광고는 광고주와 소비자가 대화할 수 있는 양방향 광고가 가능하다. 기존의 TV나 라디오 같은 광고매체들은 일방적으로 자신들의 메시지를 소비자에게 전달해왔다. 이로 인해 소비자들은 수동적인 입장에서 정보를 수용할 수밖에 없었다. 그러나 현대와 같이 상품이 다양화되고 특성화되는 시점에서 소비자들은 보다 자세한 정보를 얻기를 원하게 되었다. 모바일 광고에서 이용자는 능동적으로 접속하여 상품에 대한 보다 자세한 정보를 얻을 수 있다.

세 번째는 위치기반 광고가 가능하다. 모바일 광고란 단순히 유선인터넷 광고에서 유선의 의미가 무선으로 바뀐 수동적인 의미가 아니라 사람들이 휴대폰 등의 단말기를 이동 중에 항상 가지고 다니면서 광고를 제공받을 수 있다는 것을 의미한다. 이동통신 기술의 발전에 따라 소비자들은 자신의 위치에 기반을 둔 모바일 광고를 제공받을 수 있게 되었다.

네 번째는 즉각적인 반응성이다. 모바일 광고는 이용자로 하여금 모바일 광고를 보자마자 즉시적인 반응을 나타내게 한다. 이러한 모바일 광고의 즉시성은 모바일 매체가 양방향적인 매체이기 때문에 전달받은 소비자들의 즉각적인 반응을 이끌어 낼 수 있다.

따라서 이러한 즉각적인 반응성을 통해 기업은 고객의 선호를 곧바로 분석할 수 있고 이러한 분석은 다시 개별 고객에 대한 개인화된 마케팅에 적절히 활용될 수 있다.[1]

---

1 자료원: 심성욱·김운한·신일기(2011). 인터랙티브 광고론.

간추림

2018년 우리나라 광고시장의 규모는 약 11조 6천억 원에 이른다. 이중에서 인터넷 광고시장이 4조 1,310억 원으로 약 35.6%를 차지하며 전체 광고시장을 주도하고 있으며, 앞으로도 인터넷 광고시장의 성장으로 전체 광고시장은 지속적으로 성장할 것이라 예상된다. 또한, 늘어가는 광고비와 광고가 시장에서 제품의 성패에 끼치는 큰 영향을 생각하면, 광고관리가 얼마나 중요한지를 알 수 있다. 따라서 마케팅관리자는 효과적인 광고프로그램을 개발할 때 거쳐야 하는 아래의 다섯 단계 하나하나에 아주 신중한 결정을 내려야 한다. 그 다섯 단계란 ① 광고대상의 선정, ② 광고목표의 설정, ③ 메시지의 작성, ④ 매체의 선정, ⑤ 광고효과의 측정을 말한다.

광고목표의 설정에서는 기존에는 아이다모델(AIDA model)을 이용하여 광고효과의 단계들 중에서 어느 단계에 역점을 두어야 할지만을 고려했다면, 이제는 검색(search)과 공유(share)의 역할을 함께 고려하여 소비자들의 구매여정을 고려하는 광고전략을 고민해야 한다. 이어서 메시지의 작성에서는 크리에이티브 개념의 결정·메시지의 소구점·전달방법·전달자에 관하여 논의하였고, 매체의 선정에서는 TV·신문·라디오·잡지·케이블TV·인터넷의 장점과 단점을 소개하였다. 광고효과의 측정에 관해서는 커뮤니케이션 및 판매효과 측정의 두 가지로 나누어 광고효과를 측정하기 위한 방안에 대해 알아보았고, TV광고와 인터넷 광고의 효과측정의 차이점에 대해서도 논하였다.

끝으로 최근 광고시장의 변화를 주도하고 있는 다양한 주제들에 대해서 논하였다. 최근 중요한 트렌드로서 Triple Media 광고, 네 가지 진실의 순간(MOT)과 광고에 대해서 알아보았고, 새로운 광고의 유형으로 검색광고, 배너광고, 블로그광고뿐 아니라, SNS광고, 동영상광고, 모바일광고에 대해서 현재 상황과 최신사례를 소개하였다.

Q&A

1 자동차브랜드의 광고사례를 찾아서 광고의 목표로서 AIDA모델과 AISAS모델을 적용할 경우의 차이점을 비교해 보시오.

2 최근 3년간 칸광고제에서 수상한 광고들을 조사해보고 광고메시지의 소구점들의 유사점과 차이점을 비교해 보시오.

3 특정 기업 혹은 제품을 선정해서 그 기업 혹은 제품의 광고 전략을 Triple Media의 관점에서 분석해보시오.

4 특정 제품의 모바일광고를 선정해서 모바일 광고의 네 가지 특성의 관점에서 분석해보시오.

참고문헌

공익광고협의회사이트(http://www.kobaco.co.kr/).

구글(2011), Winning the Zero Moment Of Truth.

구찌의 브랜드 홈페이지(https://www.gucci.com/kr).

나스미디어(2018), TV광고와 디지털광고의 광고효과 측정.

닐슨코리아(2018), 2018년 상반기(5월) 광고비 지출 10대 브랜드 자료.

심성욱 · 김운한 · 신일기(2011), 인터랙티브 광고론.

이낙운(1994), 「이것이 세계의 성공한 광고캠페인」.

제일기획(2018), 매체별 총 광고비, 2016년과 2017년 광고회사 취급액 자료.

페이스북 광고 가이드라인(https://www.facebook.com/business/ads-guide).

한국방송광고진흥공사(2017), 모바일VS데스크톱 광고 시장 추이.

한국방송광고진흥공사(KOBACO), 동영상 광고비 지출 상위 10개.

한국투자증권, 한국 광고 매체별 매체 비용 자료.

BLOTER(2016), 구글, "모두를 위한 디지털 광고 생태계 만들겠다".

HBR(2015), Competing on Customer Journeys.

Sungevity 브랜드 홈페이지.

Wishpond's 50 A/B Split Test Conversion Optimization Case Studies.

12

판매촉진

줄거리와 겉도는 강력한 제품간접광고(Product Placement: PPL)는 최악이다

TV 드라마에서 특정 제품이 보일 때가 많다. 지상파 방송에서도 제품간접광고(Product Placement: PPL)가 허용됐고 드라마 등에서 노출되는 제품간접광고는 매년 늘고 있다. 방송사들은 제품간접광고로 제작비를 줄일 수 있지만 시청자의 불만은 커지고 있다. 드라마 흐름과 관계없이 특정 상품이 화면에 갑자기 튀어나오는 사례도 있기 때문이다. 광고주는 더 큰 브랜드 노출을 원해서 화면에 더 많이 차지하고 더 오래 보이며 배경보다는 전면에 위치하고 주인공이 브랜드를 강조해주길 바란다. 물론 이런 것은 모두 광고단가 상승과 연결된다. 그런데 브랜드를 자주 노출하는 제품간접광고(PPL)가 비싼 만큼 효과가 있을까?

영화와 드라마에서 제품간접광고(PPL)를 배치하는 기준은 크게 두 가지다. 하나는 현저성이고, 다른 하나는 줄거리와의 연결성이다. 현저성은 드라마나 영화에 배치된 제품이 주목을 끄는 정도를 말한다. 현저성이 높게 배치된 제품은 인지도 상승과 직접적인 관련이 있다. 눈에 띄게 했으니 기억에 잘 남는 것이다. 줄거리와의 연결성은 영화나 드라마의 흐름에 긴밀하게 연결되는 정도를 말한다. 영화 '유브 갓 메일'에 배치된 AOL의 PC통신 서비스가 브랜드와 줄거리의 연결성이 높은 대표적인 사례. 줄거리와 연결성이 높은 제품간접광고는 브랜드 태도(반응)향상과 직접적인 연관이 있다.

벨기에 안트웝대 연구팀은 제품간접광고(PPL)의 현저성과 줄거리 연결성이 브랜드 인지도와 브랜드 태도에 미치는 영향을 탐구하기 위해 영화감상 이벤트를 통해 브랜드에 대한 인지도와 태도를 조사했다. 벨기에에서는 매달 '여성영화의 밤(Ladies Movie Night)' 행사를 통해 미국 할리우드 영화 시사회가 개최된다. 연구진은 이 행사에 참여한 여성 226명과 참

여하지 않은 여성 85명을 대상으로 영화 '신부들의 전쟁'과 '여성'에 배치된 브랜드 인지도와 태도를 분석했다. 설문조사에 앞서 연구진은 두 영화의 내용분석을 통해 현저성과 줄거리 연결성을 기준으로 4종류의 브랜드를 찾아냈다. 영화 '신부들의 전쟁'에서 배우가 결혼식 장소에 대한 대화를 하면서 플라자호텔 전경이 보였고 대사에 브랜드명이 노출됐다. "이 모든 일이 20년 전 6월 플라자호텔에서 시작됐어요" 이런 대화는 현저성과 줄거리 연결성이 모두 높은 제품간접광고였다. 또 다른 제품간접광고는 현저성이 높지만 줄거리 연결성이 낮은 광고였다. 주인공 둘이 달리기를 하면서 "좋아, 조금 천천히 달려. 우린 왜 아이팟이 없는데?"라고 말했다. 현저성이 낮으면서 줄거리 연결이 높은 제품간접광고도 있었다. 여자 주인공 둘이 비슷한 시기에 청혼을 받았고 서로 알려주는 장면에서 "티파니 박스잖아! 너 정말 받았구나. 약혼했어. 약혼했다고!"라는 대사가 나왔다. 현저성이 낮고 줄거리 연결성도 낮은 제품간접광고로는 주인공이 길에 서서 가방을 챙기는데 먼 배경으로 DHL배송 트럭이 보였다.

브랜드 인지도는 현저성이 높다고 늘 높은 것은 아니었다. 현저성이 높아도 줄거리와 연결성이 떨어지면, 현저성은 낮지만 줄거리 연결성이 높은 제품간접광고보다 인지도가 떨어졌다. 반면, 브랜드 태도는 현저성이 높은 제품간접광고는 줄거리와 연결성이 높건 낮건 어떤 경우에라도 모두 브랜드 태도가 부정적이었다.

이 연구가 주는 교훈은 명백하다. 드라마나 영화의 작품성을 존중하라는 것이다. 현저성이 높은 제품간접광고는 줄거리와의 연결성이 높아도 브랜드 태도가 부정적으로 형성될 수 있다. 가장 나쁜 사례는 줄

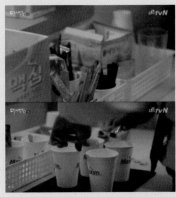

성공사례: 드라마 '미생'의 PPL 실패사례: 드라마 '용팔이'의 PPL

거리 연결성이 떨어지면서 현저성이 높은 사례다. 아무런 이유 없이 주인공이 브랜드명을 언급하거나 화면에 브랜드가 두드러지게 노출되는 경우 브랜드 인지도도 높지 않을 뿐 아니라 브랜드 태도도 부정적이었다. 이 연구의 결과처럼 현저성이 두드러진 제품간접광고는 브랜드에 대한 평가에 부정적이다. 줄거리와 관계없을 때는 최악이다. 브랜드 인지도는 확실하게 높아지지만 태도는 거의 변화가 없거나 심지어 광고에 접하지 않은 사람들보다도 더 나빠지기도 한다. 광고 효과가 가장 좋은 사례는 브랜드가 줄거리에 잘 맞아 떨어지면서 미묘하게 배치되는 경우다. 안타깝게도 현실은 반대로 가고 있다. 제품간접광고의 비용을 책정할 때 광고가 두드러지게 배치될수록 광고 단가가 올라간다. 역설적으로 광고주에게는 기회가 될 수도 있다. 저렴한 비용으로 효과적인 광고를 할 수 있기 때문이다. 두드러진 제품간접광고(PPL)는 어느 누구에게도 좋을 게 없다. 영화나 드라마 제작자들에게는 PPL이 작품을 망치는 요인이다. 당연히 시청자들은 갑자기 등장하는 광고가 불편하다. 광고주는 아무런 효과 없이 돈만 낭비하는 셈이다. 이 사람 저 사람 마음만 상하게 하면서 말이다.

tvN 드라마 '미생'은 역대 가장 자연스러운 제품간접광고(PPL)로 평가받는다. '미생'제작진은 기획 단계부터 극의 분위기와 어울리는 협찬 상품만 받는 전략을 취했다. 실제 회사에서 자주 볼 수 있는 물, 숙취음료, 커피, 복사 용지 등을 PPL 아이템으로 적재적소에 배치했고, 극의 흐름을 깨지 않는 선에서 자연스럽게 노출된 제품간접광고(PPL)는 높은 광고 효과를 불러왔다. 반면 SBS 드라마 '용팔이'에서는 주인공 역할을 맡은 주원이 상대 배우 김태희에게 "너와 함께라면 어디든 괜찮다. 같이 살 방을 구해보자"라며 애플리케이션으로 방을 알아보는 장면이 연출되었다. 이때 휴대폰이 클로즈업되면서 주원이 광고 모델로 활동 중인 한 부동산 애플리케이션이 등장하였고, 부자연스러운 광고 배치에 불편함을 느낀 시청자들이 항의하는 지경에 이르렀다. 해당 애플리케이션은 브랜드 가치를 높이기 위해 시도한 광고의 목적을 달성하는데 실패하였고, 소비자들에게 부정적인 평가를 받게 되었다.

자료원: 동아비즈니스리뷰(2013).
Journal of Advertizing(2012), "Do You Like What You Recognize? The effects of Brand Prominence and Movie Plot Connection on Brand Attitude as Mediated by Recognition".

기업이 판매촉진을 하는 목적에는 여러 가지가 있다. 앞서 언급되었던 PPL의 사례는 프로그램 내용 속에서 특정 회사나 제품의 상표, 영업장소 또는 공연 등에 관한 사항을 구체적으로 소개하거나 의도적으로 부각시킴으로써 광고효과를 얻고자 했다. 또한 '바겐세일'같이 일정기간 동안 가격을 낮추는 판촉행사는 짧은 기간 내에 판매를 대폭 늘리는 것이 목적이며, 새로 나온 상품의 견본을 무료로 소비자들의 가정에 보내는 것은 소비자들로 하여금 자사의 상품을 시험 삼아 써 보게 하는 것이 목적이다. 독자들에게 잡지나 신문을 몇 번 공짜로 보내고 나중에 그 잡지나 신문을 정기 구독하도록 권유하는 것도 이것과 같은 목적을 갖고 있다.

자사제품을 다음에 또 사도록 유도하는 것도 판매촉진의 목적이 될 수 있다. 예를 들어, 커피회사가 커피병 안에 똑같은 상표의 커피를 재구입하면 할인을 받을 수 있는 쿠폰을 넣는 것은 이러한 목적에서다. 그리고 "두 개 값으로 세 개를" 또는 "세 개 값으로 다섯 개를" 살 수 있다는 판촉행사는 소비자들이 한꺼번에 많은 양의 제품을 구입하도록 유도한다. 이러한 판매촉진은 특히 경쟁사가 신제품을 시장에 내놓기 직전에 하면 효과적이다. 왜냐하면 소비자들이 이러한 판매촉진으로 자사의 제품을 많이 구입해 놓으면, 경쟁사의 제품이 나온 후에도 상당 기간 동안 자사의 제품을 쓰게 되어 자사의 시장점유율을 유지하는 데 도움이 되기 때문이다. 또 기업이 신문이나 잡지에 쿠폰이 포함되어 있는 광고를 내고 그 쿠폰을 가져오는 소비자들에게는 물건 값을 깎아 주는 것은 가격에 민감한 소비자들의 구매를 유도할 수 있다. 사실 소비자로서는 쿠폰을 광고에서 오려내고, 그것을 간직했다가, 물건을 사러 갈 때 그것을 가져가서, 상점에서 그것을 점원에게 보여 주고 할인을 받으려면 상당한 성의가 필요한 것이다. 가격할인을 받기 위해 그 정도의 수고를 아끼지 않는 소비자들은 가격에 상당히 민감하다고 볼 수 있기 때문에 이런 소비자들의 구매를 유도하는 데는 광고보다는 판매촉진이 더 효과적인 때가 많다. 예를 들어, 스타벅스 코리아는 모바일 앱을 통해 매장 주문과 결제를 할 수 있는 사이렌오더를 전 세계 최초로 도입하며 모바일마케팅을 판촉에 활용하였다. 2014년 5월 서비스 출시 후 하루 평균 2천 건의 거래를 처리해왔지만, 2018년 1월 기준으로 약 4만 건의 거래가 하루에 이루어지며 4년간 20배가량 성장했다. 스타벅스 코리아의 사이렌오더는 전체 매출의 10%를 책임지는 수준으로 성장했고, 비IT 회사가 전통적인 비즈니스에 IT기술을 접목시킨 성공적인 판촉사례로 자리 잡게 되었다.

이 장에서는 먼저 판매촉진 관리에 대해 알아보고 이어서 판매촉진 관련 이론을 논의한 다음, 끝으로 판매촉진의 전략적 이슈를 살펴보기로 한다.

제1절 판매촉진의 관리

1 판매촉진의 개념

판매촉진이란 단기적으로 매출을 증대시키기 위하여 사용하는 모든 수단을 통칭하는 개념으로, 광고·홍보와 같은 장기적 효과를 노리는 다른 촉진수단과 구별된다. 판매촉진은 크게 세 가지 종류로 구분된다. [그림 12-1]에 나타난 바와 같이, 제조업체가 중간상에게 시행하는 판매촉진을 중간상판촉, 제조업체가 직접 소비자에게 시행하는 판매촉진을 소비자판촉, 그리고 중간상이 소비자에게 시행하는 판촉을 소매점판촉이라고 부른다.

이 중 소비자판촉은 제조업체가 최종소비자들을 상대로 촉진활동을 벌여 이들이 중간상에게 자사제품을 요구하도록 하는 전략으로서 끌기전략의 일환이다. 반면에 중간상판촉은 제조업체가 중간상들을 대상으로 판매촉진활동을 하여 그들이 최종소비자에게 적극적인 판매를 하도록 유도하는 전략으로서 밀기전략으로 불린다.

그림 12-1 **판매촉진**

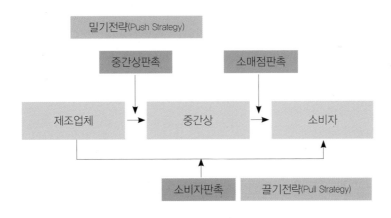

사례 미원의 인도네시아 조미료시장 판촉

㈜미원(현재의 이름은 ㈜대상)은 과거 뛰어난 판촉 전략을 통해서 일본의 다국적 식품 회사인 아지노모토를 제치고 인도네시아 조미료시장을 석권하였다. ㈜미원은 지난 1972년, 인도네시아에 진출해 아지노모토와 끈질긴 싸움을 한 결과 1997년 24년 만에 굴복을 시켰고, 이는 현지

에서 '다윗과 골리앗의 싸움'으로 비유되기도 하였다. 당시 인도네시아의 연간 조미료시장 규모는 약 2억 달러였으며 ㈜미원은 이 가운데 1997년 말 41%를 차지하여 아지노모토의 점유율은 36%로 하락하였다.

아지노모토를 이길 수 있었던 ㈜미원의 전략은 바로 판매촉진전략에서 비롯되었다. 아지노모토는 대리점을 적극 지원하는 중간상판촉을 했고, 미원은 직접 소비자들을 대상으로 한 소비자판촉을 하였다. ㈜미원은 현지인 남녀 사원 각각 1명, 한국인 1명으로 3인 1조를 짜서 섬과 작은 마을들을 돌며 '풀뿌리' 소비자들을 파고드는 판촉을 하였다.

㈜미원은 인도네시아에 진출한 데 이어 1993년에는 베트남 현지 법인을 설립하는 등 해외사업에 주력했다. 그 덕분에 국내 조미료시장은 정체되어 있었음에도 불구하고 아시아에서 인기 상품으로 부상하면서, 2005년부터 해외매출이 국내매출을 추월할 수 있었다.

자료원: 서울경제(2012).

판매촉진이 마케팅비용에서 차지하는 비중이 미국에서는 이미 광고의 비중보다 커졌고 우리나라에서도 점차 판매촉진의 비중이 늘고 있다. 이와 같이 판매촉진이 마케팅에서 차지하는 중요성이 증대하는 이유는 크게 네 가지 관점의 회사, 소비자, 경쟁, 유통에서 살펴볼 수 있다.

첫째로 회사의 관점에서는 제품관리자의 역할과 책임이 커짐에 따라 제품관리자의 성과측정이 연간 판매액이나 연간 시장점유율과 같은 단기적 성과에 크게 의존하게 되고 제품관리자는 이러한 단기적 목표달성을 위하여 판매촉진을 더 많이 사용하게 된다.

둘째, 소비자들의 제품구매방식을 크게 계획구매와 비계획구매로 구분할 때, 소비자들이 상점에 도착한 후에 구매결정을 하는 비계획구매의 비중이 점차로 높아짐에 따라 점포에서의 판매촉진의 효과가 더욱 증대하게 되었다. 미국의 경우 약 80% 이상의 소비자가 일상용품의 구매 시 구매결정을 상점에 도착한 후에 하는 것으로 밝혀졌다. 이와 같은 판매촉진의 중요성은 제품구매방식에서 온라인과 모바일이 차지하는 비중이 커짐에 따라 더욱 커지게 되었다. 특히, 한국의 경우 온라인 몰이나 소셜커머스 등으로 대표되는 온라인 상거래가 3단계에 걸쳐 발전해왔다. 한국의 온라인 상거래 시장은 오픈마켓(G마켓, 11번가, AUCTION) 중심의 1단계로 시작하여, 오픈마켓과 소셜커머스(쿠팡, 위메프, 티몬)가 치열하게 경쟁하는 2단계를 지나서, 이제는 오픈마켓과 소셜커머스에 홈쇼핑(GS, CJ), 대형마트 쇼핑몰(신세계, 롯데)까지 함께 경쟁하는 3단계에 접어들며 온라인 판매촉진의 중요성이 더욱 부각되고 있다.

셋째는, 경쟁의 관점으로서 많은 제품들이 성숙기에 접어들게 됨에 따라, 경쟁제품의 수가 많아지고 제품의 차별화가 어려워졌다는 점이다. 성숙기에 있는 제품들에 대한 판매촉진의 효과가 광고에 의한 제품차별화의 효과보다 더 빨리 시각적으로 나타나게 되므로, 제품관리자는 마케팅비용의 더 많은 부분을 판매촉진에 투입하게 된다.

넷째로, 유통경로가 점차로 전문화, 대형화, 그리고 정보화됨에 따라 유통경로가 제조업체에 대해 갖는 힘이 강해지고 유통업체들은 제조업체들에게 판매노력에 대한 대가로서 중간상판촉을 강하게 요구하게 된다.

판매촉진이 마케팅비용에서 차지하는 비중은 제품관리자의 단기적 성과측정, 소비자의 비계획적 구매, 성숙기 제품들의 경쟁 심화, 그리고 유통경로의 전문화·대형화·정보화에 따라 점차로 더 커질 것으로 보인다. 뿐만 아니라, 유통경로가 점차 온라인과 오프라인을 넘나드는 형태로 진화함에 따라, 판매촉진의 영향력이 오프라인뿐만 아니라 온라인의 영역까지 확대되고 있다. 쿠팡으로 대표되는 소셜커머스의 경우 저렴한 가격과 빠른 배송의 차별화를 내세우며 판매촉진에 집중하는가 하면, 이마트와 같은 대형마트 쇼핑몰은 저렴한 가격 외에 배송의 편리성, 사용의 친숙성을 내세우며 소셜커머스가 제공하지 못하는 통합서비스를 제공하려는 시도를 이어가고 있다. 차별화된 포지셔닝을 구축해서 빠르게 성장하는 것을 목표로 하는 유통채널 간 경쟁이 심화됨에 따라, 판촉이 가지는 영향력도 점차 더 커질 것으로 보인다.

② 판매촉진의 종류

〈표 12-1〉과 〈표 12-2〉에서 보듯이 실시하는 판매촉진의 목적에 따라 다양한 방법을 쓸 수 있다. 중간상의 재고 확대를 위해서는 주로 물량비례보조금이나 소매점재고유지보상금, 선반대보조금, 리베이트와 같은 중간상판매촉진기법이 주로 이용되고, 중간상의 판매노력 증대를 위해서는 협동광고보조, 진열보조, 사은품보조, 콘테스트와 같은 방법이 주로 이용된다.

소비자판촉의 경우 기존고객의 사용량 증대를 위해서는 특별포장이 주로 이용되고, 상표선호도 제고를 위해서는 사은품이나 포장내쿠폰이 이용되며 구매시점을 앞당기기 위해서는 환불이나 쿠폰 등이 이용되고 있다. 상표전환고객을 유인하는 판촉

| 표 12-1 | 중간상판촉

목적	판촉 프로그램
① 중간상의 재고 확대	물량비 보조금 소매점재고유지보상금 선반대보조금 리베이트
② 중간상의 판매노력 증대	협동광고보조 진열보조 사은품보조 콘테스트

| 표 12-2 | 소비자판촉

목적/대상	판촉 프로그램
① 기존고객 － 사용량 증대 － 상표애호도 제고 － 구매시점을 앞당긴다.	특별포장(3 for 2, bonus pack, prepriced pack) 사은품, 포장내쿠폰 리베이트, 쿠폰
② 상표전환자	리베이트, 쿠폰, 특수진열
③ 경쟁상표 사용자	견본과 쿠폰, 시용품
④ 장기적 관계발전 － 인지도 － 이미지	경품행사, 콘테스트, 사은품증정

기법으로는 주로 쿠폰, 특별진열 등이 이용된다. 경쟁상표를 사용하는 고객으로 하여금 자사제품을 사용하게 하기 위해서는 견본을 쿠폰과 같이 보내거나 시용제품을 염가 혹은 무료로 나누어 주는 방법이 효과적이다. 판매촉진도 장기적인 관계발전을 위해 실시되는 경우가 있는데, 경품행사, 소비자 콘테스트, 사은품증정과 같은 방법을 이용하게 되면 고객들에게 호감을 갖게 해 주어 장기적으로 상표에 대한 좋은 인상을 심어 줄 수 있다.

타이레놀의 판매촉진

판매촉진의 시너지효과는 타이레놀이 성공적으로 시장점유율을 회복하게 된 중요한 원인으로 여겨지고 있다. 1982년 9월에 발생한 불행한 사건(타이레놀 복용 후 사망사건) 직후에 존슨 앤 존슨 사는 매장에서 모든 캡슐을 철수시켰다. 회수에 드는 비용은 1억 달러로 추정되었다. 사건발생 이후 1주일 만에 타이레놀의 시장점유율은 35%에서 8%로 급격히 낮아졌다.

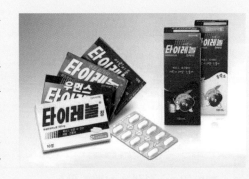

이에 대한 최우선적인 과제는 고객의 신뢰를 회복하는 일이었다. 1982년 11월에 존슨 앤 존슨 사는 5천만 달러 상당의 할인권을 신문에 게재하였는데, 이 할인권은 모든 타이레놀 제품의 구매당 2.5달러씩을 제공하는 것이었다. 이러한 2.5달러짜리 할인권은 캡슐제품의 가격과 같을 정도로 파격적이었다. 쿠폰배포의 목적은 종전의 고객들에게 제품에 대한 불안이 사라지게 하고, 타이레놀이 다시금 가정상비약으로서 위치를 차지하도록 하는 것이었다. 뿐만 아니라 존슨 앤 존슨 사는 회사에 제품관련 문의를 하였다가 사건 때문에 캡슐 약을 사용하지 않게 된 모든 사람들에게 할인권을 우편으로 부쳐 주었다. 첫째 주에 소비자들로부터 110,000건의 할인권 청구가 있었다.

1982년 12월에는 독특한 할인권 제도가 시행되었다. Extra Strength Tylenol 한 병의 가치가 있는 할인권이 180개 이상의 일요일자 신문에 삽입되었다. 이 촉진정책의 목적은 소비자들이 과거의 캡슐 병을 다시 구입하게 하는 것이었다. 또한 'Cross Sampling'이란 기법을 도입하여, 이것은 한 제품을 구입하면 또 다른 제품을 무료로 주는 것이었다.

존슨 앤 존슨 사는 경로구성원들에 대해서도 타이레놀의 판매를 촉진하였다. 전시회를 통해서 새로운 포장을 소개하였으며, 식료잡화점에게는 만일 그들 자신의 신문광고에 타이레놀을 포함시키면 33.5%의 할인혜택을 주던 것을 더 많이 할인해 줄 수 있다는 조건을 제시했다. 이러한 촉진수단들은 소매상들이 다시 시장에서 타이레놀을 선호하게 하였다. 존슨 앤 존슨 사는 건강관련 전문가들의 중요성도 간과하지 않았다. 판매담당자들은 병원을 방문해서, 환자들에게 타이레놀을 추천하는 중요한 사람들인 약사나 의사들에게 타이레놀을 무료로 나누어 주었다. 또한 판매원들의 판매의욕을 고취시키기 위해서 다양한 판매경진대회를 벌였는데, 수상자에게는 하와이 휴가 등의 혜택이 주어졌다.

위의 활동들을 통해 타이레놀이 예전 수준의 시장점유율을 회복하고, 세계에서 가장 유명한 진통제로서의 위상을 재정립할 수 있었다.

자료원: 이코노미 21(2008).

판매촉진은 크게 소비자판촉, 중간상판촉, 소매점판촉의 세 가지로 구분할 수 있으며, 그에 대하여 살펴보기로 한다.

(1) 소비자판촉

소비자판매촉진의 내용을 중심으로 분류를 한다면 쿠폰, 견본, 환불, 할인포장, 보너스포장, 단골고객보상, 금융서비스, 경연, 사은품, 결합촉진, 이벤트 프로모션, PPL, 스폰서십 등이 있다.

 사례 | **페이(Pay) 전쟁과 이벤트 판촉**

텐센트와 알리바바가 치열한 각축전을 벌이고 있는 분야는 모바일 결제 시스템이다. 한때 알리바바의 알리페이는 80%의 점유율을 보이며 시장을 독점했다. 알리바바가 인터넷 거래를 활성화시킨 제3자 결제 시스템과 모바일 결제 시스템을 고안한 회사이기 때문이다. 모바일을 이용한 오프라인 결제 서비스는 2011년부터 본격화했다.

하지만 2014년 텐센트가 위챗과 연동된 위챗페이를 내놓으면서 상황이 달라졌다. 중국 리서치업체인 이관(易观)에 따르면 2017년 3분기 기준 알리페이와 위챗페이의 모바일 결제 시장점유율(거래액 기준)은 각각 53.7%, 39.3%다. 위챗페이가 시작됐던 2014년 기준 알리페이가 70%를 차지했던 것과 비교하면 위챗페이의 위상이 날로 높아지고 있다.

텐센트는 소비자들이 모바일 결제 서비스를 경험할 수 있도록 유도하는 재미있는 이벤트 프로모션을 통해 위챗의 위상을 높였다. 2014년 중국의 설날인 춘제에 선보인 홍바오 서비스가 대표적이다. 온라인상으로 한국의 세뱃돈과 비슷한 개념인 홍바오를 전송하는 서비스였는데 하루 만에 사용자 500만 명을 확보했고 2000만 건의 거래를 중개했다. 설 연휴 내내 사용자 800만 명, 4000만 건의 현금 거래가 이뤄졌다. 이때 위챗페이를 사용하는 충성고객도 함께 늘어났다. 2015년부터 시행한 '현금 없는 날' 행사도 위챗페이를 확산하는 데 일조했다. 매해 8월 1일부터 8일까지 8일 동안 오프라인 매장에서 위챗페이를 쓰면 상품권이나 현금을 제공하는 이벤트다.

위챗페이의 위력은 위챗이라는 강력한 소셜네트워크서비스(SNS)에서 나온다. 고객들은 위챗을 사용하면서 콘텐츠를 구매하고 각종 공과금 납부, O2O 서비스 결제, 송금 등의 서비스도 이용한다. 2018년 3월 기준 월 사용자 수가 10억 명을 돌파하면서 위챗페이의 영향력은 더 커졌다.

자료원: DBR(2018년 4월), "'온오프라인 통합기반의 고객경험 혁신' 마윈 구상 현실로".

1) **쿠폰**(coupon): 쿠폰이란 제품명, 할인조건, 유효기간을 명시한 쪽지이다. 제조업체가 신문, 우편, 잡지 등의 방법을 통하여 소비자들에게 쿠폰을 배포하면 소비자들은 구매시점에서 쿠폰을 제시하고 할인혜택을 받으며, 소매점들은 쿠폰대행사를 통하여 쿠폰할인비용을 회수하게 된다. 쿠폰대행사들은 쿠폰할인액과 처리비용을 합한 금액을 제조업체에 청구하게 된다.

2) **견본**(sample): 견본은 소비자에게 무료로 나누어 주는 특수 포장된 소량의 제품을 말한다. 화장품판매원들은 신제품판촉을 위하여 견본을 나누어 주는 방법을 사용한다. Procter & Gamble사는 세탁제, 식기세척제 등 일상적인 신제품을 도입할 때의 판촉기법으로 견본을 쿠폰과 같이 우편을 이용하여 표적고객들에게 배포하며 제품 사용을 유도한다. 존슨 앤드 존슨의 콘택트렌즈 브랜드 아큐브는 소비자들이 아큐브 제품을 체험해볼 수 있도록 무료 샘플을 증정하고 있다. 소비자는 아큐브 홈페이지를 통해 사용해보고 싶은 콘택트렌즈의 종류를 결정하고 쿠폰을 출력하여 가까운 안경점을 방문하면 아큐브 제품의 샘플을 받아볼 수 있다.

3) **환불**(refund): 고객이 구매증명을 제조업체로 보내면 제조업체가 일정 금액을 되돌려주는 것이다. 미국 자동차딜러들이 사용하는 리베이트 제도도 환불의 한 방법이다. 예를 들어, Ford딜러들이 신문광고를 통해 특정 기간 동안에 Ford자동차를 구매하면 500불을 돌려준다는 리베이트정책을 시행한 바 있다.

4) **할인포장**(price pack)과 **보너스포장**(bonus pack): 할인포장은 제조업체가 포장에 미리 할인된 특별가격을 인쇄하여 소비자들에게 직접 가격할인혜택을 제공하는 방법이고, 보너스포장은 내용물이 더 많이 들어 있는 제품을 원래 가격으로 판매하고 겉포장에다 "20% 추가" 등으로 인쇄하는 것이다.

5) **단골고객보상**(continuity program): 마일리지프로그램으로 더 많이 알려져 있는 판촉방법으로 누적구매량이 많은 고객에게 사은품이나 가격할인, 무료제품 등으로 보상을 하는 방법이다. 단골고객보상의 개념 중 하나인 로열티 프로그램 (Loyalty Program)이 큰 영향력을 미치는 산업은 바로 호텔 산업이다. 산업 전체

수익의 절반 정도를 좌우할 정도인 호텔 로열티 프로그램은 보상형 프로그램이 주를 이룬다. 객실이나 식음업장을 이용할 때마다 정해진 포인트를 제공받아 쌓인 점수가 일정 보상 기준에 도달하면 객실 1박 무료 이용권이나 레스토랑 식사권 등 혜택으로 돌려받을 수 있는 시스템이다. 호텔 멤버십 포인트나 마일리지 적립이 여기에 해당된다. 부대시설 이용권, 마일리지 적립, 객실 단가 할인 등 실질적인 혜택 제공 외에 해당 브랜드에 소속감을 갖게 하는 등 충성심을 강화하는 역할도 한다.

6) **금융서비스**(financial incentives): 고가의 제품(자동차, 냉장고 등)을 구입할 때 할부판매서비스를 제공하는 것이다. 현대자동차의 무이자 할부판매는 금융서비스 판촉의 한 예이다.

7) **경연**(contest)과 **추첨**(sweepstakes): 어떤 조건을 만족시키면 상금이나 상품을 지급하는 방법으로, 추첨은 누구든지 참여할 수 있고 당첨자가 완전히 운에 의해 결정되는 데 비하여, 경연은 신제품의 상표명을 공모하여 당첨자를 선정하는 것과 같이 당첨자의 상당한 노력과 지식을 요구하는 것이다.

8) **사은품**(premium): 제품 구매 시 주는 선물로서 백화점의 금액별 사은행사나 주유소에서 주는 휴지 · 장갑 등이 바로 사은품이다.

9) **결합촉진**(tie-in): 두 가지 이상의 제품을 함께 판매촉진 하는 것으로 유선통신사업자와 이동통신사업자가 통신결합상품(인터넷, 이동통신서비스, 유선통신서비스 등)을 판매하는 것을 예로 들 수 있다.

10) **이벤트 프로모션**(event promotion): 이벤트를 활용하여 제품이나 서비스를 인식시켜 구매로 유도하기 위한 활동으로, 여성들을 대상으로 하는 나이키의 '우먼스 레이스', 아디다스의 '마이런 마라톤' 등을 예로 들 수 있다. 앞서 살펴본 페이(pay) 전쟁 사례에서 텐센트가 중국의 설날인 춘제에 선보인 홍바오 서비스도 이벤트 프로모션이다.

11) PPL(product placement): 제품간접광고를 의미하며, 주로 방송 프로그램 속의 소품으로 등장하는 간접광고를 말한다. SBS 드라마 '별에서 온 그대' 속 천송이(전지현이 맡은 배역)가 사용한 화장품, 노출 빈도가 잦았던 모바일 메신저 등의 인지도 상승 등이 성공적인 PPL 사례로 손꼽히고 있다. 성공적인 PPL 전략에 대해서는 이 장의 도입사례에서 자세히 설명하였다.

12) 스폰서십(sponsorship): 스폰서십은 상업적 권리를 사용하기 위해 제공하는 현금이나 현물을 뜻하며, 소비자가 각자 원하는 채널에서 원하는 콘텐츠를 찾아 소비할 수 있는 환경으로의 변화가 이루어짐에 따라 기업들이 스폰서십을 활용하는 형태도 점점 다양해지고 있다. 단순히 스포츠 팀을 후원하고 브랜드를 노출하는 것에 그치지 않고, 스폰서십을 활용해 소비자들과 커뮤니케이션을 만들어가려는 노력으로 이어지고 있다. 예를 들어, 삼성전자가 수년간 영국의 프로축구팀 첼시(Chelsea FC)를 후원하며, 첼시와 함께 전 세계 유소년을 대상으로 한 축구 캠프를 운영해온 것이 스폰서십의 좋은 사례이다.

사례 | 올림픽 마케팅의 달인, 삼성전자의 올림픽 스폰서십(Sponsorship)

삼성전자는 1997년 IOC와 후원계약을 체결하고 나가노 동계올림픽부터 무선통신분야 공식 후원사로 참여해 올림픽 마케팅을 시작했다. 삼성전자는 2020년 도쿄 올림픽까지 올림픽 장기 후원계약을 체결한 상태다. 전 세계인의 축제인 올림픽은 삼성전자의 브랜드가치를 천문학적으로 높였다.

삼성전자의 브랜드 가치는 최근 13년간 7배 이상 상승했다. Interbrand에 따르면 1999년 삼성전자의 브랜드가치는 31억 달러로 순위 안에 들지 못했다. 그러나 2017년 삼성전자의 브랜드 가치는 562억 4900만 달러로 전체 기업 중 6위에 올랐다. 삼성전자는 올림픽 후원을 20년 가까이 지속하여 브랜드가치를 높이는 데 큰 효과를 보았다.

그리스 아테네 올림픽이 열렸던 2004년 삼성전자의 브랜드가치는 전년보다 17억 달러 증가한 125억 5,000만 달러였다. 그러나 올림픽이 끝난 이듬해 삼성전자의 가치는 24억 달러 이상 뛴 149억 6,000억 달러가 됐다. 캐나다 밴쿠버 동계올림픽이 열렸던 2010년 이듬해 삼성전자의 브랜드가치는 40억 달러 이상 증가하는 등 올림픽 이후 브랜드가치가 급상승하는 특징을 보이고 있다.

올림픽 마케팅을 통한 제품선호도 증가 현상은 개최지뿐만 아니라 지구촌의 다른 시장 소비자에게로 파급되었다. 삼성전자의 세계 휴대폰 시장점유율은 지난 1999년 5% 내외에 머무르다 2002년 미국 솔크레이트시티 동계올림픽 이후 10.8%로 올라선 뒤 매년 증가세를 유지해오고 있다. 캐나다 밴쿠버 동계올림픽이 열린 2010년에는 처음으로 20%를 넘어섰다.

2012년 런던 올림픽 무선통신분야 공식 후원사인 삼성전자는 런던 올림픽 성화 봉송을 지원하는 등 본격적인 올림픽 마케팅활동을 시작했다. 삼성전자 광고모델인 이승기가 성화봉송주자로 나섰고, 성화 봉송 지원과 함께 대형 LED 스크린을 장착한 홍보 차량인 '삼성 캐러밴'을 운영하였다. 또한 모바일 애플리케이션을 통해 성화 봉송을 체험하고 기부할 수 있는 사회공헌 캠페인 '삼성 호프 릴레이'도 실시하였다. 성화가 지나가는 도시에서 열리는 환영 행사인 '이브닝 셀러브레이션'에는 삼성의 프리미엄 브랜드 체험관 '삼성 모바일 PIN(트레일러 버전)'을 열고, '갤럭시S3'와 '갤럭시노트'를 체험할 수 있도록 했다.

삼성전자는 2018 평창 동계올림픽에서도 공식 파트너로 함께하며 '삼성 올림픽 쇼케이스' 등을 통해 다양한 혁신적인 기술을 선보이며 브랜드 정신인 '불가능을 가능케 하라(Do What You Can't)'를 올림픽에 참가하는 선수단과 팬들에게 전했다. 평창 동계올림픽을 위해 평창, 강릉, 인천공항 등 총 9개의 '삼성 올림픽 쇼케이스'를 운영했으며, 개관 이후 25일까지 누적 43만 명이 방문하는 등 최신 기술을 경험할 수 있는 축제의 장을 만들었다. 특히, 강릉 올림픽 파크에 위치한 '삼성 올림픽 쇼케이스'에는 'VR 우주 미션: 인류의 달 탐사'는 세계 최초로 달의 중력을 실현한 4D 가상현실로 일반인들이 경험하기 어려운 우주여행을 가상현실로 실현해 주목을 받았다. 스켈레톤, 스노보드 등 동계올림픽 종목 가상현실 체험존 역시 많은 체험객들에게 실제와 같은 스릴과 재미로 큰 호응을 이끌었고, 총 16만 명의 쇼케이스 방문객이 가상현실(VR) 플랫폼을 체험했다

자료원: 아시아경제(2010), 평창동계올림픽(2018).

(2) 중간상판촉

중간상판촉의 종류에는 현금할인, 물량비례할인, 리베이트, 재고유지보상금, 선반대보조, 협동광고보조, 진열보조, 무료상품, 스피프, 할당인센티브 등이 있다.

1) **현금할인**(cash discount): 중간상이 제품을 현금으로 구매하거나 대금을 만기일 전에 지불하는 경우 판매대금의 일부를 할인해 주는 제도이다. 예를 들어, '2/10/net 60'이란 현금할인에서는 중간상이 60일 이내에 상품대금을 지불해야 하나 10일 이내에 지불하게 되면 2% 할인을 해준다.

2) **물량비례할인**(case allowance): 일정 기간을 정하고(예: 한 달) 그 기간 중에 중간상이 구입하는 제품에 대하여 일정한 가격할인을 해 주는 방법으로 'off-invoice'라고도 불린다.

3) 리베이트(cumulative volume rebate): 물량비례할인과 같이 제품구입액의 일부를 돌려주는 것이나, 구입시점에서 구입물량의 일정 비율만큼 바로 가격할인을 해 주는 물량비례할인과는 달리 일정 기간 동안(예: 일 년)의 총누적구입량에 따라서 차등적인 가격할인을 해 주는 차이점이 있다.

4) 재고유지보상금(inventory financing): 제품의 대금지급만기일을 늦춰 줌으로써 (예를 들어, 60일에서 90일로) 재고비용의 부담을 줄여 주고, 연장된 지급만기일 전에 제품을 판매하여 대금지급을 할 수 있도록 중간상의 판매노력에 인센티브를 주는 제도이다.

5) 선반대보조(slotting allowance): 선반대의 제품진열공간에 대한 임대료와 같은 개념으로서 특히 선반대의 좋은 위치를 차지하기 위해 꼭 제공하여야 하는 중간상지원금이다.

6) 협동광고보조(advertising allowance)와 진열보조(display allowance): 중간상이 자사제품의 소매점광고를 하거나 특별진열을 해 주는 경우 광고비의 일정 부분 혹은 전부를 보조해 주고, 또는 특별진열을 해 주는 자사제품의 물량에 비례하여(예를 들어, 케이스당 400원) 지원금을 주는 것이다. 특히 협동광고와 진열보조는 중간상이 소매점 가격할인과 결부시켜 시행하는 경우가 많으므로 그 효과가 매우 크다.

7) 무료상품(free goods): 제조업체가 중간상에게 특정 상품을 무료로 제공하여 중간상이 팔 수 있거나 혹은 자사제품 구매고객에게 사은품으로 제공할 수 있도록 하는 것을 말한다. 전자레인지의 제조업체가 중간상에게 전자레인지에서 사용할 수 있는 그릇을 무료로 제공하는 경우를 들 수 있다.

8) 스피프(spiffs)와 콘테스트(contest): 스피프는 제조업체가 중간상이 고용한 판매원에게 직접 자사제품의 판매시 한 단위 판매마다 일정 금액을 지불하는 것이다. 예를 들어, LG전자에서 자사의 디오스 냉장고에 2만 원의 스피프를 붙이면, 판매원이 디오스 냉장고 1대를 팔 때마다 2만 원을 LG전자로부터 받게 되는 것이다. 반면에 콘테스트는 성과가 우수한 판매원을 선발하여 상금을 주거나 특별여행을 보내 주는 것을 말한다.

9) 할당인센티브(quota incentive): 리베이트와 비슷한 개념으로 일정 판매량을 초과하는 부분에 대한 일정 비율의 가격할인이다. 할당인센티브는 중간상이나 판매원에게 지급할 수 있다. 예를 들어, 삼성전자는 중간상들에게 스마트TV의 판매목표량을 제시하고 이 목표량을 초과하여 판매하는 중간상들에게는 초과판

매량에 대해 정해진 비율에 따라 할당 인센티브를 지급한다.

온라인 상거래(e-commerce) 시장이 전체 유통에서 차지하는 비중이 커짐에 따라서 이제는 중간상판촉도 온라인 쇼핑 산업으로 중심이 옮겨가고 있다. 백화점, 대형마트, 홈쇼핑 등 오프라인 소매점들은 온라인으로 채널을 확장하고 있으며, 재래시장과 동네 슈퍼는 대형마트와 편의점이 대두됨에 따라 그 비중이 축소되고 있다.

또한 온라인 쇼핑산업은 모바일 쇼핑과 소셜커머스의 증가세가 두드러진다. 2016년과 2017년 온라인 쇼핑 거래액 중 모바일 비중을 비교해보면, 모바일의 비중은 54.2%에서 61.1%로 증가하였다. 모바일 쇼핑의 성장을 소셜커머스가 주도하면서 오픈마켓 위주의 온라인 상거래 시장은 소셜커머스 중심의 모바일 쇼핑으로 확대되고 있다. 대표적인 국내 소셜커머스로는 쿠팡, 위메프, 티몬 등이 있으며, 이들 소셜커머스 업체들의 모바일 매출 비중이 모두 70%를 넘어서면서, 모바일 시장에서는 소셜커머스가 오픈 마켓을 앞지르고 있다.

(3) 소매점판촉

소매점판촉으로는 가격할인, 소매점쿠폰, 더블쿠폰, 특별진열, 소매점광고, 경품행사 등이 있다.

최근에는 온라인 유통을 주도하는 소매점들이 소비자들의 정보를 분석해서 소비자들에게 개인화된 판촉할동을 하는 사례들이 빈번해지고 있다. 이러한 소매점의 빅데이터에 기반한 개인화된 판촉 사례로 2013년 뉴욕타임스에 보도된 미국 소매업체 Target의 사례가 있다. 미국의 한 여고생 딸을 둔 아버지가 Target 매장을 찾아와 거칠게 항의하며 '어떻게 여고생에게 임산부용 쿠폰을 보낼 수 있는지' 따졌다. 하지만 며칠 뒤 이 아버지는 다시 Target 매장을 찾아와 '미안하다. 딸이 임신 3개월인 것을 몰랐다'며 정중히 사과하였다. Target이 여고생의 임신 사실을 부모보

다 먼저 알아채고 쿠폰을 보낼 수 있었던 것은 빅데이터를 효과적으로 활용한 덕분이었다. Target은 해당 고객의 튼살 방지 크림과 임산부용 속옷 등의 구매 이력을 토대로 고객의 임신 사실 뿐 아니라 임신 몇 개월인지 까지도 정확하게 예측할 수 있었다.

사례 고객 데이터 분석으로 판매를 맞춤화하라

최근 중국 전자상거래 시장에서 가장 화제가 된 색조 화장품 브랜드는 마리 달가(Marie Dalgar, 玛丽黛佳)다. 이 브랜드는 밀레니얼 고객의 디지털 쇼핑 행태에 대한 깊은 이해를 바탕으로 혁신적인 사업 모델을 시도하고 있다. 마리 달가는 웨이보 등 SNS 플랫폼을 통해 브랜드와 상품에 대한 정보를 충분히 제공하고 고객과 소통하며, 고객에게 맞춤화된 판매활동을 한다. 판매 채널은 온라인 위주로 운영하며 선별적으로 혁신적인 오프라인 매장 포맷을 실험한다. 마리 달가는 텐마오 화장품 페스티벌 이벤트 기간 동안 '색조화장품 무인 판매기'를 설치해 3일 만에 립스틱 1600개를 판매했다. 무인 판매기 한 대당 립스틱 판매량은 오프라인 매장의 1주일 판매량에 해당한다.

마리 달가(Marie Dalgar, 玛丽黛佳) 무인판매기

알리바바의 B2C 전자상거래 플랫폼 티몰은 고객 데이터 분석을 통해 개인별로 판촉을 하는 상품 이미지까지 맞춤화해서 보여줄 정도로 고도화된 서비스를 제공하고 있다. 이런 환경 변화에 맞게 상품 구성과 홍보, 판촉 전략을 유연하게 구사하는 브랜드들은 온라인 시장에서 성과를 크게 높일 수 있다. 과거에는 CRM 데이터를 활용해 마케팅 의사결정을 내렸지만 이제는 데이터를 지속적으로 확보하고 분석하며 소위 'test-and-learn' 활동을 수행하는 기업들이 두각을 나타낼 것이다.

자료원: DBR(2018년 4월), "'온오프라인 통합기반의 고객경험 혁신' 마원 구상 현실로".

1) **가격할인:** 가장 강력한 소매점판촉형태이다. 일반적으로 가격할인은 10%가 효과를 낼 수 있는 최소한의 수준으로 인식되고 있으며, 요즈음 백화점 세일을 살펴보면 대부분의 세일이 10%~30% 사이임을 알 수 있다. 10% 미만의 세일은 소비자에게 충분하다는 인식을 주지 못하는 것으로 알려져 있다. 소매점가

격할인의 또 다른 특징은 소비자에게 준거가격을 제시하는 것이다. 즉, '정상가 20,000원에 세일가격 16,000원'과 같이 소비자들이 비교기준으로 삼을 수 있는 준거가격을 제시하는 경우가 더 효과적이다.

2) **소매점쿠폰**: 소매점에서 발행하는 신문이나 전단에 인쇄되어 있거나 소매점에 비치되어 있는데, 최근에는 특정 제품의 선반대 바로 앞에 쿠폰 기계를 설치하여 즉시 제품의 쿠폰을 이용할 수 있도록 하는 경우도 있다.

3) **더블쿠폰**: 소매점에서 발행하는 쿠폰이 아니라 제조업체의 쿠폰을 소매점에서 그 가치를 2배로 인정하여 소매점과 제조업체가 쿠폰의 가치만큼의 비용을 부담하는 것을 말한다. 특히 미국에서 슈퍼마켓 간의 경쟁심화로 인해 고객을 특정 슈퍼마켓으로 끌어들이기 위해 사용된다. 최근에는 트리플쿠폰도 이용되고 있다. 트리플쿠폰은 제조업체 쿠폰의 가치를 3배로 인정하여 슈퍼마켓에서 그 중 쿠폰가치의 2배만큼에 해당하는 액수를 자체 부담하게 한다.

4) **특별진열**: 매출을 효과적으로 증대시키는 소매점판촉기법으로 널리 알려져 있다. 슈퍼마켓의 경우 약 10~15품목을 특별진열하게 되는데 판매량이 큰 품목들이 선정된다. 특별진열은 복도끝진열, 점포입구진열, 선반대진열, 복도안진열의 네 가지 형태가 주로 이용되는데 이 중에서도 복도끝진열이 가장 효과적이고 그 다음으로 점포입구진열이 효과적인 것으로 알려져 있다.

5) **소매점광고**(feature advertising): 주로 지역신문이나 소매점에서 발행하는 전단에 특정 제품을 소개하거나 가격할인을 광고하는 것을 말한다. 특히 소매점광고, 특별진열을 가격할인과 함께 시행할 경우 매출액의 증가는 2배에서 3배에 이른다.

6) **경품행사**: 소매점에서 일정 금액 이상을 구입하는 고객에게 사은품을 제공하는 것을 말한다. 우리나라의 경우 롯데백화점에서는 경품행사기간 중 50만 원 이

상 구입고객에게 핸드폰을 제공하여 관심을 모은 적이 있다.

③ 판매촉진의 실행순서

효과적인 판매촉진을 위해서는 하면 먼저 판촉의 목표를 확실히 세우고, 그 목표
를 가장 잘 달성할 수 있는 판촉수단을 고르고, 구체적인 판촉시행계획을 세운 다음,
가능하면 이 계획을 사전에 테스트하고, 이 계획을 실행에 옮긴 후, 그 결과를 평가해
야 한다.

사례 **미국은 지금 쇼핑 중, 블랙프라이데이에 소비자가 구매한 제품은?**

홀리데이 기간 쇼핑금액 동향 및 전망

자료: National Retail Federation(2018년 11월).

홀리데이 시즌은 미국 내 최대 쇼핑기간으로, 이 기간 동안 미국 소비자들의 쇼핑금액은
7,175억 달러에 달하는 것으로 알려졌다. 미국 소매상 연합(National Retail Federation)에 따르면
2018년 11월에서 12월 사이 쇼핑 금액은 전년보다 4.1% 성장하였고, 지난 5년간 평균적으로
3.7%의 성장세를 보였다.

홀리데이 기간 중에서도 특히 블랙프라이데이는 미국 최대 쇼핑일이라는 명성에 걸맞게 온
라인과 오프라인에 걸쳐 제품별로 가장 많은 구매가 이루어진 시기임이 확인되었다. 매년 이어
진 온라인 구매 금액 성장에 대응하기 위해 오프라인 매장들은 다양한 판촉활동을 시도하였다.
예를 들어, 많은 업체들이 온라인에서 주문하고 매장에서 소비자가 물건을 수취할 수 있도록

하여 배송비를 절약할 수 있도록 하거나 기프트 카드 추가 증정과 같은 판촉을 벌이며 소비자가 매장을 방문하여 추가 쇼핑을 할 수 있도록 유도하였다.

자료원: KOTRA 해외시장 뉴스(2018).

(1) 판촉목표의 설정

앞에서 우리는 기업이 판매촉진을 하는 여러 가지 목적에 대해서 알아보았다. 가능한 여러 가지 목적 중에서 어느 것을 구체적인 판촉목표로 삼을지는 그 회사의 기본적인 마케팅 커뮤니케이션목표에 달려 있다.

(2) 판촉수단의 선택

구체적인 판촉목표가 세워지면, 이 목표를 가장 잘 달성할 수 있는 판촉수단을 정해야 한다. 소비자를 대상으로 하는 판매촉진의 주요 수단에는 견본, 쿠폰, 선물끼워주기, 경품권, 바겐세일, 점포 내의 전시물(보기: 포스터) 등이 있다. 그리고 거래처를 대상으로 할 때는 상품의 가격을 할인해 준다든가, 회사의 이름이 박힌 재떨이·메모지·볼펜·달력·성냥 등을 무료로 나누어 주거나, 거래처가 자사의 상품을 위하여 해준 일(보기: 광고·특별전시)에 대한 대가를 지불하는 등의 방법이 있다.

(3) 판촉시행계획의 수립

판촉목표와 판촉수단이 정해졌으면, 기업은 이제 구체적인 판촉시행계획을 세워야 한다. 이 단계에서 마케팅관리자가 정해야 하는 것은,

① 소비자들의 구매를 유도하기 위하여 또는 거래처의 협조를 얻기 위하여 어느 정도의 자극을 줄 것인가,
② 어떤 조건을 갖춘 소비자나 거래처를 대상으로 판촉할 것인가,
③ 쿠폰·견본·경품권 등을 어떻게 배포할 것인가,
④ 판촉행사를 언제 얼마 동안 할 것인가,
⑤ 판촉예산을 얼마로 할 것인가 등이다.

(4) 판촉시행계획의 사전시험

판촉시행계획이 완성되면, 기업은 가능하면 이를 곧바로 시행하지 말고 미리 시험을 해 보아야 한다. 사전시험을 하면, 회사가 선택한 판촉수단이 적절한지 아닌지, 그

리고 판촉시행계획에 어떤 문제가 있는지 없는지의 여부를 미리 파악할 수 있다. 회사가 사전시험에서 나타난 문제점들을 모두 시정하고 나서 판촉시행계획을 실행에 옮기면 실패의 가능성을 줄일 수 있다.

(5) 판촉시행계획의 실행 및 판촉결과의 평가

기업은 판촉행사를 실시하고 나서 반드시 그 결과를 평가해야 한다. 평가의 기준은 판촉목표를 얼마나 달성했느냐가 되어야 한다. 예를 들어, 판촉목표가 판매를 늘리는 것이었다면 반드시 판매량의 변화를 측정해야 할 것이다. 이 때 기업은 판촉을 하기 전, 판촉기간 동안, 판촉이 끝난 직후, 판촉이 끝나고 상당 기간이 지난 다음의 판매량을 분석해야 한다.

만일 판매촉진을 하기 전의 어느 회사의 시장점유율이 20%였고, 판매촉진기간 동안에는 그것이 25%로 올라갔다가, 판촉이 끝난 직후에는 16%로 떨어졌으나(왜냐하면 소비자들이 판촉기간 동안 평상시보다 많이 상품을 사들였고, 그것을 아직 다 소비하지 못했기 때문에), 어느 정도 시간이 지난 다음에는 22%선에서 안정되었다고 하자([그림 12-2] 참조). 그렇다면 이것은 판매촉진으로 인해 현재의 고객들이 더 많이 구입했을 뿐만 아니라 많은 새로운 고객들이 처음으로 사보았고, 또 새로운 고객들의 일부는 계속 구입하게 되었다는 것을 의미한다. 만일 판촉 후 시장점유율이 판촉 전과 똑같다면, 이것은 회사의 판촉행사가 현재의 고객들이 상품구매시기를 조금 앞당기게 했다는 것을 의미한다. 또 만일 자사제품을 다시 쓰게 할 목적으로 자사제품에 쿠폰을 삽입했었다면, 나중에 쿠폰이 얼마나 회사에 들어왔는지 파악하면 판촉의 효과를 어느 정도 알 수 있을 것이다.

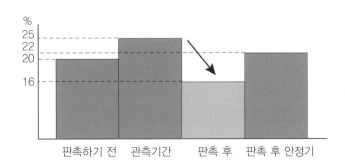

그림 12-2   어느 회사의 판매촉진 효과

제2절 판매촉진의 관련 이론

앞에서 살펴본 바와 같이 판매촉진은 단기매출상승에 효과적인 방법 중 하나이다. 그렇다면 판매촉진의 어떠한 특성으로 인해 매출 상승에 기여할 수 있게 된 것일까? 이를 잘 이해하기 위해서는 제품 구매 시 소비자에게 발생되는 여러 문제들을 살펴볼 필요가 있을 것이다. 여기서는 판매촉진과 관련된 몇 가지 이론에 대해 언급하도록 하겠다.

1 기대효용이론

제품 구매 시 소비자들은 여러 요인을 고려하여 자신에게 가장 큰 효용을 가져다 주는 제품을 선택한다. 소비자가 느끼는 효용은 크게 취득효용(acquisition utility)과 거래효용(transaction utility)으로 구분할 수 있다. 취득효용은 제품가치와 지불가격의 비교에 의해 결정되는 일반적 의미의 효용이다. 거래효용이란 지불가격을 어떤 준거가격과 비교하여 느끼는 상대적 의미의 효용을 뜻한다. 이때 소비자들은 지불가격이 자신의 준거가격보다 저렴할 경우 취득효용 외에 추가적인 거래효용 또는 즐거움을 느끼게 되므로 그 제품의 구매확률이 높아진다. 같은 지불가격이라 할지라도 만일 지불가격이 준거가격보다 비쌀 경우에는 반대로 불쾌감을 느끼게 되어 거래효용이 감소한다.

여기서 준거가격으로 사용되는 가격들은 그 제품의 원래 가격이 주로 사용된다고 알려져 있다. 즉, 소비자들은 실제 지불가격이 원래 가격보다 할인되었을 경우, 낮은 지불가격 그 자체에서 느끼는 취득효용 외에도 원래 가격과 지불가격과의 차이에서 추가적인 거래효용을 느낀다. [그림 12-3]은 프로스펙트(prospect) 이론을 보여 주고 프로스펙트 이론에 따르면 소비자는 실제 지불가격을 준거가격과 비교해서 실제 지불가격이 준거가격보다 싸면 그 차이만큼을 이익으로 인식하고 그에 따른 추가적인 효용을 느끼게 된다. 그래프에서 나타난 바와 같이 소비자가 느끼는 효용은 지불가격이 준거가격보다 쌀 때보다(이익의 경우) 더 비쌀 때(손실의 경우) 훨씬 더 큰 효용의 감소를 느낀다. 따라서 기업은 소비자들이 갖고 있는 준거가격의 정도를 살펴 가격전략에 이용해야 한다. 또한 효용을 크게 느낄 수 있는 적절한 촉진전략을 사용해야 한다.

그림 12-3　프로스펙트 이론

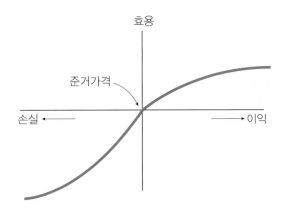

② 불확실성 회피성향

소비자들은 사용경험이 없는 제품에 대하여 제품의 성능에 대한 불확실성으로 인한 위험을 느끼게 된다. 이러한 위험을 감소시키기 위하여 무료견본을 사용하거나, 혹은 소형의 시용제품을 써 보거나, 혹은 쿠폰을 이용하여 사용해 봄으로써 제품의 성능에 대한 불안감을 줄이고자 한다.

한 연구에서는 소비자들이 상표를 반복 구매하는 경우보다 처음 구매할 경우에 더 작은 크기를 주로 구입한다는 것을 발견하였다. 이러한 첫 구매 시의 작은 크기에 대한 선호는 소비자의 불확실성 회피 성향을 보여 주는 좋은 예이다.

③ 고전적 조건화와 수단적 조건화

고전적 조건화는 파블로프의 실험에 의하여 입증되었다. 파블로프는 개에게 먹이를 줄 때마다 종을 치는 것을 반복하였다. 그 개는 먹이를 볼 때마다 침샘에서 침이 나오는데, 이 때 먹이는 무조건적 자극(unconditioned stimulus)이 되고 침이 나오는 것은 무조건적인 반응이다. 먹이를 주면서 종치는 것을 반복했을 때, 나중에는 종소리만 듣고도 침을 흘리게 되므로 종을 치는 것은 조건자극 (conditional stimulus)이 된다([그림 12-4] 참조). 이와 유사하게 소비자에게 경품행사를 하거나, 특별진열, 소매점광고 등을 통하여(무조건적인 자극) 호의적인 태도(무조건적인 반응)를 형성할 수 있는데, 이때마다 상표를 반복적으로 결부시킴으로써(조건자극) 상표만

반응

Tuning fork　　　　Salivation
조건 자극　　　　　조건 반응

그림 12-4　고전적 조건화

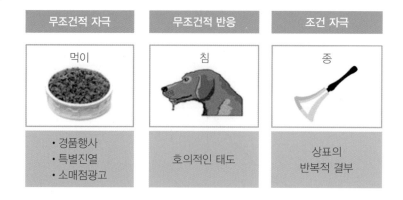

무조건적 자극	무조건적 반응	조건 자극
먹이	침	종
• 경품행사 • 특별진열 • 소매점광고	호의적인 태도	상표의 반복적 결부

보아도 호의적인 태도를 갖게 할 수 있다.

　수단적 조건화는 스키너의 상자실험에서 발견되었다. 이 실험은 스키너의 상자에는 비둘기나 쥐가 누를 수 있는 레버가 있는데, 비둘기나 쥐가 이 레버를 누를 때마다 먹이를 주게 되면 이 동물들은 학습에 의해 레버를 누르는 동작의 횟수가 점차 늘어나게 된다는 것이다. 이 때 레버를 누르는 것은 반응이 되고 그 때마다 먹이를 주는 행동은 보상이 된다([그림 12-5] 참조). 판촉에 있어서 좋은 예는 포장 내 쿠폰(in-pack coupon)이라고 할 수 있다. 소비자가 시리얼을 구매하게 되면 시리얼이 다 소비될 때쯤 쿠폰을 발견하게 되는데, 이 때 시리얼의 구매가 반응이 되고 시리얼 박스 속에 있는 쿠폰은 보상이 되어 동일한 반응을 강화시키게 된다. 〈표 12-3〉은 각 이론에 근거

그림 12-5　수단적 조건화 실험

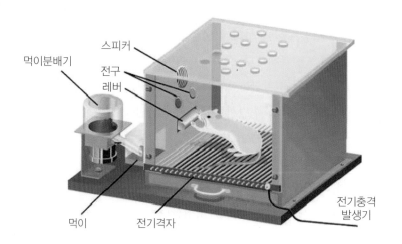

스피커
먹이분배기
전구
레버
먹이
전기격자
전기충격 발생기

| 표 12-3 | 판매촉진의 이론적 배경

이론	판촉형태
거래효용이론	가격할인, 쿠폰
지각된 위험	견본, 시용제품, 쿠폰, 리베이트
고전적 조건화	경품, 특수진열, 소매점광고
수단적 조건화	포장 내(in-pack) 쿠폰, 구매증명에 대한 경품

한 몇 개의 전형적인 판촉형태를 보여 주고 있다.

제3절   판매촉진의 전략적 이슈

앞 절에서는 판매촉진이 마케팅관리자들의 다양한 목적달성을 위해 이용될 수 있다는 것을 보여 주었다. 마케팅관리자가 이러한 판매촉진전략을 효율적으로 운영하기 위해서는 다음과 같은 전략적 문제들을 잘 다루어야 한다.

- 중간상판촉과 소비자판촉의 예산적정배분: 밀기(Push) 혹은 끌기(Pull)
- 단기적 매출증대(판매촉진), 장기적 매출증대(상표자산)의 균형
- 죄수의 딜레마와 판매촉진의 효과를 둘러싼 갈등의 해소

◼ 중간상판촉과 소비자판촉의 예산적정배분: 밀기(Push) 혹은 끌기(Pull)

마케팅관리자들은 마케팅예산을 직접 최종소비자에게 투자(끌기)할 것인지 유통단계의 중간상들에게 투자(밀기)할 것인지 혹은 밀기와 끌기 사이의 예산배분을 어떻게 할 것인지 고민하는 경우가 많이 있다.

판매촉진에 있어서 밀기는 중간상판촉으로, 끌기는 소비자판촉으로 불린다. 소비자판촉은 중간상의 협조가 필요 없고 직접 소비자에게 혜택을 제공한다는 장점이 있는 반면, 대부분의 소비자판촉의 경우 소매점의 가격할인에 비하여 반응이 약하고 단기매출 증대의 효과가 떨어진다는 단점이 있다. 그러나 중간상판촉은 일단 중간상이 제조업체로부터 받은 판촉비용을 모두 소비자를 위해 쓰면 매우 효율적으로 매출을 증대시킬 수 있는 장점이 있지만, 제조업체가 중간상의 행동에 대한 통제력이 없는 경우 중간상이 판촉비용을 자신의 이익극대화를 위하여 다른 용도로 사용할 가능성이 높은 것으로 나타나고 있다.

| 표 12-4 | **식기세척제 DAWN의 판매촉진 연간계획표**

1월	2월	3월	4월	5월	6월
우편쿠폰 (20% 할인)과 중간상 물량비 할인(케이스당 1.80달러 할인)		할인포장 (32온스짜리 27센트 할인)		전단지쿠폰 (20센트 할인)과 중간상 물량비 할인(케이스당 1.80달러 할인)	
7월	**8월**	**9월**	**10월**	**11월**	**12월**
전단지쿠폰 (20센트 할인)과 중간상물량비 할인(케이스당 1.80달러 할인)		할인포장 (32온스짜리 20센트 할인)			전단지쿠폰 (20센트 할인)과 중간상 물량비 할인(케이스당 1.80달러 할인)

그러나 중간유통조직의 전문화, 체인화 그리고 정보화에 따라 제조업체들과 중간상의 힘의 균형이 중간상에게로 기울고 있는 현상을 볼 때 앞으로 중간상판촉의 비중이 점점 늘어날 수밖에 없다. 따라서 판매촉진전략을 효율적으로 운영하기 위해서는 중간상판촉과 소비자판촉의 시너지효과를 끌어내는 것이 관건이라고 할 수 있다.

Procter & Gamble에서 식기세척제 DAWN을 출시하였을 때의 연간 판촉계획을 〈표 12-4〉에서 살펴보자. 이 회사는 초기에 중간상판촉인 물량비례보조금을 제공하여 중간상으로 하여금 DAWN의 재고를 갖추게 만들고 소비자판촉인 견본과 쿠폰의 우편배포를 통하여 소비자의 DAWN 제품에 대한 초기수요를 유도하였으며, 그 후 물량비례보조금·쿠폰·할인포장을 통하여 공급측면과 수요측면을 동시에 관리했다.

2 판매촉진과 상표자산

마케팅관리자는 판매촉진에 대한 투자가 장기적으로 상표자산에 부정적 결과를 가져올 수도 있다는 불안감을 갖고 있다. 어떤 학자는 판매촉진에 대한 의존도가 높은 상표가 장기적으로는 시장점유율이 떨어진다고 주장하였다. 왜냐하면, 판매촉진이 상표자산을 감소시켜 상표의 장기적 시장점유율에 부정적 영향을 미치기 때문이다. 또한 가격할인을 너무 자주 혹은 정기적으로 하게 되면 소비자들이 생각하는 적정 준거가격이 낮아지게 되어 장기적으로 그 제품의 정상가격 판매에 부정적 영향을 주게 된다. 즉, 소비자는 어떤 제품의 가격평가 시 절대가격이 아니라 자신이 생각하는 적정가격과의 상대적인 비교를 하게 되는데 판매촉진의 빈번한 시행은 이 적정 준거가격을 낮추게 되어 정상가격 판매시 시장점유율이 떨어지게 된다.

판매촉진은 소비자들이 제품을 구매하도록 직접적인 동기를 부여하고 반복구매에 대한 보상을 제공하며, 중간상의 자사제품에 대한 판매 노력을 증대시킨다는 장점이 있다. 그러나 너무 자주 하면 제품의 장기적인 생명력인 상표자산 형성에 부정적인 영향을 미칠 가능성이 있다는 연구들이 있다. 특히 이성적인 제품보다 감성적인 제품의 경우 판매촉진이 상표자산에 미치는 영향이 더 크기 때문에 의류, 보석류, 주류와 같은 제품의 경우에는 더욱 주의가 요구된다 하겠다.

이러한 판매촉진의 상표자산에 대한 부정적인 결과에 대한 우려와 달리 최근 나타나는 판매촉진의 성공 사례들은 오히려 판매촉진이 고객의 제품사용에 대한 습관을 형성시켜주는 역할을 할 수 있다는 것을 보여준다. Harvard Business Review(2017)에서는 소비자가 어떤 특정한 제품과 서비스를 반사적으로 선택하게 만드는 데 있어서 판매촉진이 얼마나 중요한 역할을 하는지를 연구하였다. 이들은 세탁제부터 스마트폰, 인터넷 비즈니스에 이르기까지 얼마나 많은 기업들이 판매촉진을 활용해서 성공적으로 소비자들의 제품사용의 습관을 만들어내었는지를 보여주었다. 이와 같이 판매촉진은 특히, 제품의 초기 단계에서 소비자들의 제품 사용을 촉진하고 확산시키는 데 매우 중요한 역할을 할 수 있으며, 이러한 초기 제품사용의 습관이 장기적으로 시장에서 성공하는 브랜드를 만들어내는 핵심 전략이 될 수 있다. 아래는 소비자의 습관형성이 얼마나 중요한지를 보여주는 사례이다.

 사례 | **무료 샘플을 뿌려서 고객의 습관을 형성하라**

마케팅 담당자들은 오랜 세월에 걸쳐 초반에 성공을 거두는 일이 얼마나 중요한지를 잘 이해해 왔다. 급성장하는 세탁기 시장을 공략하기 위해 내놓은 세탁세제 타이드는 P&G 브랜드 가운데 가장 호평을 받고 가장 성공적이며 수익성이 제일 높은 브랜드 중 하나다. 1946년 이 브랜드의 제품이 처음 선보인 즉시 타이드 광고는 해당 제품 카테고리 내에서 가장 많이 노출됐다. 그리고 P&G는 미국에서 판매되는 모든 세탁기에 타이드를 사은품으로 끼워 넣어 소비자들이 타이드를 이용하는 습관을 기르게 했다. 타이드는 초반에 인기를 재빨리 끌어 모으는 데 성공했고 지금까지 선두자리를 놓치지 않고 있다.

사람들에게 무료 샘플을 뿌리는 전략은 늘 마케팅 담당자들의 단골 마케팅 기법이었다. 삼성은 저렴한 안드로이드 기반 스마트폰을 선보여 통신사들이 공짜 스마트폰 약정 상품을 내놓을 수 있게 함으로써 전 세계 스마트폰 시장에서 점유율 1위 기업으로 떠올랐다. 인터넷 사업의 경우에 '무료 혜택'은 고객의 습관을 형성시키기 위한 핵심적인 전략이다. 이베이, 구글, 트위터, 인스타그램, 우버, 에어비앤비 등 사실상 인터넷 비즈니스 분야의 모든 '대박' 기업들은 서비스를 무료로 제공해 사용자들이 그 서비스에 발을 담그고 점점 더 익숙해지게 만든다. 일단 소비자들의 습관이 형성되면 공급자나 광고주로부터 이윤을 창출할 수 있게 된다.

자료원: HBR(2017), '과대평가된 고객충성도에 현혹되지 말라'.

3 판매촉진과 '죄수의 딜레마'

판매촉진을 하는 이유 중 하나로 많이 꼽히는 것은 '경쟁사가 하기 때문'에 판매촉진이 마진을 줄임에도 불구하고 할 수 없이 한다는 것이다.

〈표 12-5〉에서 보듯이, 기업 A만 판촉을 하는 경우 기업 A는 10억 원의 이익을, 기업 B는 단지 1억 원의 이익을 얻게 된다. 이런 상황에서는 기업 B도 경쟁압력 때문에 판촉을 하게 된다. 그 결과 기업 A, B 모두 2억 원의 이익을 갖게 된다. 만약 처음부터 두 회사가 모두 판촉을 하지 않았다면 둘 다 5억 원씩의 이익을 확보할 수 있었다. 그러나 일반적인 판촉경쟁상황에서는 두 기업이 모두 판촉을 하게 된다. 이러한 현상을 '죄수의 딜레마'라고 한다. 그렇다면, '죄수의 딜레마'에서 벗어나는 방법은 무엇일까? 많은 전략가들이 추천하는 가장 효과적인 전략은 Tit-for-Tat으로 알려져 있다.[1] 이는 상대방이 공격하기 전에 선제공격을 하지 않으면서 상대방이 공격해 오면 즉각적으로 강력하게 보복공격을 하고 만일 상대방이 공격을 멈추면 자신도 상대방에 대한 공격을 멈추는 전략이다. 즉, 상대방에게 학습을 통해 상호간에 유익한 전략은 공격이 아닌 협조라는 것을 가르치는 것이다.

'Tit-for-Tat'전략이 효과를 보려면 자사와 경쟁사가 서로 신호를 보낼 수 있어야 한

| 표 12-5 | 두 기업의 판촉경쟁사

기업 A \ 기업 B	판촉 안한다	판촉한다
판촉 안한다	(5억, 5억)*	(1억, 10억)
판촉한다	(10억, 1억)	(2억, 2억)

* (기업 A의 이익, 기업 B의 이익)

---

1 김용준(1989), "Fractional Tit for Tat Strategy in Promotional Competition", Ph. D. Dissertation, Northwestern University, 참조.

다. 예를 들어, 한 회사가 가격인상계획을 미리 발표하고 경쟁사의 반응을 지켜본다고 하자. 만일 이 때 경쟁사가 값을 올릴 것이라는 신호를 보내면, 두 회사 모두 값을 올리게 된다. 그러나 중간상판촉의 경우에는 경쟁사가 어느 정도의 중간상판촉지원금을 제공하는지에 대한 정보를 구하는 것이 매우 어렵고, 또한 경쟁사에게 자사의 전략을 표시하는 것이 불가능하기 때문에 '죄수의 딜레마'에서 빠져 나오기 어렵다. 따라서 경쟁사에 대한 정보를 체계적으로 수집해서 판매촉진 시 죄수의 딜레마에 빠져들지 않도록 하여야 한다.

다음은 대형할인점들 간에 벌어졌던 '최저가격보상제' 판촉전쟁에 대한 사례이다.

사례   **이마트의 최적가격보상제의 도입과 폐지**

최저가격보상제(Low Price Guarantee)는 고객이 구입한 상품과 브랜드 품목 규격 모델이 똑같은 상품을 다른 점포에서 더 싼 값에 팔고 있다는 사실이 입증되면 차액을 즉시 현금으로 돌려주는 제도이다. 이는 어떤 상품이든 동일한 것을 다른 유통점에서 더 낮은 가격으로 살 수 있다면 이미 그 제품을 구입한 고객에게 추후에라도 그 차액을 내준다는 것으로, 말 그대로 유통점이 고객들에게 최저가격을 보장한다는 것이다. 이 제도는 미국과 같은 유통선진국에서는 이미 오랜 전부터 시행되어온 것이지만, 우리나라에서는 1997년 5월 신세계 이마트가 처음으로 실시했다.

이마트는 1997년 봄 파격적으로 최저가격보상제를 도입했다. 자사상품보다 싸게 파는 다른 할인점이 있으면 점포에 따라 많게는 차액의 2배를 보상해 주었다. 당시 업계뿐만 아니라 고객 모두 이마트의 파격 행보에 반신반의했다. 그러나 이 전략은 성공을 거뒀고 경쟁업체들은 울며 겨자 먹기식으로 뒤따를 수밖에 없었다.

이마트가 적잖은 출혈이 예상되는 일을 단행한 데는 나름의 계산이 있었다. 200만 원하는 냉장고를 경쟁업체가 180만 원에 판매할 경우 고객에게 40만 원을 돌려줘야 하는 부담이 있었으나 고객들은 보상을 받는 재미에 이마트로 몰렸다. 경쟁업체는 물건을 싸게 팔아도 고객이 감소하는 상황이 벌어졌다. 결국 다른 할인점도 이마트의 전략을 따르는 것이 최선의 선택이 됐고 '암묵적 담합'이 이뤄졌다.

이 균형은 2002년 이마트가 새롭게 최저가격신고보상제를 내놓으면서 다시 깨지고 말았다. 물건을 산 사람에게 차액을 보상해 주던 것에서 한 발 더 나아가 다른 할인점보다 더 비싸다는 것을 신고만 하면 5,000원짜리 상품권을 지급하는 제도였다. 다른 할인점은 한 술 더 떠 최저가격 10배 신고보상제 등을 도입하는 등 다시 무한경쟁을 시작했다.

할인점으로 사람들이 몰렸지만 물건을 사려는 고객이 아닌 보상금을 노린 사람들이었으며, 매출로 이어지지 않았다. 결국 상당수 대형할인점들은 먼저 손을 들고 신고보상제를 폐지했다. 이마트도 슬그머니 신고보상제를 없애고, 10년간 실시한 최저가격보상제를 폐지하였다. 국내 대형유통업체들의 10여 년간 지속된 '최저가격보상제' 전쟁은 판매촉진이 얼마나 '죄수의 딜레마'에 빠지기 쉬운지를 보여준 대표적인 사례이다.

자료원: 동아일보매거진(2011).

이 장에서 우리는 판매촉진의 관리를 위한 올바른 판매촉진의 개념 및 종류에 대해 알아보았다. 특히 판매촉진의 효율성을 높이기 위해 적절한 밀기와 끌기전략의 필요성에 대해 언급하였다. 또한 각 상황별 적절한 판매촉진전략을 구사할 수 있도록 판매촉진의 종류에 대해서도 살펴보았다.

판매촉진을 효과적으로 하기 위해서 마케팅관리자는 먼저 ① 판촉목표를 세운 다음, ② 판촉수단을 선택하고, ③ 판촉시행계획을 수립하고, ④ 이 계획을 사전에 시험해 보고, ⑤ 이 계획을 실행에 옮긴 다음, 그 결과를 평가해야 한다.

판매촉진은 단기매출 증대에 큰 역할을 하게 되는데 그 이유는 제품 구매 시 소비자가 느끼는 불안을 판매촉진이 완화시키기 때문이다. 구체적으로 기대효용이론, 불확실성회피성향, 고전적 조건화와 수단적 조건화 등의 이론을 토대로 판매촉진의 효과에 대해 설명하였다.

또한 우리는 판매촉진에 관한 전략적 이슈들을 논의하였다. 판매촉진은 앞으로 그 중요성이 점점 증가할 것으로 예측된다. 따라서 마케팅관리자들은 어떻게 판매촉진의 구체적 방법들을 효과적으로 결합하여 사용하며, 매출증대의 효과를 극대화시키면서도 자사제품의 장기적 상표자산형성에 부정적인 영향이 미치지 않도록 할 수 있는지 깊이 생각해야 한다. 그리고 경쟁사가 하기 때문에 한다는 '죄수의 딜레마'에서 벗어나서 적극적으로 신규고객유치와 기존고객유지의 목적을 달성할 수 있도록 밀기와 끌기의 판매촉진전략을 현명하게 사용해야 할 것이다.

Q&A

1 소비자판매촉진에 해당되는 사례들(쿠폰, 견본, 환불, 할인포장, 보너스포장)을 종류별로 조사해 보시오.

2 사용 경험이 없는 제품일 경우 소비자들은 제품의 성능에 대한 불확실성으로 구매를 꺼리게 된다. 소비자의 불확실성을 줄여주는 판매촉진의 성공사례를 조사해 보시오.

3 소비자의 사용습관을 성공적으로 만들어낸 판매촉진의 성공사례를 분석해보시오.

4 특정한 브랜드를 선택하여 그 브랜드의 로열티 프로그램의 장점과 단점을 분석해보시오.

📓 참고문헌

동아일보(2012), 런던올림픽 D-28... 삼성-LG '올림픽 마케팅' 시동.

동아일보(2014), 삼성전자, 첼시 후원하며 세계 소비자에 눈도장.

동아일보매거진(2011), 이마트 '최저가격보상제' 속사정은?

동아비즈니스리뷰(2013), 줄거리와 겉도는 강력한 간접광고는 최악이다.

동아비즈니스리뷰(2018), 온오프라인 통합기반의 고객경험 혁신, 마윈 구상 현실로.

서울경제(2012), 한류, K푸드도 있다.

아시아경제(2010), [밴쿠버올림픽] 삼성, 올림픽 마케팅의 달인.

월간호텔&레스토랑(2017), 고객과 맺는 깊은 관계, 호텔 로열티 프로그램.

이투데이(2012), [불 붙는 올림픽 마케팅] 브랜드가치·매출 껑충...'TOP'된 뒤 글로벌 '톱' 도약.

중앙일보(2015), 대형마트 상품 진열의 비밀.

한국경제(2018), 삼성전자, 평창 올림픽 선수 & 팬과 '혁신기술'로 교감.

http://dbr.donga.com/article/view/1901/article_no/7910

Forbes(2012), How Targe Figured Out A Teen Girl Was Pregnant Before Her Father Did.

HBR(2017), '과대평가된 고객충성도에 현혹되지 말라'.

KOTRA해외시장뉴스(2018), 미국은 지금 쇼핑 중, 블랙프라이데이에 소비자가 구매한 제품은?

NAVER 지식사전: 최저가격보상제(low price guarantee, 最低價格補償制)

"Do You Like What You Recognize? The effects of Brand Prominence and Movie Plot Connection on Brand Attitude as Mediated by Recognition" Nathalie Dens, Patrick De Pelsmacker, Marijke Wouters, and Nathalia Purnawirawan (2012, Journal of Advertizing 41, 3, 35-54).

디지털마케팅

SNS으로 온정 나누기, '소셜 기부'

소셜 기부는 소셜 네트워크 서비스(SNS)를 많은 사람들이 이용하면서 생긴 새로운 기부형태이다. 20~30대를 중심으로 빠른 속도로 확산되고 있는 소셜 기부는 사회적 기부행위가 기업의 일방적인 기부라는 인식에서 벗어나 참여와 공유를 바탕으로 한 새로운 방식의 사회적 기부문화라고 할 수 있다.

소셜 기부에는 네티즌들의 댓글 수가 많이 달린 사연에 대해 댓글만큼 기부하는 '댓글 기부'와 트위터를 통해 리트윗(RT, 트위터 메시지를 전달하는 기능)의 횟수만큼 기부하는 '리트윗 기부' 그리고 기부를 목적으로 스마트폰 애플리케이션이나 인터넷 사이트를 개설하는 '소셜 벤처' 등이 존재하며, 정부부처, 기업, 그리고 일반 동호회까지 많은 주체들이 다양하고 참신한 아이디어로 소셜 기부에 동참하고 있다.

자료원: 대한민국 정부 대표 블로그 '정책공감'(2012).

제1절 디지털마케팅(Digital Marketing)의 정의

디지털마케팅은 소비자들에게 적시-적재-효율적으로 도달할 수 있도록 제품과 서비스의 촉진에 있어 디지털 채널을 활용하는 것을 뜻한다. 즉, 소비자들에게 제품의 홍보를 위한 광고를 인터넷에 연결된 기기들(웹브라우저, 스마트폰, 태블릿PC 등)을 이용하여 접근하는 방식이라고 할 수 있다. 보다 넓은 의미로서, 디지털마케팅은 '디지털 기술들을 활용하여 소비자의 가치를 창출하는 기업의 모든 마케팅활동을 통칭'한다고 할 수 있다(wekipedia, digital marketing, [그림 13-1] 참조).

| 그림 13-1 | 디지털마케팅의 정의 |

광의

협의
'디지털 채널'을 통한 마케팅

'디지털'을 활용한 마케팅 가치창출

| 표 13-1 | 디지털마케팅의 방법들

디지털마케팅의 방법	설명
이메일(E-mail)	인터넷을 이용하여 사용자 간 편지나 정보를 주고 받는 통신 방법(예: 구글메일, 네이버메일, 다음메일, 네이트메일)
RSS feed (Really-Simple-Syndication Feed)	각종 정보를 묶어서 목록으로 볼 수 있는 방식
블로그(Blog)	다양한 기능이 혼합되어 있는 1인 미디어 서비스(예: 다음 티스토리, 네이버 블로그, 싸이월드 블로그 등)
팟캐스트(potcast)	오디오와 비디오 형태로 다양한 콘텐츠를 인터넷망을 통해 제공하는 서비스(예: 애플의 팟캐스트 서비스)
영상 스트리밍(Video streaming)	인터넷을 통해 영상을 실시간으로 재생할 수 있는 서비스(예: 유튜브, 판도라TV, 비메오 등)
즉석 메시지(Instance message)	채팅과 전화처럼 실시간 의사소통이 가능한 커뮤니케이션 수단(예: 네이트온, 카카오톡, 라인, 마이피플 등)
소셜 네트워크 서비스 (Social network service)	웹상에서 이용자들이 인적 네트워크를 형성할 수 있게 해주는 서비스(예: 트위터, 싸이월드, 페이스북 등)

디지털마케팅의 방법에는 대표적으로 이메일, RSS 피드(Really-Simple-Syndication Feed), 블로그(blog) 팟캐스트(podcast), 영상 스트리밍(video streaming), 즉석 메시지(instance message), 도입사례에서도 언급되었던 소셜 네트워크 서비스(Social network services)가 있다. 과거에는 이메일로 기존의 카탈로그를 대체하는 등의 소극적인 방법으로 디지털 기술을 마케팅에 접목시켜 왔다면, 점차 디지털마케팅의 방법이 다양해지면서 기업들도 상기에 언급한 다양한 수단들을 적절히 사용하여 소비자들에게 디지털의 가치를 활용하여 부가가치를 창출하고 있다(〈표 13-1〉 참조).

David Chaffeyii는 이러한 변화를 반영하여 위키피디아의 정의에 '디지털 시대의 소비자 특성과 행동을 고려해 여러 디지털 미디어를 활용해 구사하는 마케팅의 관리와 그 실행'이라고 좀더 폭넓게 정의를 내리기도 하였다(2008). 이러한 정의는 현재 우리 사회의 거대한 흐름을 반영하고 있다. 우리는 이제 디지털 기기가 없는 삶은 상상할 수도 없다. 불과 20~30년 전만 해도 불가능하다고 생각했던 그 모든 것들은 '인터넷'을 통한 하나의 거대한 커뮤니케이션의 도구로서 우리에게 편익을 제공하고 있다. 이미 모든 기업들에게 디지털마케팅은 거스를 수 없는 대세가 되었다.

사례 즉석 메시지 서비스를 통한 디지털마케팅 사례 "카카오톡 플러스 친구"

스마트폰 하면 카카오톡, 카카오톡 하면 스마트폰으로 알려질 만큼, 우리나라에서 카카오톡 만큼 스마트폰의 보급에 혁혁한 공을 세운 프로그램도 드물 것이다. 그 성장세는 무서울 정도로, 2010년 3월 서비스를 처음 시작하고 가입자가 860만 명으로, 그리고 엄청난 속도로 증가하여 현재 50,113천명이 되었다.

이러한 카카오톡에 2011년 말 새로 추가된 서비스가 바로 '플러스 친구'이다. 좋아하는 브랜드나 스타, 미디어를 카카오톡 친구로 추가하여 다양한 콘텐츠나 쿠폰, 정보를 받을 수 있는 새로운 서비스의 일종인 '플러스 친구'의 첫 시작은 민간 기상회사인 '웨더뉴스'와의 공동업무 양해각서를 체결, 날씨정보를 제공받는 것으로 시작되었다. 이후, 백화점, 쇼핑몰의 다양한 이벤트나 할인쿠폰을 제공하고 있으며, 야구 구단, 게임 업체 등도 참여하여 혜택을 제공하고 있다.

이 외에도 자신이 관심있는 기업의 채용정보도 실시간으로 받아볼 수 있는 등, 정보를 쉽게 탐색하고 실시간으로 서비스를 제공할 수 있는 '모바일 메신저'와 'RSS 서비스'의 적절한 조합으로 이루어진 편의 서비스라고 할 수 있다. 이와 관련해 이석우 전 카카오 공동대표는 '글로벌 모바일 플랫폼으로서의 카카오톡의 가치를 인정받는 계기로 생각'한다고 말하며 "앞으로도 글로벌 파트너와 다양한 제휴로 가치 있는 콘텐츠를 발굴, 장기적으로 '정보 플랫폼'으로서의 지위를 갖추기 위해 노력하겠다"고 밝혔다.

자료원: 블로터(2012), kakao 2018년도 2분기 실적보고서.

제2절　디지털 소비자

1 디지털 소비자의 특징

디지털 시대의 도래는 소비자의 행동에도 많은 변화를 주었다. 새로운 행동이 나오기도 하며, 이들이 기존의 행동을 대체하기도 또는 보완하기도 한다. 이러한 변화

| 표 13-2 | 디지털 소비자와 아날로그 소비자의 특징

	아날로그 소비자의 특징	디지털 소비자의 특징
디지털 제품에 대한 인식	목적이나 효용을 달성하기 위한 도구 또는 수단	디지털 제품에 애착을 가지고, 의미를 부여
사이버 공간에 대한 인식	현실 세계와 가상 세계의 구분이 명확, 진짜와 가짜로 구분	경험 자체에 의미를 둠으로써, 가상 세계의 경험도 현실만큼 중요하게 여김
이미지에 대한 인식	이미지는 허상	이미지는 경험을 할 수 있는 그 자체로 실제적인 가치를 가지고 있음
매체에 대한 경험	내용이 그대로 정확하게 전달되어 파악하는 것이 중요함	매체를 통한 경험을 스스로 구성하여 의미를 부여함

의 중심에는 바로 '인터넷'을 통한 '검색', 그리고 메신저나 소셜 네트워크 서비스를 통한 정보 교환이 있다. 소비자들이 직접 정보를 찾고 평가하며 공유하는 행동은 과거의 기업과 소비자 간의 관계의 변화를 이끌어 냈다.

소비자들의 행동 변화는 기업의 전략에도 많은 변화를 줬다. 제품에 대한 정보를 탐색하기 위해 '검색'을 하는 소비자들이 생기고, 그 수가 점차 늘어나면서 '검색광고'와 같은 새로운 시장을 형성하였다. 기존의 활자매체인 신문이나 잡지들도 점차 자신들의 콘텐츠를 인터넷이나, 스마트폰, 태블릿에 최적화시켜 무료로 배포하면서 전통적 광고시장의 비중을 점차 줄여가고 있는 추세이다. 소비자 행동의 변화로 인해 생겨나는 가치와 그 가치 창출의 방식이 변화되고 있기에 기업들은 이러한 소비자들의 특징을 명확하게 구분지어 지속적인 가치 창출을 위해 노력해야만 생존할 수 있다.

〈표 13-2〉는 디지털 소비자와 아날로그 소비자의 특징을 비교하고 있다. 디지털 소비자와 아날로그 소비자의 가장 큰 특징은 디지털 제품, 즉 실제로 존재하지 않는 재화에 대한 인식의 차이라고 할 수 있다. 디지털 소비자는 디지털 제품 자체에 도구나 수단이 아닌 그 자체로서 애착을 가지고 있으며, 실재하지 않는 가상의 사이버 공간 또한 애착의 의미를 부여할 수 있는 특징을 가지고 있다. 즉, 기존의 아날로그 세대들이 디지털 제품이나 사이버 세계를 일종의 '도구'로 판단하는 반면에, 디지털 소비자들은 디지털 제품이나 사이버 세계를 통한 '경험'에 대한 의미를 부여한다는 것이다.

직접 자신의 블로그를 운영하면서 콘텐츠를 생산하거나, 개인 방송을 운영하는 등 UCC(User Created Contents)에 대한 적극적인 호응과 참여는 이러한 디지털 소비자들의 특징이다. 마이클 잭슨을 추모하기 위해 SNS 상에서 약속을 하고 일정 장소에서 그의 복장을 입고 특정 행동을 취하는 플래시몹이 전 세계적으로 퍼져나가며 인터넷

마이클 잭슨의 추모를 하기 위한 플래시몹 좌 – 한국, 우 – 스웨덴

상에 확대재생산이 되었던 것이 좋은 예라고 할 수 있겠다.

② 디지털 소비자의 유형

과거의 소비자가 수동적인 소비를 주로 해왔다면, 디지털 소비자의 경우 제품과 브랜드에 대한 애착을 가지고 이를 적극적으로 표현하는 활동을 벌이는 등 능동적인 소비행위를 보이고 있다. 이들이 바로 디지털 시대에 새로 등장한 소비자 집단이다.

(1) 리드 유저(Lead User)

리드유저(lead user)는 제품이나 서비스의 기능 및 품질 개선 필요성을 다른 소비자들보다 먼저 인식하고 스스로 해결책을 찾으며 시장의 트렌드를 선도하는 사용자를 일컫는다. 폰 히펠 교수(Eric Von Hippel, 1986)가 정의한 리드 유저에 따르면, 제품과 서비스 영역에서의 기술혁신의 대부분은 기업 주도가 아닌 소비자 특히 이들 리드 유저들에 의해서 나타난다고 할 수 있다.

(2) 오피니언 리더(Opinion Leader)

오피니언 리더는 다른 사람에게 의견을 전달하여 그 행동이나 신념에 영향을 미칠 수 있는 사람을 뜻한다. 이 단어는 과거 TV가 부족했던 시기에 TV의 기사내용을 다른 사람에게 전달하면서 타인에게 영향을 미치는 사람들을 지칭하기 위해 생겨난 단어이지만, 다양한 미디어가 보편화된 오늘날에는 타인에게 영향을 미쳐 특정 의견을 조성할 수 있는 유명인사 등을 지칭하는 단어로 쓰이고 있다.

사례 길거리의 재단사, 사토리얼리스트(The satorialist)

사토리얼리스트 블로그와 스콧 슈만이 찍은 사진들

패션에 관심이 많은 사람이라면 '스콧 슈만'이나 그가 운영하는 패션 블로그 '사토리얼리스트'를 한번쯤은 들어봤을 것이다. 패션에 관심이 많은 사람들에게 길거리 패션을 예술작품처럼 찍어 보여주는 스콧 슈만은 이미 패션 파워블로거를 넘어서 막강한 영향력을 인정받는 인물이다.

슈만은 사진 작가이자 패션 에디터로, 자신의 패션 블로그 '사토리얼리스트(The Satorialist)'를 운영하면서 유명세를 얻었다. 그는 런웨이 패션과 길거리 패션의 간극이 너무 크다고 생각해 실생활에서 옷을 통해 자신을 자유롭게 표현하는 사람을 찍기 시작했다. 그의 블로그에 올라온 세계 각지의 개성있는 길거리 패션들은 하루 평균 7만명 이상, 월 평균 20만명 이상의 방문자들을 통해 전 세계에 퍼져 나가고 있다.

그의 블로그는 2009년과 2010년 전 세계 500여 개 패션 블로그 중 가장 영향력 있는 블로그 1위에 올랐고 《타임》지 선정 디자인 부문 '가장 영향력 있는 100'에 뽑혔다. 사진은 '보그', 'GQ', '엘르' 등 세계적인 패션 잡지에 꾸준히 실리고 있다. 또한 2009년, 2005년 9월 처음 포스팅을 시작한 이래 그가 가장 아끼는 사진 500개를 골라 단행본으로 묶어낸 책 '사토리얼리스트'는 출간되자마자 아마존 베스트셀러 패션 부문 1위에 올랐고, 국내에서도 출간되어 예술분야에서 1위에 오르기도 하였다. 그 후 2012년 CDFDA(미국 패션 디자이너 협회) 미디어 상 수상, 2005년에서 2016년 10년 동안 스트리트 포토그래퍼 부동의 1위를 기록하고 있다.

그의 사진 속에 등장하는 패션 피플들은 저마다 개성 넘치는 패션 철학을 스타일링을 통해 드러내며, 슈만은 그들의 모습에서 패션은 물론 인생을 읽는다. 길거리에 지나다니는 평범한 사람들의 사진을 주로 찍는 그이지만, 간혹 유명 모델이나 디자이너, 스타일리스트들이 등장해 보는 이의 눈을 즐겁게 해주기도 한다.

자료원: 머니투데이(2011), Yes24.

그림 13-2 제품수용곡선

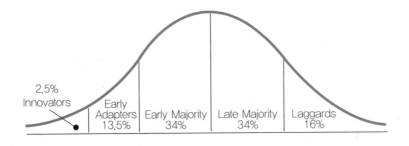

2.5%
Innovators

Early
Adapters
13.5%

Early Majority
34%

Late Majority
34%

Laggards
16%

(3) 혁신적 소비자(Innovative Consumer), 혹은 조기 수용자(Early Adaptor)

혁신성은 소비자가 시장에 나타난 새로운 제품이나 서비스를 빨리 수용하려는 경향을 뜻한다. Rogers(2003)가 구분한 혁신성에 따른 소비자의 분류에 따르면, 가장 높은 혁신성을 갖춘 소비자는 혁신자(innovator)라고 불리며, 상위 16% 이상의 혁신성을 보이는 소비자를 일반적으로 조기 수용자(early adaptor)라고 지칭한다([그림 13-2] 참조).

일반적으로 얼리어답터와 같은 혁신성이 높은 사람들은 다른 사람들에 비해 상대적으로 활동적이며, 기업의 커뮤니케이션 활동에 긍정적으로 반응한다. 또한 다른 사람들에 대해 오피니언 리더십을 가지기도 한다.

(4) 시장 전문가(Market Maven)

시장 전문가(market maven)는 시장에 대한 정보를 많이 알고 있는 정보탐색자들이다. 이들은 자신이 보유하고 있는 정보를 바탕으로 현명한 구매(smart buying)를 하는 특징이 있으며, 다양한 원천을 통해 정보를 입수할 수 있는 능력을 가지고 있다. 또한 그들은 자신들이 가지고 있는 제품이나 서비스에 관한 정보를 다른 소비자들에게 제공하는 것을 즐기는 사람들이다.

새로운 제품출시 시 가장 먼저 구입하는 조기 수용자들

(5) 허브와 중개자(Hub & Broker)

소셜 네트워크 서비스가 대중화되면서 허브는 그 역할이 더욱 더 강조되고 있다. 중개자는 다른 사람들에 비해 더 많은 사람들과 연결되어 있는 소비자를 뜻한다. 이들은 커뮤니티 내의 다른 사람들에게 영향을 미치기도 한다. 특히 중개자(broker)는, 소비자의 집단과 집단을 연결해주는 소비자들로서, 서로 다른 커뮤니티 간의 연결고리의 역할을 수행한다. 이들은 한 커뮤니티 내의 정보를 다른 커뮤니티에 전달하는 매개체의 역할을 함으로써 오늘날 복잡하게 얽혀있는 사회적 네트워크에서 정보의 확산을 담당하는 중요한 역할을 수행한다.

(6) 프로슈머(Prosumer)

프로슈머는 생산자(producer)와 소비자(consumer)의 합성어로서 앨빈 토플러가 '제3의 물결'에서 처음 제시한 개념이다. 이들은 단순 구매에 머물지 않고 직접 신제품 개발에 참여하거나 정보를 공유하고, 제품을 사용하는 데 있어 직·간접적으로 기업의 생산과정에 참여하는 소비자로, 수동적인 소비만을 하던 과거의 소비자와 디지털 소비자와의 차이를 가장 직접적으로 나타내는 소비자 유형이다. 프로슈머는 직접적으로 신제품 개발에 참여하거나 제품에 대한 평가를 적극적으로 기업 쪽에 제시함으로써 기업에 정보를 제공하고 기존의 제품을 개량하여 보완하는 등 문제를 해결해나가는(DIY: Do it yourself) 모습을 보인다.

| 표 13-3 | 프로슈머의 다양한 형태

		공간	활동	제품	특징	대상	사례
신제품 개발 참가형	동아리 참가	기업 커뮤니티	신제품 베타 테스트	특정 기업 제품	기업지원	동아리 회원	싸이언 프로슈머
	모니터링	특정기업	불만수집	소비재	기업지원	일반 소비자	CJ홈쇼핑, 깐고모
정보 공유형	댓글제공	인터넷 쇼핑몰	구매경험 댓글	소비재	무료제공	일반 소비자	G마켓, 옥션
	평가제공	평가/공유 사이트	품질평가 정보공유	전문제품	무료제공	전문가 소비자	네이버 영화평가
DIY형	자급자족	커뮤니티	제품제조 제조방식	소비재	기업지원	동아리 회원	해비타트

과거의 프로슈머는 기업의 생산에 의견을 제시하는 등 간접적으로 기업 생산과정에 참여하는 소비자였지만, 디지털 시대의 프로슈머는 보다 더 적극적으로 자신의 의견을 주장한다. 디지털 시대 프로슈머의 시작은 블로그와 같은 소셜 미디어(Social Media)를 통해 자신의 의견을 제시하는 등 기술의 발전과 web 2.0으로 불리는 사회의 변화에 의해 이루어졌다.

평가/별점 사이트나 기업의 특정 게시판에 댓글을 달면서 의견을 표현하는 것보다 더 강력한 자기 의견의 표출로 많은 사람들이 검색을 통해 이와 같은 글을 자신의 구매에 참고를 할 정도로, 디지털 시대의 이러한 리뷰 사이트들의 영향력은 크다고 할 수 있다. 기업은 이러한 리뷰를 작성하고 많은 사람들이 방문하는 블로거(blogger)를 신제품 설명회에 초대하여 그들에게 발매 전 직접 제품을 체험하게 함으로써, 그들이 생산해내는 정보의 가치를 극대화시키기 위해 노력하고 있다.

디지털 시대의 프로슈머들은 다양한 콘텐츠를 직접 제작, 공개함으로써 기업에 대한 영향력을 넘어서 스스로 경제적 가치를 창출하기도 한다. 각종 포털 사이트에서 제공하고 있는 웹툰과 인터넷 방송 등이 대표적인 사례이다. 웹툰의 경우 네이버의 도전 만화가 대표적인데, 누구나 자신의 만화를 올리고 사람들이 이를 평가하여 인기가 있는 만화는 정식 연재를 통해 데뷔를 할 수 있는 기회를 제공받는다. 따라서 만화에 관심이 많은 사람들이 자신들의 만화를 직접 올려서 많은 사람들의 평가를 받아 자신의 만화를 개선해나가며, 반응이 좋을 시 직접 연재를 통해 만화가로 데뷔하기도 한다.

또한 기술의 발달로 자신이 직접 영상을 촬영, 수정하여 인터넷 방송을 통해 자신의 콘텐츠를 직접 제작, 가공하여 이를 통해 수익을 얻는 프로슈머도 존재한다. 인터넷 방송 서비스인 유튜브 (http://www.youtube.com), 아프리카TV(http://www.

다양한 제품에 대해 리뷰를 작성하며 자신의 의견을 피력하는 리뷰 블로그

네이버 도전 만화(좌), 아프리카 TV 방송(우)

afreeca.com)나 다음 팟플레이어(http://tvpot.daum.net)를 통해 자신의 방송을 직접 시청자들에게 제공하는 BJ(Broadcasting Jockey) 중에는 인터넷 방송을 통해 유명세를 얻어 일정 기업을 스폰서로 유치하기도 하며, 실제 TV 프로그램에 출연하고, 케이블 방송에서 정규 방송에 발탁되어 진행자로 활약하기도 한다.

디지털 시대의 프로슈머들은 이처럼 기업에 대한 소극적인 조언을 넘어서 직접 자신의 능력을 이용해 경제적 가치를 창출하기 시작했으며, 시장이 이들 소비자들을 중심으로 변하는데 많은 영향력을 미치고 있다.

③ 디지털 소비자의 의사결정과정

과거 소비자들의 의사결정과정을 가장 잘 설명하는 모델은 바로 AIDA모델이다. 이는 소비자가 외부의 자극들에 노출되면(attention), 그 중 일부에 대해 관심을 가지게 되며(interest), 보다 더 큰 욕구를 느끼게 되어(desire) 곧 구매(action)로 이어진다는, 개인의 구매결정의 과정을 설명한 모델이다. 하지만 이러한 모델은 외부의 자극에 의해 구매의사를 결정한다는 수동적인 형태의 과거 소비자들의 행동과정만을 설명할 수 있을 뿐, 오늘날 디지털 소비자들의 능동적인 소비에 대한 설명을 할 수 없다는 단점이 있다.

따라서, 디지털 소비자들의 의사결정과정을 설명할 수 있는 AISAS모델이 등장하

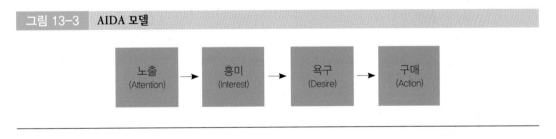

그림 13-3   **AIDA 모델**

노출(Attention) → 흥미(Interest) → 욕구(Desire) → 구매(Action)

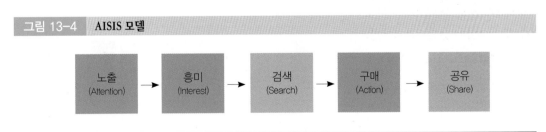

그림 13-4   **AISIS 모델**

노출(Attention) → 흥미(Interest) → 검색(Search) → 구매(Action) → 공유(Share)

자료원: 秋山隆平, 杉山恒太郎箸(2004), "홀리스틱 커뮤니케이션".

였다(아키야마류 헤이·스기야마 코타로(2004), "홀리스틱 커뮤니케이션"). 기존의 AIDA모델과 AISAS모델의 가장 큰 차이점은 '노출-관심'의 과정 이후 '검색(Search)'의 과정이 들어간다는 점과, 실제 구매를 한 후 자신의 결정에 대한 평가를 다른 사람과 '공유(Share)'한다는 점이다.

'검색'의 과정을 통해 소비자들은 제품과 서비스에 대해 자신에게 주어진 자극에 대한 노출보다 더 많은 정보를 찾기 위해 노력한다. 이는 단순히 자극에 대한 수용이 아니라 그 자극 외의 다른 정보들을 적극적으로 찾아보고, 자신이 노출된 정보와 검색에 의해 알게 된 정보의 차이점을 비교하여 구매 여부에 대한 판단을 한다는 점에서 디지털 소비자들의 적극적인 구매행동에 대한 합리적인 설명이 될 수 있다. 또한 구매 이후 자신의 구매행동에 대한 평가를 타인과 공유함으로써 다른 사람들의 검색 과정과 구매과정에 재차 영향을 미치게 된다.

최근 많은 기업들이 소비자들의 검색행동과 공유행동에 대해 많은 관심을 가지고 적극적으로 대응하는 것은, 이와 같이 디지털 소비자들의 구매행동의 과정에서 일어나는 일련의 과정들이 계속해서 확산, 재생산되기 때문이다.

(1) 검색(Search) - 검색광고(Search Advertising)

디지털 소비자들이 구매의사결정을 할 때 검색을 통해 정보를 습득하는 경우가 점차 증가하면서 기업 또한 이에 능동적으로 대처하고 있다. 이와 관련된 기업의 대처 전략이 바로 검색광고이다.

검색광고는 일반적으로 검색엔진을 통해 소비자가 특정 제품군에 대한 검색을 했을 때, 그에 관련된 검색결과를 제시하는 방식이다. 우리가 흔히 국내의 대형 포털 사

GRM 방식의 네이버 검색광고(좌), CF 방식의 아마존 제품 추천광고(우)

이트나 해외의 검색엔진서비스를 이용할 때 접할 수 있는 광고유형으로, 가장 많은 사람들이 선택한 결과를 제시해주는 방식과 키워드와 가장 유사한 성격의 제품군에 대한 추천을 제시해주는 방식이 있다(Global Ranking Method: GRM 방식). 이와 같은 방식은 '가장 많은 사람이 선택한 결과'라는 인식을 소비자에게 제공하기 때문에, 제품선택 시 위험을 회피하려는 성향을 가지고 있는 소비자들에게 도움이 되는 방식이다. Google, Baidu, Naver가 이러한 방식을 취한다. 또한 검색을 하는 소비자와 가장 유사한 선택을 한 소비자들이 구매한 상품군들을 제시함으로써 비슷한 성향의 소비자의 구매를 유도하는 방식이 있다(Collaborate Filtering: CF).

대표적으로는 인터넷 쇼핑몰에서 '이 제품을 구매한 사람들이 구매한 다른 제품'과 같은 메뉴가 이 방식에 속한다. Amazon, Alibaba, Coupang이 이러한 방식을 취한다.

(2) 구매(Action) - 시용(Trial)

소비자들이 주도적으로 검색을 통해 정보를 획득하는 과정이 일반화되면서, 기업들이 소비자에게 자사의 제품과 서비스가 가지고 있는 특징이나 기능을 강조해야 할 필요성이 높아지고 있다. 하지만 검색을 통해 정보를 입수하는 소비자가 이러한 특징이나 기능을 놓쳤을 때 자사의 제품에 대한 평가 자체가 불가능해진다는 단점이 있다. 따라서, 기업은 단순히 정보만을 제공하는 것이 아니라 자사의 제품이나 서비스를 직접 체험하게 하는 '시용(Trial)' 이벤트를 통해 고객들에게 자사의 제품을 알리고 있다.

우리에게 가장 익숙한 방식의 시용은 바로 컴퓨터 프로그램이다. 과거에는 제품을 직접 구매하기 전까지는 그 제품의 특징을 알아낼 수 없다는 단점이 있었으나, 쉐어

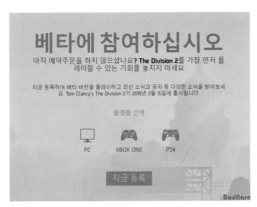

다양한 사용 사례들

웨어(shareware)나 데모(demo)를 제공함으로써 소비자들에게 직접 체험할 수 있는 기회를 제공하고 있다. 기간과 기능의 제약을 두고 사용하게 만들었던 것이 과거 사용의 예라면, 최근에는 스마트폰을 통한 앱 구매가 활발해지면서 앱 내 결제를 통해 기본적인 기능은 제약하지 않고 추가적인 기능만을 일부 금액을 받고 사용하게 해주는 방식으로 변화되어가고 있다.

또한, 온라인 게임업체들은 베타테스트를 통해 자사의 서비스를 잠재고객들에게 제공한다. 새로 출시하는 게임의 홍보 효과를 누릴 수 있는 장점과 함께 서비스의 부족한 점에 대한 피드백(feedback)을 통해 서비스를 개량하기도 한다. 이러한 베타테스트는 기업의 입장에서 소비자들의 기대수준을 확인할 수 있으며, 이에 따라 자사의 서비스를 개선하는 데도 도움이 된다.

(3) 공유(Share) - 입소문(Word of Mouth, or Word of Mouse)

인터넷을 통해 소비자들 정보를 공유, 확산하는 과정이 대중화되면서, 그 어느 때보다도 온라인을 통한 정보의 공유와 확산이 중요해지고 있다. 온라인을 통한 입소문은 성별, 연령, 지역의 제약을 받았던 오프라인과는 달리 제약이 없이 자유롭게 퍼져나간다. 오늘날 페이스북, 트위터, 인스타그램, 왓스업과 같은 모바일을 기반으로 한 소셜 네트워크 서비스의 확산을 통해, 시간과 장소의 제약이 없이 실시간으로 이루어지고 있으며 전파력이 높다는 특징을 가지고 있다. 입소문은 디지털 소비자의 유형 중 주로 오피니언 리더나 혁신적 소비자에 의해 주도적으로 이루어진다고 할 수 있다. 그들이 가지고 있는 영향력은 타인에게 영향을 미치기 때문이다. 따라서 이들의 영향력을 이용한 기업들의 다양한 마케팅 커뮤니케이션을 손쉽게 찾아볼 수 있다.

이러한 입소문은 결국 소비자의 경험의 전달의 과정이기 때문에, 좋은 입소문은 기본적으로 만족한 소비자가 있어야 만족될 수 있다. 따라서 기업들이 고객만족을 넘어 고객감동, 고객행복을 추구하는 것은 이러한 이유에서이다.

제3절 디지털 커머스(Digital Commerce)

1 디지털 커머스(Digital Commerce)

디지털 상거래는 과거 인터넷이나 팩스 등을 이용하여 제품과 상거래인 전자 상거래(e-commerce, electronic commerce)에서 확장된 개념이라고 할 수 있다.

그림 13-5　디지털 상거래

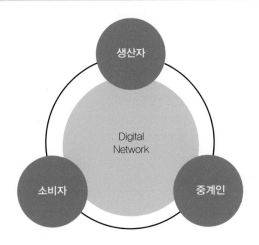

기술의 발달에 의해 과거의 인터넷을 통한 상거래에서 벗어나 모바일 기기를 이용한 상거래(m-commerce, mobile commerce) 그리고 소셜 네트워크 서비스를 이용한 상거래(SNC, social commerce) 등 다양한 방식의 상거래 유형이 등장하기 시작했다. 이들 상거래 유형들을 전자 상거래의 유형이라고 할 수 있으나, 분명한 차이점이 존재한다. 따라서 이들 상거래 유형들을 전자 상거래라는 이름으로 묶기엔 부족함이 존재한다. 따라서 기존의 전자 상거래와 최근 각광받고 있는 소셜 커머스, 그리고 모바일 커머스 등 디지털 네트워크를 이용한 모든 상거래를 일컬어 디지털 커머스(digital commerce)로 지칭하고자 한다.

즉, 디지털 커머스는 기업, 개인, 정부 등 다양한 경제 주체들이 디지털 네트워크를 이용하여 다양한 상품 및 서비스를 거래하는 행위를 의미하며, 이는 단순히 일종의 매개로서 디지털 기기를 사용하는 상거래라는 좁은 의미에서 벗어나 디지털 상의 네트워크를 이용한 유, 무형의 상품 및 서비스를 거래하는 행위를 포함한다고 할 수 있다.

2 전자 상거래(E-Commerce, Electronic Commerce)

전자 상거래(e-commerce)는 인터넷을 통해 소비자와 기업이 상품과 서비스를 사고 파는 모든 형태의 거래를 의미하며, 점차 다양한 정보통신 매체(인터넷, 팩스, 케이블 TV 등)를 이용하여 상품과 서비스를 유통시키는 모든 유형의 상업적 활동으로 확대되고 있다. 구체적으로는 상품과 서비스의 사고 파는 행위를 넘어서서 수주와 발

| 표 13-4 | 전자 상거래의 거래 고객 유형

전자 상거래의 유형	설명
B2C (Business to Customer)	기업과 소비자 간 거래 – 사이버 쇼핑, 인터넷 방송/신문 등 예 아마존
B2B (Business to Business)	기업과 기업 간 거래 – 부품 공급, 운송망 공유 등 예 아이마켓코리아
B2G (Business to Government)	정부와 기업 간 거래 – 정부 조달 상품의 입찰, 거래의 전자 입찰 등 예 정부조달 사이트
C2C (Customer to Customer)	소비자 간의 일대일 거래 – 인터넷 경매, 벼룩시장 등 예 옥션의 중고상품 거래

주, 광고 등의 광범위한 경제활동을 의미하기도 한다. 이러한 전자 상거래의 가장 큰
장점은 시간과 공간의 제약이 없다는 점이다. 기업 입장에서는 유통비용, 광고비용과
건물 임대료 등의 거래비용이 획기적으로 절감되는 장점이 있으며 소비자의 입장에
서는 쇼핑을 위해 번거롭게 이동할 필요가 없이 원하는 시간에 원하는 물건을 구매할
수 있다는 점이다.

전자 상거래의 거래 고객 유형은 기업과 소비자 간의 거래(B2C, Business to Cus-
tomer), 기업과 기업 간의 거래(B2B, Business to Business), 기업과 정부기관과의 거래
(B2G, Business to Government), 그리고 소비자와 소비자 간의 거래(C2C, Customer to
Customer)의 네 가지 유형으로 구분할 수 있으며, 이에 관련된 세부적인 설명은 〈표
13-4〉로 확인할 수 있다.

전자 상거래의 경제적 효과는 긍정적이다. 유통채널이 단순해지기 때문에 소비자
가 상품이나 서비스를 구매할 때보다 저렴한 가격으로 구입할 수 있으며, 시간과 지
역의 제한이 없이 언제 어느 때라도 자신이 원하는 정보를 수집하고 전 세계의 제품
을 거래할 수 있다. 또한 기업의 입장에서는 고객의 수요에 대한 정보를 즉시 확인할
수 있다는 장점이 있으며, 실시간으로 쌍방향 통신을 이용, 개인화된 마케팅활동이
가능하다. 또한, 상품이나 제품의 거래를 위한 물리적 거점이 없이 네트워크를 통하
여 정보를 제공하고, 이러한 정보를 바탕으로 거래가 이루어지기 때문에 기업과 소비
자 모두 시간과 비용을 줄일 수 있다는 장점이 있다.

이러한 장점으로 인해 많은 기업들이 전자 상거래의 비중을 늘리는 추세이며, 국
내 전자 상거래의 규모는 매년 꾸준히 증가하고 있다.

정보통신기술발달, 스마트폰 확산으로 국내 전자상거래 규모는 점점 더 증가하고
있다. 한국온라인쇼핑협회에 의하면 2013년 5조 9100억원이었던 모바일 쇼핑매출규

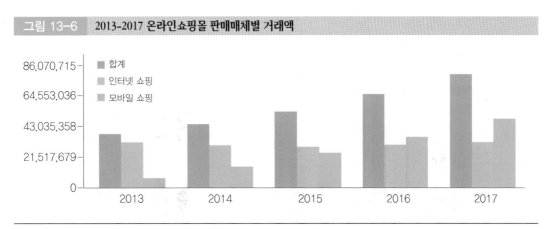

그림 13-6 2013-2017 온라인쇼핑몰 판매매체별 거래액

■ 합계
■ 인터넷 쇼핑
■ 모바일 쇼핑

자료원: 통계청.

그림 13-7 온라인쇼핑 시장 성장 전망   (단위: 억 원)

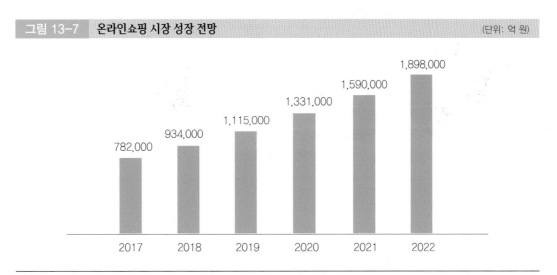

자료원: http://www.openads.co.kr/nTrend/article/4416

모는 2017년 기준으로 42조 5300억원으로 증가하였다. 심지어 2016년에는 기존 전자
상거래 형태였던 PC 쇼핑 매출이 30조 700억원, 모바일 쇼핑 매출이 35조 5850억원
으로 모바일 쇼핑이 PC쇼핑을 추월하며 소비 트렌드가 변화하고 있다. 온라인 쇼핑
업계 관계자에 따르면 PC쇼핑과 달리 모바일 쇼핑은 간편 결제수단으로 편리하게 물
건을 구매할 수 있으며 업체들이 프로모션을 강화하고 있어 매출규모가 더 커질 것으
로 전망하였다(세계일보, 2017).

3 모바일 커머스(Mobile Commerce)

모바일 커머스는 모바일 인터넷을 포함하는 개념으로 모바일 통신 네트워크를 통

그림 13-8 모바일 쇼핑

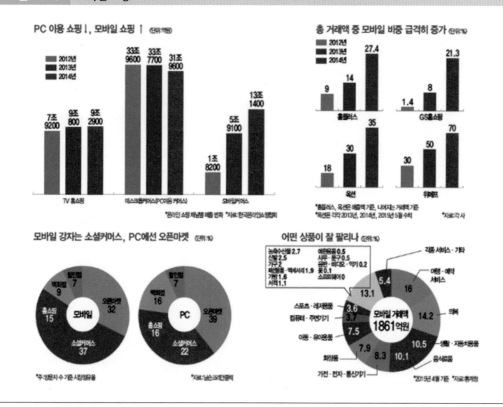

자료원: 매일경제 증권센터(http://vip.mk.co.kr/news/view/21/20/1295689.html).

해 행해지는 금전적 가치를 가지는 모든 거래를 의미한다. 모바일 커머스는 전자 상거래의 일부로 이야기할 수 있으나, 모바일 기기의 특성이 추가되면서 기존의 오프라인 상거래나 전자 상거래와는 차별화된 모습을 보인다.

모바일 커머스는 스마트폰, 태블릿PC와 같은 모바일 기기의 빠른 성장과 이를 기반으로 돌아가는 다양한 애플리케이션들이 등장함에 따라 전자 상거래와 모바일 디바이스의 특성이 결합된 형태라고 볼 수 있다. 소비자들은 이러한 특성들을 이용해 기존의 오프라인 상거래나 전자 상거래와는 차별화된 새로운 쇼핑을 경험할 수 있다.

Durlacher Research는 이와 같은 모바일 커머스의 특징을 다음의 일곱 가지로 제시하였다.

첫째, 편재성(ubiquity)은 모바일 기기의 가장 큰 장점으로서 이용자가 어디에 있든 실시간으로 원하는 정보에 접근할 수 있다. 둘째, 접근성(reachability)은 모바일 기기를 가진 사람들은 언제 어디서나 서로 연결이 가능하고 필요한 경우 특정한 인물이나 시간대에만 접근이 가능하도록 제한할 수도 있다. 셋째, 보완성(security)은 모바일 커머스 사용자에 있어서 가장 기본적인 전제조건으로 무선 통신 보안 기술은 인터넷 망보다 높은 수준의 보안이 가능하다. 넷째, 편리성(convenience)은 휴대가 간편하며 정보를 얻기 위한 조작 또한 간단하다. 다섯째, 위치확인(localization)은 서비스와 애플리케이션의 위치정보를 결합하여 모바일 기기에 가치를 부여할 수 있다. 특정 시점에 이용자가 어디 위치하고 있는가의 정보를 바탕으로 거래하고 싶은 욕구가 생기도록 유인하는 적절한 서비스를 제공할 수 있기 때문이다. 여섯째, 즉시성(instant connectivity)은 모바일 기기를 통해 언제 어디서나 즉시 인터넷에 접속하는 것이 가능하다. 일곱째, 개인화(personalization)는 이용자의 개인 정보를 기반으로 개인화된 정보를 제공하는 것이 가능하다.

 사례 | **국내 이커머스 기업 최초 매출 1조 돌파 기업, 쿠팡**

    2010년 사업을 시작한 대한민국 오픈 마켓으로 직접&당일 배송을 실시한 쿠팡의 총 매출액은 2017년 기준으로 2조 6,813억원이다. 이는 작년 매출액 1조 9,159억에서 40% 증가한 것으로 그 성장세가 가파르다. 2013년 12월 업계 최초로 모바일 앱 다운로드 수 1,000만을 돌파하였고 2016년 1월 국내 이커머스기업 최초로 매출 1조원을 돌파하였다.

    쿠팡이 경쟁업체를 제치고 업계 리더를 수성할 수 있는 이유를 들자면 직접&당일배송을 실시하여 오프라인 쇼핑의 장점인 즉시성을 경험할 수 있으며 배송 전담 직원이 직접 소비자에게 직접 전달하는 점이며 특히 쿠팡에서 주목해야 할 점은 엄지족을 주목시킨 '모바일 서비스'이다. 쿠팡은 대한민국 2명 중 1명꼴인 2,500만명이 쿠팡앱(App)을 다운로드하였으며 쿠팡의 전체 거래액 중 최대 83%, 평균 80% 이상이 모바일을 통해 발생하고 있으며 국내 이커머스 기업 최초로 모바일 거래에서 1조를 돌파하고 모바일 앱 이용자수 1위를 수개월간 유지하는 기록을 경신하였다.

    자료원: Jobkorea.

제4절 디지털마케팅의 최근 이슈

■ 스마트 기기(Smart Device)

스마트 기기(smart device)란 연결이 자유로우며, 이동이 편하고, 언제나 네트워크 상에 접속해 있으며 음성과 영상 커뮤니케이션이 가능하고 인터넷 검색이 가능하며 자신의 위치 정보를 활용해 독자적으로 활용이 가능한 기기를 말한다.

스마트 기기에는 대표적으로 스마트폰(smartphone)이 존재한다. 애플의 아이폰으로 인해 촉발된 기기의 스마트화는 곧 태블릿PC(Tablet PC)라는 새로운 제품군의 등장을 이끌었으며, 기존의 전자제품들이었던 TV, 자동차, 냉장고 등 또한 빠른 속도로 스마트화를 이루고 있다. 과거의 스마트 기기들은 대부분 이동 가능하고 휴대 가능한 성격을 지닌 기기들을 의미하였으나, 최근 스마트TV(Smart TV)와 같이 스마트 기기의 특징을 기존의 가전제품으로 이식한 제품들이 등장하면서 실내와 실외를 아우르는 기기 전반을 의미하게 되었다.

이러한 스마트 기기의 특징은 다음과 같다. 첫째, 스마트 기기는 일반적인 전자제품과는 달리 단일 기능이 아닌 모바일 컴퓨팅, 이동통신 및 인터넷 접속, 센싱 기능 등이 복잡하게 조합되어 다양한 목적으로 사용이 가능한 개인화된 제품이다. 둘째, 이용자가 스마트 기기를 사용하는 데 있어 일정 수준의 자유도를 가지고 이용자의 의도에 따라 제공되는 기능이나 서비스를 일정한 범위 내에서 조합하여 변경하거나 새롭게 구조화할 수 있으며, 셋째, 다양한 기술과 산업 분야로 확산이 가능하다.

최근 의료, 교육 등 다른 산업에서 스마트 기기를 다양한 용도로 활용하고 있어 스마트 기기의 확산으로 인해 산업군 전반이 영향을 받고 있다고 해도 과언이 아니다.

스마트 기기, 좌측부터 스마트폰, 태블릿PC, 스마트TV

스마트 기기의 빠른 보급으로 다양한 산업 분야의 변화 중 가장 두드러지는 분야가 바로 교육 분야이다. 인터넷의 속도가 빨라지면서 동영상 강의가 활성화됐다면, 스마트 기기의 발전으로 인해 스마트 러닝이 등장, 성장하고 있는 셈이다.

최근 학원가에서도 스마트 러닝이 화두로 떠오르고 있다. 스마트 러닝의 최대 강점은 시간과 공간의 제약 없이 학습이 가능하다는 것이다. 풍부한 멀티미디어 교육 자료를 활용한 온라인 수업을 통해 학습자의 흥미와 동기를 유발할 수 있고, 직접 만나지 않고도 실시간 쌍방향 수업이 가능하다는 장점이 있다.

KT 올레스쿨 중 · 고등과 SKT의 T-스마트 러닝

국내 통신사들 또한 중, 장기적으로 수조원의 시장으로 성장할 것으로 예상되는 '스마트 러닝' 시장에 속속 진출하고 있다. KT는 '올레스쿨 중고등'을 출시하여 스마트 러닝 시장에 뛰어들었다. 중고등학생이 공부를 하다가 궁금한 내용을 검색, 질문을 할 수 있을 뿐만 아니라 다른 학생들의 질문에 답변도 할 수 있는 학습용 SNS 애플리케이션이다. 특히 선생님이 학생들과 함께 이용할 경우 멘토-멘티 관계를 맺어 학습진도에 관한 맞춤형 상담과 조언을 받을 수 있다.

LG U+의 경우 EBS 내신/수능 동영상 강의와 다양한 시사 상식 등 다양한 교육 애플리케이션을 모아놓은 교육 전용 콘텐츠 마켓인 '에듀앱스'를 서비스하고 있다. SK텔레콤도 T-스마트 러닝 서비스를 런칭, 다양한 교육 콘텐츠를 태블릿PC와 스마트폰을 기반으로 서비스 하고 있다.

자료원: 문화일보(2012).

② 위치 기반 서비스(Location-Based Services, LBS)

위치 기반 서비스는 무선 인터넷 사용자에게 사용자의 변경되는 위치에 따른 특정 정보를 제공하는 무선 콘텐츠 서비스를 가리키며 Location Services(LCS)로 지칭되기

위치 기반 서비스를 이용한 다양한 애플리케이션들

도 한다. 최근에는 모바일 핸드셋 제작회사들이 스마트폰과 같은 제품을 제작하면서 자신들의 장비에 LBS를 내장하기 위해 다양한 애플리케이션을 탑재하고 있다.

위치 기반 서비스의 장점은 무선 인터넷 사용자들이 여러 위치를 이동하면서 직접 주소를 입력하지 않아도 무선 인터넷 서비스 접근을 용이하게 해주며, 스마트폰에서 이를 활용한 다양한 애플리케이션들이 이용자들에게 제공되고 있다. 주로 현금출납기나 식당 등의 가까운 위치에 있는 서비스나 시설 정보의 제공부터 시작해서 할인 중인 주유소 위치에 대한 정보 제공이나 교통 정체 상황에 관한 경고를 제공하고 있으며, 그리고 최근에는 소셜 네트워크 서비스와 연동되어 친구의 위치 찾기 등과 같이 다양한 방법으로 이용되고 있다.

대표적인 소셜커머스 업체인 그루폰은 그들의 모바일 애플리케이션을 통해 근처 지역에서 사용할 수 있는 할인쿠폰을 위치 기반 서비스를 이용해 제공하는 서비스를 제공하고 있으며, 각종 지도 애플리케이션(다음 지도, 네이버 지도, 구글 지도)들도 사용자의 주변에 있는 식당이나 커피 전문점 등의 정보를 제공해주는 서비스를 하고 있다.

3 QR코드(Quick Response Codes)

QR코드는 Quick Response의 약자로 흑백의 격자 무늬 패턴으로 정보를 나타내는 바코드의 일종이다. 주로 일본, 한국, 영국, 미국 등에서 많이 사용되며 덴소 웨이브의 등록상표 Quick Response에서 그 명칭이 유래하였다. 종래의 많이 쓰이던 바코드의 용량 제한을 극복하고, 그 형식과 내용을 확장한 2차원의 바코드를 종횡의 정보로 가져와서 숫자 외의 문자의 데이터도 저장할 수 있다는 장점이 있다. 원래 디지털 카메라나 전용 스캐너로 읽어서 활용하는 방식으로 사용되어 기업 등 물품 관리를 위한 바코드로 활용하였으나, 스마트폰의 보급으로 인해 QR코드를 인식하는 앱이 보급되면서 그 활용처가 일반 이용자 차원으로 확장되었다.

기존에는 잡지광고에 삽입하여 보다 자세한 정보를 인터넷을 통해서 제공하는 방식이나 명함에 QR코드를 삽입하여 효과적인 개인 정보 관리를 돕는 방식 등으로 활

홈플러스의 지하철 가상 판매대(좌), 이마트의 써니 세일(우)

용되었으나, 최근에는 기업들이 다양한 방식으로 QR코드를 이용함으로써 효과적인 홍보 수단과 판촉 방법으로 각광 받고 있다.

홈플러스 '전철역 가상 매장'은 QR코드를 이용한 새로운 가상 가게의 개념을 도입하여 지하철을 기다리며 자신이 원하는 상품을 QR코드로 구매하는 방식으로 홈플러스의 온라인 쇼핑 광고효과와 함께 이용자와의 새로운 접점을 만들어냈다는 평가를 받았다. 이마트의 "써니세일"은 태양의 위치를 고려해 점심시간 대(12시~2시)에 할인을 받을 수 있는 쿠폰을 QR코드 스캔을 통해 제공함으로써 매출 증대와 함께 이용자들에게 좋은 평가를 받았다.

기네스의 QR 광고(좌), QR코드로 간판을 대체한 N-빌딩(우)

QR코드를 사용한 마케팅의 방법은 무궁무진하다. 기네스의 QR코드광고 또한 흑맥주의 특징을 살려서 기네스 맥주를 따랐을 때만 QR코드를 스캔할 수 있는 컵을 통해 자신의 브랜드를 홍보했으며, QR코드만을 이용해 간판을 대체하는 건물 디자인을 통해 디자인과 기능을 동시에 살리기도 하였다.

4 소셜 네트워크 서비스(Social Network Services, SNS)

위키피디아에 따르면, 소셜 네트워크 서비스(Social Network Service, SNS)는 사용자 간의 자유로운 의사 소통과 정보 공유, 그리고 인맥 확대 등을 통해 사회적 관계를 생성하고 강화시켜주는 온라인 플랫폼으로 정의할 수 있다. 대부분의 SNS는 웹 기반의 서비스를 제공하고 있으며, 이 외에 전자 우편이나 인스턴트 메신저를 통해 사용자들끼리 서로 연락할 수 있는 수단을 제공하고 있다.

최근 스마트폰 보급화와 함께 무선 인터넷 서비스의 확장으로 인해 SNS의 이용자가 또한 증가하는 추세이다. 모바일 중심의 페이스북(facebook)과 트위터(twitter) 등의 서비스 이용자들이 빠른 속도로 증가하고 있으며, 별도의 웹 페이지 없이 모바일에서만 구성되거나 문자 기반이 아닌 이미지나 영상 중심, 그리고 위치 기반 서비스를 추가하고, 사진이나 동영상을 촬영한 후 바로 업로드를 하여 공유하는 등 스마트폰의 특징을 반영한 다양한 형태의 SNS가 생겨나고 있다.

또한 SNS를 기반으로 한 새로운 개념의 서비스들이 생겨나고 높은 인기를 모으고 있다. 대표적으로 소셜 네트워크 게임(Social Network Game: SNG)이 있다. 소셜 네트워크 서비스에서의 사회적 관계를 게임에 반영, 자신의 도시나 농장을 운영하면서 서

모바일을 통해 이용하는 다양한 소셜 네트워크 서비스들

로 도움을 주는 방식의 전형적인 게임에서부터 게임의 점수를 바탕으로 다른 사람과 경쟁을 통해 지속적인 게임활동을 유도하는 방식까지 다양한 형태가 존재한다.

가장 인기가 있는 SNG 중 하나의 형태인 카카오 게임은 카카오톡을 기반으로 서비스를 제공하고 있으며, 2018년 기준으로 처음으로 분기 1000억원의 매출을 돌파하였으며 그중 특히 모바일 분야에서는 매출에 57%에 달하는 약 602억원의 매출을 올리면서 많은 인기를 누리고 있다(매일경제, 2018).

스마트 기기들의 등장과 보급화로 인해 기존의 모든 기업의 활동들이 디지털 기반으로 바뀌고 있다. 소비자 또한 과거의 소비자와는 다른 소비행동을 보이기에 기업 또한 소비자의 변화에 맞춰 발 빠르게 대처하고 있다.

이 장에서는 우선 디지털 시대의 소비자들의 특징과 유형을 알아보고 과거 소비자들과의 차이점에 대해 알아보았다. 디지털 시대의 소비자들은 보다 더 능동적이고 적극적으로 자신의 의견을 표출하며, 디지털 기기나 사이버 세계에 대한 애착을 보이고 의미를 부여하며, 정보탐색을 통해 합리적 구매행동을 하는 모습을 보인다. 이러한 특징을 크게 여섯 가지 유형, 리드 유저, 오피니언 리더, 혁신적 소비자, 시장 전문가, 허브와 중개자, 그리고 프로슈머의 구분을 통해 알아보았다.

또한 과거의 구매의사결정모델이 설명하지 못하는 디지털 소비자들의 특징을 새로운 모델인 AISAS모델을 통해 설명하였으며, 이러한 변화에 맞춘 기업들의 대처방법에 대해서 알아보았다. 디지털 시대에 맞춰 새로 등장한 전자 상거래 유형인 모바일 커머스에 대해서 간략하게 알아보고 이를 전자 상거래와 함께 새로운 개념인 '디지털 커머스'로 설명하였다.

마지막으로 디지털 시대의 마케팅을 주도하는 최신 경향에 대해서 알아보았다. 이러한 경향들은 디지털 시대의 변화를 반영하며, 앞으로도 무궁무진한 발전의 가능성을 내포하고 있는 기술들과 변화의 흐름들을 보여주고 있다.

💡 Q&A

1 인스타그램을 이용한 기업의 마케팅활동 성공사례를 찾아보고 분석해 보시오.
2 Facebook상의 기업 페이지의 성공사례의 공통점을 도출해 보시오.
3 주요 소셜 커머스 업체에서 다루고 있지 않은 신제품이나 새로운 서비스를 만들어 보시오.
4 자신의 블로그나 마이크로블로그 서비스, SNS 페이지 중 하나를 QR코드로 만들어 보시오.

참고문헌

김현경 · 김승인(2011), 모바일 소셜 커머스의 서비스 특징에 관한 사례 연구, 디자인지식저널.

매일경제(2018), 카카오, 게임매출 분기 첫 1000억 돌파…상장 앞둔 카카오 게임즈 '집중'.

머니투데이(2011), 사토리얼리스트에서 본 서울의 멋쟁이들.

문화일보(2012), 이젠 '스마트 러닝 大戰'이다.

박유리 · 김민식 · 이기훈(2011), 스마트 기기 이용행태 실증분석, 정보통신정책연구원.

세계일보(2017), 엄지족이 대세… 모바일쇼핑, PC 첫 추월.

이주영(2012), 모바일 쇼핑 시장의 현황과 전망, 방송통신정책.

잡코리아, 쿠팡 기업정보.

주간동아(2003), 당신 변하라! '디지털 프로슈머'로…

카카오(2018), 2018년도 2분기 실적보고서.

한상만 · 하영원 · 장대련(2011), 경쟁우위 마케팅 전략, 박영사.

秋山隆平 · 杉山恒太郎(2004), "ホリスティック??", 宣伝会議.

Dave Chaffey(2008), eMarketing eXcellence: Planning and optimizing your digital marketing?, Elsevier.

Eric Von Hippel(1986), Lead User: A source of novel product concepts, Management Science.

Yes24(2018), 사토리얼리스트 서적정보.

Management Science.

The satorialist(2012).

Wikipedia(2012), Digital Commerce.

Wikipedia(2012), Social Commerce.

Wikipedia(2012), E-commerce.

http://www.inews24.com/view/1074170

https://www.bodnara.co.kr/bbs/article.html?num=148572

https://androidnews.tistory.com/m/252?category=549988

http://www.openads.co.kr/nTrend/article/4416

글로벌마케팅

중국시장을 겨냥한 현대자동차의 글로벌마케팅

2000년대에 들어서면서 현대자동차는 포화상태에 이른 국내 시장상황과 점진적인 자동차시장 개방에 따른 외국 자동차브랜드와의 치열해진 경쟁으로부터 활로를 찾기 위해 눈을 해외시장으로 돌릴 수밖에 없었다. 해외시장들 중에 그 규모가 가장 크면서 미래에 높은 성장가능성을 지닌 곳이 바로 중국시장이었다. 중국시장은 한국시장과는 전혀 다른 곳이다.

공산정권 아래 중국은 모든 산업을 정부주도로 이끌었었다. 1953년 중국은 구소련의 원조로 자동차기술을 처음으로 도입하여 디이치처(第一汽車)라는 공업단지를 세우고 자동차를 생산하기 시작했다. 디이치처는 연 3만대의 자동차를 생산할 수 있는 능력이 있었다고 한다. 하지만 지금처럼 자유 시장에 각종 화려한 차들이 쏟아지는 것이 아니라, 정부주도로 설계된 단 한 종류의 차가 일률적으로 배포되는 식이었다. 1979년에 와서야 개혁정책의 도입에 따른 규제 완화로 자동차제조회사들이 급증하기 시작하였다. 1988년에는 이런 회사가 115개에 이르렀다. 1994년 중국은 '자동차공업상업정책'을 발표하고 외국계 합작기업을 설립할 수 있도록 허가하였다. 1994년 이전에 진출한 외국기업은 고작 폭스바겐 하나였지만, 1994년 이후부터 GM, 혼다, 도요타 등의 회사가 진출하였다. 2001년 중국이 WTO에 가입하면서 글로벌 자동

차업체들은 본격적으로 중국에 진출하기 시작했다. 이때부터 중국의 자동차산업도 크게 도약하게 된다. 2009년에 중국시장은 미국시장과 더불어 세계 최대의 시장으로 떠오른다. 중국의 자동차시장은 승용차시장 위주로 급성장하였다.

이렇듯 한국시장과는 전혀 다른 역사와 상황을 지닌 중국시장에 현대자동차는 2002년 글로벌업체들 중 후발주자로 진출하였다. 현대자동차는 2002년 북경현대를 설립한 것을 필두로 EF쏘나타를 출시하고, 2005년까지 엘란트라, 투싼 등을 순차적으로 출시하였다. 이것이 크게 성공을 거두어 현대자동차는 중국시장에 진출한 지 3년 만에 업계 4위로 급부상하였다. 그러나 2006년부터 판매가 부진하더니 급기야 2007년에는 업계 8위로 하락하였다. 2005년 이후에 투입한 NF쏘나타와 베르나가 뜻밖의 판매부진을 겪었기 때문이다. 더군다나 중국 자동차시장의 가격인하 경쟁이 치열해져 현대자동차의 주력 판매차종인 엘란트라가 경쟁력을 빠르게 잃어가면서 판매가 크게 부진해진 것도 결정적인 원인이었다. 높은 브랜드력을 가진 일본 자동차업체가 고품질의 차종으로 크게 앞서 나가는 한편 중국의 로컬기업들은 아예 실속 있게 저렴한 차종으로 저변의 시장점유율을 높이면서, 현대자동차는 기존의 차종으로는 시장에서 설 자

리를 잃게 된 것이다. 중국시장에서 현대자동차의 마케팅은 이제 새로운 기로 앞에 서게 된다.

사실 현대자동차는 한국, 중국, 미국 할 것 없이 '글로벌모델'이라 불리는 똑같은 엘란트라를 투입했었다. 이 엘란트라는 중국시장에서 처음에 큰 성공을 거두지만 2005년부터 판매가 부진하더니 2006년부터는 판매증가율이 마이너스로 떨어지기 시작한다. 이 때문에 현대자동차는 새로운 시장조사에 착수하였다. 일단 엘란트라의 판매율이 급감한 것은 외국의 자동차업체들이 많은 새로운 차종을 출시하여 그만큼 엘란트라의 점유율이 낮아졌고, 경쟁이 심화되면서 기존의 '글로벌모델' 엘란트라는 상대적으로 노후화되었다. 더군다나 엘란트라 출시 초기에 크게 만족감을 보이던 중국 소비자들이 이제는 불만을 토로하기 시작한 것이다. 이렇듯 크게 달라진 소비자의 니즈에 새롭게 대처하기 위해 현대자동차는 신형의 엘란트라를 개발하기로 결정한다. 그래서 새로운 시장조사, 소비자조사를 기반으로 신형 엘란트라를 설계하면서 아예 중국 현지에 북경현대 제2공장의 설립을 추진하였다. 중국 소비자들이 타인을 의식하여 자신을 비추어 보는 문화성향을 가지고, 과시욕이 강해 높은 브랜드와 화려하고 강한 디자인을 선호한다는 점을 감안하여 신형 엘란트라는 여러 면에서 새롭게 개량되었다. 기존 엘란트라와 비교하여 동급의 차종으로서 사이즈를 최대한 크게 하였고, 전면과 후면을 완전히 개조하여 우아하고 역동적인 이미지를 부여하였다. 내장 사양도 크게 변경하여 하이테크의 이미지와 고급스러움을 불어넣었다. 또한 엔진과 연비성능도 동급의 차 중에서 소비자가 최대한 만족할 만큼 확보하였다. 또한 가격 면에서 경쟁력을 확보하기 위해 신형 엘란트라는 구형의 2006년 가격 대비 4% 인하한 판매가격을 내세웠는데, 현지에 북경현대 제2공장을 설립한 것이 원가절감에 크게 기여하였다. 이렇게 현지 소비자의 니즈에 맞추어 개발된 신형 '엘란트라 위에둥'은 2008년 출시되자마자 단숨에 시장을 석권하여

2009년 말 중국 자동차시장에서 판매순위 2위를 기록하였다.

현대자동차는 신형 '엘란트라 위에둥'을 출시하여 현지의 특수한 소비자층의 니즈를 충족시키면서 동시에 구형 엘란트라도 판매하여 구형을 추구하는 소비자층의 니즈도 충족시키는 전략을 구사하였다. 중국시장 내에 존재하는 지역과 소득에 따른 다양한 소비자층을 의식해서이다. 신형 엘란트라는 중/고급 자가용시장을 겨냥한 것이라면, 구형 엘란트라는 일반 가정과 택시기사를 포함한 저급시장을 겨냥한 것이다. 구형 엘란트라는 사용상 편의를 추구하는 30~40대를 겨냥하면서 품질과 성능이 보장된 경제적, 실용적 차라는 인식을 준다. 신형 엘란트라는 부유한 신세대 엘리트를 겨냥하면서 고급스러움과 하이테크를 갖춘 새로운 중/고급 차라는 인식을 준다. 구형 엘란트라는 지방도시의 소비자를 겨냥한 것이지만, 신형은 동남부 연안 대도시의 소비자를 겨냥한 것이다. 이것은 신형 엘란트라의 광고전략에서도 드러난다. 젊고 카리스마 넘치는 배우 금성무를 등장시켜 '엘란트라 위에둥'을 몰면서 긴 터널을 질주하다 끝없이 매혹적인 해변을 우아하게 달리는 모습을 보여주어, 인생은 진취적으로 일하고 또한 무한히 즐기는 것이라는 메시지를 던진다. 성공과 향유를 모두 원하는 젊은 엘리트를 겨냥한 메시지이다.

이렇듯 '글로벌모델' 엘란트라를 출시했다가 현지의 시장상황에 맞춘 '엘란트라 위에둥'을 출시하는 차별화전략을 통하여 북경현대는 2007년 업계 8위로 부진했던 전체 판매량이 2008년에는 7위, 2009년에는 4위로 다시 도약하였다. 시장점유율도 2007년에는 6.8%로 낮았지만 2008년 9.9%, 2009년 13.1%로 크게 상승하였다. 2009년 중국의 자동차 판매순위를 좀 더 면밀히 살펴보면 '글로벌모델'인 구형 엘란트라가 6위, 신형 '엘란트라 위에둥'이 2위를 기록하면서 전체 판매량 4위를 이룩한 것이다. 이렇게 중국시장을 겨냥한 현대자동차의 전략은 큰 성공을 거두었다.

그러나 현대자동차는 2017년도에 THAAD(Terminal High Altitude Area Defense)위기를 맞이하였다. 중국 소비자의 고급취향변화와 A/S에 대한 기대수준이 높아지면서, 현대차는 경쟁업체보다 브랜드파워가 약화되었다. 거기에다 THAAD 이슈는 전반적으로 중국 소비자가 한국산제품의 기피현상을 야기하였다. 과연 현대차는 이 위기를 어떻게 극복하여야 할까?

자료원: 김용준(2014), 차이나마케팅.

우리는 지금까지 국내시장을 대상으로 하여 수행되는 마케팅, 즉 국내마케팅과 관련된 문제들을 주로 논의해 왔다. 그러나 오늘날과 같은 국제화시대에 기업이 커지다 보면 해외에 눈을 돌리지 않을 수 없다. 더구나 우리나라같이 국내시장이 좁고 경제의 해외의존도가 높은 나라에서는 그렇지 않은 나라들보다 글로벌마케팅의 중요성이 상대적으로 더 크다고 할 수 있다.

많은 면에서 글로벌마케팅은 국내마케팅과 크게 다르지 않다. 사실 마케팅목표를 세우고, 표적시장을 고르고, 표적시장에 맞는 마케팅전략을 개발하고, 마케팅활동의 성과가 마케팅목표와 차이가 나지 않도록 통제하는 등의 기본적인 마케팅원리는 국내마케팅에서나 글로벌마케팅에서나 똑같다. 둘 사이의 가장 큰 차이는 말할 것도 없이 글로벌마케팅의 경우 표적시장이 나라 밖에 있다는 것이다. 그런데 해외시장은 국내시장과 여러 가지 면에서 크게 다를 수가 있다. 따라서 마케팅의 기본원리를 해외시장에 어떻게 적용하느냐가 글로벌마케팅의 주된 관심사이다. 결국 글로벌마케팅은 국내마케팅에서와 똑같이 다음과 같은 과정을 거친다.

3C＋VMS＋STP＋4P

제1절 글로벌마케팅 환경(3C)

기업은 해외에 진출할 것인가의 여부를 결정하기 전에, 먼저 해외에 나가면 부딪히게 될 마케팅 환경에 대해 잘 알고 있어야 한다. 세계의 인구는 이제 75억에 도달하였으며, 200개가 넘는 독립국가들이 이들을 다스리고 있다. 이들 나라들의 경제·정치·법률·문화환경 사이에는 비슷한 점도 있지만 다른 점도 많으므로, 기업은 진출을 고려하고 있는 나라들의 환경을 철저히 연구해야 한다. 이렇게 진출할 나라들의 마케팅 환경을 분석할 때에는 이들 나라들을 개별적으로 따로따로 분석하기보다는, 글로별한 세계라는 거시적인 관점에서 출발하여 대륙, 지역, 그 다음으로 개별국가 식으로 좁혀가면서 분석하는 것이 좋다. 이미 글로벌화된 세계에서 개별국가들은 따로따로 존재하지 않고 서로 깊은 연관성을 가지고 존재하기 때문이다. 기업의 입장에서도 글로벌시장에 뛰어드는 것은 단지 한 나라를 공략하기 위해서가 아니라 결국 글로벌한 세계 전체를 공략하기 위해서이다.

1 경제환경

한 나라의 경제환경을 평가할 때 특히 중요시되는 요소는 그 나라의 인구·산업구조·소득분포 등이다. 다른 조건이 비슷하다면 아무래도 인구가 많은 나라가 인구가 적은 나라보다 시장으로서 더 가치가 있다. 인구 2억 4천만의 인도네시아가 인구 2천만의 스리랑카보다 시장으로서 더 매력이 있을 것이다.

산업구조에는 크게 네 가지의 유형이 있다. 국민의 대부분이 농업에 종사하고 생산한 농산물을 거의 다 소비해버리는 자급자족형 경제(subsistence economies, 보기: 수단·에티오피아), 천연자원의 수출에 크게 의존하는 원료수출형 경제(raw material exporting economies, 보기: 베네수엘라(석유)·칠레(구리)·콩고(고무)), 급속도로 산업화를 추진하고 있는 개발도상경제, 또는 이머징마켓(보기: 중국·인디아·브라질·러시아), 그리고 미국·서유럽·일본같이 산업화를 이미 이룩한 산업경제(industrial economies)가 그것이다. 한 나라가 어떤 산업구조를 갖고 있느냐에 따라 그 나라가 어떤 상품을 필요로 하느냐가 크게 달라진다.

또한 한 나라의 소득이 어떻게 분포되어 있느냐도 그 나라가 어떤 상품을 구매하느냐에 큰 영향을 끼친다. 예를 들어, 인도나 필리핀같이 나라 전체의 경제력은 약하나 소수의 상류층이 경제권을 거의 독점하고 있는 나라에서는 고급승용차 같은 사치품이 의외로 잘 팔릴 수가 있다.

인구, 산업구조, 소득분포 외에 한 나라의 경제환경을 평가할 때 회사가 고려해야 하는 또 다른 요소는 그 나라에서 마케팅활동을 하는데 통신·운송·금융·유통시스템 등과 같은 필요한 지원시스템이다.

2 정치·법률환경

한 나라의 정치·법률환경은 그 나라에서 마케팅활동을 하는 데 큰 영향을 끼친다. 따라서 회사는 글로벌마케팅 환경을 분석할 때 반드시 진출하려고 하는 나라의 정치 · 법률환경을 검토해야 한다. 이 때 고려해야 하는 요소로는 그 나라의 정치적 안정성, 노사문제, 그 나라 국민과 정부의 외국기업에 대한 태도, 조세와 관련된 여러 법규, 외환 · 수입 · 가격에 대한 각종 규제 등이 있다. 또 정부와 행정조직이 얼마나 효율적으로 운영되고 있는지 — 혹은 부패하여 비효율적으로 운영되고 있는지 — 고려해야 한다.

3 문화환경

각 나라에는 그 나라의 고유한 관습 · 금기사항이 있다. 외국에서의 마케팅활동이 효과가 있으려면, 회사는 모든 것을 자기 나라의 기준에서 생각하는 버릇을 버리고 그 나라의 문화와 사업관행을 이해하고 존중하려는 노력을 성실히 해야 한다. 특히 문화와 관련된 소비자행동의 차이는 주의를 요한다.

각 나라에는 고유한 관습 · 금기사항 외에도 좀처럼 눈에 보이지 않는 고유한 태도 · 믿음 · 가치가 존재한다. 예를 들면, 미국, 유럽, 중동 세 지역은 물질적 부에 대한 태도가 매우 다르다. 미국에서 물질적 부는 개인이 마음껏 추구하고 향유할 수 있는 사적 재산으로서 더욱더 많은 부는 개인의 성공을 가늠하는 척도가 된다. 더욱이 물질적 부는 더 많은 일자리를 생겨나게 할 수 있다는 믿음 때문에 일종의 사회적 선으로 여겨지기도 한다. 그러나 유럽에서 물질적 부는 어느 누가 가졌더라도 결국 사회 구성원 전체가 향유해야 하는 공공재의 성격이 짙다. 반면 중동에서 물질적 부는 축적이 되면 될수록 고리대금업에 악용될 가능성이 높아지는 일종의 사회악의 성격을 띤다. 이러한 태도는 고스란히 금융업에 대한 태도로 이어져, 중동에서 금융업의 융성을 보기란 쉽지 않다.

각 나라에는 고유한 미적 취향과 미각적 취향이 있다. 일례로 독일에서는 짜고 매운 음식이 기피의 대상인 반면, 이탈리아에서는 훌륭한 별미이다. 일본에서 너무 기름진 음식은 기피의 대상이지만, 중국에서는 일상식이다.

각 나라마다 권위에 대한 태도도 다르다. 한 · 중 · 일 아시아 국가들에서 인간관계는 상하 수직적이며 권위는 특별한 의미를 지닌다. 그리고 권위에 대해 순종적이지만 그만큼 권위를 가진 지도자나 기관에게서 많은 것을 요구한다. 그러나 미국 · 캐나다 · 호주 등 영어권 국가들에서는 개인의 자율성이 존중되어 권위는 특별한 의미를 지니지 못한다.

물론 각 나라마다 서로 다른 종교와 언어가 마케팅환경적으로 큰 차이를 불러일으킬 수 있는 것은 당연하다.

사례 **문화환경적 차이를 고려한 글로벌마케팅**

미국의 대표적인 패스트푸드업체인 맥도날드사(McDonald's)는 인도 진출 당시 전 인구의 83%에 이르는 힌두교주민들이 소를 성스럽게 여기고 있어 햄버거에 쇠고기 대신 닭고기나 양고기를 쓰기로 했다. 맥도날드의 상징처럼 된 '빅 맥(Big Mac)'은 '마하라자 맥(Maharaja Mac)'으로 이름이 바뀌었으며 모든 원료는 인도산이다. 맥도날드는 또한 인도의 종교적 특색을 감안해 회교도를 위해 돼지고기를 쓰지 않는 것은 물론 상당수의 채식주의자들을 위해 채식주의자용 메뉴는 초록색, 그 외의 메뉴는 빨간색으로 표시하고 있다.

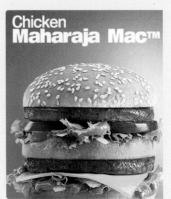

미국의 대표적인 커피체인업체인 스타벅스(Starbucks)는 커피 대신 차를 주로 마시는 아시아의 문화적 차이를 고려하여 2006년 한국과 일본에서 '그린 티 라떼'를 테스트 마케팅으로 선보였다. '그린 티 라떼'는 한국직원이 직접 아이디어를 제안해 개발한 녹차음료로 2006년 출시 후 20일 만에 10만 잔 판매를 넘긴 공전의 히트 상품이다. '그린 티 라떼'에서 더욱 발전하고 다양해진 '차이 티 라떼', '잉글리쉬 브랙퍼스트 티 라떼', '바닐라 블랙 티 라떼', '바닐라 루이보스 티 라떼' 등이 개발되어 현재 시판되고 있다. 이러한 티 라떼 시리즈는 한국과 일본뿐만 아니라 아시아 여러 국가에서도 판매된다. 스타벅스는 차 문화권을 가진 아시아 지역에 맞춘 제품을 출시함으로써 이 지역시장을 지속적으로 공략할 계획을 가지고 있다.

제2절 글로벌마케팅 전략(VMS, STP)

1 전략의 수립과정

우리는 앞서 국내마케팅과 글로벌마케팅의 차이는 단 하나, 바로 글로벌마케팅의 경우 표적시장이 국내가 아니라 해외에 있다는 것을 언급하였다. 따라서 글로벌마케팅 전략의 수립과정도 국내마케팅 전략의 수립과정과 별반 다르지 않을 것이라고 짐

그림 14-1　글로벌마케팅 전략의 수립과정

작할 수 있다. 우리는 이미 이 책의 제4장에서 마케팅전략의 수립과정에 대해 상세하게 학습하였다. 이제는 그 수립과정을 단지 다른 무대, 즉 글로벌시장이라는 무대에 옮겨놓기만 하면 되는 것이다.

만약 어떤 회사가 해외시장에 진출할 생각을 가지고 있다면, 그 회사에는 분명 그런 업무를 맡은 글로벌마케팅 전략사업부가 있을 것이다. 글로벌마케팅 전략사업부는 첫째, 자신이 하려는 업(業)의 범위를 명확히 하고 왜 그런 업을 하려고 하는지 조직의 사명을 명확히 해야 한다(VMS). 둘째, 글로벌시장의 환경을 분석하고 평가해야한다(3C). 이때 글로벌시장이란 국내시장을 포함할 수도 있다. 물론 전략사업부가 업의 범위와 조직의 사명을 명시한 후에 시장환경을 분석, 평가할 수도 있지만, 반대로 시장환경을 먼저 분석하다가 업의 범위와 조직의 사명을 발견하는 수도 있다. 셋째, 자회사의 여러 사업부의 득실과 전망을 따져보는 글로벌 BCG사업포트폴리오분석을 실시한다. 넷째, 글로벌시장에 진출했을 때의 위협과 기회, 회사의 강점과 단점을 따져보는 글로벌 TOWS분석을 실시한다. 다섯째, 글로벌 TOWS분석이 끝나면 글로벌시장을 세분화하고 진입할 표적시장을 선정한다. 여섯째, 표적시장에 진입할 방법을 결정하고 자회사 상품을 소비자들에게 어떻게 부각시킬까 하는 포지셔닝을 고민한다(STP). 방법론적으로는 여느 마케팅전략의 수립과정에 단지 '글로벌'이라는 수식어가 붙은 것뿐이다. 이것을 [그림 14-1]과 같이 나타낼 수 있다.

물론 진출하고자 하는 시장이 국내시장과 너무나도 다른 해외시장이기 때문에 글로벌마케팅의 전략 수립과정에서 더욱 주의를 요망하는 단계가 있을 수 있다. 앞에서 본 글로벌 시장환경의 분석이 바로 그런 단계들 중 하나라고 할 수 있다. 다음으로 글로벌시장의 세분화, 표적시장의 선정, 표적시장에 진입할 방법의 결정, 그리고 포지셔닝에 더욱 주의를 기울여 글로벌마케팅 전략의 수립과정을 논해보도록 하자.

② 글로벌시장의 세분화

글로벌시장을 세분화하는 변수로는 지리적 변수, 인구통계적 변수, 심리분석적 변수, 구매행태적 변수, 인종별 변수 등이 있다. 이러한 변수들은 국내시장을 세분화할 때에도 쓰이는 변수들이다. 다만 이러한 변수들로 글로벌시장을 세분화한다면, 그 세분화의 스펙트럼은 훨씬 크고 넓을 것이다. 지리적 변수도 여러 국가를 포함하는 지역 혹은 더 나아가 대륙으로 커질 수 있다. 인구통계적 변수도 그 수가 백만, 천만이 아니라 억(명) 단위로 커질 것이다. 더군다나 인구통계적으로 세분화하면서 한 국가가 아니라 여러 국가를 동시에 고려해야 하기 때문에 그 세분화의 결과는 훨씬 복잡해질 것이다. 심리분석적 변수, 구매행태적 변수로 글로벌시장을 분석하면서 어떤 특이한 변수를 적용해야 할지 모르는 일이다.

이렇듯 글로벌시장을 세분화할 때 국내시장에서 사용하던 변수를 그대로 사용하거나 혹은 확장, 변형시켜 사용할 수 있으나, 때로는 전혀 새로운 변수를 사용해야 할 때도 있다. 그 예로 국내시장에서는 찾아볼 수 없는 '인종'이라는 변수를 들 수 있다. 최근 외국인의 수가 급증했다고 하지만 여전히 한국시장은 대다수 '한국인' 소비자가 지배하는 곳이다. 그러나 미국과 같은 다민족 국가에서는 인종별 소비자의 구분이 큰 의미를 갖기도 한다.

글로벌시장을 세분화할 때 아무래도 크게 작용하는 변수는 지리적 변수이다. 일단 거시적인 관점에서 각 대륙마다 혹은 각 지역마다 공통된 고유한 특성을 포착해내려고 노력해야 한다. 만약 각각 개별국가들을 분석한 기존 결과가 있다면, 이들 국가들을 공통된 특성으로 묶는 클러스터분석(cluster analysis)을 해볼 수 있다. 이렇게 거시적으로 국가묶음이 만들어졌다면 그 다음으로는 각각의 개별국가나 민족을 여러 변수를 이용하여 더욱 자세하게 세분화할 수 있다.

 사례 | 글로벌마케팅에서의 시장세분화 전략

BBQ치킨의 지리적 세분화

국내 토종의 치킨프랜차이즈 브랜드 BBQ는 전국에서 가장 많은 매장을 운영하고 있는 업계 선두주자이다. 국내시장에서 BBQ치킨의 성공요인은 맛과 품질 그리고 무엇보다도 신속하고 편리한 배달서비스에 있었다. BBQ치킨은 눈을 해외로 돌려 2003년 중국에 4개의 직영점을 개장하였다. 이러한 해외시장 진출은

국내 프랜차이즈업체들 중 최초의 쾌거였다. 이렇듯 중국시장 진출을 발판으로 삼아 BBQ치킨은 일본, 싱가포르, 베트남, 말레이시아, 몽골 등 아시아를 비롯하여 미국 그리고 스페인까지 진출하여 현재 세계 46개국에서 큰 성공을 거두고 있다. 이렇듯 글로벌시장을 상대로 큰 이익을 거두고 있는 BBQ치킨의 마케팅전략은 무엇일까? 그것은 바로 지리적 다시 말해, 국가별로 시장을 섬세하게 세분화하고, 세분화된 시장을 차별적으로 공략했다는 데에 있다. 중국에서 배달음식이란 매우 저질음식이라는 생각이 팽배해져 있는데다, 사람들은 조금이라도 경제적인 여유가 있으면 호화로운 외식을 즐기려 한다. 일본에서 사람들은 신뢰하지 않는 식품은 절대 구매하지 않는 경향이 있어 단지 전화로 연락하여 배달된 음식은 좀처럼 입에 대려하지 않는다. 그래서 BBQ치킨은 중국과 일본시장에서 배달보다는 매장영업에 집중하면서 매장을 더욱 세련되고 돋보이게 하는 전략을 취하였다. 그러나 BBQ브랜드의 인지도가 꾸준히 상승하는 만큼, 진출 초기에 약 20%에 머물던 배달영업을 꾸준히 끌어올리면서 소비자들에게 배달음식의 편리함을 인지시키는 선순환적인 전략을 동시에 취하고 있다. 반면 BBQ치킨은 미국, 베트남, 말레이시아 시장에서 진출 초기부터 배달과 매장영업을 혼합한 형태를 선보였다. 특히 미국에서는 현지의 다이닝 레스토랑의 형태를 빌어 맥주와 와인도 함께 할 수 있도록 매장을 디자인했으며 직접배달, 테이크아웃 등 다양한 형태의 배달방식을 전략적으로 취하고 있다. 반면 배달영업의 전통이 전무한 싱가포르와 몽골에서는 배달 없이 단지 매장영업에만 집중하고 있다.

현대자동차의 인종별 세분화

2000년대 중반 현대자동차는 미국시장에서 인종별 차이에 따른 구매패턴을 조사하였다. 산타페를 구입하는 흑인 소비자의 비율은 2004년 초 4.6%에서 2005년 초 2.5%로 감소했으나, 히스패닉계 소비자의 비율은 3.5%에서 4.3%로, 아시아계 소비자의 비율은 1.9%에서 3.1%로 증가하였다. 더군다나 가장 큰 비중을 차지하는 소비자집단인 백인 소비자의 비율은 87.5%에서 88.5%로 증가하였다. 소나타의 경우도 흑인 소비자의 비율은 같은 기간 소폭 상승하였으나, 히스패닉과 아시아계 소비자의 비율은 대폭 상승하였다. 따라서 현대자동차는 히스패닉과 아시아계 소비자를 1차 공략 계층으로 삼으면서 인종별로 차별화된 마케팅전략을 전개하였다.

자료원: 연합뉴스(2012).

③ 표적시장의 선정

글로벌시장을 세분화하였다면 이제 세분화된 시장들 중에서 회사가 들어갈 표적시장을 선택해야 할 것이다. 표적시장을 선정하는 기준은 시장 그리고 회사라는 두 가지 측면에서 내려 볼 수 있다. 시장의 측면에서 우리는 충분히 매력적인 시장인가를 알아보아야 한다. 세분시장이 충분히 큰 시장인가 그리고 성장잠재력은 충분히 있는가를 알아보아야 할 것이다. 세분시장이 너무 작다면 큰 수익을 낼 수 없을 것이고, 세분시장에 성장잠재력이 없다면 얼마 안가 수익률이 급감할 것이다. 그리고 세분시장의 경쟁 정도를 알아보아야 한다. 이미 너무 많은 경쟁사가 각축을 벌이는 세분시장이라면 그만큼 그곳에서 큰 수익을 낼 기회는 감소할 것이다. 이제 회사의 측면에서 회사가 가진 강점을 알아보아야 한다. 회사는 특정한 기업목적과 그에 따른 기술과 역량을 가지고 있는데, 지금 들어가려는 세분시장이 그 모든 것에 부합하면서 최고의 경제성(효율성)을 가져올 수 있을지 가늠해봐야 한다. 결국 표적시장의 선정기준은 다음의 세 가지로 정리할 수 있다. 첫째, 세분시장의 크기와 성장잠재력, 둘째 세분시장의 경쟁 정도, 셋째 기업목적과의 부합성과 경제성.

이러한 선정기준에 따라 실제로 표적시장을 선정하게 된다. 그 방법으로는 타겟팅 매트릭스(Targeting Matrix)와 제품-시장 그리드(grid)라는 두 개의 방법이 있다. 일단 타겟팅 매트릭스를 통해 어느 세분시장이 가장 좋은 시장인지 알아볼 수 있다.

타겟팅 매트릭스에는 앞서 언급한 선정기준들이 사용된다. 세분시장들의 '규모', 그들 시장에서 자회사가 가지는 '경쟁우위', 그리고 자회사와 적합하여 접근가능한지를 따지는 '접근지수'를 일괄적으로 수치화할 수 있다. 그런 다음 '시장규모'에 '경쟁우위'를 곱해서 나온 결과를 우리는 새롭게 '시장잠재력'이라 부르도록 하자. 이 '시장잠재력'에 '접근지수'를 곱해서 나온 결과를 '수출잠재력'이라고 한다. 이러한 계산에 따르면 중국, 러시아, 멕시코 중에서 멕시코가 시장규모는 가장 작지만 가장 높은 수출잠재력을 가진 것을 알 수 있다(〈표 14-1〉 참조).

제품-시장 그리드(grid)라는 방법을 통해 제품이 해외시장에 적합한지를 한눈에 따져볼 수 있다. 〈표 14-2〉는 자동차브랜드 렉서스(Lexus)의 여러 모델에 대한 제품-시장 그리드이다.

자동차브랜드 렉서스는 워낙 범세계적인 브랜드이기 때문에 세분시장의 축에 아시아, 북미, 유럽, 중동 등 거의 모든 대륙이 나열되어 있다. 또한 출시된 자동차모델

| 표 14-1 | 글로벌 타겟팅 매트릭스

시장	시장규모	경쟁우위		시장잠재력	접근지수	수출잠재력
중국(13억 명)	100	.07	=	7	.20	1.4
러시아(1억 5천만 명)	50	.10	=	5	.60	3.0
멕시코(1억 명)	20	.20	=	4	.90	3.6

자료원: 이철·장대련(2006), 글로벌 시대의 국제마케팅.

| 표 14-2 | 글로벌 제품-시장 그리드

국가 세분	자동차 모델							
	LS430	GS300/430	IS200/300	IS200SC	ES330	LX470	RX330/330	SC430
아시아								
일본								
중국	×	×	×		×			
한국	×	×	×		×		×	×
북미								
캐나다	×	×	×	×	×	×	×	×
미국	×			×	×	×	×	×
유럽								
오스트리아	×	×	×	×			×	×
벨기에	×	×	×	×			×	×
덴마크	×	×	×	×		×	×	×
핀란드	×	×	×	×			×	×
프랑스	×	×	×	×			×	×
독일	×	×	×	×			×	×
영국	×	×	×	×			×	×
중동								
이스라엘	×							
바레인	×	×			×	×		×

자료원: 이철·장대련(2006), 글로벌 시대의 국제마케팅.

도 다양하여 상품의 축에 여러 종류의 모델명이 나열되어 있다. 그러나 시장의 축에 꼭 대륙이나 국가들이 들어서야 하는 것은 아니고, 자회사가 진출하고 있는 혹은 진출하게 될 세분시장이 나열되면 된다. 상품의 축에도 자회사가 이미 출시한 제품이 아니더라도 미래에 출시할 제품이 나열될 수 있다. 제품−시장 그리드라는 방법은 자회사가 진입할 세분시장이 선정된 후에 그 세분시장들과 회사의 제품(군)들을 어떻게 대응시키면 경제적으로 가장 효율적일까를 따져보는 데 이용된다. 물론 이 과정에서 진입이 결정된 세분시장을 여러 변수로 다시 분석하고 더욱 세분화하는 작업이 진행되기도 한다. 회사가 표적으로 삼는 글로벌시장이 크면 클수록, 회사가 가진 제품군, 제품계열이 많으면 많을수록 이 방법은 더욱 유용하다.

이렇게 글로벌시장의 세분화와 표적시장의 선정이 끝나면, 최종적으로 어떠한 마케팅전략을 세울까를 고민하게 된다. 이때 우리가 선택할 수 있는 마케팅전략은 크게 세 가지 종류가 있다. 첫째는 비구별화 글로벌마케팅 전략이다(Global Mass Marketing).

이 전략은 '표준화' 전략이라 불리기도 한다(standardization strategy). 세분화된 표적시장들에 대해 차이를 두지 않고 일괄적으로 똑같은 방식으로 공략하는 전략이다. 앞서 도입 사례에서 보았듯이 현대자동차가 한국, 중국, 미국 할 것 없이 똑같은 엘란트라로 공략한 것이 바로 이러한 전략이라 할 수 있다. 둘째는 구별화 글로벌마케팅 전략이다(Global Segment Marketing). 이 전략은 '현지화' 전략이라 불리기도 한다(customization[localization] strategy). 세분화된 표적시장들에 대해 차이를 두면서 서로 다른 방식으로 공략하는 것이 바로 이 전략이다. 앞서 현대자동차가 중국시장을 연령, 소득수준 등으로 세분화한 뒤 각각 세분시장에 대해 구형 엘란트라와 신형 엘란트라 '위에둥'을 투입해서 서로 다르게 공략했던 것이 바로 이러한 전략이라 할 수 있다. 셋째는 집중화 글로벌마케팅 전략이다(Global Niche Marketing). 이 전략은 '틈새시장' 전략이라 불리기도 한다. 만약 회사가 커다란 글로벌시장을 '표준화' 또는 '현지화' 전략으로 감당할 수 있는 역량이 없다면, 회사의 강점을 최대한 살릴 수 있는 작은 세분시장 한둘을 집중적으로 공략할 수 있다. 세분시장에 대한 이 세 가지 전략은 이미 국내마케팅의 전략에서 언급된 바 있다. 그러나 글로벌마케팅의 경우 시장이 너무 다양하고 다채롭기 때문에 수많은 세분시장들에 이렇듯 '현지화' 할 것이냐 아니면 '표준화' 할 것이냐가 더욱 중요한 전략적 문제로 부각되는 것이다.

4 시장진입과 포지셔닝

세분화된 글로벌시장에 어떤 마케팅전략을 구사할지 결정하였다면, 이제 물리적으로 이 시장에 어떻게 진입할지 생각해 보아야 한다. 글로벌시장에 진입하는 방법으로는 수출, 라이센싱, 합작투자, 프랜차이징, 컨소시엄, 해외직접투자 등이 있다.

① **수출**(Exporting): 수출이란 글로벌시장에 자회사의 완성된 제품을 투입하는 것을 말한다. 무역상을 통해서 해외에 자사상품을 간접적으로 투입할 수도 있고, 중간상을 통하지 않고 자사상품을 직접적으로 투입할 수도 있다. 하지만 수출업무를 자사가 직접 담당할 경우 투자금액과 위험도가 모두 커진다.

② **라이센싱**(Licensing): 라이센싱이란 한 회사가 외국에 있는 다른 회사에게 자사의 생산기술·특허·등록브랜드 등을 쓸 수 있는 권리를 부여하고, 그 대가로 사용료를 받는 것을 말한다. 이러한 경우 라이센싱을 주는 회사는 큰 위험부담 없이 외국에 진출할 수 있다.

③ **합작투자**(Joint Venture): 합작투자란 회사가 다른 나라의 투자가와 공동으로 투

자하여 그 나라에 현지법인을 세우는 것을 말한다. 이 경우에 새 회사의 경영권과 소유권은 양측이 나눠 갖는다. 회사가 합작투자를 하는 것은 주로 경제적 혹은 정치적 이유 때문이다. 즉, 해외에서 단독으로 현지회사를 설립하여 운영하기에는 회사의 재정적·인적·물적 자원이 부족할 수 있기 때문이며, 설사 그럴 만한 재원이 있다 하더라도 해외에서의 위험을 회사가 혼자서 부담하기에 어려울 수도 있기 때문이다.

④ 프랜차이징(Franchising): 가맹점을 거느리고 통제하는 방식의 사업을 말한다. 가맹본부에서는 가맹사업자들에게 상표·브랜드를 비롯해서 생산·판매노하우, 점포운영방법을 제공하고 정기적으로 제품과 운영과정을 관리·유지·향상시켜주는 대신, 가맹사업자들은 가맹본부에 일정한 대가를 지불한다. 근래에는 한국의 프랜차이즈업체들이 해외에 수많은 가맹점을 오픈함으로써 글로벌시장에 성공적으로 진출하고 있다.

⑤ 컨소시엄(Consortium): 수행할 사업 혹은 인수할 매물의 규모가 너무 커서 다수의 크고 작은 회사들이 공동으로 참여하여 연대를 이루는 것을 컨소시엄이라고 한다. 대규모 해외사업이나 인수매물에 대해 구성되는 컨소시엄에 국내회사가 참여함으로써 해외시장에 진출할 수 있다. 종종 국내회사가 컨소시엄의 주사업자가 되어 해외에 진출하기도 하는데, 삼성 컨소시엄, 포스코 컨소시엄 등이 그 예이다.

⑥ 해외직접투자(Direct Investment): 직접투자란 회사가 다른 나라에다 그 나라의 시장을 겨냥하여 단독으로 영리활동을 목적으로 하는 현지법인을 세우는 것을 말한다.

지금까지 글로벌시장에 진입하는 물리적인 방법에 대해 논의했다면, 이제는 상품이 시장에 투입된 후 경쟁사상품들 대비 자사상품의 이미지를 어떻게 구축할 것인가를 고민해야 한다. 즉, 글로벌시장에서 자사상품의 포지셔닝에 대한 고민이 필요한 것이다. 위에서 세분화된 표적시장을 놓고서 일괄적으로 '표준화' 전략을 쓰거나 혹은 세분시장마다 '현지화' 전략을 쓰는 두 방법이 있었다. 포지셔닝전략에서도 '표준화'와 '현지화'를 생각해볼 수 있다. 즉, 세분시장마다의 차이를 고려하지 않고 일괄적으로 같은 이미지를 심어주는 '표준화' 포지셔닝전략, 그리고 세분시장의 차이를 고려하여 서로 다른 이미지를 심어주는 '현지화' 포지셔닝전략이 그것이다. 위에서 언급했듯이 글로벌시장에서 세분시장은 지역과 국가로 나뉘곤 하는데, 그래서 '현지화' 포지셔닝전략이란 지역 간, 국가 간의 환경차이를 고려한 포지셔닝전략이라 할 수 있다.

지역 간, 국가 간의 환경차이를 고려하여 자사상품의 속성이나 편익을 부각시키는 포지셔닝, 품질과 가격을 부각시키는 포지셔닝, 용도를 부각시키거나 특정 사용자를 위한 것임을 부각시키는 포지셔닝, 또는 경쟁사상품과의 차이를 부각시키는 포지셔닝 등이 있다. 하지만 이들 포지셔닝전략은 국내시장을 겨냥해서 사용되는 전략이기도 하다. 따라서 글로벌시장에서 중요한 '현지화' 포지셔닝전략은 지역 간, 국가 간 '문화적' 환경차이를 고려하여 상품을 포지셔닝하는 전략이라 할 수 있다. 다음의 사례는 이러한 포지셔닝전략을 더욱 상세히 설명해준다.

사례 ## 글로벌마케팅 포지셔닝전략 사례

하이테크(High-Tech) 포지셔닝과 하이터치(High-Touch) 포지셔닝

　　일관된 '표준화' 포지셔닝전략으로서 하이테크 포지셔닝과 하이터치 포지셔닝 두 가지를 예로 들 수 있다. 고도의 하이테크 기술은 지역, 국가 간의 차이 특히 문화적 차이를 뛰어넘어 그 자체만으로 커다란 포지셔닝 장점이 되기 때문에 보통 세분시장을 가로질러 '표준화'하는 포지셔닝을 한다. 퍼스널 컴퓨터, 자동차, 디지털 카메라, 스마트폰 등의 제품들은 높은 하이테크 기능으로 전 세계적으로 일관되게 포지셔닝되곤
한다. 한편 문화적으로 매우 강하고 보편적인 상징성을 가지고 있어 지역, 국가를 뛰어넘어 누구에게나 가깝게 다가오는(touching) 품목은 '표준화'하는 포지셔닝을 하는 것이 바람직하다. 고가의 프랑스 샤넬향수, 저가의 피자 등은 그 강한 상징성을 통해 전 세계적으로 일관되게 포지셔닝될 수 있다.

소비자 문화 포지셔닝

　　지역, 국가 간 문화적 차이를 고려하여 그곳 소비자들의 문화적 양식 혹은 취향에 부합하도록 상품을 포지셔닝하는 것을 소비자 문화 포지셔닝이라 부른다. 소비자 문화 포지셔닝은 대표적인 '현지화' 포지셔닝 전략이다. 냉장고를 예로 들어보자. 국내시장에서 냉장고는 그리 특이하지
않은 가전제품들 중에 하나이다. 그러나 한국만의 특이한 문화적 환경에 따라 '김치냉장고'가 출시되어 지금까지 꼭 필요한 가전제품 중 하나로 포지셔닝되어 있다. '김치냉장고'는 한국 이외의 다른 국가에서는 찾아볼 수 없는 냉장고이다. 과거 대우전자는 물을 귀하게 여기는 중동지역에 자물쇠가 달린 냉장고를 수출함으로써 냉장고를 일종의 '귀중품 금고'로 포지셔닝한 바 있다. 자물쇠가 달린 냉장고도 또한 중동지역 이외에서는 찾아볼 수 없는 냉장고이다. 삼성과 LG는 중동지역에 나침반 기능이 있는 '메카폰'을 출시한 바 있다. '메카폰'은 하루에 5번 성지를 향해 기도를 올릴 때 쓰이는 '종교도우미'로서 포지셔닝되었다. '종교도우미'로서 휴대전화는 중동지역 이외에서는 찾아볼 수 없다.

자료원: 박의범 외(2009), 100가지 사례로 이해하는 글로벌경영 CASE100.

제3절 글로벌마케팅 믹스관리(4P)

지금까지 글로벌시장에서 마케팅활동을 하기 위한 준비과정이었다면, 이제부터는 글로벌시장에 뛰어들어 마케팅활동을 하는 과정 한가운데에서 회사의 수익창출, 가치창출을 위해 취해야 하는 활동들에 대해 설명한다. 이런 활동들을 글로벌마케팅 믹스관리라고 부를 수 있다. 글로벌마케팅 믹스관리에는 브랜드전략, 광고전략, 판촉전략, 그리고 스포츠마케팅이 있다. 물론 글로벌마케팅 믹스관리도 '표준화' 전략을 택하느냐 아니면 '현지화' 전략을 택하느냐에 따라 그 양상이 크게 달라진다.

① 글로벌 브랜드전략

글로벌시장에는 셀 수 없이 많은 종류의 상품들이 쏟아진다. 그리고 상품들의 가치는 바로 가격에 나타나 있다. 이 상품들이 만들어지는 데 쓰인 원자재, 공정과정, 노동력 등은 사실 그 상품들의 가치형성에 큰 부분을 차지하지 못한다. 이 상품들의 가치는 대부분 브랜드가치에 힘입은 것이다. 우리는 외국물건을 접하면 그 브랜드를 보고서 구매결정을 내린다. 브랜드가 좋다면 우리는 그 어떠한 대가도 지불하려 한다. 이처럼 브랜드는 보이지 않는 가치이자 큰 자산인 것이다. 전 세계의 부의 1/3이 브랜드가치라는 말이 있다.[1] 우리의 일상을 둘러봐도 브랜드 혹은 글로벌브랜드가 없는 하루를 생각할 수 없다. 그만큼 글로벌시장에서 명망있는 브랜드를 설립하고 그것을 더욱 강화해 나가는 작업은 너무나도 중요하다. 글로벌브랜드전략에는 다음의 네 가지가 있다.

---

1 Keller, K.(2008), Strategic Brand Management, Upper Saddle River, NJ: Pearson, pp. 10-27.

① OEM(original equipment manufacturing)전략: 강한 브랜드를 보유하지 못한 회사들이 주로 사용하는 전략이다. 이런 회사들은 강한 브랜드를 보유한 회사로부터 주문을 받아 상품을 생산하기만 한다. 이렇게 생산된 상품은 주문을 하달한 회사의 브랜드를 달고 글로벌시장에 출시된다. OEM전략은 오랫동안 한국기업들의 주된 브랜드전략이었다. 하지만 이 전략은 브랜드가 가진 가치를 이윤으로 거둬들이지 못해 마진율이 매우 낮을 수밖에 없다. 더욱이 이런 전략으로는 아무리 수출을 많이 하더라도 자사의 고유브랜드를 구축할 수는 없다.

② 현지브랜드 전략: 회사가 어떤 브랜드를 가지고 글로벌시장에 진출한 후 각각의 지역, 국가의 상황에 따라 자사의 브랜드를 교정, 변형 혹은 재설정하는 전략을 말한다. 이 전략을 통해 자사의 강한 현지브랜드를 구축할 수도 있다. 스위스의 식품가공업체인 뫼벤픽(Mövenpick)은 한국시장에 아이스크림 제품을 시판하면서 한국어로 발음하기에 너무 어려운 브랜드명을 모벤픽으로 쉽게 고쳤다. 미국의 온라인서비스업체 아메리카온라인(America On Line)은 브랜드명에 들어가 있는 지나친 미국적 색채를 없애기 위해 미국 밖의 글로벌시장에서는 모두 AOL이라는 브랜드로 활동하고 있다. 2011년 미국의 포춘지가 선정한 '세계에서 가장 존경받는 기업'에서 한국의 기업들 중에서 가장 높은 점수를 받은 포스코는 1984년부터 지역별로 무역상사를 여러 개 도입하여 수출시장의 확대를 꾀하였다. 1984년 뉴욕에 POSAM(Pohang Steel America Corp.)을 설립하였고, 1985년에는 홍콩에 POA(Posco Asia Co. Ltd.), 1988년에는 일본 오사카에 PIO(Posco International Osaka Inc.)를 설립하여 글로벌시장 각각 현지에서 판매 기반을 구축하였다. 1986년에는 미국에 UPI(USS-POSCO Industries), 1992년에는 베트남에 POSVINA라는 현지합작공장을 설립함으로써 더욱 '현지화' 전략에 박차를 가했다. 우리는 여기서 포스코가 여러 다른 나라에 진출하면서 브랜드명을 그 나라에 맞게 바꾸거나 새로 만들었다는 것을 알 수 있다. 일단 진출한 국가의 이름이나 그 지역의 이름을 브랜드에 넣었으며, 축약해서 불렀을 때 진출한 국가별로 호감을 불러일으키는 발음으로 브랜드명을 구성하였다.

③ 글로벌브랜드 수립 전략: 전 세계적으로 통용되는 강한 글로벌브랜드를 구축하는 전략을 말한다. 이 전략은 매우 긴 시간과 노력을 요구하는 전략이다. 이 전략에서 제품의 지속적인 월등한 품질은 필수적인 조건으로, 현지브랜드 전략을 수반한다. 왜냐하면 글로벌브랜드를 수립해 가는 과정에서 하나둘 개별지역, 국가에 진입하여 그곳에서 강한 브랜드를 구축해야 하기 때문이며, 강한 글

로벌브랜드가 수립된 후에라도 끊임없이 개별지역, 국가에서 현지에 적합하게 브랜드의 재조정이 이루어져야 하기 때문이다. 하지만 일단 이 전략을 통해 글로벌브랜드를 구축한다면 그것은 '표준화' 전략의 일환이라고 볼 수 있다. '표준화'된 강한 글로벌브랜드를 보유하면 그 아래에 제품군별, 지역별, 국가별로 하위의 브랜드들을 만들어낼 수도 있다. 앞서 도입 사례에서도 '현대'라는 강한 글로벌브랜드 아래에 '엘란트라' 또는 중국에 현지화한 '엘란트라 위에둥'이라는 하위의 브랜드들을 만들어낸 것을 알 수 있다.

④ 원산지효과 전략 또는 '국가브랜드' 전략: 미국의 마케팅학자 켈러(Keller)는 상품 혹은 사물뿐만 아니라 사람, 자연, 단체, 행위, 사상에 이르기까지 세상에 존재하는 모든 것이 브랜드를 가질 수 있다고 말한다. 따라서 분명 국가들도 브랜드를 가질 수 있다. 어떤 국가들은 명망 있고 높은 브랜드를 가지는 한편 어떤 국가들은 잘 알려지지도 않아 브랜드라 할 것도 없다. 만약 시장에서 어떤 상품이 명망 있고 높은 브랜드를 가진 나라에서 만들어졌다는 점을 부각시킨다면 그 상품의 브랜드가치는 더욱 높아질 것이다. 이것을 원산지효과 전략이라고 부르며, 원산지효과를 목적으로 국가이미지를 개선하려는 전략을 '국가브랜드' 전략이라 부른다.

사례 국가브랜드 전략

소비자들은 상품이 생산되는 국가에 대하여 어떤 이미지를 미리 가지고 있는데, 이러한 국가이미지가 소비자의 구매욕구, 구매의도 또는 구매결정에 무시 못 할 영향을 끼친다. 독일은 견고하고 체계적인 국가 이미지를 가지고 있다. 그래서 독일브랜드 BMW나 Siemens에서 출시하는 자동차, 기계, 가전제품이라면 모두 고가의 가격으로 팔린다. 일본은 정밀하고 첨단의 국

가이미지를 가지고 있다. 그래서 일본브랜드 SONY나 Olympus에서 출시하는 하이테크 전자 제품이라면 모든 소비자들이 구매의향을 밝힌다. 프랑스는 심미적이고 낭만적인 국가이미지를 가지고 있어, 프랑스브랜드 Louis Vuitton이나 Chanel에서 출시하는 화장품, 사치품은 불티나게 팔린다. 미국은 자유롭고 진취적인 이미지를 가지고 있어 미국브랜드 Marlboro, Guess, Hudson이 출시하는 담배, 청바지, 캠핑용품은 꾸준하게 잘 팔린다. 이렇듯 국가이미지는 상품이미지에 지대한 영향을 끼치는데, 국가이미지는 손쉽게 구축되는 것이 아니므로 회사들은 자사의 브랜드를 출시하면서 다른 국가이미지에 '편승'하는 전략을 편다. 중국기업 Haier는 브랜드명을 마치 독일 이름처럼 지어서 독일의 국가이미지에 편승하였다. 핀란드기업 Nokia, 한국기업 O Hui는 브랜드명을 각각 일본 이름, 프랑스 이름처럼 지어서 일본과 프랑스가 가진 국가이미지에 편승하였다. 한편 일본의 화장품브랜드 Shiseido와 Kao는 아시아시장에서는 큰 성공을 거두었지만, 미국과 유럽시장에서는 큰 실패를 겪었다. 일본의 국가이미지는 미국과 유럽에서 그다지 심미적이거나 낭만적이지 않기 때문이다. 다른 국가이미지에 편승하는 전략을 폈더라면 결과는 달라졌을 것이다.

② 글로벌 광고전략

글로벌시장에서의 광고전략도 크게 '표준화'냐 혹은 '현지화'냐에 따라 여러 가지로 갈린다. 일단 글로벌 광고는 표현방법과 메시지라는 두 구성요소로 나누어볼 수 있다. 그리고 표현방법에 지역, 국가를 가로질러 동일하게 하는 '표준화' 전략 혹은 다르게 하는 '현지화' 전략을 적용할 수 있다. 마찬가지로 메시지에도 지역, 국가를 가로질러 동일하게 하는 '표준화' 전략 또는 다르게 하는 '현지화' 전략을 적용할 수 있다. 전략 면에서 '표준화'와 '현지화', 광고작품 면에서 '표현방법'과 '메시지'를 고려하여

그림 14-2 글로벌 광고전략의 네 가지 방법

	표현방법	
	동일	상이
메시지 동일	표준화	부분적 현지화 A
메시지 상이	부분적 현지화 B	현지화

자료원: 문병준 외(2004), 글로벌마케팅.

그림을 그리면 [그림 14-2]와 같다.

　　지역, 국가마다 차이를 두지 않고 메시지, 표현방법 모두 동일하게 광고를 구성하는 것은 전면적인 '표준화' 전략이다. 반면 지역, 국가마다 메시지, 표현방법 모두 다르게끔 광고를 구성하는 것은 전면적인 '현지화' 전략이다. 두 극단적인 '표준화'와 '현지화' 사이에 두 종류의 부분적 현지화가 가능하다. 메시지는 동일한데 지역, 국가마다 표현방법만 다르게 하는 부분적 현지화(A)가 있을 수 있고, 동일한 표현방법을 쓰면서 지역, 국가마다 전달하는 메시지를 다르게 하는 부분적 현지화(B)가 있을 수 있다. 글로벌 광고 전략에서 현지화를 많이 하면 할수록 비용이 많이 드는 것은 사실이다.

 사례 ｜ **기아 소렌토의 부분현지화A 사례**

　　기아 소렌토는 전 세계적으로 시판되는 자동차모델이다. 소렌토는 SUV차종으로서 특히 미국시장에서 인기가 많다. 요즘 현대·기아차가 미국시장에서 큰 성공을 거두는 데에는 소렌토의 기여가 상당히 크다. 미국시장에서 현대·기아차 판매량 1위인 모델은 소나타, 2위는 엘란트라, 그리고 3위가 SUV차종으로서 유일하게 소렌토이다. 기아는 미국뿐만 아니라 모든 글로벌 시장에서 광고 등을 통해 소렌토가 '높은 출력을 가진 스포티한' 자동차라는 동일한 메시지를 전달하고자 노력하였다. 그러나 미국, 유럽시장에서는 그들에게 친숙한 스포츠맨 '안드레 아가시'를 광고모델로 내세우는 표현방법을 선택하여 '최고의 스포티한' 자동차라는 메시지를 효과

적으로 전달하였다. 즉, 전 세계적으로 동일한 메시지를 미국, 유럽이라는 지역에서는 표현방법을 달리해서 더욱 효과적으로 전달한 것이다. 더욱이 스포츠가 글로벌화되면서 그 열기가 더욱 뜨거워지는 요즘, 유명한 스포츠선수 혹은 국제적 스포츠경기에 관련하면서 마케팅활동을 벌이는 것은 글로벌마케팅에 매우 직접적인 효과를 가져 올 수 있다.

자료원: 아시아경제(2012).

| 스즈키 그랜드 비타라(Grand Vitara) 글로벌 런칭광고 | 글로벌 인종차별 반대 공익광고(1995) |

루이 암스트롱의 "What a Wonderful World"는 전 세계적으로 너무나도 잘 알려진 노래이다. 누구라도 한번쯤은 그 멜로디와 가사를 흥얼거려 보았을 것이다. 따라서 "What a Wonderful World"는 세계 어느 지역, 어느 국가에서도 쓰일 수 있는 유용한 광고의 표현방법일 수 있다. 2011년 스즈키(Suzuki)는 글로벌시장에서 SUV차종인 그랜드 비타라(Grand Vitara)를 출시하면서 런칭광고에 빠르고 경쾌한 "What a Wonderful World"를 배경음악으로 사용하였다. 한편 1995년 인종차별반대연합(Anti-Racist Alliance)에서 제작해 내놓은 글로벌 공익광고에서는 "What a Wonderful World" 원곡이 배경음악으로 사용되었다. 똑같은 표현방법을 통하여 한 광고는 '신나는 승차감의 자동차'라는 기업적인 메시지를, 다른 광고는 '인종차별 반대'라는 공익적인 메세지를 전달하고 있다. 이렇듯 전 세계인들에게 친숙한 문화적 재료는 광고를 제작하는 데 훌륭한 표현의 재료가 될 수 있다.

③ 글로벌 판촉전략

브랜드는 일종의 상징을 통하여 소비자들에게 구매를 독려하고, 광고는 매체를 통하여 간접적으로 소비자들에게 구매를 독려한다면, 판촉은 현장에서 직접 소비자들과 부딪히며 구매를 독려하는 활동이라 할 수 있다. 하지만 글로벌 시장환경은 미지의 환경으로 매우 척박한 곳이다. 그래서 글로벌시장에서 판촉활동은 현지의 마케팅환경에 대한 세심한 분석을 필요로 한다. 글로벌 판촉전략에서 고려해야 할 사항은 다음과 같다.

첫째, 판촉은 소득수준이 낮은 국가의 시장에서 더 효과적인 것으로 알려져 있다.

소득수준이 높은 국가에서 소비자들은 확실히 수립된 명망 있는 브랜드나 혹은 제품의 장점을 섬세하게 전달하는 광고를 보고 구매를 결정하지, 현장에서 떠드는 목소리를 듣고 구매를 결정하지 않는다는 것이다. 이들 소비자들은 값비싼 브랜드를 사는데 기꺼이 지갑을 열 준비가 되어 있다. 둘째, 판촉을 규제하는 정부정책, 법률 등은 국가시장에 따라 상당한 차이가 있으므로 유의해야 한다. 셋째, 판촉활동을 계획하고 수행하면서 현지국가의 문화적 환경을 신중하게 고려해야 한다. 각각의 지역, 국가마다 서로 다른 금기, 관습, 취향 또는 종교가 존재하기 때문이다. 넷째, 판촉활동을 벌일 때에는 소매상들을 핵심적인 조력자로 여기고 그들과 협력해야 한다. 판촉은 단지 소비자들의 마음을 사로잡기 위한 것이 아니라 현장에서 자사상품을 판매해 줄 소매상들의 마음도 사로잡기 위한 것이다. 판촉은 한두 번의 행사로 끝날지 모르지만 현지의 소매상들은 지속적으로 상품을 판매해 줄 대리인들이다. 따라서 그들에게 상품을 홍보하고 장점을 알리는 것은 더할 나위 없이 중요하다.

 사례 ## 경기도의 농산물 해외 판촉

말레이시아 시장에서 경기도의 농산물 판촉행사

한국의 농산물은 높은 품질에도 불구하고 브랜드를 갖지 못해 글로벌시장에 진출하는 데 큰 어려움을 겪는다. 그래서 종종 정부의 주도 아래 해외 현지시장에서 판촉활동을 벌이곤 한다. 경기도는 농산물의 해외수출 강화를 위해 말레이시아 시장에서 판촉행사를 기획하였다. 말레이시아의 시장환경에 대한 지식과 경험이 전혀 없는 경기도는 한국농수산물유통공사의 도움으로 말레이시아 현지시장에서 정치·법률적인 장애물을 모두 해소할 수 있었다. 말레이시아 시장에 이미 침투해 있는 '한류'라는 문화적 소재는 판촉행사를 개시, 진행하는 데 큰 지렛대의 역할을 하였다. 그런 후에도 경기도는 말레이시아 구석구석에 거미줄처럼 뻗어 있는 현지 최대의 유통회사 '자이언트'와 협력하였다. '자이언트'의 매장들을 판촉행사장으로 이용함으로써 판촉활동을 벌일 장소를 일일이 물색하는 수고를 덜었으며, 동시에 '자이언트'의 매장을 운영하는 수많은 소매상들에게 경기도의 농산물을 알리는 계기가 되었다.

중국 상해시장에서 경기도의 막걸리 판촉행사

경기도는 경기농림진흥재단의 주관으로 상해시장에서 경기도의 농산물과 막걸리에 대한 대대적인 판촉행사를 벌였다. 이 경우에도 경기도는 상해 맥단상무유한공사와 협력함으로써 상해라는 생소한 시장에 법률·행정적인 걸림돌 없이 쉽게 진입할 수 있었다. 실제 판촉행사에는 시식회, 할인행사, 팬 사인회 등등 갖가지 전략이 이용되었다. 그러나 무엇보다도 중국에서 열기가 뜨거운 '한류'에 힘입어 한국 가수, 연예인의 팬 사인회가 큰 호응을 얻었다. 이렇듯 세계적으로 뻗어있는 '한류'라는 문화적 후광은 글로벌판촉뿐만 아니라 다른 글로벌마케팅 활동에도 큰 기여를 하고 있다.

중국 상해 경기도 제2농식품관

4 글로벌 스포츠마케팅

시장이 글로벌화되었듯이 스포츠도 글로벌화되었다. 스포츠스타는 전 세계적인 스타이며, 국제적인 스포츠경기는 그 어떤 국제 행사보다도 열기가 높다. 따라서 세계적인 스포츠스타 또는 국제적인 스포츠경기에 관련하여 글로벌마케팅 활동을 벌인다면 손쉽게 큰 효과를 거둘 수 있다. 이러한 마케팅프로그램을 글로벌 스포츠마케팅이라고 부른다. 구체적으로 회사는 스포츠와 관련하여 자금, 물품, 기술적 노하우, 조직적 서비스 등 여러 가지를 제공함으로써 스포츠마케팅을 벌인다. 일반적으로 글로벌 스포츠마케팅을 구성하는 요소들은 다음과 같다.[2]

첫째, 스포츠경기가 있다. 올림픽, 월드컵, 윔블던, US PGA챔피언십 등은 세계인들의 이목이 집중되는 경기로서 스포츠마케팅의 중요한 무대가 된다. 둘째, 소비자로서 관중이 있다. 관중이란 단지 경기장에 모인 관람객을 의미하는 것이 아니라 세계 각지에서 경기를 시청하는 사람들 모두를 포함한다. 셋째, 스폰서기업과 스포츠스타(혹은 팀)가 있다. 스포츠스타 혹은 팀은 스포츠경기 못지않게 전 세계인의 이목이 집중되는 대상이기 때문에 스포츠마케팅의 중요한 도구가 된다. 그리고 스포츠스타나 경기를 이미 후원하고 있는 스폰서 기업들은 일종의 경쟁사라 할 수 있다. 넷째, 글로벌대행사가 있다. 국제적으로 큰 스포츠행사는 그 경영, 관리를 맡고 있는 대행사가 있다. 대행사는 스포츠행사에 대한 권리를 주장하며, 직접 스포츠마케팅을 펼치기도 한다. 다섯째, 매스미디어가 있다. 매스미디어는 스포츠경기를 전 세계인들이 볼 수

---

2 이규현(2008), 글로벌마케팅, 서울: 경문사, 312-315쪽.

있게끔 하는 매개체 역할을 하는데, 경기, 스타, 관중, 기업, 대행사 모두가 매스미디어라는 요소를 통해 긴밀히 묶여 있다. 이 다섯 가지 요소를 모두 신중히 고려하면 훌륭한 스포츠마케팅을 벌일 수 있다.

제4절 글로벌마케팅 사례

지금까지 글로벌시장 한가운데서 여러 마케팅믹스를 프로그램을 통해 회사의 이윤과 가치를 창출하는 활동을 했다면, 이제부터는 현장에 뿌리내리기 시작한 마케팅 구성체를 지속적으로 관리, 유지하는 일을 해야 한다. 마케팅관리에는 제품관리, 가격관리, 유통관리, 촉진관리가 있는데, 이는 글로벌마케팅에도 적용된다. 마케팅관리가 무엇인지는 이미 앞서 언급된 바 있으므로, 여기서는 이랜드(E-LAND)와 이케아의 사례를 간단히 살펴보기로 하자.

◼ 이랜드(E-LAND)의 중국 진출[3]

1) 제품관리: 이랜드는 국내시장에서와 다르게 중국시장에서는 자사상품을 고급이미지로 포지셔닝하고, 그 후 고급제품으로 관리하였다. Scofield, TEENIE WEENIE, Roem, EBLIN, E-Land kids, SCAT 등 고급의 더욱 차별화된 상품라인을 개발하였다. 특히 중국의 소득수준이 높아지면서 저출산 시대에 '소황제'라

---

3 박의범 외(2009), 100가지 사례로 이해하는 글로벌경영 CASE 100, 서울: 두남, 286-289쪽.

불리는 세대가 떠오르자, 그들을 겨냥한 고급 아동복 상품라인을 개발하였다.

2) 가격관리: 중국 현지의 저가 의류브랜드와 차별화하여 이랜드는 자사상품을 모두 고가로 유지하였다. 소득수준이 높아지면서 곧 크게 확장될 중국의 고가 의류시장을 겨냥한 것이다.

3) 유통관리: 한국시장에서의 독립된 거리매장 형식을 탈피하여 중국시장에서는 고급 백화점에만 직영매장을 입점하는 방식을 택하였다. 그래서 화려한 매장 분위기를 연출하고, 중국시장에 걸맞게 매장 로고를 모두 붉은 색으로 모듈하였다. 프랜차이즈 유통 시스템을 채택하여 모든 매장을 일관성 있게 효과적으로 관리하였다. 더욱이 중국 현지에 하청공장을 설립함으로써 100% 생산 현지화를 꾀하였다.

4) 촉진관리: 이랜드는 중국시장에 진출했을 초기부터 고급이미지를 심어주기 위해 지속적으로 공항에서 카트(Cart)광고를 실시해 왔다. 더욱이 중국 소비자들에게 좋은 기업이미지를 심어주기 위해 요양시설, 보호시설 등에 지속적인 지원과 봉사활동을 아끼지 않고 있다.

2 스웨덴 가구회사 "이케아"의 한국진출[4]

1) 제품관리: 스웨덴의 가구회사 "이케아"는 저렴한 가격과 스칸디나비안 디자인으로 2014년 12월 경기도 광명에 한국 첫 매장을 신설하였다. 국내 입점 전에만 2년여 동안 공식적으로 가정방문 조사, 전화 설문조사를 통하여 국내 가족의 형태 조사를 하였으며 이 밖에 현재 가구 시장 조사, 가격 조사, 소비자의 선호도 조사를 통해 한국 현지에 맞는 가구 사이즈, 배송 형태를 현지화 하였다.

2) 가격관리: 사전 조사를 통해 한국의 시장상황에 맞추어 많이 사용하는 제품을

---

4 http://www.econovill.com/news/articleView.html?idxno=232246, 이코노빌(2015).
   http://clomag.co.kr/article/827, CLO(2014).
   https://news.joins.com/article/19307148, 중앙일보(2015) 참고.

국내 첫 오픈 당시 이케아 공식홈페이지   이케아 고양점

전면에 배치하고, 수량과 가격을 새로이 측정하였다.

3) **촉진관리**: 한국인은 조립식 가구가 아닌 완제품 가구에 익숙하다는 점을 이용하여 조립서비스와 배송서비스를 제공하였다. 또한 미국과 유럽과 같은 주거형태가 아닌 아파트에 주거하며 아파트 입주 시 가구 및 전자제품을 빌트인(Built in)의 형태로 배치된다는 점을 통해 가구보다 소품 판매의 비중을 늘렸다.

위와 같은 노력으로 현지화에 성공한 "이케아"는 2017년 10월 고양점을 증설을 시작으로 2020년 이케아 동부산점이 오픈할 예정이다.

✏️ 간추림

국내마케팅과 글로벌마케팅의 차이는 단 하나, 글로벌마케팅은 시장이 해외에 있다는 점이다. 따라서 글로벌마케팅에서도 기존의 마케팅전략이 똑같이 쓰이지만, 너무 생소한 혹은 미지의 해외 마케팅환경에 대해 세심한 분석이 필요하다. 회사가 염두에 두고 있는 글로벌시장이 있다면 그것의 경제환경, 정치·법률환경, 문화환경 등을 세심히 분석해야 한다.

특히 글로벌시장을 세분화할 때 국내시장에서와는 다른 새로운 세분화변수가 더해지기도 한다. 인종별 세분화변수가 그 예이다. 글로벌시장을 세분화하고 회사가 진입할 표적시장을 선정하였으면, 크게 '표준화' 전략, '현지화' 전략, 그리고 틈새시장전략 중 하나를 선택할 수 있다. 자사상품을 어떻게 포지셔닝할 것인가도 '표준화'냐 아니면 '현지화'냐에 달려 있다.

글로벌시장에 뛰어들어 마케팅활동을 벌이면서 취할 수 있는 마케팅믹스로는 브랜드 전략, 광고전략, 판촉전략, 그리고 스포츠마케팅이 있다. 브랜드, 광고, 판촉전략들 모두는 '표준화' 전략을 택하느냐 혹은 '현지화' 전략을 택하느냐에 따라 그 양상이 크게 달라진다. 스포츠에 대한 국제적 열기가 더욱 뜨거워지는 요즘 스포츠스타나 국제 스포츠행사에 관련하여 글로벌마케팅 활동을 벌이면 더욱 큰 효과를 얻을 수 있다.

💡 Q&A

1 한국토지주택공사(LH)가 북한에서 글로벌마케팅 활동을 벌인다고 가정하고 현재 북한의 마케팅환경을 여러 관점에서 분석해 보시오.

2 삼성전자가 한국, 중국, 일본이라는 세 소비자문화환경에 따라 '갤럭시탭'을 어떻게 다르게 포지셔닝하는지 논하시오.

3 글로벌시장에서 방영되는 '한국'드라마가 실제로 '한국'의 원산지효과를 얻고 있는지 글로벌광고를 분석하면서 논하시오.

4 2018년 평창올림픽에서 알리바바(Alibaba)가 어떤 스포츠마케팅을 벌였는지 분석해 보시오.

📕 참고문헌

김용준(2014), CHINA 마케팅, 박영사.

문병준 외(2004), 글로벌마케팅, 경문사.

박의범 외(2009), 100가지 사례로 이해하는 글로벌경영 CASE100, 두남.

매일경제(2011), BBQ치킨 46개국, 미샤 23개국에 브랜드 수출.

머니투데이(2011), 경기도, 말레이시아서 신선농산물 판촉전 열어.

아시아경제(2012), 현대·기아차 美서 승승장구...6위 우뚝.

아시아투데이(2011), 경기 우수농식품 '세계 속으로'.

연합뉴스(2012), BBQ, 중국서 1천억 원대 자금조달 추진.

이규현(2008), 글로벌마케팅, 경문사.

이철·장대련(2006), 글로벌 시대의 국제마케팅, 학현사.

Anholt, S.(2006), Brand New Justice, Elsevier.

Keller, K.(2008), Strategic Brand Management, Pearson.

이케아 공식홈페이지.

마케팅의 새로운 물결

우리가 이 책에서 다루는 마케팅의 기본 원리는 세월이 흘러도 좀처럼 변하지 않는다. 그러나 마케팅 현상 자체는 참으로 동태적(dynamic)이고 그래서 변화무쌍하게 마련이다.

따라서 경영자는 자신의 회사를 둘러싸고 있는 마케팅 환경, 특히 현재 및 잠재적 소비자와 현재 및 잠재적 경쟁사가 어떻게 달라지고 있는가에 늘 촉각을 곤두세워야 한다. 그리하여 회사가 늘 새로운 시장 기회를 재빨리 포착하고 위험에 미리 대처할 수 있도록 해놓아야 한다. 그래서 우리는 이제 이 책을 마무리하며 이러한 상황에서 우리나라 경영자들에게 도움이 될 것이라고 생각되는 두 토픽을 다루고자 한다. 하나는 한국 기업들에게 큰 성장의 기회를 줄 수 있는 명품시장에 관한 이야기이고, 또 하나는 금융위기 이후 달라진 소비자 행동에 대처하는 방안이다.

제1절 명품 마케팅

많은 시장에는 고가포지션 위에 이른바 명품이라는 또 하나의 범주가 있다. 명품시장은 현재 전 세계에서 가장 빨리 성장하고 있는 세분시장이다. 명품가격포지션이란 고객의 관점에서 보았을 때 다른 모든 제품들에 비해 극도로 높은 성능을 지속적으로 극도로 높은 가격에 제공하겠다는 전략적 의사결정이다. 우리는 이제부터 명품가격포지션을 초고가포지션으로 부르기로 한다.

명품제품의 마케팅과 가격관리는 여러 가지로 특이하다. 우선 명품이라 불리는 제품들의 가격은 우리가 이미 비싸다고 여기는 고가제품들의 몇 갑절이다. 〈표 15-1〉

| 표 15-1 | 명품과 고가제품의 가격비교

고가제품	명품
로렉스(Oyster Perpetual Milgauss), 8,420달러 (약 950만원)	A. Lange & Söhne(Lange 1 Tourbillion Platin), 27만 5천 달러 (약 3억 1천 만원)
메르세데스-벤츠 S500, 20만 3,864달러(약 2억 3천만원)	마이바하(Maybach) 57S, 531,820달러(약 6억원)
Le Meridien Dubai(President Suite), 약 3천 달러로 추정됨(약 340만원)	신라호텔(Presidential Suite), 15,018달러(약 1,694만원)
대한항공 프리미엄 프레스티지(서울-뉴욕 왕복), 7,889달러(약 890만원)	대한항공 프리미엄 퍼스트클래스(서울-뉴욕 왕복), 11,522달러(약 1,300만원)

* 2018년 7월 15일 현재.

은 몇 개의 명품제품의 가격과 고가상표들의 가격을 비교하여 보여주고 있다. 이 표에서 보다시피 명품의 가격은 고가제품보다 훨씬 비싸다.

명품과 다른 제품들 사이의 또 하나의 큰 차이는 판매량이다. 보통 우리가 고가제품이라고 부르는 제품들의 연간 세계시장 판매량은 대체로 수십만~수백만 개인 데 반하여, 진정한 명품의 판매량은 몇 백~천 개 정도이다. 이 점에서 명품은 초저가제품의 정반대이다. 마이바하와 타타 나노(Tata Nano)를 팔아 1조원을 벌려고 한다고 가정하자. 마이바하의 값이 5억 원이라면, 우리는 이 최고급 승용차를 2천 대만 팔면 된다. 그런데 나노의 값이 2백만 원이라면 타타는 이 초저가 자동차를 50만 대나 팔아야 한다. 즉, 마이바하의 값이 타타의 250배이므로, 타타는 나노를 마이바하보다 250배나 더 많이 팔아야 하는 것이다. 이 간단한 보기는 우리에게 초고가포지션과 초저가포지션이 얼마나 서로 다른 두 극단적인 위치에 있는지를 잘 가르쳐준다.

명품시장은 최근 들어 매우 빨리 성장하고 있으며, 이 분야의 회사들은 높은 수익률을 자랑한다. LVMH나 리치몬드(Richemont)같은 이 시장의 대표적인 기업들은 연간 성장률이 약 15퍼센트이며, 세전 영업이익률은 20퍼센트 이상이다. 이러한 높은 성장률에도 불구하고 명품시장은 여전히 틈새시장이다. 그러나 아주 실속 있는 틈새시장인 것이다.

그러면 이러한 여러 가지 독특한 특성을 가진 초고가제품들의 마케팅에 대하여 알아보자.

(1) 제품

명품제품은 모든 차원에서 최고수준의 성능을 제공해야 한다. 즉, 기능적인 면에서는 말할 것도 없고, 감성적·상징적 측면에서도 타의 추종을 불허해야 한다. 아주 세부적인 사항에서도 완벽을 기한 흔적이 있고 약간 호사스러운 풍성함이 있으며, 갖가지 면에서 조금 지나친 듯한 제품 성능을 갖추고 있는 것 등이 제품으로서의 명품의 특징들이다.

명품제품을 구성하는 또 하나의 중요한 요소는 개인화된 서비스이다. 두바이에 있는 최고급호텔 "버잘 아랍"(Burj al Arab)의 로얄 스위트(Royal Suite)에 묵는 손님들에게는 그들이 언제든지 활용할 수 있는 자체 집사팀(butler team)이 늘 딸려 있다.

마이바하는 고객들에게 특별훈련을 받은 개인 연락 관리자(personal liaison)를 배정한다. 초고가 카메라회사 라이카(Leica)는 브루네이(Brunei)의 술탄(sultan)을 위해 도금한 카메라를 제작했다. 고가제품을 팔 때는 '특별한 것'으로 제공되는 것들이 명품에서는 '기본적인 내용물'이 된다.

여기서는 "특별한 것," "고급스러운 것"이 "평범한 것," "당연한 것"이다.

고가제품들은 보통 공장에서 소량 생산되는 반면, 명품은 공장제 수공업 방식으로 직접 손으로 만드는 경우가 많다. 그래서 명품은 극소량만 제작될 뿐이다. 이렇게 손으로 만들기 때문에 명품은 개성이 강하게 느껴지며 대단히 개인적인 성격을 띠게 마련이다.

명품회사들은 제작(과정)과 품질을 전적으로 통제할 수 있어야 하므로, 그들은 대체로 외부조달(outsourcing)을 하지 않고 생산의 대부분을 회사 안에서 한다.

예를 들어, 에르메스(Hermès)는 소를 직접 사육하며 자체 봉제시설을 운영하고 있다. 몽블랑은 명품시계시장에 진출하면서 스위스에서 공장제 수공업회사를 사들여 직영하고 있다. 명품을 만드는 장소는 흔히 충성고객들의 순례지가 되기도 한다.

명품회사는 일관성 있게 제품수명주기 관리(product life cycle management)를 함으로써 자사제품의 가치의 영속성을 보장해 주어야 한다. 즉, 회사는 제품의 수명주기 전체에 걸쳐 '할인판매·수준 낮은 광고' 등 그것의 값어치를 떨어뜨리는 행동은 일체 하지 말아야 한다. 이상적으로는 명품의 값어치는 시간이 지나면서 떨어지지 않고 오히려 올라간다. 한정판(limited edition)이나 수집가용 제품은 이런 효과를 증폭시킬 수 있으며, 동시에 회사가 원하는 "우리 고객들만의 전유물"이라는 이미지를 강화할 수 있다.

(2) 가격

기업이 명품제품의 가격관리를 잘하기 위해서는 시장상황을 매우 정확히 알아야 하고, 또한 물량과 가격을 모두 신중히 고려해야 한다.

명품에서 가격 자체는 고가제품의 경우보다 훨씬 더 품질과 고급스러움을 나타내는 뛰어난 상징물이다. 속물효과(snob effect)와 베블렌효과(Veblen effect)가 있기 때문에 가격반응함수의 상당히 넓은 부분에서 함수의 기울기가 플러스이다. 즉, 값이 올라갈수록 매출량도 올라간다. 따라서 이런 구간에서는 값을 올리면 판매량도 늘어나고 개당 마진도 더 커지므로 이익이 크게 증가한다. 실제로 우리는 현실에서 이런 사례를 볼 수 있다. 언젠가 최고급 가방을 만드는 벨기에의 델보(Delvaux)라는 회사가 가격 재포지셔닝(price repositioning)을 위해 값을 크게 올린 바 있다. 그랬더니 고객들이 델보의 가방을 루이뷔통(Louis Vuitton) 가방의 괜찮은 대안으로 보게 되었고, 그 결과 그것의 판매량이 크게 늘었다. 그러나 경영자는 가격결정을 할 때 가격반응함수의 기울기가 플러스인 구간은 고려할 필요가 없다. 최적가격은 언제나 기울기가 마이너스인 구간에 있기 때문이다. 따라서 명품회사의 경영자가 가격을 정하려고 할 때 가격반응함수의 기울기가 마이너스인 영역에 도달하려면, 그는 그 함수를 알아야 하는 것이다. 그렇지 않으면 그는 안개 속에서 헤맬 수밖에 없다.

명품회사들은 자사제품들의 높은 가격을 유지하기 위하여 대체로 생산량을 제한한다. 회사는 이러한 결정을 미리 내리고 시장에 알린다. 그래서 회사가 어떤 특정제품의 공급량이 얼마 안 될 것이라고 한 약속은 구속력을 갖게 된다. 그런데 수요가 늘어났다고 해서 회사가 이런 약속을 어기고 판매량을 늘리면, 고객들은 자신들이 회사에 대해 갖고 있던 신뢰를 회사가 스스로 저버리는 것으로 느낄 것이다. 몽블랑은 미국 대통령의 얼굴이 들어가 있는 만년필을 대통령 한 사람당 50개만 제작한다.

그런 만년필은 어떤 장비/장식이 들어가느냐에 따라 물론 값이 다른데, 가장 싼 것이 25,000달러(약 3천 만원) 정도라고 한다.

엄청나게 비싼 시계모델은 보통 생산량이 100개 이하이다. 심지어 영국의 로저 스미스(Roger Smith)라는 시계회사는 연간 생산량이 불과 맞춤형 시계 13개이다. 이 회사는 이것들을 정선된 고객들에게 38,000파운드(약 6,800만원)에 판다고 한다. 기다리는 사람이 많고 기다려야 하는 시간이 길면 물건이 희귀하고 값어치가 높다는 인상을 강하게 준다. 또 많은 명품회사들은 어울리지 않는 고객이 이미지를 해치는 것을 막기 위하여 구매자를 선별한다. 최고급 명품호텔에서는 수상한 손님을 받지 않는 것이 그 예이다.

이렇게 가격과 물량을 함께 정하는 것은 다른 시장에서 행해지는 방식과는 근본적으로 다르다. 순수한 상품시장(commodity market)에서는 공급자가 시가를 그대로 받아들일 수밖에 없다. 그는 시장에 내다 팔 물량만을 정할 수 있을 뿐이다. 물건이 차별화된 비 상품시장(non-commodity market)에서는 공급회사가 값을 정하고 팔리는 양은 시장이 결정한다. 반면에 명품시장에서는 공급회사가 가격과 물량을 모두 정한다. 이렇게 회사가 두 변수를 다 정하려면 매우 높은 수준의 정보를 갖고 있어야 함은 말할 것도 없다. 또한 이러한 방식은 상당한 위험을 수반하기 마련이다. 실제로 유럽에서 있었던 다음 사례는 가격과 생산량을 다 정하는 명품회사가 그렇기 때문에 부딪히게 된 위험을 잘 보여준다고 하겠다.

어느 명품시계회사가 스위스의 바젤에서 열린 시계박람회에 생산량을 800개로 제한한 새 모델을 출품했다. 이 회사는 그 이전에 내놓았던 모델이 매우 인기가 좋았기 때문에 값을 16,000유로에서 50퍼센트 올려 24,000유로로 하였다.

그런데 박람회 기간 동안에 주문이 무려 1,500개나 들어왔다. 그러나 이 회사는 물론 24,000유로의 가격에 800개밖에 팔 수 없었기 때문에 총수입은 1,920만 유로였다. 이 회사가 주문받은 물량 1,500개를 모두 제작할 수 있었으면 매출액은 3,600만 유로에 달했을 것이다. 또 이 회사가 만약 값을 24,000유로가 아닌 36,000유로로 하였고 또 이 가격에 800개가 다 팔렸다고 한다면, 매출액이 2,880만 유로였을 것이다. 2,880만 유로와 1,920만 유로의 차이, 즉 960만 유로는 그야말로 순수하게 잃어버린 이익이다. 이렇게 명품회사가 수요 및/또는 가격을 오판하면 아주 비싼 대가를 치를 수 있다.

그런데 정반대로 수요를 과대평가하여 너무 많이 생산을 해 놓으면, 이것 역시 (수요를) 과소평가할 때에 못지않게 큰 문제를 일으킨다. 즉, 이 경우에는 특히 중고시장에서 가격이 폭락할 위험이 있다.

이 점과 관련하여 언급해야 할 것이 하나 있다. 그것은 융통성이 별로 없는 생산용량과 변동이 심한 수요를 서로 맞추기가 어려울 수 있다는 사실이다. 공급회사들은 여러 가지 방법으로 수요와 공급의 균형을 맞추려고 노력한다. 그 하나는 묶음가격(price bundling)이다. 즉, 몇 개의 제품을 묶어 하나의 다발(bundle)로 만든 다음 그것을 한 가격에 파는 것이다. 다이아몬드회사 드 비어스(De Beers)는 이런 방식을 오래전부터 시행해 왔다. 이 회사는 고객들에게 품질이 좋은 다이아몬드와 품질이 조금 떨어지는 다이아몬드를 섞어서 만든 하나의 제품다발(product bundle)을 정가에 판매한다. 고객은 이 다발을 살 것이냐 말 것이냐는 결정할 수 있지만, 그 안의 다이아몬드를 골라서 살 수는 없다.

시계회사들도 비슷하게 하고 있다. 예를 들어, 어느 시계회사의 ㄱ모델은 인기가 매우 좋고 ㄴ모델은 찾는 사람들이 별로 없다고 하자. 그런데 두 모델을 위한 생산용량은 거의 고정되어 있다. 이 회사와 거래하는 한 소매상은 ㄱ모델만 스무 개 사고 싶어 하고, ㄴ은 원하지 않는다. 그러면 이 시계회사는 그 소매상에게 ㄴ모델 다섯 개를 산다는 조건하에 ㄱ모델 열 개를 가져가라고 제안한다. 물론 두 모델 다 가격은 협상의 대상이 아니다. 제조회사의 관점에서 보면 이러한 방식은 최적(optimal)에 가깝지

| 표 15-2 | 몇 개의 명품제품들의 권장가격과 인터넷가격

제품	권장가격		인터넷가격		가격 차이
	미국달러	원화	미국달러	원화	
Breitling Bentley	26,825달러	30,151,300원	17,895달러	20,113,980원	33%
Jaeger-LeCoultre Reverso Grand Reserve	18,400달러	20,681,600원	13,795달러	15,505,580원	25%
Piaget Polo Quartz Ladies Watch GOA29038	84,000달러	94,416,000원	65,520달러	73,644,480원	22%
Cartier Tank American 18kt White Gold Diamond Bracelet Ladies Watch WB7073MP	56,100달러	63,056,400원	42,075달러	47,292,300원	25%

* 2012년 3월 12일 자료.

만, 이것은 커다란 단점이 있다. 그것은 ㄴ모델이 중고시장에 흘러들어 갈 가능성이 있다는 것이다. 그렇게 되면 명품을 명품답게 하는 아주 중요한 속성인 "가격의 일관성"이 흔들릴지도 모른다.

〈표 15-2〉는 몇 년 전에 우리가 조사했던 몇 개의 명품제품들의 권장가격과 어느 전문 인터넷소매상에서 살 수 있는 가격을 비교하여 보여주고 있다. 이 인터넷회사가 파는 물건은 물론 모조품이 아니고 한 번도 쓰지 않은 완벽한 진품이다. 이렇게 가격 차이가 크고 가격에 일관성이 없는 까닭은 궁극적으로 수요와 공급에 대한 오판 때문이다. 이러한 상황은 명품회사에 크나큰 골칫거리이다. 다른 곳에서 같은 명품을 싸게 살 수 있다는 상표이미지가 타격을 받는다.

가격의 일정함, 가격의 연속성, 가격의 일관성은 명품제품에 필수불가결이다. 명품은 흔히 변함없다는 신화를 갖고 있는데, 이러한 신화와 심한 가격의 변화가 양립할 수 없는 것은 두말할 나위도 없다. 이상적으로는 시간이 지나면서 중고 명품의 값이 올라간다. 그래서 적지 않은 고객들이 명품제품들을 투자목적으로 이용하기도 한다.

가격이 일정해야 한다는 요건을 적용할 수 없는 제품범주가 있다. 그것은 수명이 짧은 패션제품들이다. 계절이 끝날 때 즈음이면 패션제품의 값이 50퍼센트 가량 떨어지는 것도 드물지 않다.

회사는 철지난 구형모델의 일부를 정규 유통경로에서 끄집어내서 중고시장에서 팔기도 한다. 또는 신중한 방법으로 특별판매를 해서 처분하기도 하는데, 예를 들어 고객들을 개인적으로 초대하여 그들에게만 파는 것도 좋은 방책일 수 있다. 그러나 진정한 명품제품의 고객은 낮은 가격으로 살 수 있는 기회를 이용하지 않는다. "멋을 아는 마나님들은 계절이 시작될 때만 (명품 패션제품을) 산다"라는 말이 있을 정도이다.

명품제품의 값은 보통 서비스를 비롯한 각종 부가적인 것을 모두 포함한다. 즉, 포괄적인 서비스와 기타 각종 추가적인 가치를 제공해 주는 것들(보기: 평생 보장, 클럽 회원자격의 부여)이 구매가격에 포함되어 있다. 그래서 명품시장의 세계에서는 "모든 것을 포함하는(all inclusive) 가격" 내지는 "완전가격(complete price)"이 상례(常例)이다.

(3) 유통

명품제품 유통의 가장 두드러진 특징은 엄선이다. 보통 엄격히 선발된 극소수의 업자들만이 한 나라에서 명품을 취급할 수 있다. 예를 들어, 이웃 나라 일본에서 최고급 명품시계 "랑에 운트 죄네(A. Lange & Söhne)"를 구할 수 있는 점포는 일본 전체에 17개밖에 없다고 한다. "그들만을 위한 제품"이라는 성격이 "고급 전속유통"이라는 형태로 유통에 반영되는 것이다. 명품회사는 이렇게 취급점포의 수를 제한할 뿐만 아니라, 매장을 꾸미는 것·판매원의 역량·비밀 엄수 등 유통 관련 모든 측면이 최고수준의 품질이어야 한다고 고집한다. 그렇기 때문에 (명품)회사가 스스로 나서서 엄격하게 감독하고 품질관리를 할 수밖에 없다.

유통과 관련된 이러한 사정과 높은 가격을 관철시켜야 하는 문제 때문에 시장을 주도하는 명품회사들은 점차 취급점포를 직영하는 방향으로 나아가고 있다. LVMH나 리치몬드 같은 회사들은 벌써 매출의 큰 부분을 직영점에서 올리고 있다. 명품회사는 또 전속대리점모델도 생각해 볼 수 있다. 우리나라의 삼성전자나 정유회사들이 채택하고 있는 전속대리점모델이란 해당 소매상이 생산자의 위탁을 받아 그것의 대리인으로서 전적으로 그 회사의 제품만을 파는 체제를 말한다. 명품회사가 이 두 모델 가운데 어느 것을 선택하건 간에 회사는 가격을 비롯한 유통 관련 모든 측면을 완전히 통제할 수 있다. 그러나 그와 동시에 명품회사는 유통사업에 따르는 경제적 위험도 떠안게 된다.

(4) 커뮤니케이션

지금까지 우리가 제품·가격·유통에 대해서 말한 내용의 바탕에 깔려 있는 기본 방향은 물론 커뮤니케이션에도 적용된다.

명품을 커뮤니케이션할 때는 까다로운 요구조건을 모두 충족시키는 광고물을 제작해야 하고 선별적으로 매체를 써야 하며, 최고 수준의 광고물 제작회사 및 사진사와 함께 일을 해야 한다. 커뮤니케이션 예산이 총매출의 1/4 이상을 차지하는 경우도 드물지 않다. 또한 명품제품의 커뮤니케이션은 언론에 실리는 기사와 그것의 배경과 관련된 뒷이야기에 의존하는 바가 크다. 일반 대중들은 대체로 이 화려한 명품들에 대해 큰 관심을 갖고 있다. 명품의 매력의 상당 부분은 그것을 많은 사람들이 갖고 싶어 하지만 대부분이 (그것을) 손에 넣을 수 없다는 사실에 기인한다.

명품회사는 이러한 대중과 명품의 긴장관계를 전문적으로 세심하게 관리한다. 그래서 PR과 후원활동이 일반적인 광고보다 더 큰 비중을 차지하는 경우가 자주 있다. 그런가 하면 어떤 때는 커뮤니케이션을 극적인 행동으로 지원하기도 한다. 다음 사례를 보자.

 사례 ┃ 마이바하의 현란한 마케팅

> 2002년에 새 마이바하(Maybach)가 도입될 때, 이 신형모델은 호화여객선 "퀸 엘리자베스 2(Queen Elisabeth 2)"를 타고 뉴욕항에 도착했다. 그곳에서 대기하고 있던 헬리콥터가 유리컨테이너 안에 전시되어 있는 자동차를 대형 갈고리로 집어 올렸다. 이어서 헬리콥터가 그것을 월가(Wall Street)라는 상징성이 가득한 장소로 나른 다음, 그곳에서 이 최고급 자동차를 세계 최초로 선보인 것이다. 이러한 현란한 연출 덕분에 마이바하는 오랫동안 언론에서 다루어졌으며, 전세계에서 화제의 대상이 되었다.

흔히 명품의 이미지를 구성하는 중요한 측면의 하나는 그것의 긴 전통과 역사이다. 예를 들어, 우리에게도 잘 알려져 있는 리치몬드의 대표적인 상표들이 태어난 해는 아래와 같다.

- 까르띠에(Cartier): 1847년
- 피아제(Piaget): 1874년
- 몽블랑(Montblanc): 1906년

이러한 전통은 광고로 대체할 수 없는 명품회사들의 굉장히 중요한 자산이다. 그래서 전통의 강조는 명품제품 커뮤니케이션의 중요한 부분을 이룬다.

명품회사는 가격을 내세우는 커뮤니케이션을 거의 하지 않는다. 그래서 우리가 명품회사들의 브로슈어나 홈페이지 그리고 매장에서 가격표를 찾아보아도 대체로 헛수고다. 가격은 물어보아야만 알려준다. 가격을 이렇게 거의 비밀로 하다시피 하는 것은 사실 다음과 같은 내용을 암시하는 또 하나의 신호(signal)로 보아야 한다.

| 표 15-3 | 초고가포지셔닝을 할 때의 마케팅믹스

제품	가격	유통	커뮤니케이션
• 지극히 높은 수준의 품질과 기능. 특히 감성적·상징적인 면에서도 각 개인고객에 맞춘 포괄적인 서비스 • 특정 고객층을 위한 전유물의 성격이 매우 강하다. • 손으로 만들고, 생산의 대부분을 회사 안에서 한다.	• 아주 비싼 가격 • 가격의 연속성이 중요하고, 시간이 지나도 가치가 보존되어야 한다. • 특별할인판매가 없다. • 생산량과 가격을 함께 정한다. 일부러 생산량을 제한한다.	• 극도로 엄선한다. • 유통경로를 철저히 감독·관리한다. • 직영점 체제로 가는 경향이 있으며, 전속대리점 체제도 고려할 수 있다.	• 광고물에 대해 까다로운 요구사항이 많다. • 선별적으로 매체를 쓴다. • PR, 후원 활동. 화제를 불러일으키는 연출. 언론에 실리는 기사 등이 큰 구실을 한다. • 전통을 강조한다. • 가격을 내세우는 커뮤니케이션을 거의 하지 않는다.

"명품에서는 오로지 순수한 값어치만이 중시되고 가격은 문제되지 않는다."

그렇다면 값을 물어보아야만 하는 사람은 명품제품의 고객으로서는 적합치 않은 손님이라는 메시지도 넌지시 전달하고 있다고 볼 수 있다.

〈표 15-3〉은 지금까지 우리가 명품제품의 마케팅에 대해 논의한 내용을 간추려서 보여주고 있다.

(5) 기회와 위험

전 세계적인 생활수준의 향상과 개발도상국들의 빠른 성장은 명품시장의 발전을 부채질하고 있다. 이러한 추세는 앞으로도 상당 기간 지속될 것으로 보인다. 그러므로 이 분야에서는 재미있는 기회가 생겨나기도 하지만, 동시에 결코 만만치 않은 위험도 도사리고 있다.

• 명품시장은 성장률과 수익률이 모두 높으므로 참으로 매력적이다. 그러나 이 시장을 석권하는 것은 결코 간단하지 않다. 초고가시장에서는 아직 프랑스, 이탈리아, 그리고 스위스의 기업들이 막강한 영향력을 행사하고 있다. 우리나라 기업들이 그동안 해외에서 쌓아올린 많은 경험과 노하우, 우리의 역사와 문화가 제공해 줄 수 있는 무한한 콘텐츠, 그리고 우리 국민들의 뛰어난 손재주를 생각하면 우리 기업들도 언젠가는 이 시장에서 두각을 나타낼 수 있을 것이라고 믿는다.

- 명품시장에서는 최고수준의 기능을 제공하는 것만으로는 부족하다. 감성적·상징적 차원에서도 최고의 수준에 도달하고 그것을 유지해야 한다.
- 회사가 명품제품을 팔아서 이익을 내려면, 판매량이 어느 정도는 되어야 한다. 그러나 값이 지나치게 비싸기 때문에 초고가시장의 크기가 너무 작게 될 위험이 있다.
- 그런가 하면 다른 쪽에서는 "고급스러운 전유물"의 이미지를 잃을 염려가 있다. 명품제품은 그 성격상 특수한 소수를 위한 것이다. 그래서 "고급스러운 전유물"이라는 제품의 특성은 엄청나게 중요한 구실을 한다. 이러한 제품의 고유한 성격을 무너뜨리는 성장전략과 확장계획은 금물이다. 이 말은 새로운 제품범주에 진출하는 수평적 확장에도(brand extension), 그리고 아래의 가격영역에 들어가는 수직적 확장에도(down market line extension) 적용된다.

  상표를 희석하는 것은 명품제품에 지극히 위험하다. 단기적으로는 상표의 확장이 이익을 가져올지 모른다. 그러나 장기적으로는 그것이 아주 고급스러웠던 본래의 상표를 평범하고 진부한 상표로 전락시킬 수 있다.
- 앞에서 언급한 대로 유통분야에서는 통제를 해야 할 필요성 때문에 직영점 체제로 가는 경향이 있다. 이것은 명품회사에 성장의 기회를 열어주기도 하지만, 한편으로는 거액의 자금을 필요로 한다. 자본의 투입은 동시에 추가적인 위험을 떠안는 것이기도 한다.

제2절 불확실성 시대의 마케팅 전략

2017년 이후 세계 경제는 비교적 안정된 모습을 보이고 있다. 세계 경제의 삼대축이라고 할 수 있는 미국, 유럽, 중국이 모두 불황에서 벗어나 상당히 견실하게 성장하고 있기 때문이다. 그러나 지난 10여 년의 역사를 되돌아보면 앞으로의 전망은 불확실하다고 볼 수밖에 없다.

우리는 지난 2007년 여름 미국의 이른바 서브프라임 거품이 터지면서 서서히 시작된 세계의 금융위기가 2008년 9월 15일 리만브라더스(Lehman Brothers)가 파산하면서 무서운 속도와 힘으로 세계 경제를 강타한 것을 아직 생생히 기억하고 있다. 당시 한국은 그 위기에서 비교적 빨리 벗어난 나라로 평가받았다. 그러나 그 이후 그리스의 국가부도위기로 시작된 유럽의 재정위기는 유럽시장의 침체로 이어지고, 중국·

인도 같은 신흥국가들의 성장속도도 눈에 띄게 떨어지면서 세계경제는 또 다시 저성장의 시대로 진입한 바 있다. 대외경제 의존도가 유난히 높은 우리나라는 그 영향으로 지난 2015년에는 3사분기의 1.3퍼센트 성장을 제외하면 나머지 분기는 모두 0퍼센트대 성장에 그칠 정도로 경제가 활기를 잃기도 했다. 이렇게 몇 년 사이에 경제위기를 두 차례나 겪고 앞으로의 전망도 불투명하다 보니 소비자들의 행동도 다음과 같이 달라지고 있다.

- 미래에 대한 불안: 청년들은 사회진출, 중년 세대는 실직의 가능성, 장년층은 노후생활에 대해 깊은 불안감을 갖고 있다.
- 가격탄력성의 변화: 소비자들은 값이 오를 때는 민감하게 반응하지만, 반면에 값이 내릴 때는 민감하게 반응하지 않는다.
- 편익과 원가 면에서의 뚜렷한 이점의 중요성: 불황이 오면 원가나 편익 면에서 확실한 이점을 제공해주는 제품 및 서비스가 각광을 받는다.
- 단기효과의 증시: 불황이 오면 소비자들은, 특히 금융상품의 경우, 더 가까운 장래에 혜택을 주는 상품을 선호하게 된다.
- 더 중요해진 자금융통: 고객들의 재무사정이 악화됨에 따라 자금을 융통해주고 지불조건을 완화해줄 수 있는 회사가 영업 면에서 유리해진다.
- 안전의 중시: 금융위기를 겪으면서 고객들은 수익성이 낮더라도 안전한 금융상품을 선호한다. 또 소비자들은 곧 망할 듯한 회사의 제품을 사지 않으며, 불황으로 인해 사회가 불안해지면 안전을 확보하기 위한 제품과 서비스에 대한 수요가 늘어난다.

불확실성의 시대를 맞아 이렇게 변하고 있는 소비자들을 대상으로 우리는 기업이 쓸 수 있는 구체적인 대응책을 몇 가지 제시하고자 한다.

(1) 과감한 보장을 통해 고객들이 느끼는 위험을 줄여준다

위기가 오면 고객들은 불안·공포·불확실성에 시달리고, 위험을 회피하고자 한다. 그래서 기업은 그들이 느끼는 위험·불안감을 이해하고, 그에 걸맞은 해결책을 제시해야 한다. 과감한 보장은 그 전형적인 방법의 하나이다.

현대자동차는 2009년 초 미국에서 "불확실한 때의 확실성(certainty in uncertainty time)"이라는 광고캠페인을 벌여 큰 성공을 거둔 바 있다. 즉, 현대자동차의 새 고객이 빚을 갚아나가는 동안에 실직을 하면 현대는 그가 직장을 찾는 동안 3개월까지 돈을 대신 내준다. 3개월이 지나도 새 직장을 못 구하면 고객은 자동차를 돌려주기만 하면 된다.

(2) 시험 사용기간을 제공한다

기계류 같은 내구재의 경우, 고객들에게 시험 사용기간을 제공하는 것도 그들이 느끼는 위험을 줄여주는 또 하나의 방법이다. 고객들은 기계를 쓰는 기간 동안 임대료만 내고 언제든지 그것을 돌려 줄 수 있다. 이 경우 판매회사가 부담하는 위험이 커지는 것은 사실이지만, 두 가지 이점이 있다. 첫째, 고객들이 기계를 쓰는 시험기간 동안 추가적인 수입이 발생한다. 둘째, 고객들이 기계를 쓰는 시간에 비례해서 재고가 줄어든다.

(3) 해약 또는 반품 조항을 넣는다

해약 또는 반품 조항을 넣는 것도 미리에 대한 불안 때문에 구매를 망설이는 고객들의 의구심을 줄여줄 수 있다.

지원병을 모집하는 데 어려움을 겪고 있는 미국육군은 얼마 전부터 지원병들에게 입대 후 6개월 후에 지원을 취소할 수 있는 선택권을 주고 있다. 이 정책은 이미 상당한 효과를 보이고 있다고 한다.

(4) 대금지불을 고객이 거두는 성공과 연동시킨다

대금지불을 고객이 향유하는 성공과 연동시키면 고객이 아닌 공급자가 위험을 부담하게 된다.

독일의 대표적인 히든 챔피언의 하나인 풍력터빈회사 에네르콘(Enercon)은 서비스가격을 제품의 수익성에 연동시켰다. 그랬더니 85퍼센트 이상의 고객들이 회사와 서비스계약을 맺었다.

(5) 회사의 재력을 영업에 활용한다

신용위기로 말미암아 많은 고객들은 돈 쓰는 것을 꺼린다. 이럴 때 고객들에게 신용판매를 할 수 있는 회사는 크나큰 경쟁력을 갖게 된다. 그러나 회사가 이런 경우 리스크를 매우 신중히 검토해야 함은 두말할 나위도 없다.

앞에서 언급한 에네르콘은 12년의 서비스계약 기간 중 첫 6년 동안은 서비스가격의 절반을 스스로 부담한다.

(6) 물물교환을 수용한다

고객이 재무적인 사정으로 현금을 지불할 수 없을 때는 공급자에게 값어치가 있는 물품을 대신 받는 것도 한 대안이다.

스위스의 농약회사 진겐타(Syngenta)는 자금융통을 할 수 없는 농민들에게 먼저 그들이 원하는 물품을 공급한다. 그 대신 이 회사는 농민들의 미래 수확물량의 일부분을 인수하여 그것을 선물시장에서 매각한다.

(7) 약해진 경쟁사들의 고객을 끌어온다

위기의 영향을 받는 정도는 회사마다 크게 다르다. 이럴 때 약화된 경쟁사들의 고객을 끌어오는 것은 크게 어렵지 않다.

유럽의 어느 은행은 어려움을 겪고 있는 경쟁사들의 고객들에게 집중적으로 전화를 걸었다. 그 결과 예금이 24퍼센트나 늘어났다.

(8) 혁신적인 서비스를 제공한다

서비스 혁신이라고 하면 거창하게 들리겠지만 지금까지 개별적으로 판매했던 서비스를 하나로 묶어서 고정가격에 파는 것 같이 매우 단순한 경우도 많다.

한 공급업체에서 포괄적인 해법을 내놓으면 그만큼 고객이 누리는 안전성과 효율성이 높아진다. 상업용 폭약 시장의 선두업체인 호주의 오리카(Orica)는 채석장 운영업체에 포괄적인 서비스 상품을 제공한다. 오리카는 폭약 판매뿐만 아니라 암석의 분석, 굴착 작업, 발파까지 모두 해준다. 이것은 맞춤형 서비스이기 때문에 가격의 투명성은 떨어지는 대신, 고객당 매출·효율성·안정성은 올라간다. 고객은 발파 과정을 걱정할 필요가 없기 때문에 그만큼 거래를 끊기가 어려워진다. 즉, 공급업체를 바꾸기가 힘들어진다.

(9) 중고시장, 수리 및 수선시장, 애프터서비스시장 등의 애프터시장(After market)에 눈을 돌린다

불황기에는 새로운 고객 또는 OEM시장은 확보하기 어렵지만, 반면에 수리, 수선, 교체, 수리용 부품, 애프터서비스시장 등과 같이 이른바 애프터시장은 오히려 활기를 띨 수 있다.

자동차 타이어는 신차뿐만 아니라 오래 써서 닳은 타이어를 교체할 때도 필요하다. 실제로 타이어 애프터시장의 크기는 신차타이어시장의 약 3배이다.

(10) 지금까지 가격에 포함되어 있던 서비스를 분리하여 값을 부과한다

경우에 따라서 기업은 지금까지 여러 요소를 포함하고 있는 최종가격에서 몇몇의 개별요소를 분리한 후, 각각의 요소에 따로 값을 매길 수 있다. 이렇게 함으로써 기업은 사실상 값을 올리게 되며, 이러한 조치는 이윤의 상승으로 이어질 수 있다. 저가항공사 라이언에어(Ryanair)는 2006년에 손님들의 여행 가방에 4.5달러씩 부과하기 시작했다. 그 결과 그 다음 분기의 이익이 30퍼센트나 올라갔다고 한다.

(11) 풍성한 서비스를 제공함으로써 가치사슬을 심화한다

앞에서 언급한 풍력터빈회사 에네르콘은 거래가 성사되면 무려 12년 동안 풍력발전소와 관련된 모든 서비스를 제공한다. EPK라고 불리는 이 서비스 프로그램은 고객들로부터 열렬한 환영을 받고 있으며, 에네르콘의 고객들 가운데 85퍼센트가 이 계약을 맺는다고 한다. 고객을 위한 교육도 가치사슬을 늘리는 데 도움이 된다. 앞으로는 교육서비스의 중요성이 더욱 커질 것이다. 그 까닭은 첫째, 제품이 점점 더 복잡해지는 것이고, 둘째, 직원들의 교육 수준이 높지 않은 나라에 복잡한 제품을 수출하는 사례가 늘어나고 있기 때문이다. 경우에 따라서는 교육을 전담하는 독립법인을 설립할 수도 있다. 그러면 관련 서비스에 별도로 요금을 부과하는 것이 한층 쉬워지며, 또한 현재 모기업의 고객이 아닌 고객들에게도 교육서비스를 판매할 수 있을 것이다.

우리 기업들이 달라진 소비자들과 경쟁사들의 행동을 잘 감안해 위와 같은 마케팅 조치를 적극적으로 그리고 세련되게 취한다면, 그들은 앞으로 불황이 닥치더라도 누구보다 그것을 빨리 이겨낼 수 있을 것이다.

찾아보기

공저자 소개

유필화 교수는 성균관대학교 SKK GSB(GRADUATE SCHOOL OF BUSINESS) 명예교수이다. 서울대학교에서 경영학을 공부하고 노스웨스턴대학교에서 MBA를, 하버드대학교에서 경영학박사 학위를 받았다. 독일 빌레펠트대학교에서 가르쳤고 독일경영연구원(USW)에서 연구했다. 1987년부터 성균관대학교에서 경영학 교수로 후학을 양성하고 있다. 성균관대학교가 삼성그룹과 매사추세츠공과대학의 지원으로 설립한 SKK GSB의 학장을 역임했다. 일본 게이오기주쿠대학교 비즈니스스쿨과 서울대학교 경영대학 초빙교수, 한국 경영학회 편집위원장, 한국마케팅학회 회장, 제일기획과 KT, 교보생명 사외이사 등 다양한 영역에서 활동하며 학문적 연구뿐만 아니라 현실에서 벌어지는 문제를 해결하는 데 힘을 쏟고 있다. 다양한 활동 중에 도 고전 연구에 관심을 쏟은 그는 '리더십 스승으로서의 역사'라는 개념을 중심으로 수많은 고전과 역사서적을 탐독하여, 경영학 관점에서 이 책들을 재해석하는 작업을 해왔다. 또한 세계 시장을 지배하는 강소 기업 '히든 챔피언'에 관한 탐구에 저명하여, 세계적인 경영석학 헤르만 지몬과 함께 《유필화와 헤르만 지몬의 경영담론》을 출간하기도 했다. 국내 경영학계에서는 마케팅, 특히 가격관리 분야에서도 선구자적인 입지를 구축해왔다. 지난 30년간 대한민국 유수의 기업과 사회단체에서 1500회 이상의 강연을 했을 만큼 기업인들이 가장 만나고 싶어 하는 경영 그루로 평가받고 있다. 영어, 독일어, 일본어에 능통하여 국내외에서 많은 논문을 발표했으며 《승자의 공부》,《무엇을 버릴 것인가》,《아니다, 성장은 가능하다》,《가격관리론》,《역사에서 리더를 만나다》,《현대마케팅론(현재 제8판)》,《CEO, 고전에서 답을 찾다》,《부처에게서 배우는 경영의 지혜》 등 20여 권의 경영학 관련 저서를 집필했다. 2006년에는 시집 《사랑은 사랑이 아닙니다》를 출간하기도 했다. 《경영의 지혜─붓다에게서 배운다》는 독일에서, 《부가가치의 원천》은 일본에서 번역·출간됐다.

김용준 교수는 성균관대학교 경영대학 학장이자 중국대학원 원장이다. 한국과 중국의 마케팅전략을 연구, 교육하고 있다. 한국마케팅학회장, 한국국제경영학회장, 한국경영학회장을 역임하였다. 서울대학교 경영대학, University of Texas, Northwestern University 수학하였다. University of British Columbia, Tsinghua University, Chinese University of Hong Kong에서 교수를 하였고, 삼성오픈타이드차이나의 초대사장을 역임하였다. 한중기업이 고객과 사회의 가치창출 통해 글로벌시민이 되기를 간절히 바란다.

한상만 교수는 서울대학교(경제학), Stanford대학교(MBA, 통계학 석사), Columbia대학교(Ph.D Marketing)에서 공부하였다. Syracuse대학교와 홍콩과학기술대학교(HKUST)에서 교수를 역임하고, MIT 경영대학에서 visiting professor로 활동하였다. 1995년에 성균관대학교에 부임한 후, 성균관대학교 경영대학 학장을 역임하고, 현재 성균관대학교 경영전문대학원 교수로 재직하고 있다. 연구 분야로는 SNS 빅데이터를 활용하는 연구, Mobile 빅데이터를 활용한 연구 등, 최신 디지털마케팅 분야의 연구에 집중하고 있다. 산업계에서는 삼성그룹, LG Display, SK Telecom, KT, 교보생명, 제일기획의 자문교수로 활동하였고 현재 에이블C&C와 송원그룹의 사외이사를 맡고 있다. 정부에서는 국가브랜드위원회, 중소벤처기업혁신성장위원회, 한국소비자원에서 자문위원 등으로 활동하였고, 산업통상자원부의 지속가능경영 종합시책 연구를 맡고 있다. 학회에서는 한국소비자학회와 한국복잡계학회의 회장을 역임하였고, 2019년부터는 한국마케팅 학회의 회장으로 활동하고 있다. 한국경영학회 회장을 역임할 예정이다.

제9판
현대마케팅론

초판발행   1989년 9월 10일
수정판발행   1990년 3월 20일
개정판발행   1994년 4월 5일
전정판발행   1997년 10월 10일
제 5 판발행   1998년 7월 20일
제 5 판발행   2003년 3월 10일
제 6 판발행   2005년 2월 25일
제 7 판발행   2009년 3월 15일
제 8 판발행   2012년 9월 10일(전면개정)
제 9 판발행   2019년 2월 27일
중판발행   2021년 3월 10일

공저자   유필화 · 김용준 · 한상만
펴낸이   안종만 · 안상준

편 집   배근하
기획/마케팅   정연환
표지디자인   조아라
제 작   고철민 · 조영환

펴낸곳   ㈜ 박영사
              서울특별시 금천구 가산디지털2로 53, 210호(가산동, 한라시그마밸리)
              등록 1959. 3. 11. 제300-1959-1호(倫)
전 화   02)733-6771
f a x   02)736-4818
e-mail   pys@pybook.co.kr
homepage   www.pybook.co.kr
ISBN   979-11-303-0753-4   93320

정 가   34,000원